2024

CHINA LABOUR STATISTICAL YEARBOOK

中国劳动统计年鉴

Compiled by
Department of Population and Employment Statistics
National Bureau of Statistics
Department of Planning and Finance,
Ministry of Human Resources and Social Security

国家统计局人口和就业统计司
人力资源社会保障部规划财务司 编

中国统计出版社
China Statistics Press

图书在版编目（CIP）数据

中国劳动统计年鉴. 2024 = China Labour Statistical Yearbook 2024 : 汉英对照 / 国家统计局人口和就业统计司, 人力资源社会保障部规划财务司编. 北京 : 中国统计出版社, 2024. 12. -- ISBN 978-7-5230-0577-4

I. F249.2-54

中国国家版本馆 CIP 数据核字第 2024KM1900 号

中国劳动统计年鉴 2024

作　　者 / 国家统计局人口和就业统计司，人力资源社会保障部规划财务司编
责任编辑 / 李　冲
装帧设计 / 李雪燕
出版发行 / 中国统计出版社有限公司
通信地址 / 北京市丰台区西三环南路甲 6 号　邮政编码/100073
发行电话 / 邮购（010）63376909　书店（010）68783171
网　　址 / http://www.zgtjcbs.com/
印　　刷 / 河北鑫兆源印刷有限公司
经　　销 / 新华书店
开　　本 / 880×1230 毫米　1/16
字　　数 / 800 千字
印　　张 / 30.5
版　　别 / 2024 年 12 月第 1 版
版　　次 / 2024 年 12 月第 1 次印刷
定　　价 / 260.00 元

《中国劳动统计年鉴2024》
编委会和编辑部工作人员

编委会

编辑部

CHINA LABOUR STATISTICAL YEARBOOK 2024

Editorial Board and Staff

编 辑 说 明

《中国劳动统计年鉴 2024》是一部全面反映中华人民共和国劳动经济情况的资料性年刊。本刊收集了 2023 年全国和各省、自治区、直辖市的有关劳动统计数据。主要指标还编有历年统计数据。

全书共分为 14 个部分：1. 综合；2. 就业与失业；3. 城镇非私营单位就业人员和工资总额；4. 内资单位就业人员和工资总额；5. 国有单位就业人员和工资总额；6. 港澳台投资单位就业人员和工资总额；7. 外商投资单位就业人员和工资总额；8. 职业培训与技能鉴定；9. 劳动关系；10. 社会保障；11. 工会工作；12. 香港资料；13. 澳门资料；14. 台湾资料。书末还附有国外有关资料和主要统计指标解释。

本书涉及的全国性统计数据，均未包括香港、澳门特别行政区和台湾地区数据。

参与本书编辑或提供资料的单位除国家统计局、人力资源社会保障部外，还有全国总工会、国家医疗保障局。

本书资料的取得形式主要有国家和部门的报表统计、行政记录和抽样调查。有的资料分项相加不等于总计，望读者使用时予以注意。

恳请广大读者对本书提出宝贵意见。

《中国劳动统计年鉴》编辑部

二〇二四年十一月

PREFACE

China Labour Statistical Yearbook 2024 is an annual statistics publication, which is comprehensively reported the labour economic situation for 2023 and some main indicators series for historically years at nation and provinces, autonomous regions and municipalities levels and parts of cities.

The book is organized into 14 parts, which are:1.General Survey; 2.Employment and Unemployment; 3.Employment and Total Wages in Urban Non-Private Units; 4.Employment and Total Wages in Domestic Invested Units, 5.Employment and Total Wages in State-owned Units; 6.Employment and Total Wages in Units with Funds from Hong Kong Macao and Taiwan; 7.Employment and Total Wages in Foreign Funded Units; 8. Vocational Training and Skill Appraisal; 9.Labour Relation; 10.Social Security; 11.Trade Union Works; 12.Main Indicators of Hong Kong; 13.Main Indicators of Macao; 14.Main Indicators of Taiwan. In addition, Main Indicators of Other Countries and Explanatory Notes on Main Statistical Indicators are provided in the end of the book.

The national data in the yearbook do not include that of Hong Kong Special Administrative Region, Macao Special Administrative Region and Taiwan Region.

Besides National Bureau of Statistical and Ministry of Human Resources and Social Security, All-China Federation of Trade Unions, National Healthcare Security Administration also participate in the compiling work of this book.

Data resources of this book mainly come from state and departments reporting system, administration records and sampling surveys. Some data are not equal to the add-results of all sub-items.

We welcome comments and suggestions from users with regard to deficiencies and mistakes in data editing and compilation.

China Labour Statistical Yearbook—Editorial Staff

November 2024

图1 就业人员产业构成
COMPOSITION OF EMPLOYMENT BY INDUSTRY

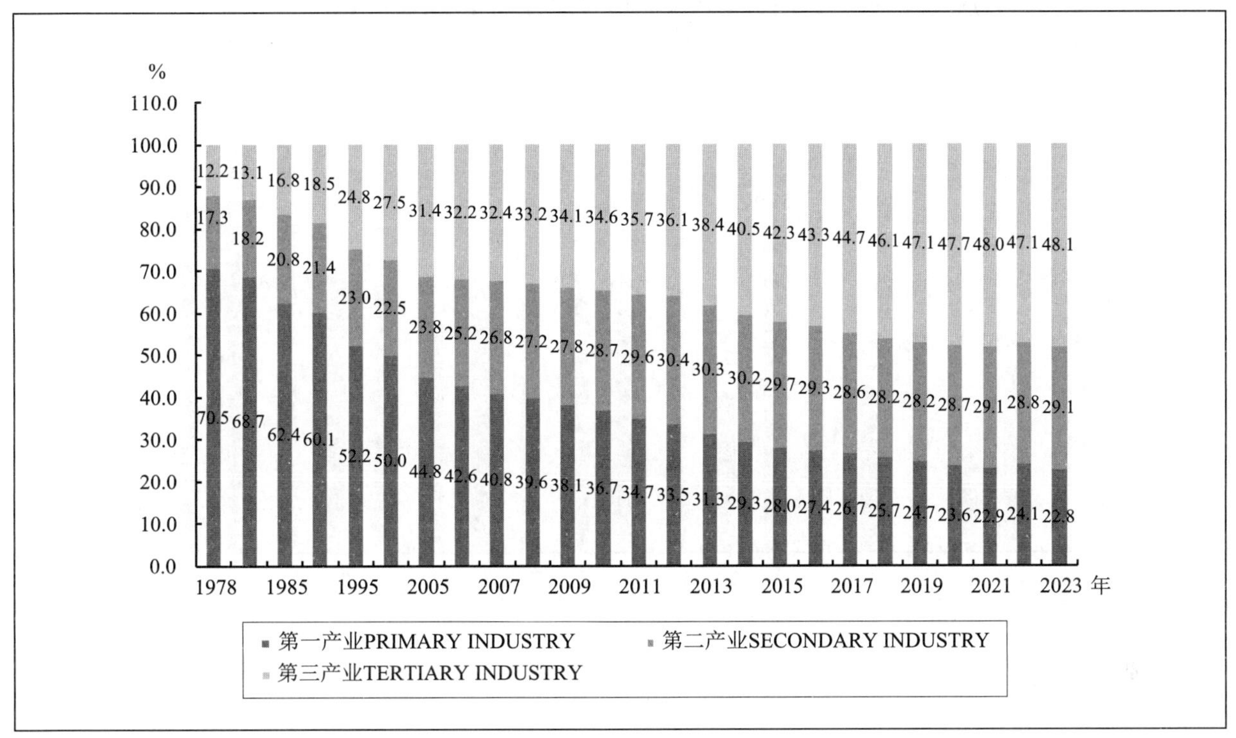

图2 2023年城镇非私营单位就业人员年末人数行业构成
COMPOSITION OF EMPLOYMENT IN URBAN NON-PRIVATE UNITS BY SECTOR(2023)

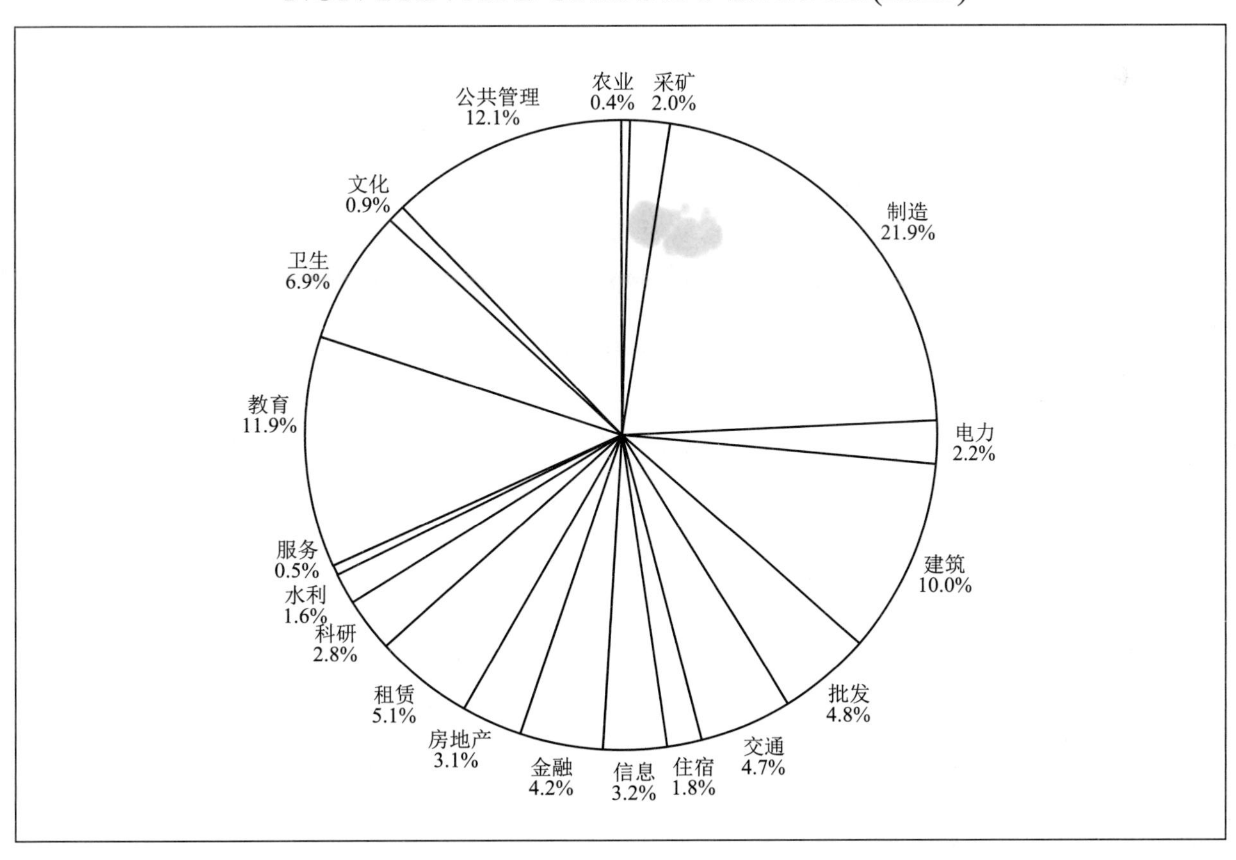

图3　2023年城镇非私营单位女性就业人员占就业人员比重
PROPORTION OF FEMALE EMPLOYMENT IN URBAN NON-PRIVATE UNITS BY SECTOR (2023)

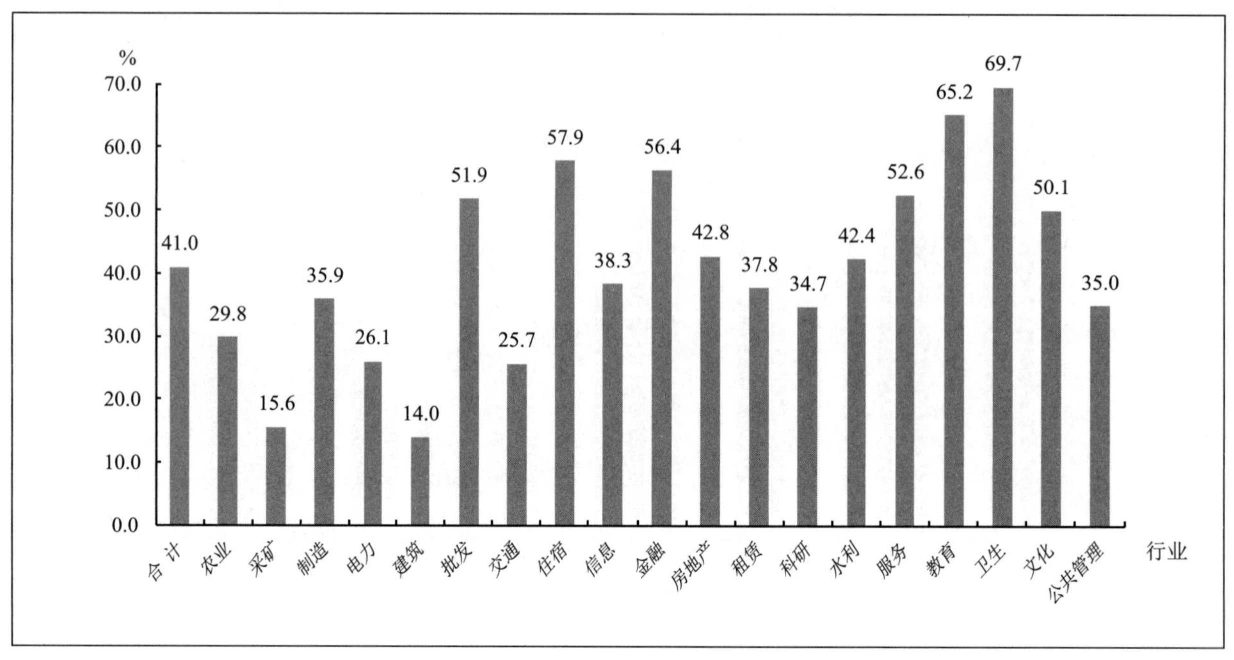

目　　录
CONTENTS

一、综　合
GENERAL SURVEY

二、就业与失业
EMPLOYMENT AND UNEMPLOYMENT

六、港澳台投资单位就业人员和工资总额
EMPLOYMENT AND TOTAL WAGES IN UNITS WITH FUNDS FROM HONG KONG, MACAO AND TAIWAN

七、外商投资单位就业人员和工资总额
EMPLOYMENT AND TOTAL WAGES IN FOREIGN FUNDED UNITS

八、职业培训与技能鉴定
VOCATIONAL TRAINING AND SKILL APPRAISAL

九、劳动关系
LABOUR RELATION

十、社会保障
SOCIAL SECURITY

十一、工会工作
TRADE UNION WORKS

十二、香港资料
MAIN INDICATORS OF HONG KONG

十三、澳门资料
MAIN INDICATORS OF MACAO

十四、台湾资料
MAIN INDICATORS OF TAIWAN

附录一、国外有关资料
MAIN INDICATORS OF OTHER COUNTRIES

一、综　合

GENERAL SURVEY

1-1 全国劳动统计主要指标
MAIN INDICATORS OF NATIONAL LABOUR STATISTICS

指　　标	Item	2022	2023	2023年比上年增长 % Increase Rate (2022=100)
总人口(万人)	**Total Population (10 000 persons)**	**141175**	**140967**	**-0.1**
16岁以上人口数(万人)	**Population Above 16(10 000 persons)**	**115560**	**116178**	**0.5**
劳动力(万人)	**Labour Force(10 000 persons)**	**76863**	**77216**	**0.5**
全国就业人员年末人数(万人)	**Employment (end of year, 10 000 persons)**	**73351**	**74041**	**0.9**
城镇就业人员	Urban Employment	45931	47032	2.4
乡村就业人员	Rural Employment	27420	27009	-1.5
按登记注册统计类别分城镇非私营单位就业人员(万人)	**Number of Employed Person in Urban Non-private Units by Status of Registration(10 000 presons)**	**16700.7**	**16368.3**	**-2.0**
内资单位	Domestic Invested Units	14423.0	14287.4	-0.9
#国有单位	State-owned Units	5612.2	5399.6	-3.8
港澳台投资单位	Units with Funds from Hong Kong, Macao and Taiwan	1113.7	1092.8	-1.9
外商投资单位	Foreign Funded Units	1163.9	988.1	-15.1
城镇非私营单位就业人员工资总额(亿元)	**Total Wages of the Urban Non-private Units Employment (100 million yuan)**	**190820.2**	**197416.7**	**3.5**
内资单位	Domestic Invested Units	160077.7	167698.2	4.8
#国有单位	State-owned Units	69000.2	68673.0	-0.5
港澳台投资单位	Units with Funds from Hong Kong, Macao and Taiwan	14444.0	14756.7	2.2
外商投资单位	Foreign Funded Units	16298.6	14961.8	-8.2
城镇非私营单位就业人员平均工资(元)	**Average Wage of the Urban Non-private Units Employment (yuan)**	**114029**	**120698**	**5.8**
内资单位	Domestic Invested Units	111247	117783	5.9
#国有单位	State-owned Units	123623	127672	3.3
港澳台投资单位	Units with Funds from Hong Kong, Macao and Taiwan	124841	132342	6.0
外商投资单位	Foreign Funded Units	137199	149130	8.7
在岗职工平均工资(元)	**Average Wage of Staff and Workers**	**117177**	**123734**	**5.6**
内资单位	Domestic Invested Units	114668	120970	5.5
#国有单位	State-owned Units	127175	130931	3.0
港澳台投资单位	Units with Funds from Hong Kong, Macao and Taiwan	126166	134127	6.3
外商投资单位	Foreign Funded Units	138266	150833	9.1
城镇登记失业人员年末人数(万人)	**Urban Registered Unemployment (10 000 persons)**	**1203**	**1074**	**-10.7**
非劳动力(万人)	**Outside the Labour Force (10 000 persons)**	**38697**	**38962**	**0.7**
城镇调查失业率(1—12月均值)(%)	**The Surveyed Unemployment Rate In Urban Areas (Annual average)(%)**	**5.6**	**5.2**	
城镇调查失业率(12月)(%)	**The Surveyed Unemployment Rate In Urban Areas (Year-end)(%)**	**5.5**	**5.1**	

注：1)自2009年始，“城镇单位就业人员工资总额”和“城镇单位就业人员平均工资”即为2008年及以前的“城镇单位就业人员劳动报酬”和“城镇单位就业人员平均劳动报酬”。往年本年鉴及相关资料中1994—2008年城镇单位就业人员劳动报酬和平均劳动报酬指标与此指标统计口径相同。

2) 2013年部分经济类型单位、部分行业就业人员数、工资总额变动较大，系将原属于乡镇企业的规模以上法人单位纳入劳动工资统计范围所致(以下相关表同)。

3) 本表登记注册统计类别按《关于市场主体统计分类的划分规定》(国统字〔2023〕14号)执行。表中国有单位包括机关事业单位和全民所有制企业(国有企业)。

Notes: a)Since 2009, “Total wages of the urban units employment” and “Average wage of the urban units employment” refer to “Earnings of the urban units employment” and “Average earning of the urban units employment” before 2008. Statistical coverage of “Earnings of the urban units employment” and “Average earning of the urban units employment” in this previous yearbook and relevant books from 1994 to 2008 are the same with the indicators above.

b)In 2013, some units by status of registration, some employment by industry, total wages bill changed greatly, because legal persons above designated size originally belonged to township enterprises were taken into statistics of labour wages. The same applies to the relevant tables following.

c)The registered statistical categories of this table is implemented in accordance with the Regulations on the Classification of Market Entity Statistics (Guotongzi [2023] No. 14). The state-owned enterprises in the tables include government agencies and all state-owned enterprises.

1－2　人口数及构成(年末数)
POPULATION AND COMPOSITION (END OF YEAR)

单位：万人　　(10 000 persons)

年 份 Year	总人口 Total Population	按性别分 By Gender				按城乡分 By Residence			
		男 Male		女 Female		城镇 Urban		乡村 Rural	
		人口数 Population	比重(%) Proportion	人口数 Population	比重(%) Proportion	人口数 Population	比重(%) Proportion	人口数 Population	比重(%) Proportion
1949	54167	28145	51.96	26022	48.04	5765	10.64	48402	89.36
1950	55196	28669	51.94	26527	48.06	6169	11.18	49027	88.82
1951	56300	29231	51.92	27069	48.08	6632	11.78	49668	88.22
1955	61465	31809	51.75	29656	48.25	8285	13.48	53180	86.52
1960	66207	34283	51.78	31924	48.22	13073	19.75	53134	80.25
1965	72538	37128	51.18	35410	48.82	13045	17.98	59493	82.02
1970	82992	42686	51.43	40306	48.57	14424	17.38	68568	82.62
1971	85229	43819	51.41	41410	48.59	14711	17.26	70518	82.74
1972	87177	44813	51.40	42364	48.60	14935	17.13	72242	82.87
1973	89211	45876	51.42	43335	48.58	15345	17.20	73866	82.80
1974	90859	46727	51.43	44132	48.57	15595	17.16	75264	82.84
1975	92420	47564	51.47	44856	48.53	16030	17.34	76390	82.66
1976	93717	48257	51.49	45460	48.51	16341	17.44	77376	82.56
1977	94974	48908	51.50	46066	48.50	16669	17.55	78305	82.45
1978	96259	49567	51.49	46692	48.51	17245	17.92	79014	82.08
1979	97542	50192	51.46	47350	48.54	18495	18.96	79047	81.04
1980	98705	50785	51.45	47920	48.55	19140	19.39	79565	80.61
1981	100072	51519	51.48	48553	48.52	20171	20.16	79901	79.84
1982	101654	52352	51.50	49302	48.50	21480	21.13	80174	78.87
1983	103008	53152	51.60	49856	48.40	22274	21.62	80734	78.38
1984	104357	53848	51.60	50509	48.40	24017	23.01	80340	76.99
1985	105851	54725	51.70	51126	48.30	25094	23.71	80757	76.29
1986	107507	55581	51.70	51926	48.30	26366	24.52	81141	75.48
1987	109300	56290	51.50	53010	48.50	27674	25.32	81626	74.68
1988	111026	57201	51.52	53825	48.48	28661	25.81	82365	74.19
1989	112704	58099	51.55	54605	48.45	29540	26.21	83164	73.79
1990	114333	58904	51.52	55429	48.48	30195	26.41	84138	73.59

注：1.1981年及以前数据为户籍统计数；1982、1990、2000、2010、2020年数据为当年人口普查数据推算数；其余年份数据为年度人口抽样调查推算数据(下相关表同)。

2.总人口和按性别分人口中包括现役军人，按城乡分人口中现役军人计入城镇人口。

Notes: a)Figures 1981 (includive) are from household registrations; for the year 1982,1990,2000,2010 and 2020 are the census year estimate; the rest of the data covered in those tables have been estimated on the basis of the annual nationall sample surveys of population.The same applies to the relevant tables following.

b)Total population and population by sex include the military personnel of the Chinese People's Liberation Army, the military personnel are classified as urban population in the item of population by residence.

1-2　续表　continued

单位：万人　　(10 000 persons)

年　份 Year	总人口 Total Population	按性别分 By Gender				按城乡分 By Residence			
		男 Male		女 Female		城镇 Urban		乡村 Rural	
		人口数 Population	比重(%) Proportion	人口数 Population	比重(%) Proportion	人口数 Population	比重(%) Proportion	人口数 Population	比重(%) Proportion
1991	115823	59466	51.34	56357	48.66	31203	26.94	84620	73.06
1992	117171	59811	51.05	57360	48.95	32175	27.46	84996	72.54
1993	118517	60472	51.02	58045	48.98	33173	27.99	85344	72.01
1994	119850	61246	51.10	58604	48.90	34169	28.51	85681	71.49
1995	121121	61808	51.03	59313	48.97	35174	29.04	85947	70.96
1996	122389	62200	50.82	60189	49.18	37304	30.48	85085	69.52
1997	123626	63131	51.07	60495	48.93	39449	31.91	84177	68.09
1998	124761	63940	51.25	60821	48.75	41608	33.35	83153	66.65
1999	125786	64692	51.43	61094	48.57	43748	34.78	82038	65.22
2000	126743	65437	51.63	61306	48.37	45906	36.22	80837	63.78
2001	127627	65672	51.46	61955	48.54	48064	37.66	79563	62.34
2002	128453	66115	51.47	62338	48.53	50212	39.09	78241	60.91
2003	129227	66556	51.50	62671	48.50	52376	40.53	76851	59.47
2004	129988	66976	51.52	63012	48.48	54283	41.76	75705	58.24
2005	130756	67375	51.53	63381	48.47	56212	42.99	74544	57.01
2006	131448	67728	51.52	63720	48.48	58288	44.34	73160	55.66
2007	132129	68048	51.50	64081	48.50	60633	45.89	71496	54.11
2008	132802	68357	51.47	64445	48.53	62403	46.99	70399	53.01
2009	133450	68647	51.44	64803	48.56	64512	48.34	68938	51.66
2010	134091	68748	51.27	65343	48.73	66978	49.95	67113	50.05
2011	134916	69161	51.26	65755	48.74	69927	51.83	64989	48.17
2012	135922	69660	51.25	66262	48.75	72175	53.10	63747	46.90
2013	136726	70063	51.24	66663	48.76	74502	54.49	62224	45.51
2014	137646	70522	51.23	67124	48.77	76738	55.75	60908	44.25
2015	138326	70857	51.22	67469	48.78	79302	57.33	59024	42.67
2016	139232	71307	51.21	67925	48.79	81924	58.84	57308	41.16
2017	140011	71650	51.17	68361	48.83	84343	60.24	55668	39.76
2018	140541	71864	51.13	68677	48.87	86433	61.50	54108	38.50
2019	141008	72039	51.09	68969	48.91	88426	62.71	52582	37.29
2020	141212	72357	51.24	68855	48.76	90220	63.89	50992	36.11
2021	141260	72311	51.19	68949	48.81	91425	64.72	49835	35.28
2022	141175	72206	51.15	68969	48.85	92071	65.22	49104	34.78
2023	140967	72032	51.10	68935	48.90	93267	66.16	47700	33.84

1−3 国内生产总值及构成
GROSS DOMESTIC PRODUCT AND COMPOSITION

年 份 Year	国内生产总值 Gross Domestic Product	第一产业 Primary Industry	第二产业 Secondary Industry	第三产业 Tertiary Industry
一、绝对数(亿元) Value (100 million yuan)				
1978	3678.7	1018.5	1755.2	905.1
1980	4587.6	1359.5	2204.7	1023.4
1985	9098.9	2541.7	3886.4	2670.8
1990	18872.9	5017.2	7744.1	6111.6
1991	22005.6	5288.8	9129.6	7587.2
1992	27194.5	5800.3	11725.0	9669.2
1993	35673.2	6887.6	16472.7	12313.0
1994	48637.5	9471.8	22452.5	16713.1
1995	61339.9	12020.5	28676.7	20642.7
1996	71813.6	13878.3	33827.3	24108.0
1997	79715.0	14265.2	37545.0	27904.8
1998	85195.5	14618.7	39017.5	31559.3
1999	90564.4	14549.0	41079.9	34935.5
2000	100280.1	14717.4	45663.7	39899.1
2001	110863.1	15502.5	49659.4	45701.2
2002	121717.4	16190.2	54104.1	51423.1
2003	137422.0	16970.2	62695.8	57756.0
2004	161840.2	20904.3	74285.0	66650.9
2005	187318.9	21806.7	88082.2	77430.0
2006	219438.5	23317.0	104359.2	91762.2
2007	270092.3	27674.1	126630.5	115787.7
2008	319244.6	32464.1	149952.9	136827.5
2009	348517.7	33583.8	160168.8	154765.1
2010	412119.3	38430.8	191626.5	182061.9
2011	487940.2	44781.5	227035.1	216123.6
2012	538580.0	49084.6	244639.1	244856.2
2013	592963.2	53028.1	261951.6	277983.5
2014	643563.1	55626.3	277282.8	310654.0
2015	688858.2	57774.6	281338.9	349744.7
2016	746395.1	60139.2	295427.8	390828.1
2017	832035.9	62099.5	331580.5	438355.9
2018	919281.1	64745.2	364835.2	489700.8
2019	986515.2	70473.6	380670.6	535371.0
2020	1013567.0	78030.9	383562.4	551973.7
2021	1149237.0	83216.5	451544.1	614476.4
2022	1204724.0	88207.0	473789.9	642727.1
2023	1260582.1	89755.2	482588.5	688238.4

1—3　续表　continued

年　份 Year	国内生产总值 Gross Domestic Product	第一产业 Primary Industry	第二产业 Secondary Industry	第三产业 Tertiary Industry
二、构成(%) Composition (%)				
1978	100.0	27.7	47.7	24.6
1980	100.0	29.6	48.1	22.3
1985	100.0	27.9	42.7	29.4
1990	100.0	26.6	41.0	32.4
1991	100.0	24.0	41.5	34.5
1992	100.0	21.3	43.1	35.6
1993	100.0	19.3	46.2	34.5
1994	100.0	19.5	46.2	34.4
1995	100.0	19.6	46.8	33.7
1996	100.0	19.3	47.1	33.6
1997	100.0	17.9	47.1	35.0
1998	100.0	17.2	45.8	37.0
1999	100.0	16.1	45.4	38.6
2000	100.0	14.7	45.5	39.8
2001	100.0	14.0	44.8	41.2
2002	100.0	13.3	44.5	42.2
2003	100.0	12.3	45.6	42.0
2004	100.0	12.9	45.9	41.2
2005	100.0	11.6	47.0	41.3
2006	100.0	10.6	47.6	41.8
2007	100.0	10.2	46.9	42.9
2008	100.0	10.2	47.0	42.9
2009	100.0	9.6	46.0	44.4
2010	100.0	9.3	46.5	44.2
2011	100.0	9.2	46.5	44.3
2012	100.0	9.1	45.4	45.5
2013	100.0	8.9	44.2	46.9
2014	100.0	8.6	43.1	48.3
2015	100.0	8.4	40.8	50.8
2016	100.0	8.1	39.6	52.4
2017	100.0	7.5	39.9	52.7
2018	100.0	7.0	39.7	53.3
2019	100.0	7.1	38.6	54.3
2020	100.0	7.7	37.8	54.5
2021	100.0	7.2	39.3	53.5
2022	100.0	7.3	39.3	53.4
2023	100.0	7.1	38.3	54.6

注：本表按当年价格计算。
Note：Data in this table are calculated at current prices.

1-4 国内生产总值指数、城镇非私营单位就业人员平均工资指数和城市居民消费价格指数

INDICES OF GROSS DOMESTIC PRODUCT, AVERAGE WAGE INDEX IN URBAN NON-PRIVATE UNITS AND URBAN CONSUMER PRICE INDEX

(上年=100) (preceding year=100)

年 份 Year	国内生产总值指数 Indices of Gross Domestic Product	城镇非私营单位就业人员平均工资指数 Index of Average Wage of the Urban Units Employment		城市居民消费价格指数 Urban Consumer Price Index
		名义工资 Nominal Wage	实际工资 Real Wage	
1979	107.6	108.6	106.7	101.9
1980	107.8	114.1	106.1	107.5
1981	105.1	101.3	98.9	102.5
1982	109.0	103.4	101.5	102.0
1983	110.8	103.5	101.4	102.0
1984	115.2	117.9	114.7	102.7
1985	113.4	117.9	105.3	111.9
1986	108.9	115.8	108.3	107.0
1987	111.7	109.8	101.0	108.8
1988	111.2	119.7	99.2	120.7
1989	104.2	110.8	95.2	116.3
1990	103.9	110.6	109.2	101.3
1991	109.3	109.3	104.0	105.1
1992	114.2	115.9	106.7	108.6
1993	113.9	124.3	107.1	116.1
1994	113.0	134.6	107.7	125.0
1995	111.0	118.9	101.8	116.8
1996	109.9	111.8	102.8	108.8
1997	109.2	107.8	104.5	103.1
1998	107.8	115.5	116.2	99.4
1999	107.7	111.7	113.2	98.7
2000	108.5	112.2	111.3	100.8
2001	108.3	116.1	115.3	100.7
2002	109.1	114.2	115.4	99.0
2003	110.0	112.9	111.9	100.9
2004	110.1	114.0	109.7	103.3
2005	111.4	114.3	112.5	101.6
2006	112.7	114.6	112.9	101.5
2007	114.2	118.5	113.4	104.5
2008	109.7	116.9	110.7	105.6
2009	109.4	111.6	112.6	99.1
2010	110.6	113.3	109.8	103.2
2011	109.6	114.4	108.6	105.3
2012	107.9	111.9	109.0	102.7
2013	107.8	110.1	107.3	102.6
2014	107.4	109.5	107.2	102.1
2015	107.0	110.1	108.5	101.5
2016	106.8	108.9	106.7	102.1
2017	106.9	110.0	108.2	101.7
2018	106.7	110.9	108.6	102.1
2019	106.0	109.8	106.8	102.8
2020	102.2	107.6	105.2	102.3
2021	108.4	109.7	108.6	101.0
2022	103.0	106.7	104.6	102.0
2023	105.2	105.8	105.5	100.3

1-5 全国就业人员年末人数
NUMBER OF EMPLOYMENT AT THE YEAR-END

单位：万人 (10 000 persons)

年份 Year	就业人员 Employment 合计 Total	占人口比重(%) Percentage of Total Population	城镇就业人员 Urban Employment	乡村就业人员 Rural Employment	按三次产业分 Group by Industry 第一产业 Primary Industry	第二产业 Secondary Industry	第三产业 Tertiary Industry	构成(以合计为100) Percentage(Total=100) 第一产业 Primary Industry	第二产业 Secondary Industry	第三产业 Tertiary Industry
1952	20729	36.1	2486	18243	17317	1531	1881	83.5	7.4	9.1
1953	21364	36.3	2754	18610	17747	1715	1902	83.1	8.0	8.9
1954	21832	36.2	2744	19088	18151	1882	1799	83.1	8.6	8.3
1955	22328	36.3	2802	19526	18592	1913	1823	83.3	8.6	8.1
1956	23018	36.6	2993	20025	18544	2468	2006	80.6	10.7	8.7
1957	23771	36.8	3205	20566	19309	2142	2320	81.2	9.0	9.8
1958	26600	40.3	5300	21300	15490	7076	4034	58.2	26.6	15.2
1959	26173	38.9	5389	20784	16271	5402	4500	62.2	20.6	17.2
1960	25880	39.1	6119	19761	17016	4112	4752	65.7	15.9	18.4
1961	25590	38.9	5336	20254	19747	2856	2987	77.2	11.2	11.6
1962	25910	38.5	4537	21373	21276	2059	2575	82.1	8.0	9.9
1963	26640	38.5	4603	22037	21966	2038	2636	82.5	7.6	9.9
1964	27736	39.3	4828	22908	22801	2183	2752	82.2	7.9	9.9
1965	28670	39.5	5136	23534	23396	2408	2866	81.6	8.4	10.0
1966	29805	40.0	5354	24451	24297	2600	2908	81.5	8.7	9.8
1967	30814	40.3	5446	25368	25165	2661	2988	81.7	8.6	9.7
1968	31915	40.6	5630	26285	26063	2743	3109	81.7	8.6	9.7
1969	33225	41.2	5825	27400	27117	3030	3078	81.6	9.1	9.3
1970	34432	41.5	6312	28120	27811	3518	3103	80.8	10.2	9.0
1971	35620	41.8	6868	28752	28397	3990	3233	79.7	11.2	9.1
1972	35854	41.1	7200	28654	28283	4276	3295	78.9	11.9	9.2
1973	36652	41.1	7388	29264	28857	4492	3303	78.7	12.3	9.0
1974	37369	41.1	7687	29682	29218	4712	3439	78.2	12.6	9.2
1975	38168	41.3	8222	29946	29456	5152	3560	77.2	13.5	9.3
1976	38834	41.4	8692	30142	29443	5611	3780	75.8	14.5	9.7
1977	39377	41.5	9127	30250	29340	5831	4206	74.5	14.8	10.7
1978	40152	41.7	9514	30638	28318	6945	4890	70.5	17.3	12.2
1979	41024	42.1	9999	31025	28634	7214	5177	69.8	17.6	12.6
1980	42361	42.9	10525	31836	29122	7707	5532	68.7	18.2	13.1
1981	43725	43.7	11053	32672	29777	8003	5945	68.1	18.3	13.6
1982	45295	44.6	11428	33867	30859	8346	6090	68.1	18.4	13.5
1983	46436	45.1	11746	34690	31151	8679	6606	67.1	18.7	14.2
1984	48197	46.2	12229	35968	30868	9590	7739	64.0	19.9	16.1
1985	49873	47.1	12808	37065	31130	10384	8359	62.4	20.8	16.8
1986	51282	47.7	13292	37990	31254	11216	8811	60.9	21.9	17.2
1987	52783	48.3	13783	39000	31663	11726	9395	60.0	22.2	17.8
1988	54334	48.9	14267	40067	32249	12152	9933	59.3	22.4	18.3
1989	55329	49.1	14390	40939	33225	11976	10129	60.1	21.6	18.3
1990	64749	56.6	17041	47708	38914	13856	11979	60.1	21.4	18.5

注：1990年及以后的劳动力、就业人员数据根据劳动力调查、全国人口普查推算；其中1991—2019年非普查年份数据已根据历次人口普查修订(下表同)。

Note: From 1990, the total number of labour force and employed persons were estimated according to Labour Force Survey and Population Census. The data for non-census years from 1991 to 2019 has been revised based on previous censuses.The same applies to the following tables.

1-5 续表 continued

单位：万人 (10 000 persons)

年 份 Year	就业人员 Employment		城镇就业人员 Urban Employment	乡村就业人员 Rural Employment	按三次产业分 Group by Industry			构成(以合计为100) Percentage(Total=100)		
	合计 Total	占人口比重(%) Percentage of Total Population			第一产业 Primary Industry	第二产业 Secondary Industry	第三产业 Tertiary Industry	第一产业 Primary Industry	第二产业 Secondary Industry	第三产业 Tertiary Industry
1991	65491	56.5	17465	48026	39098	14015	12378	59.7	21.4	18.9
1992	66152	56.5	17861	48291	38699	14355	13098	58.5	21.7	19.8
1993	66808	56.4	18262	48546	37680	14965	14163	56.4	22.4	21.2
1994	67455	56.3	18653	48802	36628	15312	15515	54.3	22.7	23.0
1995	68065	56.2	19040	49025	35530	15655	16880	52.2	23.0	24.8
1996	68950	56.3	19922	49028	34820	16203	17927	50.5	23.5	26.0
1997	69820	56.5	20781	49039	34840	16547	18432	49.9	23.7	26.4
1998	70637	56.6	21616	49021	35177	16600	18860	49.8	23.5	26.7
1999	71394	56.8	22412	48982	35768	16421	19205	50.1	23.0	26.9
2000	72085	56.9	23151	48934	36043	16219	19823	50.0	22.5	27.5
2001	72797	57.0	24123	48674	36399	16234	20165	50.0	22.3	27.7
2002	73280	57.0	25159	48121	36640	15682	20958	50.0	21.4	28.6
2003	73736	57.1	26230	47506	36204	15927	21605	49.1	21.6	29.3
2004	74264	57.1	27293	46971	34830	16709	22725	46.9	22.5	30.6
2005	74647	57.1	28389	46258	33442	17766	23439	44.8	23.8	31.4
2006	74978	57.0	29630	45348	31941	18894	24143	42.6	25.2	32.2
2007	75321	57.0	30953	44368	30731	20186	24404	40.8	26.8	32.4
2008	75564	56.9	32103	43461	29923	20553	25087	39.6	27.2	33.2
2009	75828	56.8	33322	42506	28890	21080	25857	38.1	27.8	34.1
2010	76105	56.8	34687	41418	27931	21842	26332	36.7	28.7	34.6
2011	76196	56.5	36003	40193	26472	22539	27185	34.7	29.6	35.7
2012	76254	56.1	37287	38967	25535	23226	27493	33.5	30.4	36.1
2013	76301	55.8	38527	37774	23838	23142	29321	31.3	30.3	38.4
2014	76349	55.5	39703	36646	22372	23057	30920	29.3	30.2	40.5
2015	76320	55.2	40916	35404	21418	22644	32258	28.0	29.7	42.3
2016	76245	54.8	42051	34194	20908	22295	33042	27.4	29.3	43.3
2017	76058	54.3	43208	32850	20295	21762	34001	26.7	28.6	44.7
2018	75782	53.9	44292	31490	19515	21356	34911	25.7	28.2	46.1
2019	75447	53.5	45249	30198	18652	21234	35561	24.7	28.2	47.1
2020	75064	53.2	46271	28793	17715	21543	35806	23.6	28.7	47.7
2021	74652	52.8	46773	27879	17072	21712	35868	22.9	29.1	48.0
2022	73351	52.0	45931	27420	17663	21105	34583	24.1	28.8	47.1
2023	74041	52.5	47032	27009	16882	21520	35639	22.8	29.1	48.1

1—6 分地区就业人员数(2023年底数)
NUMBER OF EMPLOYED PERSONS BY REGION(END OF 2023)

单位：万人 (10 000 persons)

地 区	Region	就业人员 Employed Persons	按城乡分 By Urban and Rural Areas		按三次产业分 Group by Industry		
			城镇 Urban	乡村 Rural	第一产业 Primary Industry	第二产业 Secondary Industry	第三产业 Tertiary Industry
全 国	**National Total**	**74041**	**47032**	**27009**	**16882**	**21520**	**35639**
北 京	Beijing	1129	989	140	24	183	922
天 津	Tianjin	635	535	100	32	218	385
河 北	Hebei	3623	2151	1472	789	1147	1687
山 西	Shanxi	1704	1023	681	399	434	871
内蒙古	Inner Mongolia	1211	784	427	416	214	581
辽 宁	Liaoning	2091	1431	660	589	466	1036
吉 林	Jilin	1170	689	481	451	176	543
黑龙江	Heilongjiang	1319	854	465	472	207	640
上 海	Shanghai	1345	1178	167	20	436	889
江 苏	Jiangsu	4840	3554	1286	620	1959	2261
浙 江	Zhejiang	3921	2861	1060	197	1744	1980
安 徽	Anhui	3191	1827	1364	768	1025	1398
福 建	Fujian	2192	1527	665	289	731	1172
江 西	Jiangxi	2231	1352	879	391	777	1063
山 东	Shandong	5370	3352	2018	1267	1818	2285
河 南	Henan	4828	2638	2190	1224	1411	2193
湖 北	Hubei	3254	1930	1324	874	871	1509
湖 南	Hunan	3238	1916	1322	773	887	1578
广 东	Guangdong	7057	5573	1484	688	2584	3785
广 西	Guangxi	2529	1361	1168	829	655	1045
海 南	Hainan	552	338	214	168	62	322
重 庆	Chongqing	1662	1109	553	361	425	876
四 川	Sichuan	4722	2545	2177	1535	1100	2087
贵 州	Guizhou	1884	1005	879	649	461	774
云 南	Yunnan	2748	1316	1432	1184	493	1071
西 藏	Xizang	194	79	115	67	30	97
陕 西	Shaanxi	2085	1268	817	619	437	1029
甘 肃	Gansu	1316	635	681	587	231	498
青 海	Qinghai	271	176	95	70	59	142
宁 夏	Ningxia	341	227	114	84	81	176
新 疆	Xinjiang	1388	809	579	446	198	744

1－7 2023年全国城镇调查失业率主要数据
MAIN DATA OF THE URBAN SURVEYED UNEMPLOYMENT RATE IN 2023

单位：% (%)

月份	Month	全国城镇 Urban	本地户籍 Local Household Registration	外来户籍 Non-local Household Registration	其中：外来农业户籍 Non-local Agricultural Household Registration	31个大城市 31 Major Cities
1月	January	5.5	5.4	5.6	5.5	5.8
2月	February	5.6	5.4	5.9	6.0	5.7
3月	March	5.3	5.1	5.6	5.3	5.5
4月	April	5.2	5.1	5.4	5.1	5.5
5月	May	5.2	5.1	5.4	4.9	5.5
6月	June	5.2	5.1	5.3	4.9	5.5
7月	July	5.3	5.3	5.2	4.8	5.4
8月	August	5.2	5.3	4.8	4.4	5.3
9月	September	5.0	5.1	4.9	4.7	5.2
10月	October	5.0	5.0	4.9	4.6	5.0
11月	November	5.0	5.1	4.7	4.4	5.0
12月	December	5.1	5.2	4.7	4.3	5.0

1-8　各地区分登记注册统计类别城镇非私营单位就业人员年末人数及构成(2023年)

URBAN NON-PRIVATE UNITS EMPLOYMENT AND COMPOSITION AT THE YEAR-END BY REGISTRATION STATUS AND REGION (2023)

单位：万人　　　　(10 000 persons)

地　区 Region	合　计 Total	内资单位 Domestic Invested Units	#国有单位 State-owned Units	港澳台投资单位 Units with Funds from Hong Kong, Macao and Taiwan	外商投资单位 Foreign Funded Units	构成（以合计为100） Composition(Total=100) 内资单位 Domestic Invested Units	港澳台投资单位 Units with Funds from Hong Kong, Macao and Taiwan	外商投资单位 Foreign Funded Units
全国总计 National	**16368.3**	**14287.4**	**5399.6**	**1092.8**	**988.1**	**87.3**	**6.7**	**6.0**
北　京 Beijing	755.6	610.6	150.7	71.3	73.7	80.8	9.4	9.7
天　津 Tianjin	219.0	166.3	57.4	22.4	30.4	75.9	10.2	13.9
河　北 Hebei	554.7	525.7	258.6	14.7	14.3	94.8	2.7	2.6
山　西 Shanxi	434.8	423.6	158.2	7.2	4.0	97.4	1.6	0.9
内蒙古 Inner Mongolia	268.7	263.2	125.5	2.3	3.1	98.0	0.8	1.2
辽　宁 Liaoning	424.5	374.4	167.0	12.5	37.6	88.2	2.9	8.9
吉　林 Jilin	233.9	221.6	110.5	2.6	9.7	94.8	1.1	4.2
黑龙江 Heilongjiang	274.6	267.8	133.7	3.7	3.0	97.5	1.4	1.1
上　海 Shanghai	647.6	379.8	87.4	118.4	149.3	58.7	18.3	23.1
江　苏 Jiangsu	1311.4	1011.4	292.2	123.2	176.8	77.1	9.4	13.5
浙　江 Zhejiang	1064.8	909.6	226.3	80.1	75.1	85.4	7.5	7.0
安　徽 Anhui	591.3	557.2	169.0	18.3	15.9	94.2	3.1	2.7
福　建 Fujian	548.6	454.1	148.3	59.5	35.0	82.8	10.8	6.4
江　西 Jiangxi	419.4	391.8	172.1	14.8	12.9	93.4	3.5	3.1
山　东 Shandong	1077.0	978.7	368.8	42.0	56.3	90.9	3.9	5.2
河　南 Henan	786.9	757.4	325.1	17.7	11.8	96.3	2.3	1.5
湖　北 Hubei	626.0	584.1	212.1	20.0	22.0	93.3	3.2	3.5
湖　南 Hunan	585.3	550.3	233.0	25.4	9.6	94.0	4.3	1.6
广　东 Guangdong	1990.0	1436.9	409.5	370.3	182.8	72.2	18.6	9.2
广　西 Guangxi	390.8	372.6	198.8	8.7	9.5	95.3	2.2	2.4
海　南 Hainan	102.1	97.3	40.7	2.7	2.1	95.3	2.6	2.1
重　庆 Chongqing	337.4	309.8	111.1	13.8	13.7	91.8	4.1	4.1
四　川 Sichuan	883.6	838.2	334.8	22.3	23.2	94.9	2.5	2.6
贵　州 Guizhou	310.8	306.6	160.2	2.7	1.5	98.7	0.9	0.5
云　南 Yunnan	345.0	337.1	184.7	4.8	3.1	97.7	1.4	0.9
西　藏 Xizang	40.8	40.5	26.4	0.2	0.1	99.2	0.6	0.2
陕　西 Shaanxi	456.4	442.3	168.7	6.5	7.6	96.9	1.4	1.7
甘　肃 Gansu	234.1	231.7	127.7	1.0	1.4	99.0	0.4	0.6
青　海 Qinghai	65.9	65.3	33.4	0.3	0.4	99.0	0.4	0.6
宁　夏 Ningxia	74.2	71.5	32.1	1.9	0.8	96.3	2.6	1.1
新　疆 Xinjiang	313.4	310.1	175.8	1.7	1.6	99.0	0.5	0.5

1-9 分登记注册统计类别城镇非私营单位就业人员年末人数及构成
EMPLOYMENT AND COMPOSITION IN URBAN NON-PRIVATE UNITS BY REGISTRATION STATUS (END OF YEAR)

单位：万人 (10 000 persons)

年 份 Year	合 计 Total	内资单位 Domestic Invested Units	#国有单位 State-owned Units	港澳台投资单位 Units with Funds from Hong Kong, Macao and Taiwan	外商投资单位 Foreign Funded Units	构成（以合计为100）Composition(Total=100) 内资单位 Domestic Invested Units	港澳台投资单位 Units with Funds from Hong Kong, Macao and Taiwan	外商投资单位 Foreign Funded Units
1971	6787	6787	5318					
1975	8198	8198	6426					
1980	10444	10444	8019					
1981	10940	10940	8372					
1985	12358	12358	8990					
1990	14059	13993	10346	4	62	99.5	0.0	0.4
1991	14508	14343	10664	69	96	98.9	0.5	0.7
1992	14792	14571	10889	83	138	98.5	0.6	0.9
1993	14849	14561	10920	155	133	98.1	1.0	0.9
1994	14849	14443	10890	211	195	97.3	1.4	1.3
1995	15301	14788	11261	272	241	96.6	1.8	1.6
1996	15221	14681	11244	265	275	96.5	1.7	1.8
1997	15036	14455	11044	281	300	96.1	1.9	2.0
1998	12696	12109	9058	294	293	95.4	2.3	2.3
1999	12130	11518	8572	306	306	95.0	2.5	2.5
2000	11612	10970	8102	310	332	94.5	2.7	2.9
2001	11166	10495	7640	326	345	94.0	2.9	3.1
2002	10985	10227	7163	367	391	93.1	3.3	3.6
2003	10970	10107	6876	409	454	92.1	3.7	4.1
2004	11099	10066	6710	470	563	90.7	4.2	5.1
2005	11404	10159	6488	557	688	89.1	4.9	6.0
2006	11713	10306	6430	611	796	88.0	5.2	6.8
2007	12024	10441	6424	680	903	86.8	5.7	7.5
2008	12193	10571	6447	679	943	86.7	5.6	7.7
2009	12573	10874	6420	721	978	86.5	5.7	7.8
2010	13052	11229	6516	770	1053	86.0	5.9	8.1
2011	14413	12264	6704	932	1217	85.1	6.5	8.4
2012	15236	13021	6839	969	1246	85.5	6.4	8.2
2013	18108	15145	6365	1397	1566	83.6	7.7	8.6
2014	18278	15323	6312	1393	1562	83.8	7.6	8.5
2015	18062	15273	6208	1344	1446	84.6	7.4	8.0
2016	17888	15222	6170	1305	1361	85.1	7.3	7.6
2017	17644	15062	6064	1290	1291	85.4	7.3	7.3
2018	17258	14893	5740	1153	1212	86.3	6.7	7.0
2019	17162	14801	5473	1157	1203	86.2	6.7	7.0
2020	17039	14665	5563	1159	1216	86.1	6.8	7.1
2021	17015	14619	5633	1175	1220	85.9	6.9	7.2
2022	16701	14423	5612	1114	1164	86.4	6.7	7.0
2023	16368	14287	5400	1093	988	87.3	6.7	6.0

注：1994年及以前为职工数(以下各表同)。
Note: Data before 1994 are staff and workers figures(Same as the following tables).

1-10　分行业城镇非私营单位就业人员年末人数（1995-2002年）
URBAN NON-PRIVATE UNITS EMPLOYMENT BY SECTOR (1995-2002)

单位：万人　　　(10 000 persons)

登记注册统计类别 Registered Statistical Categories 年份 Year	合计 Total	农、林、牧、渔业 Farming, Forestry, Animal Husbandry and Fishery	采掘业 Mining and Quarrying	制造业 Manufacturing	电力、煤气及水的生产和供应业 Production and Supply of Electricity, Gas and Water	建筑业 Construction	地质勘查业、水利管理业 Geological Prospecting and Water Conservancy	交通运输、仓储及邮电通信业 Transport, Storage, Post and Telecommunications	批发和零售贸易、餐饮业 Wholesale and Retail Trade & Catering Services
全　国 National									
1995	15300.8	669.4	921.4	5493.1	257.9	1090.1	134.6	848.5	1855.9
1996	15221.1	631.3	891.8	5344.0	272.8	1069.7	128.9	853.2	1830.0
1997	15036.2	629.2	856.8	5129.9	283.3	1037.4	129.0	850.5	1796.1
1998	12695.7	562.5	707.3	3826.1	282.9	878.1	116.2	721.5	1286.6
1999	12130.2	536.5	655.2	3554.3	285.0	814.8	111.4	704.2	1141.5
2000	11612.5	516.4	585.2	3300.7	283.8	780.1	110.2	680.4	1009.5
2001	11165.8	483.2	548.2	3070.1	287.8	774.0	104.9	651.6	874.2
2002	10985.2	455.2	542.7	2980.7	289.6	803.2	97.7	639.5	774.5
国有单位 State-owned Units									
1995	11260.5	642.6	839.0	3347.9	238.3	627.9	132.5	699.1	1072.2
1996	11243.6	605.5	813.6	3238.6	251.2	616.1	126.7	705.6	1064.7
1997	11044.2	605.1	776.8	3028.2	258.0	598.0	125.9	706.1	1045.7
1998	9058.1	541.1	600.7	1900.7	243.2	462.8	114.0	601.5	706.0
1999	8572.1	517.2	529.0	1665.2	240.1	419.0	109.2	585.8	620.3
2000	8101.9	496.2	451.3	1432.1	234.1	391.7	108.0	566.5	544.0
2001	7639.9	464.5	404.6	1210.0	231.9	357.6	102.8	536.2	460.6
2002	7162.9	433.4	350.4	994.9	223.5	320.6	95.6	518.2	380.4
城镇集体单位 Urban Collective-owned Units									
1995	3146.7	23.7	78.3	1438.3	9.2	440.3	2.0	139.5	707.3
1996	3015.8	21.8	73.8	1364.8	10.8	424.0	2.1	135.7	678.5
1997	2882.7	19.9	73.1	1261.3	11.3	404.1	3.0	127.0	647.6
1998	1963.2	16.2	49.3	758.4	10.8	321.4	2.1	81.3	424.5
1999	1711.8	14.6	42.5	636.8	9.7	291.2	2.0	69.1	355.0
2000	1499.3	13.9	35.1	531.7	9.4	272.5	1.9	58.4	292.5
2001	1291.0	11.8	30.9	437.1	8.4	255.2	1.6	49.1	223.2
2002	1122.0	10.9	30.7	357.1	7.1	231.3	1.4	41.4	174.7
其他单位 Other Ownership Units									
1995	893.6	3.2	4.0	706.8	10.3	22.0		9.8	76.3
1996	961.7	4.0	4.4	740.5	10.8	29.5		12.0	86.8
1997	1109.4	4.2	6.9	840.4	14.1	35.3		17.4	102.8
1998	1674.5	5.2	57.3	1167.1	28.9	93.8	0.1	38.7	156.1
1999	1846.3	4.8	83.7	1252.2	35.2	104.6	0.2	49.2	166.3
2000	2011.3	6.4	98.8	1336.9	40.4	115.9	0.3	55.6	173.0
2001	2234.9	6.9	112.7	1423.0	47.5	161.2	0.5	66.2	190.4
2002	2700.3	10.9	161.6	1628.7	58.9	251.3	0.7	79.8	219.4

1－10 续表 continued

单位：万人 (10 000 persons)

登记注册统计类别 Registered Statistical Categories 年份 Year	金融、保险业 Finance and Insurance	房地产业 Real Estate Trade	社会服务业 Social Services	卫生、体育和社会福利业 Health Care, Sporting and Social Welfare	教育、文化艺术和广播电影电视业 Education, Culture and Arts, Radio, Film and Television	科学研究和综合技术服务业 Scientific Research and Polytechnical Services	国家机关政党机关和社会团体 Government Agencies, Party Agencies and Social Organizations	其他 Others
全国 National								
1995	276.3	79.6	461.4	444.3	1476.1	181.9	1041.7	68.8
1996	291.9	84.3	472.1	457.5	1512.6	182.7	1092.6	105.8
1997	308.2	86.9	494.3	471.1	1556.7	185.8	1093.1	127.8
1998	313.5	93.7	470.4	477.7	1573.3	177.5	1096.5	111.9
1999	328.5	96.6	476.0	482.0	1567.8	173.6	1102.1	100.9
2000	326.8	100.4	483.5	488.1	1565.8	174.5	1103.8	103.1
2001	335.9	107.5	491.4	493.0	1567.9	165.0	1100.9	110.1
2002	339.8	118.4	521.0	493.2	1565.1	162.7	1074.7	127.0
国有单位 State-owned Units								
1995	204.8	62.9	321	383.2	1443	170	1033.1	43.1
1996	210.7	64.6	335.4	394.8	1486.2	168.7	1084.3	76.9
1997	217.6	65.3	352.6	407.6	1502.7	170.2	1087.2	97.2
1998	217.5	65.1	331.7	417.0	1519.7	159.5	1091.1	86.4
1999	226.5	64.0	330.7	422.6	1512.9	157.0	1097.2	75.4
2000	223.4	63.3	326.7	427.3	1508.4	151.2	1098.9	78.7
2001	221.7	63.4	322.6	433.4	1507.7	141.9	1097.0	83.9
2002	216.2	61.3	327.4	437.8	1497.2	139.1	1071.0	96.0
城镇集体单位 Urban Collective-owned Units								
1995	67.5	6.7	99.3	60.7	32.1	8.7	8.7	24.3
1996	73.2	7.7	90.3	62.1	25.0	10.4	8.4	27.5
1997	77.4	7.9	90.4	62.8	52.6	10.5	5.9	27.8
1998	72.1	7.2	72.4	59.6	51.7	9.7	5.3	21.2
1999	71.8	7.5	68.9	58.2	52.2	8.3	4.8	19.2
2000	70.4	6.8	64.2	59.4	53.3	7.9	4.9	17.0
2001	69.1	6.9	59.1	57.7	55.2	5.3	3.9	16.6
2002	66.9	8.0	52.9	52.5	58.3	4.8	3.4	20.5
其他单位 Other Ownership Units								
1995	3.9	9.9	41.2	0.4	0.9	3.1		1.4
1996	8.0	12.0	46.4	0.5	1.4	3.6		1.5
1997	13.3	13.7	51.3	0.6	1.5	5.1		2.7
1998	23.9	21.3	66.3	1.1	1.9	8.3		4.4
1999	30.2	25.1	76.4	1.2	2.7	8.3		6.3
2000	33.0	30.3	92.6	1.4	4.1	15.3		7.4
2001	45.1	37.2	109.7	1.9	5.0	17.8		9.7
2002	56.8	49.0	140.7	3.0	9.6	18.8		11.0

1-11 分行业城镇非私营单位就业人员年末人数(2003-2011年)
URBAN NON-PRIVATE UNITS EMPLOYMENT BY SECTOR(2003-2011)

单位：万人 (10 000 persons)

登记注册统计类别 Registered Statistical Categories 年份 Year	合计 Total	农、林、牧、渔业 Agriculture, Forestry, Farming of Animals and Fishery	采矿业 Mining	制造业 Manufacturing	电力、燃气及水的生产和供应业 Production and Distribution of Electricity, Gas and Water	建筑业 Construction	交通运输、仓储和邮政业 Traffic, Transport, Storage and post
全国 National							
2003	10969.7	484.5	488.3	2980.5	297.6	833.7	636.5
2004	11098.9	466.1	500.7	3050.8	300.6	841.0	631.8
2005	11404.0	446.3	509.2	3210.9	299.9	926.6	613.9
2006	11713.2	435.2	529.7	3351.6	302.5	988.7	612.7
2007	12024.4	426.3	535.0	3465.4	303.4	1050.8	623.1
2008	12192.5	410.1	540.4	3434.3	306.5	1072.6	627.3
2009	12573.0	373.7	553.7	3491.9	307.7	1177.5	634.4
2010	13051.5	375.7	562.0	3637.2	310.5	1267.5	631.1
2011	14413.3	359.5	611.6	4088.3	334.7	1724.8	662.8
国有单位 State-owned Units							
2003	6875.6	457.7	264.3	870.7	224.1	299.3	492.8
2004	6709.9	439.4	268.8	746.3	219.3	281.2	473.4
2005	6488.2	423.5	241.3	614.0	209.5	272.5	443.3
2006	6430.5	414.2	241.7	554.0	208.8	262.8	433.0
2007	6423.5	406.3	232.8	518.1	202.4	271.3	432.0
2008	6447.0	392.1	242.9	485.5	203.1	267.7	424.5
2009	6420.2	356.1	243.7	437.8	198.6	262.7	413.9
2010	6516.4	357.4	234.1	416.5	203.9	278.7	403.3
2011	6704.2	340.9	250.3	397.8	215.0	333.2	415.9
城镇集体单位 Urban Collective-owned Units							
2003	999.9	14.1	27.7	296.6	7.0	217.3	38.7
2004	897.2	12.5	27.1	259.6	6.6	198.1	34.1
2005	809.9	9.1	24.8	221.9	6.1	186.9	30.6
2006	763.6	7.1	25.1	203.9	6.0	184.9	27.2
2007	718.4	6.0	23.2	182.1	5.6	181.5	24.6
2008	661.8	4.9	22.2	165.2	5.1	169.2	22.2
2009	618.1	4.9	17.6	148.5	5.1	163.7	20.6
2010	597.5	4.4	18.8	134.4	5.2	161.7	19.8
2011	603.1	4.0	20.4	124.1	5.5	187.4	17.5
其他单位 Other Ownership Units							
2003	3094.3	12.7	196.3	1813.2	66.5	317.1	105.0
2004	3491.8	14.1	204.8	2044.9	74.7	361.7	124.4
2005	4105.9	13.7	243.1	2374.9	84.4	467.2	140.0
2006	4519.1	13.9	262.9	2593.7	87.8	540.9	152.6
2007	4882.4	14.1	279.0	2765.2	95.4	598.0	166.4
2008	5083.7	13.1	275.3	2783.6	98.4	635.6	180.6
2009	5534.7	12.6	292.4	2905.6	103.9	751.2	199.9
2010	5937.6	14.0	309.1	3086.2	101.4	827.1	208.0
2011	7106.0	14.6	340.9	3566.4	114.2	1204.2	229.4

1-11 续表 1 continued

单位：万人 (10 000 persons)

登记注册统计类别 Registered Statistical Categories 年份 Year	信息传输、计算机服务和软件业 Information Transfer, Computer and Software	批发和零售业 Wholesale and Retail Trade	住宿和餐饮业 Accommodation and Restaurants	金融业 Finance	房地产业 Real Estate	租赁和商务服务业 Tenancy and Business Services	科学研究、技术服务和地质勘查业 Scientific Research, Technical Service and Geologic Perambulation
全　国 National							
2003	116.8	628.1	172.1	353.3	120.2	183.5	221.9
2004	123.7	586.7	177.1	356.0	133.4	194.4	222.1
2005	130.1	544.0	181.2	359.3	146.5	218.5	227.7
2006	138.2	515.7	183.9	367.4	153.9	236.7	235.5
2007	150.2	506.9	185.8	389.7	166.5	247.2	243.4
2008	159.5	514.4	193.2	417.6	172.7	274.7	257.0
2009	173.8	520.8	202.1	449.0	190.9	290.5	272.6
2010	185.8	535.1	209.2	470.1	211.6	310.1	292.3
2011	212.8	647.5	242.7	505.3	248.6	286.6	298.5
国有单位 State-owned Units							
2003	72.0	301.0	73.4	208.1	52.2	106.0	185.1
2004	74.1	259.6	70.5	196.4	50.9	107.9	188.6
2005	65.8	214.7	67.5	177.5	47.5	114.6	188.5
2006	65.6	186.7	63.8	165.1	45.0	121.0	193.0
2007	62.5	174.1	58.6	161.4	45.2	120.5	197.5
2008	63.0	160.7	56.6	155.4	43.5	125.9	201.6
2009	64.6	144.2	55.2	146.0	43.5	125.4	209.4
2010	62.5	137.3	54.6	144.3	45.4	131.5	219.6
2011	67.0	145.7	56.3	146.3	47.6	127.9	218.2
城镇集体单位 Urban Collective-owned Units							
2003	1.8	128.6	16.2	67.0	7.4	30.2	4.8
2004	1.3	108.9	15.0	66.6	7.8	30.7	4.5
2005	1.4	89.9	13.7	63.8	8.2	35.2	3.8
2006	1.1	77.4	12.7	62.1	8.0	34.1	3.5
2007	0.9	69.0	11.6	61.3	7.7	34.4	3.4
2008	0.8	58.6	11.0	60.1	7.4	33.1	3.4
2009	1.1	52.5	10.4	53.1	8.7	36.7	4.2
2010	1.0	48.0	9.6	52.1	9.2	37.6	4.2
2011	1.3	46.8	10.0	50.2	8.6	31.8	3.7
其他单位 Other Ownership Units							
2003	43.0	198.6	82.5	78.3	60.6	47.3	32.0
2004	48.3	218.3	91.6	93.1	74.7	55.8	29.0
2005	62.8	239.4	100.1	117.9	90.9	68.7	35.5
2006	71.5	251.6	107.3	140.2	101.0	81.6	38.9
2007	86.8	263.8	115.7	167.0	113.6	92.3	42.5
2008	95.7	295.0	125.6	202.0	121.8	115.7	52.0
2009	108.1	324.2	136.5	249.9	138.7	128.4	59.0
2010	122.3	349.9	145.1	273.7	157.1	140.9	68.6
2011	144.5	455.0	176.5	308.9	192.4	126.9	76.5

1-11 续表 2 continued

单位：万人 (10 000 persons)

登记注册统计类别 Registered Statistical Categories 年 份 Year	水利、环境和公共设施管理业 Management of Water Conservancy, Environment and Public Establishment	居民服务和其他服务业 Resident Services and Other Services	教 育 Education	卫生、社会保障和社会福利业 Sanitation, Social Security and Social Welfare	文化体育和娱乐业 Culture, Sports and Entertainment	公共管理和社会组织 Public Management and Social Organization
全 国 National						
2003	172.5	52.8	1442.8	485.8	127.8	1171.0
2004	176.1	54.2	1466.8	494.7	123.4	1199.0
2005	180.4	53.9	1483.2	508.9	122.5	1240.8
2006	187.0	56.6	1504.4	525.4	122.4	1265.6
2007	193.5	57.4	1520.9	542.8	125.0	1291.2
2008	197.3	56.5	1534.0	563.6	126.0	1335.0
2009	205.7	58.8	1550.4	595.8	129.5	1394.3
2010	218.9	60.2	1581.8	632.5	131.4	1428.5
2011	230.3	59.9	1617.8	679.1	135.0	1467.6
国有单位 State-owned Units						
2003	155.3	22.1	1378.3	430.9	117.0	1165.1
2004	158.0	24.2	1409.7	437.9	111.9	1191.8
2005	161.0	24.9	1424.9	452.4	110.5	1234.3
2006	165.4	27.7	1448.0	466.8	110.1	1257.5
2007	169.8	28.7	1462.9	483.2	111.3	1285.0
2008	172.8	28.8	1481.9	501.2	110.9	1328.8
2009	178.3	28.3	1490.6	529.9	111.9	1380.0
2010	189.9	28.9	1517.4	562.6	113.1	1415.6
2011	198.0	30.7	1540.9	606.0	113.8	1452.7
城镇集体单位 Urban Collective-owned Units						
2003	10.7	15.2	57.1	51.2	3.2	5.0
2004	10.2	13.5	43.1	50.0	2.8	4.8
2005	9.6	10.3	40.2	48.3	2.5	3.5
2006	10.0	9.8	36.0	48.8	2.3	3.6
2007	10.2	8.9	34.3	48.7	2.3	2.9
2008	10.8	8.8	24.6	49.8	2.3	2.4
2009	10.5	8.2	17.4	49.9	2.2	2.7
2010	10.5	7.8	17.5	51.4	2.2	2.2
2011	10.8	6.0	19.1	51.5	2.0	2.4
其他单位 Other Ownership Units						
2003	6.5	15.6	7.4	3.6	7.5	0.8
2004	7.9	16.5	14.0	6.8	8.7	2.5
2005	9.8	18.7	18.1	8.2	9.6	3.0
2006	11.6	19.0	20.4	9.8	10.0	4.4
2007	13.5	19.8	23.7	11.0	11.5	3.3
2008	13.7	19.0	27.5	12.6	12.7	3.8
2009	16.8	22.3	42.3	16.0	15.4	11.6
2010	18.5	23.5	46.8	18.6	16.2	10.7
2011	21.5	23.1	57.7	21.6	19.2	12.5

1-12 分行业城镇非私营单位就业人员年末人数(2012-2022年) URBAN NON-PRIVATE UNITS EMPLOYMENT BY SECTOR(2012-2022)

单位：万人 (10 000 persons)

登记注册统计类别 Registered Statistical Categories 年 份 Year	合 计 Total	农、林、牧、渔业 Agriculture, Forestry, Animal Husbandry and Fishery	采矿业 Mining	制造业 Manufacturing	电力、热力、燃气及水生产和供应业 Production and Supply of Electricity, Heat, Gas and Water	建筑业 Construction	批发和零售业 Wholesale and Retail Trades
全 国 National							
2012	15236.4	338.9	631.0	4262.2	344.6	2010.3	711.8
2013	18108.4	294.8	636.5	5257.9	404.5	2921.9	890.8
2014	18277.8	284.6	596.5	5243.1	403.7	2921.2	888.6
2015	18062.5	270.0	545.8	5068.7	396.0	2796.0	883.3
2016	17888.1	263.2	490.9	4893.8	387.6	2724.7	875.0
2017	17643.8	255.4	455.4	4635.5	377.0	2643.2	842.8
2018	17258.2	192.6	414.4	4178.3	369.2	2710.9	823.3
2019	17161.8	134.1	367.7	3832.0	373.1	2270.5	830.0
2020	17039.1	85.7	352.1	3805.5	379.7	2153.3	786.9
2021	17014.5	86.8	344.8	3828.0	382.0	1971.9	797.5
2022	16700.7	78.9	340.9	3738.4	375.3	1835.2	785.3
国有单位 State-owned Units							
2012	6839.0	320.5	256.2	369.5	218.3	345.8	148.5
2013	6365.1	280.3	97.2	232.6	199.0	267.5	110.1
2014	6312.3	262.9	71.6	207.8	192.9	237.1	99.9
2015	6208.3	248.4	54.8	180.8	178.8	192.9	90.8
2016	6169.8	242.3	44.6	158.8	176.3	184.6	82.0
2017	6063.8	236.1	34.0	124.0	159.9	154.2	72.0
2018	5739.7	172.7	17.3	73.3	134.1	113.1	60.6
2019	5472.7	99.9	14.7	38.5	113.8	80.4	42.9
2020	5563.0	58.0	18.0	46.4	102.4	89.1	47.8
2021	5633.1	54.9	16.7	51.6	98.5	89.5	47.9
2022	5612.2	48.5	15.5	52.1	94.9	86.7	46.0
城镇集体单位 Urban Collective-owned Units							
2012	589.7	5.0	20.6	113.7	5.1	185.0	40.9
2013	566.2	2.5	15.8	97.4	4.2	181.6	38.3
2014	536.7	2.6	13.3	87.9	4.0	173.7	35.0
2015	481.4	2.1	10.7	74.4	3.8	154.7	31.7
2016	453.3	1.9	9.4	66.5	3.5	149.1	28.0
2017	406.0	1.8	7.7	52.8	3.2	133.0	21.2
2018	347.4	1.6	4.1	38.4	2.9	116.8	17.8
2019	295.6	3.2	3.2	31.5	3.3	94.7	12.9
2020	271.2	1.8	2.7	21.9	3.4	83.2	9.2
2021	261.7	2.8	2.2	18.8	3.2	74.5	8.3
2022	235.1	1.8	2.1	14.4	2.5	67.4	7.5
其他单位 Other Ownership Units							
2012	7807.7	13.4	354.2	3779.0	121.1	1479.4	522.4
2013	11177.2	12.1	523.4	4927.9	201.4	2472.8	742.4
2014	11428.8	19.1	511.7	4947.4	206.8	2510.3	753.6
2015	11372.8	19.4	480.3	4813.6	213.4	2448.4	760.9
2016	11264.9	19.0	436.9	4668.5	207.8	2391.1	765.1
2017	11174.0	17.5	413.6	4458.7	213.9	2356.1	749.6
2018	11171.1	18.4	393.0	4066.5	232.2	2481.0	744.9
2019	11393.5	31.0	349.9	3762.0	256.1	2095.4	774.3
2020	11204.9	25.8	331.4	3737.2	273.9	1980.9	730.0
2021	11119.8	29.1	326.0	3757.5	280.2	1807.9	741.3
2022	10853.4	28.6	323.3	3671.9	277.9	1681.1	731.8

1-12 续表 1 continued

单位：万人　　　　(10 000 persons)

登记注册统计类别 Registered Statistical Categories 年份 Year	交通运输、仓储和邮政业 Transport, Storage and Post	住宿和餐饮业 Hotels and Catering Services	信息传输、软件和信息技术服务业 Information Software and Information Technology	金融业 Financial Inter-mediation	房地产业 Real Estate	租赁和商务服务业 Leasing and Business Services	科学研究和技术服务业 Scientific Research, and Technical Services
全　国 National							
2012	667.5	265.1	222.8	527.8	273.7	292.3	330.7
2013	846.2	304.4	327.3	537.9	373.7	421.9	387.8
2014	861.4	289.3	336.3	566.3	402.2	449.4	408.0
2015	854.4	276.1	349.9	606.8	417.3	474.0	410.6
2016	849.5	269.7	364.1	665.2	431.7	488.4	419.6
2017	843.9	265.9	395.4	688.8	444.8	522.6	420.4
2018	819.0	269.8	424.3	699.3	466.0	529.5	411.5
2019	815.5	265.2	455.3	826.1	510.3	660.4	434.3
2020	812.2	256.6	487.1	859.0	525.4	643.6	431.2
2021	798.1	265.3	519.2	818.5	529.3	680.3	450.1
2022	776.2	255.0	529.2	739.6	511.5	738.3	455.8
国有单位 State-owned Units							
2012	419.5	57.6	65.8	151.9	46.7	116.7	232.5
2013	410.3	45.7	49.5	147.9	37.1	123.6	223.7
2014	395.2	41.8	37.5	146.1	36.5	126.0	224.8
2015	373.4	37.4	35.5	146.6	33.1	120.6	213.2
2016	366.0	35.2	33.5	148.7	32.1	118.1	215.1
2017	353.0	31.7	26.9	143.1	26.3	116.8	206.2
2018	264.1	26.0	24.9	125.8	19.6	104.2	182.7
2019	131.8	20.9	19.9	89.3	15.7	98.5	150.3
2020	108.5	20.6	25.6	68.6	22.1	96.2	152.2
2021	104.5	18.7	27.6	65.7	21.5	94.8	150.9
2022	94.3	15.8	27.0	61.4	24.7	92.3	145.6
城镇集体单位 Urban Collective-owned Units							
2012	17.7	9.3	1.3	50.1	8.7	33.7	5.4
2013	19.0	10.0	0.9	48.7	8.3	38.1	5.5
2014	17.4	6.7	0.8	47.0	8.9	36.0	5.4
2015	14.8	5.4	0.7	46.5	8.0	31.8	4.8
2016	13.7	4.9	0.6	44.9	8.0	29.1	4.6
2017	12.2	4.2	0.8	42.0	7.4	27.7	4.2
2018	9.3	3.9	0.6	33.1	7.2	23.3	3.9
2019	8.5	3.1	0.7	9.5	9.9	26.2	4.3
2020	7.8	2.6	0.6	7.0	9.2	19.5	4.7
2021	5.8	2.4	0.4	6.5	8.7	18.6	4.2
2022	4.7	1.9	0.5	6.0	8.3	17.2	3.9
其他单位 Other Ownership Units							
2012	230.3	198.1	155.7	325.7	218.3	141.8	92.8
2013	417.0	248.7	276.9	341.3	328.3	260.2	158.5
2014	448.9	240.8	298.0	373.3	356.8	287.4	177.8
2015	466.2	233.3	313.6	413.7	376.2	321.7	192.6
2016	469.8	229.6	330.0	471.5	391.6	341.2	199.9
2017	478.7	230.0	367.7	503.7	411.0	378.1	210.0
2018	545.6	240.0	398.8	540.4	439.2	402.1	224.9
2019	675.2	241.3	434.6	727.3	484.7	535.6	279.7
2020	695.9	233.4	460.9	783.4	494.0	527.9	274.3
2021	687.8	244.1	491.1	746.3	499.1	567.0	295.0
2022	677.2	237.3	501.7	672.1	478.5	628.8	306.3

1-12 续表 2 continued

单位：万人 (10 000 persons)

登记注册统计类别 Registered Statistical Categories 年 份 Year	水利、环境和公共设施管理业 Management of Water Conservancy, Environment and Public Facilities	居民服务、修理和其他服务业 Service to Households, Repair and Other Services	教 育 Education	卫生和社会工作 Health and Social Service	文化、体育和娱乐业 Culture, Sports and Entertainment	公共管理、社会保障和社会组织 Public Management, Social Security and social Organization
全 国 National						
2012	243.8	62.1	1653.4	719.3	137.7	1541.5
2013	259.2	72.3	1687.2	770.0	147.0	1567.0
2014	269.1	75.4	1727.3	810.4	145.5	1599.3
2015	273.3	75.2	1736.5	841.6	149.1	1637.8
2016	269.6	75.4	1729.2	867.0	150.8	1672.6
2017	268.5	78.2	1730.4	897.9	152.2	1725.6
2018	260.6	77.4	1735.6	912.4	146.6	1817.5
2019	244.5	86.3	1909.3	1006.2	151.2	1989.8
2020	245.6	82.8	1958.9	1051.9	149.5	1972.2
2021	252.6	85.9	1971.9	1094.7	151.7	1985.8
2022	253.6	90.1	1950.6	1114.5	146.5	1985.8
国有单位 State-owned Units						
2012	208.9	30.4	1567.2	639.5	115.0	1528.6
2013	207.7	22.9	1573.8	672.7	109.9	1553.6
2014	211.9	22.5	1602.7	703.9	106.3	1585.1
2015	210.7	22.0	1607.3	733.1	104.4	1624.4
2016	203.9	21.4	1593.9	752.5	102.6	1658.1
2017	195.9	18.5	1582.4	773.8	98.8	1710.3
2018	167.6	19.3	1564.8	786.2	91.5	1791.8
2019	129.9	12.3	1540.0	835.1	82.1	1956.7
2020	122.1	11.8	1637.0	894.5	85.5	1956.6
2021	121.2	13.3	1662.8	934.4	85.6	1973.0
2022	116.0	13.2	1664.6	956.0	82.8	1974.6
城镇集体单位 Urban Collective-owned Units						
2012	10.6	6.1	19.0	52.6	2.5	2.3
2013	10.7	5.4	21.8	54.0	2.0	2.1
2014	11.2	5.7	22.2	54.9	1.9	2.1
2015	10.9	4.9	20.9	51.5	1.8	2.0
2016	10.6	4.2	19.0	51.2	1.8	2.3
2017	10.0	3.8	18.9	51.0	1.7	2.4
2018	8.0	3.3	22.9	46.2	1.3	3.0
2019	5.0	3.2	37.7	33.2	1.5	4.1
2020	4.9	3.8	46.7	35.2	1.7	5.4
2021	5.2	3.5	53.0	36.2	1.7	5.3
2022	4.8	3.3	47.9	33.6	1.6	5.5
其他单位 Other Ownership Units						
2012	24.3	25.7	67.2	27.3	20.2	10.6
2013	40.8	44.1	91.6	43.3	35.0	11.3
2014	46.1	47.3	102.4	51.6	37.3	12.1
2015	51.7	48.3	108.3	57.0	42.8	11.4
2016	55.0	49.8	116.4	63.3	46.3	12.2
2017	62.6	56.0	129.1	73.2	51.7	12.9
2018	85.0	54.8	147.9	80.0	53.7	22.6
2019	109.6	70.8	331.6	137.9	67.5	29.1
2020	118.5	67.2	275.2	122.2	62.4	10.2
2021	126.2	69.0	256.1	124.1	64.4	7.5
2022	132.7	73.7	238.1	124.9	62.0	5.6

1-13 分行业城镇非私营单位就业人员年末人数(2023年)
URBAN NON-PRIVATE UNITS EMPLOYMENT BY SECTOR(2023)

单位：万人 (10 000 persons)

登记注册统计类别 Registered Statistical Categories 年 份 Year	合 计 Total	农、林、牧、渔业 Agriculture, Forestry, Animal Husbandry and Fishery	采矿业 Mining	制造业 Manufacturing	电力、热力、燃气及水生产和供应业 Production and Supply of Electricity, Heat, Gas and Water
全 国					
National					
2023	16368.3	69.3	329.3	3577.8	361.0
内资单位					
Domestic Invested Units					
2023	14287.4	67.8	319.2	2252.8	336.1
#国有单位					
State-owned Units					
2023	5399.6	26.5	21.4	22.5	23.6
港澳台投资单位					
Units with Funds from Hong Kong, Macao and Taiwan					
2023	1092.8	0.9	6.3	674.3	16.9
外商投资单位					
Foreign Funded Units					
2023	988.1	0.6	3.9	650.7	8.0

1-13 续表 1 continued

单位：万人 (10 000 persons)

登记注册统计类别 Registered Statistical Categories 年份 Year	建筑业 Construction	批发和零售业 Wholesale and Retail Trades	交通运输、仓储和邮政业 Transport, Storage and Post	住宿和餐饮业 Hotels and Catering Services	信息传输、软件和信息技术服务业 Information Software and Information Technology
全　国					
National					
2023	1638.1	782.4	767.9	288.4	529.5
内资单位					
Domestic Invested Units					
2023	1621.6	592.8	721.9	190.7	390.7
#国有单位					
State-owned Units					
2023	35.6	30.1	46.7	9.2	17.1
港澳台投资单位					
Units with Funds from Hong Kong, Macao and Taiwan					
2023	8.9	94.4	32.3	52.1	83.0
外商投资单位					
Foreign Funded Units					
2023	7.7	95.3	13.7	45.6	55.8

1—13　续表 2　continued

登记注册统计类别 Registered Statistical Categories 年　份 Year	金融业 Financial Inter-mediation	房地产业 Real Estate	租赁和商务服务业 Leasing and Business Services	科学研究和技术服务业 Scientific Research, and Technical Services	水利、环境和公共设施管理业 Management of Water Conservancy, Environment and Public Facilities
全　国					
National					
2023	692.4	509.4	827.8	451.7	257.9
内资单位					
Domestic Invested Units					
2023	647.3	461.2	757.4	412.0	254.0
#国有单位					
State-owned Units					
2023	57.7	9.1	60.7	128.1	110.0
港澳台投资单位					
Units with Funds from Hong Kong, Macao and Taiwan					
2023	11.9	35.7	39.0	19.2	3.3
外商投资单位					
Foreign Funded Units					
2023	33.2	12.5	31.4	20.5	0.6

1—13 续表 3 continued

登记注册统计类别 Registered Statistical Categories 年 份 Year	居民服务、修理和其他服务业 Service to Households, Repair and Other Services	教 育 Education	卫生和社会工作 Health and Social Service	文化、体育和娱乐业 Culture, Sports and Entertainment	公共管理、社会保障和社会组织 Public Management, Social Security and social Organization
全 国					
National					
2023	85.2	1940.5	1126.9	147.0	1985.8
内资单位					
Domestic Invested Units					
2023	74.7	1938.7	1122.7	140.0	1985.8
#国有单位					
State-owned Units					
2023	11.4	1731.7	996.2	80.5	1981.4
港澳台投资单位					
Units with Funds from Hong Kong, Macao and Taiwan					
2023	8.6	0.9	2.4	3.0	
外商投资单位					
Foreign Funded Units					
2023	1.9	0.9	1.8	4.0	

1-14　各地区分登记注册统计类别城镇非私营单位女性就业人员年末人数
FEMALE EMPLOYMENT IN URBAN NON-PRIVATE UNITS BY REGISTRATION STATUS AND REGION (END OF YEAR)

单位：万人　　　　(10 000 persons)

年　份 Year	地　区 Region	合　计 Total	内资单位 Domestic Invested Units	港澳台投资单位 Units with Funds from Hong Kong, Macao and Taiwan	外商投资单位 Foreign Funded Units
	2011	5227.7	4244.5	440.3	542.9
	2012	5458.9	4464.5	455.9	538.5
	2013	6338.3	4979.3	672.1	686.9
	2014	6546.2	5168.6	680.8	696.8
	2015	6527.0	5244.1	650.5	632.5
	2016	6517.6	5303.2	625.0	589.4
	2017	6545.3	5374.6	609.4	561.3
	2018	6427.6	5355.0	547.3	525.3
	2019	6684.2	5624.4	539.5	520.3
	2020	6779.4	5716.9	534.7	527.8
	2021	6852.0	5785.7	537.2	529.1
	2022	6766.4	5758.3	507.2	500.9
	2023	6703.8	5791.0	492.5	420.4
北　京	Beijing	326.2	260.0	33.6	32.6
天　津	Tianjin	90.3	67.8	10.8	11.7
河　北	Hebei	236.9	227.1	4.5	5.4
山　西	Shanxi	165.4	161.4	2.9	1.1
内蒙古	Inner Mongolia	109.8	108.0	0.8	1.0
辽　宁	Liaoning	177.2	155.9	5.3	16.0
吉　林	Jilin	97.3	93.2	1.0	3.1
黑龙江	Heilongjiang	109.6	107.0	1.5	1.1
上　海	Shanghai	293.7	166.7	58.0	69.0
江　苏	Jiangsu	485.9	359.3	53.3	73.4
浙　江	Zhejiang	414.9	349.3	33.8	31.7
安　徽	Anhui	219.3	205.5	7.7	6.2
福　建	Fujian	227.2	182.7	28.0	16.5
江　西	Jiangxi	176.3	162.4	8.7	5.1
山　东	Shandong	427.0	388.3	14.9	23.8
河　南	Henan	326.9	314.8	7.2	4.8
湖　北	Hubei	249.9	231.9	10.1	7.9
湖　南	Hunan	230.5	213.1	13.1	4.4
广　东	Guangdong	828.7	583.9	166.8	78.0
广　西	Guangxi	185.1	176.7	4.3	4.1
海　南	Hainan	46.6	44.7	1.1	0.8
重　庆	Chongqing	134.7	122.6	6.4	5.6
四　川	Sichuan	374.7	354.5	10.1	10.1
贵　州	Guizhou	130.7	128.8	1.2	0.7
云　南	Yunnan	152.0	148.3	2.2	1.5
西　藏	Xizang	18.0	17.9	0.1	0.0
陕　西	Shaanxi	181.8	175.0	3.7	3.1
甘　肃	Gansu	95.2	94.3	0.4	0.5
青　海	Qinghai	28.0	27.7	0.1	0.2
宁　夏	Ningxia	31.2	30.7	0.3	0.2
新　疆	Xinjiang	132.8	131.6	0.6	0.7

1-15 各地区分行业城镇非私营单位女性就业人员年末人数(2023年)
FEMALE EMPLOYMENT IN URBAN NON-PRIVATE UNITS BY SECTOR AND REGION(2023)

单位：万人 (10 000 persons)

地区	Region	合计 Total	农、林、牧、渔业 Agriculture, Forestry, Animal Husbandry and Fishery	采矿业 Mining	制造业 Manufacturing	电力、热力、燃气及水生产和供应业 Production and Supply of Electricity, Heat,Gas and Water	建筑业 Construction	批发和零售业 Wholesale and Retail Trades
全国	**National**	**6703.8**	**20.6**	**51.3**	**1284.3**	**94.1**	**229.1**	**405.8**
北京	Beijing	326.2	0.5	0.4	19.3	2.7	8.9	25.5
天津	Tianjin	90.3	0.0	1.0	17.0	1.1	2.8	7.9
河北	Hebei	236.9	0.5	2.4	27.6	4.9	5.2	12.3
山西	Shanxi	165.4	0.4	11.4	15.0	4.5	4.7	6.7
内蒙古	Inner Mongolia	109.8	0.9	1.4	9.0	3.7	1.5	4.2
辽宁	Liaoning	177.2	2.3	2.9	23.8	3.5	3.9	8.7
吉林	Jilin	97.3	1.0	1.1	11.5	1.9	2.1	3.9
黑龙江	Heilongjiang	109.6	4.2	4.5	6.4	2.7	2.2	4.5
上海	Shanghai	293.7	0.2	0.0	39.5	0.9	3.7	48.6
江苏	Jiangsu	485.9	0.8	0.9	165.5	3.7	12.3	28.2
浙江	Zhejiang	414.9	0.3	0.1	123.8	3.1	15.6	23.3
安徽	Anhui	219.3	0.6	1.2	52.4	2.2	10.7	12.5
福建	Fujian	227.2	0.3	0.2	56.3	2.7	17.7	12.3
江西	Jiangxi	176.3	0.4	0.4	40.2	2.6	9.0	8.3
山东	Shandong	427.0	0.4	4.4	87.4	6.5	13.6	26.7
河南	Henan	326.9	0.4	3.5	49.1	6.7	14.3	15.8
湖北	Hubei	249.9	0.5	0.5	42.0	3.1	12.8	18.1
湖南	Hunan	230.5	0.4	0.6	37.4	4.3	12.0	13.0
广东	Guangdong	828.7	0.4	0.3	297.4	5.9	19.0	51.6
广西	Guangxi	185.1	0.9	0.2	20.3	2.8	4.4	7.0
海南	Hainan	46.6	1.1	0.1	2.9	0.5	0.5	3.5
重庆	Chongqing	134.7	0.2	0.2	21.4	2.1	7.8	8.2
四川	Sichuan	374.7	0.5	1.7	50.5	6.0	20.0	19.8
贵州	Guizhou	130.7	0.5	1.4	11.9	2.1	3.8	5.5
云南	Yunnan	152.0	1.0	0.9	11.6	2.6	5.1	7.2
西藏	Xizang	18.0	0.1	0.1	0.4	0.5	0.3	0.8
陕西	Shaanxi	181.8	0.4	4.0	22.2	4.1	7.1	10.5
甘肃	Gansu	95.2	0.4	1.2	6.3	2.5	3.3	4.4
青海	Qinghai	28.0	0.2	0.6	2.7	0.6	0.6	1.1
宁夏	Ningxia	31.2	0.3	1.0	3.1	1.0	0.5	1.5
新疆	Xinjiang	132.8	0.6	2.5	10.2	2.4	3.8	4.1

1-15　续表 1　continued

单位：万人　　(10 000 persons)

地　区	Region	交通运输、仓储和邮政业 Transport, Storage and Post	住宿和餐饮业 Hotels and Catering Services	信息传输、软件和信息技术服务业 Information Transmission, Software and Information Technology	金融业 Finance Intermedi-ation	房地产业 Real Estate	租赁和商务服务业 Leasing and Business Services	科学研究和技术服务业 Scientific Research and Technical Services
全　国	**National**	**197.2**	**166.9**	**203.0**	**390.7**	**218.2**	**312.6**	**156.9**
北　京	Beijing	12.5	17.7	37.4	33.4	17.4	30.6	25.5
天　津	Tianjin	3.8	3.0	2.0	7.2	3.0	3.7	3.3
河　北	Hebei	7.0	2.6	5.6	16.8	4.7	4.0	4.5
山　西	Shanxi	5.7	2.6	2.2	12.5	3.4	4.4	2.8
内蒙古	Inner Mongolia	4.8	1.5	2.0	9.2	3.4	2.2	2.1
辽　宁	Liaoning	6.6	4.4	7.0	13.7	4.4	4.2	3.2
吉　林	Jilin	2.9	1.0	1.8	8.9	1.8	1.6	2.0
黑龙江	Heilongjiang	4.1	1.0	2.3	7.9	1.8	3.1	1.8
上　海	Shanghai	13.9	15.0	19.4	19.8	13.2	38.5	14.6
江　苏	Jiangsu	11.2	13.5	14.0	22.9	13.5	21.9	10.4
浙　江	Zhejiang	9.1	9.5	13.0	25.8	14.9	26.1	8.3
安　徽	Anhui	6.6	4.2	5.2	9.8	6.9	14.6	3.2
福　建	Fujian	5.2	6.0	3.9	11.5	6.1	17.2	2.6
江　西	Jiangxi	4.3	3.2	2.5	7.1	4.1	3.6	2.1
山　东	Shandong	10.8	8.4	8.1	29.3	14.0	12.1	8.1
河　南	Henan	9.5	4.4	7.5	11.8	9.6	7.2	5.7
湖　北	Hubei	6.9	6.4	6.1	12.0	9.5	12.8	5.1
湖　南	Hunan	6.0	4.4	3.9	13.7	5.8	6.1	3.8
广　东	Guangdong	19.7	24.4	31.0	38.5	35.2	48.9	17.2
广　西	Guangxi	4.3	3.2	2.7	8.7	3.6	7.7	3.4
海　南	Hainan	1.7	2.1	0.7	2.4	3.3	1.5	1.1
重　庆	Chongqing	5.6	2.2	2.5	10.5	6.3	6.2	2.3
四　川	Sichuan	10.4	11.7	10.1	19.4	12.8	15.4	9.0
贵　州	Guizhou	3.2	2.2	1.6	5.6	2.9	3.3	1.5
云　南	Yunnan	4.6	3.0	2.1	6.1	3.5	4.8	3.0
西　藏	Xizang	0.8	0.3	0.3	0.8	0.3	0.6	0.5
陕　西	Shaanxi	6.5	5.1	4.7	9.8	5.8	3.9	4.6
甘　肃	Gansu	3.0	1.4	1.3	6.0	2.6	1.5	2.1
青　海	Qinghai	1.3	0.3	0.4	1.5	0.7	0.6	0.6
宁　夏	Ningxia	1.2	0.2	0.4	2.1	0.8	0.7	0.4
新　疆	Xinjiang	4.1	1.7	1.6	6.1	3.0	3.7	2.2

1−15 续表 2 continued

单位：万人 (10 000 persons)

地 区	Region	水利、环境和公共设施管理业 Management of Water Conservancy, Environment and Public Establishment	居民服务、修理和其他服务业 Services to Household, Repair and Other Services	教 育 Education	卫生和社会工作 Health and Social Service	文化、体育和娱乐业 Culture, Sports and Entertainment	公共管理、社会保障和社会组织 Public Management, Social Security and Social Organization
全 国	**National**	**109.3**	**44.8**	**1265.3**	**785.9**	**73.7**	**694.4**
北 京	Beijing	3.5	3.3	33.2	26.1	10.4	17.9
天 津	Tianjin	0.7	2.8	14.9	8.8	0.7	6.6
河 北	Hebei	4.1	0.8	61.2	34.1	2.5	36.1
山 西	Shanxi	3.6	0.6	38.2	19.9	2.1	24.8
内 蒙 古	Inner Mongolia	2.6	0.2	24.8	14.1	1.6	20.7
辽 宁	Liaoning	3.1	0.7	35.4	25.4	1.9	22.3
吉 林	Jilin	2.2	0.5	22.9	14.9	1.5	13.9
黑 龙 江	Heilongjiang	2.0	0.6	24.2	17.2	1.2	17.9
上 海	Shanghai	3.8	3.3	27.5	21.2	3.1	7.4
江 苏	Jiangsu	5.8	2.7	76.6	47.3	4.6	30.2
浙 江	Zhejiang	4.6	2.7	62.7	41.2	3.9	26.9
安 徽	Anhui	4.1	1.0	38.9	25.4	1.6	18.4
福 建	Fujian	3.1	2.5	40.1	19.4	1.8	18.2
江 西	Jiangxi	4.3	0.7	41.3	20.9	1.6	19.6
山 东	Shandong	7.2	1.7	82.0	54.4	3.7	48.0
河 南	Henan	7.1	2.5	81.1	46.9	3.1	40.6
湖 北	Hubei	3.8	2.1	45.7	33.6	2.8	26.0
湖 南	Hunan	4.1	1.1	51.9	32.9	2.8	26.4
广 东	Guangdong	8.5	7.5	102.0	65.4	5.9	49.7
广 西	Guangxi	3.1	0.8	58.5	29.4	1.7	22.7
海 南	Hainan	2.9	0.3	10.6	5.8	0.8	4.6
重 庆	Chongqing	2.7	0.4	26.1	15.6	1.3	13.2
四 川	Sichuan	5.8	2.6	78.2	51.7	3.6	45.3
贵 州	Guizhou	2.9	1.2	35.8	20.5	1.0	23.8
云 南	Yunnan	3.1	0.7	38.4	25.5	1.7	27.1
西 藏	Xizang	0.3	0.0	3.4	1.7	0.4	6.3
陕 西	Shaanxi	4.2	0.8	39.6	25.5	2.6	20.4
甘 肃	Gansu	2.5	0.1	21.9	14.9	1.4	18.3
青 海	Qinghai	0.5	0.1	5.6	4.1	0.4	6.1
宁 夏	Ningxia	0.8	0.0	7.5	4.3	0.4	5.0
新 疆	Xinjiang	2.2	0.4	34.8	17.8	1.5	30.1

1－16　分登记注册统计类别城镇非私营单位就业人员工资总额及指数
TOTAL WAGES AND INDEX OF EMPLOYED PERSONS IN URBAN NON-PRIVATE UNITS BY REGISTRATION STATUS

年　份 Year	工资总额(亿元) Total Wages (100 million yuan)				
	合　计 Total	内资单位 Domestic Invested Units	#国有单位 State-owned Units	港澳台投资单位 Units with Funds from Hong Kong, Macao and Taiwan	外商投资单位 Foreign Funded Units
1965	282.3	282.3	235.3		
1970	334.3	334.3	277.5		
1975	463.5	463.5	386.1		
1980	772.4	772.4	627.9		
1981	820.0	820.0	660.4		
1982	882.0	882.0	708.9		
1983	934.6	934.6	748.1		
1984	1133.4	1133.4	875.8		
1985	1383.0	1383.0	1064.8		
1986	1659.7	1659.7	1288.5		
1987	1881.1	1881.1	1459.3		
1988	2316.2	2316.2	1807.1		
1989	2618.5	2618.5	2050.2		
1990	2951.1	2933.0	2324.1	1.5	16.6
1991	3323.9	3267.0	2594.9	26.2	30.7
1992	3939.2	3852.2	3090.4	36.3	50.7
1993	4916.2	4774.6	3812.7	66.0	75.6
1994	6656.4	6409.5	5177.4	128.3	118.6
1995	8055.8	7647.1	6172.6	205.6	203.1
1996	8964.4	8475.5	6893.3	226.3	262.6
1997	9602.4	9010.0	7323.9	264.7	327.7
1998	9540.2	8860.1	6934.6	304.4	375.7
1999	10155.9	9379.5	7289.9	345.1	431.3
2000	10954.7	10070.6	7744.9	376.6	507.5
2001	12205.4	11184.8	8515.2	421.9	598.6
2002	13638.1	12394.4	9138.0	508.4	735.2
2003	15329.6	13810.2	9911.9	604.3	915.2
2004	17615.0	15662.2	11038.2	741.4	1211.4
2005	20627.1	18098.5	12291.7	968.6	1560.0
2006	24262.3	21041.4	13920.6	1178.3	2042.7
2007	29471.5	25355.3	16689.1	1514.7	2601.5
2008	35289.5	30181.3	19487.9	1812.5	3295.8
2009	40288.2	34706.2	21862.7	2005.6	3576.4
2010	47269.9	40504.0	24886.4	2431.5	4334.4
2011	59954.7	50403.1	28954.8	3574.8	5976.8
2012	70914.2	59655.4	32950.0	4284.4	6974.5
2013	93064.3	76079.4	33359.6	7017.2	9967.7
2014	102817.2	84087.8	36106.6	7790.1	10939.4
2015	112007.8	92346.7	40387.9	8446.5	11214.6
2016	120074.8	99898.7	44462.9	8878.4	11297.8
2017	129889.1	108890.5	48884.1	9377.8	11620.7
2018	141480.0	119787.1	51126.6	9572.1	12120.7
2019	154296.1	130600.8	53743.7	10771.3	12924.0
2020	164126.9	138875.8	59628.1	11594.3	13656.7
2021	180817.5	151991.1	64547.9	13488.4	15337.9
2022	190820.2	160077.7	69000.2	14444.0	16298.6
2023	197416.7	167698.2	68673.0	14756.7	14961.8

1-16 续表 continued

年 份 Year	指数(以上年为100) Index (preceding year=100)				
	合 计 Total	内资单位 Domestic Invested Units	#国有单位 State-owned Units	港澳台投资单位 Units with Funds from Hong Kong, Macao and Taiwan	外商投资单位 Foreign Funded Units
1965	107.1	107.1	105.0		
1970	103.6	103.6	105.5		
1975	104.9	104.9	104.1		
1980	119.4	119.4	118.6		
1981	106.2	106.2	105.2		
1982	107.6	107.6	107.3		
1983	106.0	106.0	105.5		
1984	121.3	121.3	117.1		
1985	122.0	122.0	121.6		
1986	120.0	120.0	121.0		
1987	113.3	113.3	113.3		
1988	123.1	123.1	123.8		
1989	113.1	113.1	113.5		
1990	112.7	112.7	113.4		
1991	112.6	111.4	111.7	1718.1	184.7
1992	118.5	117.9	119.1	138.3	165.2
1993	124.8	123.9	123.4	181.9	149.3
1994	135.4	134.2	135.8	194.3	156.8
1995	119.0	117.4	117.4	152.9	152.9
1996	111.3	110.8	111.7	110.1	129.3
1997	107.1	106.3	106.2	117.0	124.8
1998	99.4	98.3	94.7	115.0	114.6
1999	106.5	105.9	105.1	113.4	114.8
2000	107.9	107.4	106.2	109.1	117.7
2001	111.4	111.1	109.9	112.0	117.9
2002	111.7	110.8	107.3	120.5	122.8
2003	112.4	111.4	108.5	118.9	124.5
2004	114.9	113.4	111.4	122.7	132.4
2005	117.1	115.6	111.4	130.6	128.8
2006	117.6	116.3	113.3	121.6	130.9
2007	121.5	120.5	119.9	128.6	127.4
2008	119.7	119.0	116.8	119.7	126.7
2009	114.2	115.0	112.2	110.7	108.5
2010	117.3	116.7	113.8	121.2	121.2
2011	126.8	124.4	116.3	147.0	137.9
2012	118.3	118.4	113.8	119.9	116.7
2013	131.2	127.5	101.2	163.8	142.9
2014	110.5	110.5	108.2	111.0	109.7
2015	108.9	109.8	111.9	108.4	102.5
2016	107.2	108.2	110.1	105.1	100.7
2017	108.2	109.0	109.9	105.6	102.9
2018	108.9	110.0	104.6	102.1	104.3
2019	109.1	109.0	105.1	112.5	106.6
2020	106.4	106.3	110.9	107.6	105.7
2021	110.2	109.4	108.3	116.3	112.3
2022	105.5	105.3	106.9	107.1	106.3
2023	103.5	104.8	99.5	102.2	91.8

1-17 分行业城镇非私营单位就业人员工资总额(1995-2002年)
TOTAL WAGES OF EMPLOYED PERSONS IN URBAN NON-PRIVATE UNITS BY SECTOR (1995-2002)

单位：亿元 (100 million yuan)

登记注册统计类别 Registered Statistical Categories 年 份 Year	合 计 Total	农、林、牧、渔业 Farming, Forestry, Animal Husbandry and Fishery	采掘业 Mining and Quarrying	制造业 Manufacturing	电力、煤气及水的生产和供应业 Production and Supply of Electricity, Gas and Water	建筑业 Construction
全 国 National						
1995	8055.8	234.1	519.0	2804.2	197.5	629.2
1996	8964.4	251.3	568.8	2984.0	235.6	668.3
1997	9602.4	269.7	577.9	3044.6	269.8	696.9
1998	9540.2	257.8	517.6	2792.1	294.8	659.6
1999	10155.9	260.4	498.6	2836.4	325.6	662.2
2000	10954.7	268.9	498.4	2966.7	363.3	699.1
2001	12205.4	278.5	531.1	3088.5	416.7	750.9
2002	13638.1	289.9	597.6	3343.9	470.8	838.0
国有单位 State-owned Units						
1995	6172.6	225.2	489.6	1764.3	180.0	412.0
1996	6893.3	240.4	538.2	1855.7	214.1	436.0
1997	7323.9	258.9	544.5	1813.7	243.0	451.5
1998	6934.6	247.9	457.1	1368.3	249.6	388.4
1999	7289.9	250.1	415.6	1293.4	267.5	377.5
2000	7744.9	255.7	382.5	1260.0	291.0	389.0
2001	8515.2	265.7	387.7	1190.5	325.2	378.9
2002	9138.0	272.7	372.5	1098.9	349.0	365.1
城镇集体单位 Urban Collective-owned Units						
1995	1210.6	6.8	27.4	523.7	6.7	202.5
1996	1269.4	8.0	28.3	534.1	8.9	212.1
1997	1283.9	7.7	29.8	513.5	9.9	218.8
1998	1054.9	7.0	22.3	389.3	10.1	188.7
1999	995.8	7.0	19.3	343.6	9.5	183.9
2000	950.7	7.7	17.5	309.3	9.9	188.7
2001	898.5	6.8	17.5	270.6	10.5	188.0
2002	863.9	7.0	18.6	244.8	9.1	179.0
其他单位 Other Ownership Units						
1995	672.6	2.2	2.0	516.1	10.7	14.7
1996	801.7	2.8	2.3	594.3	12.6	20.2
1997	994.5	3.0	3.7	717.4	16.9	26.6
1998	1550.7	3.0	38.2	1034.5	35.0	82.5
1999	1870.1	3.4	63.7	1199.5	48.5	100.9
2000	2259.1	5.5	98.4	1397.3	62.4	121.4
2001	2791.7	6.1	125.8	1627.4	81.0	184.0
2002	3636.2	10.2	206.6	2000.2	112.7	293.9

1-17 续表 1 continued

单位：亿元 (100 million yuan)

登记注册统计类别 Registered Statistical Categories 年 份 Year	地质勘查业、水利管理业 Geological Prospecting and Water Conservancy	交通运输、仓储及邮电通信业 Transport, Storage, Post and Telecommunications	批发和零售贸易、餐饮业 Wholesale and Retail Trade & Catering Services	金融、保险业 Finance and Insurance	房地产业 Real Estate Trade	社 会 服务业 Social Services
全 国 National						
1995	80.2	577.7	771.9	199.6	56.8	274.2
1996	84.4	659.8	835.9	243.4	69.2	317.3
1997	92.0	719.1	864.0	295.3	78.7	372.0
1998	92.7	708.5	768.0	332.4	95.5	399.6
1999	98.0	768.5	745.6	388.5	110.4	446.6
2000	108.4	837.7	742.8	434.3	124.7	502.5
2001	115.4	918.9	732.5	524.7	149.0	587.9
2002	118.6	1016.7	745.5	612.4	180.5	701.0
国有单位 State-owned Units						
1995	79.3	518.4	477.8	152.3	42.1	188
1996	83.4	593.4	514.2	181.5	49.7	220.7
1997	90.1	644.3	530.3	213.9	54.8	258.0
1998	91.1	619.8	438.9	235.3	60.4	269.8
1999	96.4	659.0	417.5	267.0	65.5	296.6
2000	106.6	711.9	410.0	300.4	72.1	319.0
2001	113.6	762.7	384.4	350.2	80.9	358.4
2002	115.9	821.9	365.8	398.1	86.2	392.6
城镇集体单位 Urban Collective-owned Units						
1995	0.8	49.0	239.6	42.6	4.3	45.2
1996	1.0	52.1	254.8	49.4	5.0	44.1
1997	1.9	51.0	249.9	58.1	5.9	50.1
1998	1.5	42.0	196.0	58.4	6.3	44.6
1999	1.5	39.6	174.8	64.2	7.9	46.3
2000	1.4	34.5	154.6	67.4	7.1	46.6
2001	1.2	31.4	125.5	74.3	7.2	47.3
2002	1.4	28.8	107.9	81.9	9.0	46.5
其他单位 Other Ownership Units						
1995		10.3	54.5	4.7	10.4	41.0
1996		14.3	67.0	12.5	14.5	52.5
1997		23.8	83.8	23.3	17.9	63.9
1998		46.7	133.1	38.7	28.8	85.2
1999	0.2	69.9	153.3	57.2	37.1	103.7
2000	0.4	91.3	178.3	66.5	45.5	136.8
2001	0.6	124.8	222.6	100.3	60.8	182.2
2002	1.4	166.1	271.8	132.4	85.3	261.9

1-17 续表 2 continued

单位：亿元 (100 million yuan)

登记注册统计类别 Registered Statistical Categories 年 份 Year	卫生、体育和社会福利业 Health Care, Sporting and Social Welfare	教育、文化艺术和广播电影电视业 Education, Culture and Arts, Radio, Film and Television	科学研究和综合技术服务业 Scientific Research and Polytechnical Services	国家机关政党机关和社会团体 Government Agencies, Party Agencies and Social Organizations	其 他 Others
全 国 National					
1995	256.0	727.1	123.4	563.1	41.5
1996	306.1	849.0	145.3	676.8	69.3
1997	351.6	970.0	165.6	748.6	86.7
1998	400.3	1106.7	179.1	840.8	94.8
1999	460.6	1275.0	200.6	977.5	101.5
2000	525.4	1435.9	233.7	1097.5	115.3
2001	629.3	1746.1	267.7	1325.6	142.4
2002	718.7	2033.7	304.5	1485.9	180.4
国有单位 State-owned Units					
1995	226.3	714.2	115.5	558.6	28.9
1996	271.2	836.2	134.0	672.7	52.2
1997	311.9	946.4	152.1	745.0	65.4
1998	358.0	1080.8	161.7	837.1	70.3
1999	413.4	1244.3	181.0	973.6	71.8
2000	473.6	1401.5	199.5	1093.1	78.9
2001	571.2	1699.0	229.6	1322.0	95.3
2002	658.0	1970.7	261.0	1482.1	127.7
城镇集体单位 Urban Collective-owned Units					
1995	29.3	12.0	4.9	4.5	11.1
1996	34.3	11.6	6.6	4.1	15.0
1997	38.9	22.1	6.6	3.6	16.3
1998	40.4	23.6	6.2	3.7	15.0
1999	45.0	27.3	6.4	3.8	15.7
2000	49.4	29.6	7.0	4.3	15.5
2001	54.6	39.2	4.6	3.7	16.2
2002	56.0	46.3	4.6	3.4	19.6
其他单位 Other Ownership Units					
1995	0.4	0.8	3.0		1.5
1996	0.6	1.3	4.7		2.1
1997	0.8	1.5	6.8		5.0
1998	1.9	2.3	11.3		9.5
1999	2.2	3.4	13.1		13.9
2000	2.4	4.8	27.2		21.0
2001	3.6	7.9	33.6		31.0
2002	4.7	16.7	38.8		33.5

1-18 分行业城镇非私营单位就业人员工资总额(2003-2011年)
TOTAL WAGES OF EMPLOYED PERSONS IN URBAN NON-PRIVATE UNITS BY SECTOR (2003-2011)

单位：亿元 (100 million yuan)

登记注册统计类别 Registered Statistical Categories 年份 Year	合计 Total	农、林、牧、渔业 Agriculture, Forestry, Farming of Animals and Fishery	采矿业 Mining	制造业 Manufacturing	电力、燃气及水的生产和供应业 Production & Distribution of Electricity Gas & Water	建筑业 Construction	交通运输、仓储和邮政业 Traffic, Transport, Storage and Post
全 国 National							
2003	15329.6	335.8	662.9	3772.7	552.0	965.9	1008.0
2004	17615.0	351.2	831.8	4316.4	646.8	1081.3	1144.7
2005	20627.1	368.7	1031.2	5056.6	741.8	1324.7	1279.5
2006	24262.3	403.3	1259.6	6035.8	858.0	1612.1	1471.5
2007	29471.5	464.6	1500.5	7241.2	1012.7	1946.2	1727.9
2008	35289.5	516.4	1847.3	8498.9	1180.4	2313.6	2006.3
2009	40288.2	537.4	2089.1	9302.2	1283.5	2837.9	2234.9
2010	47269.9	627.1	2458.8	11140.8	1468.3	3471.5	2541.9
2011	59954.7	697.7	3174.2	15031.4	1755.7	5596.4	3074.1
国有单位 State-owned Units							
2003	9911.9	314.4	368.5	1111.8	403.8	384.3	793.0
2004	11038.2	327.6	463.2	1082.7	459.1	404.6	853.6
2005	12291.7	346.5	500.3	1048.1	505.4	442.4	918.3
2006	13920.6	378.8	588.6	1126.3	586.1	488.3	1024.3
2007	16689.1	437.1	675.5	1231.2	673.6	571.1	1185.9
2008	19487.9	486.8	854.8	1353.5	781.8	643.8	1329.6
2009	21862.7	505.1	932.2	1391.9	836.7	731.9	1446.8
2010	24886.4	590.0	1041.5	1525.7	974.9	892.2	1612.6
2011	28954.8	654.1	1333.5	1720.5	1141.3	1218.4	1939.6
城镇集体单位 Urban Collective-owned Units							
2003	867.1	8.6	19.9	227.8	10.2	180.2	31.6
2004	876.2	8.6	23.4	224.9	11.1	181.2	30.1
2005	906.4	7.2	27.9	215.6	11.1	188.9	30.3
2006	983.8	6.8	34.6	225.5	11.8	210.8	30.3
2007	1108.1	7.0	40.1	237.9	13.0	246.5	32.4
2008	1203.2	6.6	44.4	259.6	13.9	265.6	33.8
2009	1273.3	7.6	35.4	265.4	15.1	284.9	36.4
2010	1433.7	8.0	44.5	281.1	17.7	327.7	39.6
2011	1737.4	8.8	61.1	313.4	19.8	471.8	43.7
其他单位 Other Ownership Units							
2003	4550.6	12.8	274.5	2433.0	138.0	401.4	183.4
2004	5700.6	15.0	345.3	3008.8	176.6	495.5	261.0
2005	7429.0	15.0	503.1	3792.9	225.4	693.3	330.9
2006	9357.9	17.7	636.3	4683.9	260.2	913.0	416.9
2007	11674.3	20.5	784.9	5772.0	326.1	1128.6	509.6
2008	14598.4	23.0	948.0	6885.9	384.7	1404.2	643.0
2009	17152.1	24.7	1121.5	7644.9	431.6	1821.1	751.7
2010	20949.7	29.1	1372.8	9334.0	475.7	2251.6	889.8
2011	29262.4	34.7	1779.6	12997.5	594.7	3906.2	1090.7

1−18　续表 1　continued

单位：亿元　　　　(100 million yuan)

登记注册统计类别 Registered Statistical Categories 年　份 Year	信息传输、计算机服务和软件业 Information Transfer, Computer and Software	批发和零售业 Wholesale and Retail Trade	住宿和餐饮业 Accommo-dation and Restaurants	金融业 Finance	房地产业 Real Estate	租赁和商务服务业 Tenancy and Business Services	科学研究、技术服务和地质勘查业 Scientific Research, Technical Service & Geologic Perambulation
全　国 National							
2003	356.0	696.3	190.9	734.4	202.7	305.2	454.4
2004	404.3	770.5	221.2	866.7	243.3	351.4	514.6
2005	491.8	832.0	249.8	1047.7	293.0	449.8	614.0
2006	587.4	920.0	280.0	1292.9	338.4	565.6	736.9
2007	699.1	1061.8	314.6	1670.3	426.2	668.9	923.9
2008	862.8	1323.9	371.2	2202.9	520.8	893.7	1154.6
2009	996.2	1509.2	418.9	2658.8	607.8	1021.4	1350.6
2010	1171.7	1783.0	484.6	3219.0	745.6	1198.5	1619.3
2011	1475.6	2594.8	655.2	4007.0	1052.5	1325.3	1879.6
国有单位 State-owned Units							
2003	179.0	338.0	76.6	447.4	82.2	157.7	368.5
2004	200.6	336.7	85.5	497.2	87.3	174.9	426.6
2005	193.8	338.2	90.2	542.1	92.2	213.0	488.3
2006	212.6	349.9	95.5	573.8	96.0	246.3	575.5
2007	223.9	376.0	96.6	697.9	112.0	281.2	713.0
2008	242.5	423.6	108.8	805.6	121.6	344.3	850.4
2009	273.2	451.6	117.4	822.5	132.6	380.2	980.1
2010	289.8	499.6	130.8	940.3	152.9	435.3	1151.7
2011	336.9	607.8	161.8	1077.7	205.1	498.8	1294.2
城镇集体单位 Urban Collective-owned Units							
2003	2.3	87.0	13.8	93.9	8.8	32.5	6.2
2004	2.3	80.8	14.1	107.8	9.9	35.2	6.1
2005	3.4	74.6	13.8	118.6	11.0	45.3	6.8
2006	2.9	71.8	14.6	134.8	12.4	47.9	8.2
2007	2.6	74.0	14.8	157.7	14.0	54.6	8.4
2008	2.2	76.4	16.8	187.1	15.3	57.1	10.4
2009	3.5	78.3	17.4	197.1	19.5	69.3	14.1
2010	3.8	80.9	18.1	228.3	22.7	77.8	15.5
2011	5.3	93.1	23.4	263.5	25.2	77.7	17.7
其他单位 Other Ownership Units							
2003	174.7	271.3	100.5	193.2	111.7	115.1	79.7
2004	201.4	353.1	121.6	261.7	146.0	141.2	82.0
2005	294.5	419.2	145.8	386.9	189.8	191.5	118.8
2006	372.0	498.3	170.0	584.3	230.0	271.3	153.2
2007	472.6	611.8	203.1	814.8	300.2	333.1	202.6
2008	618.2	823.9	245.7	1210.3	383.9	492.3	293.9
2009	719.5	979.3	284.0	1639.2	455.7	571.9	356.4
2010	878.1	1202.5	335.7	2050.4	570.0	685.4	452.1
2011	1133.4	1893.8	470.0	2665.8	822.3	748.8	567.7

1-18 续表 2 continued

单位：亿元 (100 million yuan)

登记注册统计类别 Registered Statistical Categories 年 份 Year	水利、环境和公共设施管理业 Management of Water Conservancy, Environment & Public Establishment	居民服务和其他服务业 Resident Services and Other Services	教 育 Education	卫生、社会保障和社会福利业 Sanitation, Social Security and Social Welfare	文化体育和娱乐业 Culture, Sports and Entertainment	公共管理和社会组织 Public Management and Social Organization
全 国 National						
2003	202.6	66.4	2035.9	782.1	217.9	1787.6
2004	226.1	71.8	2346.2	902.3	251.5	2072.7
2005	257.3	85.1	2690.8	1047.8	275.8	2489.6
2006	289.8	102.5	3127.8	1226.1	314.9	2839.7
2007	352.2	115.8	3917.2	1496.6	378.1	3553.8
2008	413.8	132.1	4556.1	1789.3	429.3	4276.0
2009	474.3	146.8	5338.6	2095.3	488.5	4896.8
2010	555.9	168.4	6136.5	2506.4	543.7	5428.8
2011	659.8	197.9	6938.8	3078.6	642.1	6118.1
国有单位 State-owned Units						
2003	182.5	32.6	1970.1	717.2	202.5	1781.7
2004	202.3	37.4	2274.2	827.5	233.2	2064.1
2005	229.0	43.3	2604.2	962.0	253.6	2480.9
2006	254.4	57.4	3027.3	1121.2	288.9	2829.5
2007	308.0	62.5	3782.4	1371.4	345.6	3544.3
2008	360.7	75.8	4416.4	1637.6	386.9	4263.5
2009	411.9	81.7	5154.6	1910.9	432.3	4869.2
2010	481.2	92.6	5919.7	2277.1	478.5	5400.2
2011	566.0	113.8	6651.3	2803.9	550.1	6079.9
城镇集体单位 Urban Collective-owned Units						
2003	10.6	13.1	53.0	59.4	3.0	5.2
2004	10.5	12.1	45.2	64.3	3.1	5.5
2005	10.4	11.3	50.8	71.3	3.4	4.6
2006	11.8	12.2	55.1	83.9	3.2	5.1
2007	13.4	12.8	71.6	98.6	4.0	5.0
2008	16.5	14.2	55.6	118.6	4.6	4.7
2009	17.8	15.2	48.0	136.2	5.0	7.1
2010	19.4	16.4	54.7	166.3	5.4	5.9
2011	22.5	14.9	68.2	192.9	6.1	8.4
其他单位 Other Ownership Units						
2003	9.5	20.7	12.8	5.4	12.3	0.7
2004	13.3	22.4	26.8	10.4	15.3	3.1
2005	17.9	30.5	35.8	14.5	18.8	4.1
2006	23.6	33.0	45.4	21.0	22.7	5.1
2007	30.8	40.6	63.2	26.6	28.6	4.5
2008	36.6	42.1	84.1	33.1	37.9	7.8
2009	44.6	50.0	136.1	48.1	51.1	20.6
2010	55.3	59.5	162.1	63.0	59.9	22.7
2011	71.3	69.2	219.3	81.8	85.9	29.8

1-19 分行业城镇非私营单位就业人员工资总额(2012-2022年) TOTAL WAGES OF EMPLOYED PERSONS IN URBAN NON-PRIVATE UNITS BY SECTOR (2012-2022)

单位：亿元 (100 million yuan)

登记注册统计类别 Registered Statistical Categories 年 份 Year	合 计 Total	农、林、牧、渔业 Agriculture, Forestry, Animal Husbandry and Fishery	采矿业 Mining	制造业 Manufacturing	电力、热力、燃气及水生产和供应业 Production and Supply of Electricity, Heat, Gas and Water	建筑业 Construction	批发和零售业 Wholesale and Retail Trades
全 国 National							
2012	70914.2	760.8	3600.7	17668.1	1999.6	7392.7	3271.3
2013	93064.3	758.0	3833.2	24566.6	2715.3	12315.1	4451.9
2014	102817.2	808.9	3728.2	27011.4	2965.8	13389.4	4931.4
2015	112007.8	862.6	3318.2	28341.6	3137.4	13619.3	5324.6
2016	120074.8	882.1	3038.1	29088.9	3235.7	13969.2	5681.2
2017	129889.1	949.9	3208.6	29740.5	3406.6	14283.9	5980.1
2018	141480.0	716.1	3413.4	30385.0	3704.0	15949.5	6628.5
2019	154296.1	535.1	3388.2	30197.5	4030.1	14431.7	7402.2
2020	164126.9	410.6	3428.8	31352.9	4420.0	14376.2	7623.4
2021	180817.5	471.4	3742.3	35232.8	4784.4	14515.0	8560.6
2022	190820.2	463.7	4162.8	36978.4	4994.9	14015.9	9184.1
国有单位 State-owned Units							
2012	32950.0	713.5	1513.3	1765.0	1278.7	1422.7	708.9
2013	33359.6	709.9	550.2	1288.9	1361.9	1166.2	622.7
2014	36106.6	730.5	433.6	1313.8	1454.0	1133.0	643.0
2015	40387.9	776.4	332.0	1207.7	1442.2	951.5	631.1
2016	44462.9	797.4	285.8	1148.4	1479.2	946.3	608.7
2017	48884.1	862.4	243.9	983.6	1466.3	832.0	591.5
2018	51126.6	615.9	143.3	587.1	1306.6	630.9	558.4
2019	53743.7	378.2	133.2	345.0	1197.7	441.2	479.4
2020	59628.1	265.1	173.9	432.6	1126.4	572.2	579.1
2021	64547.9	281.4	182.2	579.9	1180.9	653.2	656.8
2022	69000.2	276.0	192.1	617.6	1203.1	660.9	659.6
城镇集体单位 Urban Collective-owned Units							
2012	1990.4	10.8	73.6	339.3	20.3	550.6	94.4
2013	2195.8	6.6	60.6	342.2	18.9	610.8	99.9
2014	2302.7	7.9	55.5	342.1	19.7	648.0	101.7
2015	2239.4	8.4	45.4	316.9	20.6	605.8	100.0
2016	2268.6	8.2	39.8	298.9	20.2	601.6	93.7
2017	2215.6	8.1	34.3	258.2	19.2	547.3	74.4
2018	2082.3	7.2	22.5	197.3	18.6	518.1	69.0
2019	1841.5	8.1	20.2	177.1	16.8	444.1	55.4
2020	1841.8	7.7	19.1	118.5	17.6	412.0	42.7
2021	1920.0	11.9	16.3	110.2	17.6	379.5	41.6
2022	1809.3	9.0	17.7	86.9	13.9	351.5	38.0
其他单位 Other Ownership Units							
2012	35973.8	36.5	2013.8	15563.7	700.7	5419.4	2467.9
2013	57508.9	41.4	3222.4	22935.5	1334.5	10538.1	3729.3
2014	64408.0	70.4	3239.0	25355.6	1492.1	11608.4	4186.8
2015	69380.5	77.8	2940.8	26817.0	1674.6	12062.0	4593.5
2016	73343.3	76.5	2712.5	27641.6	1736.4	12421.2	4978.8
2017	78789.3	79.4	2930.4	28498.8	1921.1	12904.6	5314.2
2018	88271.1	93.0	3247.5	29600.6	2378.8	14800.5	6001.1
2019	98710.9	148.9	3234.8	29675.4	2815.7	13546.5	6867.3
2020	102657.0	137.7	3235.9	30801.8	3276.0	13392.0	7001.5
2021	114349.7	178.1	3543.7	34542.7	3586.0	13482.3	7862.2
2022	120010.8	178.7	3952.9	36273.9	3777.8	13003.5	8486.4

1-19 续表 1 continued

单位：亿元 (100 million yuan)

登记注册统计类别 Registered Statistical Categories / 年份 Year	交通运输、仓储和邮政业 Transport, Storage and Post	住宿和餐饮业 Hotels and Catering Services	信息传输、软件和信息技术服务业 Information Software and Information Technology	金融业 Financial Inter-mediation	房地产业 Real Estate	租赁和商务服务业 Leasing and Business Services	科学研究和技术服务业 Scientific Research, and Technical Services
全 国 National							
2012	3531.5	824.4	1769.4	4669.0	1271.3	1531.2	2259.4
2013	4834.6	1038.3	2957.7	5269.0	1882.3	2629.4	2940.3
2014	5435.4	1079.1	3375.8	6017.4	2220.5	2985.9	3339.7
2015	5898.0	1130.0	3912.7	6730.1	2493.0	3399.9	3665.8
2016	6238.7	1167.9	4431.8	7557.3	2802.1	3704.3	4037.3
2017	6754.1	1211.9	5198.4	8295.0	3059.3	4176.0	4491.5
2018	7273.3	1293.0	6204.1	8907.3	3507.8	4453.3	5045.1
2019	7913.9	1330.5	7281.1	10711.3	4057.4	5727.2	5740.5
2020	8171.8	1228.0	8444.5	11619.0	4401.7	5890.2	5960.0
2021	8793.4	1414.1	10289.0	13063.7	4852.7	6923.3	6770.6
2022	9014.6	1408.0	11769.5	13260.2	4713.6	7817.5	7424.2
国有单位 State-owned Units							
2012	2258.7	192.5	372.4	1237.8	204.3	517.8	1477.6
2013	2388.4	168.0	298.3	1288.8	168.3	580.9	1546.2
2014	2585.2	169.7	239.0	1374.5	183.7	617.3	1664.7
2015	2671.5	164.5	252.9	1453.6	184.9	662.7	1717.5
2016	2769.9	166.3	258.7	1499.0	199.7	686.4	1915.3
2017	2951.7	161.5	222.4	1547.2	178.4	725.2	2040.2
2018	2346.2	142.4	237.3	1483.6	144.0	685.9	2059.3
2019	1112.8	117.3	211.9	1226.5	119.9	676.3	1906.3
2020	946.8	111.8	304.2	1101.8	180.5	730.0	1965.5
2021	979.4	112.0	362.7	1162.3	198.1	789.5	2091.3
2022	941.3	96.6	390.9	1141.3	238.0	811.2	2203.8
城镇集体单位 Urban Collective-owned Units							
2012	50.4	25.8	4.8	305.6	30.0	98.2	24.9
2013	60.4	40.3	3.5	339.3	31.2	127.2	28.6
2014	60.9	23.7	3.5	359.9	36.1	132.5	30.9
2015	55.9	20.4	3.7	383.3	35.4	128.5	28.3
2016	56.3	20.6	3.2	401.4	37.7	131.6	30.7
2017	52.3	19.0	6.3	416.4	36.7	133.6	31.6
2018	43.9	16.0	4.4	362.2	39.5	116.9	33.2
2019	41.2	15.1	5.1	110.7	54.2	126.0	38.1
2020	39.4	12.4	5.5	87.9	54.6	106.0	39.9
2021	31.3	13.1	4.0	90.6	56.5	113.1	39.5
2022	25.8	10.2	4.4	84.4	55.7	110.2	38.9
其他单位 Other Ownership Units							
2012	1222.3	606.2	1392.2	3125.6	1037.0	915.2	756.8
2013	2385.8	830.1	2655.9	3640.9	1682.8	1921.3	1365.5
2014	2789.2	885.8	3133.3	4283.0	2000.7	2236.0	1644.1
2015	3170.6	945.1	3656.1	4893.2	2272.8	2608.7	1920.0
2016	3412.5	981.0	4169.8	5656.9	2564.7	2886.2	2091.2
2017	3750.1	1031.4	4969.6	6331.5	2844.1	3317.3	2419.8
2018	4883.2	1134.6	5962.4	7061.5	3324.3	3650.5	2952.6
2019	6759.9	1198.1	7064.1	9374.1	3883.3	4924.9	3796.1
2020	7185.7	1103.8	8134.8	10429.3	4166.6	5054.1	3954.6
2021	7782.8	1289.0	9922.3	11810.8	4598.1	6020.7	4639.7
2022	8047.4	1301.2	11374.2	12034.5	4419.9	6896.2	5181.5

1—19 续表 2 continued

单位：亿元 (100 million yuan)

登记注册统计类别 Registered Statistical Categories 年 份 Year	水利、环境和公共设施管理业 Management of Water Conservancy, Environment and Public Facilities	居民服务、修理和其他服务业 Service to Households, Repair and Other Services	教 育 Education	卫生和社会工作 Health and Social Service	文化、体育和娱乐业 Culture, Sports and Entertainment	公共管理、社会保障和社会组织 Public Management, Social Security and Social Organization
全 国 National						
2012	784.6	217.1	7851.0	3718.5	735.4	7058.3
2013	933.7	277.2	8721.1	4397.8	867.8	7675.0
2014	1049.9	312.9	9722.5	5057.8	936.8	8448.6
2015	1177.7	336.1	11492.1	5941.3	1086.0	10141.4
2016	1278.2	357.8	12787.1	6825.6	1204.4	11787.2
2017	1394.3	390.2	14324.4	7930.8	1339.9	13753.5
2018	1456.5	423.8	15928.1	8857.8	1450.7	15882.8
2019	1491.2	520.1	18445.3	10812.9	1628.7	18651.1
2020	1576.1	498.7	20565.8	11966.8	1670.0	20522.3
2021	1668.8	555.3	21754.3	13673.0	1778.1	21974.8
2022	1747.4	590.3	23320.2	14903.7	1797.6	23253.8
国有单位 State-owned Units						
2012	669.0	113.9	7486.8	3373.4	624.6	7019.0
2013	728.4	96.4	8193.9	3924.3	651.4	7626.4
2014	803.2	102.8	9093.1	4490.5	683.3	8391.6
2015	894.5	108.9	10780.4	5309.9	767.4	10078.4
2016	955.9	117.3	11992.4	6109.5	814.6	11712.0
2017	1008.7	113.8	13342.1	7075.9	869.2	13668.2
2018	955.9	130.0	14593.5	7873.2	894.7	15738.3
2019	833.5	94.1	15756.1	9411.0	910.9	18392.3
2020	866.1	96.3	18184.3	10636.1	986.2	20369.4
2021	897.6	110.2	19215.0	12214.0	1038.6	21842.9
2022	918.7	118.0	20945.7	13380.7	1065.9	23138.6
城镇集体单位 Urban Collective-owned Units						
2012	25.7	16.6	77.3	224.3	8.2	9.5
2013	29.5	16.5	102.7	260.4	7.7	9.6
2014	34.9	21.3	112.6	293.1	8.1	10.4
2015	35.6	20.8	115.7	294.6	9.1	11.0
2016	38.8	17.9	120.6	322.9	10.4	14.1
2017	41.3	17.2	139.5	354.7	9.5	16.0
2018	36.1	16.3	186.9	360.2	8.9	25.1
2019	27.8	17.2	340.5	298.2	10.2	35.6
2020	28.9	24.7	428.1	333.7	12.6	50.4
2021	31.9	24.2	511.8	359.6	14.2	53.2
2022	30.8	22.8	482.3	354.3	14.1	58.2
其他单位 Other Ownership Units						
2012	89.9	86.6	286.8	120.7	102.6	29.9
2013	175.7	164.3	424.6	213.1	208.7	39.0
2014	211.8	188.7	516.8	274.2	245.4	46.6
2015	247.6	206.4	596.0	336.8	309.4	52.1
2016	283.5	222.6	674.1	393.2	379.5	61.1
2017	344.3	259.2	842.7	500.2	461.2	69.3
2018	464.4	277.5	1147.8	624.4	547.1	119.4
2019	629.9	408.8	2348.6	1103.8	707.6	223.2
2020	681.1	377.8	1953.5	997.0	671.2	102.5
2021	739.4	420.9	2027.5	1099.4	725.3	78.7
2022	797.9	449.4	1892.1	1168.6	717.6	57.0

1−20 分行业城镇非私营单位就业人员工资总额(2023年) TOTAL WAGES OF EMPLOYED PERSONS IN URBAN NON-PRIVATE UNITS BY SECTOR (2023)

单位：亿元 (100 million yuan)

登记注册统计类别 Registered Statistical Categories 年 份 Year	合 计 Total	农、林、牧、渔业 Agriculture, Forestry, Animal Husbandry and Fishery	采矿业 Mining	制造业 Manufacturing	电力、热力、燃气及水生产和供应业 Production and Supply of Electricity, Heat, Gas and Water
全 国					
National					
2023	197416.7	438.5	4488.5	37480.3	5205.3
内资单位					
Domestic Invested Units					
2023	167698.2	426.8	4317.7	23025.6	4848.5
#国有单位					
State-owned Units					
2023	68673.0	164.6	349.6	247.7	304.5
港澳台投资单位					
Units with Funds from Hong Kong, Macao and Taiwan					
2023	14756.7	6.9	95.2	6622.5	246.4
外商投资单位					
Foreign Funded Units					
2023	14961.8	4.8	75.7	7832.3	110.3

1-20　续表 1　continued

单位：亿元　　(100 million yuan)

登记注册统计类别 Registered Statistical Categories 年　份 Year	建筑业 Construction	批发和零售业 Wholesale and Retail Trades	交通运输、仓储和邮政业 Transport, Storage and Post	住宿和餐饮业 Hotels and Catering Services	信息传输、软件和信息技术服务业 Information Software and Information Technology
全　国					
National					
2023	13681.9	9815.0	9488.2	1645.8	12417.6
内资单位					
Domestic Invested Units					
2023	13505.8	6297.8	8722.8	1175.8	7714.4
#国有单位					
State-owned Units					
2023	268.9	524.6	499.2	63.1	232.9
港澳台投资单位					
Units with Funds from Hong Kong, Macao and Taiwan					
2023	81.2	1498.0	563.0	258.9	3027.0
外商投资单位					
Foreign Funded Units					
2023	95.0	2019.1	202.4	211.1	1676.2

1—20 续表 2 continued

登记注册统计类别 Registered Statistical Categories 年 份 Year	金融业 Financial Inter-mediation	房地产业 Real Estate	租赁和商务服务业 Leasing and Business Services	科学研究和技术服务业 Scientific Research, and Technical Services	水利、环境和公共设施管理业 Management of Water Conservancy, Environment and Public Facilities
全 国					
National					
2023	13851.0	4761.1	8905.2	7773.9	1795.9
内资单位					
Domestic Invested Units					
2023	12668.8	4161.0	6968.8	6704.7	1764.2
#国有单位					
State-owned Units					
2023	1100.6	84.8	629.1	2042.4	880.1
港澳台投资单位					
Units with Funds from Hong Kong, Macao and Taiwan					
2023	382.6	435.7	874.8	485.5	25.4
外商投资单位					
Foreign Funded Units					
2023	799.6	164.4	1061.6	583.6	6.3

1—20　续表 3　continued

登记注册统计类别 Registered Statistical Categories 年　份 Year	居民服务、修理和其他服务业 Service to Households, Repair and Other Services	教　育 Education	卫生和社会工作 Health and Social Service	文化、体育和娱乐业 Culture, Sports and Entertainment	公共管理、社会保障和社会组织 Public Management, Social Security and social Organization
全　国					
National					
2023	588.1	23875.8	16058.5	1879.4	23266.8
内资单位					
Domestic Invested Units					
2023	510.2	23836.9	15986.3	1795.5	23266.6
#国有单位					
State-owned Units					
2023	111.5	22118.5	14769.6	1061.1	23220.1
港澳台投资单位					
Units with Funds from Hong Kong, Macao and Taiwan					
2023	56.6	16.9	42.8	37.3	
外商投资单位					
Foreign Funded Units					
2023	21.2	22.0	29.5	46.5	

1-21 分行业城镇非私营单位就业人员平均工资(1995-2002年) AVERAGE WAGE OF EMPLOYED PERSONS IN URBAN NON-PRIVATE UNITS BY SECTOR (1995-2002)

单位：元 (yuan)

登记注册统计类别 Registered Statistical Categories 年份 Year	合计 Total	农、林、牧、渔业 Farming, Forestry, Animal Husbandry and Fishery	采掘业 Mining and Quarrying	制造业 Manufacturing	电力、煤气及水的生产和供应业 Production and Supply of Electricity, Gas and Water	建筑业 Construction
全　国 National						
1995	5348	3516	5743	5199	7829	5755
1996	5980	4045	6477	5673	8803	6242
1997	6444	4306	6825	5979	9641	6652
1998	7446	4532	7228	7118	10457	7434
1999	8319	4808	7507	7874	11487	7945
2000	9333	5142	8317	8836	12801	8668
2001	10834	5676	9541	9891	14471	9415
2002	12373	6314	10992	11152	16296	10212
国有单位 State-owned Units						
1995	5553	3520	5933	5347	7720	6453
1996	6207	4031	6709	5792	8686	6961
1997	6679	4297	7086	6006	9527	7363
1998	7579	4525	7485	6950	10298	8129
1999	8443	4787	7718	7578	11210	8686
2000	9441	5087	8258	8513	12419	9431
2001	11045	5633	9426	9550	14001	10189
2002	12701	6234	10580	10825	15636	11139
城镇集体单位 Urban Collective-owned Units						
1995	3934	2926	3675	3730	7438	4673
1996	4312	3805	3956	4018	8315	5103
1997	4516	3939	4160	4134	9045	5476
1998	5314	4359	4577	5004	9434	5940
1999	5758	4863	4556	5326	9795	6279
2000	6241	5529	4867	5726	10680	6822
2001	6851	5626	5515	6101	12233	7225
2002	7636	6434	6036	6757	12912	7698
其他单位 Other Ownership Units						
1995	7728	7264	5221	7483	10740	6862
1996	8521	7514	5238	8175	12036	7044
1997	9092	7192	5385	8640	12204	7617
1998	9241	5817	6745	8797	12179	8988
1999	10142	6877	7646	9592	13843	9508
2000	11238	8600	9827	10450	15513	10330
2001	12437	8649	11087	11361	17192	11120
2002	13486	9392	12846	12338	19212	11291

1-21　续表 1　continued

单位：元　　(yuan)

登记注册统计类别 Registered Statistical Categories 年　份 Year	地质勘查业、水利管理业 Geological Prospecting and Water Conservancy	交通运输、仓储及邮电通信业 Transport, Storage, Post and Telecommunications	批发和零售贸易、餐饮业 Wholesale and Retail Trade & Catering Services	金融、保险业 Finance and Insurance	房地产业 Real Estate Trade	社　会服务业 Social Services
全　国 National						
1995	5953	6910	4260	7357	7351	6037
1996	6571	7833	4674	8402	8405	6839
1997	7147	8527	4872	9665	9269	7642
1998	7916	9714	5884	10595	10402	8523
1999	8793	10825	6436	11901	11579	9393
2000	9590	12170	7188	13178	12551	10386
2001	10904	13987	8207	15628	14074	11996
2002	12226	15818	9439	18023	15384	13582
国有单位 State-owned Units						
1995	5977	7511	4567	7558	6861	5932
1996	6601	8482	4941	8638	7861	6676
1997	7166	9189	5141	9904	8554	7406
1998	7934	10180	6132	10801	9368	8142
1999	8815	11141	6647	11865	10374	8975
2000	9617	12418	7364	13215	11462	9709
2001	10952	14099	8162	15678	12897	11130
2002	12219	15758	9371	18313	14144	12067
城镇集体单位 Urban Collective-owned Units						
1995	4283	3593	3461	6432	6643	4659
1996	4780	3977	3838	6858	6740	4979
1997	6343	4067	3901	7570	7654	5676
1998	6966	5130	4530	8074	9056	6195
1999	7555	5682	4820	8941	10391	6640
2000	7464	5807	5110	9571	10270	7221
2001	7622	6311	5450	10707	10516	7902
2002	9579	6895	6017	12283	11315	8849
其他单位 Other Ownership Units						
1995	5503	10825	7403	13035	10996	10189
1996	5870	12240	7976	16495	12426	11708
1997	5961	14095	8264	18194	13726	12747
1998	7070	12077	8492	16419	14142	13012
1999	8953	14366	9137	19375	15021	13777
2000	13483	16399	10235	20904	15402	15086
2001	11583	18826	11634	23300	16791	16839
2002	18115	20900	12349	23772	17613	18947

1−21 续表 2 continued

单位：元 (yuan)

登记注册统计类别 Registered Statistical Categories 年 份 Year	卫生、体育和社会福利业 Health Care, Sporting and Social Welfare	教育、文化艺术和广播电影电视业 Education, Culture and Arts, Radio, Film and Television	科学研究和综合技术服务业 Scientific Research and Polytechnical Services	国家机关政党机关和社会团体 Government Agencies, Party Agencies and Social Organizations	其 他 Others
全 国 National					
1995	5831	4999	6818	5484	6250
1996	6758	5699	7981	6286	7143
1997	7566	6332	8953	6939	6862
1998	8445	7101	10112	7721	8497
1999	9625	8188	11501	8920	10153
2000	10832	9224	13374	9978	11205
2001	12821	11210	16220	12061	12862
2002	14652	13073	18792	13844	14212
国有单位 State-owned Units					
1995	5980	5026	6807	5486	6827
1996	6932	5714	7941	6296	7563
1997	7757	6402	8921	6943	6854
1998	8651	7182	10061	7725	8178
1999	9856	8278	11440	8925	9635
2000	11156	9341	13059	9983	10049
2001	13243	11339	16048	12071	11293
2002	15121	13237	18792	13858	13258
城镇集体单位 Urban Collective-owned Units					
1995	4869	3722	5871	5213	4848
1996	5602	4609	6738	5009	5667
1997	6264	4226	6805	6166	5761
1998	6846	4556	7000	6952	7049
1999	7775	5310	7921	7922	8124
2000	8347	5642	9198	8811	9007
2001	9474	7192	9522	9304	9638
2002	10680	8042	10228	10199	9642
其他单位 Other Ownership Units					
1995	9518	9149	10080		11629
1996	12182	9592	13372		14185
1997	13914	10386	14659		18939
1998	16691	12367	14773		22038
1999	18281	13477	16240		22977
2000	18158	12413	18916		28972
2001	18482	16449	19523		32267
2002	16114	17854	20879		31279

1-22 分行业城镇非私营单位就业人员平均工资(2003-2011年)
AVERAGE WAGE OF EMPLOYED PERSONS IN URBAN NON-PRIVATE UNITS BY SECTOR (2003-2011)

单位：元 (yuan)

登记注册统计类别 Registered Statistical Categories 年份 Year	合计 Total	农、林、牧、渔业 Agriculture, Forestry, Farming of Animals and Fishery	采矿业 Mining	制造业 Manufacturing	电力、燃气及水的生产和供应业 Production & Distribution of Electricity, Gas & Water	建筑业 Construction	交通运输、仓储和邮政业 Traffic, Transport, Storage and Post
全 国 National							
2003	13969	6884	13627	12671	18574	11328	15753
2004	15920	7497	16774	14251	21543	12578	18071
2005	18200	8207	20449	15934	24750	14112	20911
2006	20856	9269	24125	18225	28424	16164	24111
2007	24721	10847	28185	21144	33470	18482	27903
2008	28898	12560	34233	24404	38515	21223	32041
2009	32244	14356	38038	26810	41869	24161	35315
2010	36539	16717	44196	30916	47309	27529	40466
2011	41799	19469	52230	36665	52723	32103	47078
国有单位 State-owned Units							
2003	14358	6819	13819	12520	18030	12495	15973
2004	16445	7417	17198	14374	20933	14076	17938
2005	18978	8122	20843	16831	24105	16032	20716
2006	21706	9145	24827	20117	28145	18166	23723
2007	26100	10706	29177	23671	33355	20963	27606
2008	30287	12384	35564	27471	38567	23394	31259
2009	34130	14160	38626	31142	42160	27750	34976
2010	38359	16522	44904	36386	47724	31777	40097
2011	43483	19253	53387	43031	53333	36071	47318
城镇集体单位 Urban Collective-owned Units							
2003	8627	6127	7194	7594	14774	8311	8100
2004	9723	7027	8628	8581	16898	9111	8777
2005	11176	8042	11067	9671	18323	10071	9920
2006	12866	9789	13626	10978	19880	11428	11062
2007	15444	11490	17131	12985	23237	13611	13102
2008	18103	13546	19813	15455	27603	15641	15062
2009	20607	15392	20075	17620	29369	17565	17538
2010	24010	18156	23791	20841	33851	20210	19882
2011	28791	21887	30114	25031	36122	25027	24927
其他单位 Other Ownership Units							
2003	14843	10077	14285	13596	20805	12227	17573
2004	16519	10332	17308	14944	23757	13271	21165
2005	18362	10952	21044	16294	26822	14593	23968
2006	21004	12677	24513	18394	29663	16780	27578
2007	24271	14686	28291	21210	34314	18825	30892
2008	28552	17400	34246	24401	38968	21767	36041
2009	31350	19456	38640	26617	41931	24325	37883
2010	35801	21359	44907	30609	47164	27522	43176
2011	41323	23851	52703	36360	52377	32097	48362

1−22 续表 1 continued

单位：元 (yuan)

登记注册统计类别 Registered Statistical Categories 年 份 Year	信息传输、计算机服务和软件业 Information Transfer, Computer and Software	批发和零售业 Wholesale and Retail Trade	住宿和餐饮业 Accommodation and Restaurants	金融业 Finance	房地产业 Real Estate	租赁和商务服务业 Tenancy and Business Services	科学研究、技术服务和地质勘查业 Scientific Research, Technical Service & Geologic Perambulation
全 国 National							
2003	30897	10894	11198	20780	17085	17020	20442
2004	33449	13012	12618	24299	18467	18723	23351
2005	38799	15256	13876	29229	20253	21233	27155
2006	43435	17796	15236	35495	22238	24510	31644
2007	47700	21074	17046	44011	26085	27807	38432
2008	54906	25818	19321	53897	30118	32915	45512
2009	58154	29139	20860	60398	32242	35494	50143
2010	64436	33635	23382	70146	35870	39566	56376
2011	70918	40654	27486	81109	42837	46976	64252
国有单位 State-owned Units							
2003	24969	10937	10482	21267	15749	15042	19775
2004	27389	12724	12137	25063	17215	16470	22711
2005	29935	15492	13428	30396	19449	19076	25989
2006	32747	18444	14851	34727	21324	20804	30023
2007	36277	21450	16432	43465	25073	23800	36456
2008	38947	25983	19091	52309	27683	27418	42643
2009	42379	30908	21177	56719	30800	30431	47277
2010	46402	35814	23864	66014	33967	33680	53235
2011	50401	41337	28756	74650	43814	39447	60316
城镇集体单位 Urban Collective-owned Units							
2003	12486	6610	8356	14023	12002	10896	12962
2004	17633	7312	9311	16209	12793	11639	13441
2005	24524	8261	10145	18560	13259	13230	18053
2006	24058	9256	11453	21694	15625	14204	23058
2007	24875	10686	12897	25881	18557	16329	24823
2008	27892	12906	15149	31358	20856	17547	29988
2009	30904	14777	16569	37453	22516	19276	33025
2010	37576	16816	18808	44154	24617	20981	37538
2011	40344	19982	23327	52984	29661	24499	47764
其他单位 Other Ownership Units							
2003	41911	13665	12425	25374	18898	25742	25591
2004	43474	16265	13553	28513	19933	27581	29233
2005	48602	17709	14692	33307	21331	29040	34523
2006	53807	19959	15922	42687	23181	34514	40707
2007	56392	23594	17780	51553	27004	37443	48861
2008	65686	28358	19800	62044	31556	43406	57827
2009	68067	30717	21064	67574	33311	45078	61697
2010	74178	35109	23505	77445	37102	50179	67716
2011	81005	42596	27313	88882	43183	60406	76446

1-22　续表 2　continued

单位：元 (yuan)

登记注册统计类别 Registered Statistical Categories 年　份 Year	水利、环境和公共设施管理业 Management of Water Conservancy, Environment and Public Establishment	居民服务和其他服务业 Resident Services and Other Services	教　育 Education	卫生、社会保障和社会福利业 Sanitation, Social Security and Social Welfare	文化体育和娱乐业 Culture, Sports and Entertainment	公共管理和社会组织 Public Management and Social Organization
全　国 National						
2003	11774	12665	14189	16185	17098	15355
2004	12884	13680	16085	18386	20522	17372
2005	14322	15747	18259	20808	22670	20234
2006	15630	18030	20918	23590	25847	22546
2007	18383	20370	25908	27892	30430	27731
2008	21103	22858	29831	32185	34158	32296
2009	23159	25172	34543	35662	37755	35326
2010	25544	28206	38968	40232	41428	38242
2011	28868	33169	43194	46206	47878	42062
国有单位 State-owned Units						
2003	11782	14419	14371	16741	17340	15382
2004	12850	16366	16217	19061	20955	17406
2005	14254	17323	18388	21500	23110	20270
2006	15517	20548	21027	24298	26374	22608
2007	18293	21744	25997	28719	31210	27790
2008	21000	26443	29925	33075	34993	32350
2009	23161	28874	34678	36575	38749	35491
2010	25478	32417	39166	41112	42367	38387
2011	28812	36923	43436	47185	48690	42230
城镇集体单位 Urban Collective-owned Units						
2003	10030	8683	9330	11610	9424	10293
2004	10433	8910	10559	12869	10953	11454
2005	11051	10690	12670	14826	13635	12906
2006	11948	12170	15338	17325	14169	14129
2007	13312	14476	21010	20442	17414	17002
2008	15413	16412	22645	24028	19686	18941
2009	16891	18509	27515	27618	22177	26039
2010	18551	20818	31486	32645	24796	26957
2011	20987	24834	36355	37853	30051	35277
其他单位 Other Ownership Units						
2003	14392	14038	17986	15110	16565	8763
2004	16645	13893	19964	15789	18002	12617
2005	18681	16502	20664	18084	19926	14036
2006	20388	17410	23099	21225	22712	11765
2007	23390	21014	27494	24600	25384	13994
2008	26869	20566	31211	28831	29567	21586
2009	27154	22877	32663	30579	32898	17849
2010	30217	25536	35282	34672	37107	21392
2011	33331	30287	38912	38803	44958	23891

1-23 分行业城镇非私营单位就业人员平均工资(2012-2022年)
AVERAGE WAGE OF EMPLOYED PERSONS IN URBAN NON-PRIVATE UNITS BY SECTOR (2012-2022)

单位：元 (yuan)

登记注册统计类别 Registered Statistical Categories 年份 Year	合计 Total	农、林、牧、渔业 Agriculture, Forestry, Animal Husbandry and Fishery	采矿业 Mining	制造业 Manufacturing	电力、热力、燃气及水生产和供应业 Production and Supply of Electricity, Heat, Gas and Water	建筑业 Construction	批发和零售业 Wholesale and Retail Trades
全国 National							
2012	46769	22687	56946	41650	58202	36483	46340
2013	51483	25820	60138	46431	67085	42072	50308
2014	56360	28356	61677	51369	73339	45804	55838
2015	62029	31947	59404	55324	78886	48886	60328
2016	67569	33612	60544	59470	83863	52082	65061
2017	74318	36504	69500	64452	90348	55568	71201
2018	82413	36466	81429	72088	100162	60501	80551
2019	90501	39340	91068	78147	107733	65580	89047
2020	97379	48540	96674	82783	116728	69986	96521
2021	106837	53819	108467	92459	125332	75762	107735
2022	114029	58976	121522	97528	132964	78295	115408
国有单位 State-owned Units							
2012	48357	22484	58534	47367	58589	40116	47377
2013	52657	25444	56317	54094	68146	43849	55980
2014	57296	27782	59765	61600	74914	46409	64186
2015	65296	31374	59673	64931	80066	49544	69300
2016	72538	33069	61638	71130	83931	52551	74088
2017	81114	35886	71402	77649	91375	55623	81907
2018	89474	35037	81234	78142	97148	57324	92297
2019	98899	36915	89567	88864	103998	56617	111296
2020	108132	46047	95817	94634	110109	66779	121262
2021	115583	51328	108643	112291	119479	75155	137785
2022	123623	56816	122264	118127	126188	78497	142839
城镇集体单位 Urban Collective-owned Units							
2012	33784	22592	35953	29538	39587	29607	23096
2013	38905	26754	39007	34689	45082	33893	26200
2014	42742	30809	41092	38350	49023	36932	29069
2015	46607	39049	42900	42026	54395	39276	31804
2016	50527	41121	42768	44753	57804	41141	33629
2017	55243	44392	44930	48202	60259	42608	35094
2018	60664	46395	55637	50643	64236	45846	38885
2019	62612	25458	65177	54677	51051	47659	43064
2020	68590	42436	70952	53607	52219	50651	46641
2021	74491	43980	76569	58414	54836	52758	50424
2022	77868	51122	83790	59135	55387	53922	50957
其他单位 Other Ownership Units							
2012	46360	27612	57001	41453	58293	36476	47882
2013	51453	34310	61475	46297	66489	42476	50700
2014	56485	35689	62481	51163	72330	46367	55971
2015	60906	38153	59729	55162	78327	49442	60433
2016	65531	39606	60802	59278	84245	52725	65237
2017	71304	43907	69792	64271	90026	56291	71190
2018	79453	48844	81701	72181	102353	61332	80589
2019	87195	48960	91358	78238	110144	66747	88574
2020	92721	54682	96927	82811	120005	70965	95533
2021	103182	59246	108666	92357	128207	76733	106435
2022	109895	63174	121732	97391	135992	79253	114349

1−23　续表 1　continued

单位：元　(yuan)

登记注册统计类别 Registered Statistical Categories 年　份 Year	交通运输、仓储和邮政业 Transport, Storage and Post	住宿和餐饮业 Hotels and Catering Services	信息传输、软件和信息技术服务业 Information Software and Information Technology	金融业 Financial Inter-mediation	房地产业 Real Estate	租赁和商务服务业 Leasing and Business Services	科学研究和技术服务业 Scientific Research, and Technical Services
全　国 National							
2012	53391	31267	80510	89743	46764	53162	69254
2013	57993	34044	90915	99653	51048	62538	76602
2014	63416	37264	100845	108273	55568	67131	82259
2015	68822	40806	112042	114777	60244	72489	89410
2016	73650	43382	122478	117418	65497	76782	96638
2017	80225	45751	133150	122851	69277	81393	107815
2018	88508	48260	147678	129837	75281	85147	123343
2019	97050	50346	161352	131405	80157	88190	133459
2020	100642	48833	177544	133390	83807	92924	139851
2021	109851	53631	201506	150843	91143	102537	151776
2022	115345	53995	220418	174341	90346	106500	163486
国有单位 State-owned Units							
2012	54342	33376	57056	82040	43464	44875	64206
2013	59516	36298	60182	87732	45435	46542	69501
2014	65417	40103	63629	94943	50597	49286	73844
2015	70908	43621	69858	100672	55922	55016	80409
2016	75878	46953	77402	102117	62560	58828	89093
2017	83848	50816	82762	109128	67632	62843	99164
2018	88833	54437	95683	118497	72646	65981	112775
2019	84757	55594	106432	137810	75984	69085	127665
2020	87142	53890	119323	161584	83237	76452	129707
2021	94422	59699	132292	176429	92962	83460	139441
2022	99890	60575	145800	185022	94998	88109	151816
城镇集体单位 Urban Collective-owned Units							
2012	28474	27535	38770	61756	34365	29583	46890
2013	31772	39491	40268	70249	37155	33296	52204
2014	35018	34925	42253	77236	40429	36833	56711
2015	37461	37197	50901	82944	44062	40731	58849
2016	40771	41873	53981	89811	47305	45810	66959
2017	42549	44613	83191	99635	49486	48536	75188
2018	46818	43388	75603	109373	54359	50652	85103
2019	47869	49222	74246	116739	54683	48448	88454
2020	49736	46511	95646	126555	59383	54318	85734
2021	53365	53967	91676	139096	64590	61404	93624
2022	53449	53388	95026	139341	65949	64345	98817
其他单位 Other Ownership Units							
2012	53592	30827	90839	97706	47983	65637	83362
2013	57720	33400	96618	109161	52052	74632	87590
2014	62749	36830	105724	117537	56459	78859	93884
2015	68138	40436	117076	123640	60976	82287	100210
2016	72883	42862	127198	125115	66112	85638	105510
2017	78523	45068	136988	128781	69743	89619	117092
2018	89064	47656	151050	133812	75747	92189	132685
2019	100067	49899	164030	130804	80820	93715	137290
2020	103331	48400	180950	131035	84286	97408	146478
2021	112647	53158	205536	148816	91528	107094	158956
2022	117917	53568	224479	173697	90529	110365	169873

1−23 续表 2 continued

单位：元 (yuan)

登记注册统计类别 Registered Statistical Categories 年 份 Year	水利、环境和公共设施管理业 Management of Water Conservancy, Environment and Public Facilities	居民服务、修理和其他服务业 Service to Households, Repair and Other Services	教 育 Education	卫生和社会工作 Health and Social Service	文化、体育和娱乐业 Culture, Sports and Enter-tainment	公共管理、社会保障和社会组织 Public Management, Social Security and Social Organization
全 国 National						
2012	32343	35135	47734	52564	53558	46074
2013	36123	38429	51950	57979	59336	49259
2014	39198	41882	56580	63267	64375	53110
2015	43528	44802	66592	71624	72764	62323
2016	47750	47577	74498	80026	79875	70959
2017	52229	50552	83412	89648	87803	80372
2018	56670	55343	92383	98118	98621	87932
2019	61158	60232	97681	108903	107708	94369
2020	63914	60722	106474	115449	112081	104487
2021	65802	65193	111392	126828	117329	111361
2022	68256	65478	120422	135222	121151	117440
国有单位 State-owned Units						
2012	32152	37642	47995	53653	54398	46207
2013	35155	41416	52283	59200	59437	49371
2014	38008	45242	56974	64631	64245	53230
2015	42705	49144	67442	73490	73447	62452
2016	47154	54178	75710	82522	79538	71122
2017	51735	61592	84860	92796	87850	80589
2018	56971	66916	93780	101168	97613	88387
2019	64191	76690	103270	114177	110916	94640
2020	70758	82009	112554	120663	115151	104535
2021	73087	83879	116874	132727	121486	111417
2022	78383	90412	126847	141652	128306	117513
城镇集体单位 Urban Collective-owned Units						
2012	24432	27415	41061	43265	33433	41285
2013	27855	31005	47610	48990	37715	45859
2014	31291	37642	51166	54122	41647	48465
2015	33262	41566	55810	57917	49577	55179
2016	36706	43106	64833	63920	56222	60861
2017	41348	45646	74102	70485	56948	67206
2018	45363	50593	82160	78734	66732	82918
2019	55515	53167	91164	90742	66103	87631
2020	58272	65197	93031	95883	75951	94506
2021	59924	68678	97791	100319	82997	100067
2022	63096	70529	101781	106486	86393	107092
其他单位 Other Ownership Units						
2012	37466	33992	43473	45020	51217	28113
2013	43213	37738	47194	50173	60288	34486
2014	46682	40752	51494	54309	65926	38391
2015	49130	43131	55937	60027	72093	45462
2016	52119	45060	59216	63362	81552	50677
2017	55535	47177	66762	69649	88709	54082
2018	57156	51456	79022	79240	101118	52761
2019	57804	57702	72214	81282	104755	77153
2020	57123	56716	72375	82897	108792	100549
2021	58921	61431	79034	90123	112720	104725
2022	59581	60850	79539	94041	112709	101620

1-24 分行业城镇非私营单位就业人员平均工资(2023年)
AVERAGE WAGE OF EMPLOYED PERSONS IN URBAN NON-PRIVATE UNITS BY SECTOR (2023)

单位：元 (yuan)

登记注册统计类别 Registered Statistical Categories 年 份 Year	合 计 Total	农、林、牧、渔业 Agriculture, Forestry, Animal Husbandry and Fishery	采矿业 Mining	制造业 Manufacturing	电力、热力、燃气及水生产和供应业 Production and Supply of Electricity, Heat, Gas and Water
全 国					
National					
2023	120698	62952	135025	103932	143594
内资单位					
Domestic Invested Units					
2023	117783	62645	133979	102299	143664
#国有单位					
State-owned Units					
2023	127672	61632	161579	109987	128200
港澳台投资单位					
Units with Funds from Hong Kong, Macao and Taiwan					
2023	132342	76313	152269	95654	145042
外商投资单位					
Foreign Funded Units					
2023	149130	77198	193796	118118	137584

1-24 续表 1 continued

单位：元 (yuan)

登记注册统计类别 Registered Statistical Categories / 年 份 Year	建筑业 Construction	批发和零售业 Wholesale and Retail Trades	交通运输、仓储和邮政业 Transport, Storage and Post	住宿和餐饮业 Hotels and Catering Services	信息传输、软件和信息技术服务业 Information Software and Information Technology
全　国					
National					
2023	85804	124362	122705	58094	231810
内资单位					
Domestic Invested Units					
2023	85543	105610	120033	62511	195706
#国有单位					
State-owned Units					
2023	76286	171019	106261	68414	135157
港澳台投资单位					
Units with Funds from Hong Kong, Macao and Taiwan					
2023	103278	155189	172240	50581	356461
外商投资单位					
Foreign Funded Units					
2023	120542	209518	145964	47956	296256

1-24　续表 2　continued

登记注册统计类别 Registered Statistical Categories 年　份 Year	金融业 Financial Inter-mediation	房地产业 Real Estate	租赁和商务服务业 Leasing and Business Services	科学研究和技术服务业 Scientific Research, and Technical Services	水利、环境和公共设施管理业 Management of Water Conservancy, Environment and Public Facilities
全　国					
National					
2023	197663	91932	109264	171447	68656
内资单位					
Domestic Invested Units					
2023	193299	88894	93735	162210	68484
#国有单位					
State-owned Units					
2023	190029	91375	103524	160202	79254
港澳台投资单位					
Units with Funds from Hong Kong, Macao and Taiwan					
2023	319278	118733	224224	250926	76444
外商投资单位					
Foreign Funded Units					
2023	239729	125366	326196	281384	97498

1-24 续表 3 continued

登记注册统计类别 Registered Statistical Categories 年 份 Year	居民服务、修理和其他服务业 Service to Households, Repair and Other Services	教 育 Education	卫生和社会工作 Health and Social Service	文化、体育和娱乐业 Culture, Sports and Entertainment	公共管理、社会保障和社会组织 Public Management, Social Security and social Organization
全 国					
National					
2023	68919	124067	143818	127334	117108
内资单位					
Domestic Invested Units					
2023	68183	123981	143702	127787	117108
#国有单位					
State-owned Units					
2023	98139	128805	149661	131735	117133
港澳台投资单位					
Units with Funds from Hong Kong, Macao and Taiwan					
2023	66158	189559	179602	117317	
外商投资单位					
Foreign Funded Units					
2023	109553	239856	168517	119204	

1-25 分行业城镇非私营单位就业人员平均名义工资指数(1995-2002年)
INDICES OF NOMINAL AVERAGE EARNING OF EMPLOYED PERSONS IN URBAN NON-PRIVATE UNITS BY SECTOR (1995-2002)

上年=100 (preceding year=100)

登记注册统计类别 Registered Statistical Categories 年 份 Year	合 计 Total	农、林、牧、渔业 Farming, Forestry, Animal Husbandry and Fishery	采掘业 Mining and Quarrying	制造业 Manufacturing	电力、煤气及水的生产和供应业 Production and Supply of Electricity, Gas and Water	建筑业 Construction
全 国 National						
1995	118.9	124.5	123.2	121.2	127.3	118.1
1996	111.8	115.0	112.8	109.1	112.4	108.5
1997	107.8	106.5	105.4	105.4	109.5	106.6
1998	115.5	105.2	105.9	119.1	108.5	111.8
1999	111.7	106.1	103.9	110.6	109.8	106.9
2000	112.2	106.9	110.8	112.2	111.4	109.1
2001	116.1	110.4	114.7	111.9	113.0	108.6
2002	114.2	111.2	115.2	112.7	112.6	108.5
国有单位 State-owned Units						
1995	117.3	124.6	122.4	118.8	126.3	118.3
1996	111.8	114.5	113.1	108.3	112.5	107.9
1997	107.6	106.6	105.6	103.7	109.7	105.8
1998	113.5	105.3	105.6	115.7	108.1	110.4
1999	111.4	105.8	103.1	109.0	108.9	106.9
2000	111.8	106.3	107.0	112.3	110.8	108.6
2001	117.0	110.7	114.1	112.2	112.7	108.0
2002	115.0	110.7	112.2	113.4	111.7	109.3
城镇集体单位 Urban Collective-owned Units						
1995	121.1	116.2	131.5	121.1	129.9	118.7
1996	109.6	130.0	107.6	107.7	111.8	109.2
1997	104.7	103.5	105.2	102.9	108.8	107.3
1998	117.7	110.7	110.0	121.0	104.3	108.5
1999	108.4	111.6	99.5	106.4	103.8	105.7
2000	108.4	113.7	106.8	107.5	109.0	108.6
2001	109.8	101.8	113.3	106.5	114.5	105.9
2002	111.5	114.4	109.4	110.8	105.6	106.5
其他单位 Other Ownership Units						
1995	119.9	129.2	123.1	120.8	131.6	116.0
1996	110.3	103.4	100.3	109.2	112.1	102.7
1997	106.7	95.7	102.8	105.7	101.4	108.1
1998	101.6	80.9	125.3	101.8	99.8	118.0
1999	109.8	118.2	113.4	109.0	113.7	105.8
2000	110.8	125.1	128.5	108.9	112.1	108.6
2001	110.7	100.6	112.8	108.7	110.8	107.6
2002	108.4	108.6	115.9	108.6	111.7	101.5

1-25 续表 1 continued

上年=100 (preceding year=100)

登记注册统计类别 Registered Statistical Categories / 年 份 Year	地质勘查业、水利管理业 Geological Prospecting and Water Conservancy	交通运输、仓储及邮电通信业 Transport, Storage, Post and Telecommunications	批发和零售贸易、餐饮业 Wholesale and Retail Trade & Catering Services	金融、保险业 Finance and Insurance	房地产业 Real Estate Trade	社 会 服务业 Social Services
全 国 National						
1995	109.5	121.9	120.3	109.9	117.1	119.3
1996	110.4	113.4	109.7	114.2	114.3	113.3
1997	108.8	108.9	104.2	115.0	110.3	111.7
1998	110.8	113.9	120.8	109.6	112.2	111.5
1999	111.1	111.4	109.4	112.3	111.3	110.2
2000	109.1	112.4	111.7	110.7	108.4	110.6
2001	113.7	114.9	114.2	118.6	112.1	115.5
2002	112.1	113.1	115.0	115.3	109.3	113.2
国有单位 State-owned Units						
1995	109.4	121.6	118.5	108.3	115.0	116.7
1996	110.4	112.9	108.2	114.3	114.6	112.5
1997	108.6	108.3	104.0	114.7	108.8	110.9
1998	110.7	110.8	119.3	109.1	109.5	109.9
1999	111.1	109.4	108.4	109.9	110.7	110.2
2000	109.1	111.5	110.8	111.4	110.5	108.2
2001	113.9	113.5	110.8	118.6	112.5	114.6
2002	111.6	111.8	114.8	116.8	109.7	108.4
城镇集体单位 Urban Collective-owned Units						
1995	115.9	115.5	122.2	114.0	126.8	125.7
1996	111.6	110.7	110.9	106.6	101.5	106.9
1997	132.7	102.3	101.6	110.4	113.6	114.0
1998	109.8	126.1	116.1	106.7	118.3	109.1
1999	108.5	110.8	106.4	110.7	114.7	107.2
2000	98.8	102.2	106.0	107.0	98.8	108.8
2001	102.1	108.7	106.7	111.9	102.4	109.4
2002	125.7	109.3	110.4	114.7	107.6	112.0
其他单位 Other Ownership Units						
1995	126.2	120.3	112.2	120.7	113.3	115.7
1996	106.7	113.1	107.7	126.5	113.0	114.9
1997	101.6	115.2	103.6	110.3	110.5	108.9
1998	118.6	85.7	102.8	90.2	103.0	102.1
1999	126.6	119.0	107.6	118.0	106.2	105.9
2000	150.6	114.2	112.0	107.9	102.5	109.5
2001	85.9	114.8	113.7	111.5	109.0	111.6
2002	156.4	111.0	106.1	102.0	104.9	112.5

1-25　续表 2　continued

上年=100　　(preceding year=100)

登记注册统计类别 Registered Statistical Categories 年　份 Year	卫生、体育和社会福利业 Health Care, Sporting and Social Welfare	教育、文化艺术和广播电影电视业 Education, Culture and Arts, Radio, Film and Television	科学研究和综合技术服务业 Scientific Research and Polytechnical Services	国家机关政党机关和社会团体 Government Agencies, Party Agencies and Social Organizations	其　他 Others
全　国 National					
1995	114.4	111.2	111.3	111.5	120.5
1996	115.9	114.0	117.1	114.6	114.3
1997	112.0	111.1	112.2	110.4	96.1
1998	111.6	112.1	112.9	111.3	123.8
1999	114.0	115.3	113.7	115.5	119.5
2000	112.5	112.7	116.3	111.9	110.4
2001	118.4	121.5	121.3	120.9	114.8
2002	114.3	116.6	115.9	114.8	110.5
国有单位 State-owned Units					
1995	114.1	111.4	110.1	111.4	119.3
1996	115.9	113.7	116.7	114.8	110.8
1997	111.9	112.0	112.3	110.3	90.6
1998	111.5	112.2	112.8	111.3	119.3
1999	113.9	115.3	113.7	115.5	117.8
2000	113.2	112.8	114.2	111.9	104.3
2001	118.7	121.4	122.9	120.9	112.4
2002	114.2	116.7	117.1	114.8	117.4
城镇集体单位 Urban Collective-owned Units					
1995	115.6	109.1	125.5	120.8	120.1
1996	115.1	123.8	114.8	96.1	116.9
1997	111.8	91.7	101.0	123.1	101.7
1998	109.3	107.8	102.9	112.7	122.4
1999	113.6	116.5	113.2	114.0	115.3
2000	107.4	106.3	116.1	111.2	110.9
2001	113.5	127.5	103.5	105.6	107.0
2002	112.7	111.8	107.4	109.6	100.0
其他单位 Other Ownership Units					
1995	130.8	111.0	125.3		117.6
1996	128.0	104.8	132.7		122.0
1997	114.2	108.3	109.6		133.5
1998	120.0	119.1	100.8		116.4
1999	109.5	109.0	109.9		104.3
2000	99.3	92.1	116.5		126.1
2001	101.8	132.5	103.2		111.4
2002	87.2	108.5	106.9		96.9

1-26 分行业城镇非私营单位就业人员平均名义工资指数(2004-2011年) INDICES OF NOMINAL AVERAGE EARNING OF EMPLOYED PERSONS IN URBAN NON-PRIVATE UNITS BY SECTOR (2004-2011)

上年=100 (preceding year=100)

登记注册统计类别 Registered Statistical Categories 年份 Year	合计 Total	农、林、牧、渔业 Agriculture, Forestry, Farming of Animals and Fishery	采矿业 Mining	制造业 Manufacturing	电力、燃气及水的生产和供应业 Production & Distribution of Electricity, Gas & Water	建筑业 Construction	交通运输、仓储和邮政业 Traffic, Transport, Storage and Post
全国 National							
2004	114.0	108.9	123.1	112.5	116.0	111.0	114.7
2005	114.3	109.5	121.9	111.8	114.9	112.2	115.7
2006	114.6	112.9	118.0	114.4	114.8	114.5	115.3
2007	118.5	117.0	116.8	116.0	117.8	114.3	115.7
2008	116.9	115.8	121.5	115.4	115.1	114.8	114.8
2009	111.6	114.3	111.1	109.9	108.7	113.8	110.2
2010	113.3	116.4	116.2	115.3	113.0	113.9	114.6
2011	114.4	116.5	118.2	118.6	111.4	116.6	116.3
国有单位 State-owned Units							
2004	114.5	108.8	124.5	114.8	116.1	112.7	112.3
2005	115.4	109.5	121.2	117.1	115.2	113.9	115.5
2006	114.4	112.6	119.1	119.5	116.8	113.3	114.5
2007	120.2	117.1	117.5	117.7	118.5	115.4	116.4
2008	116.0	115.7	121.9	116.1	115.6	111.6	113.2
2009	112.7	114.3	108.6	113.4	109.3	118.6	111.9
2010	112.4	116.7	116.3	116.8	113.2	114.5	114.6
2011	113.4	116.5	118.9	118.3	111.8	113.5	118.0
城镇集体单位 Urban Collective-owned Units							
2004	112.7	114.7	119.9	113.0	114.4	109.6	108.4
2005	114.9	114.4	128.3	112.7	108.4	110.5	113.0
2006	115.1	121.7	123.1	113.5	108.5	113.5	111.5
2007	120.0	117.4	125.7	118.3	116.9	119.1	118.4
2008	117.2	117.9	115.7	119.0	118.8	114.9	115.0
2009	113.8	113.8	113.8	113.8	113.8	113.8	113.8
2010	116.5	118.0	118.5	118.3	115.3	115.1	113.4
2011	119.9	120.5	126.6	120.1	106.7	123.8	125.4
其他单位 Other Ownership Units							
2004	111.3	102.5	121.2	109.9	114.2	108.5	120.4
2005	111.2	106.0	121.6	109.0	112.9	110.0	113.2
2006	114.4	115.8	116.5	112.9	110.6	115.0	115.1
2007	115.6	115.8	115.4	115.3	115.7	112.2	112.0
2008	117.6	118.5	121.0	115.0	113.6	115.6	116.7
2009	109.8	111.8	112.8	109.1	107.6	111.8	105.1
2010	114.2	109.8	116.2	115.0	112.5	113.1	114.0
2011	115.4	115.4	115.4	115.4	115.4	115.4	115.4

1-26　续表 1　continued

上年=100　(preceding year=100)

登记注册统计类别 Registered Statistical Categories 年份 Year	信息传输、计算机服务和软件业 Information Transfer, Computer and Software	批发和零售业 Wholesale and Retail Trade	住宿和餐饮业 Accommodation and Restaurants	金融业 Finance	房地产业 Real Estate	租赁和商务服务业 Tenancy and Business Services	科学研究、技术服务和地质勘查业 Scientific Research, Technical Service & Geologic Perambulation
全　国 National							
2004	108.3	119.4	112.7	116.9	108.1	110.0	114.2
2005	116.0	117.2	110.0	120.3	109.7	113.4	116.3
2006	111.9	116.6	109.8	121.4	109.8	115.4	116.5
2007	109.8	118.4	111.9	124.0	117.3	113.5	121.5
2008	115.1	122.5	113.3	122.5	115.5	118.4	118.4
2009	105.9	112.9	108.0	112.1	107.1	107.8	110.2
2010	110.8	115.4	112.1	116.1	111.3	111.5	112.4
2011	110.1	120.9	117.6	115.6	119.4	118.7	114.0
国有单位 State-owned Units							
2004	109.7	116.3	115.8	117.8	109.3	109.5	114.8
2005	109.3	121.8	110.6	121.3	113.0	115.8	114.4
2006	109.4	119.1	110.6	114.2	109.6	109.1	115.5
2007	110.8	116.3	110.6	125.2	117.6	114.4	121.4
2008	107.4	121.1	116.2	120.3	110.4	115.2	117.0
2009	108.8	119.0	110.9	108.4	111.3	111.0	110.9
2010	109.5	115.9	112.7	116.4	110.3	110.7	112.6
2011	108.6	115.4	120.5	113.1	129.0	117.1	113.3
城镇集体单位 Urban Collective-owned Units							
2004	141.2	110.6	111.4	115.6	106.6	106.8	103.7
2005	139.1	113.0	109.0	114.5	103.6	113.7	134.3
2006	98.1	112.0	112.9	116.9	117.8	107.4	127.7
2007	103.4	115.4	112.6	119.3	118.8	115.0	107.7
2008	112.1	120.8	117.5	121.2	112.4	107.5	120.8
2009	110.8	114.5	109.4	119.4	108.0	109.9	110.1
2010	121.6	113.8	113.5	117.9	109.3	108.8	113.7
2011	107.4	118.8	124.0	120.0	120.5	116.8	127.2
其他单位 Other Ownership Units							
2004	103.7	119.0	109.1	112.4	105.5	107.1	114.2
2005	111.8	108.9	108.4	116.8	107.0	105.3	118.1
2006	110.7	112.7	108.4	128.2	108.7	118.8	117.9
2007	104.8	118.2	111.7	120.8	116.5	108.5	120.0
2008	116.5	120.2	111.4	120.3	116.9	115.9	118.4
2009	103.6	108.3	106.4	108.9	105.6	103.9	106.7
2010	109.0	114.3	111.6	114.6	111.4	111.3	109.8
2011	109.2	121.3	116.2	114.8	116.4	120.4	112.9

1-26 续表 2 continued

上年=100 (preceding year=100)

登记注册统计类别 Registered Statistical Categories 年份 Year	水利、环境和公共设施管理业 Management of Water Conservancy, Environment and Public Establishment	居民服务和其他服务业 Resident Services and Other Services	教育 Education	卫生、社会保障和社会福利业 Sanitation, Social Security and Social Welfare	文化体育和娱乐业 Culture, Sports and Entertainment	公共管理和社会组织 Public Management and Social Organization
全国 National						
2004	109.4	108.0	113.4	113.6	120.0	113.1
2005	111.2	115.1	113.5	113.2	110.5	116.5
2006	109.1	114.5	114.6	113.4	114.0	111.4
2007	117.6	113.0	123.9	118.2	117.7	123.0
2008	114.8	112.2	115.1	115.4	112.3	116.5
2009	109.7	110.1	115.8	110.8	110.5	109.4
2010	110.3	112.1	112.8	112.8	109.7	108.3
2011	113.0	117.6	110.8	114.8	115.6	110.0
国有单位 State-owned Units						
2004	109.1	113.5	112.8	113.9	120.8	113.2
2005	110.9	105.8	113.4	112.8	110.3	116.5
2006	108.9	118.6	114.4	113.0	114.1	111.5
2007	117.9	105.8	123.6	118.2	118.3	122.9
2008	114.8	121.6	115.1	115.2	112.1	116.4
2009	110.3	109.2	115.9	110.6	110.7	109.7
2010	110.0	112.3	112.9	112.4	109.3	108.2
2011	113.1	113.9	110.9	114.8	114.9	110.0
城镇集体单位 Urban Collective-owned Units						
2004	104.0	102.6	113.2	110.8	116.2	111.3
2005	105.9	120.0	120.0	115.2	124.5	112.7
2006	108.1	113.8	121.1	116.9	103.9	109.5
2007	111.4	118.9	137.0	118.0	122.9	120.3
2008	115.8	113.4	107.8	117.5	113.0	111.4
2009	109.6	112.8	121.5	114.9	112.7	137.5
2010	109.8	112.5	114.4	118.2	111.8	103.5
2011	113.1	119.3	115.5	116.0	121.2	130.9
其他单位 Other Ownership Units						
2004	115.7	99.0	111.0	104.5	108.7	144.0
2005	112.2	118.8	103.5	114.5	110.7	111.2
2006	109.1	105.5	111.8	117.4	114.0	83.8
2007	114.7	120.7	119.0	115.9	111.8	118.9
2008	114.9	97.9	113.5	117.2	116.5	154.3
2009	101.1	111.2	104.7	106.1	111.3	82.7
2010	111.3	111.6	108.0	113.4	112.8	119.8
2011	110.3	118.6	110.3	111.9	121.2	111.7

1−27 分行业城镇非私营单位就业人员平均名义工资指数(2013−2022年)
INDICES OF NOMINAL AVERAGE EARNING OF EMPLOYED PERSONS IN URBAN NON-PRIVATE UNITS BY SECTOR (2013-2022)

上年=100 (preceding year=100)

登记注册统计类别 Registered Statistical Categories 年 份 Year	合 计 Total	农、林、牧、渔业 Agriculture, Forestry, Animal Husbandry and Fishery	采矿业 Mining	制造业 Manufacturing	电力、热力、燃气及水生产和供应业 Production and Supply of Electricity, Heat, Gas and Water	建筑业 Construction	批发和零售业 Wholesale and Retail Trades
全 国 National							
2013	110.1	113.8	105.6	111.5	115.3	115.3	108.6
2014	109.5	109.8	102.6	110.6	109.3	108.9	111.0
2015	110.1	112.7	96.3	107.7	107.6	106.7	108.0
2016	108.9	105.2	101.9	107.5	106.3	106.5	107.8
2017	110.0	108.6	114.8	108.4	107.7	106.7	109.4
2018	110.9	99.9	117.2	111.8	110.9	108.9	113.1
2019	109.8	107.9	111.8	108.4	107.6	108.4	110.5
2020	107.6	123.4	106.2	105.9	108.3	106.7	108.4
2021	109.7	110.9	112.2	111.7	107.4	108.3	111.6
2022	106.7	109.6	112.0	105.5	106.1	103.3	107.1
国有单位 State-owned Units							
2013	108.9	113.2	96.2	114.2	116.3	109.3	118.2
2014	108.8	109.2	106.1	113.9	109.9	105.8	114.7
2015	114.0	112.9	99.8	105.4	106.9	106.8	108.0
2016	111.1	105.4	103.3	109.5	104.8	106.1	106.9
2017	111.8	108.5	115.8	109.2	108.9	105.8	110.6
2018	110.3	97.6	113.8	100.6	106.3	103.1	112.7
2019	110.5	105.4	110.3	113.7	107.1	98.8	120.6
2020	109.3	124.7	107.0	106.5	105.9	117.9	109.0
2021	106.9	111.5	113.4	118.7	108.5	112.5	113.6
2022	107.0	110.7	112.5	105.2	105.6	104.4	103.7
城镇集体单位 Urban Collective-owned Units							
2013	115.2	118.4	108.5	117.4	113.9	114.5	113.4
2014	109.9	115.2	105.3	110.6	108.7	109.0	111.0
2015	109.0	126.7	104.4	109.6	111.0	106.3	109.4
2016	108.4	105.3	99.7	106.5	106.3	104.7	105.7
2017	109.3	108.0	105.1	107.7	104.2	103.6	104.4
2018	109.8	104.5	123.8	105.1	106.6	107.6	110.8
2019	103.2	54.9	117.1	108.0	79.5	104.0	110.7
2020	109.5	166.7	108.9	98.0	102.3	106.3	108.3
2021	108.6	103.6	107.9	109.0	105.0	104.2	108.1
2022	104.5	116.2	109.4	101.2	101.0	102.2	101.1
其他单位 Other Ownership Units							
2013	111.0	124.3	107.8	111.7	114.1	116.4	105.9
2014	109.7	104.0	101.6	110.5	108.8	109.2	110.4
2015	107.8	106.9	95.6	107.8	108.3	106.6	108.0
2016	107.6	103.8	101.8	107.5	107.6	106.6	107.9
2017	108.8	110.9	114.8	108.4	106.9	106.8	109.1
2018	111.4	111.2	117.1	112.3	113.7	109.0	113.2
2019	109.7	100.2	111.8	108.4	107.6	108.8	109.9
2020	106.3	111.7	106.1	105.8	109.0	106.3	107.9
2021	111.3	108.3	112.1	111.5	106.8	108.1	111.4
2022	106.5	106.6	112.0	105.5	106.1	103.3	107.4

1-27 续表 1 continued

上年=100 (preceding year=100)

登记注册统计类别 Registered Statistical Categories 年份 Year	交通运输、仓储和邮政业 Transport, Storage and Post	住宿和餐饮业 Hotels and Catering Services	信息传输、软件和信息技术服务业 Information Software and Information Technology	金融业 Financial Inter-mediation	房地产业 Real Estate	租赁和商务服务业 Leasing and Business Services	科学研究和技术服务业 Scientific Research, and Technical Services
全　国 National							
2013	108.6	108.9	112.9	111.0	109.2	117.6	110.6
2014	109.4	109.5	110.9	108.7	108.9	107.3	107.4
2015	108.5	109.5	111.1	106.0	108.4	108.0	108.7
2016	107.0	106.3	109.3	102.3	108.7	105.9	108.1
2017	108.9	105.5	108.7	104.6	105.8	106.0	111.6
2018	110.3	105.5	110.9	105.7	108.7	104.6	114.4
2019	109.7	104.3	109.3	101.2	106.5	103.6	108.2
2020	103.7	97.0	110.0	101.5	104.6	105.4	104.8
2021	109.2	109.8	113.5	113.1	108.8	110.3	108.5
2022	105.0	100.7	109.4	115.6	99.1	103.9	107.7
国有单位 State-owned Units							
2013	109.5	108.8	105.5	106.9	104.5	103.7	108.2
2014	109.9	110.5	105.7	108.2	111.4	105.9	106.2
2015	108.4	108.8	109.8	106.0	110.5	111.6	108.9
2016	107.0	107.6	110.8	101.4	111.9	106.9	110.8
2017	110.5	108.2	106.9	106.9	108.1	106.8	111.3
2018	105.9	107.1	115.6	108.6	107.4	105.0	113.7
2019	95.4	102.1	111.2	116.3	104.6	104.7	113.2
2020	102.8	96.9	112.1	117.3	109.5	110.7	101.6
2021	108.4	110.8	110.9	109.2	111.7	109.2	107.5
2022	105.8	101.5	110.2	104.9	102.2	105.6	108.9
城镇集体单位 Urban Collective-owned Units							
2013	111.6	143.4	103.9	113.8	108.1	112.6	111.3
2014	110.2	88.4	104.9	109.9	108.8	110.6	108.6
2015	107.0	106.5	120.5	107.4	109.0	110.6	103.8
2016	108.8	112.6	106.1	108.3	107.4	112.5	113.8
2017	104.4	106.5	154.1	110.9	104.6	106.0	116.4
2018	110.0	97.3	90.9	109.8	109.8	104.4	113.2
2019	102.2	113.4	98.2	106.7	100.6	95.6	103.9
2020	103.9	94.5	128.8	108.4	108.6	112.1	96.9
2021	107.3	116.0	95.8	109.9	108.8	113.0	109.2
2022	100.2	98.9	103.7	100.2	102.1	104.8	105.5
其他单位 Other Ownership Units							
2013	107.7	108.3	106.4	111.7	108.5	113.7	105.1
2014	108.7	110.3	109.4	107.7	108.5	105.7	107.2
2015	108.6	109.8	110.7	105.2	108.0	104.3	106.7
2016	107.0	106.0	108.6	101.2	108.4	104.1	105.3
2017	107.7	105.1	107.7	102.9	105.5	104.6	111.0
2018	113.4	105.7	110.3	103.9	108.6	102.9	113.3
2019	112.4	104.7	108.6	97.8	106.7	101.7	103.5
2020	103.3	97.0	110.3	100.2	104.3	103.9	106.7
2021	109.0	109.8	113.6	113.6	108.6	109.9	108.5
2022	104.7	100.8	109.2	116.7	98.9	103.1	106.9

1-27 续表 2 continued

上年=100 (preceding year=100)

登记注册统计类别 Registered Statistical Categories 年 份 Year	水利、环境和公共设施管理业 Management of Water Conservancy, Environment and Public Facilities	居民服务、修理和其他服务业 Service to Households, Repair and Other Services	教 育 Education	卫生和社会工作 Health and Social Service	文化、体育和娱乐业 Culture, Sports and Entertainment	公共管理、社会保障和社会组织 Public Management, Social Security and Social Organization
全 国 National						
2013	111.7	109.4	108.8	110.3	110.8	106.9
2014	108.5	109.0	108.9	109.1	108.5	107.8
2015	111.0	107.0	117.7	113.2	113.0	117.3
2016	109.7	106.2	111.9	111.7	109.8	113.9
2017	109.4	106.3	112.0	112.0	109.9	113.3
2018	108.5	109.5	110.8	109.4	112.3	109.4
2019	107.9	108.8	105.7	111.0	109.2	107.3
2020	104.5	100.8	109.0	106.0	104.1	110.7
2021	103.0	107.4	104.6	109.9	104.7	106.6
2022	103.7	100.4	108.1	106.6	103.3	105.5
国有单位 State-owned Units						
2013	109.3	110.0	108.9	110.3	109.3	106.8
2014	108.1	109.2	109.0	109.2	108.1	107.8
2015	112.4	108.6	118.4	113.7	114.3	117.3
2016	110.4	110.2	112.3	112.3	108.3	113.9
2017	109.7	113.7	112.1	112.5	110.5	113.3
2018	110.1	108.6	110.5	109.0	111.1	109.7
2019	112.7	114.6	110.1	112.9	113.6	107.1
2020	110.2	106.9	109.0	105.7	103.8	110.5
2021	103.3	102.3	103.8	110.0	105.5	106.6
2022	107.2	107.8	108.5	106.7	105.6	105.5
城镇集体单位 Urban Collective-owned Units						
2013	114.0	113.1	115.9	113.2	112.8	111.1
2014	112.3	121.4	107.5	110.5	110.4	105.7
2015	106.3	110.4	109.1	107.0	119.0	113.9
2016	110.4	103.7	116.2	110.4	113.4	110.3
2017	121.4	107.7	116.9	113.7	103.9	114.3
2018	109.7	110.8	110.9	111.7	117.2	123.4
2019	122.4	105.1	111.0	115.3	99.1	105.7
2020	105.0	122.6	102.0	105.7	114.9	107.8
2021	102.8	105.3	105.1	104.6	109.3	105.9
2022	105.3	102.7	104.1	106.1	104.1	107.0
其他单位 Other Ownership Units						
2013	115.3	111.0	108.6	111.4	117.7	122.7
2014	108.0	108.0	109.1	108.2	109.4	111.3
2015	105.2	105.8	108.6	110.5	109.4	118.4
2016	106.1	104.5	105.9	105.6	113.1	111.5
2017	106.6	104.7	112.7	109.9	108.8	106.7
2018	102.9	109.1	118.4	113.8	114.0	97.6
2019	101.1	112.1	91.4	102.6	103.6	146.2
2020	98.8	98.3	100.2	102.0	103.9	130.3
2021	103.1	108.3	109.2	108.7	103.6	104.2
2022	101.1	99.1	100.6	104.3	100.0	97.0

1-28 分行业城镇非私营单位就业人员平均实际工资指数(1995-2002年)
INDICES OF REAL AVERAGE WAGE OF EMPLOYED PERSONS IN URBAN NON-PRIVATE UNITS BY SECTOR (1995-2002)

上年=100　　(preceding year=100)

登记注册统计类别 Registered Statistical Categories 年份 Year	合计 Total	农、林、牧、渔业 Farming, Forestry, Animal Husbandry and Fishery	采掘业 Mining and Quarrying	制造业 Manufacturing	电力、煤气及水的生产和供应业 Production and Supply of Electricity, Gas and Water	建筑业 Construction
全国 National						
1995	101.8	106.6	105.5	103.8	109.0	101.1
1996	102.8	105.7	103.7	100.3	103.3	99.7
1997	104.5	103.3	102.2	102.2	106.2	103.4
1998	116.2	105.9	106.5	119.8	109.1	112.4
1999	113.2	107.5	105.2	112.1	111.3	108.3
2000	111.3	106.1	109.9	111.3	110.6	108.2
2001	115.3	109.6	113.9	111.2	112.3	107.9
2002	115.4	112.4	116.4	113.9	113.7	109.6
国有单位 State-owned Units						
1995	100.4	106.7	104.8	101.7	108.1	101.2
1996	102.7	105.3	103.9	99.6	103.4	99.1
1997	104.4	103.4	102.4	100.6	106.4	102.6
1998	114.2	105.9	106.3	116.4	108.7	111.1
1999	112.9	107.2	104.5	110.5	110.3	108.3
2000	110.9	105.4	106.1	111.4	109.9	107.7
2001	116.2	110.0	113.4	111.4	112.0	107.3
2002	116.2	111.8	113.4	114.5	112.8	110.4
城镇集体单位 Urban Collective-owned Units						
1995	103.7	99.5	112.6	103.7	111.3	101.6
1996	100.7	119.5	98.9	99.0	102.7	100.4
1997	101.6	100.4	102.0	99.8	105.5	104.1
1998	118.4	111.3	110.7	121.8	104.9	109.1
1999	109.8	113.0	100.9	107.8	105.2	107.1
2000	107.5	112.8	106.0	106.7	108.2	107.8
2001	109.0	101.0	112.5	105.8	113.7	105.2
2002	112.6	115.5	110.6	111.9	106.6	107.6
其他单位 Other Ownership Units						
1995	102.6	110.6	105.4	103.4	112.7	99.3
1996	101.3	95.1	92.2	100.4	103.0	94.3
1997	103.5	92.8	99.7	102.5	98.3	104.9
1998	102.3	81.4	126.0	102.4	100.4	118.7
1999	111.2	119.8	114.9	110.5	115.2	107.2
2000	109.9	124.1	127.5	108.1	111.2	107.8
2001	109.9	99.9	112.0	108.0	110.1	106.9
2002	109.5	109.7	117.0	109.7	112.9	102.6

1-28 续表 1 continued

上年=100 (preceding year=100)

登记注册统计类别 Registered Statistical Categories 年 份 Year	地质勘查业、水利管理业 Geological Prospecting and Water Conservancy	交通运输、仓储及邮电通信业 Transport, Storage, Post and Telecommunications	批发和零售贸易、餐饮业 Wholesale and Retail Trade & Catering Services	金融、保险业 Finance and Insurance	房地产业 Real Estate Trade	社 会 服务业 Social Services
全 国 National						
1995	93.8	104.3	103.0	94.1	100.3	102.1
1996	101.5	104.2	100.8	105.0	105.1	104.1
1997	105.5	105.6	101.1	111.6	107.0	108.4
1998	111.4	114.6	121.5	110.3	112.9	112.2
1999	112.5	112.9	110.8	113.8	112.8	111.7
2000	108.2	111.5	110.8	109.9	107.5	109.7
2001	112.9	114.1	113.4	117.8	111.4	114.7
2002	113.3	114.2	116.2	116.5	110.4	114.4
国有单位 State-owned Units						
1995	93.7	104.1	101.5	92.7	98.4	100.0
1996	101.5	103.8	99.4	105.0	105.3	103.4
1997	105.3	105.1	100.9	111.2	105.5	107.6
1998	111.4	111.5	120.0	109.7	110.2	110.6
1999	112.6	110.9	109.8	111.3	112.2	111.7
2000	108.2	110.6	109.9	110.5	109.6	107.3
2001	113.1	112.7	110.1	117.8	111.7	113.8
2002	112.7	112.9	116.0	118.0	110.8	109.5
城镇集体单位 Urban Collective-owned Units						
1995	99.2	98.8	104.6	97.6	108.6	107.6
1996	102.6	101.7	101.9	98.0	93.3	98.2
1997	128.7	99.2	98.6	107.1	110.1	110.6
1998	110.5	126.9	116.8	107.3	119.0	109.8
1999	109.9	112.2	107.8	112.2	116.3	108.6
2000	98.0	101.4	105.2	106.2	98.1	107.9
2001	101.4	107.9	105.9	111.1	101.7	108.7
2002	126.9	110.4	111.5	115.9	108.7	113.1
其他单位 Other Ownership Units						
1995	108.1	103.0	96.0	103.4	97.0	99.0
1996	98.0	103.9	99.0	116.3	103.9	105.6
1997	98.5	111.7	100.5	107.0	107.1	105.6
1998	119.3	86.2	103.4	90.8	103.7	102.7
1999	128.3	120.5	109.0	119.6	107.6	107.3
2000	149.4	113.2	111.1	107.0	101.7	108.6
2001	85.3	114.0	112.9	110.7	108.3	110.8
2002	158.0	112.1	107.2	103.1	106.0	113.7

1-28 续表 2 continued

上年=100 (preceding year=100)

登记注册统计类别 Registered Statistical Categories 年份 Year	卫生、体育和社会福利业 Health Care, Sporting and Social Welfare	教育、文化艺术和广播电影电视业 Education, Culture and Arts, Radio, Film and Television	科学研究和综合技术服务业 Scientific Research and Polytechnical Services	国家机关政党机关和社会团体 Government Agencies, Party Agencies and Social Organizations	其他 Others
全国 National					
1995	97.9	95.2	95.3	95.4	103.1
1996	106.5	104.8	107.6	105.4	105.0
1997	108.6	107.8	108.8	107.1	93.2
1998	112.3	112.8	113.6	111.9	124.6
1999	115.5	116.8	115.2	117.1	121.1
2000	111.6	111.8	115.4	111.0	109.5
2001	117.5	120.7	120.4	120.0	114.0
2002	115.4	117.8	117.0	115.9	111.6
国有单位 State-owned Units					
1995	97.7	95.4	94.3	95.3	102.1
1996	106.5	104.5	107.2	105.5	101.8
1997	108.5	108.7	109.0	107.0	87.9
1998	112.2	112.9	113.5	111.9	120.0
1999	115.4	116.8	115.2	117.1	119.4
2000	112.3	111.9	113.2	111.0	103.5
2001	117.9	120.5	122.0	120.1	111.6
2002	115.3	117.9	118.3	116.0	118.6
城镇集体单位 Urban Collective-owned Units					
1995	99.0	93.4	107.5	103.4	102.8
1996	105.7	113.8	105.5	88.3	107.4
1997	108.5	88.9	98.0	119.4	98.6
1998	110.0	108.5	103.5	113.4	123.1
1999	115.1	118.1	114.6	115.5	116.8
2000	106.5	105.4	115.2	110.3	110.0
2001	112.7	126.6	102.8	104.9	106.3
2002	113.9	112.9	108.5	110.7	101.1
其他单位 Other Ownership Units					
1995	112.0	95.0	107.3		100.7
1996	117.6	96.4	121.9		112.1
1997	110.8	105.0	106.3		129.5
1998	120.7	119.8	101.4		117.1
1999	111.0	110.4	111.4		105.6
2000	98.5	91.4	115.6		125.1
2001	101.1	131.6	102.5		110.6
2002	88.1	109.6	108.0		97.9

1-29 分行业城镇非私营单位就业人员平均实际工资指数(2004-2011年)
INDICES OF REAL AVERAGE EARNING OF EMPLOYED PERSONS IN URBAN NON-PRIVATE UNITS BY SECTOR (2004-2011)

上年=100 (preceding year=100)

登记注册统计类别 Registered Statistical Categories 年 份 Year	合 计 Total	农、林、牧、渔业 Agriculture, Forestry, Farming of Animals and Fishery	采矿业 Mining	制造业 Manufacturing	电力、燃气及水的生产和供应业 Production & Distribution of Electricity, Gas & Water	建筑业 Construction	交通运输、仓储和邮政业 Traffic, Transport, Storage and Post
全 国 National							
2004	110.3	105.4	119.2	108.9	112.3	107.5	111.1
2005	112.5	107.7	120.0	110.0	113.1	110.4	113.9
2006	112.9	111.3	116.3	112.7	113.2	112.9	113.6
2007	113.4	112.0	111.8	111.0	112.7	109.4	110.8
2008	110.7	109.7	115.0	109.3	109.0	108.7	108.7
2009	112.6	115.3	112.1	110.8	109.6	114.8	111.2
2010	109.8	112.8	112.6	111.7	109.5	110.4	111.0
2011	108.6	110.6	112.2	112.6	105.8	110.7	110.5
国有单位 State-owned Units							
2004	110.9	105.3	120.5	111.1	112.4	109.1	108.7
2005	113.6	107.8	119.3	115.2	113.3	112.1	113.7
2006	112.7	111.0	117.4	117.8	115.1	111.7	112.9
2007	115.1	112.0	112.5	112.6	113.4	110.4	111.4
2008	109.8	109.5	115.4	109.9	109.5	105.7	107.2
2009	113.7	115.3	109.5	114.3	110.3	119.6	112.9
2010	108.9	113.1	112.6	113.2	109.7	111.0	111.1
2011	107.7	110.7	112.9	112.3	106.1	107.8	112.1
城镇集体单位 Urban Collective-owned Units							
2004	109.1	111.0	116.1	109.4	110.7	106.1	104.9
2005	113.1	112.6	126.2	110.9	106.7	108.8	111.2
2006	113.4	120.0	121.3	111.9	106.9	111.8	109.9
2007	114.8	112.3	120.3	113.2	111.9	114.0	113.4
2008	111.0	111.6	109.5	112.7	112.5	108.8	108.9
2009	114.8	114.8	114.8	114.8	114.8	114.8	114.8
2010	112.9	114.3	114.8	114.6	111.7	111.5	109.9
2011	113.9	114.5	120.2	114.1	101.3	117.6	119.1
其他单位 Other Ownership Units							
2004	107.7	99.3	117.3	106.4	110.5	105.1	116.6
2005	109.4	104.3	119.7	107.3	111.1	108.2	111.5
2006	112.7	114.1	114.8	111.2	109.0	113.3	113.4
2007	110.6	110.9	110.5	110.4	110.7	107.4	107.2
2008	111.4	112.2	114.6	108.9	107.5	109.5	110.5
2009	110.8	112.8	113.8	110.0	108.5	112.7	106.0
2010	110.7	106.4	112.6	111.4	109.0	109.6	110.4
2011	109.6	109.6	109.6	109.6	109.6	109.6	109.6

1-29 续表 1 continued

上年=100 (preceding year=100)

登记注册统计类别 Registered Statistical Categories / 年份 Year	信息传输、计算机服务和软件业 Information Transfer, Computer and Software	批发和零售业 Wholesale and Retail Trade	住宿和餐饮业 Accommodation and Restaurants	金融业 Finance	房地产业 Real Estate	租赁和商务服务业 Tenancy and Business Services	科学研究、技术服务和地质勘查业 Scientific Research, Technical Service & Geologic Perambulation
全 国 National							
2004	104.8	115.6	109.1	113.2	104.6	106.5	110.6
2005	114.2	115.4	108.2	118.4	107.9	111.6	114.5
2006	110.3	115.0	108.2	119.7	108.2	113.8	114.8
2007	105.1	113.3	107.1	118.7	112.3	108.6	116.2
2008	109.0	116.0	107.3	116.0	109.3	112.1	112.1
2009	106.8	113.8	108.9	113.0	108.0	108.8	111.1
2010	107.4	111.9	108.6	112.5	107.8	108.0	108.9
2011	104.5	114.8	111.6	109.8	113.4	112.8	108.2
国有单位 State-owned Units							
2004	106.2	112.6	112.1	114.1	105.8	106.0	111.2
2005	107.6	119.8	108.9	119.4	111.2	114.0	112.6
2006	107.8	117.3	109.0	112.6	108.0	107.5	113.8
2007	106.0	111.3	105.9	119.8	112.5	109.5	116.2
2008	101.7	114.7	110.0	114.0	104.6	109.1	110.8
2009	109.7	120.0	111.9	109.4	112.2	111.9	111.8
2010	106.1	112.3	109.2	112.8	106.9	107.2	109.1
2011	103.2	109.6	114.4	107.4	122.5	111.2	107.6
城镇集体单位 Urban Collective-owned Units							
2004	136.7	107.1	107.9	111.9	103.2	103.4	100.4
2005	136.9	111.2	107.2	112.7	102.0	111.9	132.2
2006	96.7	110.4	111.2	115.2	116.1	105.8	125.8
2007	98.9	110.5	107.8	114.2	113.7	110.0	103.0
2008	106.2	114.4	111.2	114.7	106.4	101.8	114.4
2009	111.8	115.5	110.4	120.5	108.9	110.9	111.1
2010	117.8	110.3	110.0	114.2	105.9	105.5	110.1
2011	102.0	112.8	117.8	114.0	114.4	110.9	120.8
其他单位 Other Ownership Units							
2004	100.4	115.2	105.6	108.8	102.1	103.7	110.6
2005	110.0	107.2	106.7	115.0	105.3	103.6	116.2
2006	109.1	111.1	106.8	126.3	107.1	117.1	116.2
2007	100.3	113.1	106.9	115.6	111.5	103.8	114.9
2008	110.3	113.8	105.5	114.0	110.7	109.8	112.1
2009	104.5	109.3	107.3	109.9	106.5	104.7	107.6
2010	105.6	110.8	108.1	111.1	107.9	107.9	106.4
2011	103.7	115.2	110.4	109.0	110.5	114.3	107.2

1-29 续表 2 continued

上年=100 (preceding year=100)

登记注册统计类别 Registered Statistical Categories 年 份 Year	水利、环境和公共设施管理业 Management of Water Conservancy, Environment and Public Establishment	居民服务和其他服务业 Resident Services and Other Services	教 育 Education	卫生、社会保障和社会福利业 Sanitation, Social Security and Social Welfare	文化体育和娱乐业 Culture, Sports and Entertainment	公共管理和社会组织 Public Management and Social Organization
全 国 National						
2004	105.9	104.6	109.7	110.0	116.2	109.5
2005	109.4	113.3	111.7	111.4	108.7	114.6
2006	107.5	112.8	112.9	111.7	112.4	109.8
2007	112.6	108.1	118.5	113.2	112.7	117.7
2008	108.7	106.3	109.0	109.3	106.3	110.3
2009	110.7	111.1	116.8	111.8	111.5	110.3
2010	106.9	108.6	109.3	109.3	106.3	104.9
2011	107.3	111.7	105.3	109.1	109.8	104.5
国有单位 State-owned Units						
2004	105.6	109.9	109.2	110.2	117.0	109.5
2005	109.2	104.2	111.6	111.0	108.5	114.6
2006	107.3	116.9	112.7	111.4	112.5	109.9
2007	112.8	101.3	118.3	113.1	113.3	117.6
2008	108.7	115.2	109.0	109.1	106.2	110.2
2009	110.7	111.1	116.8	111.8	111.5	110.3
2010	106.6	108.8	109.4	108.9	105.9	104.8
2011	107.4	108.2	105.3	109.0	109.1	104.5
城镇集体单位 Urban Collective-owned Units						
2004	100.7	99.3	109.6	107.3	112.5	107.7
2005	104.3	118.1	118.1	113.4	122.5	110.9
2006	106.5	112.2	119.3	115.1	102.4	107.9
2007	106.6	113.8	131.1	112.9	117.6	115.2
2008	109.6	107.4	102.1	111.3	107.1	105.5
2009	110.6	113.8	122.6	116.0	113.7	138.7
2010	106.4	109.0	110.9	114.5	108.3	100.3
2011	107.4	113.3	109.7	110.1	115.1	124.3
其他单位 Other Ownership Units						
2004	112.0	95.8	107.5	101.2	105.2	139.4
2005	110.5	116.9	101.9	112.7	108.9	109.5
2006	107.6	104.0	110.2	115.7	112.3	82.6
2007	109.8	115.5	113.9	110.9	107.0	113.8
2008	108.8	92.7	107.5	111.0	110.3	146.1
2009	102.0	112.2	105.6	107.0	112.3	83.4
2010	107.8	108.2	104.7	109.9	109.3	116.1
2011	104.8	112.6	104.7	106.3	115.1	106.1

1-30 分行业城镇非私营单位就业人员平均实际工资指数(2013-2022年) INDICES OF REAL AVERAGE EARNING OF EMPLOYED PERSONS IN URBAN NON-PRIVATE UNITS BY SECTOR (2013-2022)

上年=100 (preceding year=100)

登记注册统计类别 Registered Statistical Categories / 年份 Year	合计 Total	农、林、牧、渔业 Agriculture, Forestry, Animal Husbandry and Fishery	采矿业 Mining	制造业 Manufacturing	电力、热力、燃气及水生产和供应业 Production and Supply of Electricity, Heat, Gas and Water	建筑业 Construction	批发和零售业 Wholesale and Retail Trades
全国 National							
2013	107.3	110.9	102.9	108.7	112.3	112.4	105.8
2014	107.2	107.6	100.4	108.4	107.1	106.6	108.7
2015	108.5	111.0	94.9	106.1	106.0	105.2	106.4
2016	106.7	103.0	99.8	105.3	104.1	104.3	105.6
2017	108.1	106.8	112.9	106.6	105.9	104.9	107.6
2018	108.6	97.8	114.8	109.5	108.6	106.6	110.8
2019	106.8	104.9	108.8	105.5	104.6	105.4	107.5
2020	105.2	120.6	103.8	103.6	105.9	104.3	106.0
2021	108.6	109.8	111.1	110.6	106.3	107.2	110.5
2022	104.6	107.4	109.8	103.4	104.0	101.3	105.0
国有单位 State-owned Units							
2013	106.1	110.3	93.8	111.3	113.4	106.5	115.2
2014	106.6	106.9	103.9	111.5	107.7	103.7	112.3
2015	112.3	111.3	98.4	103.8	105.3	105.2	106.4
2016	108.8	103.2	101.2	107.3	102.7	103.9	104.7
2017	110.0	106.7	113.9	107.3	107.0	104.1	108.7
2018	108.0	95.6	111.4	98.6	104.1	100.9	110.4
2019	107.5	102.5	107.3	110.6	104.1	96.1	117.3
2020	106.9	121.9	104.6	104.1	103.5	115.3	106.5
2021	105.8	110.4	112.3	117.5	107.4	111.4	112.5
2022	104.9	108.5	110.3	103.1	103.5	102.4	101.6
城镇集体单位 Urban Collective-owned Units							
2013	112.2	115.4	105.7	114.5	111.0	111.6	110.6
2014	107.6	112.8	103.2	108.3	106.5	106.7	108.7
2015	107.4	124.9	102.9	108.0	109.3	104.8	107.8
2016	106.2	103.1	97.6	104.3	104.1	102.6	103.6
2017	107.5	106.2	103.3	105.9	102.5	101.8	102.6
2018	107.6	102.4	121.3	102.9	104.4	105.4	108.5
2019	100.4	53.4	114.0	105.0	77.3	101.1	107.7
2020	107.1	162.9	106.4	95.8	100.0	103.9	105.9
2021	107.5	102.6	106.8	107.9	104.0	103.1	107.0
2022	102.5	114.0	107.3	99.2	99.0	100.2	99.1
其他单位 Other Ownership Units							
2013	108.2	121.1	105.1	108.9	111.2	113.5	103.2
2014	107.4	101.9	99.5	108.2	106.5	106.9	108.1
2015	106.2	105.3	94.2	106.2	106.7	105.1	106.4
2016	105.4	101.7	99.7	105.3	105.3	104.4	105.7
2017	107.0	109.0	112.9	106.6	105.1	105.0	107.3
2018	109.1	109.0	114.7	110.0	111.4	106.7	110.9
2019	106.8	97.5	108.8	105.4	104.7	105.9	106.9
2020	103.9	109.2	103.7	103.5	106.5	103.9	105.4
2021	110.2	107.3	111.0	110.4	105.8	107.1	110.3
2022	104.4	104.5	109.8	103.4	104.0	101.3	105.3

1-30　续表 1　continued

上年=100　(preceding year=100)

登记注册统计类别 Registered Statistical Categories 年 份 Year	交通运输、仓储和邮政业 Transport, Storage and Post	住宿和餐饮业 Hotels and Catering Services	信息传输、软件和信息技术服务业 Information Software and Information Technology	金融业 Financial Inter-mediation	房地产业 Real Estate	租赁和商务服务业 Leasing and Business Services	科学研究和技术服务业 Scientific Research, and Technical Services
全 国 National							
2013	105.9	106.1	110.1	108.2	106.4	114.7	107.8
2014	107.1	107.2	108.6	106.4	106.6	105.1	105.2
2015	106.9	107.9	109.5	104.4	106.8	106.4	107.1
2016	104.8	104.1	107.1	100.2	106.5	103.7	105.9
2017	107.1	103.7	106.9	102.9	104.0	104.2	109.7
2018	108.1	103.3	108.6	103.5	106.4	102.5	112.0
2019	106.7	101.5	106.3	98.5	103.6	100.8	105.3
2020	101.4	94.8	107.6	99.2	102.2	103.0	102.4
2021	108.1	108.7	112.4	112.0	107.7	109.3	107.5
2022	102.9	98.7	107.2	113.3	97.2	101.8	105.6
国有单位 State-owned Units							
2013	106.7	106.0	102.8	104.2	101.9	101.1	105.5
2014	107.7	108.2	103.6	106.0	109.1	103.7	104.1
2015	106.8	107.2	108.2	104.5	108.9	110.0	107.3
2016	104.8	105.4	108.5	99.3	109.6	104.7	108.5
2017	108.7	106.4	105.1	105.1	106.3	105.0	109.4
2018	103.8	104.9	113.2	106.4	105.2	102.8	111.4
2019	92.8	99.3	108.2	113.1	101.7	101.9	110.1
2020	100.5	94.8	109.6	114.6	107.1	108.2	99.3
2021	107.3	109.7	109.8	108.1	110.6	108.1	106.4
2022	103.7	99.5	108.0	102.8	100.2	103.5	106.7
城镇集体单位 Urban Collective-owned Units							
2013	108.8	139.8	101.2	110.9	105.4	109.7	108.5
2014	107.9	86.6	102.8	107.7	106.6	108.3	106.4
2015	105.4	104.9	118.7	105.8	107.4	108.9	102.2
2016	106.6	110.3	103.9	106.1	105.2	110.2	111.4
2017	102.6	104.8	151.5	109.1	102.9	104.2	114.5
2018	107.8	95.3	89.0	107.5	107.6	102.2	110.9
2019	99.5	110.4	95.5	103.8	97.9	93.0	101.1
2020	101.6	92.4	125.9	106.0	106.2	109.6	94.7
2021	106.2	114.9	94.9	108.8	107.7	111.9	108.1
2022	98.2	97.0	101.6	98.2	100.1	102.7	103.5
其他单位 Other Ownership Units							
2013	105.0	105.6	103.7	108.9	105.7	110.8	102.4
2014	106.5	108.0	107.2	105.5	106.2	103.5	105.0
2015	107.0	108.2	109.1	103.6	106.4	102.8	105.2
2016	104.8	103.8	106.4	99.1	106.2	101.9	103.1
2017	105.9	103.4	105.9	101.2	103.7	102.9	109.1
2018	111.1	103.6	108.0	101.8	106.4	100.8	111.0
2019	109.3	101.9	105.6	95.1	103.8	98.9	100.7
2020	100.9	94.8	107.8	97.9	101.9	101.6	104.3
2021	107.9	108.7	112.5	112.4	107.5	108.9	107.4
2022	102.6	98.8	107.1	114.4	97.0	101.0	104.8

1-30 续表 2 continued

上年=100 (preceding year=100)

登记注册统计类别 Registered Statistical Categories 年 份 Year	水利、环境和公共设施管理业 Management of Water Conservancy, Environment and Public Facilities	居民服务、修理和其他服务业 Service to Households, Repair and Other Services	教 育 Education	卫生和社会工作 Health and Social Service	文化、体育和娱乐业 Culture, Sports and Enter-tainment	公共管理、社会保障和社会组织 Public Management, Social Security and Social Organization
全 国 National						
2013	108.9	106.6	106.1	107.5	108.0	104.2
2014	106.3	106.7	106.7	106.9	106.3	105.6
2015	109.4	105.4	116.0	111.5	111.4	115.6
2016	107.4	104.0	109.6	109.4	107.5	111.5
2017	107.6	104.5	110.1	110.2	108.1	111.4
2018	106.3	107.2	108.5	107.2	110.0	107.2
2019	105.0	105.9	102.9	108.0	106.2	104.4
2020	102.2	98.5	106.6	103.6	101.7	108.2
2021	101.9	106.3	103.6	108.8	103.6	105.5
2022	101.7	98.5	106.0	104.5	101.2	103.4
国有单位 State-owned Units						
2013	106.6	107.2	106.2	107.5	106.5	104.1
2014	105.9	107.0	106.7	106.9	105.9	105.6
2015	110.7	107.0	116.6	112.0	112.6	115.6
2016	108.1	108.0	110.0	110.0	106.1	111.5
2017	107.9	111.8	110.2	110.6	108.6	111.4
2018	107.9	106.4	108.2	106.8	108.8	107.4
2019	109.6	111.5	107.1	109.8	110.5	104.2
2020	107.8	104.5	106.5	103.3	101.5	108.0
2021	102.3	101.3	102.8	108.9	104.5	105.5
2022	105.1	105.7	106.4	104.6	103.5	103.4
城镇集体单位 Urban Collective-owned Units						
2013	111.1	110.2	113.0	110.4	109.9	108.3
2014	110.0	118.9	105.3	108.2	108.2	103.5
2015	104.7	108.8	107.5	105.4	117.3	112.2
2016	108.1	101.6	113.8	108.1	111.1	108.0
2017	119.4	105.9	114.9	111.8	102.2	112.4
2018	107.5	108.6	108.6	109.4	114.8	120.8
2019	119.0	102.2	107.9	112.1	96.4	102.8
2020	102.6	119.9	99.8	103.3	112.3	105.4
2021	101.8	104.3	104.1	103.6	108.2	104.8
2022	103.2	100.7	102.0	104.1	102.1	104.9
其他单位 Other Ownership Units						
2013	112.4	108.2	105.8	108.6	114.7	119.6
2014	105.8	105.8	106.9	106.0	107.1	109.0
2015	103.7	104.3	107.0	108.9	107.7	116.7
2016	103.9	102.3	103.7	103.4	110.8	109.2
2017	104.8	102.9	110.9	108.1	107.0	104.9
2018	100.8	106.8	115.9	111.4	111.6	95.6
2019	98.4	109.1	88.9	99.8	100.8	142.2
2020	96.6	96.1	98.0	99.7	101.5	127.4
2021	102.1	107.2	108.1	107.6	102.6	103.1
2022	99.1	97.1	98.7	102.3	98.0	95.1

1—31 分职业中类企业从业人员工资价位(2023年) WAGE LEVELS OF EMPLOYEES IN ENTERPRISES BY OCCUPATIONAL CATEGORIES (2023)

单位：万元/年 10000 Yuan/Year

职业名称	Occupation Name	分位值				
		10%	25%	50%	75%	90%
企业单位负责人*	Enterprise Managers*	4.56	6.08	9.60	16.80	30.05
工程技术人员	Engineering Professionals	3.96	5.29	7.54	11.76	18.23
农业技术人员	Agricultural Professionals	2.68	3.60	5.05	7.20	10.01
卫生专业技术人员	Health Professionals	3.36	4.40	6.16	9.09	13.73
经济和金融专业人员	Economists and Financial Professionals	4.00	5.22	7.48	11.81	18.81
法律、社会和宗教专业人员	Legal, Social and Religious Professionals	3.71	5.12	7.97	14.20	21.94
教学人员*	Teaching Professionals*	2.92	3.80	5.19	8.26	13.50
文学艺术、体育专业人员	Literary, Art, and Sports Professionals	3.60	4.79	6.85	10.88	16.86
新闻出版、文化专业人员	Journalists, Publishers, and Cultural Professionals	4.20	5.48	8.25	13.34	20.51
其他专业技术人员	Other Professional Technicians	3.75	5.19	7.82	12.05	18.54
行政办事及辅助人员	Administrative and Support Workers	3.60	4.76	6.52	9.87	15.42
安全和消防及辅助人员	Security, Firefighting, and Support Workers	3.07	4.03	5.18	7.22	10.15
其他办事人员和有关人员	Other Administrative and Support Workers	3.60	4.80	6.67	10.06	16.10
批发与零售服务人员	Wholesale and Retail Service Worker	3.09	3.98	5.40	8.01	12.27
交通运输、仓储物流和邮政业服务人员	Transportation, Storage, Logistics, and Postal Service Worker	3.36	4.39	5.96	8.26	11.33
住宿和餐饮服务人员	Accommodation and Catering Service Worker	3.00	3.70	4.82	6.56	8.83
信息传输、软件和信息技术服务人员	Information Transmission, Software, and IT Service Worker	4.43	6.16	9.53	14.97	23.08
金融服务人员	Financial Service Worker	5.45	8.16	12.38	18.15	27.07
房地产服务人员	Real Estate Service Worker	3.17	4.00	5.40	7.61	10.80
租赁和商务服务人员	Leasing and Business Service Worker	2.70	3.47	4.68	6.45	9.20
技术辅助服务人员	Technical Support Service Worker	3.57	4.52	6.08	9.04	13.27
水利、环境和公共设施管理服务人员	Water Conservancy, Environmental, and Public Facility Management Service Worker	2.46	3.00	3.93	5.13	6.91
居民服务人员	Residential Service Worker	2.76	3.54	4.78	6.47	8.90
电力、燃气及水供应服务人员	Power, Gas, and Water Supply Service Worker	3.60	4.92	7.58	11.51	15.93
修理及制作服务人员	Repair and Manufacturing Service Worker	3.75	4.86	6.58	8.93	11.57
文化和教育服务人员	Cultural and Educational Service Worker	3.07	4.33	6.17	9.55	15.60
健康、体育和休闲服务人员	Health, Sports, and Leisure Service Worker	2.82	3.56	4.80	6.83	10.16
农业生产人员	Agricultural Production Worker	2.30	2.85	3.90	4.97	6.34

注：1.企业薪酬调查是以企业中不同职业从业人员工资报酬水平和不同行业企业人工成本状况为调查内容的抽样调查，以反映我国劳动力市场价格状况，下表同。

2."企业单位负责人"是指在企业中担任领导职务并具有决策和管理职权的各级负责人员，既包括企业执行董事、监事等高层负责人，也包括企业内设部门或分支机构经理等中层、基层负责人。

3."教学人员"是指在企业中从事各级各类教育工作的专业人员。

Note: 1.The enterprise salary survey is a sampling survey that focuses on the wage levels of employees in different occupations within enterprises and the labor cost conditions of enterprises in different industries, aiming to reflect the labor market price situation in China, as shown in the table below.

2."Enterprise Managers" refer to individuals in leadership positions within the enterprise who have decision-making and management authority. This includes senior executives such as the executive directors and supervisors, as well as middle and lower-level managers of departments or branches within the enterprise.

3."Teaching Professionals" refers to professionals engaged in educational work at various levels and types within the enterprise.

1-31 续表 continued

单位：万元/年 10000 Yuan/Year

职业名称	Occupation Name	分位值 10%	25%	50%	75%	90%
林业生产人员	Forestry Production Worker	2.52	3.51	4.46	5.88	8.13
畜牧业生产人员	Animal Husbandry Production Worker	2.73	3.65	4.74	6.13	8.30
农、林、牧、渔业生产辅助人员	Agricultural, Forestry, Animal Husbandry, and Fishery Production Auxiliary Worker	2.63	3.47	4.50	5.83	7.95
农副产品加工人员	Agricultural By-product Processing Worker	3.14	4.00	5.04	6.43	8.31
食品、饮料生产加工人员	Food and Beverage Production and Processing Worker	3.24	4.15	5.42	7.39	9.78
纺织、针织、印染人员	Textile, Knitting, and Dyeing Worker	3.56	4.52	5.48	6.94	8.82
纺织品、服装和皮革、毛皮制品加工制作人员	Textile, Apparel, and Leather/Fur Products Manufacturing Worker	3.36	4.20	5.22	6.51	8.02
木材加工、家具与木制品制作人员	Wood Processing, Furniture, and Wooden Products Manufacturing Worker	3.07	3.86	4.97	6.50	8.12
纸及纸制品生产加工人员	Paper and Paper Products Manufacturing Worker	3.36	4.36	5.61	7.38	10.06
印刷和记录媒介复制人员	Printing and Recording Media Replication Worker	3.81	4.88	6.24	8.60	11.16
文教、工美、体育和娱乐用品制造人员	Cultural, Educational, Arts, Sports, and Entertainment Goods Manufacturing Worker	3.53	4.28	5.27	6.96	8.66
石油加工和炼焦、煤化工生产人员	Petroleum Processing, Coking, and Coal Chemical Production Worker	4.00	4.95	7.09	10.03	14.44
化学原料和化学制品制造人员	Chemical Raw Materials and Chemical Products Manufacturing Worker	3.73	4.79	6.54	8.79	11.54
医药制造人员	Pharmaceutical Manufacturing Worker	3.41	4.29	5.75	7.85	10.29
化学纤维制造人员	Chemical Fiber Manufacturing Worker	3.72	5.49	7.36	8.84	10.35
橡胶和塑料制品制造人员	Rubber and Plastic Products Manufacturing Worker	3.80	4.66	5.94	7.65	9.47
非金属矿物制品制造人员	Non-metallic Mineral Products Manufacturing Worker	3.10	4.16	5.30	7.02	9.06
采矿人员	Mining Worker	3.66	5.13	7.59	11.37	16.01
金属冶炼和压延加工人员	Metal Smelting and Rolling Processing Worker	3.89	4.81	6.42	8.50	11.13
机械制造基础加工人员	Machinery Manufacturing Basic Processing Worker	3.92	5.04	6.62	8.73	11.07
金属制品制造人员	Metal Products Manufacturing Worker	3.97	4.97	6.40	8.21	10.10
通用设备制造人员	General Equipment Manufacturing Worker	4.07	5.18	6.60	8.75	11.54
专用设备制造人员	Specialized Equipment Manufacturing Worker	3.60	4.44	6.15	8.44	11.64
汽车制造人员	Automotive Manufacturing Worker	4.02	5.11	6.87	9.08	11.62
铁路、船舶、航空设备制造人员	Railway, Ship, and Aircraft Equipment Manufacturing Worker	3.93	4.98	6.97	10.59	14.79
电气机械和器材制造人员	Electrical Machinery and Equipment Manufacturing Worker	4.08	4.93	6.40	8.02	10.07
计算机、通信和其他电子设备制造人员	Computer, Communication, and Other Electronic Equipment Manufacturing Worker	4.13	5.24	6.65	8.28	10.21
仪器仪表制造人员	Instrumentation Manufacturing Worker	3.43	4.08	5.32	6.97	9.50
电力、热力、气体、水生产和输配人员	Electricity, Heat, Gas, Water Production and Distribution Worker	3.90	5.06	7.38	11.55	17.51
建筑施工人员	Construction Worker	3.59	4.64	5.92	7.83	10.20
运输设备和通用工程机械操作人员及有关人员	Transport Equipment and General Engineering Machinery Operators and Related Worker	4.14	5.40	7.24	9.97	14.82
生产辅助人员	Production Auxiliary Worker	3.46	4.47	5.96	8.06	10.93
其他生产制造及有关人员	Other Production, Manufacturing, and Related Worker	3.60	4.62	6.00	7.92	10.46

1-32 分岗位等级企业从业人员工资价位(2023年)
WAGE LEVELS OF EMPLOYEES IN ENTERPRISES BY JOB POSITION LEVEL (2023)

单位：万元/年 Unit: Ten Thousand Yuan/Year

岗位等级	Job Position Level	分位值 Percentile Value				
		10%	25%	50%	75%	90%
管理类	**Management Category**					
高层管理岗	Senior Management Position	5.14	7.09	11.78	21.90	41.00
中层管理岗	Middle Management Position	4.57	6.03	9.24	15.58	26.96
基层管理岗	Junior Management Position	3.96	5.32	7.80	12.73	21.60
管理类员工岗	Management Employee Position	3.56	4.65	6.42	9.71	15.52
技术类	**Technical Category**					
高级职称	Senior Professional Title	5.04	7.43	12.22	20.59	31.60
中级职称	Intermediate Professional Title	4.20	5.68	8.56	13.59	20.86
初级职称	Junior Professional Title	3.77	4.92	6.76	9.95	14.63
技能类	**Skill Category**					
高级技能及以上	Advanced Skills and Above	4.15	5.66	8.19	11.70	16.75
中级技能	Intermediate Skills	3.94	5.12	7.26	10.38	14.88
初级技能	Basic Skills	3.30	4.29	5.78	8.06	11.30

1-33 全国分地区就业人员受教育程度构成
EDUCATIONAL ATTAINMENT OF EMPLOYED PERSONS BY REGION

单位：% (%)

地 区	Region	就业人员 Employed Persons	男 Male	女 Female	未上过学 No Schooling	小学 Primary School	初中 Junior Secondary School	高中 Senior Secondary School	大学专科 College	大学本科 University	研究生 Graduate and Higher Level
全 国	**National Total**	**100.0**	**56.7**	**43.3**	**2.3**	**18.4**	**38.4**	**15.2**	**12.5**	**11.8**	**1.4**
北 京	Beijing	100.0	57.0	43.0	0.2	2.8	16.4	12.9	18.3	36.7	12.6
天 津	Tianjin	100.0	58.7	41.3	0.3	5.9	28.4	15.9	17.8	27.7	3.9
河 北	Hebei	100.0	55.9	44.1	1.2	13.3	48.1	14.9	12.3	9.7	0.6
山 西	Shanxi	100.0	60.9	39.1	0.6	11.3	42.5	17.6	14.5	12.3	1.2
内蒙古	Inner Mongolia	100.0	58.9	41.1	1.9	17.4	36.3	14.0	14.9	14.4	1.1
辽 宁	Liaoning	100.0	55.6	44.4	0.4	13.3	43.6	12.9	13.1	15.2	1.5
吉 林	Jilin	100.0	56.2	43.8	0.7	19.4	39.9	13.8	11.5	13.7	1.1
黑龙江	Heilongjiang	100.0	58.4	41.6	0.7	16.7	41.8	14.0	12.4	13.1	1.2
上 海	Shanghai	100.0	58.0	42.0	0.5	5.6	24.7	14.3	17.3	29.8	7.9
江 苏	Jiangsu	100.0	56.3	43.7	2.0	14.7	36.2	16.7	14.8	14.0	1.6
浙 江	Zhejiang	100.0	57.8	42.2	1.9	17.9	36.3	15.8	13.4	13.3	1.4
安 徽	Anhui	100.0	57.9	42.1	4.9	21.4	39.6	12.7	10.8	9.7	1.0
福 建	Fujian	100.0	58.0	42.0	2.1	19.6	37.2	15.3	11.5	13.2	1.0
江 西	Jiangxi	100.0	56.8	43.2	1.7	21.3	40.5	15.4	11.1	9.2	0.8
山 东	Shandong	100.0	56.3	43.7	2.3	14.7	42.4	16.4	12.1	10.8	1.2
河 南	Henan	100.0	54.5	45.5	3.0	17.8	45.5	14.4	10.8	7.7	0.8
湖 北	Hubei	100.0	56.7	43.3	2.3	19.2	37.7	17.4	11.7	10.4	1.3
湖 南	Hunan	100.0	57.6	42.4	0.9	15.3	39.7	20.4	12.5	10.2	1.0
广 东	Guangdong	100.0	58.1	41.9	0.6	12.2	38.7	19.6	15.3	12.4	1.2
广 西	Guangxi	100.0	55.6	44.4	1.1	20.2	45.6	13.5	10.1	9.0	0.6
海 南	Hainan	100.0	57.9	42.1	1.0	12.2	44.9	17.7	12.0	11.6	0.6
重 庆	Chongqing	100.0	55.5	44.5	1.3	24.4	30.8	16.5	14.2	12.0	0.8
四 川	Sichuan	100.0	55.2	44.8	4.2	28.3	34.6	13.0	10.8	8.1	1.0
贵 州	Guizhou	100.0	55.2	44.8	7.5	30.8	35.4	9.0	7.9	8.8	0.5
云 南	Yunnan	100.0	54.5	45.5	4.4	36.4	31.9	9.9	8.5	8.4	0.5
西 藏	Xizang	100.0	55.4	44.6	23.7	42.3	11.8	4.5	8.0	9.6	0.2
陕 西	Shaanxi	100.0	57.4	42.6	2.1	16.1	41.0	15.2	12.9	11.5	1.2
甘 肃	Gansu	100.0	56.2	43.8	8.0	30.8	29.6	11.0	9.8	10.0	0.8
青 海	Qinghai	100.0	56.7	43.3	6.6	28.2	28.2	10.6	11.9	13.7	0.7
宁 夏	Ningxia	100.0	58.1	41.9	6.0	22.3	30.9	13.5	13.4	13.0	0.9
新 疆	Xinjiang	100.0	56.8	43.2	1.0	20.7	37.7	14.8	14.5	10.7	0.6

注：为与教育部学历分类保持一致，对受教育程度分类进行了合并调整，其中高中包括中等职业教育，大学专科包括高等职业教育。
资料来源：2023年劳动力调查资料(下表同)。

Note: In order to be consistent with the education classification of the Ministry of Education, the classification of educational attainment has been merged and adjusted. Senior secondary school include medium vocational education and college include high vocational education.

Data Source: 2023 Labor Force Survey. The same applies to the tables following.

1-34 全国分地区男性就业人员受教育程度构成
EDUCATIONAL ATTAINMENT OF MALE EMPLOYED PERSONS BY REGION

单位：% (%)

地 区	Region	男性就业人员 Male Employed Persons	未上过学 No Schooling	小学 Primary School	初中 Junior Secondary School	高中 Senior Secondary School	大学专科 College	大学本科 University	研究生 Graduate and Higher Level
全 国	**National Total**	**100.0**	**1.1**	**15.8**	**41.3**	**17.2**	**12.5**	**10.8**	**1.2**
北 京	Beijing	100.0	0.1	2.8	19.1	14.5	18.4	33.4	11.6
天 津	Tianjin	100.0	0.2	5.9	30.3	17.6	17.2	25.4	3.4
河 北	Hebei	100.0	0.5	11.5	51.1	16.5	11.9	8.1	0.5
山 西	Shanxi	100.0	0.4	10.0	44.8	19.6	14.3	10.1	0.9
内蒙古	Inner Mongolia	100.0	0.8	15.1	39.4	15.6	15.6	12.6	0.8
辽 宁	Liaoning	100.0	0.2	12.3	45.3	14.2	13.3	13.4	1.3
吉 林	Jilin	100.0	0.4	17.9	41.5	15.1	11.8	12.3	0.9
黑龙江	Heilongjiang	100.0	0.5	15.8	43.7	15.3	12.3	11.5	1.0
上 海	Shanghai	100.0	0.3	4.9	27.3	16.3	17.1	26.7	7.5
江 苏	Jiangsu	100.0	0.7	12.0	38.3	19.1	15.3	13.1	1.6
浙 江	Zhejiang	100.0	0.8	15.9	38.8	17.7	13.5	11.9	1.4
安 徽	Anhui	100.0	2.1	18.4	43.6	14.8	10.7	9.3	1.0
福 建	Fujian	100.0	0.9	16.2	41.1	17.3	11.2	12.4	1.0
江 西	Jiangxi	100.0	0.7	16.8	43.9	17.9	11.1	8.7	0.8
山 东	Shandong	100.0	0.8	11.6	45.6	18.7	12.0	10.3	1.1
河 南	Henan	100.0	1.3	15.0	48.5	16.2	11.1	7.1	0.7
湖 北	Hubei	100.0	0.8	16.0	40.3	19.6	12.2	9.9	1.2
湖 南	Hunan	100.0	0.5	13.6	41.5	22.3	12.0	9.3	0.9
广 东	Guangdong	100.0	0.2	9.5	40.5	22.0	15.3	11.4	1.1
广 西	Guangxi	100.0	0.3	17.1	49.1	15.0	9.9	8.1	0.5
海 南	Hainan	100.0	0.5	9.4	45.6	20.3	12.5	11.1	0.6
重 庆	Chongqing	100.0	0.5	22.2	33.9	18.2	13.6	10.8	0.8
四 川	Sichuan	100.0	2.1	25.7	38.2	14.7	10.6	7.7	0.9
贵 州	Guizhou	100.0	3.0	28.0	41.8	10.5	8.1	8.2	0.4
云 南	Yunnan	100.0	2.1	34.0	36.3	11.1	8.3	7.7	0.4
西 藏	Xizang	100.0	18.8	43.7	14.4	5.9	7.7	9.4	0.2
陕 西	Shaanxi	100.0	1.1	13.6	43.6	17.3	13.0	10.3	1.1
甘 肃	Gansu	100.0	4.6	27.8	33.7	13.4	10.1	9.6	0.8
青 海	Qinghai	100.0	4.4	27.5	33.0	11.7	11.3	11.5	0.6
宁 夏	Ningxia	100.0	3.7	20.6	35.2	15.2	13.5	11.1	0.8
新 疆	Xinjiang	100.0	0.9	19.4	39.2	16.7	13.6	9.7	0.5

1–35 全国分地区女性就业人员受教育程度构成
EDUCATIONAL ATTAINMENT OF FEMALE EMPLOYED PERSONS BY REGION

单位：% (%)

地 区	Region	女性就业人员 Female Employed Persons	未上过学 No Schooling	小学 Primary School	初中 Junior Secondary School	高中 Senior Secondary School	大学专科 College	大学本科 University	研究生 Graduate and Higher Level
全 国	**National Total**	**100.0**	**4.0**	**21.6**	**34.7**	**12.6**	**12.5**	**13.1**	**1.5**
北 京	Beijing	100.0	0.3	2.9	12.9	10.9	18.1	40.9	13.9
天 津	Tianjin	100.0	0.5	5.8	25.8	13.3	18.7	31.0	4.7
河 北	Hebei	100.0	2.1	15.6	44.4	12.9	12.7	11.6	0.8
山 西	Shanxi	100.0	1.0	13.3	39.0	14.5	14.8	15.7	1.7
内蒙古	Inner Mongolia	100.0	3.5	20.6	31.8	11.7	13.9	16.9	1.6
辽 宁	Liaoning	100.0	0.5	14.7	41.6	11.1	12.9	17.3	1.7
吉 林	Jilin	100.0	1.0	21.3	37.7	12.0	11.2	15.5	1.3
黑龙江	Heilongjiang	100.0	1.0	17.9	39.1	12.3	12.6	15.5	1.6
上 海	Shanghai	100.0	0.8	6.5	21.0	11.5	17.7	34.1	8.4
江 苏	Jiangsu	100.0	3.6	18.3	33.3	13.5	14.2	15.3	1.7
浙 江	Zhejiang	100.0	3.4	20.7	32.7	13.2	13.2	15.3	1.5
安 徽	Anhui	100.0	8.7	25.5	34.0	9.7	10.8	10.2	1.0
福 建	Fujian	100.0	3.8	24.4	31.8	12.5	12.0	14.5	1.1
江 西	Jiangxi	100.0	2.9	27.3	35.9	12.2	11.0	9.8	0.9
山 东	Shandong	100.0	4.3	18.7	38.4	13.5	12.2	11.6	1.4
河 南	Henan	100.0	5.0	21.2	41.8	12.3	10.3	8.4	1.0
湖 北	Hubei	100.0	4.2	23.4	34.3	14.6	11.1	11.0	1.4
湖 南	Hunan	100.0	1.4	17.7	37.3	17.9	13.3	11.3	1.1
广 东	Guangdong	100.0	1.2	15.9	36.2	16.3	15.3	13.8	1.3
广 西	Guangxi	100.0	2.1	24.2	41.2	11.5	10.3	10.1	0.6
海 南	Hainan	100.0	1.7	16.0	44.0	14.1	11.3	12.3	0.7
重 庆	Chongqing	100.0	2.3	27.3	27.0	14.3	14.9	13.5	0.8
四 川	Sichuan	100.0	6.9	31.5	30.1	10.8	11.0	8.6	1.0
贵 州	Guizhou	100.0	13.2	34.4	27.6	7.2	7.7	9.4	0.6
云 南	Yunnan	100.0	7.1	39.2	26.7	8.4	8.7	9.2	0.6
西 藏	Xizang	100.0	29.7	40.6	8.6	2.7	8.4	9.9	0.1
陕 西	Shaanxi	100.0	3.6	19.4	37.5	12.4	12.7	13.2	1.3
甘 肃	Gansu	100.0	12.3	34.7	24.3	7.9	9.3	10.5	0.9
青 海	Qinghai	100.0	9.4	29.1	22.0	9.1	12.8	16.6	0.9
宁 夏	Ningxia	100.0	9.3	24.6	25.0	11.1	13.3	15.7	1.0
新 疆	Xinjiang	100.0	1.1	22.4	35.8	12.2	15.7	12.2	0.7

1-36　全国按年龄、性别分的就业人员受教育程度构成
EDUCATIONAL ATTAINMENT OF EMPLOYED PERSONS BY AGE AND SEX

单位：%　　(%)

年龄 Age	就业人员 Employed Persons	未上过学 No Schooling	小学 Primary School	初中 Junior Secondary School	高中 Senior Secondary School	大学专科 College	大学本科 University	研究生 Graduate and Higher Level
总计 Total	**100.0**	**2.3**	**18.4**	**38.4**	**15.2**	**12.5**	**11.8**	**1.4**
16–19	100.0	0.4	4.2	50.1	36.4	6.6	2.3	
20–24	100.0	0.1	2.9	20.1	21.7	33.5	21.1	0.6
25–29	100.0	0.2	4.2	23.0	18.0	25.7	25.7	3.2
30–34	100.0	0.3	3.9	34.2	19.6	19.5	20.4	2.3
35–39	100.0	0.4	6.0	39.5	18.1	16.4	17.3	2.2
40–44	100.0	0.7	9.7	44.1	17.3	12.4	13.8	2.0
45–49	100.0	1.3	17.0	46.9	15.8	9.6	8.5	1.0
50–54	100.0	2.1	25.7	47.8	12.2	6.4	5.3	0.6
55–59	100.0	2.9	32.8	46.8	9.9	3.9	3.2	0.4
60–64	100.0	5.3	38.6	42.0	12.2	1.3	0.6	0.1
65+	100.0	13.8	57.7	23.2	4.7	0.4	0.1	0.0
男 Male	**100.0**	**1.1**	**15.8**	**41.3**	**17.2**	**12.5**	**10.8**	**1.2**
16–19	100.0	0.5	4.2	52.4	35.5	5.5	1.9	
20–24	100.0	0.1	3.1	24.3	25.2	30.4	16.4	0.4
25–29	100.0	0.1	4.4	27.0	20.4	24.9	20.8	2.4
30–34	100.0	0.2	3.9	36.6	21.2	18.7	17.6	1.9
35–39	100.0	0.3	5.5	40.5	19.3	16.3	16.2	2.0
40–44	100.0	0.4	8.3	44.9	18.3	12.5	13.5	2.1
45–49	100.0	0.6	14.0	48.1	17.1	10.0	9.1	1.1
50–54	100.0	0.9	20.6	50.0	14.5	7.5	5.8	0.7
55–59	100.0	1.2	25.7	49.9	12.8	5.5	4.5	0.5
60–64	100.0	1.9	31.1	48.3	16.0	1.8	0.8	0.1
65+	100.0	6.2	54.8	31.3	6.9	0.6	0.2	0.0
女 Female	**100.0**	**4.0**	**21.6**	**34.7**	**12.6**	**12.5**	**13.1**	**1.5**
16–19	100.0	0.3	4.1	46.3	37.8	8.5	2.9	
20–24	100.0	0.2	2.5	14.7	17.1	37.6	27.2	0.7
25–29	100.0	0.3	3.9	17.7	14.9	26.8	32.3	4.1
30–34	100.0	0.3	3.9	30.9	17.4	20.6	24.1	2.8
35–39	100.0	0.5	6.7	38.3	16.6	16.6	18.7	2.5
40–44	100.0	1.1	11.4	43.1	16.1	12.3	14.1	1.9
45–49	100.0	2.0	20.4	45.6	14.2	9.1	7.9	0.8
50–54	100.0	3.6	32.7	44.8	9.1	4.8	4.6	0.4
55–59	100.0	5.7	43.8	42.1	5.3	1.5	1.3	0.2
60–64	100.0	9.9	48.5	33.6	7.1	0.5	0.2	0.1
65+	100.0	23.3	61.4	13.2	1.9	0.2	0.0	0.0

1-37 全国按受教育程度、性别分的就业人员年龄构成
AGE COMPOSITION OF EMPLOYED PERSONS BY EDUCATIONAL ATTAINMENT AND SEX

单位：%　　(%)

年龄 Age	就业人员 Employed Persons	未上过学 No Schooling	小学 Primary School	初中 Junior Secondary School	高中 Senior Secondary School	大学专科 College	大学本科 University	研究生 Graduate and Higher Level
总计 Total	**100.0**	**100.0**	**100.0**	**100.0**	**100.0**	**100.0**	**100.0**	**100.0**
16-19	0.8	0.1	0.2	1.0	1.9	0.4	0.2	
20-24	5.0	0.3	0.8	2.6	7.1	13.4	8.9	2.1
25-29	9.0	0.8	2.1	5.4	10.7	18.6	19.6	21.2
30-34	12.5	1.4	2.6	11.1	16.0	19.5	21.5	20.8
35-39	13.2	2.2	4.3	13.6	15.7	17.4	19.3	21.8
40-44	11.5	3.5	6.1	13.1	13.0	11.4	13.4	17.4
45-49	11.5	6.3	10.6	14.0	11.9	8.8	8.3	8.4
50-54	12.7	11.3	17.9	15.8	10.2	6.5	5.7	5.4
55-59	10.4	13.2	18.6	12.7	6.8	3.3	2.9	2.7
60-64	5.1	11.7	10.8	5.6	4.1	0.5	0.2	0.4
65+	8.3	49.2	26.1	5.0	2.5	0.3	0.1	0.1
男 Male	**100.0**	**100.0**	**100.0**	**100.0**	**100.0**	**100.0**	**100.0**	**100.0**
16-19	0.9	0.4	0.2	1.1	1.8	0.4	0.2	
20-24	5.0	0.6	1.0	2.9	7.3	12.1	7.6	1.7
25-29	9.1	1.2	2.5	6.0	10.8	18.2	17.5	18.0
30-34	12.6	2.3	3.1	11.1	15.5	18.8	20.4	18.9
35-39	13.0	3.2	4.5	12.7	14.5	16.9	19.4	20.9
40-44	11.0	4.3	5.8	12.0	11.7	11.1	13.7	19.1
45-49	10.9	6.7	9.7	12.7	10.9	8.7	9.2	9.8
50-54	13.0	11.5	16.8	15.7	10.9	7.8	6.9	6.9
55-59	11.2	12.9	18.3	13.6	8.4	4.9	4.6	4.2
60-64	5.2	9.2	10.1	6.0	4.8	0.7	0.4	0.5
65+	8.1	47.7	28.0	6.1	3.3	0.4	0.1	0.1
女 Female	**100.0**	**100.0**	**100.0**	**100.0**	**100.0**	**100.0**	**100.0**	**100.0**
16-19	0.7	0.0	0.1	0.9	2.1	0.5	0.2	
20-24	5.0	0.2	0.6	2.1	6.8	15.0	10.4	2.5
25-29	8.9	0.6	1.6	4.6	10.5	19.1	21.9	24.6
30-34	12.3	1.0	2.2	10.9	16.9	20.3	22.6	22.9
35-39	13.5	1.9	4.2	14.9	17.7	18.0	19.2	22.7
40-44	12.0	3.2	6.4	14.9	15.3	11.9	13.0	15.5
45-49	12.2	6.2	11.5	16.0	13.7	8.9	7.3	6.8
50-54	12.5	11.2	18.9	16.1	9.0	4.8	4.4	3.6
55-59	9.4	13.4	19.0	11.4	4.0	1.1	1.0	1.1
60-64	5.1	12.6	11.4	4.9	2.9	0.2	0.1	0.2
65+	8.5	49.7	24.2	3.2	1.3	0.1	0.0	0.0

1-38 全国按行业、性别分的就业人员受教育程度构成
EDUCATIONAL ATTAINMENT OF EMPLOYED PERSONS BY SECTOR AND SEX

单位：% (%)

受教育程度	Educational Attainment	就业人员 Employed Persons	农、林、牧、渔业 Agriculture, Forestry, Animal Husbandry and Fishery	采矿业 Mining	制造业 Manu-facturing	电力、热力、燃气及水生产和供应业 Production and Supply of Electricity Power, Heat Power, Gas and Water	建筑业 Construction	批发和零售业 Wholesale and Retail Trades
总　计	**Total**	**100.0**	**100.0**	**100.0**	**100.0**	**100.0**	**100.0**	**100.0**
未上过学	No Schooling	2.3	7.6	0.2	1.0	0.2	0.8	0.7
小　学	Primary School	18.4	43.9	8.9	13.6	5.3	19.0	10.5
初　中	Junior Secondary School	38.4	41.9	36.5	46.9	23.4	53.1	40.8
高　中	Senior Secondary School	15.2	5.2	22.4	18.6	19.6	13.0	23.5
大学专科	College	12.5	1.0	18.0	11.9	24.6	8.0	16.0
大学本科	University	11.8	0.3	13.0	7.2	24.4	5.9	8.1
研究生	Graduate and Higher Level	1.4	0.0	1.1	0.8	2.5	0.3	0.4
男	**Male**	**100.0**	**100.0**	**100.0**	**100.0**	**100.0**	**100.0**	**100.0**
未上过学	No Schooling	1.1	3.6	0.1	0.4	0.2	0.6	0.4
小　学	Primary School	15.8	40.0	9.0	9.8	5.5	18.2	9.8
初　中	Junior Secondary School	41.3	47.4	38.6	45.2	25.5	55.7	40.2
高　中	Senior Secondary School	17.2	7.2	22.8	21.9	21.2	13.5	23.8
大学专科	College	12.5	1.4	17.5	13.8	23.2	7.0	16.8
大学本科	University	10.8	0.4	11.1	8.1	22.3	4.8	8.6
研究生	Graduate and Higher Level	1.2	0.0	0.8	0.9	2.1	0.2	0.5
女	**Female**	**100.0**	**100.0**	**100.0**	**100.0**	**100.0**	**100.0**	**100.0**
未上过学	No Schooling	4.0	11.6	0.6	1.9	0.3	2.3	1.0
小　学	Primary School	21.6	47.9	8.1	18.8	4.8	24.5	11.2
初　中	Junior Secondary School	34.7	36.3	23.9	49.3	16.4	35.1	41.5
高　中	Senior Secondary School	12.6	3.3	20.2	14.1	14.6	9.2	23.1
大学专科	College	12.5	0.7	20.8	9.2	29.1	14.6	15.4
大学本科	University	13.1	0.2	23.7	6.0	31.1	13.6	7.5
研究生	Graduate and Higher Level	1.5	0.0	2.6	0.6	3.7	0.8	0.3

1−38 续表 1 continued

单位：% (%)

受教育程度	Educational Attainment	交通运输、仓储和邮政业 Transport, Storage and Post	住宿和餐饮业 Hotels and Catering Services	信息传输、软件和信息技术服务业 Information Transmission, Software and Information Technical Services	金融业 Financial Intermediation	房地产业 Real Estate	租赁和商务服务业 Leasing and Business Services	科学研究和技术服务业 Scientific Research and Technical Services
总 计	**Total**	**100.0**	**100.0**	**100.0**	**100.0**	**100.0**	**100.0**	**100.0**
未上过学	No Schooling	0.3	1.0	0.0	0.1	0.8	0.3	0.1
小 学	Primary School	8.4	14.0	1.0	0.8	10.2	4.9	1.4
初 中	Junior Secondary School	46.6	50.7	9.3	7.4	29.6	22.5	8.3
高 中	Senior Secondary School	22.5	21.5	13.3	11.2	23.2	17.9	10.5
大学专科	College	13.8	9.5	28.6	23.8	22.0	25.0	25.1
大学本科	University	7.9	3.2	41.6	48.9	13.5	26.5	43.1
研究生	Graduate and Higher Level	0.4	0.1	6.1	7.8	0.7	2.8	11.4
男	**Male**	**100.0**	**100.0**	**100.0**	**100.0**	**100.0**	**100.0**	**100.0**
未上过学	No Schooling	0.3	0.3	0.0	0.0	0.4	0.2	0.1
小 学	Primary School	8.6	8.4	0.9	0.6	8.5	5.5	1.3
初 中	Junior Secondary School	49.1	50.8	9.9	7.1	32.2	27.9	9.3
高 中	Senior Secondary School	23.0	26.4	13.4	10.7	24.6	20.4	11.8
大学专科	College	12.4	10.7	28.1	24.5	20.7	22.0	24.6
大学本科	University	6.3	3.4	41.5	48.4	12.8	21.8	42.0
研究生	Graduate and Higher Level	0.3	0.1	6.2	8.6	0.8	2.3	11.1
女	**Female**	**100.0**	**100.0**	**100.0**	**100.0**	**100.0**	**100.0**	**100.0**
未上过学	No Schooling	0.5	1.7	0.1	0.1	1.4	0.4	0.3
小 学	Primary School	7.4	18.8	1.1	1.0	12.3	4.0	1.6
初 中	Junior Secondary School	33.7	50.6	8.3	7.7	26.2	14.9	6.5
高 中	Senior Secondary School	19.8	17.2	13.1	11.7	21.3	14.5	8.2
大学专科	College	21.0	8.5	29.6	23.1	23.7	29.4	26.2
大学本科	University	16.7	3.0	41.9	49.3	14.6	33.2	45.1
研究生	Graduate and Higher Level	0.9	0.1	5.9	7.1	0.5	3.6	12.1

1—38　续表 2　continued

单位：%　(%)

受教育程度	Educational Attainment	水利、环境和公共设施管理业 Management of Water Conservancy, Environment and Public Facilities	居民服务、修理和其他服务业 Services to Households, Repair and Other Services	教育 Education	卫生和社会工作 Health and Society	文化、体育和娱乐业 Culture, Sports and Entertainment	公共管理、社会保障和社会组织 Public Management Social Security and Social Organizations
总　计	**Total**	**100.0**	**100.0**	**100.0**	**100.0**	**100.0**	**100.0**
未上过学	No Schooling	3.6	1.2	0.2	0.3	0.3	1.0
小　学	Primary School	23.6	14.4	2.5	2.7	6.8	4.9
初　中	Junior Secondary School	34.9	46.9	9.8	8.5	25.4	11.5
高　中	Senior Secondary School	13.5	22.4	9.4	14.0	18.7	14.0
大学专科	College	11.8	10.8	22.2	32.0	21.7	26.9
大学本科	University	11.3	4.0	48.4	37.4	24.4	38.3
研究生	Graduate and Higher Level	1.3	0.2	7.6	5.1	2.7	3.5
男	**Male**	**100.0**	**100.0**	**100.0**	**100.0**	**100.0**	**100.0**
未上过学	No Schooling	1.7	0.7	0.1	0.2	0.2	0.7
小　学	Primary School	19.2	11.5	2.3	2.7	5.2	4.5
初　中	Junior Secondary School	37.5	47.9	10.4	10.9	24.1	12.4
高　中	Senior Secondary School	16.3	25.1	9.1	16.2	20.3	15.8
大学专科	College	13.0	10.8	20.1	27.5	24.7	27.7
大学本科	University	11.2	3.9	49.0	35.8	23.2	36.2
研究生	Graduate and Higher Level	1.1	0.2	9.1	6.6	2.3	2.8
女	**Female**	**100.0**	**100.0**	**100.0**	**100.0**	**100.0**	**100.0**
未上过学	No Schooling	6.6	1.8	0.2	0.4	0.4	1.5
小　学	Primary School	31.0	17.3	2.5	2.7	8.5	5.5
初　中	Junior Secondary School	30.6	45.9	9.6	7.4	26.8	10.0
高　中	Senior Secondary School	8.8	19.7	9.5	12.9	16.9	11.1
大学专科	College	9.9	10.9	23.3	34.2	18.4	25.6
大学本科	University	11.4	4.2	48.1	38.2	25.7	41.7
研究生	Graduate and Higher Level	1.7	0.2	6.9	4.3	3.2	4.6

1－39 全国按职业、性别分的就业人员受教育程度构成
EDUCATIONAL ATTAINMENT OF EMPLOYED PERSONS BY OCCUPATION AND SEX

单位：% (%)

受教育程度	Educational Attainment	就业人员 Employed Persons	单位负责人 Unit Heads	专业技术人员 Technical Personnel	办事人员和有关人员 Clerk and Related Workers	社会生产服务和生活服务人员 Social Production Service and Life Service Personnel	农、林、牧、渔业生产及辅助人员 Agriculture, Forestry, Animal Husbandry, Fishery Production and Auxiliary Personnel	生产制造及有关人员 Manufacturing and Related Personnel	其他 Others
总　计	**Total**	**100.0**	**100.0**	**100.0**	**100.0**	**100.0**	**100.0**	**100.0**	**100.0**
未上过学	No Schooling	2.3	0.2	0.1	0.2	0.9	7.7	1.1	4.2
小　学	Primary School	18.4	3.7	1.0	3.3	11.8	44.2	17.9	21.1
初　中	Junior Secondary School	38.4	25.1	6.6	16.4	42.2	41.8	55.3	43.8
高　中	Senior Secondary School	15.2	22.6	11.0	17.6	21.6	5.1	16.0	14.3
大学专科	College	12.5	22.9	28.0	27.5	14.1	0.9	6.9	11.5
大学本科	University	11.8	22.7	45.9	32.1	8.6	0.2	2.6	4.9
研究生	Graduate and Higher Level	1.4	2.8	7.5	2.9	0.7	0.0	0.1	0.2
男	**Male**	**100.0**	**100.0**	**100.0**	**100.0**	**100.0**	**100.0**	**100.0**	**100.0**
未上过学	No Schooling	1.1	0.1	0.1	0.2	0.4	3.7	0.5	4.2
小　学	Primary School	15.8	3.2	1.4	4.0	9.5	40.4	15.4	21.7
初　中	Junior Secondary School	41.3	25.1	8.2	19.0	42.3	47.4	55.1	46.2
高　中	Senior Secondary School	17.2	23.1	11.5	18.6	23.1	7.0	17.9	13.3
大学专科	College	12.5	23.2	25.5	26.1	14.9	1.2	8.0	10.1
大学本科	University	10.8	22.6	44.8	29.7	9.1	0.3	2.9	4.1
研究生	Graduate and Higher Level	1.2	2.8	8.6	2.4	0.7	0.0	0.1	0.3
女	**Female**	**100.0**	**100.0**	**100.0**	**100.0**	**100.0**	**100.0**	**100.0**	**100.0**
未上过学	No Schooling	4.0	0.4	0.0	0.2	1.6	11.7	2.4	4.2
小　学	Primary School	21.6	5.3	0.8	2.2	14.8	48.0	23.6	20.0
初　中	Junior Secondary School	34.7	25.2	5.4	12.7	42.0	36.3	55.6	39.5
高　中	Senior Secondary School	12.6	21.3	10.7	16.2	19.7	3.3	11.7	16.2
大学专科	College	12.5	22.0	29.7	29.5	13.2	0.6	4.5	13.9
大学本科	University	13.1	23.2	46.7	35.7	8.1	0.2	2.0	6.2
研究生	Graduate and Higher Level	1.5	2.7	6.7	3.5	0.6	0.0	0.2	

1-40 全国按受教育程度、性别分的就业人员职业构成
OCCUPATION OF EMPLOYED PERSONS BY EDUCATIONAL ATTAINMENT AND SEX

单位：% (%)

受教育程度	Educational Attainment	就业人员 Employed Persons	单位负责人 Unit Heads	专业技术人员 Technical Personnel	办事人员和有关人员 Clerk and Related Workers	社会生产服务和生活服务人员 Social Production Service and Life Service Personnel	农、林、牧、渔业生产及辅助人员 Agriculture, Forestry, Animal Husbandry, Fishery Production and Auxiliary Personnel	生产制造及有关人员 Manufacturing and Related Personnel	其他 Others
总 计	**Total**	**100.0**	**1.5**	**10.0**	**10.5**	**33.3**	**22.5**	**22.1**	**0.1**
未上过学	No Schooling	100.0	0.1	0.2	0.8	13.5	74.8	10.5	0.1
小 学	Primary School	100.0	0.3	0.6	1.9	21.5	54.1	21.6	0.1
初 中	Junior Secondary School	100.0	1.0	1.7	4.5	36.5	24.5	31.8	0.1
高 中	Senior Secondary School	100.0	2.3	7.3	12.2	47.4	7.6	23.2	0.1
大学专科	College	100.0	2.8	22.4	23.1	37.7	1.6	12.3	0.1
大学本科	University	100.0	2.9	38.9	28.6	24.3	0.4	4.9	0.0
研究生	Graduate and Higher Level	100.0	3.2	55.4	22.4	16.4	0.1	2.4	0.0
男	**Male**	**100.0**	**2.0**	**7.4**	**11.0**	**32.9**	**19.8**	**26.8**	**0.1**
未上过学	No Schooling	100.0	0.2	0.5	1.7	13.6	70.3	13.4	0.3
小 学	Primary School	100.0	0.4	0.6	2.8	19.6	50.5	26.0	0.1
初 中	Junior Secondary School	100.0	1.2	1.5	5.0	33.7	22.7	35.8	0.1
高 中	Senior Secondary School	100.0	2.7	4.9	11.9	44.3	8.1	28.0	0.1
大学专科	College	100.0	3.7	15.1	22.8	39.2	1.9	17.2	0.1
大学本科	University	100.0	4.2	30.6	30.0	27.5	0.6	7.1	0.0
研究生	Graduate and Higher Level	100.0	4.6	51.5	21.5	19.4	0.0	3.0	0.0
女	**Female**	**100.0**	**0.9**	**13.4**	**9.9**	**33.8**	**26.0**	**15.9**	**0.0**
未上过学	No Schooling	100.0	0.1	0.1	0.5	13.4	76.3	9.4	0.1
小 学	Primary School	100.0	0.2	0.5	1.0	23.2	57.6	17.4	0.0
初 中	Junior Secondary School	100.0	0.6	2.1	3.6	40.9	27.2	25.5	0.1
高 中	Senior Secondary School	100.0	1.5	11.4	12.7	52.9	6.7	14.7	0.1
大学专科	College	100.0	1.6	32.0	23.5	35.9	1.2	5.8	0.1
大学本科	University	100.0	1.6	47.8	27.0	20.9	0.3	2.4	0.0
研究生	Graduate and Higher Level	100.0	1.6	59.7	23.4	13.2	0.2	1.8	

1-41 全国按年龄、性别分的就业人员就业身份构成
EMPLOYMENT STATUS OF EMPLOYED PERSONS BY AGE AND SEX

单位：%　　(%)

年龄 Age	就业人员 Employed Persons	雇员 Employees	雇主 Employers	自营劳动者 Own-account Workers	家庭帮工 Contributing Family Workers
总计 Total	**100.0**	**63.2**	**3.5**	**32.0**	**1.2**
16-19	100.0	80.4	0.3	16.3	3.0
20-24	100.0	88.1	1.0	9.9	1.1
25-29	100.0	84.1	2.5	12.7	0.8
30-34	100.0	77.3	4.1	17.7	0.8
35-39	100.0	73.5	4.9	20.7	0.8
40-44	100.0	69.5	5.2	24.3	0.9
45-49	100.0	64.9	4.6	29.5	1.0
50-54	100.0	58.2	3.8	36.7	1.3
55-59	100.0	49.4	2.8	46.3	1.6
60-64	100.0	35.2	2.2	60.4	2.2
65+	100.0	17.3	1.1	79.2	2.5
男 Male	**100.0**	**64.0**	**4.3**	**31.0**	**0.7**
16-19	100.0	80.2	0.4	16.6	2.8
20-24	100.0	86.2	1.3	11.4	1.1
25-29	100.0	82.7	3.1	13.6	0.5
30-34	100.0	76.0	5.0	18.6	0.4
35-39	100.0	72.2	5.9	21.6	0.3
40-44	100.0	68.1	6.4	25.0	0.4
45-49	100.0	64.3	5.8	29.5	0.4
50-54	100.0	61.2	4.7	33.6	0.5
55-59	100.0	56.3	3.4	39.6	0.7
60-64	100.0	40.7	2.9	55.3	1.2
65+	100.0	19.8	1.3	77.1	1.9
女 Female	**100.0**	**62.1**	**2.5**	**33.4**	**2.0**
16-19	100.0	80.7	0.2	15.8	3.3
20-24	100.0	90.5	0.7	7.8	1.0
25-29	100.0	85.9	1.6	11.4	1.2
30-34	100.0	79.2	2.9	16.6	1.4
35-39	100.0	75.3	3.6	19.6	1.5
40-44	100.0	71.2	3.7	23.5	1.6
45-49	100.0	65.6	3.2	29.5	1.7
50-54	100.0	54.2	2.6	40.9	2.3
55-59	100.0	38.4	1.9	56.8	2.9
60-64	100.0	27.9	1.4	67.3	3.5
65+	100.0	14.1	0.8	81.8	3.2

1-42 全国按就业身份、性别分的就业人员年龄构成
AGE COMPOSITION OF EMPLOYED PERSONS BY EMPLOYMENT STATUS AND SEX

单位：% (%)

年 龄 Age	就业人员 Employed Persons	雇 员 Employees	雇 主 Employers	自营劳动者 Own-account Workers	家庭帮工 Contributing Family Workers
总计 Total	**100.0**	**100.0**	**100.0**	**100.0**	**100.0**
16–19	0.8	1.0	0.1	0.4	1.9
20–24	5.0	7.0	1.4	1.5	4.3
25–29	9.0	12.0	6.3	3.6	5.9
30–34	12.5	15.2	14.4	6.9	8.5
35–39	13.2	15.4	18.3	8.5	9.1
40–44	11.5	12.6	16.8	8.7	8.7
45–49	11.5	11.8	15.0	10.6	9.4
50–54	12.7	11.7	13.7	14.6	13.4
55–59	10.4	8.2	8.3	15.1	13.2
60–64	5.1	2.9	3.2	9.7	9.0
65+	8.3	2.3	2.5	20.5	16.7
男 Male	**100.0**	**100.0**	**100.0**	**100.0**	**100.0**
16–19	0.9	1.1	0.1	0.5	3.6
20–24	5.0	6.7	1.5	1.8	8.2
25–29	9.1	11.8	6.5	4.0	7.3
30–34	12.6	14.9	14.6	7.5	8.1
35–39	13.0	14.6	17.7	9.1	5.7
40–44	11.0	11.7	16.3	8.9	6.6
45–49	10.9	11.0	14.7	10.4	6.8
50–54	13.0	12.4	14.0	14.1	10.2
55–59	11.2	9.9	8.8	14.3	11.8
60–64	5.2	3.3	3.4	9.2	9.1
65+	8.1	2.5	2.4	20.1	22.5
女 Female	**100.0**	**100.0**	**100.0**	**100.0**	**100.0**
16–19	0.7	0.9	0.0	0.3	1.2
20–24	5.0	7.3	1.3	1.2	2.6
25–29	8.9	12.3	5.7	3.0	5.3
30–34	12.3	15.7	14.2	6.1	8.7
35–39	13.5	16.3	19.6	7.9	10.5
40–44	12.0	13.8	17.8	8.5	9.6
45–49	12.2	12.9	15.6	10.8	10.5
50–54	12.5	10.9	12.9	15.3	14.9
55–59	9.4	5.8	7.2	15.9	13.8
60–64	5.1	2.3	2.8	10.2	9.0
65+	8.5	1.9	2.8	20.9	14.1

1—43　全国按受教育程度、性别分的就业人员就业身份构成
EMPLOYMENT STATUS OF EMPLOYED PERSONS BY EDUCATIONAL ATTAINMENT AND SEX

单位：%　　　　(%)

受教育程度	Educational Attainment	就业人员 Employed Persons	雇　员 Employees	雇　主 Employers	自营劳动者 Own-account Workers	家庭帮工 Contributing Family Workers
总　计	**Total**	**100.0**	**63.2**	**3.5**	**32.0**	**1.2**
未上过学	No Schooling	100.0	21.2	0.9	74.7	3.2
小　学	Primary School	100.0	35.6	1.6	60.6	2.2
初　中	Junior Secondary School	100.0	56.8	3.8	38.0	1.4
高　中	Senior Secondary School	100.0	72.6	5.5	20.9	1.0
大学专科	College	100.0	87.1	4.4	8.0	0.5
大学本科	University	100.0	93.7	3.0	3.2	0.2
研究生	Graduate and Higher Level	100.0	97.0	1.9	1.0	0.0
男	**Male**	**100.0**	**64.0**	**4.3**	**31.0**	**0.7**
未上过学	No Schooling	100.0	24.6	1.3	71.8	2.4
小　学	Primary School	100.0	37.9	2.0	58.8	1.3
初　中	Junior Secondary School	100.0	57.2	4.3	37.7	0.7
高　中	Senior Secondary School	100.0	71.3	6.1	22.1	0.5
大学专科	College	100.0	85.3	5.4	8.9	0.4
大学本科	University	100.0	92.1	4.0	3.7	0.2
研究生	Graduate and Higher Level	100.0	96.0	2.8	1.3	0.0
女	**Female**	**100.0**	**62.1**	**2.5**	**33.4**	**2.0**
未上过学	No Schooling	100.0	20.1	0.7	75.8	3.4
小　学	Primary School	100.0	33.5	1.3	62.2	3.0
初　中	Junior Secondary School	100.0	56.2	2.9	38.5	2.4
高　中	Senior Secondary School	100.0	74.9	4.2	18.9	1.9
大学专科	College	100.0	89.5	3.1	6.8	0.6
大学本科	University	100.0	95.4	1.8	2.6	0.2
研究生	Graduate and Higher Level	100.0	98.1	1.0	0.8	0.1

1—44　全国按就业身份、性别分的就业人员受教育程度构成
EDUCATIONAL ATTAINMENT OF EMPLOYED PERSONS BY EMPLOYMENT STATUS AND SEX

单位：%　　(%)

受教育程度	Educational Attainment	就业人员 Employed Persons	雇　员 Employees	雇　主 Employers	自营劳动者 Own-account Workers	家庭帮工 Contributing Family Workers
总　计	**Total**	**100.0**	**100.0**	**100.0**	**100.0**	**100.0**
未上过学	No Schooling	2.3	0.8	0.6	5.4	6.0
小　学	Primary School	18.4	10.4	8.5	34.7	32.2
初　中	Junior Secondary School	38.4	34.6	41.1	45.6	42.9
高　中	Senior Secondary School	15.2	17.5	23.5	9.9	12.4
大学专科	College	12.5	17.2	15.6	3.1	4.7
大学本科	University	11.8	17.5	10.0	1.2	1.7
研究生	Graduate and Higher Level	1.4	2.1	0.7		
男	**Male**	**100.0**	**100.0**	**100.0**	**100.0**	**100.0**
未上过学	No Schooling	1.1	0.4	0.3	2.4	3.7
小　学	Primary School	15.8	9.4	7.4	30.1	30.7
初　中	Junior Secondary School	41.3	36.9	41.4	50.3	43.0
高　中	Senior Secondary School	17.2	19.1	24.3	12.2	13.2
大学专科	College	12.5	16.7	15.7	3.6	6.9
大学本科	University	10.8	15.6	10.1	1.3	2.5
研究生	Graduate and Higher Level	1.2	1.9	0.8	0.1	
女	**Female**	**100.0**	**100.0**	**100.0**	**100.0**	**100.0**
未上过学	No Schooling	4.0	1.3	1.1	9.0	7.0
小　学	Primary School	21.6	11.7	11.2	40.3	32.9
初　中	Junior Secondary School	34.7	31.4	40.5	39.9	42.9
高　中	Senior Secondary School	12.6	15.2	21.5	7.2	12.1
大学专科	College	12.5	18.0	15.4	2.5	3.8
大学本科	University	13.1	20.1	9.6	1.0	1.3
研究生	Graduate and Higher Level	1.5	2.4	0.6		

1-45 城镇按年龄、性别分的就业人员就业身份构成
EMPLOYMENT STATUS OF URBAN EMPLOYED PERSONS BY AGE AND SEX

单位：% (%)

年 龄 Age	城镇就业人员 Urban Employed Persons	雇员 Employees	雇主 Employers	自营劳动者 Own-account Workers	家庭帮工 Contributing Family Workers
总计 Total	**100.0**	**75.0**	**4.4**	**19.5**	**1.1**
16–19	100.0	90.1	0.2	6.8	2.9
20–24	100.0	92.1	1.1	5.9	0.9
25–29	100.0	87.8	2.8	8.6	0.7
30–34	100.0	81.7	4.6	12.9	0.7
35–39	100.0	78.8	5.5	15.1	0.7
40–44	100.0	75.8	6.1	17.3	0.8
45–49	100.0	73.9	5.5	19.8	0.8
50–54	100.0	70.0	4.8	24.1	1.2
55–59	100.0	65.2	3.8	29.4	1.6
60–64	100.0	52.1	3.4	42.1	2.4
65+	100.0	32.8	2.0	62.1	3.2
男 Male	**100.0**	**74.1**	**5.4**	**20.0**	**0.5**
16–19	100.0	89.4	0.3	7.6	2.7
20–24	100.0	90.4	1.4	7.2	1.0
25–29	100.0	86.0	3.6	9.9	0.5
30–34	100.0	79.5	5.7	14.5	0.3
35–39	100.0	76.6	6.7	16.5	0.2
40–44	100.0	73.4	7.5	18.8	0.3
45–49	100.0	71.8	6.9	21.0	0.3
50–54	100.0	70.8	5.7	23.0	0.4
55–59	100.0	69.7	4.3	25.3	0.6
60–64	100.0	56.9	4.2	37.7	1.2
65+	100.0	35.9	2.3	59.4	2.3
女 Female	**100.0**	**76.3**	**3.2**	**18.8**	**1.8**
16–19	100.0	91.1	0.1	5.6	3.2
20–24	100.0	94.1	0.7	4.4	0.8
25–29	100.0	90.2	1.8	7.0	1.1
30–34	100.0	84.6	3.1	11.0	1.3
35–39	100.0	81.4	4.0	13.3	1.3
40–44	100.0	78.7	4.3	15.5	1.4
45–49	100.0	76.4	3.7	18.4	1.5
50–54	100.0	68.6	3.4	25.7	2.3
55–59	100.0	56.3	2.9	37.3	3.5
60–64	100.0	44.5	2.2	49.0	4.3
65+	100.0	28.3	1.4	65.8	4.5

1-46　城镇按就业身份、性别分的就业人员年龄构成
AGE COMPOSITION OF URBAN EMPLOYED PERSONS BY EMPLOYMENT STATUS AND SEX

单位：%　　(%)

年　龄 Age	城　镇 就业人员 Urban Employed Persons	雇　员 Employees	雇　主 Employers	自营劳动者 Own-account Workers	家庭帮工 Contributing Family Workers
总计　Total	**100.0**	**100.0**	**100.0**	**100.0**	**100.0**
16-19	0.7	0.9	0.0	0.3	2.0
20-24	5.5	6.7	1.3	1.7	4.8
25-29	10.2	12.0	6.5	4.5	7.0
30-34	14.3	15.6	14.8	9.5	9.8
35-39	15.4	16.1	18.9	11.9	10.2
40-44	13.2	13.3	18.0	11.7	9.9
45-49	12.4	12.3	15.3	12.6	10.0
50-54	12.4	11.6	13.4	15.4	14.0
55-59	8.8	7.6	7.5	13.2	13.4
60-64	3.3	2.3	2.6	7.2	7.5
65+	3.8	1.7	1.7	12.1	11.5
男　Male	**100.0**	**100.0**	**100.0**	**100.0**	**100.0**
16-19	0.8	0.9	0.0	0.3	3.9
20-24	5.3	6.4	1.4	1.9	9.9
25-29	10.1	11.7	6.8	5.0	9.0
30-34	14.1	15.1	14.9	10.2	8.5
35-39	14.8	15.3	18.2	12.3	5.8
40-44	12.5	12.4	17.4	11.8	6.5
45-49	11.8	11.4	15.1	12.3	7.1
50-54	13.0	12.5	13.7	15.0	10.9
55-59	10.2	9.6	8.0	12.9	12.7
60-64	3.6	2.8	2.8	6.8	8.1
65+	3.9	1.9	1.7	11.6	17.5
女　Female	**100.0**	**100.0**	**100.0**	**100.0**	**100.0**
16-19	0.7	0.8	0.0	0.2	1.2
20-24	5.8	7.1	1.3	1.3	2.8
25-29	10.4	12.3	5.9	3.9	6.2
30-34	14.6	16.2	14.5	8.5	10.3
35-39	16.1	17.1	20.5	11.3	11.9
40-44	14.0	14.5	19.2	11.6	11.3
45-49	13.3	13.3	15.8	13.0	11.1
50-54	11.7	10.5	12.5	15.9	15.2
55-59	6.9	5.1	6.4	13.7	13.6
60-64	3.0	1.8	2.1	7.9	7.3
65+	3.7	1.4	1.7	12.8	9.2

1−47 城镇按受教育程度、性别分的就业人员就业身份构成
EMPLOYMENT STATUS OF URBAN EMPLOYED PERSONS BY EDUCATIONAL ATTAINMENT AND SEX

单位：% (%)

受教育程度	Educational Attainment	城镇就业人员 Urban Employed Persons	雇员 Employees	雇主 Employers	自营劳动者 Own-account Workers	家庭帮工 Contributing Family Workers
总计	**Total**	**100.0**	**75.0**	**4.4**	**19.5**	**1.1**
未上过学	No Schooling	100.0	40.1	1.7	54.5	3.7
小学	Primary School	100.0	53.3	2.7	41.7	2.3
初中	Junior Secondary School	100.0	65.6	4.9	28.1	1.4
高中	Senior Secondary School	100.0	75.5	6.1	17.4	1.0
大学专科	College	100.0	87.5	4.8	7.2	0.4
大学本科	University	100.0	93.8	3.1	3.0	0.2
研究生	Graduate and Higher Level	100.0	97.0	2.0	1.0	0.0
男	**Male**	**100.0**	**74.1**	**5.4**	**20.0**	**0.5**
未上过学	No Schooling	100.0	43.9	2.5	51.3	2.3
小学	Primary School	100.0	53.9	3.3	41.5	1.2
初中	Junior Secondary School	100.0	64.9	5.6	28.9	0.6
高中	Senior Secondary School	100.0	74.3	6.9	18.3	0.5
大学专科	College	100.0	85.8	5.9	8.0	0.3
大学本科	University	100.0	92.3	4.2	3.4	0.1
研究生	Graduate and Higher Level	100.0	95.9	2.8	1.3	0.0
女	**Female**	**100.0**	**76.3**	**3.2**	**18.8**	**1.8**
未上过学	No Schooling	100.0	38.7	1.4	55.7	4.3
小学	Primary School	100.0	52.6	2.1	41.8	3.5
初中	Junior Secondary School	100.0	66.7	3.7	27.0	2.6
高中	Senior Secondary School	100.0	77.5	4.6	15.9	1.9
大学专科	College	100.0	89.8	3.4	6.2	0.6
大学本科	University	100.0	95.5	1.9	2.5	0.2
研究生	Graduate and Higher Level	100.0	98.2	1.1	0.7	0.1

1-48　城镇按就业身份、性别分的就业人员受教育程度构成
EDUCATIONAL ATTAINMENT OF URBAN EMPLOYED PERSONS BY EMPLOYMENT STATUS AND SEX

单位：%　　(%)

受教育程度	Educational Attainment	城镇就业人员 Urban Employed Persons	雇员 Employees	雇主 Employers	自营劳动者 Own-account Workers	家庭帮工 Contributing Family Workers
总　计	**Total**	**100.0**	**100.0**	**100.0**	**100.0**	**100.0**
未上过学	No Schooling	1.0	0.5	0.4	2.8	3.5
小　学	Primary School	10.9	7.8	6.7	23.4	24.2
初　中	Junior Secondary School	33.5	29.3	36.7	48.4	45.0
高　中	Senior Secondary School	18.4	18.6	25.2	16.5	17.6
大学专科	College	16.9	19.7	18.2	6.3	7.0
大学本科	University	17.2	21.5	11.9	2.6	2.7
研究生	Graduate and Higher Level	2.0	2.6	0.9	0.1	0.1
男	**Male**	**100.0**	**100.0**	**100.0**	**100.0**	**100.0**
未上过学	No Schooling	0.5	0.3	0.2	1.2	2.1
小　学	Primary School	9.5	6.9	5.8	19.6	21.4
初　中	Junior Secondary School	35.3	30.9	36.6	51.0	43.3
高　中	Senior Secondary School	20.4	20.4	26.0	18.6	18.6
大学专科	College	16.8	19.5	18.3	6.7	10.5
大学本科	University	15.7	19.6	12.1	2.7	4.2
研究生	Graduate and Higher Level	1.9	2.4	1.0	0.1	
女	**Female**	**100.0**	**100.0**	**100.0**	**100.0**	**100.0**
未上过学	No Schooling	1.7	0.8	0.7	5.0	4.0
小　学	Primary School	12.9	8.9	8.8	28.7	25.3
初　中	Junior Secondary School	31.1	27.2	36.8	44.7	45.6
高　中	Senior Secondary School	15.9	16.2	23.3	13.5	17.3
大学专科	College	17.0	20.0	18.1	5.6	5.7
大学本科	University	19.1	24.0	11.6	2.5	2.1
研究生	Graduate and Higher Level	2.3	2.9	0.8	0.1	0.1

1-49 城镇按年龄、性别分的就业人员行业构成
URBAN EMPLOYED PERSONS BY AGE, SEX AND SECTOR

单位：% (%)

年龄 Age	城镇就业人员 Urban Employed Persons	农、林、牧、渔业 Agriculture, Forestry, Animal Husbandry and Fishery	采矿业 Mining	制造业 Manu-facturing	电力、热力、燃气及水生产和供应业 Production and Supply of Electricity Power, Heat Power, Gas and Water	建筑业 Construction	批发和零售业 Wholesale and Retail Trades
总计 Total	**100.0**	**7.7**	**0.9**	**20.0**	**1.3**	**8.5**	**16.0**
16-19	100.0	3.9	0.2	26.1	0.3	2.5	15.4
20-24	100.0	1.7	0.3	19.9	1.0	4.6	14.9
25-29	100.0	1.6	0.6	18.4	1.2	6.2	15.2
30-34	100.0	2.3	0.9	21.0	1.3	7.7	17.1
35-39	100.0	2.7	1.0	22.7	1.3	8.2	17.9
40-44	100.0	3.7	1.1	21.9	1.3	8.3	17.9
45-49	100.0	5.4	1.2	21.4	1.6	9.4	16.8
50-54	100.0	9.2	1.3	19.9	1.6	11.3	15.1
55-59	100.0	15.5	0.9	17.2	1.5	11.8	13.3
60-64	100.0	28.1	0.4	14.3	0.6	10.5	13.4
65+	100.0	53.1	0.1	9.9	0.2	4.3	10.6
男 Male	**100.0**	**6.9**	**1.4**	**20.8**	**1.7**	**12.8**	**13.2**
16-19	100.0	4.3	0.2	28.4	0.4	4.0	11.8
20-24	100.0	1.9	0.5	24.6	1.4	6.9	13.1
25-29	100.0	1.6	0.8	21.6	1.5	9.1	13.4
30-34	100.0	2.2	1.3	23.1	1.6	11.7	14.1
35-39	100.0	2.6	1.6	23.6	1.7	12.5	14.5
40-44	100.0	3.6	1.6	21.8	1.7	12.9	13.9
45-49	100.0	5.0	1.8	20.7	2.0	14.5	13.3
50-54	100.0	7.5	2.0	19.6	2.2	16.5	12.1
55-59	100.0	11.5	1.3	16.9	2.1	16.3	11.3
60-64	100.0	22.3	0.6	14.9	0.8	16.1	12.3
65+	100.0	48.3	0.1	9.8	0.3	6.8	10.8
女 Female	**100.0**	**8.7**	**0.3**	**19.0**	**0.8**	**2.8**	**19.8**
16-19	100.0	3.2	0.1	22.6	0.0	0.3	20.9
20-24	100.0	1.4	0.1	14.1	0.5	1.9	17.2
25-29	100.0	1.5	0.3	14.2	0.7	2.6	17.5
30-34	100.0	2.3	0.3	18.4	0.9	2.5	20.9
35-39	100.0	2.8	0.4	21.7	0.9	2.9	22.2
40-44	100.0	3.9	0.5	21.9	0.9	2.9	22.5
45-49	100.0	5.9	0.6	22.2	1.0	3.4	20.9
50-54	100.0	11.8	0.3	20.4	0.7	3.6	19.5
55-59	100.0	23.4	0.1	17.8	0.3	3.0	17.2
60-64	100.0	37.2	0.1	13.3	0.1	1.6	15.0
65+	100.0	59.8	0.0	10.0	0.1	0.6	10.2

1-49　续表 1　continued

单位：%　　(%)

年　龄 Age	交通运输、仓储和邮政业 Transport, Storage and Post	住宿和餐饮业 Hotels and Catering Services	信息传输、软件和信息技术服务业 Information Transmission, Software and Information Technical Services	金融业 Financial Intermediation	房地产业 Real Estate	租赁和商务服务业 Leasing and Business Services	科学研究和技术服务业 Scientific Research and Technical Services
总计　Total	**5.8**	**6.1**	**2.4**	**1.9**	**2.4**	**3.2**	**1.7**
16-19	3.3	20.6	2.2	0.3	1.0	2.3	0.6
20-24	4.6	8.7	4.9	2.1	1.4	4.5	2.1
25-29	5.4	5.9	5.3	2.8	2.0	4.7	2.9
30-34	5.9	5.7	3.8	2.9	2.4	4.1	2.4
35-39	6.2	5.7	2.8	2.5	2.2	3.5	2.1
40-44	6.9	6.2	2.1	1.7	2.1	3.2	1.8
45-49	6.8	6.5	1.3	1.5	2.3	2.7	1.2
50-54	6.4	6.5	0.7	1.4	2.4	2.3	0.9
55-59	5.4	5.8	0.5	1.3	3.3	2.3	0.8
60-64	3.0	5.4	0.2	0.4	4.7	2.0	0.4
65+	1.3	2.5	0.0	0.1	3.4	1.1	0.2
男　Male	**8.5**	**5.0**	**2.7**	**1.6**	**2.4**	**3.3**	**1.9**
16-19	3.9	22.9	2.2	0.1	1.0	2.5	0.6
20-24	6.3	9.7	5.3	1.7	1.4	3.8	2.3
25-29	7.5	6.5	5.9	2.5	2.2	4.2	3.1
30-34	8.5	5.5	4.3	2.3	2.3	4.0	2.7
35-39	9.1	4.9	3.2	2.1	2.0	3.5	2.4
40-44	10.5	5.0	2.5	1.4	1.8	3.2	2.2
45-49	10.4	4.4	1.6	1.2	2.0	3.1	1.5
50-54	9.5	3.9	0.9	1.3	2.4	2.8	1.2
55-59	7.6	3.4	0.6	1.5	3.3	2.8	1.0
60-64	4.4	3.2	0.3	0.4	5.1	2.6	0.5
65+	2.0	1.9	0.0	0.1	4.2	1.5	0.2
女　Female	**2.2**	**7.5**	**2.0**	**2.3**	**2.4**	**3.2**	**1.4**
16-19	2.4	17.1	2.2	0.5	1.0	2.0	0.5
20-24	2.6	7.4	4.4	2.4	1.5	5.3	1.8
25-29	2.6	5.2	4.4	3.1	1.8	5.4	2.6
30-34	2.5	6.0	3.1	3.5	2.5	4.4	2.0
35-39	2.6	6.6	2.4	3.0	2.4	3.4	1.8
40-44	2.7	7.5	1.7	2.2	2.4	3.2	1.3
45-49	2.5	8.9	0.9	1.8	2.6	2.4	0.9
50-54	1.8	10.3	0.4	1.6	2.4	1.6	0.6
55-59	1.1	10.4	0.2	0.8	3.2	1.1	0.3
60-64	0.8	8.7	0.2	0.5	3.9	1.0	0.2
65+	0.3	3.4	0.1	0.2	2.4	0.6	0.1

1-49 续表 2 continued

单位：% (%)

年 龄 Age	水利、环境和公共设施管理业 Management of Water Conservancy, Environment and Public Facilities	居民服务、修理和其他服务业 Services to Households, Repair and Other Services	教 育 Education	卫生和社会工作 Health and Society	文化、体育和娱乐业 Culture, Sports and Entertainment	公共管理、社会保障和社会组织 Public Management Social Security and Social Organizations
总计 Total	**1.0**	**4.9**	**5.7**	**3.2**	**1.2**	**6.1**
16-19	0.1	11.1	4.5	1.7	3.1	0.8
20-24	0.4	5.4	9.2	5.7	2.7	6.0
25-29	0.6	4.6	8.0	5.2	2.0	7.4
30-34	0.6	4.7	5.9	3.9	1.3	6.3
35-39	0.6	4.6	5.4	3.3	1.1	6.0
40-44	0.8	4.6	6.3	3.1	1.0	6.0
45-49	1.0	4.8	5.9	2.8	0.9	6.7
50-54	1.1	5.1	5.2	2.3	0.9	6.2
55-59	1.7	5.1	4.3	2.0	0.9	6.5
60-64	2.5	6.1	2.1	1.9	0.9	3.3
65+	2.9	5.0	0.8	1.5	0.6	2.4
男 Male	**1.1**	**4.2**	**3.3**	**1.8**	**1.1**	**6.6**
16-19	0.1	10.7	2.3	0.7	3.0	0.7
20-24	0.4	5.8	3.7	2.4	2.8	5.8
25-29	0.6	4.8	3.1	2.1	2.0	7.4
30-34	0.7	4.4	2.4	1.7	1.1	6.2
35-39	0.7	4.1	2.5	1.7	1.1	6.1
40-44	0.9	3.8	3.9	2.0	0.9	6.5
45-49	1.0	3.6	4.0	1.8	0.7	7.3
50-54	1.2	3.5	3.9	1.6	0.7	7.3
55-59	1.7	3.4	4.4	1.7	0.7	8.3
60-64	2.5	5.1	2.2	1.8	0.8	3.8
65+	3.2	4.9	0.9	1.6	0.6	2.8
女 Female	**0.9**	**5.9**	**9.0**	**5.2**	**1.4**	**5.5**
16-19	0.0	11.7	7.9	3.4	3.1	0.9
20-24	0.3	4.9	15.8	9.6	2.7	6.2
25-29	0.5	4.4	14.4	9.2	2.0	7.5
30-34	0.5	5.0	10.3	6.8	1.5	6.5
35-39	0.5	5.2	9.0	5.2	1.2	5.9
40-44	0.6	5.6	9.2	4.3	1.1	5.4
45-49	1.0	6.2	8.0	3.8	1.0	6.0
50-54	1.0	7.5	7.2	3.4	1.2	4.6
55-59	1.7	8.5	4.2	2.5	1.3	2.9
60-64	2.5	7.5	1.9	2.0	1.1	2.4
65+	2.5	5.1	0.6	1.4	0.7	1.8

1-50　城镇按行业、性别分的就业人员年龄构成
AGE COMPOSITION OF URBAN EMPLOYED PERSONS BY SECTOR AND SEX

单位：%　　　　(%)

年　龄 Age	城　镇 就业人员 Urban Employed Persons	农、林、牧、渔业 Agriculture, Forestry, Animal Husbandry and Fishery	采矿业 Mining	制造业 Manu-facturing	电力、热力、燃气及水生产和供应业 Production and Supply of Electricity Power, Heat Power, Gas and Water	建筑业 Construction	批发和零售业 Wholesale and Retail Trades
总计　Total	**100.0**	**100.0**	**100.0**	**100.0**	**100.0**	**100.0**	**100.0**
16—19	0.7	0.4	0.1	0.9	0.2	0.2	0.7
20—24	5.5	1.2	1.9	5.4	4.3	3.0	5.1
25—29	10.2	2.1	6.6	9.4	9.4	7.5	9.7
30—34	14.3	4.2	13.3	15.0	14.4	12.9	15.2
35—39	15.4	5.5	17.3	17.4	15.8	14.8	17.2
40—44	13.2	6.4	15.8	14.4	13.4	12.9	14.7
45—49	12.4	8.8	16.8	13.3	15.1	13.8	13.1
50—54	12.4	15.0	17.6	12.4	15.4	16.6	11.7
55—59	8.8	17.8	8.8	7.5	10.0	12.2	7.3
60—64	3.3	12.3	1.4	2.4	1.5	4.1	2.8
65+	3.8	26.3	0.4	1.9	0.5	1.9	2.5
男　Male	**100.0**	**100.0**	**100.0**	**100.0**	**100.0**	**100.0**	**100.0**
16—19	0.8	0.5	0.1	1.0	0.2	0.2	0.7
20—24	5.3	1.4	1.9	6.2	4.5	2.9	5.2
25—29	10.1	2.4	6.3	10.5	9.1	7.1	10.3
30—34	14.1	4.5	13.3	15.6	13.2	12.9	15.1
35—39	14.8	5.7	17.0	16.8	15.0	14.5	16.3
40—44	12.5	6.5	14.7	13.1	12.3	12.6	13.2
45—49	11.8	8.6	15.7	11.7	13.9	13.3	11.9
50—54	13.0	14.2	19.1	12.3	17.0	16.8	12.0
55—59	10.2	17.0	10.0	8.3	12.5	13.0	8.8
60—64	3.6	11.6	1.5	2.6	1.8	4.5	3.4
65+	3.9	27.5	0.4	1.8	0.6	2.1	3.2
女　Female	**100.0**	**100.0**	**100.0**	**100.0**	**100.0**	**100.0**	**100.0**
16—19	0.7	0.2	0.2	0.8	0.0	0.1	0.7
20—24	5.8	0.9	1.9	4.3	3.8	3.8	5.0
25—29	10.4	1.8	8.6	7.8	10.3	9.7	9.2
30—34	14.6	3.9	13.4	14.1	18.2	13.0	15.4
35—39	16.1	5.2	18.7	18.3	18.3	16.9	18.0
40—44	14.0	6.3	21.3	16.2	16.5	14.5	16.0
45—49	13.3	9.1	22.7	15.5	18.5	16.5	14.1
50—54	11.7	15.8	9.9	12.5	10.8	15.3	11.5
55—59	6.9	18.6	2.5	6.4	2.7	7.5	6.0
60—64	3.0	13.0	0.8	2.1	0.5	1.8	2.3
65+	3.7	25.2	0.2	1.9	0.3	0.8	1.9

1-50 续表 1 continued

单位：% (%)

年 龄 Age	交通运输、仓储和邮政业 Transport, Storage and Post	住宿和餐饮业 Hotels and Catering Services	信息传输、软件和信息技术服务业 Information Transmission, Software and Information Technical Services	金融业 Financial Intermediation	房地产业 Real Estate	租赁和商务服务业 Leasing and Business Services	科学研究和技术服务业 Scientific Research and Technical Services
总计 Total	**100.0**	**100.0**	**100.0**	**100.0**	**100.0**	**100.0**	**100.0**
16-19	0.4	2.4	0.7	0.1	0.3	0.5	0.2
20-24	4.4	7.7	11.4	5.9	3.3	7.7	6.8
25-29	9.5	9.9	22.7	14.8	8.5	14.9	17.7
30-34	14.4	13.3	22.7	21.5	14.2	18.3	20.2
35-39	16.5	14.2	18.2	20.0	13.9	16.6	19.6
40-44	15.7	13.2	11.8	12.0	11.5	13.0	14.2
45-49	14.6	13.1	6.7	9.5	11.7	10.5	9.0
50-54	13.7	13.2	3.6	9.4	12.5	9.0	6.9
55-59	8.2	8.3	1.7	5.7	11.9	6.1	4.1
60-64	1.7	2.9	0.3	0.8	6.5	2.0	0.8
65+	0.8	1.6	0.1	0.3	5.5	1.3	0.4
男 Male	**100.0**	**100.0**	**100.0**	**100.0**	**100.0**	**100.0**	**100.0**
16-19	0.4	3.5	0.6	0.0	0.3	0.6	0.2
20-24	3.9	10.1	10.6	5.6	3.1	6.1	6.4
25-29	9.0	13.0	22.5	15.3	9.2	12.8	16.5
30-34	14.1	15.3	22.6	20.1	13.5	17.0	19.6
35-39	16.0	14.6	17.7	18.9	12.2	16.0	18.8
40-44	15.5	12.4	11.8	10.5	9.7	12.1	14.4
45-49	14.5	10.3	7.1	8.5	9.8	10.9	9.1
50-54	14.6	10.1	4.4	10.6	13.2	11.1	7.9
55-59	9.2	7.0	2.2	9.2	14.2	8.8	5.6
60-64	1.8	2.3	0.4	0.9	7.8	2.8	1.0
65+	0.9	1.5	0.1	0.3	6.9	1.7	0.5
女 Female	**100.0**	**100.0**	**100.0**	**100.0**	**100.0**	**100.0**	**100.0**
16-19	0.7	1.5	0.7	0.1	0.3	0.4	0.2
20-24	6.6	5.7	12.8	6.2	3.5	9.8	7.4
25-29	12.1	7.2	23.0	14.4	7.7	17.7	19.8
30-34	16.3	11.5	23.1	22.7	15.2	20.1	21.2
35-39	18.8	14.0	19.2	21.0	16.1	17.5	21.2
40-44	16.7	14.0	12.0	13.5	13.8	14.4	13.9
45-49	14.7	15.7	6.0	10.4	14.2	10.0	8.9
50-54	9.2	16.0	2.3	8.3	11.7	6.0	5.1
55-59	3.3	9.5	0.7	2.4	9.0	2.4	1.4
60-64	1.1	3.5	0.2	0.6	4.9	0.9	0.5
65+	0.5	1.6	0.1	0.3	3.6	0.7	0.4

1-50　续表 2　continued

单位：%　　(%)

年　龄 Age	水利、环境和公共设施管理业 Management of Water Conservancy, Environment and Public Facilities	居民服务、修理和其他服务业 Services to Households, Repair and Other Services	教　育 Education	卫生和社会工作 Health and Society	文化、体育和娱乐业 Culture, Sports and Entertainment	公共管理、社会保障和社会组织 Public Management Social Security and Social Organizations
总计　Total	**100.0**	**100.0**	**100.0**	**100.0**	**100.0**	**100.0**
16-19	0.1	1.6	0.6	0.4	1.8	0.1
20-24	2.0	6.0	8.8	9.5	12.3	5.4
25-29	5.8	9.6	14.4	16.4	17.0	12.5
30-34	9.0	13.6	14.7	17.1	15.2	14.8
35-39	10.0	14.4	14.6	15.5	14.2	15.2
40-44	10.6	12.4	14.6	12.4	10.7	12.9
45-49	13.0	12.2	12.7	10.6	8.7	13.7
50-54	14.4	13.0	11.3	8.9	9.0	12.7
55-59	15.3	9.2	6.7	5.3	6.5	9.4
60-64	8.5	4.1	1.2	1.9	2.6	1.8
65+	11.3	3.9	0.5	1.8	1.9	1.5
男　Male	**100.0**	**100.0**	**100.0**	**100.0**	**100.0**	**100.0**
16-19	0.1	2.0	0.5	0.3	2.1	0.1
20-24	2.0	7.3	5.9	7.0	13.3	4.7
25-29	5.7	11.6	9.5	11.9	18.6	11.3
30-34	9.1	14.8	10.4	12.9	14.4	13.3
35-39	10.0	14.6	11.5	13.9	14.8	13.9
40-44	10.6	11.4	14.8	13.9	10.1	12.3
45-49	11.4	10.1	14.6	12.0	7.5	13.2
50-54	14.9	11.0	15.4	11.2	7.8	14.5
55-59	16.2	8.3	13.8	9.7	6.7	13.0
60-64	8.3	4.4	2.5	3.6	2.7	2.1
65+	11.7	4.6	1.1	3.5	2.1	1.7
女　Female	**100.0**	**100.0**	**100.0**	**100.0**	**100.0**	**100.0**
16-19	0.0	1.3	0.6	0.4	1.5	0.1
20-24	2.1	4.8	10.1	10.7	11.3	6.5
25-29	5.9	7.8	16.7	18.6	15.4	14.3
30-34	8.8	12.5	16.7	19.1	16.1	17.2
35-39	10.1	14.1	16.1	16.2	13.6	17.3
40-44	10.5	13.4	14.4	11.8	11.3	13.9
45-49	15.6	14.1	11.9	9.9	9.9	14.6
50-54	13.6	15.0	9.4	7.8	10.3	9.9
55-59	13.8	10.0	3.3	3.3	6.4	3.7
60-64	8.9	3.8	0.7	1.2	2.4	1.3
65+	10.8	3.2	0.3	1.0	1.8	1.2

1-51 城镇按受教育程度、性别分的就业人员行业构成
URBAN EMPLOYED PERSONS BY SEX, EDUCATIONAL ATTAINMENT AND SECTOR

单位：% (%)

受教育程度	Educational Attainment	城镇就业人员 Urban Employed Persons	农、林、牧、渔业 Agriculture, Forestry, Animal Husbandry and Fishery	采矿业 Mining	制造业 Manu-facturing	电力、热力、燃气及水生产和供应业 Production and Supply of Electricity Power, Heat Power, Gas and Water	建筑业 Construction	批发和零售业 Wholesale and Retail Trades
总　计	**Total**	**100.0**	**7.7**	**0.9**	**20.0**	**1.3**	**8.5**	**16.0**
未上过学	No Schooling	100.0	46.4	0.1	14.5	0.2	6.4	9.9
小　学	Primary School	100.0	27.5	0.5	20.2	0.4	12.2	13.0
初　中	Junior Secondary School	100.0	10.2	0.8	25.3	0.7	12.0	18.0
高　中	Senior Secondary School	100.0	3.0	1.3	22.7	1.4	7.1	21.8
大学专科	College	100.0	0.9	1.1	17.1	2.1	5.6	17.0
大学本科	University	100.0	0.4	0.9	11.0	2.1	4.3	8.7
研究生	Graduate and Higher Level	100.0	0.2	0.7	10.2	1.8	1.9	3.6
男	**Male**	**100.0**	**6.9**	**1.4**	**20.8**	**1.7**	**12.8**	**13.2**
未上过学	No Schooling	100.0	40.9	0.3	11.4	0.3	15.2	9.3
小　学	Primary School	100.0	25.3	0.9	17.1	0.6	20.6	11.4
初　中	Junior Secondary School	100.0	9.6	1.2	23.5	1.0	18.3	13.6
高　中	Senior Secondary School	100.0	3.2	1.7	24.6	1.8	10.2	16.4
大学专科	College	100.0	1.1	1.6	20.3	2.6	7.5	14.8
大学本科	University	100.0	0.5	1.3	13.7	2.7	5.9	8.5
研究生	Graduate and Higher Level	100.0	0.2	0.8	12.8	2.2	2.4	4.1
女	**Female**	**100.0**	**8.7**	**0.3**	**19.0**	**0.8**	**2.8**	**19.8**
未上过学	No Schooling	100.0	48.4	0.1	15.7	0.1	3.1	10.1
小　学	Primary School	100.0	29.7	0.1	23.3	0.2	4.1	14.7
初　中	Junior Secondary School	100.0	11.2	0.2	28.0	0.3	2.7	24.6
高　中	Senior Secondary School	100.0	2.6	0.4	19.4	0.7	1.9	31.0
大学专科	College	100.0	0.6	0.5	13.0	1.4	3.1	19.8
大学本科	University	100.0	0.3	0.5	8.0	1.3	2.7	8.9
研究生	Graduate and Higher Level	100.0	0.2	0.5	7.3	1.4	1.3	3.1

1-51 续表 1 continued

单位：% (%)

受教育程度	Educational Attainment	交通运输、仓储和邮政业 Transport, Storage and Post	住宿和餐饮业 Hotels and Catering Services	信息传输、软件和信息技术服务业 Information Transmission, Software and Information Technical Services	金融业 Financial Intermediation	房地产业 Real Estate	租赁和商务服务业 Leasing and Business Services	科学研究和技术服务业 Scientific Research and Technical Services
总 计	**Total**	**5.8**	**6.1**	**2.4**	**1.9**	**2.4**	**3.2**	**1.7**
未上过学	No Schooling	1.3	6.1	0.1	0.1	2.0	0.6	0.1
小 学	Primary School	3.8	7.2	0.2	0.1	2.1	1.2	0.2
初 中	Junior Secondary School	7.2	8.7	0.5	0.3	2.0	1.9	0.3
高 中	Senior Secondary School	7.8	7.7	1.6	1.1	3.1	3.1	0.9
大学专科	College	5.5	4.0	4.1	2.7	3.2	5.0	2.5
大学本科	University	3.2	1.4	6.0	5.6	2.0	5.4	4.4
研究生	Graduate and Higher Level	1.4	0.2	7.7	7.7	0.9	5.1	9.8
男	**Male**	**8.5**	**5.0**	**2.7**	**1.6**	**2.4**	**3.3**	**1.9**
未上过学	No Schooling	3.6	3.0	0.1	0.2	2.1	1.1	0.0
小 学	Primary School	6.7	4.0	0.2	0.1	2.0	1.6	0.2
初 中	Junior Secondary School	10.6	6.8	0.6	0.3	2.0	2.3	0.4
高 中	Senior Secondary School	10.7	6.9	1.6	0.8	2.9	3.3	1.1
大学专科	College	7.3	3.7	4.5	2.4	3.0	4.6	2.8
大学本科	University	4.1	1.3	7.4	5.2	2.1	5.0	5.3
研究生	Graduate and Higher Level	1.7	0.3	9.8	7.8	1.1	4.6	12.0
女	**Female**	**2.2**	**7.5**	**2.0**	**2.3**	**2.4**	**3.2**	**1.4**
未上过学	No Schooling	0.5	7.2	0.1	0.1	1.9	0.4	0.1
小 学	Primary School	1.1	10.2	0.2	0.2	2.2	0.7	0.1
初 中	Junior Secondary School	2.2	11.7	0.4	0.5	2.0	1.3	0.2
高 中	Senior Secondary School	2.9	9.1	1.5	1.6	3.3	2.8	0.7
大学专科	College	3.0	4.3	3.5	3.1	3.4	5.6	2.0
大学本科	University	2.2	1.5	4.6	6.0	1.9	5.9	3.4
研究生	Graduate and Higher Level	1.2	0.2	5.4	7.6	0.6	5.6	7.5

1−51 续表 2 continued

单位：% (%)

受教育程度	Educational Attainment	水利、环境和公共设施管理业 Management of Water Conservancy, Environment and Public Facilities	居民服务、修理和其他服务业 Services to Households, Repair and Other Services	教育 Education	卫生和社会工作 Health and Society	文化、体育和娱乐业 Culture, Sports and Entertainment	公共管理、社会保障和社会组织 Public Management Social Security and Social Organizations
总计	**Total**	**1.0**	**4.9**	**5.7**	**3.2**	**1.2**	**6.1**
未上过学	No Schooling	3.0	5.1	0.7	0.7	0.3	2.5
小学	Primary School	1.8	5.7	1.0	0.7	0.6	1.5
初中	Junior Secondary School	0.9	6.5	1.4	0.7	0.8	1.5
高中	Senior Secondary School	0.8	6.3	2.6	2.2	1.2	4.2
大学专科	College	0.8	3.6	7.2	6.0	1.6	10.1
大学本科	University	0.8	1.4	17.2	7.7	1.9	15.5
研究生	Graduate and Higher Level	0.8	0.4	24.2	9.1	1.8	12.3
男	**Male**	**1.1**	**4.2**	**3.3**	**1.8**	**1.1**	**6.6**
未上过学	No Schooling	3.3	4.2	0.3	0.5	0.5	3.6
小学	Primary School	1.8	4.4	0.6	0.5	0.5	1.6
初中	Junior Secondary School	1.0	5.3	0.8	0.5	0.7	1.7
高中	Senior Secondary School	0.9	5.4	1.4	1.2	1.1	4.6
大学专科	College	1.0	3.2	3.7	2.9	1.7	11.3
大学本科	University	1.0	1.3	10.8	4.6	1.8	17.4
研究生	Graduate and Higher Level	0.8	0.4	18.2	7.5	1.5	11.7
女	**Female**	**0.9**	**5.9**	**9.0**	**5.2**	**1.4**	**5.5**
未上过学	No Schooling	2.8	5.4	0.8	0.8	0.2	2.2
小学	Primary School	1.8	7.1	1.4	0.9	0.7	1.4
初中	Junior Secondary School	0.8	8.3	2.2	1.1	1.1	1.3
高中	Senior Secondary School	0.5	7.9	4.7	3.8	1.5	3.6
大学专科	College	0.6	4.3	11.8	10.1	1.5	8.4
大学本科	University	0.7	1.5	24.2	11.1	2.0	13.3
研究生	Graduate and Higher Level	0.8	0.5	30.9	10.9	2.2	13.0

1-52 城镇按行业、性别分的就业人员受教育程度构成
EDUCATIONAL ATTAINMENT OF URBAN EMPLOYED PERSONS BY SECTOR AND SEX

单位：% (%)

受教育程度	Educational Attainment	城镇就业人员 Urban Employed Persons	农、林、牧、渔业 Agriculture, Forestry, Animal Husbandry and Fishery	采矿业 Mining	制造业 Manu-facturing	电力、热力、燃气及水生产和供应业 Production and Supply of Electricity Power, Heat Power, Gas and Water	建筑业 Construction	批发和零售业 Wholesale and Retail Trades
总 计	**Total**	**100.0**	**100.0**	**100.0**	**100.0**	**100.0**	**100.0**	**100.0**
未上过学	No Schooling	1.0	6.0	0.1	0.7	0.1	0.7	0.6
小 学	Primary School	10.9	39.3	5.7	11.1	3.5	15.8	8.9
初 中	Junior Secondary School	33.5	44.7	29.7	42.4	18.5	47.6	37.7
高 中	Senior Secondary School	18.4	7.1	25.2	20.9	20.2	15.5	25.1
大学专科	College	16.9	1.9	21.1	14.5	27.1	11.2	17.9
大学本科	University	17.2	0.9	16.7	9.4	27.7	8.8	9.3
研究生	Graduate and Higher Level	2.0	0.1	1.5	1.0	2.9	0.5	0.5
男	**Male**	**100.0**	**100.0**	**100.0**	**100.0**	**100.0**	**100.0**	**100.0**
未上过学	No Schooling	0.5	2.8	0.1	0.3	0.1	0.6	0.3
小 学	Primary School	9.5	34.7	6.0	7.8	3.6	15.3	8.2
初 中	Junior Secondary School	35.3	49.2	32.1	39.9	20.4	50.5	36.5
高 中	Senior Secondary School	20.4	9.4	25.9	24.1	22.1	16.2	25.3
大学专科	College	16.8	2.6	20.3	16.4	25.9	9.9	18.9
大学本科	University	15.7	1.1	14.4	10.4	25.5	7.2	10.2
研究生	Graduate and Higher Level	1.9	0.1	1.1	1.2	2.4	0.4	0.6
女	**Female**	**100.0**	**100.0**	**100.0**	**100.0**	**100.0**	**100.0**	**100.0**
未上过学	No Schooling	1.7	9.3	0.3	1.4	0.2	1.9	0.9
小 学	Primary School	12.9	44.1	3.9	15.8	3.3	19.1	9.6
初 中	Junior Secondary School	31.1	40.1	16.9	46.0	12.7	29.8	38.8
高 中	Senior Secondary School	15.9	4.7	21.5	16.3	14.8	11.1	24.9
大学专科	College	17.0	1.2	25.2	11.6	30.6	18.8	17.0
大学本科	University	19.1	0.6	29.0	8.1	34.1	18.3	8.6
研究生	Graduate and Higher Level	2.3	0.0	3.3	0.9	4.3	1.0	0.4

1-52 续表 1 continued

单位：% (%)

受教育程度	Educational Attainment	交通运输、仓储和邮政业 Transport, Storage and Post	住宿和餐饮业 Hotels and Catering Services	信息传输、软件和信息技术服务业 Information Transmission, Software and Information Technical Services	金融业 Financial Intermediation	房地产业 Real Estate	租赁和商务服务业 Leasing and Business Services	科学研究和技术服务业 Scientific Research and Technical Services
总　计	**Total**	**100.0**	**100.0**	**100.0**	**100.0**	**100.0**	**100.0**	**100.0**
未上过学	No Schooling	0.2	1.0	0.0	0.1	0.8	0.2	0.0
小　学	Primary School	7.2	12.8	0.9	0.8	9.8	4.0	1.0
初　中	Junior Secondary School	41.7	47.9	7.3	6.1	28.1	19.5	6.7
高　中	Senior Secondary School	24.9	23.3	12.2	10.9	23.8	17.9	10.2
大学专科	College	15.9	11.0	29.1	23.6	22.3	26.3	24.9
大学本科	University	9.6	3.9	43.7	50.4	14.4	29.0	45.2
研究生	Graduate and Higher Level	0.5	0.1	6.6	8.2	0.8	3.2	12.0
男	**Male**	**100.0**	**100.0**	**100.0**	**100.0**	**100.0**	**100.0**	**100.0**
未上过学	No Schooling	0.2	0.3	0.0	0.0	0.4	0.2	0.0
小　学	Primary School	7.4	7.5	0.8	0.6	8.2	4.6	0.9
初　中	Junior Secondary School	44.1	47.5	7.8	5.9	30.4	24.3	7.4
高　中	Senior Secondary School	25.7	28.0	12.3	10.3	25.3	20.7	11.4
大学专科	College	14.6	12.5	28.5	24.2	21.1	23.6	24.7
大学本科	University	7.7	4.1	43.6	50.0	13.7	24.0	43.9
研究生	Graduate and Higher Level	0.4	0.1	6.9	9.0	0.9	2.6	11.7
女	**Female**	**100.0**	**100.0**	**100.0**	**100.0**	**100.0**	**100.0**	**100.0**
未上过学	No Schooling	0.4	1.6	0.1	0.1	1.3	0.2	0.1
小　学	Primary School	6.1	17.5	1.1	1.0	11.9	3.1	1.2
初　中	Junior Secondary School	29.8	48.2	6.5	6.4	25.2	12.9	5.3
高　中	Senior Secondary School	20.8	19.2	12.1	11.4	21.8	14.0	8.0
大学专科	College	22.6	9.7	30.1	22.9	23.8	30.0	25.4
大学本科	University	19.1	3.7	44.0	50.8	15.3	35.8	47.6
研究生	Graduate and Higher Level	1.2	0.1	6.1	7.5	0.6	4.0	12.4

1-52　续表 2　continued

单位：%　　(%)

受教育程度	Educational Attainment	水利、环境和公共设施管理业 Management of Water Conservancy, Environment and Public Facilities	居民服务、修理和其他服务业 Services to Households, Repair and Other Services	教　育 Education	卫生和社会工作 Health and Society	文化、体育和娱乐业 Culture, Sports and Entertainment	公共管理、社会保障和社会组织 Public Management Social Security and Social Organizations
总　计	**Total**	**100.0**	**100.0**	**100.0**	**100.0**	**100.0**	**100.0**
未上过学	No Schooling	3.0	1.0	0.1	0.2	0.2	0.4
小　学	Primary School	19.9	12.8	1.9	2.3	5.6	2.7
初　中	Junior Secondary School	31.6	44.7	8.0	7.2	22.7	8.3
高　中	Senior Secondary School	14.8	23.9	8.4	12.5	18.7	12.9
大学专科	College	14.4	12.5	21.2	31.3	22.8	27.9
大学本科	University	14.4	4.9	51.8	40.8	26.9	43.7
研究生	Graduate and Higher Level	1.7	0.2	8.6	5.7	3.0	4.1
男	**Male**	**100.0**	**100.0**	**100.0**	**100.0**	**100.0**	**100.0**
未上过学	No Schooling	1.5	0.5	0.0	0.1	0.2	0.3
小　学	Primary School	15.6	9.9	1.6	2.4	4.3	2.3
初　中	Junior Secondary School	33.4	45.4	8.4	9.0	21.1	8.9
高　中	Senior Secondary School	18.1	26.5	8.4	14.0	19.8	14.4
大学专科	College	15.7	12.7	18.9	26.9	26.4	29.1
大学本科	University	14.3	4.9	52.2	39.7	25.6	41.7
研究生	Graduate and Higher Level	1.5	0.2	10.5	7.8	2.6	3.3
女	**Female**	**100.0**	**100.0**	**100.0**	**100.0**	**100.0**	**100.0**
未上过学	No Schooling	5.6	1.5	0.2	0.3	0.3	0.7
小　学	Primary School	27.1	15.5	2.0	2.2	7.0	3.3
初　中	Junior Secondary School	28.7	44.1	7.8	6.4	24.4	7.4
高　中	Senior Secondary School	9.5	21.4	8.4	11.7	17.4	10.4
大学专科	College	12.3	12.3	22.3	33.4	19.1	26.1
大学本科	University	14.7	5.0	51.6	41.3	28.2	46.8
研究生	Graduate and Higher Level	2.1	0.2	7.8	4.8	3.5	5.4

1-53 城镇按年龄、性别分的就业人员职业构成
OCCUPATION OF URBAN EMPLOYED PERSONS BY AGE AND SEX

单位：% (%)

年龄 Age	城镇就业人员 Urban Employed Persons	单位负责人 Unit Heads	专业技术人员 Technical Personnel	办事人员和有关人员 Clerk and Related Workers	社会生产服务和生活服务人员 Social Production Service and Life Service Personnel	农、林、牧、渔业生产及辅助人员 Agriculture, Forestry, Animal Husbandry, Fishery Production and Auxiliary Personnel	生产制造及有关人员 Manufacturing and Related Personnel	其他 Others
总计 Total	**100.0**	**2.1**	**13.7**	**14.4**	**40.9**	**7.4**	**21.4**	**0.1**
16-19	100.0	0.0	7.4	7.5	54.9	4.0	26.1	0.1
20-24	100.0	0.5	22.1	16.0	42.9	1.5	16.9	0.1
25-29	100.0	1.2	22.5	17.6	41.1	1.4	16.0	0.1
30-34	100.0	1.9	17.7	16.5	42.1	2.1	19.7	0.0
35-39	100.0	2.7	15.4	16.0	41.7	2.5	21.6	0.0
40-44	100.0	3.0	14.5	14.9	41.7	3.5	22.4	0.1
45-49	100.0	2.9	11.7	14.1	41.6	5.2	24.6	0.1
50-54	100.0	2.4	8.9	12.6	41.0	8.9	26.2	0.1
55-59	100.0	1.9	6.7	12.5	39.2	15.1	24.5	0.1
60-64	100.0	1.5	3.1	8.0	39.1	27.6	20.6	0.1
65+	100.0	0.6	1.9	4.8	28.9	52.5	11.1	0.1
男 Male	**100.0**	**2.8**	**10.1**	**14.8**	**39.8**	**6.6**	**26.0**	**0.1**
16-19	100.0	0.0	4.5	6.6	54.2	4.4	30.2	0.1
20-24	100.0	0.6	13.8	14.3	45.9	1.8	23.7	0.1
25-29	100.0	1.6	14.5	15.8	44.8	1.5	21.8	0.0
30-34	100.0	2.5	11.9	14.9	43.3	2.0	25.4	0.1
35-39	100.0	3.5	11.3	15.0	41.6	2.4	26.1	0.1
40-44	100.0	4.0	11.3	15.0	40.4	3.3	25.9	0.1
45-49	100.0	4.0	9.4	15.3	38.3	4.7	28.3	0.1
50-54	100.0	3.2	7.6	15.1	36.4	7.1	30.4	0.1
55-59	100.0	2.3	7.4	16.8	34.2	11.0	28.2	0.1
60-64	100.0	2.0	3.7	11.6	34.8	21.8	26.0	0.1
65+	100.0	0.9	2.3	7.3	29.1	47.7	12.7	0.1
女 Female	**100.0**	**1.3**	**18.5**	**13.9**	**42.5**	**8.5**	**15.4**	**0.1**
16-19	100.0		11.9	8.9	56.0	3.3	19.9	0.0
20-24	100.0	0.4	32.1	18.2	39.2	1.3	8.8	0.1
25-29	100.0	0.8	32.8	19.9	36.3	1.4	8.7	0.1
30-34	100.0	1.2	25.1	18.6	40.5	2.2	12.4	0.0
35-39	100.0	1.8	20.3	17.3	41.8	2.7	16.1	0.0
40-44	100.0	1.8	18.3	14.8	43.2	3.7	18.2	0.0
45-49	100.0	1.6	14.3	12.7	45.5	5.7	20.2	0.0
50-54	100.0	1.3	10.8	8.8	47.6	11.5	19.9	0.1
55-59	100.0	1.0	5.3	4.2	49.1	23.1	17.2	0.1
60-64	100.0	0.7	2.2	2.5	45.9	36.6	12.0	0.1
65+	100.0	0.3	1.4	1.4	28.8	59.1	8.9	0.0

1–54 城镇按职业、性别分的就业人员年龄构成
AGE COMPOSITION OF URBAN EMPLOYED PERSONS BY OCCUPATION AND SEX

单位：% (%)

年 龄 Age	城 镇 就业人员 Urban Employed Persons	单 位 负责人 Unit Heads	专业技术 人 员 Technical Personnel	办事人员 和有关 人 员 Clerk and Related Workers	社会生产服 务和生活服 务 人 员 Social Production Service and Life Service Personnel	农、林、牧、 渔业生产及 辅助人员 Agriculture, Forestry, Animal Husbandry, Fishery Production and Auxiliary Personnel	生产制 造及有 关人员 Manufacturing and Related Personnel	其 他 Others
总计 Total	**100.0**	**100.0**	**100.0**	**100.0**	**100.0**	**100.0**	**100.0**	**100.0**
16–19	0.7	0.0	0.4	0.4	1.0	0.4	0.9	0.8
20–24	5.5	1.2	8.8	6.1	5.7	1.1	4.3	6.4
25–29	10.2	5.9	16.8	12.5	10.3	2.0	7.7	9.0
30–34	14.3	13.0	18.4	16.4	14.7	4.0	13.1	11.8
35–39	15.4	19.7	17.3	17.1	15.6	5.2	15.5	11.9
40–44	13.2	18.2	14.0	13.6	13.4	6.2	13.7	11.2
45–49	12.4	16.6	10.6	12.2	12.6	8.7	14.3	11.1
50–54	12.4	14.1	8.1	10.9	12.4	14.9	15.2	15.8
55–59	8.8	7.8	4.3	7.6	8.4	17.9	10.1	13.2
60–64	3.3	2.4	0.8	1.9	3.2	12.5	3.2	4.9
65+	3.8	1.2	0.5	1.3	2.7	27.0	2.0	4.0
男 Male	**100.0**	**100.0**	**100.0**	**100.0**	**100.0**	**100.0**	**100.0**	**100.0**
16–19	0.8	0.0	0.3	0.3	1.0	0.5	0.9	1.0
20–24	5.3	1.1	7.2	5.1	6.1	1.4	4.8	5.7
25–29	10.1	5.6	14.5	10.8	11.4	2.2	8.5	7.0
30–34	14.1	12.6	16.6	14.2	15.3	4.3	13.8	12.1
35–39	14.8	18.8	16.7	15.1	15.5	5.4	14.9	13.7
40–44	12.5	17.8	14.1	12.7	12.7	6.3	12.5	10.2
45–49	11.8	16.8	11.0	12.2	11.3	8.4	12.8	11.2
50–54	13.0	14.8	9.9	13.3	11.9	14.1	15.3	16.0
55–59	10.2	8.6	7.5	11.6	8.8	17.1	11.1	13.7
60–64	3.6	2.6	1.3	2.8	3.1	11.9	3.6	3.8
65+	3.9	1.2	0.9	1.9	2.9	28.4	1.9	5.7
女 Female	**100.0**	**100.0**	**100.0**	**100.0**	**100.0**	**100.0**	**100.0**	**100.0**
16–19	0.7		0.4	0.4	0.9	0.3	0.9	0.5
20–24	5.8	1.7	10.0	7.5	5.3	0.9	3.3	7.5
25–29	10.4	6.8	18.5	14.9	8.9	1.7	5.9	12.5
30–34	14.6	13.9	19.8	19.5	13.9	3.7	11.8	11.3
35–39	16.1	22.4	17.7	20.0	15.8	5.0	16.8	8.9
40–44	14.0	19.4	13.9	15.0	14.2	6.1	16.6	12.9
45–49	13.3	16.0	10.3	12.2	14.2	9.0	17.5	10.9
50–54	11.7	11.9	6.8	7.4	13.1	15.8	15.1	15.3
55–59	6.9	5.3	2.0	2.1	8.0	18.8	7.7	12.3
60–64	3.0	1.6	0.4	0.5	3.3	13.1	2.4	6.8
65+	3.7	0.9	0.3	0.4	2.5	25.5	2.1	1.1

1-55 城镇按受教育程度、性别分的就业人员职业构成
OCCUPATION OF URBAN EMPLOYED PERSONS BY EDUCATIONAL ATTAINMENT AND SEX

单位：% (%)

受教育程度	Educational Attainment	城镇就业人员 Urban Employed Persons	单位负责人 Unit Heads	专业技术人员 Technical Personnel	办事人员和有关人员 Clerk and Related Workers	社会生产服务和生活服务人员 Social Production Service and Life Service Personnel	农、林、牧、渔业生产及辅助人员 Agriculture, Forestry, Animal Husbandry, Fishery Production and Auxiliary Personnel	生产制造及有关人员 Manufacturing and Related Personnel	其他 Others
总　计	**Total**	**100.0**	**2.1**	**13.7**	**14.4**	**40.9**	**7.4**	**21.4**	**0.1**
未上过学	No Schooling	100.0	0.2	0.5	2.0	31.6	46.4	19.1	0.2
小　学	Primary School	100.0	0.7	0.8	3.2	38.1	27.1	30.0	0.1
初　中	Junior Secondary School	100.0	1.5	2.1	6.0	47.4	9.9	33.1	0.1
高　中	Senior Secondary School	100.0	2.6	7.4	13.4	51.7	2.7	22.1	0.1
大学专科	College	100.0	3.0	22.1	24.0	38.7	0.6	11.5	0.0
大学本科	University	100.0	3.1	38.7	29.2	24.3	0.2	4.5	0.0
研究生	Graduate and Higher Level	100.0	3.3	55.5	22.5	16.5	0.0	2.2	0.0
男	**Male**	**100.0**	**2.8**	**10.1**	**14.8**	**39.8**	**6.6**	**26.0**	**0.1**
未上过学	No Schooling	100.0	0.3	0.7	4.0	28.0	41.3	25.1	0.6
小　学	Primary School	100.0	0.8	0.9	4.7	33.3	24.9	35.2	0.2
初　中	Junior Secondary School	100.0	1.8	1.8	6.8	43.0	9.2	37.3	0.1
高　中	Senior Secondary School	100.0	3.1	5.1	13.2	48.4	2.9	27.2	0.0
大学专科	College	100.0	4.0	15.0	23.8	40.2	0.8	16.2	0.0
大学本科	University	100.0	4.4	30.6	30.7	27.4	0.3	6.6	0.0
研究生	Graduate and Higher Level	100.0	4.7	51.6	21.6	19.4	0.0	2.6	0.0
女	**Female**	**100.0**	**1.3**	**18.5**	**13.9**	**42.5**	**8.5**	**15.4**	**0.1**
未上过学	No Schooling	100.0	0.2	0.4	1.3	32.9	48.2	16.9	0.1
小　学	Primary School	100.0	0.5	0.7	1.8	42.7	29.3	24.9	0.1
初　中	Junior Secondary School	100.0	1.0	2.6	4.9	53.9	10.9	26.7	0.1
高　中	Senior Secondary School	100.0	1.8	11.3	13.7	57.2	2.4	13.5	0.1
大学专科	College	100.0	1.7	31.4	24.3	36.8	0.4	5.4	0.0
大学本科	University	100.0	1.6	47.5	27.5	21.0	0.1	2.2	0.0
研究生	Graduate and Higher Level	100.0	1.7	59.8	23.5	13.3	0.1	1.7	

1-56　城镇按职业、性别分的就业人员受教育程度构成
EDUCATIONAL ATTAINMENT OF URBAN EMPLOYED PERSONS BY OCCUPATION AND SEX

单位：%　　　　(%)

受教育程度	Educational Attainment	城镇就业人员 Urban Employed Persons	单位负责人 Unit Heads	专业技术人员 Technical Personnel	办事人员和有关人员 Clerk and Related Workers	社会生产服务和生活服务人员 Social Production Service and Life Service Personnel	农、林、牧、渔业生产及辅助人员 Agriculture, Forestry, Animal Husbandry, Fishery Production and Auxiliary Personnel	生产制造及有关人员 Manufacturing and Related Personnel	其他 Others
总　计	**Total**	**100.0**	**100.0**	**100.0**	**100.0**	**100.0**	**100.0**	**100.0**	**100.0**
未上过学	No Schooling	1.0	0.1	0.0	0.1	0.8	6.2	0.9	3.7
小　学	Primary School	10.9	3.4	0.7	2.4	10.2	40.2	15.3	19.6
初　中	Junior Secondary School	33.5	22.9	5.1	14.0	38.8	44.8	51.8	40.9
高　中	Senior Secondary School	18.4	22.4	10.0	17.2	23.3	6.8	19.0	15.8
大学专科	College	16.9	23.5	27.3	28.2	16.0	1.5	9.1	12.3
大学本科	University	17.2	24.5	48.6	34.8	10.2	0.5	3.6	7.3
研究生	Graduate and Higher Level	2.0	3.1	8.3	3.2	0.8	0.0	0.2	0.3
男	**Male**	**100.0**	**100.0**	**100.0**	**100.0**	**100.0**	**100.0**	**100.0**	**100.0**
未上过学	No Schooling	0.5	0.1	0.0	0.1	0.3	3.0	0.5	4.1
小　学	Primary School	9.5	2.8	0.8	3.0	7.9	35.8	12.8	22.6
初　中	Junior Secondary School	35.3	22.7	6.3	16.2	38.2	49.4	50.8	42.1
高　中	Senior Secondary School	20.4	22.6	10.3	18.2	24.8	9.0	21.3	12.6
大学专科	College	16.8	24.0	25.2	27.1	17.0	2.1	10.5	11.6
大学本科	University	15.7	24.6	47.7	32.6	10.8	0.7	4.0	6.5
研究生	Graduate and Higher Level	1.9	3.2	9.6	2.7	0.9	0.0	0.2	0.5
女	**Female**	**100.0**	**100.0**	**100.0**	**100.0**	**100.0**	**100.0**	**100.0**	**100.0**
未上过学	No Schooling	1.7	0.3	0.0	0.2	1.3	9.5	1.8	3.0
小　学	Primary School	12.9	5.2	0.5	1.7	13.0	44.6	20.9	14.6
初　中	Junior Secondary School	31.1	23.4	4.3	10.9	39.5	40.1	54.2	38.9
高　中	Senior Secondary School	15.9	21.8	9.7	15.8	21.4	4.5	14.0	21.3
大学专科	College	17.0	22.0	28.9	29.7	14.7	0.8	6.0	13.5
大学本科	University	19.1	24.3	49.2	38.0	9.5	0.3	2.8	8.7
研究生	Graduate and Higher Level	2.3	3.0	7.3	3.8	0.7	0.0	0.3	

1-57 城镇就业人员调查周平均工作时间
WEEKLY WORKING HOURS OF URBAN EMPLOYED PERSONS

单位：小时／周 (hours/per week)

分组	Group	2018	2019	2020	2021	2022	2023
全部	**Total**	**46.5**	**46.8**	**47.0**	**47.6**	**48.0**	**48.3**
一、按年龄分组	**By Age**						
	16-19	48.3	48.1	48.6	48.3	48.9	48.0
	20-24	46.8	46.3	47.0	47.2	48.2	47.7
	25-29	46.6	46.9	47.2	47.6	50.0	49.6
	30-34	46.8	47.5	47.9	48.3	51.7	51.9
	35-39	46.9	47.2	47.7	48.2	46.9	46.8
	40-44	47.0	47.5	47.8	48.4	46.6	48.7
	45-49	46.8	47.6	47.7	48.4	51.4	50.6
	50-54	46.4	46.9	47.0	47.9	46.9	49.7
	55-59	45.2	45.7	45.7	46.4	47.4	46.6
	60-64	44.1	43.9	43.4	44.6	40.3	37.6
	65+	39.1	39.0	37.8	38.4	36.8	37.4
二、按职业分组	**By Occupation**						
单位负责人	Unit Heads	47.8	48.3	48.6	48.9	49.5	49.9
专业技术人员	Technical Personnel	43.2	43.5	43.7	43.9	44.8	44.9
办事人员和有关人员	Clerk and Related Workers	43.6	44.2	44.7	45.2	46.0	45.8
社会生产服务和生活服务人员	Social Production Service and Life Service Personnel	48.5	49.1	49.6	49.7	50.3	50.7
农、林、牧、渔业生产及辅助人员	Agriculture,Forestry, Animal Husbandry, Fishery Production and Auxiliary Personnel	39.4	38.7	36.7	37.5	36.6	36.0
生产制造及有关人员	Manufacturing and Related Personnel	49.2	49.8	50.3	51.2	51.4	51.7
其他	Others	44.9	47.6	50.2	47.3	47.0	47.9
三、按受教育程度分组	**By Educational Attainment**						
未上过学	No Schooling	42.0	41.5	39.5	41.6	39.9	40.4
小学	Primary School	46.5	46.4	45.6	46.9	46.3	46.1
初中	Junior Secondary School	49.2	49.5	49.6	50.4	50.7	51.0
高中	Senior Secondary School	47.3	47.9	48.5	48.9	49.8	50.4
大学专科	College	44.3	44.7	45.2	45.5	46.6	47.0
大学本科	University	42.3	42.7	42.8	43.1	44.2	44.3
研究生	Graduate and Higher Level	41.5	42.0	42.0	42.4	43.3	43.5

注：高中包括中等职业教育，大学专科包括高等职业教育，2018年的数据依据此分类重新计算(下表同)。

Note: Senior secondary school include medium vocational education, and college include high vocational education. The data of 2018 are recalculated according to this classification. The same applies to the tables following.

1−58 城镇男性就业人员调查周平均工作时间
WEEKLY WORKING HOURS OF URBAN MALE EMPLOYED PERSONS

单位：小时／周 (hours/per week)

分 组	Group	2018	2019	2020	2021	2022	2023
全 部	**Total**	**47.3**	**47.8**	**48.1**	**48.7**	**49.1**	**49.4**
一、按年龄分组	**By Age**						
	16-19	49.2	48.9	49.4	49.6	50.3	48.9
	20-24	47.6	47.5	48.1	48.6	49.6	49.2
	25-29	47.5	48.2	48.5	49.1	51.5	51.1
	30-34	47.8	48.7	49.2	49.7	53.1	53.5
	35-39	47.8	48.2	48.8	49.4	48.1	48.2
	40-44	47.6	48.4	48.7	49.4	47.6	49.8
	45-49	47.5	48.4	48.5	49.2	52.3	51.6
	50-54	46.9	47.6	47.9	48.5	47.4	50.4
	55-59	45.8	46.4	46.6	47.2	48.3	47.6
	60-64	45.7	45.6	45.4	46.3	41.7	39.0
	65+	40.8	40.7	39.8	40.4	38.9	39.1
二、按职业分组	**By Occupation**						
单位负责人	Unit Heads	48.0	48.4	48.7	48.9	49.5	49.7
专业技术人员	Technical Personnel	43.9	44.3	44.7	45.0	45.4	45.8
办事人员和有关人员	Clerk and Related Workers	44.2	45.0	45.6	46.2	47.2	46.9
社会生产服务和生活服务人员	Social Production Service and Life Service Personnel	49.1	49.7	50.2	50.5	51.1	51.6
农、林、牧、渔业生产及辅助人员	Agriculture,Forestry, Animal Husbandry, Fishery Production and Auxiliary Personnel	41.4	40.8	39.2	39.7	39.0	38.3
生产制造及有关人员	Manufacturing and Related Personnel	49.3	50.0	50.4	51.2	51.5	51.8
其 他	Others	45.9	49.1	50.6	48.7	47.9	49.5
三、按受教育程度分组	**By Educational Attainment**						
未上过学	No Schooling	43.6	43.4	41.5	43.3	41.5	42.2
小 学	Primary School	47.6	48.0	47.1	48.0	47.3	47.1
初 中	Junior Secondary School	50.0	50.3	50.5	51.3	51.6	51.9
高 中	Senior Secondary School	47.9	48.7	49.2	49.8	50.6	51.3
大学专科	College	44.9	45.5	46.0	46.4	47.5	48.0
大学本科	University	42.7	43.2	43.4	43.8	44.8	45.1
研究生	Graduate and Higher Level	41.8	42.4	42.4	42.9	43.8	44.2

1-59 城镇女性就业人员调查周平均工作时间
WEEKLY WORKING HOURS OF URBAN FEMALE EMPLOYED PERSONS

单位：小时／周 (hours/per week)

分　组	Group	2018	2019	2020	2021	2022	2023
全　部	**Total**	**45.5**	**45.5**	**45.6**	**46.2**	**46.6**	**46.8**
一、按年龄分组	**By Age**						
	16-19	46.8	46.8	47.6	46.3	46.8	46.6
	20-24	45.7	44.6	45.6	45.5	46.4	45.8
	25-29	45.4	45.3	45.6	45.8	48.1	47.8
	30-34	45.7	46.1	46.3	46.6	49.9	49.8
	35-39	45.8	46.0	46.4	46.8	45.4	45.2
	40-44	46.1	46.5	46.6	47.3	45.4	47.3
	45-49	46.0	46.7	46.8	47.5	50.2	49.4
	50-54	45.4	45.7	45.6	46.8	46.1	48.7
	55-59	43.9	44.1	43.7	44.8	45.5	44.7
	60-64	41.6	40.7	39.9	41.4	38.0	35.4
	65+	36.3	36.2	34.6	35.2	33.8	34.9
二、按职业分组	**By Occupation**						
单位负责人	Unit Heads	47.5	47.7	48.4	48.7	49.7	50.3
专业技术人员	Technical Personnel	42.6	42.8	43.0	43.1	44.3	44.3
办事人员和有关人员	Clerk and Related Workers	42.8	43.0	43.4	43.7	44.4	44.1
社会生产服务和生活服务人员	Social Production Service and Life Service Personnel	47.8	48.4	48.8	48.8	49.3	49.5
农、林、牧、渔业生产及辅助人员	Agriculture,Forestry, Animal Husbandry, Fishery Production and Auxiliary Personnel	37.6	36.7	34.4	35.2	34.3	33.6
生产制造及有关人员	Manufacturing and Related Personnel	49	49.4	49.9	51.2	51.3	51.4
其　他	Others	43.5	44.8	49.3	44.4	45.3	45.1
三、按受教育程度分组	**By Educational Attainment**						
未上过学	No Schooling	41.3	40.8	38.7	40.8	39.2	39.7
小　学	Primary School	45.3	44.9	44.1	45.7	45.2	45.1
初　中	Junior Secondary School	48.0	48.2	48.1	49.1	49.3	49.6
高　中	Senior Secondary School	46.5	46.7	47.3	47.4	48.4	48.9
大学专科	College	43.6	43.7	44.2	44.3	45.3	45.6
大学本科	University	41.9	42.1	42.2	42.3	43.5	43.5
研究生	Graduate and Higher Level	41.2	41.5	41.5	41.7	42.8	42.8

1−60 城镇按行业、性别分的就业人员调查周平均工作时间
WEEKLY WORKING HOURS IN URBAN AREA BY SECTOR AND SEX

单位：小时／周 (hours/per week)

行 业	Sector	2023	男 Male	女 Female
总 计	**National Total**	**48.3**	**49.4**	**46.8**
农、林、牧、渔业	Farming, Forestry, Animal Husbandry and Fishery	36.3	38.7	33.8
采矿业	Mining	49.0	49.7	45.1
制造业	Manufacturing	51.2	51.8	50.3
电力、热力、燃气及水生产和供应业	Production and Supply of Electricity, Heat, Gas and Water	45.6	46.3	43.3
建筑业	Construction	49.3	49.9	46.0
批发和零售业	Wholesale and Retail Trades	51.4	52.4	50.5
交通运输、仓储和邮政业	Transport, Storage and Post	51.4	52.1	47.6
住宿和餐饮业	Hotels and Catering Services	53.8	55.6	52.3
信息传输、软件和信息技术服务业	Information Transmission, Software and Information Technology	45.3	45.9	44.2
金融业	Financial Intermediation	43.4	44.2	42.6
房地产业	Real Estate	48.2	50.0	45.9
租赁和商务服务业	Leasing and Business Services	46.4	48.0	44.2
科学研究和技术服务业	Scientific Research and Technical Service	44.6	45.3	43.3
水利、环境和公共设施管理业	Management of Water Conservancy, Environment and Public Establishment	46.3	46.4	46.1
居民服务、修理和其他服务业	Services to Household, Repair and Other Services	51.3	52.9	49.8
教育	Education	43.8	44.6	43.4
卫生和社会工作	Health and Social Service	47.1	47.9	46.7
文化体育和娱乐业	Culture, Sports and Entertainment	46.9	47.7	46.0
公共管理、社会保障和社会组织	Public Management, Social Security and Social Organization	43.8	44.7	42.3

1-61 城镇按年龄、性别分的就业人员工作时间构成
WORKING HOURS OF URBAN EMPLOYED PERSONS BY AGE AND SEX

单位：% (%)

年龄 Age	城镇就业人员 Urban Employed Persons	1-8小时 1-8 Hours	9-19小时 9-19 Hours	20-39小时 20-39 Hours	40小时 40 Hours	41-48小时 41-48 Hours	48小时以上 48 Hours Above
总计 Total	**100.0**	**0.4**	**1.5**	**12.1**	**14.8**	**25.1**	**46.1**
16-19	100.0	3.1	2.6	10.0	7.2	21.1	56.1
20-24	100.0	0.8	1.2	9.7	17.0	28.7	42.6
25-29	100.0	0.2	0.5	8.8	19.0	29.1	42.5
30-34	100.0	0.2	0.6	8.5	16.8	27.8	46.1
35-39	100.0	0.2	0.6	8.6	16.3	26.9	47.4
40-44	100.0	0.2	0.7	9.5	15.8	25.7	48.1
45-49	100.0	0.2	1.0	10.6	14.5	24.7	49.0
50-54	100.0	0.4	1.5	13.1	12.9	23.0	49.1
55-59	100.0	0.5	2.5	17.3	12.3	21.2	46.2
60-64	100.0	1.0	4.8	24.8	7.4	18.3	43.7
65+	100.0	2.1	10.0	38.7	5.6	14.0	29.6
男 Male	**100.0**	**0.3**	**1.2**	**10.5**	**13.6**	**24.1**	**50.2**
16-19	100.0	2.7	2.4	9.7	5.7	20.2	59.3
20-24	100.0	0.6	1.1	8.7	13.9	27.2	48.5
25-29	100.0	0.1	0.4	7.4	16.1	27.0	49.0
30-34	100.0	0.1	0.5	7.1	14.1	25.7	52.5
35-39	100.0	0.2	0.5	7.1	14.3	25.3	52.7
40-44	100.0	0.1	0.6	7.9	14.4	24.6	52.3
45-49	100.0	0.2	0.8	9.3	13.9	23.9	51.9
50-54	100.0	0.3	1.2	11.2	13.3	23.1	50.8
55-59	100.0	0.4	1.6	14.4	14.1	22.4	47.0
60-64	100.0	0.8	3.6	21.0	8.0	18.9	47.6
65+	100.0	1.7	8.4	35.9	5.7	14.8	33.5
女 Female	**100.0**	**0.5**	**1.9**	**14.1**	**16.5**	**26.4**	**40.6**
16-19	100.0	3.6	2.8	10.5	9.5	22.5	51.1
20-24	100.0	1.0	1.3	10.9	20.6	30.5	35.6
25-29	100.0	0.2	0.6	10.7	22.7	31.8	34.1
30-34	100.0	0.3	0.8	10.3	20.3	30.6	37.8
35-39	100.0	0.2	0.8	10.6	18.7	28.8	40.9
40-44	100.0	0.2	0.9	11.4	17.4	27.0	43.1
45-49	100.0	0.3	1.2	12.1	15.2	25.7	45.5
50-54	100.0	0.4	2.0	15.8	12.3	22.8	46.6
55-59	100.0	0.9	4.2	22.8	8.7	18.9	44.5
60-64	100.0	1.3	6.8	30.6	6.4	17.2	37.7
65+	100.0	2.6	12.3	42.7	5.4	12.7	24.1

1-62 城镇按受教育程度、性别分的就业人员工作时间构成
WORKING HOURS OF URBAN EMPLOYED PERSONS BY EDUCATIONAL ATTAINMENT AND SEX

单位：% (%)

受教育程度	Educational Attainment	城镇就业人员 Urban Employed Persons	1-8小时 1-8 Hours	9-19小时 9-19 Hours	20-39小时 20-39 Hours	40小时 40 Hours	41-48小时 41-48 Hours	48小时以上 48 Hours Above
总 计	**Total**	**100.0**	**0.4**	**1.5**	**12.1**	**14.8**	**25.1**	**46.1**
未上过学	No Schooling	100.0	1.7	8.3	33.7	5.1	14.9	36.3
小 学	Primary School	100.0	0.8	4.4	22.9	6.1	16.5	49.3
初 中	Junior Secondary School	100.0	0.4	1.7	12.2	7.0	19.0	59.7
高 中	Senior Secondary School	100.0	0.3	0.9	8.7	11.9	25.3	53.0
大学专科	College	100.0	0.2	0.5	9.0	21.6	32.7	36.0
大学本科	University	100.0	0.4	0.5	10.3	30.6	34.6	23.6
研究生	Graduate and Higher Level	100.0	0.4	0.5	10.6	33.7	32.9	21.9
男	**Male**	**100.0**	**0.3**	**1.2**	**10.5**	**13.6**	**24.1**	**50.2**
未上过学	No Schooling	100.0	1.1	7.5	29.6	5.5	14.5	41.6
小 学	Primary School	100.0	0.7	3.7	21.1	6.0	16.2	52.4
初 中	Junior Secondary School	100.0	0.3	1.5	10.9	6.6	18.1	62.6
高 中	Senior Secondary School	100.0	0.2	0.8	7.9	11.1	23.6	56.4
大学专科	College	100.0	0.2	0.4	7.9	19.8	31.3	40.4
大学本科	University	100.0	0.3	0.5	8.9	28.7	34.5	27.1
研究生	Graduate and Higher Level	100.0	0.3	0.4	9.2	31.8	33.2	25.1
女	**Female**	**100.0**	**0.5**	**1.9**	**14.1**	**16.5**	**26.4**	**40.6**
未上过学	No Schooling	100.0	1.9	8.6	35.2	4.9	15.0	34.4
小 学	Primary School	100.0	1.0	5.0	24.7	6.1	16.8	46.4
初 中	Junior Secondary School	100.0	0.5	2.1	14.2	7.7	20.2	55.3
高 中	Senior Secondary School	100.0	0.3	1.1	10.2	13.1	28.0	47.2
大学专科	College	100.0	0.3	0.6	10.4	24.0	34.6	30.2
大学本科	University	100.0	0.4	0.5	11.8	32.7	34.8	19.8
研究生	Graduate and Higher Level	100.0	0.6	0.7	12.0	35.9	32.6	18.3

1-63 城镇按行业、性别分的就业人员工作时间构成
WORKING HOURS OF URBAN EMPLOYED PERSONS BY SECTOR AND SEX

单位：% (%)

项　目	Item	城镇就业人员 Urban Employed Persons	1-8小时 1-8 Hours	9-19小时 9-19 Hours	20-39小时 20-39 Hours	40小时 40 Hours	41-48小时 41-48 Hours	48小时以上 48 Hours Above
总　计	**National Total**	**100.0**	**0.4**	**1.5**	**12.1**	**14.8**	**25.1**	**46.1**
农、林、牧、渔业	Agriculture, Forestry, Animal Husbandry and Fishery	100.0	1.9	10.5	42.0	5.9	14.9	24.8
采矿业	Mining	100.0	0.1	0.5	8.3	16.5	26.0	48.6
制造业	Manufacturing	100.0	0.2	0.5	7.2	11.9	24.9	55.4
电力、热力、燃气及水生产和供应业	Production and Supply of Electricity Power, Heat Power, Gas and Water	100.0	0.1	0.2	10.8	26.9	31.3	30.7
建筑业	Construction	100.0	0.3	1.1	11.9	10.6	21.4	54.7
批发和零售业	Wholesale and Retail Trades	100.0	0.2	0.7	8.7	9.6	23.7	57.1
交通运输、仓储和邮政业	Transport, Storage and Post	100.0	0.2	0.9	9.6	11.4	21.7	56.1
住宿和餐饮业	Hotels and Catering Services	100.0	0.3	1.0	8.0	6.1	19.3	65.4
信息传输、软件和信息技术服务业	Information Transmission, Software and Information Technical Services	100.0	0.2	0.5	9.2	26.2	34.9	29.0
金融业	Financial Intermediation	100.0	0.2	0.6	11.7	30.7	35.1	21.7
房地产业	Real Estate	100.0	0.2	0.4	7.7	15.6	33.9	42.2
租赁和商务服务业	Leasing and Business Services	100.0	0.3	0.7	10.6	22.4	31.5	34.4
科学研究和技术服务业	Scientific Research and Technical Services	100.0	0.1	0.4	9.3	29.5	35.5	25.1
水利、环境和公共设施管理业	Management of Water Conservancy, Environment and Public Facilities	100.0	0.2	1.0	12.0	18.0	28.1	40.7
居民服务、修理和其他服务业	Services to Households, Repair and Other Services	100.0	0.6	1.4	10.9	8.2	20.5	58.4
教育	Education	100.0	0.8	0.9	11.8	30.8	31.5	24.2
卫生和社会工作	Health and Society	100.0	0.1	0.3	8.7	21.5	33.6	35.8
文化体育和娱乐业	Culture, Sports and Entertainment	100.0	0.9	1.4	13.4	17.2	26.8	40.3
公共管理、社会保障和社会组织	Public Management, Social Security and Social	100.0	0.2	0.6	14.0	32.9	31.1	21.3
男	**Male**	**100.0**	**0.3**	**1.2**	**10.5**	**13.6**	**24.1**	**50.2**
农、林、牧、渔业	Agriculture, Forestry, Animal Husbandry and Fishery	100.0	1.5	8.5	37.8	6.1	15.9	30.2
采矿业	Mining	100.0	0.1	0.5	7.6	14.7	24.6	52.4
制造业	Manufacturing	100.0	0.2	0.4	5.7	11.4	25.0	57.3
电力、热力、燃气及水生产和供应业	Production and Supply of Electricity Power, Heat Power, Gas and Water	100.0	0.1	0.2	9.6	25.1	30.8	34.1
建筑业	Construction	100.0	0.3	1.1	11.4	9.3	20.5	57.4
批发和零售业	Wholesale and Retail Trades	100.0	0.2	0.7	7.8	9.3	21.9	60.2
交通运输、仓储和邮政业	Transport, Storage and Post	100.0	0.2	0.8	9.2	10.1	20.3	59.3
住宿和餐饮业	Hotels and Catering Services	100.0	0.2	0.8	5.9	5.3	17.6	70.3
信息传输、软件和信息技术服务业	Information Transmission, Software and Information Technical Services	100.0	0.1	0.4	8.3	24.8	34.5	32.0

1-63　续表　continued

单位：%　　　　(%)

项　目	Item	城镇就业人员 Urban Employed Persons	1-8小时 1-8 Hours	9-19小时 9-19 Hours	20-39小时 20-39 Hours	40小时 40 Hours	41-48小时 41-48 Hours	48小时以上 48 Hours Above
金融业	Financial Intermediation	100.0	0.1	0.3	9.7	30.5	35.1	24.2
房地产业	Real Estate	100.0	0.1	0.3	6.1	13.8	31.0	48.7
租赁和商务服务业	Leasing and Business Services	100.0	0.3	0.7	9.1	19.1	29.5	41.3
科学研究和技术服务业	Scientific Research and Technical Services	100.0	0.1	0.4	8.6	27.4	34.8	28.7
水利、环境和公共设施管理业	Management of Water Conservancy, Environment and Public Facilities	100.0	0.2	0.9	11.6	18.6	28.1	40.6
居民服务、修理和其他服务业	Services to Households, Repair and Other Services	100.0	0.4	1.1	8.6	7.4	19.6	62.9
教育	Education	100.0	0.9	1.1	11.0	28.4	30.6	28.1
卫生和社会工作	Health and Society	100.0	0.2	0.4	7.5	19.7	31.6	40.6
文化体育和娱乐业	Culture, Sports and Entertainment	100.0	0.9	1.4	11.4	16.5	26.3	43.5
公共管理、社会保障和社会组织	Public Management, Social Security and Social Organizations	100.0	0.2	0.5	12.3	31.2	31.0	24.9
女	**Female**	**100.0**	**0.5**	**1.9**	**14.1**	**16.5**	**26.4**	**40.6**
农、林、牧、渔业	Agriculture, Forestry, Animal Husbandry and Fishery	100.0	2.3	12.6	46.4	5.6	13.9	19.2
采矿业	Mining	100.0		0.2	12.0	26.3	33.3	28.3
制造业	Manufacturing	100.0	0.2	0.7	9.3	12.5	24.7	52.7
电力、热力、燃气及水生产和供应业	Production and Supply of Electricity Power, Heat Power, Gas and Water	100.0	0.1	0.2	14.3	32.0	33.0	20.5
建筑业	Construction	100.0	0.3	1.0	14.7	18.4	27.2	38.4
批发和零售业	Wholesale and Retail Trades	100.0	0.2	0.8	9.5	9.8	25.3	54.4
交通运输、仓储和邮政业	Transport, Storage and Post	100.0	0.2	1.0	11.8	18.1	28.4	40.5
住宿和餐饮业	Hotels and Catering Services	100.0	0.4	1.1	9.8	6.8	20.8	61.0
信息传输、软件和信息技术服务业	Information Transmission, Software and Information Technical Services	100.0	0.2	0.6	10.9	28.8	35.8	23.6
金融业	Financial Intermediation	100.0	0.2	0.9	13.6	31.0	35.0	19.3
房地产业	Real Estate	100.0	0.3	0.6	9.7	18.0	37.7	33.8
租赁和商务服务业	Leasing and Business Services	100.0	0.4	0.8	12.8	27.0	34.2	24.8
科学研究和技术服务业	Scientific Research and Technical Services	100.0	0.1	0.6	10.7	33.3	36.8	18.5
水利、环境和公共设施管理业	Management of Water Conservancy, Environment and Public Facilities	100.0	0.3	1.1	12.7	16.9	28.0	40.9
居民服务、修理和其他服务业	Services to Households, Repair and Other Services	100.0	0.7	1.8	13.0	9.0	21.4	54.1
教育	Education	100.0	0.7	0.9	12.2	32.0	31.9	22.3
卫生和社会工作	Health and Society	100.0	0.1	0.2	9.3	22.3	34.5	33.5
文化体育和娱乐业	Culture, Sports and Entertainment	100.0	0.9	1.5	15.4	18.1	27.3	36.9
公共管理、社会保障和社会组织	Public Management, Social Security and Social Organizations	100.0	0.2	0.8	16.6	35.6	31.2	15.6

1－64 城镇按职业、性别分的就业人员工作时间构成
WORKING HOURS OF URBAN EMPLOYED PERSONS BY OCCUPATION AND SEX

单位：% (%)

职 业	Occupation	城镇就业人员 Urban Employed Persons	1－8小时 1-8 Hours	9－19小时 9-19 Hours	20－39小时 20-39 Hours	40小时 40 Hours	41－48小时 41-48 Hours	48小时以上 48 Hours Above
合 计	**Total**	**100.0**	**0.4**	**1.5**	**12.1**	**14.8**	**25.1**	**46.1**
单位负责人	Unit Heads	100.0	0.2	0.6	8.3	18.0	24.3	48.6
专业技术人员	Technical Personnel	100.0	0.4	0.6	10.3	27.7	33.5	27.6
办事人员和有关人员	Clerk and Related Workers	100.0	0.3	0.4	10.3	27.5	32.1	29.5
社会生产服务和生活服务人员	Social Production Service and Life Service Personnel	100.0	0.3	0.9	9.4	10.9	24.0	54.4
农、林、牧、渔业生产及辅助人员	Agriculture,Forestry, Animal Husbandry, Fishery Production and Auxiliary Personnel	100.0	1.9	10.8	42.8	5.6	14.9	24.1
生产制造及有关人员	Manufacturing and Related Personnel	100.0	0.3	0.8	9.1	8.5	20.9	60.5
其 他	Others	100.0	0.2	1.7	17.0	11.4	16.1	53.6
男	**Male**	**100.0**	**0.3**	**1.2**	**10.5**	**13.6**	**24.1**	**50.2**
单位负责人	Unit Heads	100.0	0.2	0.5	7.8	18.2	24.6	48.6
专业技术人员	Technical Personnel	100.0	0.3	0.6	9.0	25.3	32.6	32.1
办事人员和有关人员	Clerk and Related Workers	100.0	0.2	0.3	9.0	25.3	30.7	34.5
社会生产服务和生活服务人员	Social Production Service and Life Service Personnel	100.0	0.2	0.8	8.2	10.8	23.0	57.1
农、林、牧、渔业生产及辅助人员	Agriculture,Forestry, Animal Husbandry, Fishery Production and Auxiliary Personnel	100.0	1.5	8.8	38.8	5.8	15.9	29.2
生产制造及有关人员	Manufacturing and Related Personnel	100.0	0.3	0.8	8.5	8.3	20.9	61.3
其 他	Others	100.0	0.3	1.7	15.9	10.3	15.1	56.7
女	**Female**	**100.0**	**0.5**	**1.9**	**14.1**	**16.5**	**26.4**	**40.6**
单位负责人	Unit Heads	100.0	0.2	0.8	9.8	17.3	23.4	48.6
专业技术人员	Technical Personnel	100.0	0.4	0.6	11.2	29.4	34.1	24.3
办事人员和有关人员	Clerk and Related Workers	100.0	0.3	0.5	12.1	30.6	34.0	22.6
社会生产服务和生活服务人员	Social Production Service and Life Service Personnel	100.0	0.3	1.1	10.9	11.2	25.3	51.2
农、林、牧、渔业生产及辅助人员	Agriculture,Forestry, Animal Husbandry, Fishery Production and Auxiliary Personnel	100.0	2.3	12.8	46.9	5.4	13.8	18.8
生产制造及有关人员	Manufacturing and Related Personnel	100.0	0.2	0.8	10.5	8.8	20.9	58.8
其 他	Others	100.0		1.6	19.0	13.2	17.9	48.3

1−65　城镇按年龄、性别分的失业人员结束上一份工作原因构成
REASON FOR ENDING PREVIOUS JOB OF URBAN UNEMPLOYED PERSONS BY AGE AND SEX

单位：%　　　　(%)

年　龄 Age	城　镇 失业人员 Urban Unemployed Persons	从没工作过 Never Worked	退　休 Retired	健康或 身体原因 Health or Physical Reasons	照顾家庭 To Take Care of Family	参加学习培训 Participated in Learning and Training	对上份工作 不满意 Dissatisfied with Last Job
总计　Total	**100.0**	**20.1**	**2.9**	**5.9**	**16.2**	**3.8**	**19.3**
16−19	100.0	60.1		0.8	0.3	12.0	14.7
20−24	100.0	59.0		1.1	2.0	9.6	17.3
25−29	100.0	21.3		3.4	12.0	6.9	33.4
30−34	100.0	5.3		4.7	29.5	2.0	26.8
35−39	100.0	4.5		5.5	34.2	0.9	20.2
40−44	100.0	4.1	0.0	7.7	29.4	0.7	19.2
45−49	100.0	3.8	0.5	9.7	20.5	0.2	16.2
50−54	100.0	2.8	12.0	11.0	13.3	0.2	12.7
55−59	100.0	3.2	11.0	12.1	12.4	0.0	9.9
60−64	100.0	2.9	24.1	9.5	10.1	.	6.5
65+	100.0	4.6	13.0	14.2	7.8	0.1	4.7
男　Male	**100.0**	**19.5**	**1.6**	**5.4**	**4.3**	**4.4**	**22.4**
16−19	100.0	58.4		0.7	0.1	11.8	14.9
20−24	100.0	55.7		0.9	0.9	10.8	19.3
25−29	100.0	20.4		2.1	3.0	6.1	39.3
30−34	100.0	2.9		3.4	7.5	2.9	34.1
35−39	100.0	1.4		5.5	7.4	1.1	29.3
40−44	100.0	1.5		8.4	7.1	1.2	22.4
45−49	100.0	0.9	0.0	8.5	5.8	0.1	17.3
50−54	100.0	1.1	0.9	10.9	5.2	0.2	15.5
55−59	100.0	1.7	4.1	11.0	5.5	0.1	11.3
60−64	100.0	0.9	24.9	11.0	3.9		7.4
65+	100.0	2.5	14.2	13.9	5.0	0.1	4.8
女　Female	**100.0**	**20.6**	**4.1**	**6.3**	**27.3**	**3.3**	**16.4**
16−19	100.0	63.1		0.9	0.6	12.3	14.4
20−24	100.0	62.8		1.3	3.1	8.4	15.2
25−29	100.0	22.2		4.7	20.5	7.6	27.7
30−34	100.0	7.1		5.6	46.0	1.3	21.3
35−39	100.0	6.4		5.5	51.4	0.8	14.4
40−44	100.0	5.7	0.0	7.3	43.5	0.4	17.1
45−49	100.0	5.9	0.8	10.5	31.1	0.4	15.3
50−54	100.0	4.3	22.2	11.2	20.7	0.2	10.1
55−59	100.0	5.3	20.6	13.8	22.1		7.8
60−64	100.0	6.1	22.8	7.1	20.6		4.9
65+	100.0	8.3	10.9	14.7	12.5		4.6

注：根据劳动力调查制度调整，原失业人员未工作原因调整为结束上一份工作原因数据表(下表同)。

Note:According to the adjustment of the Labor Force Survey, the table of the reason for unemployment of urban unemployed persons is adjusted to the table of the reason for ending previous job of urban unemployed persons. The same applies to the tables following.

1-65 续表 continued

单位：% (%)

年 龄 Age	上一份工作任务完成(包括打零工) Last Job Task Completed (Including Part-time Job)	被解聘 Fired	季节性歇业 Seasonal Shut down	单位/个体经营户倒闭停产 Unit/Self-employed Individuals Closed down or Stopped Production	承包土地被征用或流转 Land Expropriated or Transferred	其 他 Others
总计 Total	**18.6**	**3.4**	**2.3**	**6.9**	**0.3**	**0.3**
16−19	8.2	0.7	0.9	2.3		
20−24	7.6	1.1	0.6	1.4		0.2
25−29	13.3	3.4	1.0	5.0	0.1	0.3
30−34	17.7	3.9	2.1	7.6	0.0	0.4
35−39	19.6	3.8	2.3	8.5	0.2	0.3
40−44	20.6	4.8	2.8	10.3	0.2	0.3
45−49	26.1	5.4	3.5	13.5	0.2	0.5
50−54	28.6	4.2	4.1	10.2	0.7	0.2
55−59	31.5	4.3	4.6	10.0	0.8	0.2
60−64	32.7	4.2	4.8	4.7	0.2	0.2
65+	36.2	5.4	8.0	1.3	4.0	0.7
男 Male	**26.3**	**4.2**	**3.1**	**8.3**	**0.2**	**0.4**
16−19	9.6	0.6	1.2	2.7		
20−24	8.9	1.1	0.7	1.6		0.2
25−29	18.1	3.9	1.2	5.6		0.4
30−34	29.4	5.7	3.8	9.9	0.0	0.3
35−39	33.5	4.8	3.9	12.3	0.3	0.5
40−44	34.7	6.6	4.3	13.1	0.1	0.5
45−49	39.0	7.0	4.5	15.8	0.2	0.8
50−54	40.5	5.4	5.3	14.1	0.6	0.4
55−59	41.0	5.8	5.1	13.4	0.6	0.4
60−64	37.7	5.1	4.5	4.3	0.2	0.2
65+	39.8	6.7	7.0	1.6	3.3	1.1
女 Female	**11.5**	**2.7**	**1.7**	**5.6**	**0.3**	**0.2**
16−19	5.9	0.9	0.3	1.5		
20−24	6.1	1.0	0.5	1.3		0.3
25−29	8.9	2.8	0.7	4.5	0.1	0.3
30−34	8.9	2.6	0.9	5.9	0.0	0.4
35−39	10.6	3.2	1.2	6.1	0.2	0.3
40−44	11.6	3.7	1.9	8.5	0.2	0.1
45−49	16.7	4.3	2.7	11.9	0.2	0.2
50−54	17.8	3.2	2.9	6.7	0.8	0.1
55−59	18.0	2.0	3.8	5.3	1.2	0.0
60−64	24.6	2.8	5.2	5.4	0.2	0.2
65+	30.0	3.1	9.8	0.7	5.3	

1-66 城镇按结束上一份工作原因、性别分的失业人员年龄构成
AGE COMPOSITION OF URBAN UNEMPLOYED PERSONS BY REASON AND SEX

单位：% (%)

年 龄 Age	城镇失业人员 Urban Unemployed Persons	从没工作过 Never Worked	退 休 Retired	健康或身体原因 Health or Physical Reasons	照顾家庭 To Take Care of Family	参加学习培训 Participated in Learning and Training	对上份工作不满意 Dissatisfied with Last Job
总计 Total	**100.0**	**100.0**	**100.0**	**100.0**	**100.0**	**100.0**	**100.0**
16-19	4.0	11.9		0.5	0.1	12.4	3.0
20-24	21.0	61.8		3.9	2.5	52.5	18.9
25-29	13.2	14.0		7.7	9.7	23.7	22.9
30-34	11.2	3.0		9.0	20.4	5.8	15.6
35-39	11.0	2.5		10.4	23.3	2.6	11.6
40-44	9.1	1.9	0.0	12.0	16.5	1.8	9.0
45-49	9.0	1.7	1.4	14.8	11.4	0.6	7.5
50-54	10.0	1.4	41.6	18.7	8.2	0.5	6.5
55-59	7.2	1.1	27.2	14.8	5.5	0.1	3.7
60-64	2.7	0.4	22.5	4.4	1.7		0.9
65+	1.6	0.4	7.2	3.9	0.8	0.0	0.4
男 Male	**100.0**	**100.0**	**100.0**	**100.0**	**100.0**	**100.0**	**100.0**
16-19	5.2	15.5		0.7	0.2	13.8	3.4
20-24	23.0	65.6		4.0	4.8	56.0	19.7
25-29	13.4	14.0		5.2	9.4	18.5	23.5
30-34	10.0	1.5		6.4	17.8	6.5	15.3
35-39	9.0	0.7		9.2	15.7	2.3	11.7
40-44	7.4	0.6		11.5	12.3	2.0	7.4
45-49	7.8	0.3	0.2	12.4	10.7	0.2	6.0
50-54	9.9	0.6	5.4	20.1	12.2	0.4	6.8
55-59	8.7	0.8	22.1	17.8	11.3	0.1	4.4
60-64	3.5	0.2	53.8	7.2	3.2		1.2
65+	2.1	0.3	18.5	5.5	2.5	0.0	0.5
女 Female	**100.0**	**100.0**	**100.0**	**100.0**	**100.0**	**100.0**	**100.0**
16-19	2.9	8.8		0.4	0.1	10.7	2.5
20-24	19.2	58.4		3.9	2.2	48.2	17.8
25-29	13.1	14.0		9.7	9.8	30.1	22.1
30-34	12.4	4.3		11.0	20.8	5.0	16.0
35-39	12.9	4.0		11.2	24.4	3.0	11.3
40-44	10.7	3.0	0.0	12.3	17.1	1.4	11.2
45-49	10.0	2.9	1.9	16.6	11.4	1.1	9.4
50-54	10.0	2.1	55.0	17.7	7.6	0.6	6.2
55-59	5.7	1.5	29.1	12.4	4.6		2.7
60-64	2.0	0.6	11.0	2.2	1.5		0.6
65+	1.1	0.5	3.1	2.6	0.5		0.3

1-66 续表 continued

单位：% (%)

年 龄 Age	上一份工作任务完成(包括打零工) Last Job Task Completed (Including Part-time Job)	被解聘 Fired	季节性歇业 Seasonal Shut down	单位/个体经营户倒闭停产 Unit/Self-employed Individuals Closed down or Stopped Production	承包土地被征用或流转 Land Expropriated or Transferred	其 他 Others
总计 Total	**100.0**	**100.0**	**100.0**	**100.0**	**100.0**	**100.0**
16−19	1.8	0.8	1.5	1.3		
20−24	8.6	6.7	5.3	4.4		17.6
25−29	9.5	13.0	5.4	9.7	3.0	14.8
30−34	10.7	12.8	10.3	12.4	1.5	13.7
35−39	11.6	12.4	10.7	13.6	9.1	12.8
40−44	10.1	12.9	11.0	13.6	5.5	8.1
45−49	12.6	14.3	13.3	17.6	6.7	14.3
50−54	15.3	12.3	17.3	14.8	25.4	7.1
55−59	12.1	8.9	14.0	10.4	22.6	5.7
60−64	4.7	3.3	5.6	1.9	1.7	2.2
65+	3.1	2.5	5.5	0.3	24.6	3.7
男 Male	**100.0**	**100.0**	**100.0**	**100.0**	**100.0**	**100.0**
16−19	1.9	0.7	2.0	1.7		
20−24	7.8	6.2	5.0	4.4		10.4
25−29	9.2	12.4	5.1	9.1		13.6
30−34	11.2	13.5	12.5	12.0	1.6	8.0
35−39	11.5	10.2	11.6	13.3	9.7	11.9
40−44	9.7	11.6	10.4	11.6	4.2	11.2
45−49	11.6	13.0	11.7	14.9	6.7	17.4
50−54	15.2	12.6	17.1	16.8	24.5	9.8
55−59	13.6	12.1	14.6	14.0	21.1	9.0
60−64	5.0	4.2	5.2	1.8	2.3	2.3
65+	3.2	3.3	4.8	0.4	30.0	6.3
女 Female	**100.0**	**100.0**	**100.0**	**100.0**	**100.0**	**100.0**
16−19	1.5	1.0	0.6	0.8		
20−24	10.1	7.4	5.9	4.4		27.9
25−29	10.1	13.8	5.9	10.5	5.3	16.5
30−34	9.6	11.8	6.4	13.0	1.4	21.9
35−39	11.9	15.6	9.3	14.1	8.7	14.1
40−44	10.8	14.8	12.1	16.3	6.4	3.5
45−49	14.6	16.1	16.2	21.4	6.7	9.9
50−54	15.5	11.8	17.8	12.0	26.0	3.2
55−59	8.9	4.3	13.0	5.4	23.7	0.9
60−64	4.2	2.0	6.2	1.9	1.2	2.1
65+	2.9	1.3	6.7	0.1	20.6	

1-67 城镇按受教育程度、性别分的失业人员结束上一份工作原因构成
REASON FOR ENDING PREVIOUS JOB OF URBAN UNEMPLOYED PERSONS BY EDUCATIONAL ATTAINMENT AND SEX

单位：%　　(%)

受教育程度	Educational Attainment	城镇失业人员 Urban Unemployed Persons	从没工作过 Never Worked	退休 Retired	健康或身体原因 Health or Physical Reasons	照顾家庭 To Take Care of Family	参加学习培训 Participated in Learning and Training	对上份工作不满意 Dissatisfied with Last Job
总　计	**Total**	**100.0**	**20.1**	**2.9**	**5.9**	**16.2**	**3.8**	**19.3**
未上过学	No Schooling	100.0	8.4	1.9	16.0	14.3		9.8
小　学	Primary School	100.0	4.9	3.0	13.0	17.6	0.2	9.3
初　中	Junior Secondary School	100.0	6.3	3.7	7.9	20.4	0.7	17.8
高　中	Senior Secondary School	100.0	12.7	5.0	5.7	19.4	1.2	23.1
大学专科	College	100.0	26.4	1.7	3.6	14.9	6.2	24.8
大学本科	University	100.0	47.3	0.9	1.9	7.9	9.9	17.9
研究生	Graduate and Higher Level	100.0	61.6	0.3	0.5	4.4	16.9	9.6
男	**Male**	**100.0**	**19.5**	**1.6**	**5.4**	**4.3**	**4.4**	**22.4**
未上过学	No Schooling	100.0	2.9	2.5	18.4	2.9		17.0
小　学	Primary School	100.0	2.3	1.6	11.1	5.8	0.3	10.7
初　中	Junior Secondary School	100.0	4.8	2.3	7.4	5.0	0.9	20.0
高　中	Senior Secondary School	100.0	13.4	2.6	6.0	5.0	1.1	28.1
大学专科	College	100.0	29.3	0.5	2.8	3.3	7.6	28.0
大学本科	University	100.0	46.4	0.7	1.4	2.7	11.5	20.7
研究生	Graduate and Higher Level	100.0	61.2	0.3	0.9	2.0	19.5	10.6
女	**Female**	**100.0**	**20.6**	**4.1**	**6.3**	**27.3**	**3.3**	**16.4**
未上过学	No Schooling	100.0	10.7	1.7	15.0	19.0		6.9
小　学	Primary School	100.0	7.1	4.2	14.6	27.7	0.2	8.1
初　中	Junior Secondary School	100.0	7.8	5.0	8.5	35.4	0.4	15.6
高　中	Senior Secondary School	100.0	12.0	7.4	5.5	33.8	1.3	18.1
大学专科	College	100.0	23.8	2.8	4.3	25.6	4.9	22.0
大学本科	University	100.0	48.0	1.0	2.3	12.5	8.5	15.5
研究生	Graduate and Higher Level	100.0	61.8	0.2	0.3	6.1	15.1	8.9

1-67 续表 continued

单位：% (%)

受教育程度	Educational Attainment	上一份工作任务完成(包括打零工) Last Job Task Completed (Including Part-time Job)	被解聘 Fired	季节性歇业 Seasonal Shut down	单位/个体经营户倒闭停产 Unit/Self-employed Individuals Closed down or Stopped Production	承包土地被征用或流转 Land Expropriated or Transferred	其　他 Others
总　计	**Total**	**18.6**	**3.4**	**2.3**	**6.9**	**0.3**	**0.3**
未上过学	No Schooling	35.2	3.1	5.7	3.7	1.8	0.1
小　学	Primary School	37.4	2.8	5.2	5.6	0.9	0.1
初　中	Junior Secondary School	27.7	3.2	4.0	7.5	0.4	0.3
高　中	Senior Secondary School	17.3	3.9	1.9	9.3	0.1	0.4
大学专科	College	10.1	3.9	0.9	7.0	0.0	0.4
大学本科	University	6.2	3.2	0.3	4.3	0.0	0.2
研究生	Graduate and Higher Level	3.7	0.8		2.0		0.3
男	**Male**	**26.3**	**4.2**	**3.1**	**8.3**	**0.2**	**0.4**
未上过学	No Schooling	42.7	2.4	7.9	2.9		0.4
小　学	Primary School	52.1	3.5	5.2	6.6	0.7	0.2
初　中	Junior Secondary School	40.4	4.1	5.7	8.8	0.5	0.3
高　中	Senior Secondary School	24.9	4.8	2.5	11.1	0.1	0.4
大学专科	College	13.2	4.9	1.0	8.9	0.0	0.5
大学本科	University	7.1	3.7	0.4	5.2	0.0	0.2
研究生	Graduate and Higher Level	3.1	0.7		1.3		0.2
女	**Female**	**11.5**	**2.7**	**1.7**	**5.6**	**0.3**	**0.2**
未上过学	No Schooling	32.2	3.3	4.8	4.0	2.5	
小　学	Primary School	24.7	2.2	5.2	4.8	1.2	0.0
初　中	Junior Secondary School	15.4	2.4	2.4	6.3	0.4	0.3
高　中	Senior Secondary School	9.7	3.0	1.3	7.5	0.2	0.3
大学专科	College	7.3	3.0	0.7	5.3	0.1	0.2
大学本科	University	5.4	2.9	0.2	3.6	0.0	0.2
研究生	Graduate and Higher Level	4.0	0.8		2.4		0.4

1-68　城镇按结束上一份工作原因、性别分的失业人员受教育程度构成
EDUCATIONAL ATTAINMENT OF URBAN UNEMPLOYED PERSONS BY REASON AND SEX

单位：%　　(%)

受教育程度	Educational Attainment	城镇失业人员 Urban Unemployed Persons	从没工作过 Never Worked	退休 Retired	健康或身体原因 Health or Physical Reasons	照顾家庭 To Take Care of Family	参加学习培训 Participated in Learning and Training	对上份工作不满意 Dissatisfied with Last Job
总　计	**Total**	**100.0**	**100.0**	**100.0**	**100.0**	**100.0**	**100.0**	**100.0**
未上过学	No Schooling	0.7	0.3	0.5	1.8	0.6		0.3
小　学	Primary School	8.8	2.1	9.1	19.4	9.5	0.5	4.2
初　中	Junior Secondary School	30.6	9.6	38.8	41.4	38.5	5.4	28.2
高　中	Senior Secondary School	19.7	12.5	34.3	19.2	23.6	6.1	23.6
大学专科	College	19.7	26.0	11.5	12.1	18.2	32.0	25.4
大学本科	University	18.6	43.8	5.6	5.9	9.1	47.8	17.3
研究生	Graduate and Higher Level	1.9	5.8	0.2	0.2	0.5	8.2	0.9
男	**Male**	**100.0**	**100.0**	**100.0**	**100.0**	**100.0**	**100.0**	**100.0**
未上过学	No Schooling	0.4	0.1	0.6	1.4	0.3		0.3
小　学	Primary School	8.4	1.0	8.1	17.5	11.5	0.6	4.0
初　中	Junior Secondary School	31.4	7.7	43.8	43.1	36.6	6.6	28.0
高　中	Senior Secondary School	20.6	14.1	33.0	22.9	24.3	5.0	25.8
大学专科	College	19.6	29.5	6.1	10.4	15.3	34.0	24.5
大学本科	University	17.9	42.7	8.1	4.5	11.3	46.8	16.5
研究生	Graduate and Higher Level	1.6	5.0	0.3	0.3	0.8	7.0	0.8
女	**Female**	**100.0**	**100.0**	**100.0**	**100.0**	**100.0**	**100.0**	**100.0**
未上过学	No Schooling	0.9	0.5	0.4	2.2	0.6		0.4
小　学	Primary School	9.1	3.1	9.5	21.0	9.2	0.5	4.5
初　中	Junior Secondary School	29.9	11.3	37.0	40.0	38.8	3.9	28.4
高　中	Senior Secondary School	18.9	11.1	34.7	16.3	23.5	7.3	20.9
大学专科	College	19.8	22.9	13.5	13.5	18.6	29.5	26.5
大学本科	University	19.2	44.7	4.7	6.9	8.8	49.1	18.2
研究生	Graduate and Higher Level	2.1	6.4	0.1	0.1	0.5	9.8	1.2

1-68 续表 continued

单位：% (%)

受教育程度	Educational Attainment	上一份工作任务完成(包括打零工) Last Job Task Completed (Including Part-time Job)	被解聘 Fired	季节性歇业 Seasonal Shut down	单位/个体经营户倒闭停产 Unit/Self-employed Individuals Closed down or Stopped Production	承包土地被征用或流转 Land Expropriated or Transferred	其　他 Others
总　计	**Total**	**100.0**	**100.0**	**100.0**	**100.0**	**100.0**	**100.0**
未上过学	No Schooling	1.3	0.6	1.6	0.4	4.5	0.3
小　学	Primary School	17.6	7.1	19.7	7.2	30.9	3.4
初　中	Junior Secondary School	45.5	29.0	52.7	33.5	52.0	31.7
高　中	Senior Secondary School	18.3	22.6	16.1	26.6	8.3	25.0
大学专科	College	10.7	22.6	7.3	20.1	3.4	24.8
大学本科	University	6.1	17.7	2.5	11.7	0.8	12.9
研究生	Graduate and Higher Level	0.4	0.4		0.5		2.0
男	**Male**	**100.0**	**100.0**	**100.0**	**100.0**	**100.0**	**100.0**
未上过学	No Schooling	0.7	0.2	1.1	0.1		0.5
小　学	Primary School	16.7	7.0	14.5	6.7	24.0	4.5
初　中	Junior Secondary School	48.2	30.5	58.6	33.2	68.3	30.0
高　中	Senior Secondary School	19.5	23.7	16.9	27.5	5.6	26.0
大学专科	College	9.9	22.8	6.5	21.1	1.1	27.4
大学本科	University	4.8	15.6	2.5	11.1	1.0	10.8
研究生	Graduate and Higher Level	0.2	0.3		0.3		0.8
女	**Female**	**100.0**	**100.0**	**100.0**	**100.0**	**100.0**	**100.0**
未上过学	No Schooling	2.6	1.1	2.6	0.7	7.9	
小　学	Primary School	19.5	7.4	28.7	7.9	36.2	1.8
初　中	Junior Secondary School	39.9	26.8	42.7	34.0	39.8	34.2
高　中	Senior Secondary School	15.9	20.9	14.9	25.5	10.4	23.4
大学专科	College	12.6	22.4	8.5	18.7	5.1	21.2
大学本科	University	8.9	20.7	2.6	12.4	0.5	15.8
研究生	Graduate and Higher Level	0.8	0.6		0.9		3.6

1-69　城镇按年龄、性别分的失业人员受教育程度构成
EDUCATIONAL ATTAINMENT OF URBAN UNEMPLOYED PERSONS BY AGE AND SEX

单位：%　　(%)

年　龄 Age	城　镇 失业人员 Urban Unemployed Persons	未　上 过　学 No Schooling	小　学 Primary School	初　中 Junior Secondary School	高　中 Senior Secondary School	大　学 专　科 College	大　学 本　科 University	研究生 Graduate and Higher Level
总计　Total	**100.0**	**0.7**	**8.8**	**30.6**	**19.7**	**19.7**	**18.6**	**1.9**
16-19	100.0	0.1	1.6	29.0	43.0	16.9	9.5	
20-24	100.0	0.0	0.6	7.1	11.6	34.0	44.0	2.7
25-29	100.0	0.0	1.4	16.3	17.8	26.2	30.9	7.4
30-34	100.0	0.2	2.7	31.8	23.5	24.3	16.5	1.0
35-39	100.0	0.2	5.2	39.2	22.6	20.0	12.1	0.7
40-44	100.0	0.5	8.1	40.7	23.7	16.6	9.5	0.9
45-49	100.0	0.7	12.9	48.7	22.1	10.8	4.3	0.4
50-54	100.0	1.5	21.4	47.2	20.3	7.0	2.4	0.2
55-59	100.0	1.5	28.1	48.4	16.3	3.6	2.0	0.0
60-64	100.0	3.1	28.5	42.6	21.7	2.0	2.0	
65+	100.0	10.2	45.1	32.7	10.1	1.2	0.6	0.1
男　Male	**100.0**	**0.4**	**8.4**	**31.4**	**20.6**	**19.6**	**17.9**	**1.6**
16-19	100.0	0.1	1.9	30.5	42.7	16.0	8.7	
20-24	100.0	0.0	0.6	7.9	14.4	35.5	39.2	2.5
25-29	100.0	0.0	1.5	17.4	20.1	25.8	29.8	5.3
30-34	100.0	0.3	3.3	33.9	22.5	23.6	15.2	1.1
35-39	100.0	0.2	5.7	41.6	22.2	17.9	11.8	0.5
40-44	100.0	0.4	8.4	42.0	21.9	16.0	10.5	0.8
45-49	100.0	0.5	13.7	48.9	19.8	11.0	5.5	0.6
50-54	100.0	0.9	17.2	48.7	21.7	7.6	3.5	0.4
55-59	100.0	0.6	23.8	50.1	18.6	4.1	2.7	0.0
60-64	100.0	1.5	22.1	46.8	25.9	1.6	2.1	
65+	100.0	3.7	43.3	38.2	12.6	1.1	0.9	0.1
女　Female	**100.0**	**0.9**	**9.1**	**29.9**	**18.9**	**19.8**	**19.2**	**2.1**
16-19	100.0		1.1	26.5	43.5	18.2	10.8	
20-24	100.0	0.1	0.5	6.2	8.6	32.3	49.3	3.0
25-29	100.0	0.0	1.3	15.2	15.6	26.6	31.9	9.3
30-34	100.0	0.1	2.2	30.2	24.3	24.9	17.4	0.9
35-39	100.0	0.2	4.9	37.6	22.9	21.3	12.2	0.9
40-44	100.0	0.5	7.8	40.0	24.8	17.0	8.9	0.9
45-49	100.0	0.9	12.4	48.5	23.7	10.7	3.5	0.3
50-54	100.0	2.0	25.2	45.8	19.0	6.4	1.4	0.1
55-59	100.0	2.8	34.2	46.0	13.0	2.9	1.0	0.0
60-64	100.0	5.8	39.2	35.5	14.8	2.7	2.0	
65+	100.0	21.3	48.3	23.2	5.7	1.3	0.2	

1-70 城镇按受教育程度、性别分的失业人员年龄构成
AGE COMPOSITION OF URBAN UNEMPLOYED PERSONS BY EDUCATIONAL ATTAINMENT AND SEX

单位：% (%)

年龄 Age	城镇失业人员 Urban Unemployed Persons	未上过学 No Schooling	小学 Primary School	初中 Junior Secondary School	高中 Senior Secondary School	大学专科 College	大学本科 University	研究生 Graduate and Higher Level
总计 Total	**100.0**	**100.0**	**100.0**	**100.0**	**100.0**	**100.0**	**100.0**	**100.0**
16-19	4.0	0.3	0.7	3.8	8.7	3.4	2.0	
20-24	21.0	1.5	1.4	4.9	12.4	36.2	49.7	30.2
25-29	13.2	0.3	2.1	7.0	11.9	17.6	22.0	51.7
30-34	11.2	3.3	3.4	11.7	13.4	13.9	10.0	5.8
35-39	11.0	3.6	6.6	14.1	12.7	11.2	7.2	4.3
40-44	9.1	6.6	8.4	12.1	10.9	7.7	4.7	4.3
45-49	9.0	9.6	13.2	14.3	10.0	4.9	2.1	2.1
50-54	10.0	22.0	24.2	15.4	10.3	3.5	1.3	1.3
55-59	7.2	16.0	22.9	11.3	5.9	1.3	0.8	0.2
60-64	2.7	12.5	8.8	3.8	3.0	0.3	0.3	
65+	1.6	24.2	8.2	1.7	0.8	0.1	0.1	0.0
男 Male	**100.0**	**100.0**	**100.0**	**100.0**	**100.0**	**100.0**	**100.0**	**100.0**
16-19	5.2	1.1	1.2	5.0	10.7	4.2	2.5	
20-24	23.0	0.7	1.7	5.7	16.1	41.5	50.2	35.8
25-29	13.4	0.8	2.5	7.4	13.1	17.6	22.3	44.8
30-34	10.0	8.5	3.9	10.8	11.0	12.1	8.5	6.9
35-39	9.0	4.1	6.1	11.9	9.7	8.2	5.9	2.7
40-44	7.4	7.3	7.3	9.8	7.8	6.0	4.3	3.9
45-49	7.8	9.9	12.7	12.2	7.5	4.4	2.4	3.2
50-54	9.9	22.3	20.1	15.3	10.4	3.8	1.9	2.3
55-59	8.7	13.1	24.5	13.9	7.9	1.8	1.3	0.2
60-64	3.5	12.9	9.2	5.2	4.4	0.3	0.4	
65+	2.1	19.3	10.8	2.6	1.3	0.1	0.1	0.1
女 Female	**100.0**	**100.0**	**100.0**	**100.0**	**100.0**	**100.0**	**100.0**	**100.0**
16-19	2.9		0.3	2.6	6.6	2.7	1.6	
20-24	19.2	1.8	1.1	4.0	8.7	31.3	49.2	26.4
25-29	13.1	0.1	1.9	6.7	10.8	17.6	21.7	56.5
30-34	12.4	1.2	3.0	12.5	15.9	15.5	11.2	5.1
35-39	12.9	3.4	7.0	16.3	15.6	13.9	8.2	5.4
40-44	10.7	6.3	9.2	14.3	14.0	9.2	4.9	4.6
45-49	10.0	9.5	13.7	16.3	12.6	5.4	1.8	1.3
50-54	10.0	21.9	27.8	15.4	10.1	3.3	0.8	0.6
55-59	5.7	17.2	21.5	8.8	3.9	0.8	0.3	0.1
60-64	2.0	12.4	8.4	2.3	1.5	0.3	0.2	
65+	1.1	26.3	6.0	0.9	0.3	0.1	0.0	

1−71　城镇按年龄、性别分的失业人员寻找工作方式构成

METHODS OF JOB-SEEKING OF URBAN UNEMPLOYED PERSONS BY AGE AND SEX

单位：%　　　　　　　　　　　　　　　　　　　　　　　　　　　　　　(%)

年　龄 Age	城　镇 失业人员 Urban Unemployed Persons	为自己经营做准备 Prepare for Own Business	为找到工作参加培训、实习、招考 Participate in Training, Internships, and Exams to Find a Job	委托亲戚朋友介绍 Ask Friends Relatives about Job	查询招聘网站或广告 Check Recruitment Website or Advertisement	直接联系雇主或单位 Contact Directly with Employers	联系就业服务机构 Contact with Employment Agency Office	参加招聘会 Take Part in Employment Advertise Meeting	其　他 Others
总计　Total	**100.0**	**7.8**	**12.7**	**40.2**	**28.7**	**7.0**	**1.1**	**2.5**	**0.1**
16−19	100.0	4.9	16.1	38.3	29.0	9.4	0.7	1.5	0.1
20−24	100.0	4.3	34.0	16.5	35.0	4.0	0.9	5.3	0.0
25−29	100.0	6.7	21.8	22.2	40.5	4.8	1.1	2.9	0.0
30−34	100.0	9.9	6.1	36.8	37.8	6.4	0.9	2.0	0.1
35−39	100.0	10.9	3.6	42.6	33.3	6.8	1.0	1.8	0.0
40−44	100.0	9.9	3.1	47.2	29.3	7.8	1.5	1.3	0.0
45−49	100.0	9.6	2.3	54.5	20.9	9.2	1.7	1.6	0.2
50−54	100.0	9.0	1.8	62.4	14.3	10.5	1.1	0.8	0.0
55−59	100.0	7.7	0.9	70.4	8.9	9.3	1.3	1.3	0.1
60−64	100.0	5.5	1.0	73.6	4.8	12.0	1.8	0.9	0.3
65+	100.0	5.9	1.0	78.9	2.6	10.7	0.8	0.1	
男　Male	**100.0**	**9.2**	**12.1**	**39.6**	**27.2**	**8.0**	**1.2**	**2.6**	**0.1**
16−19	100.0	4.9	13.2	43.8	27.3	8.7	0.8	1.1	0.1
20−24	100.0	5.1	29.9	18.8	35.2	4.3	1.1	5.6	0.1
25−29	100.0	7.5	20.9	23.0	39.8	5.1	0.9	2.8	
30−34	100.0	13.3	6.5	35.0	33.5	8.5	1.1	1.8	0.3
35−39	100.0	16.8	2.8	40.5	28.1	9.1	0.7	1.9	0.1
40−44	100.0	13.4	2.5	42.5	28.3	9.5	2.1	1.7	
45−49	100.0	12.0	1.6	52.1	19.6	11.2	1.9	1.3	0.2
50−54	100.0	10.5	1.8	59.2	15.1	11.6	0.9	1.0	
55−59	100.0	8.1	0.9	67.5	10.6	9.6	1.7	1.4	0.1
60−64	100.0	5.4	1.1	70.8	5.5	13.6	1.7	1.5	0.4
65+	100.0	5.7	1.4	77.7	3.1	10.8	1.2		
女　Female	**100.0**	**6.4**	**13.3**	**40.8**	**30.0**	**6.2**	**1.0**	**2.3**	**0.0**
16−19	100.0	4.8	20.7	29.3	31.9	10.6	0.6	2.1	
20−24	100.0	3.4	38.5	14.0	34.8	3.7	0.5	5.0	
25−29	100.0	6.0	22.8	21.4	41.1	4.5	1.2	3.0	0.0
30−34	100.0	7.5	5.7	38.1	41.0	4.9	0.8	2.1	
35−39	100.0	7.1	4.1	43.9	36.7	5.4	1.1	1.7	
40−44	100.0	7.7	3.4	50.1	29.9	6.7	1.2	1.0	0.0
45−49	100.0	7.8	2.9	56.1	21.8	7.8	1.6	1.9	0.1
50−54	100.0	7.7	1.9	65.2	13.5	9.6	1.3	0.7	0.1
55−59	100.0	7.1	1.0	74.4	6.5	8.8	0.8	1.3	0.2
60−64	100.0	5.8	1.0	78.2	3.6	9.5	1.9		
65+	100.0	6.3	0.4	80.9	1.8	10.3		0.3	

注：失业人员寻找工作方式分类根据劳动力调查制度进行了调整(下表同)。

Note:The classification of the Job-seeking methods of Urban Unemployed Persons has been adjusted according to the Labor Force Survey. The same applies to the tables following.

1-72 城镇按受教育程度、性别分的失业人员寻找工作方式构成
METHODS OF JOB-SEEKING OF URBAN UNEMPLOYED PERSONS BY EDUCATIONAL ATTAINMENT AND SEX

单位：% (%)

受教育程度	Educational Attainment	城镇失业人员 Urban Unemployed Persons	为自己经营做准备 Prepare for Own Business	为找到工作参加培训、实习、招考 Participate in Training, Internships, and Exams to Find a Job	委托亲戚朋友介绍 Ask Friends Relatives about Job	查询招聘网站或广告 Check Recruitment Website or Advertisement
总　计	**Total**	**100.0**	**7.8**	**12.7**	**40.2**	**28.7**
未上过学	No Schooling	100.0	7.0	2.8	73.5	1.7
小　学	Primary School	100.0	7.5	1.4	68.7	7.7
初　中	Junior Secondary School	100.0	9.0	2.8	59.4	16.8
高　中	Senior Secondary School	100.0	9.2	5.8	45.3	29.9
大学专科	College	100.0	6.9	16.3	24.2	43.1
大学本科	University	100.0	5.6	35.3	10.7	39.8
研究生	Graduate and Higher Level	100.0	4.1	33.5	4.2	45.7
男	**Male**	**100.0**	**9.2**	**12.1**	**39.6**	**27.2**
未上过学	No Schooling	100.0	9.1	2.1	61.8	1.0
小　学	Primary School	100.0	8.5	1.5	68.4	6.5
初　中	Junior Secondary School	100.0	10.7	2.7	58.0	14.7
高　中	Senior Secondary School	100.0	10.6	6.4	44.4	27.7
大学专科	College	100.0	8.4	16.3	23.2	41.9
大学本科	University	100.0	7.0	32.2	11.1	39.7
研究生	Graduate and Higher Level	100.0	2.7	40.3	2.7	43.0
女	**Female**	**100.0**	**6.4**	**13.3**	**40.8**	**30.0**
未上过学	No Schooling	100.0	6.1	3.1	78.0	2.0
小　学	Primary School	100.0	6.7	1.3	68.9	8.6
初　中	Junior Secondary School	100.0	7.4	2.9	60.7	18.8
高　中	Senior Secondary School	100.0	7.8	5.3	46.1	32.0
大学专科	College	100.0	5.4	16.2	25.2	44.2
大学本科	University	100.0	4.5	38.0	10.4	39.8
研究生	Graduate and Higher Level	100.0	5.0	28.9	5.3	47.6

1–72　续表　continued

单位：%　(%)

受教育程度　Educational Attainment		直接联系雇主或单位 Contact Directly with Employers	联系就业服务机构 Contact with Employment Agency Office	参加招聘会 Take Part in Employment Advertise Meeting	其　他 Others
总　计	**Total**	**7.0**	**1.1**	**2.5**	**0.1**
未上过学	No Schooling	12.9	1.7		0.4
小　学	Primary School	13.1	1.1	0.6	0.1
初　中	Junior Secondary School	9.6	1.2	1.0	0.1
高　中	Senior Secondary School	6.8	1.2	1.8	0.1
大学专科	College	4.8	0.9	3.8	0.0
大学本科	University	3.2	1.1	4.2	0.0
研究生	Graduate and Higher Level	1.3	0.7	10.3	
男	**Male**	**8.0**	**1.2**	**2.6**	**0.1**
未上过学	No Schooling	21.5	4.6		
小　学	Primary School	13.7	0.9	0.4	0.1
初　中	Junior Secondary School	11.2	1.4	1.1	0.1
高　中	Senior Secondary School	7.5	1.5	1.7	0.1
大学专科	College	5.2	0.7	4.2	0.1
大学本科	University	3.8	1.2	5.0	0.0
研究生	Graduate and Higher Level	2.3	1.4	7.7	
女	**Female**	**6.2**	**1.0**	**2.3**	**0.0**
未上过学	No Schooling	9.6	0.6		0.6
小　学	Primary School	12.5	1.2	0.6	0.1
初　中	Junior Secondary School	8.1	1.1	0.9	0.0
高　中	Senior Secondary School	6.1	0.9	1.9	
大学专科	College	4.4	1.0	3.5	
大学本科	University	2.6	1.0	3.6	0.0
研究生	Graduate and Higher Level	0.6	0.3	12.2	

1-73 城镇按年龄、性别分的失业人员失业前的行业构成
SECTOR OF URBAN UNEMPLOYED PERSONS (PRIOR TO UNEMPLOYMENT) BY AGE AND SEX

单位：% (%)

年 龄 Age	城 镇 失业人员 Urban Unemployed Persons	农、林、牧、渔业 Agriculture, Forestry, Animal Husbandry and Fishery	采矿业 Mining	制造业 Manufacturing	电力、热力、燃气及水生产和供应业 Production and Supply of Electricity Power, Heat Power, Gas and Water	建筑业 Construction	批发和零售业 Wholesale and Retail Trades
总计 Total	**100.0**	**3.9**	**0.6**	**20.2**	**0.7**	**12.0**	**19.5**
16—19	100.0	0.2		29.0		1.1	15.5
20—24	100.0	1.1	0.4	15.4	0.6	5.0	16.4
25—29	100.0	1.0	0.2	18.5	0.6	5.6	19.2
30—34	100.0	1.9	0.3	21.9	0.4	8.6	24.1
35—39	100.0	2.7	0.4	20.3	0.5	9.9	24.0
40—44	100.0	2.9	0.6	19.5	0.6	12.7	25.7
45—49	100.0	4.1	0.8	22.2	0.8	14.7	21.2
50—54	100.0	5.5	1.3	21.7	1.0	18.2	16.3
55—59	100.0	9.0	1.2	19.9	0.7	23.6	12.4
60—64	100.0	11.3	1.5	20.5	1.6	21.9	9.6
65+	100.0	24.3	0.4	19.4	0.5	18.5	5.9
男 Male	**100.0**	**3.5**	**1.0**	**19.0**	**0.9**	**21.1**	**12.4**
16—19	100.0	0.4		32.3		1.8	12.4
20—24	100.0	1.3	0.6	17.5	1.0	7.0	12.6
25—29	100.0	0.9	0.4	20.8	1.0	9.4	13.1
30—34	100.0	2.1	0.5	22.5	0.6	15.6	14.3
35—39	100.0	2.8	0.9	18.0	0.7	20.3	14.3
40—44	100.0	2.4	0.6	17.5	0.8	27.4	13.1
45—49	100.0	3.4	1.2	17.8	1.3	27.9	13.7
50—54	100.0	4.6	1.7	18.1	0.7	31.5	11.4
55—59	100.0	7.0	1.8	16.4	0.8	35.6	9.9
60—64	100.0	6.9	2.0	18.3	2.0	31.4	8.0
65+	100.0	17.5	0.7	16.5	0.6	27.4	4.6
女 Female	**100.0**	**4.3**	**0.3**	**21.3**	**0.4**	**3.5**	**26.2**
16—19	100.0			22.9			21.4
20—24	100.0	0.8	0.1	12.6		2.4	21.3
25—29	100.0	1.1	0.0	16.3	0.2	2.0	25.0
30—34	100.0	1.7	0.0	21.5	0.3	3.1	31.7
35—39	100.0	2.6	0.2	21.8	0.4	2.8	30.7
40—44	100.0	3.3	0.6	20.9	0.4	2.9	34.0
45—49	100.0	4.6	0.4	25.5	0.4	4.6	27.0
50—54	100.0	6.3	1.0	25.2	1.2	5.6	20.9
55—59	100.0	12.0	0.4	24.8	0.5	6.1	16.0
60—64	100.0	19.0	0.6	24.3	0.8	5.2	12.5
65+	100.0	36.7		24.7	0.4	2.3	8.4

1-73　续表 1　continued

单位：%　　(%)

年　龄 Age	交通运输、仓储和邮政业 Transport, Storage and Post	住宿和餐饮业 Hotels and Catering Services	信息传输、软件和信息技术服务业 Information Transmission, Software and Information Technical Services	金融业 Financial Intermediation	房地产业 Real Estate	租赁和商务服务业 Leasing and Business Services	科学研究和技术服务业 Scientific Research and Technical Services
总计　Total	**5.7**	**8.9**	**3.0**	**1.9**	**2.7**	**3.8**	**1.3**
16-19	3.9	25.9	3.0	1.1	0.4	4.5	0.7
20-24	4.8	12.1	5.2	2.7	1.4	6.1	2.1
25-29	4.8	7.5	7.8	3.1	2.5	4.9	2.7
30-34	5.6	7.0	4.4	2.2	3.5	4.3	1.5
35-39	6.4	8.7	2.7	2.2	2.9	4.2	1.2
40-44	5.7	9.2	2.0	1.6	3.2	3.2	1.1
45-49	6.2	9.4	1.0	1.6	2.3	2.9	0.7
50-54	6.9	9.6	0.5	1.0	2.0	2.9	0.7
55-59	5.7	7.2	0.3	1.0	3.3	2.2	0.4
60-64	5.6	5.2	0.1	0.6	3.4	3.0	0.7
65+	2.5	3.6		0.1	3.9	0.6	0.8
男　Male	**8.8**	**7.5**	**3.4**	**1.5**	**3.0**	**3.9**	**1.4**
16-19	3.0	26.7	2.6	1.5	0.6	5.6	1.0
20-24	6.5	13.8	4.9	2.8	1.4	5.1	2.1
25-29	6.5	8.1	9.4	3.1	2.9	5.1	3.3
30-34	9.8	7.1	4.5	1.5	4.3	3.8	1.5
35-39	11.2	8.5	3.7	1.2	2.8	4.4	0.9
40-44	9.8	6.8	2.9	0.9	4.2	2.8	1.2
45-49	11.7	5.9	1.4	0.9	1.9	3.1	0.8
50-54	11.0	4.6	0.6	0.9	2.4	3.9	0.9
55-59	7.9	2.6	0.3	0.9	4.2	3.0	0.5
60-64	8.1	3.2	0.1	0.2	3.7	3.7	0.8
65+	3.9	1.6			3.8	0.8	1.2
女　Female	**2.7**	**10.2**	**2.6**	**2.2**	**2.4**	**3.7**	**1.2**
16-19	5.4	24.3	3.9	0.3		2.4	
20-24	2.5	9.9	5.7	2.6	1.3	7.4	2.0
25-29	3.1	6.9	6.2	3.0	2.1	4.8	2.0
30-34	2.4	6.9	4.3	2.8	2.9	4.7	1.5
35-39	3.2	8.9	2.1	2.9	3.0	4.1	1.5
40-44	3.0	10.8	1.3	2.1	2.6	3.4	1.0
45-49	2.0	12.0	0.7	2.1	2.7	2.8	0.5
50-54	3.1	14.3	0.4	1.1	1.7	1.9	0.6
55-59	2.4	13.8	0.4	1.2	2.0	1.1	0.2
60-64	1.2	8.7		1.3	3.0	1.7	0.6
65+		7.2		0.2	4.0	0.2	

1-73 续表 2 continued

单位：% (%)

年 龄 Age	水利、环境和公共设施管理业 Management of Water Conservancy, Environment and Public Facilities	居民服务、修理和其他服务业 Services to Households, Repair and Other Services	教 育 Education	卫生和社会工作 Health and Society	文化、体育和娱乐业 Culture, Sports and Entertainment	公共管理、社会保障和社会组织 Public Management Social Security and Social Organizations
总计 Total	**0.6**	**5.2**	**4.3**	**1.4**	**1.9**	**2.4**
16-19	0.1	5.2	3.2	0.3	5.5	0.4
20-24	0.4	5.0	10.0	2.4	5.2	3.8
25-29	0.4	4.6	8.0	1.8	2.9	4.0
30-34	0.2	4.1	4.5	1.7	1.5	2.2
35-39	0.4	4.7	4.4	1.1	1.7	1.5
40-44	0.5	4.5	2.9	0.8	1.4	1.8
45-49	0.8	6.2	1.9	1.0	0.9	1.4
50-54	0.7	6.3	1.7	1.1	0.6	2.0
55-59	1.4	5.9	1.5	1.1	0.8	2.3
60-64	1.4	6.5	1.4	0.9	1.4	3.5
65+	4.3	7.9	1.6	2.2	0.9	2.6
男 Male	**0.8**	**3.9**	**2.3**	**0.7**	**2.0**	**3.0**
16-19	0.2	4.8	1.1		5.6	0.7
20-24	0.3	5.7	6.7	0.5	5.2	4.8
25-29	0.3	3.6	3.1	0.8	2.9	5.3
30-34	0.4	3.8	1.8	0.8	1.4	3.6
35-39	0.7	3.5	1.6	0.5	2.1	2.0
40-44	0.9	2.6	1.7	0.9	1.2	2.3
45-49	0.9	3.7	1.2	0.7	0.9	1.6
50-54	0.7	3.3	1.2	0.6	0.3	1.6
55-59	1.2	3.5	1.0	0.5	0.6	2.2
60-64	1.2	4.4	1.2	0.5	0.9	3.5
65+	5.0	7.1	2.2	2.0	1.3	3.8
女 Female	**0.5**	**6.4**	**6.2**	**2.0**	**1.9**	**1.8**
16-19		6.0	7.1	0.9	5.3	
20-24	0.5	4.0	14.4	4.8	5.3	2.5
25-29	0.5	5.5	12.7	2.8	3.0	2.6
30-34	0.0	4.3	6.7	2.4	1.6	1.2
35-39	0.2	5.5	6.3	1.4	1.5	1.2
40-44	0.3	5.8	3.7	0.8	1.4	1.4
45-49	0.8	8.1	2.4	1.3	0.9	1.3
50-54	0.7	9.0	2.1	1.5	1.0	2.3
55-59	1.7	9.4	2.3	2.1	1.1	2.5
60-64	1.8	10.2	1.9	1.4	2.2	3.5
65+	3.0	9.2	0.5	2.5	0.3	0.5

1-74　城镇按受教育程度、性别分的失业人员失业前的行业构成
SECTOR OF URBAN UNEMPLOYED PERSONS (PRIOR TO UNEMPLOYMENT)BY EDUCATIONAL ATTAINMENT AND SEX

单位：%　　　　(%)

受教育程度	Educational Attainment	城镇失业人员 Urban Unemployed Persons	农、林、牧、渔业 Agriculture, Forestry, Animal Husbandry and Fishery	采矿业 Mining	制造业 Manufacturing	电力、热力、燃气及水生产和供应业 Production and Supply of Electricity Power, Heat Power, Gas and Water	建筑业 Construction	批发和零售业 Wholesale and Retail Trades
总　计	**Total**	**100.0**	**3.9**	**0.6**	**20.2**	**0.7**	**12.0**	**19.5**
未上过学	No Schooling	100.0	22.1		22.0	0.1	21.9	8.3
小　学	Primary School	100.0	12.4	0.8	20.7	0.4	24.6	11.5
初　中	Junior Secondary School	100.0	5.3	0.8	25.0	0.5	16.1	18.8
高　中	Senior Secondary School	100.0	1.9	0.7	21.5	0.8	9.1	25.0
大学专科	College	100.0	0.6	0.4	15.3	0.8	5.4	22.9
大学本科	University	100.0	0.2	0.3	11.2	0.9	4.5	15.2
研究生	Graduate and Higher Level	100.0	0.2		7.4	0.4	2.8	9.6
男	**Male**	**100.0**	**3.5**	**1.0**	**19.0**	**0.9**	**21.1**	**12.4**
未上过学	No Schooling	100.0	17.8		6.7	0.3	43.9	9.9
小　学	Primary School	100.0	8.8	1.4	13.5	0.9	42.5	7.9
初　中	Junior Secondary School	100.0	5.1	1.2	21.6	0.7	29.0	10.0
高　中	Senior Secondary School	100.0	1.9	0.9	23.8	0.9	16.1	14.4
大学专科	College	100.0	0.7	0.6	16.4	1.1	8.6	17.4
大学本科	University	100.0	0.2	0.5	11.5	0.9	6.0	12.7
研究生	Graduate and Higher Level	100.0			9.0	1.1	4.4	8.9
女	**Female**	**100.0**	**4.3**	**0.3**	**21.3**	**0.4**	**3.5**	**26.2**
未上过学	No Schooling	100.0	24.0		28.8		12.1	7.6
小　学	Primary School	100.0	15.7	0.2	27.3		8.4	14.7
初　中	Junior Secondary School	100.0	5.5	0.4	28.5	0.3	3.2	27.6
高　中	Senior Secondary School	100.0	1.8	0.5	19.2	0.6	2.2	35.5
大学专科	College	100.0	0.5	0.2	14.4	0.5	2.7	27.5
大学本科	University	100.0	0.3	0.2	11.0	0.8	3.1	17.4
研究生	Graduate and Higher Level	100.0	0.3		6.3		1.7	10.1

1−74 续表 1 continued

单位：% (%)

受教育程度	Educational Attainment	交通运输、仓储和邮政业 Transport, Storage and Post	住宿和餐饮业 Hotels and Catering Services	信息传输、软件和信息技术服务业 Information Transmission, Software and Information Technical Services	金融业 Financial Intermediation	房地产业 Real Estate	租赁和商务服务业 Leasing and Business Services	科学研究和技术服务业 Scientific Research and Technical Services
总　计	**Total**	**5.7**	**8.9**	**3.0**	**1.9**	**2.7**	**3.8**	**1.3**
未上过学	No Schooling	2.8	7.4		0.4	1.2	0.2	
小　学	Primary School	4.9	10.0	0.2	0.3	2.1	1.0	0.2
初　中	Junior Secondary School	6.9	10.5	0.5	0.4	1.7	2.0	0.3
高　中	Senior Secondary School	6.5	9.8	2.1	1.5	2.9	3.4	1.0
大学专科	College	4.6	7.5	6.0	3.5	3.4	6.5	2.2
大学本科	University	3.4	4.7	9.6	5.0	4.4	8.4	3.8
研究生	Graduate and Higher Level	1.0	0.6	10.4	15.7	2.4	9.5	10.7
男	**Male**	**8.8**	**7.5**	**3.4**	**1.5**	**3.0**	**3.9**	**1.4**
未上过学	No Schooling	7.0	0.9				0.6	
小　学	Primary School	8.0	5.0	0.0	0.3	2.3	1.3	0.3
初　中	Junior Secondary School	11.1	7.3	0.6	0.2	1.7	2.7	0.4
高　中	Senior Secondary School	10.1	9.3	2.2	1.0	3.5	3.3	1.3
大学专科	College	6.3	9.1	7.5	2.4	4.0	6.8	2.3
大学本科	University	4.2	5.5	11.5	4.5	5.1	7.2	4.3
研究生	Graduate and Higher Level	1.5	1.2	5.1	27.6	5.3	4.8	6.5
女	**Female**	**2.7**	**10.2**	**2.6**	**2.2**	**2.4**	**3.7**	**1.2**
未上过学	No Schooling	0.9	10.4		0.6	1.7		
小　学	Primary School	2.1	14.5	0.3	0.3	1.9	0.7	0.2
初　中	Junior Secondary School	2.7	13.7	0.4	0.5	1.8	1.2	0.2
高　中	Senior Secondary School	3.0	10.3	2.0	2.0	2.3	3.4	0.6
大学专科	College	3.1	6.1	4.7	4.4	3.0	6.2	2.0
大学本科	University	2.6	4.0	7.9	5.5	3.8	9.5	3.3
研究生	Graduate and Higher Level	0.7	0.2	14.1	7.5	0.4	12.8	13.6

1-74 续表 2 continued

单位：% (%)

受教育程度	Educational Attainment	水利、环境和公共设施管理业 Management of Water Conservancy, Environment and Public Facilities	居民服务、修理和其他服务业 Services to Households, Repair and Other Services	教育 Education	卫生和社会工作 Health and Society	文化、体育和娱乐业 Culture, Sports and Entertainment	公共管理、社会保障和社会组织 Public Management Social Security and Social Organizations
总计	**Total**	**0.6**	**5.2**	**4.3**	**1.4**	**1.9**	**2.4**
未上过学	No Schooling	2.2	7.5	1.1	0.1	1.4	1.3
小学	Primary School	1.2	7.0	0.6	0.4	0.5	1.2
初中	Junior Secondary School	0.7	6.2	1.4	0.6	1.2	1.1
高中	Senior Secondary School	0.4	5.6	2.6	1.2	1.8	2.3
大学专科	College	0.6	3.9	6.9	3.2	3.1	3.3
大学本科	University	0.3	2.2	13.8	2.2	4.0	5.9
研究生	Graduate and Higher Level	0.5	0.3	22.2	0.5	2.7	2.9
男	**Male**	**0.8**	**3.9**	**2.3**	**0.7**	**2.0**	**3.0**
未上过学	No Schooling	2.2	8.9	0.2	0.2	0.3	1.2
小学	Primary School	1.2	4.4	0.1	0.2	0.5	1.5
初中	Junior Secondary School	0.9	4.1	0.8	0.3	0.9	1.3
高中	Senior Secondary School	0.7	4.0	1.0	0.6	1.8	3.1
大学专科	College	0.5	4.1	2.9	1.2	3.6	4.5
大学本科	University	0.4	2.5	10.0	1.5	4.3	7.5
研究生	Graduate and Higher Level	1.1	0.4	14.6	0.4	4.1	4.0
女	**Female**	**0.5**	**6.4**	**6.2**	**2.0**	**1.9**	**1.8**
未上过学	No Schooling	2.2	6.9	1.5		1.9	1.3
小学	Primary School	1.3	9.4	1.1	0.6	0.5	0.9
初中	Junior Secondary School	0.5	8.3	2.0	0.8	1.4	0.9
高中	Senior Secondary School	0.1	7.1	4.3	1.7	1.7	1.6
大学专科	College	0.7	3.8	10.4	4.9	2.7	2.3
大学本科	University	0.3	2.0	17.2	2.9	3.7	4.5
研究生	Graduate and Higher Level	0.1	0.3	27.5	0.6	1.7	2.1

1−75 城镇按年龄、性别分的失业人员失业前的职业构成
OCCUPATION OF URBAN UNEMPLOYED PERSONS (PRIOR TO UNEMPLOYMENT) BY AGE AND SEX

单位：%　　　　(%)

年龄 Age	城镇失业人员 Urban Unemployed Persons	单位负责人 Unit Heads	专业技术人员 Technical Personnel	办事人员和有关人员 Clerk and Related Workers	社会生产服务和生活服务人员 Social Production Service and Life Service Personnel	农、林、牧、渔业生产及辅助人员 Agriculture, Forestry, Animal Husbandry, Fishery Production and Auxiliary Personnel	生产制造及有关人员 Manufacturing and Related Personnel	其他 Others
总计 Total	**100.0**	**0.8**	**9.1**	**11.3**	**48.6**	**3.7**	**26.3**	**0.1**
16−19	100.0	0.1	5.7	3.7	60.1	0.2	30.2	
20−24	100.0	0.1	17.9	14.4	49.9	0.9	16.6	0.2
25−29	100.0	0.5	17.0	16.3	47.4	0.9	17.6	0.2
30−34	100.0	0.5	10.5	13.1	51.3	1.6	22.9	0.0
35−39	100.0	1.0	8.9	12.0	52.0	2.6	23.4	0.1
40−44	100.0	1.2	7.1	9.7	52.8	2.9	26.2	0.1
45−49	100.0	1.2	5.2	9.1	49.4	4.0	31.0	0.1
50−54	100.0	1.2	3.7	8.4	46.3	5.4	35.0	0.1
55−59	100.0	1.3	3.4	8.5	40.5	8.6	37.5	0.2
60−64	100.0	0.4	3.4	9.1	38.8	11.3	36.8	0.3
65+	100.0	0.7	3.1	6.7	33.2	23.8	32.5	
男 Male	**100.0**	**1.2**	**6.8**	**11.1**	**43.3**	**3.2**	**34.2**	**0.2**
16−19	100.0	0.2	3.2	4.3	57.1	0.3	35.0	
20−24	100.0	0.2	12.7	12.8	51.2	1.1	21.8	0.2
25−29	100.0	0.7	12.2	14.4	46.7	0.8	24.8	0.3
30−34	100.0	0.7	6.9	11.8	48.3	1.8	30.4	0.1
35−39	100.0	1.8	6.2	10.8	46.6	2.8	31.6	0.3
40−44	100.0	1.7	5.0	10.6	43.4	2.2	37.0	0.1
45−49	100.0	2.0	5.1	9.9	39.7	3.0	40.3	0.0
50−54	100.0	1.8	3.6	8.2	38.3	4.5	43.4	0.1
55−59	100.0	1.6	3.3	10.8	32.8	6.5	44.8	0.2
60−64	100.0	0.6	3.1	11.8	33.5	6.9	43.8	0.2
65+	100.0	0.8	3.2	9.4	32.8	17.7	36.1	
女 Female	**100.0**	**0.5**	**11.3**	**11.5**	**53.5**	**4.2**	**18.9**	**0.1**
16−19	100.0		10.3	2.7	65.8		21.1	
20−24	100.0	0.0	24.8	16.4	48.2	0.7	9.6	0.2
25−29	100.0	0.3	21.7	18.2	48.2	1.0	10.6	0.1
30−34	100.0	0.4	13.4	14.2	53.6	1.5	16.9	
35−39	100.0	0.4	10.8	12.9	55.7	2.4	17.8	
40−44	100.0	0.9	8.5	9.0	59.1	3.3	19.0	0.1
45−49	100.0	0.7	5.3	8.5	56.7	4.8	23.9	0.1
50−54	100.0	0.6	3.9	8.5	53.8	6.1	27.1	0.1
55−59	100.0	0.7	3.5	5.2	51.7	11.8	26.9	0.2
60−64	100.0		4.0	4.3	48.0	18.9	24.4	0.4
65+	100.0	0.3	3.0	1.8	34.1	35.0	25.8	

1−76　城镇按受教育程度、性别分的失业人员失业前的职业构成
OCCUPATION OF URBAN UNEMPLOYED PERSONS (PRIOR TO UNEMPLOYMENT) BY EDUCATIONAL ATTAINMENT AND SEX

单位：%　　　　(%)

受教育程度	Educational Attainment	城镇失业人员 Urban Unemployed Persons	单位负责人 Unit Heads	专业技术人员 Technical Personnel	办事人员和有关人员 Clerk and Related Workers	社会生产服务和生活服务人员 Social Production Service and Life Service Personnel	农、林、牧、渔业生产及辅助人员 Agriculture, Forestry, Animal Husbandry, Fishery Production and Auxiliary Personnel	生产制造及有关人员 Manufacturing and Related Personnel	其他 Others
总　计	**Total**	**100.0**	**0.8**	**9.1**	**11.3**	**48.6**	**3.7**	**26.3**	**0.1**
未上过学	No Schooling	100.0		0.3	2.3	34.4	22.7	40.3	0.1
小　学	Primary School	100.0	0.5	0.8	3.1	39.9	12.5	43.1	0.1
初　中	Junior Secondary School	100.0	0.6	2.0	5.4	49.1	5.1	37.7	0.1
高　中	Senior Secondary School	100.0	1.0	5.7	11.9	55.5	1.6	24.1	0.1
大学专科	College	100.0	1.0	16.7	19.6	51.1	0.4	11.2	0.1
大学本科	University	100.0	1.5	30.3	21.6	40.5	0.2	5.9	0.2
研究生	Graduate and Higher Level	100.0	0.3	36.8	25.8	34.1	0.2	2.8	
男	**Male**	**100.0**	**1.2**	**6.8**	**11.1**	**43.3**	**3.2**	**34.2**	**0.2**
未上过学	No Schooling	100.0			4.2	25.8	16.4	53.6	
小　学	Primary School	100.0	0.7	0.8	4.6	31.0	9.0	53.7	0.1
初　中	Junior Secondary School	100.0	0.8	1.7	6.5	39.5	4.8	46.4	0.2
高　中	Senior Secondary School	100.0	1.3	3.6	11.6	48.7	1.6	33.0	0.1
大学专科	College	100.0	1.5	11.4	17.4	52.6	0.4	16.6	0.1
大学本科	University	100.0	2.3	25.2	20.3	43.3	0.2	8.3	0.3
研究生	Graduate and Higher Level	100.0	0.7	35.3	19.2	40.1		4.7	
女	**Female**	**100.0**	**0.5**	**11.3**	**11.5**	**53.5**	**4.2**	**18.9**	**0.1**
未上过学	No Schooling	100.0		0.4	1.4	38.2	25.6	34.3	0.1
小　学	Primary School	100.0	0.2	0.7	1.8	48.0	15.7	33.6	0.1
初　中	Junior Secondary School	100.0	0.3	2.2	4.3	58.7	5.3	29.0	0.1
高　中	Senior Secondary School	100.0	0.7	7.8	12.2	62.3	1.7	15.3	0.1
大学专科	College	100.0	0.5	21.2	21.4	49.8	0.4	6.7	0.1
大学本科	University	100.0	0.7	34.8	22.8	38.0	0.1	3.7	
研究生	Graduate and Higher Level	100.0		37.8	30.3	30.0	0.3	1.5	

1−77 城镇按受教育程度、性别分的失业人员失业时间构成
UNEMPLOYMENT DURATION OF URBAN UNEMPLOYED PERSONS BY EDUCATIONAL ATTAINMENT AND SEX

单位：% (%)

受教育程度	Educational Attainment	城镇失业人员 Urban Unemployed Persons	1个月 1 Month	2−3个月 2-3 Months	4−6个月 4-6 Months	7−12个月 7-12 Months	13−24个月 13-24 Months	25个月以上 25+ Months+
总　计	**Total**	**100.0**	**26.9**	**39.6**	**17.5**	**9.7**	**4.2**	**2.0**
未上过学	No Schooling	100.0	43.7	38.1	9.4	7.2	1.1	0.4
小　学	Primary School	100.0	37.6	36.8	13.3	8.2	2.7	1.4
初　中	Junior Secondary School	100.0	31.9	39.4	15.3	8.8	2.9	1.8
高　中	Senior Secondary School	100.0	25.7	39.4	17.3	10.9	4.6	2.1
大学专科	College	100.0	21.8	41.0	18.9	11.4	4.8	2.1
大学本科	University	100.0	20.3	39.1	22.1	9.6	6.5	2.4
研究生	Graduate and Higher Level	100.0	22.2	46.5	20.5	6.1	3.1	1.7
男	**Male**	**100.0**	**27.4**	**38.0**	**17.7**	**10.5**	**4.4**	**2.0**
未上过学	No Schooling	100.0	36.4	42.6	10.3	9.3	1.4	
小　学	Primary School	100.0	38.2	34.8	14.5	8.7	2.8	1.0
初　中	Junior Secondary School	100.0	33.6	37.4	15.0	9.3	2.9	1.7
高　中	Senior Secondary School	100.0	25.9	37.0	17.6	11.7	5.2	2.6
大学专科	College	100.0	20.9	38.9	20.0	12.7	5.4	2.1
大学本科	University	100.0	20.5	39.8	21.8	9.8	5.8	2.3
研究生	Graduate and Higher Level	100.0	24.8	45.3	18.0	7.2	3.8	0.9
女	**Female**	**100.0**	**26.4**	**41.0**	**17.4**	**9.1**	**4.1**	**2.0**
未上过学	No Schooling	100.0	46.7	36.3	9.0	6.4	1.0	0.5
小　学	Primary School	100.0	37.1	38.6	12.3	7.8	2.5	1.7
初　中	Junior Secondary School	100.0	30.2	41.2	15.5	8.3	2.8	2.0
高　中	Senior Secondary School	100.0	25.5	41.9	16.9	10.0	4.0	1.7
大学专科	College	100.0	22.6	42.9	18.0	10.1	4.2	2.2
大学本科	University	100.0	20.2	38.5	22.3	9.5	7.1	2.5
研究生	Graduate and Higher Level	100.0	20.4	47.2	22.2	5.4	2.5	2.2

1-78　城镇按年龄、性别分的失业人员失业时间构成
UNEMPLOYMENT DURATION OF URBAN UNEMPLOYED PERSONS BY AGE AND SEX

单位：%　　(%)

年　龄 Age	城　镇 失业人员 Urban Unemployed Persons	1个月 1 Month	2-3个月 2-3 Months	4-6个月 4-6 Months	7-12个月 7-12 Months	13-24个月 13-24 Months	25个月以上 25+ Months+
总计　Total	**100.0**	**26.9**	**39.6**	**17.5**	**9.7**	**4.2**	**2.0**
16-19	100.0	29.1	47.7	17.7	3.1	1.7	0.7
20-24	100.0	22.8	42.9	21.8	7.3	4.5	0.7
25-29	100.0	23.2	39.1	18.3	11.0	5.4	3.0
30-34	100.0	28.1	39.2	17.0	10.9	3.6	1.3
35-39	100.0	28.6	39.3	16.2	9.4	4.2	2.3
40-44	100.0	26.9	38.1	16.8	11.6	4.0	2.7
45-49	100.0	27.3	37.7	15.1	12.1	4.6	3.1
50-54	100.0	29.6	36.9	15.8	10.4	4.6	2.6
55-59	100.0	29.8	36.5	15.4	11.3	4.3	2.7
60-64	100.0	34.9	36.7	13.7	10.8	2.8	1.2
65+	100.0	41.0	37.6	12.0	6.1	1.7	1.5
男　Male	**100.0**	**27.4**	**38.0**	**17.7**	**10.5**	**4.4**	**2.0**
16-19	100.0	28.4	47.0	18.5	3.4	1.6	1.0
20-24	100.0	23.5	42.6	21.1	7.6	4.3	0.9
25-29	100.0	24.2	37.8	18.4	12.0	5.2	2.4
30-34	100.0	28.4	35.9	17.7	13.1	3.6	1.2
35-39	100.0	28.6	36.9	17.3	10.3	4.6	2.3
40-44	100.0	28.7	35.7	16.0	12.2	4.9	2.5
45-49	100.0	29.9	34.6	15.5	12.9	4.5	2.6
50-54	100.0	29.9	34.6	15.9	11.4	4.9	3.3
55-59	100.0	29.2	33.4	15.9	12.4	5.6	3.5
60-64	100.0	32.6	36.9	14.0	11.8	4.0	0.8
65+	100.0	37.7	38.1	13.3	7.4	1.9	1.5
女　Female	**100.0**	**26.4**	**41.0**	**17.4**	**9.1**	**4.1**	**2.0**
16-19	100.0	30.3	48.8	16.3	2.6	1.8	0.3
20-24	100.0	22.1	43.2	22.6	6.9	4.7	0.6
25-29	100.0	22.2	40.4	18.2	10.0	5.6	3.5
30-34	100.0	27.8	41.6	16.5	9.2	3.6	1.3
35-39	100.0	28.7	40.8	15.5	8.8	3.9	2.3
40-44	100.0	25.8	39.5	17.2	11.2	3.4	2.8
45-49	100.0	25.4	40.0	14.9	11.6	4.6	3.5
50-54	100.0	29.3	39.0	15.8	9.5	4.4	2.1
55-59	100.0	30.7	41.0	14.9	9.6	2.5	1.4
60-64	100.0	38.5	36.4	13.3	9.2	0.8	1.8
65+	100.0	46.6	36.7	9.8	4.0	1.5	1.6

1-79 居民消费价格分类指数(2023年)
CONSUMER PRICE INDICES BY CATEGORY (2023)

(上年=100) (preceding year=100)

项目名称	Item	全国 National Indices	城市 Urban Indices	农村 Rural Indices
居民消费价格总指数	**Consumer Price Index**	**100.2**	**100.3**	**100.1**
食品烟酒	**Food, Tobacco and Alcohol**	**100.3**	**100.4**	**100.1**
食品	Food	99.7	99.7	99.6
粮食	Grain	101.0	101.0	101.1
薯类	Tubers	105.5	105.0	106.9
豆类	Beans	101.1	101.1	101.1
食用油	Edible Oil and Fats	100.7	100.8	100.4
菜及食用菌	Vegetables and Edible Mushrooms	98.0	97.8	98.4
#鲜菜	Fresh Vegetables	97.4	97.3	97.9
畜肉类	Meat of Livestock	92.7	93.0	91.8
禽肉类	Meat of Poultry	103.1	103.1	103.3
水产品	Aquatic Products	100.0	99.8	100.6
蛋类	Eggs	100.3	100.1	101.0
奶类	Milk and Other Dairy Products	100.4	100.4	100.3
干鲜瓜果类	Fruits and Nuts	104.5	104.4	104.8
#鲜果	Fresh Fruits	104.9	104.8	105.4
糖果糕点类	Candy and Cake	101.8	101.9	101.5
调味品	Flavoring	101.3	101.2	101.3
其他食品类	Other Foods	101.4	101.5	101.2
茶及饮料	Tea and Beverages	101.3	101.4	101.1
烟酒	Tobacco and Alcohol	101.0	101.0	101.0
在外餐饮	Dining Out	101.8	101.8	101.6
衣着	**Clothing**	**101.0**	**101.1**	**100.6**
服装	Garments	101.0	101.1	100.7
鞋类	Footwear	100.7	100.8	100.3
居住	**Residence**	**100.0**	**100.0**	**100.0**
租赁房房租	Rent of Rental Housing	99.8	99.8	99.7
住房保养维修及管理	Housing Maintenance and Management	100.5	100.5	100.6
水电燃料	Water, Electricity and Fuels	100.2	100.3	100.1
生活用品及服务	**Articles for Daily Use and Services**	**100.1**	**100.1**	**99.9**
家具及室内装饰品	Furniture and Interior Decorations	100.2	100.2	100.1
家用器具	Home Appliances	98.9	98.9	98.8
家用纺织品	Home Textiles	99.7	99.7	99.6
家庭日用杂品	Daily Use Household Articles	100.2	100.2	100.0
个人护理用品	Personal-care Supplies	100.7	100.7	100.7
家庭服务	Household Services	101.7	101.8	101.5
交通通信	**Transport and Communications**	**97.7**	**97.7**	**97.6**
交通	Transport	97.3	97.4	97.1
交通工具	Transport Facility	96.0	95.8	96.5
交通工具用燃料	Fuels for Transport Facility	94.6	94.6	94.5
交通工具使用和维修	Use and Maintenance of Transport Facility	100.7	100.7	100.9
交通费	Traffic Fee	104.0	104.3	102.6
通信	Communications	99.1	99.0	99.2
教育文化娱乐	**Education, Culture and Recreation**	**102.0**	**102.1**	**101.5**
教育	Education	101.4	101.3	101.6
教育用品	Education Articles	101.7	101.7	101.8
教育服务	Education Services	101.4	101.3	101.6
文化娱乐	Culture and Recreation	103.0	103.2	101.5
文娱耐用消费品	Durable Consumer Goods for Culture and Recreation	98.1	98.1	98.2
其他文娱用品	Other Articles	100.3	100.3	100.4
文化娱乐服务	Services for Culture and Recreation	101.0	101.0	100.8
旅游	Touring	109.0	109.1	108.0
医疗保健	**Health Care**	**101.1**	**101.1**	**101.3**
药品及医疗器具	Medicine and Medical Instruments	101.3	101.2	101.7
医疗服务	Medical Services	101.1	101.0	101.1
其他用品及服务	**Other Articles and Services**	**103.2**	**103.4**	**102.5**
其他用品	Other Articles	104.6	104.8	103.6
其他服务	Other Services	101.9	102.1	101.1

1-80 各地区居民消费价格分类指数(2023年)
CONSUMER PRICE INDICES BY CATEGORY AND BY REGION(2023)

(上年=100)

地 区	Region	总指数 General Index	食品烟酒 Food, Tobacco and Alcohol	食品 Food	粮食 Grain	薯类 Tubers	豆类 Beans	食用油 Edible Oil and Fats
全 国	**National Average**	**100.2**	**100.3**	**99.7**	**101.0**	**105.5**	**101.1**	**100.7**
北 京	Beijing	100.4	100.1	99.0	99.6	99.9	100.2	101.3
天 津	Tianjin	100.4	100.5	99.8	100.1	111.6	102.1	101.5
河 北	Hebei	100.6	100.5	100.1	101.4	105.3	101.7	100.6
山 西	Shanxi	99.9	99.8	99.2	100.0	104.0	102.2	100.2
内蒙古	Inner Mongolia	100.6	100.6	100.1	102.2	107.8	100.1	101.4
辽 宁	Liaoning	100.1	100.1	99.6	100.8	102.8	101.1	100.7
吉 林	Jilin	99.9	99.3	98.7	100.4	101.5	100.3	98.2
黑龙江	Heilongjiang	100.6	100.6	100.4	102.0	104.7	101.5	99.8
上 海	Shanghai	100.3	98.8	97.0	98.5	101.2	100.0	102.7
江 苏	Jiangsu	100.4	101.0	100.5	101.8	99.5	102.0	102.1
浙 江	Zhejiang	100.3	100.6	100.3	101.2	103.9	101.7	101.0
安 徽	Anhui	100.2	100.5	99.4	100.7	106.2	101.3	101.1
福 建	Fujian	100.0	100.9	100.9	100.9	103.8	101.4	99.7
江 西	Jiangxi	100.3	100.4	99.9	101.4	109.7	101.0	100.9
山 东	Shandong	100.1	100.3	99.6	101.7	103.6	100.8	99.1
河 南	Henan	99.8	99.6	99.0	101.2	107.3	101.5	100.7
湖 北	Hubei	100.1	99.9	99.1	101.2	107.2	100.6	102.9
湖 南	Hunan	100.2	99.4	98.7	100.5	107.1	101.5	101.0
广 东	Guangdong	100.4	101.4	100.7	100.3	105.3	99.8	100.9
广 西	Guangxi	99.8	100.0	99.3	100.6	105.7	99.9	99.9
海 南	Hainan	100.3	101.3	101.0	100.6	105.4	102.1	101.3
重 庆	Chongqing	99.7	98.6	97.5	101.1	101.1	99.3	98.9
四 川	Sichuan	100.0	99.8	99.1	100.7	109.6	101.1	101.0
贵 州	Guizhou	99.7	99.8	99.4	100.8	106.5	99.5	99.9
云 南	Yunnan	100.3	100.9	100.4	100.9	110.5	101.5	98.2
西 藏	Xizang	99.9	99.9	99.4	101.1	104.0	99.5	101.1
陕 西	Shaanxi	100.1	99.8	99.1	100.9	102.9	100.9	100.6
甘 肃	Gansu	100.5	100.3	100.1	102.6	110.0	102.1	101.6
青 海	Qinghai	100.5	99.4	98.0	101.9	101.8	101.9	102.2
宁 夏	Ningxia	100.4	100.3	100.0	101.1	107.3	99.4	99.5
新 疆	Xinjiang	100.0	99.6	98.7	104.0	101.6	102.2	100.5

1–80 续表 1 continued

(上年=100)

地 区	Region	菜及食用菌 Vegetables and Edible Mushrooms	#鲜菜 Fresh Vegetables	畜肉类 Meat of Livestock	禽肉类 Meat of Poultry	水产品 Aquatic Products	蛋类 Eggs	奶类 Milk and Other Dairy Products
全 国	**National Average**	**98.0**	**97.4**	**92.7**	**103.1**	**100.0**	**100.3**	**100.4**
北 京	Beijing	94.0	93.1	93.5	101.4	100.6	99.8	98.3
天 津	Tianjin	97.4	96.9	93.3	101.8	102.5	99.7	98.6
河 北	Hebei	97.3	96.4	93.0	102.8	99.4	100.6	100.3
山 西	Shanxi	95.2	94.5	94.4	104.1	97.8	99.3	99.6
内蒙古	Inner Mongolia	97.0	96.5	94.1	103.2	100.3	99.4	101.0
辽 宁	Liaoning	94.3	92.7	93.3	101.7	100.9	99.4	100.2
吉 林	Jilin	93.7	92.3	90.2	100.2	100.2	98.0	101.3
黑龙江	Heilongjiang	97.0	96.1	92.7	102.2	103.2	100.4	99.1
上 海	Shanghai	94.6	94.0	91.6	104.3	96.2	93.7	97.5
江 苏	Jiangsu	99.5	99.2	94.8	104.1	100.2	100.7	101.0
浙 江	Zhejiang	99.1	98.8	93.8	104.9	100.5	102.0	101.6
安 徽	Anhui	96.6	95.8	92.4	104.6	98.0	99.6	99.7
福 建	Fujian	100.5	100.0	94.0	105.0	101.8	100.3	101.9
江 西	Jiangxi	99.6	99.3	90.8	106.0	98.4	103.0	100.9
山 东	Shandong	97.2	96.8	93.2	101.9	101.6	100.4	100.7
河 南	Henan	96.7	95.8	89.9	102.2	98.3	97.7	99.1
湖 北	Hubei	97.9	97.4	90.9	103.7	97.1	102.9	101.1
湖 南	Hunan	97.9	97.3	90.5	103.0	97.2	101.7	100.2
广 东	Guangdong	99.8	99.6	94.7	102.7	101.4	103.0	103.0
广 西	Guangxi	98.7	98.2	91.6	102.0	100.9	101.6	97.9
海 南	Hainan	101.6	101.5	92.1	102.7	106.1	105.4	100.9
重 庆	Chongqing	95.0	94.0	90.0	103.7	95.8	96.7	101.1
四 川	Sichuan	99.4	98.9	91.3	102.8	97.8	102.2	100.1
贵 州	Guizhou	101.1	100.6	92.5	102.1	98.0	102.7	99.6
云 南	Yunnan	103.2	103.5	94.2	102.4	99.5	100.6	99.0
西 藏	Xizang	95.8	95.7	98.0	99.7	100.2	110.7	101.1
陕 西	Shaanxi	96.5	95.8	92.4	100.2	93.4	98.0	99.1
甘 肃	Gansu	96.7	96.3	92.4	102.3	96.0	99.4	99.6
青 海	Qinghai	94.6	94.1	91.3	100.1	95.7	99.1	100.5
宁 夏	Ningxia	98.4	98.3	93.4	101.6	98.3	104.9	99.3
新 疆	Xinjiang	96.7	96.0	92.1	98.9	95.7	99.1	99.0

1-80 续表 2 continued

(上年=100)

地　区	Region	干鲜瓜果类 Fruits and Nuts	#鲜果 Fresh Fruits	糖果糕点类 Candy and Cake	调味品 Flavoring	其他食品类 Other Foods	茶及饮料 Tea and Beverages	烟酒 Tobacco and Alcohol
全　国	**National Average**	**104.5**	**104.9**	**101.8**	**101.3**	**101.4**	**101.3**	**101.0**
北　京	Beijing	104.1	104.0	103.4	101.2	100.5	102.3	102.3
天　津	Tianjin	103.6	104.3	101.7	101.7	101.0	99.6	100.8
河　北	Hebei	105.6	105.8	101.2	100.8	102.2	101.2	101.1
山　西	Shanxi	102.4	102.3	101.5	101.6	102.0	101.2	101.1
内蒙古	Inner Mongolia	105.7	106.3	102.0	102.0	102.7	101.7	101.6
辽　宁	Liaoning	105.8	106.5	100.9	100.7	101.4	99.4	101.2
吉　林	Jilin	105.4	105.4	102.4	101.3	104.3	103.0	101.1
黑龙江	Heilongjiang	107.7	108.5	101.8	99.8	101.3	102.1	100.5
上　海	Shanghai	98.4	97.5	101.6	101.2	98.5	102.3	101.7
江　苏	Jiangsu	105.1	105.6	102.6	102.7	103.3	102.0	102.3
浙　江	Zhejiang	103.5	103.6	101.4	102.4	101.5	101.5	100.5
安　徽	Anhui	105.6	106.2	101.7	102.1	100.9	106.0	101.3
福　建	Fujian	105.7	106.8	102.6	102.3	101.4	101.2	100.5
江　西	Jiangxi	107.6	108.8	99.1	101.3	100.8	100.1	100.9
山　东	Shandong	103.1	103.6	102.3	100.8	100.9	101.2	101.4
河　南	Henan	106.1	106.6	102.4	99.9	101.3	100.0	101.1
湖　北	Hubei	103.8	104.1	101.1	102.2	101.4	100.0	100.3
湖　南	Hunan	104.1	104.6	101.6	102.8	101.3	100.6	100.9
广　东	Guangdong	105.0	105.7	101.5	101.2	100.8	100.7	100.8
广　西	Guangxi	103.0	103.2	101.4	101.1	99.6	100.9	100.5
海　南	Hainan	103.5	103.9	101.7	100.2	102.8	101.0	100.8
重　庆	Chongqing	101.7	101.4	100.7	100.6	101.2	102.2	101.1
四　川	Sichuan	103.1	103.2	101.8	100.5	101.0	102.9	100.0
贵　州	Guizhou	102.7	103.0	101.4	100.8	100.3	99.9	100.1
云　南	Yunnan	103.7	103.8	102.1	101.4	101.7	100.3	101.8
西　藏	Xizang	100.6	101.3	101.4	102.1	101.1	99.9	100.2
陕　西	Shaanxi	104.7	105.7	102.9	100.2	101.6	100.9	100.7
甘　肃	Gansu	106.7	107.7	102.9	101.6	101.8	102.3	101.0
青　海	Qinghai	103.6	104.1	102.8	101.1	100.8	100.7	100.8
宁　夏	Ningxia	107.5	109.3	100.8	100.1	100.3	101.7	101.1
新　疆	Xinjiang	105.7	107.5	101.8	101.4	101.5	102.2	100.8

1-80 续表 3 continued

(上年=100)

地 区	Region	在外餐饮 Dining Out	衣着 Clothing	服装 Garments	鞋类 Footwear	居住 Housing	租赁房房租 Rent of Rental Housing	住房保养维修及管理 Housing Maintenance and Management
全 国	**National Average**	**101.8**	**101.0**	**101.0**	**100.7**	**100.0**	**99.8**	**100.5**
北 京	Beijing	101.7	100.6	100.8	100.0	100.3	100.3	101.1
天 津	Tianjin	101.9	101.0	100.8	101.4	100.5	101.4	99.8
河 北	Hebei	101.5	102.3	102.4	102.0	100.3	99.3	101.5
山 西	Shanxi	101.1	100.3	100.0	101.8	100.0	99.6	100.2
内蒙古	Inner Mongolia	101.7	101.2	101.3	100.7	100.1	100.5	100.2
辽 宁	Liaoning	101.6	100.5	100.6	100.4	100.4	100.5	100.6
吉 林	Jilin	100.5	100.1	100.4	99.1	100.0	100.6	99.5
黑龙江	Heilongjiang	101.2	101.7	101.5	102.6	100.1	100.2	100.2
上 海	Shanghai	102.2	102.0	102.3	100.9	100.2	100.2	101.2
江 苏	Jiangsu	101.5	101.4	101.3	101.8	100.0	99.8	100.7
浙 江	Zhejiang	101.5	101.0	100.9	101.3	99.6	99.4	100.3
安 徽	Anhui	103.0	101.6	101.8	100.8	99.7	99.4	100.2
福 建	Fujian	101.2	100.0	100.2	98.8	99.8	99.8	100.1
江 西	Jiangxi	101.7	101.9	102.0	101.0	100.1	100.0	101.3
山 东	Shandong	101.7	100.6	100.8	99.9	100.1	100.1	100.7
河 南	Henan	101.0	99.8	100.0	99.1	99.6	99.1	99.9
湖 北	Hubei	102.0	101.3	101.2	101.8	100.4	100.5	100.3
湖 南	Hunan	100.8	101.0	101.0	100.9	100.4	100.7	100.1
广 东	Guangdong	102.8	101.8	101.9	101.0	99.5	99.4	101.2
广 西	Guangxi	101.4	102.1	102.2	101.3	99.1	99.3	99.5
海 南	Hainan	102.1	99.8	99.9	99.5	99.4	99.7	100.5
重 庆	Chongqing	100.1	101.0	100.9	101.4	100.2	99.1	99.7
四 川	Sichuan	101.4	99.0	99.1	98.7	100.4	100.3	101.0
贵 州	Guizhou	100.7	102.0	101.8	102.8	99.8	99.0	99.7
云 南	Yunnan	101.9	100.5	100.5	100.2	100.3	100.6	100.1
西 藏	Xizang	102.3	100.1	100.4	99.5	100.2	100.0	101.9
陕 西	Shaanxi	101.0	100.4	100.6	99.3	100.4	100.5	99.9
甘 肃	Gansu	100.4	100.2	100.6	98.6	99.6	98.5	100.0
青 海	Qinghai	102.8	100.5	100.4	101.1	100.1	99.9	100.1
宁 夏	Ningxia	100.8	100.5	100.5	100.5	100.6	101.8	100.2
新 疆	Xinjiang	101.9	102.5	102.6	102.0	100.0	100.4	101.2

1-80 续表 4 continued

(上年=100)

地 区	Region	水电燃料 Water, Electricity and Fuels	生活用品及服务 Articles for Daily Use and Services	家具及室内装饰品 Furniture and Interior Decorations	家用器具 Home Appliances	家用纺织品 Home Textiles	家庭日用杂品 Household Articles for Daily Use
全 国	**National Average**	**100.2**	**100.1**	**100.2**	**98.9**	**99.7**	**100.2**
北 京	Beijing	100.0	100.3	99.8	99.9	100.3	100.1
天 津	Tianjin	100.3	100.0	99.1	99.0	98.9	100.1
河 北	Hebei	101.4	100.6	100.8	99.7	100.0	100.4
山 西	Shanxi	100.1	100.3	100.8	98.9	100.5	100.2
内蒙古	Inner Mongolia	100.3	100.5	102.1	98.9	99.7	100.0
辽 宁	Liaoning	99.9	100.2	99.9	98.5	99.6	100.2
吉 林	Jilin	99.9	100.2	100.3	99.0	100.1	99.9
黑龙江	Heilongjiang	100.2	100.3	99.8	98.9	100.3	100.3
上 海	Shanghai	99.6	100.4	101.4	99.2	101.7	100.4
江 苏	Jiangsu	100.1	100.6	102.0	98.9	100.1	100.6
浙 江	Zhejiang	100.1	100.4	100.1	99.7	100.0	100.7
安 徽	Anhui	99.7	100.1	99.8	99.6	99.8	99.6
福 建	Fujian	100.0	99.9	99.4	98.9	99.5	100.0
江 西	Jiangxi	99.3	99.8	99.9	98.8	100.2	99.9
山 东	Shandong	100.1	100.0	100.0	99.2	99.8	99.7
河 南	Henan	100.2	99.6	99.6	98.4	99.1	99.6
湖 北	Hubei	99.9	100.2	100.0	98.9	100.2	100.9
湖 南	Hunan	100.5	100.1	100.4	99.1	99.8	100.2
广 东	Guangdong	99.6	99.9	100.3	98.3	97.9	100.2
广 西	Guangxi	99.2	99.0	98.4	98.1	98.4	99.4
海 南	Hainan	98.6	100.2	98.8	100.4	97.3	100.8
重 庆	Chongqing	101.7	99.8	99.5	98.3	100.4	100.9
四 川	Sichuan	102.9	100.0	100.1	98.4	98.8	100.9
贵 州	Guizhou	101.0	100.0	100.6	98.7	100.0	100.3
云 南	Yunnan	101.0	100.2	100.1	98.7	100.6	100.3
西 藏	Xizang	100.3	100.0	100.5	98.6	99.5	99.7
陕 西	Shaanxi	101.0	99.7	100.6	98.2	99.8	99.1
甘 肃	Gansu	101.0	100.0	99.9	99.0	100.0	100.1
青 海	Qinghai	100.8	100.1	100.0	98.5	100.1	100.2
宁 夏	Ningxia	101.5	99.8	100.4	97.5	99.8	99.8
新 疆	Xinjiang	100.7	99.4	97.7	98.5	99.8	99.2

1-80 续表 5 continued

(上年=100)

地 区	Region	个人护理用品 Personal-care Supplies	家庭服务 Household Services	交通通信 Transport and Communications	交通 Transport	交通工具 Transport Facility	交通工具用燃料 Fuels for Transport Facility
全 国	**National Average**	**100.7**	**101.7**	**97.7**	**97.3**	**96.0**	**94.6**
北 京	Beijing	100.2	102.2	98.3	97.9	94.8	94.5
天 津	Tianjin	100.7	102.2	97.2	96.6	94.8	94.4
河 北	Hebei	101.5	102.1	97.6	97.0	96.2	94.4
山 西	Shanxi	101.3	100.5	98.0	97.8	98.2	94.5
内蒙古	Inner Mongolia	100.7	103.3	98.0	97.6	97.9	94.5
辽 宁	Liaoning	100.5	104.9	98.1	97.7	95.6	94.7
吉 林	Jilin	101.1	101.9	97.8	97.4	96.2	94.6
黑龙江	Heilongjiang	100.8	102.9	98.1	97.6	95.5	94.5
上 海	Shanghai	100.6	100.6	99.1	99.3	95.5	94.7
江 苏	Jiangsu	100.7	103.3	96.7	96.2	93.8	94.5
浙 江	Zhejiang	101.4	100.8	97.9	97.5	97.1	94.5
安 徽	Anhui	100.5	102.8	97.5	97.0	95.8	94.6
福 建	Fujian	101.0	102.0	96.7	95.8	94.1	94.5
江 西	Jiangxi	100.0	102.2	97.5	96.8	96.3	94.4
山 东	Shandong	101.0	101.4	97.7	97.2	97.0	94.2
河 南	Henan	100.8	101.5	97.9	97.2	96.9	94.5
湖 北	Hubei	100.4	103.0	97.5	97.1	96.0	94.5
湖 南	Hunan	101.0	100.6	98.0	97.6	97.7	94.5
广 东	Guangdong	100.1	101.5	97.7	97.3	95.7	94.8
广 西	Guangxi	99.8	100.6	96.9	96.9	95.0	94.5
海 南	Hainan	100.4	102.1	98.5	98.2	98.9	95.1
重 庆	Chongqing	100.2	101.4	98.8	98.9	96.7	94.6
四 川	Sichuan	101.1	101.8	97.9	97.6	95.4	94.7
贵 州	Guizhou	100.4	100.7	97.3	96.9	96.6	94.8
云 南	Yunnan	101.1	100.5	97.2	96.7	94.6	94.6
西 藏	Xizang	100.8	100.4	98.1	97.4	99.2	94.8
陕 西	Shaanxi	100.5	100.8	97.9	97.4	94.5	95.2
甘 肃	Gansu	100.9	100.6	99.2	99.0	98.8	94.5
青 海	Qinghai	100.4	102.6	99.2	99.1	94.5	96.0
宁 夏	Ningxia	101.0	100.9	98.5	98.3	97.1	95.2
新 疆	Xinjiang	100.7	101.3	98.0	97.5	97.6	95.5

1-80 续表 6 continued

(上年=100)

地 区	Region	交通工具使用和维修 Use and Maintenance of Transport Facility	交通费 Traffic Fee	通信 Commu-nications	教育文化娱乐 Education, Culture and Recreation	教育 Education	教育用品 Education Articles
全 国	**National Average**	**100.7**	**104.0**	**99.1**	**102.0**	**101.4**	**101.7**
北 京	Beijing	100.9	104.8	99.6	102.8	100.6	100.0
天 津	Tianjin	103.1	102.2	99.6	103.1	102.3	103.4
河 北	Hebei	101.4	103.8	99.2	101.5	101.5	100.2
山 西	Shanxi	98.7	104.3	98.6	100.4	99.6	103.0
内蒙古	Inner Mongolia	99.1	105.4	99.0	101.5	101.5	102.1
辽 宁	Liaoning	100.7	103.7	99.4	101.0	100.7	100.6
吉 林	Jilin	100.6	101.8	98.9	101.4	101.1	100.2
黑龙江	Heilongjiang	100.1	103.1	99.5	101.6	101.2	102.1
上 海	Shanghai	102.3	109.8	98.3	103.6	102.2	95.2
江 苏	Jiangsu	102.0	103.3	98.4	101.8	101.4	103.9
浙 江	Zhejiang	100.4	104.2	99.1	102.8	101.8	101.0
安 徽	Anhui	99.8	105.6	98.7	102.0	101.9	101.6
福 建	Fujian	100.2	100.0	99.2	101.6	101.5	103.0
江 西	Jiangxi	101.1	103.6	99.7	102.3	101.6	100.3
山 东	Shandong	100.3	103.6	99.3	102.0	101.4	100.9
河 南	Henan	101.3	103.1	99.6	101.4	101.3	102.0
湖 北	Hubei	100.8	104.1	99.0	101.8	101.3	104.6
湖 南	Hunan	100.9	104.4	99.5	101.6	100.5	100.5
广 东	Guangdong	100.0	103.9	99.3	102.7	101.9	103.8
广 西	Guangxi	100.2	104.4	97.0	101.8	102.5	100.6
海 南	Hainan	101.0	101.1	99.4	101.8	101.4	103.7
重 庆	Chongqing	103.6	104.8	98.4	101.3	101.7	105.3
四 川	Sichuan	100.2	106.7	98.6	102.5	101.5	104.5
贵 州	Guizhou	99.6	99.9	98.7	100.4	100.8	100.5
云 南	Yunnan	101.7	104.9	99.1	102.2	100.9	100.4
西 藏	Xizang	99.8	99.6	99.4	100.6	100.4	102.4
陕 西	Shaanxi	100.4	103.3	99.3	101.0	100.8	101.7
甘 肃	Gansu	100.1	104.9	99.5	101.6	101.6	101.3
青 海	Qinghai	100.5	111.5	99.6	104.2	105.9	103.4
宁 夏	Ningxia	99.9	105.4	98.9	101.7	101.5	101.2
新 疆	Xinjiang	100.8	98.2	100.0	101.0	101.0	101.6

1-80 续表 7 continued

(上年=100)

地 区	Region	教育服务 Education Services	文化娱乐 Cultural and Recreational Articles	文娱耐用消费品 Durable Consumer Goods for Culture and Recreation	其他文娱用品 Other Articles	文化娱乐服务 Cultural and Recreational Services	旅游 Touring
全 国	**National Average**	**101.4**	**103.0**	**98.1**	**100.3**	**101.0**	**109.0**
北 京	Beijing	100.7	104.8	98.0	100.2	102.7	110.2
天 津	Tianjin	102.3	104.1	98.3	100.2	100.5	111.2
河 北	Hebei	101.5	101.6	99.1	100.4	101.2	104.7
山 西	Shanxi	99.4	101.9	98.7	100.4	99.1	108.0
内蒙古	Inner Mongolia	101.4	101.4	99.4	100.8	100.5	104.0
辽 宁	Liaoning	100.7	101.6	97.9	100.3	100.4	105.2
吉 林	Jilin	101.1	101.9	97.9	100.4	100.0	105.9
黑龙江	Heilongjiang	101.1	102.3	99.9	100.1	101.0	107.1
上 海	Shanghai	102.5	105.0	96.6	97.9	102.7	116.3
江 苏	Jiangsu	101.3	102.3	97.6	101.3	100.7	106.4
浙 江	Zhejiang	101.8	104.6	99.5	101.0	101.2	110.9
安 徽	Anhui	101.9	102.0	97.8	99.6	101.3	106.4
福 建	Fujian	101.4	101.8	99.1	100.5	100.6	104.7
江 西	Jiangxi	101.6	103.9	99.5	101.2	101.4	110.7
山 东	Shandong	101.4	103.3	99.1	100.3	100.8	111.7
河 南	Henan	101.3	101.7	97.2	100.0	101.6	109.6
湖 北	Hubei	101.2	102.8	98.6	100.7	101.5	108.2
湖 南	Hunan	100.5	103.9	99.6	100.1	100.2	110.9
广 东	Guangdong	101.8	104.2	97.7	100.6	101.5	111.9
广 西	Guangxi	102.7	100.3	95.8	100.2	100.1	104.7
海 南	Hainan	101.3	102.7	98.6	101.4	101.3	107.1
重 庆	Chongqing	101.3	100.9	98.4	99.2	103.6	101.4
四 川	Sichuan	101.3	103.8	97.0	100.5	101.3	110.6
贵 州	Guizhou	100.8	99.8	97.6	100.6	98.7	101.9
云 南	Yunnan	100.9	104.6	98.2	100.8	100.1	113.4
西 藏	Xizang	100.0	100.9	100.0	100.3	101.0	104.3
陕 西	Shaanxi	100.6	101.7	96.8	99.0	101.0	106.9
甘 肃	Gansu	101.7	101.4	99.7	100.2	99.7	106.2
青 海	Qinghai	106.0	101.2	96.9	101.1	100.4	105.6
宁 夏	Ningxia	101.6	102.0	95.0	101.3	101.4	109.1
新 疆	Xinjiang	101.0	101.0	97.8	100.7	100.2	104.0

1-80　续表 8　continued

(上年=100)

地　区	Region	医疗保健 Health Care	药品及医疗器具 Medicine and Medical Instruments	医疗服务 Medical Services	其他用品及服务 Other Articles and Services	其他用品 Other Articles	其他服务 Other Services
全　国	**National Average**	**101.1**	**101.3**	**101.1**	**103.2**	**104.6**	**101.9**
北　京	Beijing	100.2	100.5	100.0	104.2	106.1	102.5
天　津	Tianjin	100.4	100.4	100.3	103.6	106.3	101.3
河　北	Hebei	103.2	101.6	104.0	103.2	104.7	101.8
山　西	Shanxi	100.9	102.3	100.2	102.4	102.8	102.0
内蒙古	Inner Mongolia	103.3	103.3	103.4	103.5	105.0	101.9
辽　宁	Liaoning	100.1	100.4	100.0	103.1	104.6	101.8
吉　林	Jilin	100.7	102.4	99.9	103.4	105.1	101.8
黑龙江	Heilongjiang	102.5	101.1	103.2	102.8	104.4	101.2
上　海	Shanghai	100.2	100.6	99.9	104.8	106.3	103.3
江　苏	Jiangsu	103.2	100.8	103.9	103.9	104.9	102.7
浙　江	Zhejiang	101.0	100.9	101.0	103.6	105.6	101.7
安　徽	Anhui	100.7	100.8	100.6	103.2	104.8	101.0
福　建	Fujian	100.7	101.8	100.2	103.1	104.4	101.6
江　西	Jiangxi	100.7	101.4	100.4	103.3	103.8	102.5
山　东	Shandong	100.2	100.9	99.8	103.7	105.2	102.0
河　南	Henan	100.9	101.5	100.7	103.2	104.7	101.7
湖　北	Hubei	100.5	102.1	100.0	102.9	104.6	101.2
湖　南	Hunan	102.0	101.7	102.1	103.0	104.7	101.2
广　东	Guangdong	100.4	101.8	100.0	102.3	103.0	101.8
广　西	Guangxi	101.5	101.8	101.3	102.1	102.3	101.9
海　南	Hainan	99.8	98.3	100.6	102.0	103.7	100.5
重　庆	Chongqing	100.2	100.5	100.0	102.4	104.4	101.2
四　川	Sichuan	100.6	100.9	100.5	102.6	103.4	102.1
贵　州	Guizhou	100.0	100.5	99.8	101.9	103.4	100.6
云　南	Yunnan	100.7	101.2	100.5	103.0	103.3	102.6
西　藏	Xizang	101.0	100.7	101.1	103.7	106.1	101.5
陕　西	Shaanxi	101.4	102.3	101.0	103.8	104.7	103.1
甘　肃	Gansu	103.5	102.3	104.1	103.2	104.4	102.1
青　海	Qinghai	102.1	103.0	101.7	103.5	104.6	102.2
宁　夏	Ningxia	100.8	101.0	100.7	104.6	105.7	103.2
新　疆	Xinjiang	100.3	100.4	100.3	104.4	105.6	102.9

1-81 城镇居民人均收支情况
PER CAPITA INCOME AND CONSUMPTION EXPENDITURE OF URBAN HOUSEHOLDS

单位：元 (yuan)

指 标	Item	2018	2019	2020	2021	2022	2023
城镇居民人均收入	**Per Capita Income of Urban Households**						
可支配收入	Disposable Income	39251	42359	43834	47412	49283	51821
1.工资性收入	1.Income of Wages and Salaries	23792	25565	26381	28481	29578	31321
2.经营净收入	2.Net Business Income	4443	4840	4711	5382	5584	5903
3.财产净收入	3.Net Income from Property	4028	4391	4627	5052	5238	5392
4.转移净收入	4.Net Income from Transfer	6988	7563	8116	8497	8882	9205
现金可支配收入	Disposable Income in Cash	36316	39148	40378	43596	45354	48277
1.工资性收入	1.Income of Wages and Salaries	23671	25439	26240	28299	29393	31090
2.经营净收入	2.Net Business Income	4808	5181	4987	5631	5784	6515
3.财产净收入	3.Net Income from Property	1312	1495	1569	1836	1945	2188
4.转移净收入	4.Net Income from Transfer	6526	7033	7581	7831	8232	8485
城镇居民人均支出	**Per Capita Expenditure of Urban Households**						
消费支出	Consumption Expenditure	26112	28063	27007	30307	30391	32994
#服务性消费	Consumption Expenditure on Services	12130	13518	12013	14058	13723	15673
1.食品烟酒	1.Food, Tobacco and Liquor	7239	7733	7881	8678	8958	9495
2.衣着	2.Clothing and Footwear	1808	1832	1645	1843	1735	1880
3.居住	3.Housing	6255	6780	6958	7405	7644	7822
4.生活用品及服务	4.Household Equipments, Furnishings and Services	1629	1689	1640	1820	1800	1910
5.交通通信	5.Transport and Communications	3473	3671	3474	3932	3909	4495
6.教育文化娱乐	6.Education, Cultural and Recreation	2974	3328	2592	3322	3050	3589
7.医疗保健	7.Health Care and Medical Services	2046	2283	2172	2521	2481	2850
8.其他用品及服务	8.Miscellaneous Goods and Services	687	747	646	786	814	953
现金消费支出	Consumption Expenditure in Cash	21287	22798	21556	24380	24375	26863
1.食品烟酒	1.Food, Tobacco and Liquor	7099	7584	7710	8444	8716	9255
2.衣着	2.Clothing and Footwear	1807	1831	1644	1842	1734	1879
3.居住	3.Housing	2045	2223	2222	2393	2503	2681
4.生活用品及服务	4.Household Equipments, Furnishings and Services	1618	1676	1627	1807	1789	1902
5.交通通信	5.Transport and Communications	3466	3665	3469	3925	3903	4488
6.教育文化娱乐	6.Education, Cultural and Recreation	2972	3326	2591	3320	3049	3587
7.医疗保健	7.Health Care and Medical Services	1604	1755	1658	1881	1895	2130
8.其他用品及服务	8.Miscellaneous Goods and Services	675	738	635	769	785	942

1-82 各地区城镇居民人均可支配收入来源(2023年)

PER CAPITA DISPOSABLE INCOME OF URBAN HOUSEHOLDS BY SOURCES AND REGION (2023)

单位：元 (yuan)

地 区	Region	可支配收入 Disposable Income	工资性收入 Income from Wages and Salaries	经营净收入 Net Business Income	财产净收入 Net Income from Properties	转移净收入 Net Income from Transfers
全 国	**National Average**	**51821**	**31321**	**5903**	**5392**	**9205**
北 京	Beijing	88650	55487	861	13617	18686
天 津	Tianjin	55355	35451	2678	5234	11992
河 北	Hebei	43631	27371	4028	4224	8008
山 西	Shanxi	41327	23505	3964	3070	10788
内蒙古	Inner Mongolia	48676	29756	9276	2637	7006
辽 宁	Liaoning	45896	26839	4344	2104	12610
吉 林	Jilin	37503	23371	4072	1830	8231
黑龙江	Heilongjiang	36492	21006	3169	1163	11153
上 海	Shanghai	89477	56171	1521	11809	19976
江 苏	Jiangsu	63211	37332	6049	7522	12308
浙 江	Zhejiang	74997	41439	10833	10880	11844
安 徽	Anhui	47446	28466	7306	4038	7636
福 建	Fujian	56153	35054	7509	7505	6085
江 西	Jiangxi	45554	27314	4406	4648	9186
山 东	Shandong	51571	30908	8565	4230	7868
河 南	Henan	40234	23114	5674	3567	7879
湖 北	Hubei	44990	25232	5961	3984	9813
湖 南	Hunan	49243	26398	7604	4842	10399
广 东	Guangdong	59307	41580	6422	8665	2639
广 西	Guangxi	41287	22333	7526	4387	7040
海 南	Hainan	42661	25834	5656	4332	6840
重 庆	Chongqing	47435	27656	5350	3364	11065
四 川	Sichuan	45227	26228	5250	3508	10240
贵 州	Guizhou	42772	24107	7811	3438	7417
云 南	Yunnan	43563	26055	5430	5200	6877
西 藏	Xizang	51900	38400	1871	4178	7452
陕 西	Shaanxi	44713	25805	3390	3388	12130
甘 肃	Gansu	39833	27141	2810	3001	6880
青 海	Qinghai	40408	26641	3272	1638	8858
宁 夏	Ningxia	42395	28642	4364	1338	8052
新 疆	Xinjiang	40578	24963	4006	1844	9765

1-83 农村居民人均收支情况
PER CAPITA INCOME AND CONSUMPTION EXPENDITURE OF RURAL HOUSEHOLDS

单位：元 (yuan)

指　　标	Item	2018	2019	2020	2021	2022	2023
农村居民人均收入	**Per Capita Income of Rural Households**						
可支配收入	Disposable Income	14617	16021	17131	18931	20133	21691
1.工资性收入	1.Income of Wages and Salaries	5996	6583	6974	7958	8449	9163
2.经营净收入	2.Net Business Income	5358	5762	6077	6566	6972	7431
3.财产净收入	3.Net Income from Property	342	377	419	469	509	540
4.转移净收入	4.Net Income from Transfer	2920	3298	3661	3937	4203	4557
现金可支配收入	Disposable Income in Cash	13913	15280	16395	17596	19084	20958
1.工资性收入	1.Income of Wages and Salaries	5961	6540	6927	7882	8368	9080
2.经营净收入	2.Net Business Income	4969	5382	5720	5709	6397	7236
3.财产净收入	3.Net Income from Property	342	377	419	469	509	540
4.转移净收入	4.Net Income from Transfer	2640	2980	3329	3536	3810	4102
农村居民人均支出	**Per Capita Expenditure of Rural Households**						
消费支出	Consumption Expenditure	12124	13328	13713	15916	16632	18175
#服务性消费	Consumption Expenditure on Services	4645	5290	5190	6143	6358	7164
1.食品烟酒	1.Food, Tobacco and Liquor	3646	3998	4479	5200	5485	5880
2.衣着	2.Clothing and Footwear	648	713	713	859	864	921
3.居住	3.Housing	2661	2871	2962	3315	3503	3694
4.生活用品及服务	4.Household Equipments, Furnishings and Services	720	764	768	900	934	992
5.交通通信	5.Transport and Communications	1690	1837	1841	2132	2230	2480
6.教育文化娱乐	6.Education, Cultural and Recreation	1302	1482	1309	1645	1683	1951
7.医疗保健	7.Health Care and Medical Services	1240	1421	1418	1580	1632	1916
8.其他用品及服务	8.Miscellaneous Goods and Services	218	241	224	284	300	341
现金消费支出	Consumption Expenditure in Cash	9862	10854	11097	12858	13581	15103
1.食品烟酒	1.Food, Tobacco and Liquor	3226	3538	3945	4594	4912	5324
2.衣着	2.Clothing and Footwear	647	713	712	859	864	920
3.居住	3.Housing	1084	1164	1195	1250	1400	1629
4.生活用品及服务	4.Household Equipments, Furnishings and Services	709	749	753	887	924	986
5.交通通信	5.Transport and Communications	1685	1835	1839	2129	2229	2478
6.教育文化娱乐	6.Education, Cultural and Recreation	1301	1481	1308	1645	1683	1950
7.医疗保健	7.Health Care and Medical Services	997	1138	1125	1224	1284	1481
8.其他用品及服务	8.Miscellaneous Goods and Services	213	236	218	270	286	336

1-84　农村居民分地区人均可支配收入来源(2023年)
PER CAPITA DISPOSABLE INCOME OF RURAL HOUSEHOLDS BY SOURCES AND REGION (2023)

单位：元　　(yuan)

地　区	Region	可支配收入 Disposable Income	工资性收入 Income from Wages and Salaries	经营净收入 Net Business Income	财产净收入 Net Income from Properties	转移净收入 Net Income from Transfers
全　国	**National Average**	**21691**	**9163**	**7431**	**540**	**4557**
北　京	Beijing	37358	26819	2090	3682	4768
天　津	Tianjin	30851	16912	7356	1293	5290
河　北	Hebei	20688	11015	6749	446	2479
山　西	Shanxi	17677	7875	4676	256	4869
内蒙古	Inner Mongolia	21221	4086	11607	580	4948
辽　宁	Liaoning	21483	7952	9585	487	3459
吉　林	Jilin	19472	4373	11595	535	2969
黑龙江	Heilongjiang	19756	3724	9877	1442	4713
上　海	Shanghai	42988	27019	2233	1345	12392
江　苏	Jiangsu	30488	14733	7901	986	6869
浙　江	Zhejiang	40311	23825	10307	1259	4920
安　徽	Anhui	21144	7449	7962	456	5276
福　建	Fujian	26722	12020	9857	570	4274
江　西	Jiangxi	21358	9720	6549	415	4674
山　东	Shandong	23776	11872	8110	532	3262
河　南	Henan	20053	7544	6385	279	5844
湖　北	Hubei	21293	6923	8814	290	5267
湖　南	Hunan	20921	8179	7470	299	4973
广　东	Guangdong	25142	14474	6101	952	3615
广　西	Guangxi	18656	6353	7333	431	4538
海　南	Hainan	20708	8565	8176	395	3573
重　庆	Chongqing	20820	7421	6766	518	6115
四　川	Sichuan	19978	6220	7599	609	5548
贵　州	Guizhou	14817	5924	4636	122	4135
云　南	Yunnan	16361	5846	7161	251	3103
西　藏	Xizang	19924	6910	8373	861	3779
陕　西	Shaanxi	16992	7077	5013	283	4619
甘　肃	Gansu	13131	3893	5642	180	3417
青　海	Qinghai	15614	5443	5530	452	4189
宁　夏	Ningxia	17772	6649	7345	204	3574
新　疆	Xinjiang	17948	5989	7636	546	3777

二、就业与失业

EMPLOYMENT AND UNEMPLOYMENT

2-1 年末城镇登记失业人数及登记失业率
URBAN REGISTERED UNEMPLOYMENT AND UNEMPLOYMENT RATE AT THE YEAR-END

单位：万人 (10 000 persons)

年 份 Year	登记失业人数 Urban Registered Unemployment		比上年增长(%) Increase over Preceeding year		登记失业率(%) Registered Unemployment Rate
	合 计 Total	#失业青年 Youth	合 计 Total	#失业青年 Youth	
1981	440	343	-18.8	-10.3	3.8
1982	379	294	-13.7	-14.3	3.2
1983	271	222	-28.5	-24.4	2.3
1984	236	196	-13.2	-11.8	1.9
1985	239	197	1.2	0.5	1.8
1986	264	209	10.9	6.3	2.0
1987	277	235	4.6	12.3	2.0
1988	296	245	7.1	4.3	2.0
1989	378	309	27.6	26.0	2.6
1990	383	313	1.4	1.2	2.5
1991	352	288	-8.1	-7.8	2.3
1992	364	300	3.3	4.0	2.3
1993	420	332	15.4	10.7	2.6
1994	476	301	13.4	-9.3	2.8
1995	520	310	9.1	3.1	2.9
1996	553		6.3		3.0
1997	577		4.3		3.1
1998	571		-1.0		3.1
1999	575		0.7		3.1
2000	595		3.5		3.1
2001	681		14.4		3.6
2002	770		13.1		4.0
2003	800		3.9		4.3
2004	827		3.4		4.2
2005	839		1.5		4.2
2006	847		1.0		4.1
2007	830		-2.0		4.0
2008	886		6.7		4.2
2009	921		4.0		4.3
2010	908		-1.4		4.1
2011	922		1.5		4.1
2012	917		-0.5		4.1
2013	926		1.0		4.05
2014	952		2.8		4.09
2015	966		1.5		4.05
2016	982		1.7		4.02
2017	972		-1.0		3.90
2018	974		0.2		3.80
2019	945		-3.0		3.62
2020	1160		22.8		4.24
2021	1040		-10.4		3.96
2022	1203		15.6		
2023	1074		-10.7		

注：2022年起人力资源和社会保障部不再发布城镇登记失业率数据。
Note：Since 2022,the Ministry of Human Resources and Social Security has no longer released the registered unemployment rate in urban areas.

2-2 各地区年末城镇登记失业人数
REGISTERED UNEMPLOYED PERSONS IN URBAN AREA AT THE YEAR-END BY REGION

单位：万人 (10 000 persons)

地区	Region	1990	2005	2010	2015	2020	2021	2022	2023
北京	Beijing	1.7	10.6	7.7	7.8	29.0	37.2	36.4	35.5
天津	Tianjin	8.1	11.7	16.1	25.1	27.0	27.5	25.4	42.8
河北	Hebei	7.7	27.8	35.1	39.4	38.5	40.2	20.5	9.3
山西	Shanxi	5.5	14.3	20.4	25.6	27.7	20.0	19.9	26.4
内蒙古	Inner Mongolia	15.2	17.7	20.8	25.9	30.0	30.5	29.0	26.2
辽宁	Liaoning	23.7	60.4	38.9	46.2	50.7	47.7	48.5	55.9
吉林	Jilin	10.5	27.6	22.7	23.9	20.6	19.1	19.6	24.2
黑龙江	Heilongjiang	20.4	31.3	36.2	41.0	31.0	28.5	20.2	15.1
上海	Shanghai	7.7	27.5	27.6	24.8	19.7	66.9	14.6	76.3
江苏	Jiangsu	22.5	41.6	40.6	36.0	36.7	49.1	62.9	64.7
浙江	Zhejiang	11.2	29.0	31.1	33.7	42.1	45.3	37.2	47.2
安徽	Anhui	15.2	27.8	26.9	30.9	30.0	25.4	17.9	16.6
福建	Fujian	9.0	14.9	14.5	15.4	35.7	38.0	28.3	25.1
江西	Jiangxi	10.3	22.8	26.3	29.9	29.9	29.9	28.5	36.5
山东	Shandong	26.2	42.9	44.5	43.7	46.7	62.4	20.4	33.1
河南	Henan	25.1	33.0	38.2	42.5	62.2	65.3	54.6	65.8
湖北	Hubei	12.7	52.6	55.7	33.4	55.3	51.3	51.2	42.7
湖南	Hunan	15.9	41.9	43.2	45.1	31.4	27.7	25.3	18.2
广东	Guangdong	19.2	34.5	39.3	37.0	73.9	82.5	53.9	114.6
广西	Guangxi	13.9	18.5	19.1	18.1	22.9	22.7	22.8	21.0
海南	Hainan	3.5	5.1	4.8	4.8	7.9	10.1	10.9	11.2
重庆	Chongqing		16.9	13.0	14.3	29.6	18.9	21.9	34.9
四川	Sichuan	38.0	34.3	34.6	54.6	54.4	66.4	51.6	83.1
贵州	Guizhou	10.7	12.1	12.2	14.5	19.5	32.0	32.9	26.5
云南	Yunnan	7.8	13.0	15.7	19.5	31.9	30.0	32.5	38.6
西藏	Xizang			2.1	1.8	2.1	1.8	1.8	0.7
陕西	Shaanxi	11.2	21.5	21.4	22.3	24.5	27.7	23.8	19.5
甘肃	Gansu	12.5	9.3	10.7	9.5	12.2	13.1	13.4	20.5
青海	Qinghai	4.2	3.6	4.2	4.4	3.1	2.8	2.1	2.7
宁夏	Ningxia	4.0	4.4	4.8	4.9	5.6	7.0	10.9	16.9
新疆	Xinjiang	9.6	11.1	11.0	10.3	9.4	8.9	8.8	18.3

注：1.新疆数据不包括新疆生产建设兵团。
2.2020年起，登记失业统计口径有所调整，与历史数据不可比。
a)The data of Xinjiang does not include Xinjiang Production and Construction Corps.
b)Since 2020, the statistical caliber of registered unemployment has been adjusted, which is not comparable with historical data.

2–3 公共就业服务工作情况(2023年)
SITUATIONS OF PUBLIC EMPLOYMENT SERVICES (2023)

单位：人 (person)

项目	Item	本期单位登记招聘人数 Total Registered Job Vacancies This Year	本期登记求职人数 Total Registered Job-seekers This Year	#女性 Female	#应届高校毕业生 College Graduates	本期接受职业指导人次 Person-times of Vocational Guidance This Year	#女性 Female	本期接受创业服务人次 Person-times of Vocational Guidance
总计	**Total**	**78972795**	**46248423**	**19043631**	**8548938**	**34258349**	**12226630**	**12120288**
市(地、州)及以上公共就业人才服务机构	Public Employment (Talent) Services Institution of City (Prefecture) and Above	29625604	18055938	7453604	4458137	10065045	2619535	3982852
区(县)公共就业人才服务机构	Public Employment (Talent) Services Institution of District (County)	38368861	21798243	9042723	3447625	17323204	6914106	6309623
街道(乡镇)公共就业和人才服务平台	Public Employment and Talent Service Platform of Street (Township)	8577154	4868663	1923724	495048	5049514	1971675	1450589
社区(行政村)公共就业服务窗口	Public Employment Service Window of Community (Administrative Village)	2401176	1525579	623580	148128	1820586	721314	377224

2-4 各地区公共就业服务工作情况(2023年)
SITUATIONS OF PUBLIC EMPLOYMENT SERVICES BY REGION (2023)

单位：人 (person)

地 区	Region	本期单位登记招聘人数 Total Registered Job Vacancies This Year	本期登记求职人数 Total Registered Job-seekers This Year	#女性 Female	#应届高校毕业生 College Graduates	#农村劳动者 Rural Labours	本期接受职业指导人次 Person-times of Vocational Guidance This Year	#女性 Female	本期接受创业服务人数 Person-times of Vocational Guidance
总 计	**National Total**	**78972795**	**46248423**	**19043631**	**8548938**	**12883816**	**34258349**	**12226630**	**12120288**
北 京	Beijing	660164	311251	130844	8422	68648	971916	194718	74112
天 津	Tianjin	2022496	1465163	691645	738910	220365	230936	110411	33043
河 北	Hebei	5324742	2771885	1031632	465261	800344	2109764	752074	2057814
山 西	Shanxi	1933550	3304648	1643960	289616	358581	899657	354038	80228
内蒙古	Inner Mongolia	1088030	678624	229230	139750	131920	195121	69905	46643
辽 宁	Liaoning	1693674	1064735	442584	127219	176840	355365	170656	133183
吉 林	Jilin	733048	284856	118943	49464	29546	134505	52959	37265
黑龙江	Heilongjiang	1809920	1429956	602808	134278	492314	4210549	1796150	107963
上 海	Shanghai	1019062	730686	311376	67984		60994	30594	83866
江 苏	Jiangsu	5296007	3919458	1643291	735669	1008260	1779844	653295	715268
浙 江	Zhejiang	4823296	2044102	843736	270325	651775	740806	288267	231680
安 徽	Anhui	4457562	2470009	1070730	390779	672527	1104553	356922	273083
福 建	Fujian	1293343	998215	363133	214017	161012	223836	86376	52573
江 西	Jiangxi	1972396	1287863	534213	164538	676170	926835	379467	293116
山 东	Shandong	6006919	5003258	2205003	1465242	1482006	5011116	2038772	4451941
河 南	Henan	5244246	3066817	1067895	698333	975019	1495982	554605	566291
湖 北	Hubei	2489504	1195508	484682	160541	533298	1064889	406111	344735
湖 南	Hunan	2897849	1747733	767948	251062	689331	1856076	648906	371112
广 东	Guangdong	6543406	4011385	1329549	540749	549190	2456251	890316	752825
广 西	Guangxi	5691978	1453545	587533	517833	555303	3326878	340567	82610
海 南	Hainan	373171	201170	65419	12690	83956	65261	27206	25490
重 庆	Chongqing	1365010	676451	257473	51048	209562	789570	293280	42978
四 川	Sichuan	2958559	1373552	610739	179587	581736	827855	379624	343741
贵 州	Guizhou	2879192	1145111	513636	124996	348700	771744	297355	136653
云 南	Yunnan	2123075	823072	362428	195381	383448	877715	362817	112901
西 藏	Xizang	193300	78910	33689	15896	4236	35698	8568	2565
陕 西	Shaanxi	2847175	875386	354442	190793	264153	561014	210539	98568
甘 肃	Gansu	1033311	662233	251309	152169	185656	216883	57493	412026
青 海	Qinghai	342063	229353	80544	8719	157547	188654	77307	17987
宁 夏	Ningxia	474850	121768	59715	30199	33041	92574	47216	43432
新 疆	Xinjiang	1311584	715891	298765	137688	368556	638294	271546	91896
兵 团	Xinjiang Production and Construction Corps	70313	105829	54738	19780	30776	37214	18570	2700

三、城镇非私营单位就业人员和工资总额

EMPLOYMENT AND TOTAL WAGES IN URBAN NON-PRIVATE UNITS

3-1 分行业城镇非私营单位就业人员和工资总额(2023年)
EMPLOYMENT AND TOTAL WAGES IN URBAN NON-PRIVATE UNITS BY SECTOR(2023)

项　　目	Item	年末人数（千人）Year-end Figures (1000 persons)	#女性 Female	工资总额（亿元）Total Wages (100 million yuan)	平均工资（元）Average Wage (yuan)
全国总计	**National Total**	**163683**	**67038**	**197416.7**	**120698**
农、林、牧、渔业	**Agriculture, Forestry, Animal Husbandry and Fishery**	**693**	**206**	**438.5**	**62952**
农业	Farming	190	73	90.1	46295
林业	Forestry	251	55	168.4	67333
畜牧业	Animal Husbandry	96	29	73.5	76183
渔业	Fishery	17	3	13.0	75069
农、林、牧、渔专业及辅助性活动	Professional and Support Activities for Agriculture, Forestry, Animal Husbandry and Fishery	140	46	93.5	67736
采矿业	**Mining**	**3293**	**513**	**4488.5**	**135025**
煤炭开采和洗选业	Mining and Washing of Coal	2220	272	2830.1	126891
石油和天然气开采业	Extraction of Petroleum and Natural Gas	505	139	955.3	185311
黑色金属矿采选业	Mining and Processing of Ferrous Metal Ores	123	17	137.0	109080
有色金属矿采选业	Mining and Processing of Non-Ferrous Metal Ores	125	23	133.7	105472
非金属矿采选业	Mining and Processing of Non-metal Ores	101	21	84.4	82980
开采专业及辅助性活动	Professional and Support Activities for Mining	218	41	346.8	155445
其他采矿业	Mining of Other Ores	1	0	1.3	102242
制造业	**Manufacturing**	**35778**	**12843**	**37480.3**	**103932**
农副食品加工业	Processing of Food from Agricultural Products	1045	448	794.3	76660
食品制造业	Manufacture of Foods	935	456	842.4	90181
酒、饮料和精制茶制造业	Manufacture of Liquor, Beverages and Refined Tea	722	246	774.2	107463
烟草制品业	Manufacture of Tobacco	147	42	396.2	270421
纺织业	Manufacture of Textile	918	499	678.0	73004
纺织服装、服饰业	Manufacture of Textile, Wearing Apparel and Accessories	939	670	656.5	68534
皮革、毛皮、羽毛及其制品和制鞋业	Manufacture of Leather, Fur, Feather and Related Products and Footwear	637	393	401.2	62409
木材加工和木、竹、藤、棕、草制品业	Processing of Timber, Manufacture of Wood, Bamboo, Rattan, Palm and Straw Products	145	53	101.3	68830
家具制造业	Manufacture of Furniture	357	131	298.7	84422
造纸及纸制品业	Manufacture of Paper and Paper Products	423	143	371.4	87595
印刷和记录媒介复制业	Printing and Reproduction of Recording Media	380	160	339.3	87842
文教、工美、体育和娱乐用品制造业	Manufacture of Articles for Culture, Education, Arts and Crafts, Sport and Entertainment Activities	667	375	467.3	67944
石油、煤炭及其他燃料加工业	Processing of Petroleum, Coal and Other Fuels	529	109	751.9	140417
化学原料和化学制品制造业	Manufacture of Raw Chemical Materials and Chemical Products	1871	516	2188.3	116594
医药制造业	Manufacture of Medicines	1413	676	1725.3	121497
化学纤维制造业	Manufacture of Chemical Fibres	256	85	231.6	90669
橡胶和塑料制品业	Manufacture of Rubber and Plastics Products	1319	513	1137.1	85899
非金属矿物制品业	Manufacture of Non-metallic Mineral Products	1570	426	1387.5	87349
黑色金属冶炼和压延加工业	Smelting and Pressing of Ferrous Metals	1036	165	1123.3	105728
有色金属冶炼和压延加工业	Smelting and Pressing of Non-ferrous Metals	879	180	874.2	98756
金属制品业	Manufacture of Metal Products	1446	434	1290.7	88290
通用设备制造业	Manufacture of General Purpose Machinery	2072	563	2284.7	109906

3-1 续表 1 continued

项 目	Item	年末人数（千人）Year-end Figures (1000 persons)	#女 性 Female	工资总额（亿元）Total Wages (100 million yuan)	平均工资（元）Average Wage (yuan)
专用设备制造业	Manufacture of Special Purpose Machinery	1817	526	2186.9	119357
汽车制造业	Manufacture of Automobiles	3059	832	3618.0	118901
铁路、船舶、航空航天和其他运输设备制造业	Manufacture of Railway, Ship, Aerospace and Other Transport Equipments	636	151	763.4	120213
电气机械和器材制造业	Manufacture of Electrical Machinery and Apparatus	3243	1214	3309.4	101681
计算机、通信和其他电子设备制造业	Manufacture of Computers, Communication and Other Electronic Equipment	6346	2520	7336.5	113529
仪器仪表制造业	Manufacture of Measuring Instruments and Machinery	556	201	695.8	124266
其他制造业	Other Manufacture	122	61	106.9	87295
废弃资源综合利用业	Utilization of Waste Resources	96	23	87.6	87705
金属制品、机械和设备修理业	Repair Service of Metal Products, Machinery and Equipment	196	31	260.4	130837
电力、热力、燃气及水生产和供应业	**Production and Supply of Electricity, Heat, Gas and Water**	**3610**	**941**	**5205.3**	**143594**
电力、热力生产和供应业	Production and Supply of Electric Power and Heat Power	2578	597	4174.7	161374
燃气生产和供应业	Production and Supply of Gas	327	103	366.9	111581
水的生产和供应业	Production and Supply of Water	704	241	663.7	93579
建筑业	**Construction**	**16381**	**2291**	**13681.9**	**85804**
房屋建筑业	Construction of Buildings	10264	1292	7820.6	78561
土木工程建筑业	Civil Engineering	4392	720	4329.9	100271
建筑安装业	Building Installation	919	140	894.9	100932
建筑装饰、装修和其他建筑业	Building Decoration and Other Constructions	806	139	636.5	80987
批发和零售业	**Wholesale and Retail Trades**	**7824**	**4058**	**9815.0**	**124362**
批发业	Wholesale Trade	4064	1769	6586.7	160388
零售业	Retail Trade	3760	2289	3228.2	85278
交通运输、仓储和邮政业	**Transport, Storage and Post**	**7679**	**1972**	**9488.2**	**122705**
铁路运输业	Railway Transport	1781	253	2717.5	151575
道路运输业	Road Transport	3268	851	3023.3	91757
水上运输业	Water Transport	264	47	462.0	172004
航空运输业	Air Transport	595	218	1105.7	187072
管道运输业	Transport Via Pipelines	38	8	89.4	236651
多式联运和运输代理业	Intermodality and Forwarding Agency	329	149	515.3	154247
装卸搬运和仓储业	Loading, Unloading and Storage	461	118	477.7	98700
邮政业	Post	943	329	1097.3	118082
住宿和餐饮业	**Hotels and Catering Services**	**2884**	**1669**	**1645.8**	**58094**
住宿业	Hotels	1031	572	682.6	66314
餐饮业	Catering Services	1854	1096	963.2	53402
信息传输、软件和信息技术服务业	**Information Transmission, Software and Information Technology**	**5295**	**2030**	**12417.6**	**231810**
电信、广播电视和卫星传输服务	Telecommunication, Radio and Television and Satellite Transmission Service	1381	565	2298.2	165652
互联网和相关服务	Internet and Related Service	706	303	2120.9	294381
软件和信息技术服务业	Software and Information Technology	3209	1161	7998.5	246185

3-1 续表 2 continued

项　目	Item	年末人数(千人) Year-end Figures (1000 persons)	#女 性 Female	工资总额(亿元) Total Wages (100 million yuan)	平均工资(元) Average Wage (yuan)
金融业	**Financial Intermediation**	**6924**	**3907**	**13851.0**	**197663**
货币金融服务	Monetary and Financial Service	3699	1890	8470.8	229083
资本市场服务	Capital Market Service	386	180	1766.0	458606
保险业	Insurance	2738	1791	3184.6	112818
其他金融业	Other Financial Activities	102	46	429.7	421859
房地产业	**Real Estate**	**5094**	**2182**	**4761.1**	**91932**
租赁和商务服务业	**Leasing and Business Services**	**8278**	**3126**	**8905.2**	**109264**
租赁业	Leasing	144	36	155.8	110660
商务服务业	Business Services	8134	3090	8749.4	109239
科学研究和技术服务业	**Scientific Research and Technical Services**	**4517**	**1569**	**7773.9**	**171447**
研究和试验发展	Research and Experimental Development	796	336	1809.3	228077
专业技术服务业	Professional Technical Services	3068	973	4871.9	158209
科技推广和应用服务业	Science and Technology Popularization and Application Services	652	260	1092.7	165163
水利、环境和公共设施管理业	**Management of Water Conservancy, Environment and Public Facilities**	**2579**	**1093**	**1795.9**	**68656**
水利管理业	Management of Water Conservancy	260	72	293.9	112962
生态保护和环境治理业	Ecological Protection and Environmental Treatment	197	56	202.3	102022
公共设施管理业	Management of Public Facilities	2053	935	1213.9	58132
土地管理业	Management of Land	69	30	85.9	124033
居民服务、修理和其他服务业	**Service to Households, Repair and Other Services**	**852**	**448**	**588.1**	**68919**
居民服务业	Service to Households	311	164	268.4	85652
机动车、电子产品和日用产品修理业	Repair of Motor Vehicle, Electronics and Household Products	98	28	91.4	91953
其他服务业	Other Services	443	256	228.3	51823
教育	**Education**	**19405**	**12653**	**23875.8**	**124067**
卫生和社会工作	**Health and Social Service**	**11269**	**7859**	**16058.5**	**143818**
卫生	Health	10823	7552	15739.1	146758
社会工作	Social Service	446	306	319.4	72371
文化、体育和娱乐业	**Culture, Sports and Entertainment**	**1470**	**737**	**1879.4**	**127334**
新闻和出版业	Journalism and Publishing Activities	275	144	471.1	170141
广播、电视、电影和录音制作业	Radio, Television, Motion Picture and Audio-visual Programme Production Services	350	167	496.0	140361
文化艺术业	Cultural and Art Activities	483	257	523.1	108550
体育	Sports Activities	140	61	167.6	121687
娱乐业	Entertainment	222	107	221.5	98004
公共管理、社会保障和社会组织	**Public Management, Social Security and Social Organization**	**19858**	**6944**	**23266.8**	**117108**
#中国共产党机关	Organs of Communist Party of China	926	336	1177.4	127513
国家机构	Government Agencies	18501	6391	21583.0	116583
人民政协、民主党派	People's Political Consultative Conference and Democratic Parties	117	38	174.8	148876
社会保障	Social Security	134	77	134.8	100307
群众团体、社会团体和其他成员组织	Non-Governmental Organizations, Social Organizations and Membership Organizations	180	102	196.8	109561

3-2 各地区分行业城镇单位就业人员和工资总额(2023年)
URBAN UNITS EMPLOYMENT AND TOTAL WAGES BY SECTOR AND REGION(2023)

地 区	Region	总 计 Total				农、林、牧、渔业 Agriculture, Forestry, Animal Husbandry and Fishery			
		年末人数 (人) Year-end Figures (person)	#女 性 Female	工资总额 (千元) Total Wages (1000 yuan)	平均工资 (元) Average Wage (yuan)	年末人数 (人) Year-end Figures (person)	#女 性 Female	工资总额 (千元) Total Wages (1000 yuan)	平均工资 (元) Average Wage (yuan)
全 国	**National**	**163683139**	**67038495**	**19741668587**	**120698**	**693054**	**206294**	**43851443**	**62952**
北 京	Beijing	7555817	3261981	1662984702	218312	14746	4627	1153296	76654
天 津	Tianjin	2190440	902518	304710534	138007	1409	368	136192	96097
河 北	Hebei	5546944	2369285	530873483	94818	14826	5071	1029604	69655
山 西	Shanxi	4347921	1654222	414628810	95025	15270	3712	942873	59581
内蒙古	Inner Mongolia	2686534	1098129	293275061	108856	43528	8784	3634318	82918
辽 宁	Liaoning	4244589	1772351	417103708	97330	61441	22743	1618654	26105
吉 林	Jilin	2338981	973357	223971835	94937	52636	10095	3351815	63165
黑龙江	Heilongjiang	2745641	1096225	265947207	95750	153311	41800	8486238	54853
上 海	Shanghai	6475531	2937059	1498367482	229337	5781	2043	647286	107870
江 苏	Jiangsu	13113762	4859238	1620380594	125102	21374	8429	1440797	67261
浙 江	Zhejiang	10647710	4148803	1404210555	133045	9302	2579	893979	95044
安 徽	Anhui	5913422	2193146	606182162	103688	19109	6099	1246634	65541
福 建	Fujian	5486237	2271512	582648853	108520	9524	2573	755560	79383
江 西	Jiangxi	4194356	1762856	387473693	92794	13953	3725	817174	58563
山 东	Shandong	10769994	4270058	1157423963	107131	12925	4240	881524	69137
河 南	Henan	7868596	3268613	666827319	84156	12453	4035	663252	53599
湖 北	Hubei	6260457	2499311	678208244	109227	16870	5208	1057126	63351
湖 南	Hunan	5852521	2305423	568835886	97015	14451	3848	904543	62461
广 东	Guangdong	19899962	8287053	2626688436	131418	13671	4463	1152202	83936
广 西	Guangxi	3907541	1851403	374543185	96185	28945	8744	2339029	80331
海 南	Hainan	1021024	465639	116556320	114572	32442	11361	2017562	67172
重 庆	Chongqing	3373517	1346810	382594934	113653	4480	1649	331437	76405
四 川	Sichuan	8836253	3746897	962509268	110160	16467	5274	1409359	85299
贵 州	Guizhou	3107535	1306896	314954146	102010	13224	4708	864405	63124
云 南	Yunnan	3449862	1519522	368683304	106769	23593	9511	1440905	58351
西 藏	Xizang	408217	180199	67013421	165004	1373	534	114843	82426
陕 西	Shaanxi	4563791	1817748	484206845	106969	14297	4191	1036277	72573
甘 肃	Gansu	2340642	951576	232007225	99124	16260	4487	1229704	76382
青 海	Qinghai	659149	280110	80405740	121457	7363	2427	380381	51608
宁 夏	Ningxia	741995	312423	87336669	117681	9112	2672	623910	61550
新 疆	Xinjiang	3134199	1328130	360115001	112305	18919	6294	1250561	66231

3-2 续表 1 continued

地区 Region	农业 Farming 年末人数(人) Year-end Figures (person)	#女性 Female	工资总额(千元) Total Wages (1000 yuan)	平均工资(元) Average Wage (yuan)	林业 Forestry 年末人数(人) Year-end Figures (person)	#女性 Female	工资总额(千元) Total Wages (1000 yuan)	平均工资(元) Average Wage (yuan)
全 国 **National**	**189737**	**73308**	**9011175**	**46295**	**250810**	**55220**	**16839360**	**67333**
北 京 Beijing	2691	1071	188608	68342	5549	1501	305966	53136
天 津 Tianjin	492	128	61224	116899	59	20	6220	105424
河 北 Hebei	3207	1351	154461	47856	3425	901	209981	62370
山 西 Shanxi	2077	672	97593	41786	2228	519	145022	63832
内蒙古 Inner Mongolia	6879	1508	463414	67250	26776	4629	2304174	86940
辽 宁 Liaoning	41777	16259	866152	20571	3738	803	248959	65969
吉 林 Jilin	1708	299	74826	44475	46639	8839	2981837	63355
黑龙江 Heilongjiang	43062	15086	2417606	52657	92779	21374	5079355	55905
上 海 Shanghai	2376	1202	234421	95497	585	212	46672	80101
江 苏 Jiangsu	10266	5438	465866	44874	846	245	72331	84594
浙 江 Zhejiang	2282	911	146502	64363	870	266	104017	121453
安 徽 Anhui	3565	1054	232132	66952	1668	364	146773	87157
福 建 Fujian	2536	1207	142923	56002	6064	1082	532573	88349
江 西 Jiangxi	3246	1381	194075	59057	5395	955	305057	56595
山 东 Shandong	2818	1135	139974	53791	1468	343	113736	77991
河 南 Henan	3952	1434	165888	42688	1995	577	111382	56609
湖 北 Hubei	6864	2778	341163	50898	1476	391	93024	62763
湖 南 Hunan	3063	1073	133735	44770	3139	526	197477	61909
广 东 Guangdong	3575	1722	233682	64551	2074	470	200938	96905
广 西 Guangxi	5924	2262	310657	51609	12399	2935	1164359	92438
海 南 Hainan	5282	1514	259680	49646	1791	483	148291	84876
重 庆 Chongqing	1117	535	45502	46151	1128	269	105200	92583
四 川 Sichuan	2522	1106	151846	61935	7684	2044	641266	80258
贵 州 Guizhou	4202	1928	215640	48508	2403	605	175654	71090
云 南 Yunnan	7996	4746	347156	39372	7123	2039	440648	63339
西 藏 Xizang	419	174	28201	66709	92	52	8492	85778
陕 西 Shaanxi	3094	1118	158831	51314	3950	855	309907	78108
甘 肃 Gansu	5056	1538	295361	59660	5147	1262	441490	84993
青 海 Qinghai	2577	877	97705	38694	470	102	38309	79029
宁 夏 Ningxia	1585	391	139108	58506	997	288	93848	69961
新 疆 Xinjiang	3526	1408	207242	56460	855	269	66402	75286

3-2 续表 2 continued

地 区 Region	畜牧业 Animal Husbandry				渔 业 Fishery			
	年末人数（人） Year-end Figures (person)	#女 性 Female	工资总额（千元） Total Wages (1000 yuan)	平均工资（元） Average Wage (yuan)	年末人数（人） Year-end Figures (person)	#女 性 Female	工资总额（千元） Total Wages (1000 yuan)	平均工资（元） Average Wage (yuan)
全 国 **National**	**95726**	**29034**	**7352570**	**76183**	**16937**	**3175**	**1297992**	**75069**
北 京 Beijing	5854	1822	585178	99444	45	15	3720	83584
天 津 Tianjin	668	168	50777	78239	125	32	13612	111574
河 北 Hebei	6711	2379	569809	84851	235	91	10993	47293
山 西 Shanxi	9671	2297	637375	64190	151	33	8685	54623
内蒙古 Inner Mongolia	7384	2024	654687	82505	30	2	2360	78667
辽 宁 Liaoning	1621	352	108006	64509	1844	375	155989	78659
吉 林 Jilin	329	124	17812	51475	344	28	14803	43157
黑龙江 Heilongjiang	2920	748	186958	60717	252	31	12244	45687
上 海 Shanghai	340	123	30524	92497	1327	137	162603	113154
江 苏 Jiangsu	5564	1525	451221	82666	493	94	38254	77848
浙 江 Zhejiang	2793	964	259127	90156	2470	177	254040	101019
安 徽 Anhui	1729	533	125873	77192	368	68	25093	64908
福 建 Fujian	126	44	9432	74035	230	57	15948	66744
江 西 Jiangxi	1129	359	67719	60628	467	108	21525	45381
山 东 Shandong	1184	361	78814	66534	3095	705	219125	70134
河 南 Henan	819	223	42023	48628	316	66	12983	43319
湖 北 Hubei	1393	337	109935	78440	1643	333	90197	56498
湖 南 Hunan	3291	889	251703	76126	709	160	34940	49335
广 东 Guangdong	3159	995	245250	78873	1139	233	84691	70763
广 西 Guangxi	6699	2153	595349	90256	156	21	12545	74472
海 南 Hainan	3128	1047	274677	83351	425	140	32042	77324
重 庆 Chongqing	1135	457	89400	79798	64	24	3607	56803
四 川 Sichuan	2002	629	219931	114148	309	73	26647	93941
贵 州 Guizhou	4531	1491	325836	70435	308	74	16764	52109
云 南 Yunnan	3113	1036	231625	69428	113	22	4950	43528
西 藏 Xizang	587	225	44662	75565				
陕 西 Shaanxi	1709	427	105982	61581	55	21	2829	50157
甘 肃 Gansu	2108	532	156223	77045	159	38	9983	66113
青 海 Qinghai	594	201	32158	50828				
宁 夏 Ningxia	5846	1865	336505	59679	4	1	449	89800
新 疆 Xinjiang	7587	2703	457999	62026	60	15	6370	102742

3-2 续表 3 continued

地 区 Region	农、林、牧、渔服务业 Service in Support of Agriculture				采矿业 Mining			
	年末人数（人）Year-end Figures (person)	#女 性 Female	工资总额（千元）Total Wages (1000 yuan)	平均工资（元）Average Wage (yuan)	年末人数（人）Year-end Figures (person)	#女 性 Female	工资总额（千元）Total Wages (1000 yuan)	平均工资（元）Average Wage (yuan)
全 国 National	**139844**	**45557**	**9350346**	**67736**	**3293416**	**513250**	**448854071**	**135025**
北 京 Beijing	608	220	69824	116669	23624	3862	4788228	197469
天 津 Tianjin	65	20	4359	68646	50203	10305	9980706	193887
河 北 Hebei	1248	348	84360	68064	160216	24156	17540545	106884
山 西 Shanxi	1142	191	54197	48002	859587	114041	106917597	124277
内蒙古 Inner Mongolia	2460	621	209683	84857	118626	13995	23359116	196182
辽 宁 Liaoning	12460	4955	239548	19213	152859	29269	17349045	109027
吉 林 Jilin	3615	806	262537	72379	49760	11212	5326328	104620
黑龙江 Heilongjiang	14298	4561	790075	54139	217385	45283	26755445	122568
上 海 Shanghai	1153	369	173066	144682	1802	424	639687	360794
江 苏 Jiangsu	4204	1128	413125	97565	58734	9219	8919784	150448
浙 江 Zhejiang	886	259	130292	147331	4500	857	475461	107327
安 徽 Anhui	11779	4080	716763	60474	127973	11614	19357730	149675
福 建 Fujian	568	183	54683	95720	8949	1830	810711	89918
江 西 Jiangxi	3716	922	228799	62071	25816	4421	2238949	87296
山 东 Shandong	4360	1696	329874	75298	239130	44468	35009738	143460
河 南 Henan	5371	1734	330976	61786	229124	34894	24839913	107431
湖 北 Hubei	5495	1368	422806	76820	27011	5347	3719204	137350
湖 南 Hunan	4249	1200	286687	66823	41696	5573	3168622	76366
广 东 Guangdong	3723	1043	387641	104005	17312	2987	3815324	213297
广 西 Guangxi	3766	1373	256119	68533	8931	1904	706950	77217
海 南 Hainan	21816	8176	1302872	67339	5076	853	888970	172817
重 庆 Chongqing	1037	364	87728	85018	5528	1513	611671	118449
四 川 Sichuan	3949	1421	369670	95513	84999	17170	13638425	159113
贵 州 Guizhou	1780	610	130512	71331	149369	14123	14444977	94589
云 南 Yunnan	5248	1668	416527	76154	51563	8625	5302967	101160
西 藏 Xizang	276	84	33488	119385	7314	1450	930596	132431
陕 西 Shaanxi	5489	1770	458728	84345	279750	40161	44580286	158775
甘 肃 Gansu	3790	1117	326647	86516	71660	12021	9995401	140388
青 海 Qinghai	3723	1246	212210	56922	22848	6287	4354367	186666
宁 夏 Ningxia	680	127	54000	69771	61484	10249	12589145	206495
新 疆 Xinjiang	6890	1899	512549	74464	130588	25136	25798182	195631

3-2 续表 4 continued

地 区 Region	煤炭开采和洗选业 Mining and Washing of Coal				石油和天然气开采业 Extraction of Petroleum and Natural Gas			
	年末人数 (人) Year-end Figures (person)	#女 性 Female	工资总额 (千元) Total Wages (1000 yuan)	平均工资 (元) Average Wage (yuan)	年末人数 (人) Year-end Figures (person)	#女 性 Female	工资总额 (千元) Total Wages (1000 yuan)	平均工资 (元) Average Wage (yuan)
全 国 **National**	**2219591**	**272103**	**283011953**	**126891**	**505330**	**138640**	**95526509**	**185311**
北 京 Beijing	3	2	325	108333	609	167	201107	330225
天 津 Tianjin	76	5	8685	112792	19022	4778	4745730	245727
河 北 Hebei	114386	14652	12031673	103317	19238	5199	3239914	159909
山 西 Shanxi	842738	111260	105027939	124558	5497	1309	868891	158567
内蒙古 Inner Mongolia	99255	10197	20687777	208526	4220	965	846982	196607
辽 宁 Liaoning	55275	6363	5001044	88502	32623	9433	5281245	147992
吉 林 Jilin	10942	1104	665879	59795	23403	5582	3256314	135319
黑龙江 Heilongjiang	108650	8554	9549724	88701	93671	32093	15476326	162748
上 海 Shanghai					1802	424	639687	360794
江 苏 Jiangsu	45965	6556	7023491	151153	5305	1458	983422	184819
浙 江 Zhejiang	46	19	10459	232422				
安 徽 Anhui	110228	8492	17133250	153289	301	64	47540	152372
福 建 Fujian	4951	821	503994	101817				
江 西 Jiangxi	8824	637	638958	75635				
山 东 Shandong	133517	24666	17418672	129188	59316	14076	11188567	183607
河 南 Henan	166202	23977	15532747	92767	30934	7500	5376013	168670
湖 北 Hubei					8508	1936	1747719	192735
湖 南 Hunan	18972	1405	1283892	67435				
广 东 Guangdong					5690	740	2175268	388025
广 西 Guangxi	1548	163	125230	76453	178	25	41348	228442
海 南 Hainan					1244	217	455821	383365
重 庆 Chongqing					2634	896	360658	157630
四 川 Sichuan	18507	2124	1637032	90198	28551	9022	6373032	218150
贵 州 Guizhou	142208	13051	13733356	94338	362	74	36915	109540
云 南 Yunnan	28736	4447	2915236	100088				
西 藏 Xizang								
陕 西 Shaanxi	164338	14267	28507981	173286	73835	17046	10478861	142333
甘 肃 Gansu	50455	7163	6440722	128278	12507	3667	2739242	224454
青 海 Qinghai	3570	500	423338	116815	14877	4967	3432203	224900
宁 夏 Ningxia	49003	6737	10083763	206533	12000	3442	2469946	211287
新 疆 Xinjiang	41196	4941	6626787	159905	49003	13560	13063758	262314

3-2 续表 5 continued

地 区 Region	黑色金属矿采选业 Mining and Processing of Ferrous Metal Ores				有色金属矿采选业 Mining and Processing of Non-ferrous Metal Ores			
	年末人数（人）Year-end Figures (person)	#女 性 Female	工资总额（千元）Total Wages (1000 yuan)	平均工资（元）Average Wage (yuan)	年末人数（人）Year-end Figures (person)	#女 性 Female	工资总额（千元）Total Wages (1000 yuan)	平均工资（元）Average Wage (yuan)
全 国 National	**123182**	**16950**	**13701928**	**109080**	**125122**	**22603**	**13365328**	**105472**
北 京 Beijing	9083	1644	1475456	156614	253	68	95359	376913
天 津 Tianjin	486	22	39465	77840				
河 北 Hebei	17517	2339	1450241	80355	569	139	104353	191825
山 西 Shanxi	3240	376	300861	87257	3821	439	313475	80585
内蒙古 Inner Mongolia	7615	1396	1095799	140463	5216	968	520119	98898
辽 宁 Liaoning	24405	2196	2769995	108663	3720	347	334339	87511
吉 林 Jilin	1965	197	150708	76813	2878	475	242234	79239
黑龙江 Heilongjiang	886	159	52941	61703	2185	429	319190	139812
上 海 Shanghai								
江 苏 Jiangsu	3431	394	486975	141152	861	221	97588	117576
浙 江 Zhejiang	90	20	4844	84982	341	62	21170	67853
安 徽 Anhui	11210	1749	1555617	142234	3164	609	286500	88535
福 建 Fujian	463	72	39342	81792	584	85	56527	92364
江 西 Jiangxi	795	135	114143	150785	10229	2032	1037035	98281
山 东 Shandong	11446	1493	1134736	96131	14332	2192	2044672	138745
河 南 Henan	950	89	120746	126834	5702	1033	401264	70725
湖 北 Hubei	6271	1016	614432	104780	1472	381	187187	124708
湖 南 Hunan	998	100	64748	65601	12202	2228	1123743	91839
广 东 Guangdong	223	43	18231	78922	4682	1046	639991	134565
广 西 Guangxi	573	133	35052	58129	3630	1036	286242	76869
海 南 Hainan	2355	275	303770	122686	376	75	49859	131554
重 庆 Chongqing					23	3	1607	69870
四 川 Sichuan	4369	793	417326	95715	4203	897	421197	99263
贵 州 Guizhou	731	83	53008	67699	1557	227	137800	87659
云 南 Yunnan	2448	372	304584	126375	15991	2861	1637245	99078
西 藏 Xizang	497	139	94758	189896	6152	1183	773254	131283
陕 西 Shaanxi	4551	782	296893	63561	5857	1215	461958	78165
甘 肃 Gansu	1598	110	177945	105355	4960	715	466836	96653
青 海 Qinghai	1402	253	151524	103218	1711	287	247881	142706
宁 夏 Ningxia	175	28	10329	69791				
新 疆 Xinjiang	3410	541	367459	106533	8453	1350	1056703	126794

3−2 续表 6 continued

地 区 Region	非金属矿采选业 Mining and Processing of Non-metal Ores				开采辅助活动 Support Activities for Mining			
	年末人数（人） Year-end Figures (person)	#女 性 Female	工资总额（千元） Total Wages (1000 yuan)	平均工资（元） Average Wage (yuan)	年末人数（人） Year-end Figures (person)	#女 性 Female	工资总额（千元） Total Wages (1000 yuan)	平均工资（元） Average Wage (yuan)
全 国 National	**100613**	**21292**	**8437785**	**82980**	**218417**	**41401**	**34684231**	**155445**
北 京 Beijing					13676	1981	3015981	216014
天 津 Tianjin	4144	749	460612	108840	26475	4751	4726214	172818
河 北 Hebei	5759	1288	483720	80748	2696	518	220096	79890
山 西 Shanxi	898	147	49168	55432	3393	510	357263	104985
内蒙古 Inner Mongolia	2217	460	183363	82569	103	9	25075	92870
辽 宁 Liaoning	4189	868	281617	64055	32628	10056	3680068	110839
吉 林 Jilin	400	65	24072	66681	10172	3789	987121	95549
黑龙江 Heilongjiang	1407	418	82674	58551	10584	3628	1274462	116092
上 海 Shanghai								
江 苏 Jiangsu	3149	590	324907	101597				
浙 江 Zhejiang	4006	750	436827	109234				
安 徽 Anhui	2979	661	329623	110484	61	31	2551	41820
福 建 Fujian	2951	852	210848	70919				
江 西 Jiangxi	5826	1571	434993	75572	4		202	50500
山 东 Shandong	3265	509	269092	69559	17238	1531	2953058	165484
河 南 Henan	4254	1078	230950	54435	21052	1208	3177013	151236
湖 北 Hubei	7314	1572	565799	80207	3202	410	565772	173390
湖 南 Hunan	9356	1798	683988	75439	10	3	349	34900
广 东 Guangdong	5096	990	541229	95940	1621	168	440606	266549
广 西 Guangxi	2998	547	219038	72877				
海 南 Hainan	1101	286	79520	72291				
重 庆 Chongqing	2871	614	249406	87419				
四 川 Sichuan	9041	2135	696263	77363	20209	2157	4084709	197998
贵 州 Guizhou	4491	679	483393	109062				
云 南 Yunnan	4278	931	438219	103231	102	10	6823	66892
西 藏 Xizang	409	98	34152	90111	5	1	516	103200
陕 西 Shaanxi	3349	677	217953	65091	27820	6173	4616640	160800
甘 肃 Gansu	1931	323	152748	76471	209	43	17908	66572
青 海 Qinghai	1282	279	99290	80527				
宁 夏 Ningxia	303	41	24550	83503	3	1	557	55700
新 疆 Xinjiang	1351	317	149772	98906	27155	4424	4531247	165919

3-2 续表 7 continued

地 区 Region	其他采矿业 Mining of Other Ores				制造业 Manufacturing			
	年末人数（人）Year-end Figures (person)	#女 性 Female	工资总额（千元）Total Wages (1000 yuan)	平均工资（元）Average Wage (yuan)	年末人数（人）Year-end Figures (person)	#女 性 Female	工资总额（千元）Total Wages (1000 yuan)	平均工资（元）Average Wage (yuan)
全 国 **National**	**1160**	**260**	**126336**	**102242**	**35778218**	**12842804**	**3748031578**	**103932**
北 京 Beijing					556832	193350	106491256	188602
天 津 Tianjin					534897	169677	64988108	119879
河 北 Hebei	52	22	10549	188375	929947	275985	82962443	88100
山 西 Shanxi					521211	150243	43463040	80540
内蒙古 Inner Mongolia					386794	90118	43169446	110819
辽 宁 Liaoning	20	7	737	33500	837793	237658	80705582	93900
吉 林 Jilin					409118	115214	42138397	103288
黑龙江 Heilongjiang	2	2	128	42667	228142	64352	21441126	92129
上 海 Shanghai					1166372	395000	209384432	175688
江 苏 Jiangsu	23		3401	147870	4394765	1655046	500186594	113582
浙 江 Zhejiang	17	6	2161	127118	3363704	1237945	363782715	108026
安 徽 Anhui	31	8	2650	85484	1529035	523801	144023512	95640
福 建 Fujian					1303667	563153	122309555	93196
江 西 Jiangxi	138	46	13618	103954	960777	401885	75797717	78999
山 东 Shandong	16	2	940	67143	2615823	874472	250019387	94524
河 南 Henan	31	9	1180	38065	1326171	491182	105074525	75178
湖 北 Hubei	244	32	38295	116753	1212541	420093	115585306	95738
湖 南 Hunan	158	39	11902	77286	1023675	373749	94108715	91588
广 东 Guangdong					7506089	2974244	794537296	104424
广 西 Guangxi	4		40	10000	535009	203489	42039578	79309
海 南 Hainan					78548	29210	7906856	100756
重 庆 Chongqing					611542	213975	63156839	101745
四 川 Sichuan	120	42	8866	74718	1442316	505053	142832210	99675
贵 州 Guizhou	19	9	505	42083	343597	119116	36450338	107315
云 南 Yunnan	7	3	860	66154	375722	115543	37578231	100645
西 藏 Xizang	251	29	27916	109906	11980	4428	1227734	102972
陕 西 Shaanxi					748612	221543	75379035	101092
甘 肃 Gansu					253992	63382	24651881	97020
青 海 Qinghai	6	1	131	32750	98557	26787	10194748	100763
宁 夏 Ningxia					129530	30982	12471366	97399
新 疆 Xinjiang	21	4	2457	122850	341460	102125	33973610	99565

3-2 续表 8 continued

地 区 Region	农副食品加工业 Processing of Food from Agricultural Products 年末人数(人) Year-end Figures (person)	#女 性 Female	工资总额(千元) Total Wages (1000 yuan)	平均工资(元) Average Wage (yuan)	食品制造业 Manufacture of Foods 年末人数(人) Year-end Figures (person)	#女 性 Female	工资总额(千元) Total Wages (1000 yuan)	平均工资(元) Average Wage (yuan)
全 国 **National**	**1044796**	**448305**	**79427430**	**76660**	**935395**	**456059**	**84242876**	**90181**
北 京 Beijing	14217	5353	1546192	104111	30646	15022	3856396	126797
天 津 Tianjin	9566	3073	1078781	113030	18456	7464	1951300	105089
河 北 Hebei	36180	16802	2462850	68142	39102	19589	3203154	81776
山 西 Shanxi	12580	4957	766163	59409	8706	4423	490914	55924
内蒙古 Inner Mongolia	19067	5623	1540478	79229	56730	17300	8428976	145470
辽 宁 Liaoning	37878	17218	2643090	69732	17058	8164	1238200	72656
吉 林 Jilin	18364	8510	1150019	63396	10627	4952	638734	58596
黑龙江 Heilongjiang	19768	6857	1443853	72795	15377	6745	1340904	85565
上 海 Shanghai	11920	5467	1347688	112023	44882	22149	6608213	144893
江 苏 Jiangsu	47540	20768	4401490	93696	52574	25116	5223999	99067
浙 江 Zhejiang	32562	14601	2734148	83616	46775	24325	4152549	97483
安 徽 Anhui	56366	25957	3907782	72344	24477	13253	1683956	69492
福 建 Fujian	46984	24335	3533844	75001	44505	24225	3391168	76008
江 西 Jiangxi	22155	9541	1545594	70183	18925	10697	1107172	60825
山 东 Shandong	204716	99816	15196057	74387	85589	41068	6519799	76486
河 南 Henan	92169	40405	6873400	75816	68721	36402	4220821	62656
湖 北 Hubei	36974	14169	2836952	76762	33462	15512	2620740	78235
湖 南 Hunan	45099	17656	3045470	67415	33992	19993	2087204	63273
广 东 Guangdong	76017	27165	6735252	89053	132404	64374	14304466	107470
广 西 Guangxi	48676	17060	3485673	75702	16177	8639	1068409	66193
海 南 Hainan	13279	5504	837409	64313	4763	2658	316135	66464
重 庆 Chongqing	13991	6391	1111519	78742	9059	4343	784393	85726
四 川 Sichuan	39864	16751	3257924	81218	43973	24037	3274710	73806
贵 州 Guizhou	9763	4654	590297	60640	5468	2901	375235	69206
云 南 Yunnan	23488	9796	1468193	64593	15833	6158	1101456	69369
西 藏 Xizang	1191	531	56729	46979	553	240	45364	78894
陕 西 Shaanxi	18843	6944	1298804	69877	23215	12198	1607584	63935
甘 肃 Gansu	11137	4324	821758	71908	5353	2348	338543	64045
青 海 Qinghai	1482	618	87496	57879	1474	879	91135	62554
宁 夏 Ningxia	3106	1135	264984	84849	10910	4311	952562	88784
新 疆 Xinjiang	19855	6325	1357540	74779	15609	6574	1218685	73517

3-2 续表 9 continued

地区 Region	酒、饮料和精制茶制造业 Manufacture of Liquor, Beverages and Refined Tea				烟草制品业 Manufacture of Tobacco			
	年末人数(人) Year-end Figures (person)	#女性 Female	工资总额(千元) Total Wages (1000 yuan)	平均工资(元) Average Wage (yuan)	年末人数(人) Year-end Figures (person)	#女性 Female	工资总额(千元) Total Wages (1000 yuan)	平均工资(元) Average Wage (yuan)
全 国 National	**722218**	**245653**	**77422464**	**107463**	**146911**	**42321**	**39622279**	**270421**
北 京 Beijing	17159	5037	2077398	117683	802	223	280371	349154
天 津 Tianjin	6279	2138	672121	106281	742	179	262739	351726
河 北 Hebei	12835	4688	1026511	80239	4432	736	1210340	266830
山 西 Shanxi	18519	7483	2428930	126372	867	238	250924	288750
内蒙古 Inner Mongolia	8226	2667	585021	68971	2136	507	562597	256659
辽 宁 Liaoning	9815	2784	898358	89255	1624	378	503674	308435
吉 林 Jilin	8476	2266	684935	73581	3122	718	912496	297715
黑龙江 Heilongjiang	7557	2607	544265	72211	486	107	112892	156794
上 海 Shanghai	7738	2519	1011840	129045	3497	850	1831087	523317
江 苏 Jiangsu	39491	12964	3883202	98204	4463	1235	1434617	321231
浙 江 Zhejiang	28305	9588	3036597	107356	3602	908	1151220	319961
安 徽 Anhui	35585	11237	2876563	81455	6445	1215	1994174	306043
福 建 Fujian	16191	6901	1449498	87925	4108	995	963355	234678
江 西 Jiangxi	11313	4771	806097	70770	4448	1244	741661	164412
山 东 Shandong	37565	12083	3568294	93345	8034	2436	1825114	224906
河 南 Henan	29659	11064	2069149	69367	13265	4607	2985203	238797
湖 北 Hubei	32070	12061	2506275	77868	6971	1714	1877060	266061
湖 南 Hunan	17834	7121	1287747	72408	11909	4196	3009399	260757
广 东 Guangdong	60839	20289	6909638	113062	16004	6316	3166672	200353
广 西 Guangxi	14893	5615	1080610	70733	3312	1040	958043	306574
海 南 Hainan	7140	3051	585364	78404	530	131	201609	376839
重 庆 Chongqing	6343	2809	527357	82954	3360	953	959721	275782
四 川 Sichuan	142223	43887	17941488	130642	4731	1377	1333218	280559
贵 州 Guizhou	79780	25783	13631153	174937	7393	1599	2058836	275540
云 南 Yunnan	15867	6991	1190219	75279	20665	5661	6677260	320406
西 藏 Xizang	1450	555	169328	118246				
陕 西 Shaanxi	26925	8881	2086079	76654	6452	1732	1624581	251328
甘 肃 Gansu	10044	3479	880605	88114	2438	749	470139	188508
青 海 Qinghai	2189	814	168426	76385				
宁 夏 Ningxia	1494	585	131371	81112	361	89	90437	245753
新 疆 Xinjiang	8416	2936	708027	83825	712	188	172840	242412

3-2 续表 10 continued

地 区 Region	纺织业 Manufacture of Textile				纺织服装、服饰业 Manufacture of Textile, Wearing Apparel and Accessories			
	年末人数（人） Year-end Figures (person)	#女性 Female	工资总额（千元） Total Wages (1000 yuan)	平均工资（元） Average Wage (yuan)	年末人数（人） Year-end Figures (person)	#女性 Female	工资总额（千元） Total Wages (1000 yuan)	平均工资（元） Average Wage (yuan)
全 国 National	**917681**	**499245**	**67797528**	**73004**	**939404**	**670168**	**65649848**	**68534**
北 京 Beijing	1213	641	112276	88556	11088	9300	1059542	87237
天 津 Tianjin	3056	1540	296989	91073	1673	1380	86898	51323
河 北 Hebei	14468	6567	894882	60925	10217	6512	554605	52803
山 西 Shanxi	1728	1027	75523	44901	3661	1979	251869	67380
内蒙古 Inner Mongolia	1641	1265	79838	48682	5302	3355	382150	70201
辽 宁 Liaoning	3710	2422	209593	52231	25443	17733	1409408	54800
吉 林 Jilin	1845	1198	87954	46635	12286	10380	509130	40605
黑龙江 Heilongjiang	3218	1946	160951	48847	809	570	40220	49026
上 海 Shanghai	9356	5137	1012996	104666	14243	10699	1139964	80256
江 苏 Jiangsu	164702	96051	13913746	83572	148868	113333	11136607	73103
浙 江 Zhejiang	180853	81358	15645690	85731	148835	102153	12665096	81677
安 徽 Anhui	31747	19501	2122999	66198	46311	34737	2785290	60428
福 建 Fujian	61956	30402	4952677	80358	78514	51636	5574038	70014
江 西 Jiangxi	17970	10778	1093943	59456	38080	27854	2252433	59102
山 东 Shandong	131880	76776	8759096	64863	69368	55146	4022375	56767
河 南 Henan	28475	18432	1440738	49507	33097	24408	1542406	46778
湖 北 Hubei	42060	27881	2426708	57646	30857	23893	1854527	60827
湖 南 Hunan	11663	7362	738308	61357	8573	6298	570173	64784
广 东 Guangdong	106550	50572	8531991	78830	207890	138221	15535280	73003
广 西 Guangxi	13612	9849	681763	49455	7101	4874	370510	53237
海 南 Hainan	538	184	39867	71575	74	25	6982	94351
重 庆 Chongqing	2926	1560	199424	68226	3569	2758	230247	64119
四 川 Sichuan	15289	9358	986408	65257	8947	5798	592082	65938
贵 州 Guizhou	2664	1643	170559	61242	6475	4741	296868	48500
云 南 Yunnan	1674	890	72017	50362	3669	2603	177644	53267
西 藏 Xizang	279	129	19066	75960	141	59	4406	36115
陕 西 Shaanxi	11402	6830	557259	47702	4166	2946	200762	47017
甘 肃 Gansu	1287	873	77616	55125	1259	693	60802	47539
青 海 Qinghai	10	9	377	19842	595	250	35340	60066
宁 夏 Ningxia	1497	1092	77299	53383	911	760	44757	43836
新 疆 Xinjiang	48412	25973	2358976	48861	7380	5074	257439	33786

3-2 续表 11 continued

地 区	Region	皮革、毛皮、羽毛及其制品和制鞋业 Manufacture of Leather, Fur, Feather and Related Products and Footwear				木材加工和木、竹、藤、棕、草制品业 Processing of Timbers,Manufacture of Wood, Bamboo, Rattan, Palm, and Straw Products			
		年末人数(人) Year-end Figures (person)	#女性 Female	工资总额(千元) Total Wages (1000 yuan)	平均工资(元) Average Wage (yuan)	年末人数(人) Year-end Figures (person)	#女性 Female	工资总额(千元) Total Wages (1000 yuan)	平均工资(元) Average Wage (yuan)
全 国	**National**	**636812**	**393012**	**40117504**	**62409**	**145325**	**52909**	**10129626**	**68830**
北 京	Beijing	34	12	2160	55385	303	109	26159	84384
天 津	Tianjin	846	518	60255	68628	419	134	29412	66997
河 北	Hebei	4107	2441	239614	58173	2444	804	188728	75223
山 西	Shanxi	19	7	558	29368	32	18	365	19211
内蒙古	Inner Mongolia	1459	1112	82761	52314	749	267	46742	62489
辽 宁	Liaoning	4264	2792	276640	61136	5001	2526	347044	66898
吉 林	Jilin	542	259	47355	78402	4538	1923	212102	45028
黑龙江	Heilongjiang	33	28	1028	31152	2336	896	224915	89840
上 海	Shanghai	6422	3317	489944	75731	2021	637	244785	117798
江 苏	Jiangsu	20016	13765	1444257	70556	11677	4318	963039	80770
浙 江	Zhejiang	51194	25303	3587164	71442	13894	5306	1258061	89394
安 徽	Anhui	18436	12744	1089325	57909	6152	2560	406813	66147
福 建	Fujian	172549	97239	12142877	70675	8682	3635	574224	64240
江 西	Jiangxi	48345	36819	2305240	47784	6320	2580	423681	66083
山 东	Shandong	22637	16404	1206300	52539	11480	4243	803389	69634
河 南	Henan	19622	14001	935854	47667	6460	2650	387934	61478
湖 北	Hubei	11955	9480	603378	49498	9449	2777	684057	72018
湖 南	Hunan	50752	34126	2754628	53597	7252	2447	446411	62845
广 东	Guangdong	176257	104849	11381813	62885	19865	5179	1211059	59979
广 西	Guangxi	8901	6799	427967	48844	11828	4881	696777	58905
海 南	Hainan					717	273	47390	62935
重 庆	Chongqing	1257	664	76736	55047	2254	797	186971	80245
四 川	Sichuan	11625	7164	726383	61381	5339	1578	376793	69161
贵 州	Guizhou	1764	1035	82535	46457	2784	1515	131717	47292
云 南	Yunnan	466	312	27915	57557	1992	605	124561	62751
西 藏	Xizang	94	40	9795	104202	10	1	500	83333
陕 西	Shaanxi	1062	673	50956	46031	922	154	61572	65294
甘 肃	Gansu	668	447	21263	35087	15	5	1396	93067
青 海	Qinghai					17	5	644	37882
宁 夏	Ningxia	69	39	3260	46571	53	16	1674	23577
新 疆	Xinjiang	1417	623	39543	23274	318	70	20713	60038

3-2 续表 12 continued

地 区	Region	家具制造业 Manufacture of Furniture 年末人数(人) Year-end Figures (person)	#女 性 Female	工资总额(千元) Total Wages (1000 yuan)	平均工资(元) Average Wage (yuan)	造纸和纸制品业 Manufacture of Paper and Paper Products 年末人数(人) Year-end Figures (person)	#女 性 Female	工资总额(千元) Total Wages (1000 yuan)	平均工资(元) Average Wage (yuan)
全 国	**National**	**356647**	**130542**	**29872240**	**84422**	**423003**	**142721**	**37144116**	**87595**
北 京	Beijing	2225	696	255646	110574	3184	1000	386312	116850
天 津	Tianjin	9037	2824	792043	87162	6722	1997	686260	100211
河 北	Hebei	7175	2678	486294	70993	7168	2110	814427	112205
山 西	Shanxi	46	15	2156	47911	1251	478	62217	52283
内蒙古	Inner Mongolia	430	88	26917	89425	3389	905	292220	86379
辽 宁	Liaoning	3932	1786	213754	52430	5156	1537	354355	67832
吉 林	Jilin	264	123	8397	31100	1476	412	81284	55258
黑龙江	Heilongjiang	2038	791	106096	50164	3131	681	239686	76528
上 海	Shanghai	12820	4809	1854267	142302	9490	3717	1159791	120984
江 苏	Jiangsu	22203	8156	1934986	88662	33478	10756	4324880	128154
浙 江	Zhejiang	77540	30396	7036957	92006	40383	12350	3600011	88193
安 徽	Anhui	10155	3510	773682	76998	10268	3438	821576	79322
福 建	Fujian	16538	6378	1247177	78046	27566	10677	2242798	80935
江 西	Jiangxi	5310	1813	329593	61767	7374	2611	513492	70412
山 东	Shandong	14945	5695	1041476	70249	60404	17532	5206521	85943
河 南	Henan	13816	7104	688443	52525	17111	7000	1076055	62793
湖 北	Hubei	8838	2640	706580	80359	16471	5911	1385174	88334
湖 南	Hunan	2367	826	131656	62337	11270	3722	848445	77406
广 东	Guangdong	128640	43950	11008010	84836	90796	30939	7724383	82839
广 西	Guangxi	1035	490	60899	57075	14870	5609	849093	65723
海 南	Hainan	11	3	1034	86167	4160	844	450260	109207
重 庆	Chongqing	1434	507	100461	70302	10468	3890	1208000	114492
四 川	Sichuan	12357	4093	886108	71455	18808	7624	1599481	83466
贵 州	Guizhou	453	160	44394	98435	4599	2001	282287	62828
云 南	Yunnan	433	148	26525	60147	5006	1669	384006	77187
西 藏	Xizang	49	5	2408	49143	45	13	2699	64262
陕 西	Shaanxi	2515	844	104003	65534	4469	1854	214354	48863
甘 肃	Gansu	3		185	61667	526	155	31610	59981
青 海	Qinghai	21	8	942	44857				
宁 夏	Ningxia	13	4	506	38923	1878	736	150786	78135
新 疆	Xinjiang	7	3	645	37941	2086	554	151654	75751

3-2 续表 13 continued

地区 Region	印刷和记录媒介复制业 Printing and Reproduction of Recording Media				文教、工美、体育和娱乐用品制造业 Manufacture of Articles for Culture, Education, Arts and Crafts,Sport and Entertainment Activities			
	年末人数(人) Year-end Figures (person)	#女性 Female	工资总额(千元) Total Wages (1000 yuan)	平均工资(元) Average Wage (yuan)	年末人数(人) Year-end Figures (person)	#女性 Female	工资总额(千元) Total Wages (1000 yuan)	平均工资(元) Average Wage (yuan)
全　国 **National**	**380370**	**159631**	**33933726**	**87842**	**667339**	**375094**	**46732332**	**67944**
北　京 Beijing	12689	4263	1867830	142711	2185	1058	234040	104231
天　津 Tianjin	4928	1604	484050	94988	6147	3180	450752	71944
河　北 Hebei	7265	2727	543031	73163	5684	2846	276715	47580
山　西 Shanxi	3718	1517	243868	65965	858	400	40708	44833
内蒙古 Inner Mongolia	1166	502	76406	67069	23	11	862	34480
辽　宁 Liaoning	4122	1811	275095	66018	2758	1499	163197	62510
吉　林 Jilin	1876	708	114982	63509	333	226	16346	45532
黑龙江 Heilongjiang	1620	470	94140	58142	564	342	25553	43981
上　海 Shanghai	14530	5658	1977303	133773	10060	5383	1172005	111592
江　苏 Jiangsu	40499	18110	3849369	95099	68386	41276	5112682	74752
浙　江 Zhejiang	30983	11907	2690068	86068	75676	38541	6276366	80780
安　徽 Anhui	14810	6389	1127109	77853	13556	9358	717071	53677
福　建 Fujian	15198	6625	1379951	92044	54705	27630	3972110	70970
江　西 Jiangxi	8855	4480	691836	75349	19028	12569	1065297	52588
山　东 Shandong	19991	8159	1627600	81396	34331	19661	2240649	65073
河　南 Henan	8540	3353	716783	84318	12743	8667	642428	49270
湖　北 Hubei	16678	7173	1255530	75731	12513	6897	820501	65730
湖　南 Hunan	10763	4921	849176	79826	14053	8735	809780	58711
广　东 Guangdong	106319	45188	9189357	83165	296458	159352	20884023	66806
广　西 Guangxi	3539	1438	286156	73892	13807	10270	614357	43381
海　南 Hainan	658	250	83133	124079	521	379	40808	81129
重　庆 Chongqing	5027	2313	393299	78410	3545	2703	223083	61540
四　川 Sichuan	19130	8405	1893181	95727	2449	1412	174082	71348
贵　州 Guizhou	6375	3330	417246	68764	6744	5283	241384	41427
云　南 Yunnan	7255	2707	638145	84277	5652	4024	332190	60927
西　藏 Xizang	305	130	33242	108990	210	133	8883	42100
陕　西 Shaanxi	7785	3166	753761	95258	3491	2710	134359	39847
甘　肃 Gansu	1676	642	86401	49956	61	56	1615	23750
青　海 Qinghai	516	218	29638	62004	729	449	38944	53487
宁　夏 Ningxia	1991	923	139802	72436				
新　疆 Xinjiang	1564	544	126237	80856	71	45	1541	21704

3-2 续表 14 continued

地区 Region	石油加工、炼焦和核燃料加工业 Processing of Petroleum ,Coking and Processing of Nucleus Fuel				化学原料和化学制品制造业 Manufacture of Raw Chemical Material and Chemical Products			
	年末人数（人）Year-end Figures (person)	#女性 Female	工资总额（千元）Total Wages (1000 yuan)	平均工资（元）Average Wage (yuan)	年末人数（人）Year-end Figures (person)	#女性 Female	工资总额（千元）Total Wages (1000 yuan)	平均工资（元）Average Wage (yuan)
全 国 National	**529129**	**109107**	**75186068**	**140417**	**1871035**	**516469**	**218834627**	**116594**
北 京 Beijing	9551	2514	2060697	214254	12817	6000	2125839	160105
天 津 Tianjin	10671	3063	2040899	193781	29618	7270	4054798	135264
河 北 Hebei	19437	3909	2238060	115102	61879	17258	5357486	85524
山 西 Shanxi	48224	10844	3790026	76199	54549	15216	4608146	82114
内蒙古 Inner Mongolia	21082	3997	3224807	147600	61997	14307	7005032	112574
辽 宁 Liaoning	50188	8904	7450692	143435	49397	10089	4669695	94449
吉 林 Jilin	21961	3404	2513396	111890	13673	2988	1240014	91090
黑龙江 Heilongjiang	27128	6039	3879425	139397	15668	4275	1411393	87036
上 海 Shanghai	11361	2186	3066813	265456	72530	25994	14987486	203989
江 苏 Jiangsu	16062	2621	2841540	176977	199164	51223	28748207	143589
浙 江 Zhejiang	20800	3868	3870537	183389	134979	35770	18469310	136753
安 徽 Anhui	7668	1127	1090178	142080	80837	21175	8391217	104232
福 建 Fujian	4268	807	714592	167587	23104	7649	2443847	104072
江 西 Jiangxi	6422	1488	739228	114912	42198	11934	3720130	89332
山 东 Shandong	62418	11522	8271898	131454	210703	53673	23694527	112870
河 南 Henan	14164	3352	1291505	88788	83899	24036	6544406	78691
湖 北 Hubei	6602	1208	865918	130787	92947	23378	8762319	92797
湖 南 Hunan	12821	3209	1899076	147892	45857	14981	4073469	89062
广 东 Guangdong	19237	3530	4666259	241502	175625	64919	22549778	127958
广 西 Guangxi	3219	660	563458	187694	25413	7664	2053309	81159
海 南 Hainan	3701	582	841323	235995	3466	725	725838	206733
重 庆 Chongqing	804	194	122689	147645	26239	7072	3149111	118928
四 川 Sichuan	3764	710	364398	91077	70454	18229	7941913	111214
贵 州 Guizhou	3694	937	384390	110422	33414	8769	3332097	100592
云 南 Yunnan	8577	2251	915886	96136	37885	10706	3461282	91011
西 藏 Xizang	16	8	1992	124500	1066	316	104651	103023
陕 西 Shaanxi	45543	10467	5320335	116893	58056	13994	7293813	127809
甘 肃 Gansu	26359	5720	3987473	147870	26211	6159	2554323	96370
青 海 Qinghai	28	4	2224	79429	24073	7375	2998917	124122
宁 夏 Ningxia	11354	2081	1127610	119691	36476	6881	4034865	110586
新 疆 Xinjiang	32005	7902	5038745	155825	66843	16443	8327410	125340

3-2 续表 15 continued

地 区 Region	医药制造业 Manufacture of Medicines				化学纤维制造业 Manufacture of Chemical Fibres			
	年末人数（人）Year-end Figures (person)	#女 性 Female	工资总额（千元）Total Wages (1000 yuan)	平均工资（元）Average Wage (yuan)	年末人数（人）Year-end Figures (person)	#女 性 Female	工资总额（千元）Total Wages (1000 yuan)	平均工资（元）Average Wage (yuan)
全 国 **National**	**1413452**	**675800**	**172526496**	**121497**	**256440**	**85359**	**23159142**	**90669**
北 京 Beijing	85477	43805	19288557	221365	724	321	75550	94438
天 津 Tianjin	34127	15575	5993449	173567	277	72	34212	117972
河 北 Hebei	74776	35313	7290745	97533	7547	2356	644033	84242
山 西 Shanxi	23540	11786	1583300	67580	856	155	70966	74155
内蒙古 Inner Mongolia	14489	5920	1131827	76344	1377	336	59641	40934
辽 宁 Liaoning	23505	11495	2374137	100103	154	53	8381	56628
吉 林 Jilin	42184	20930	4245555	101406	19233	4390	1381379	76332
黑龙江 Heilongjiang	17775	9127	1219361	68342				
上 海 Shanghai	48751	22899	11347764	228835	622	205	72082	112103
江 苏 Jiangsu	141182	66616	21885535	155509	63399	20850	6197191	100417
浙 江 Zhejiang	132886	58615	16817074	125264	71780	24762	6905922	94907
安 徽 Anhui	49070	24558	3995704	80469	5832	2171	539060	93913
福 建 Fujian	15749	8434	1961668	120785	13017	4743	1115741	84118
江 西 Jiangxi	40560	19483	3702841	90760	3645	1104	449696	121737
山 东 Shandong	151854	64313	15753568	103296	10219	3222	858751	83036
河 南 Henan	54661	30407	3739308	67390	13289	4497	990714	70114
湖 北 Hubei	63652	31940	6127177	95699	2663	1120	169446	62735
湖 南 Hunan	32989	15531	2832897	84662	2947	1410	220368	73652
广 东 Guangdong	126460	61053	16312444	129106	8783	2910	866002	100307
广 西 Guangxi	20302	11171	1462129	71757	128	25	4953	99060
海 南 Hainan	16817	9301	1550957	93725	2		213	71000
重 庆 Chongqing	23201	11280	2765521	117254	24	5	1884	78500
四 川 Sichuan	75145	35970	8854642	118051	15191	5946	1222834	81959
贵 州 Guizhou	23234	11809	1819969	81877	85	34	3925	46176
云 南 Yunnan	23764	11654	2432944	102883	328	35	59354	176649
西 藏 Xizang	2051	1109	234122	113321				
陕 西 Shaanxi	28440	14424	3175068	110146	397	50	56110	142411
甘 肃 Gansu	10622	4664	1157567	110560	375	68	27496	66738
青 海 Qinghai	2221	1148	168875	77966	2426	970	203025	79462
宁 夏 Ningxia	4737	1786	330656	70427	2474	684	217116	85614
新 疆 Xinjiang	9227	3685	971135	105754	8647	2865	703099	86824

3-2 续表 16 continued

地 区 Region	橡胶和塑料制品业 Manufacture of Rubber and Plastics Products				非金属矿物制品业 Manufacture of Non-metallic Mineral Products			
	年末人数 (人) Year-end Figures (person)	#女性 Female	工资总额 (千元) Total Wages (1000 yuan)	平均工资 (元) Average Wage (yuan)	年末人数 (人) Year-end Figures (person)	#女性 Female	工资总额 (千元) Total Wages (1000 yuan)	平均工资 (元) Average Wage (yuan)
全 国 National	**1318694**	**513255**	**113705526**	**85899**	**1569700**	**425994**	**138753692**	**87349**
北 京 Beijing	3777	1407	428400	111031	20830	4527	2926241	133658
天 津 Tianjin	20994	7491	2102740	99223	14880	3237	1553630	102357
河 北 Hebei	21509	8533	1495035	69858	53398	14905	4016182	73430
山 西 Shanxi	8017	3028	447691	56350	37299	8897	2543830	65282
内蒙古 Inner Mongolia	1074	428	70109	67412	47984	7543	5178699	110716
辽 宁 Liaoning	30136	9144	2457026	79396	35204	7622	2569678	70714
吉 林 Jilin	8270	2738	582608	71246	9909	1912	687921	66370
黑龙江 Heilongjiang	4746	1330	314217	66375	8569	2028	612293	67285
上 海 Shanghai	45619	19758	6506131	140338	23592	6431	3782654	158178
江 苏 Jiangsu	167618	65565	17256464	101197	99469	28619	10382727	104841
浙 江 Zhejiang	146304	57158	12952215	88058	92506	23218	9469972	101177
安 徽 Anhui	73648	28044	6435275	88494	76044	20169	6425009	85894
福 建 Fujian	73480	28857	6215023	81896	63707	20231	6053990	95031
江 西 Jiangxi	18513	7890	1193311	64278	68219	22081	4771923	69644
山 东 Shandong	111210	33961	9263918	83493	119888	31472	10270861	83940
河 南 Henan	21947	7754	1336385	60642	91458	27003	6636695	70695
湖 北 Hubei	27112	9234	1980620	74669	69716	18606	5999987	85543
湖 南 Hunan	12918	4803	990590	78285	76385	24515	6012132	77200
广 东 Guangdong	437534	185935	35353835	80913	209131	63824	18552367	87929
广 西 Guangxi	8402	4011	524689	59661	39960	10572	2993286	72529
海 南 Hainan	2372	871	165750	73503	9467	1984	818598	86041
重 庆 Chongqing	9748	3539	846196	86656	34181	9134	3180187	93803
四 川 Sichuan	29570	12000	2146712	74020	90798	27389	7710571	85869
贵 州 Guizhou	9735	2068	888670	91640	28700	8067	2174813	72704
云 南 Yunnan	4978	1778	260052	51770	26775	5896	2235191	80873
西 藏 Xizang	74	19	9909	133905	3946	996	480719	119563
陕 西 Shaanxi	11128	3423	835561	75319	39565	8637	3114706	76787
甘 肃 Gansu	2454	978	194281	77464	21268	4658	1682147	75772
青 海 Qinghai	5	2	248	49600	6531	1711	588385	87206
宁 夏 Ningxia	651	160	42649	66328	9991	1911	853747	86090
新 疆 Xinjiang	5152	1345	409215	77155	40327	8199	4474555	109410

3-2 续表 17 continued

地区 Region	黑色金属冶炼和压延加工业 Smelting and Pressing of Ferrous Metals				有色金属冶炼和压延加工业 Smelting and Pressing of Non-ferrous Metals			
	年末人数（人）Year-end Figures (person)	#女性 Female	工资总额（千元）Total Wages (1000 yuan)	平均工资（元）Average Wage (yuan)	年末人数（人）Year-end Figures (person)	#女性 Female	工资总额（千元）Total Wages (1000 yuan)	平均工资（元）Average Wage (yuan)
全国 National	**1035566**	**165071**	**112327900**	**105728**	**879324**	**180163**	**87418167**	**98756**
北京 Beijing	880	106	112773	125443	2337	563	404531	171121
天津 Tianjin	30676	3531	3089441	98443	6904	1488	688645	96670
河北 Hebei	160908	23676	14185594	87526	8708	1363	816804	88885
山西 Shanxi	59658	8888	6361565	102064	29875	4817	2531684	84643
内蒙古 Inner Mongolia	57329	10323	5926276	102377	38403	4879	4345240	113557
辽宁 Liaoning	88950	8717	8760837	90625	16241	2785	1281275	69425
吉林 Jilin	13578	1535	1048590	76534	4404	797	356974	77050
黑龙江 Heilongjiang	15021	2353	1292615	84485	3767	611	397257	104130
上海 Shanghai	15889	1379	4598066	288948	7274	1771	1225055	168880
江苏 Jiangsu	71705	13779	8940207	123507	41021	10723	4270059	104424
浙江 Zhejiang	26810	4811	3055977	112695	25733	6302	2621481	100642
安徽 Anhui	34613	4376	4091293	115729	31559	7172	2834738	91822
福建 Fujian	25193	5081	2799837	106539	26397	6195	3601979	135250
江西 Jiangxi	32617	6399	4195761	125262	53407	11594	5524018	103994
山东 Shandong	68923	9533	8601041	116135	78751	15407	7152806	83693
河南 Henan	44433	8520	3437609	75934	76373	14685	6321188	83167
湖北 Hubei	31317	5074	4215250	132463	13758	3273	1182000	86009
湖南 Hunan	29422	4352	4118243	138825	42931	8822	3815596	88957
广东 Guangdong	31912	5925	3645622	113868	67578	17102	6645079	97083
广西 Guangxi	28885	6005	2896733	96680	29132	6484	2741584	96498
海南 Hainan					327	78	27725	95603
重庆 Chongqing	9697	1477	1229133	137298	17209	4645	1981255	116019
四川 Sichuan	56422	10150	7079910	121972	20326	4844	1749436	87864
贵州 Guizhou	10391	2127	758858	72646	17464	2668	1713369	99897
云南 Yunnan	19557	4696	1546170	76091	59445	12115	6390536	107694
西藏 Xizang	44	7	3500	79545				
陕西 Shaanxi	20930	3916	1775108	84188	44289	9910	4754339	106460
甘肃 Gansu	20716	2241	2085675	100505	54238	9662	5610043	106886
青海 Qinghai	6368	1463	445049	66985	19098	3265	2103144	109762
宁夏 Ningxia	4665	1007	369263	82443	8243	1334	828999	102981
新疆 Xinjiang	18057	3624	1661905	91981	34131	4809	3501330	104418

3–2 续表 18 continued

地区 Region	金属制品业 Manufacture of Metal Products				通用设备制造业 Manufacture of General Purpose Machinery			
	年末人数（人） Year-end Figures (person)	#女性 Female	工资总额（千元） Total Wages (1000 yuan)	平均工资（元） Average Wage (yuan)	年末人数（人） Year-end Figures (person)	#女性 Female	工资总额（千元） Total Wages (1000 yuan)	平均工资（元） Average Wage (yuan)
全　国 **National**	**1445580**	**433556**	**129066976**	**88290**	**2071569**	**562610**	**228472989**	**109906**
北　京 Beijing	11243	3076	1598593	140405	33058	8427	6067804	176657
天　津 Tianjin	25936	5645	2537224	95197	38079	8694	5002840	131309
河　北 Hebei	49855	12147	3845295	74913	40058	8505	3181607	79702
山　西 Shanxi	19283	4562	1355866	70384	15621	4186	1178425	73214
内蒙古 Inner Mongolia	3273	736	291424	86839	2489	513	190754	76356
辽　宁 Liaoning	40625	8302	3340546	78279	90595	21554	9006894	97574
吉　林 Jilin	8461	1143	827117	93259	6339	1543	416567	65859
黑龙江 Heilongjiang	5398	1492	343026	62137	15877	2848	1682342	105317
上　海 Shanghai	43709	12357	5895281	136584	132443	32872	23663272	176775
江　苏 Jiangsu	186299	53639	20073700	108338	351290	104171	42783144	120475
浙　江 Zhejiang	141622	47138	12844011	90350	371403	110279	38970155	105279
安　徽 Anhui	60568	15584	5348412	87834	102568	24338	9604122	93594
福　建 Fujian	36259	11628	3413018	89114	53377	18427	5001635	95447
江　西 Jiangxi	26869	7883	2140519	78621	29104	9290	2113822	71926
山　东 Shandong	109533	25924	9485476	86630	170808	39613	16933382	99560
河　南 Henan	39867	10754	2802888	69595	60602	15761	4629063	75573
湖　北 Hubei	42430	10068	3976383	92713	44046	11656	3757392	85381
湖　南 Hunan	29884	7779	2533982	85327	58044	10566	6579037	114002
广　东 Guangdong	433805	160850	35308369	80170	308762	94496	33209047	107711
广　西 Guangxi	8874	2689	602021	67257	15200	3087	1564603	101824
海　南 Hainan	1457	403	109362	70329	125	33	16927	148482
重　庆 Chongqing	12945	3411	1147949	85966	24387	5870	2516501	98992
四　川 Sichuan	60201	15889	5144195	83719	57458	14159	5868310	102837
贵　州 Guizhou	7943	1443	635686	79208	5873	1644	497675	83854
云　南 Yunnan	6453	1618	544490	83520	3328	712	332210	95912
西　藏 Xizang	23	6	2593	112739	61	18	3882	88227
陕　西 Shaanxi	19012	4508	1649277	86685	28893	6574	2769337	95032
甘　肃 Gansu	5282	1288	500955	94781	7398	2078	519180	70155
青　海 Qinghai	886	187	97723	107388	162	38	19990	90864
宁　夏 Ningxia	3461	531	321985	90015	3498	585	349402	99403
新　疆 Xinjiang	4125	878	349612	80742	624	72	43668	69869

3-2 续表 19 continued

地 区	Region	专用设备制造业 Manufacture of Special Purpose Machinery				汽车制造业 Manufacture of Automobiles			
		年末人数（人）Year-end Figures (person)	#女性 Female	工资总额（千元）Total Wages (1000 yuan)	平均工资（元）Average Wage (yuan)	年末人数（人）Year-end Figures (person)	#女性 Female	工资总额（千元）Total Wages (1000 yuan)	平均工资（元）Average Wage (yuan)
全 国	**National**	**1816747**	**525664**	**218687627**	**119357**	**3059493**	**831788**	**361804775**	**118901**
北 京	Beijing	56731	19734	11517641	204218	66334	12493	11855383	180179
天 津	Tianjin	34260	9047	4711297	136642	86456	25468	10014371	113924
河 北	Hebei	45456	10532	4188636	89272	106745	28773	12608314	113447
山 西	Shanxi	37567	9951	3551418	92800	13526	3323	1102953	73914
内蒙古	Inner Mongolia	2983	617	329009	112012	4764	750	377623	91205
辽 宁	Liaoning	43912	11154	4182886	94429	103627	27634	11144216	106986
吉 林	Jilin	13015	3659	1234856	97252	151019	30585	19180327	128882
黑龙江	Heilongjiang	15287	2860	1364416	90346	7499	1491	808769	104736
上 海	Shanghai	88291	26423	17678012	198690	169019	41862	35221271	205354
江 苏	Jiangsu	279442	87768	36565927	129470	340060	107894	42622560	125174
浙 江	Zhejiang	164690	49747	19359470	116673	282373	84169	29108423	107915
安 徽	Anhui	63485	17274	6590334	102561	215652	57139	21572907	106775
福 建	Fujian	40829	15040	3876668	94333	46622	14116	4155083	89441
江 西	Jiangxi	31004	10631	2654336	86067	62407	16783	6141103	98566
山 东	Shandong	185027	41999	20177536	108645	209702	51155	20435089	96974
河 南	Henan	84174	22211	7583152	90037	79653	19189	7247418	91323
湖 北	Hubei	41869	12179	4536514	107159	216072	55063	23053229	108742
湖 南	Hunan	53412	14217	5277619	98961	89918	27579	9344016	95535
广 东	Guangdong	380524	121677	46656646	120929	366353	111135	49911161	133208
广 西	Guangxi	16605	4696	1657313	96418	62711	18723	6164267	97759
海 南	Hainan	771	339	144384	190984	2157	464	184605	84372
重 庆	Chongqing	11232	3170	1411228	122432	150663	37264	18155594	121980
四 川	Sichuan	59657	16142	6677699	111077	73381	19236	6865524	96583
贵 州	Guizhou	6182	1574	526388	85185	10590	3747	1015330	97716
云 南	Yunnan	4425	1031	464031	103687	5035	841	329439	62930
西 藏	Xizang	61	19	6428	105377				
陕 西	Shaanxi	35303	8103	3737818	106149	135553	34542	13059637	101548
甘 肃	Gansu	12014	2262	1146913	95469	153	31	17671	52907
青 海	Qinghai	149	37	11930	79533				
宁 夏	Ningxia	6085	1090	638144	103561	536	143	31542	64371
新 疆	Xinjiang	2305	481	228979	99012	911	195	76950	83010

3-2 续表 20 continued

地 区 Region	铁路、船舶、航空航天和其他运输设备制造业 Manufacture of Railway, Ship, Aerospace and Other Transport Equipments				电气机械和器材制造业 Manufacture of Electrical Machinery and apparatus			
	年末人数（人）Year-end Figures (person)	#女 性 Female	工资总额（千元）Total Wages (1000 yuan)	平均工资（元）Average Wage (yuan)	年末人数（人）Year-end Figures (person)	#女 性 Female	工资总额（千元）Total Wages (1000 yuan)	平均工资（元）Average Wage (yuan)
全 国 **National**	**636344**	**151226**	**76335504**	**120213**	**3242755**	**1214250**	**330935505**	**101681**
北 京 Beijing	11070	2475	2532132	228855	27784	8555	5584247	200964
天 津 Tianjin	13761	4226	1678226	122230	37761	12374	4461088	117422
河 北 Hebei	22587	4417	2441096	107208	44201	14266	3705402	84165
山 西 Shanxi	10739	1970	1216572	111612	17491	4724	1397709	82428
内蒙古 Inner Mongolia	725	134	47341	67629	6172	1331	644523	94016
辽 宁 Liaoning	29053	5209	3829154	130678	50060	18228	4145746	83020
吉 林 Jilin	15201	2160	2346219	153068	3665	1006	353396	95841
黑龙江 Heilongjiang	12717	2082	1293451	103717	15000	3979	1795515	111288
上 海 Shanghai	24012	5413	4963855	205943	85768	33577	13724861	158095
江 苏 Jiangsu	146369	34634	16056529	113772	454682	165766	54037514	120241
浙 江 Zhejiang	40934	13062	4428804	105151	416173	160437	42915275	103235
安 徽 Anhui	14207	3413	1715869	122202	229205	80387	22190420	97602
福 建 Fujian	10044	3267	906245	89663	93354	36290	11178364	117766
江 西 Jiangxi	3577	1094	299680	84278	103995	41006	8423416	80883
山 东 Shandong	60640	10536	7779074	127822	132027	39291	12867977	97265
河 南 Henan	10531	2102	904183	85665	75927	24724	6948415	91303
湖 北 Hubei	18121	4144	1715405	99090	108763	36713	10881409	99091
湖 南 Hunan	41267	9024	5914855	140380	62657	21455	5863542	93711
广 东 Guangdong	63343	16992	6914408	106540	956200	406332	89919802	92312
广 西 Guangxi	2858	1142	223831	76445	40635	13511	2823607	73695
海 南 Hainan	249	149	18412	75360	2122	520	304269	139701
重 庆 Chongqing	20914	7607	1942238	91901	28948	11384	2684847	89823
四 川 Sichuan	31555	8585	3493026	110444	118855	39916	11168801	98995
贵 州 Guizhou	3679	1100	437099	119950	18024	6509	1500568	79003
云 南 Yunnan	2767	539	374599	131024	12026	3162	785506	75221
西 藏 Xizang					204	57	20011	121279
陕 西 Shaanxi	25044	5641	2816994	112256	63760	19219	6837928	104041
甘 肃 Gansu	69	21	2520	38769	14886	3626	1037769	71706
青 海 Qinghai	12	6	813	67750	11374	3665	1198812	87517
宁 夏 Ningxia	88	17	10250	119186	1960	533	172157	86251
新 疆 Xinjiang	212	65	32625	143092	9077	1704	1362611	145500

3-2 续表 21 continued

地 区 Region	计算机、通信和其他电子设备制造业 Manufacture of Computers, Communication and Other Electronic Equipment				仪器仪表制造业 Manufacture of Measuring Instrument and Machinery			
	年末人数（人） Year-end Figures (person)	#女 性 Female	工资总额（千元） Total Wages (1000 yuan)	平均工资（元） Average Wage (yuan)	年末人数（人） Year-end Figures (person)	#女 性 Female	工资总额（千元） Total Wages (1000 yuan)	平均工资（元） Average Wage (yuan)
全 国 **National**	**6346423**	**2520347**	**733650449**	**113529**	**555793**	**201001**	**69577907**	**124266**
北 京 Beijing	84466	28239	21722193	253948	17124	5633	3464204	202434
天 津 Tianjin	66103	31755	8285328	122787	6943	2740	1008478	141931
河 北 Hebei	36350	14037	2823573	78351	12294	3925	1190174	95438
山 西 Shanxi	75892	30716	5488882	68009	2085	505	206268	97821
内蒙古 Inner Mongolia	16340	3935	1578177	97429	259	84	34223	134208
辽 宁 Liaoning	35192	17998	3923315	108387	12186	4376	1205992	97894
吉 林 Jilin	7804	3402	655595	87635	2516	762	251854	100340
黑龙江 Heilongjiang	1389	482	126114	83024	2639	760	269947	98485
上 海 Shanghai	187620	75594	31326700	155132	26143	9847	5238623	196818
江 苏 Jiangsu	1068512	439278	113930162	106088	94363	29949	13915456	146871
浙 江 Zhejiang	416105	149895	60620910	143454	107087	38084	13542454	127872
安 徽 Anhui	182307	65242	19495505	109656	13948	4070	1775886	125048
福 建 Fujian	198248	77392	23864249	120928	10098	5133	957191	88563
江 西 Jiangxi	211404	100852	15319874	73855	7465	3369	619230	83177
山 东 Shandong	185845	70750	21259214	109410	28544	8438	3262824	115672
河 南 Henan	200543	88438	18455431	68364	18774	6296	1729406	91742
湖 北 Hubei	141153	55391	15494570	113720	12448	5006	1314021	105356
湖 南 Hunan	187655	83061	16104634	88472	9266	2841	1061191	113564
广 东 Guangdong	2295705	877153	285651204	123227	132548	55211	14008304	103393
广 西 Guangxi	67463	33999	4466968	68039	1852	949	117344	63809
海 南 Hainan	805	254	106868	136660	4	2	248	62000
重 庆 Chongqing	160975	73165	13882010	82356	12925	4251	1709129	130647
四 川 Sichuan	331373	137553	30838842	93019	12497	4297	1510628	120062
贵 州 Guizhou	25823	10392	2036748	81281	1073	281	121859	111084
云 南 Yunnan	55135	15823	4816551	92032	910	502	63463	65221
西 藏 Xizang	8	3	1346	168250				
陕 西 Shaanxi	64346	24488	7626503	119114	8374	3133	869498	106088
甘 肃 Gansu	13080	5330	884102	69141	480	150	38931	81530
青 海 Qinghai	15335	3039	1545203	106039	392	183	37105	93463
宁 夏 Ningxia	11790	2199	1173375	94126	491	183	50273	107651
新 疆 Xinjiang	1659	491	146307	90202	65	42	3705	42102

3-2 续表 22 continued

地区 Region	其他制造业 Other Manufacture 年末人数(人) Year-end Figures (person)	#女性 Female	工资总额(千元) Total Wages (1000 yuan)	平均工资(元) Average Wage (yuan)	废弃资源综合利用业 Utilization of Waste Resources 年末人数(人) Year-end Figures (person)	#女性 Female	工资总额(千元) Total Wages (1000 yuan)	平均工资(元) Average Wage (yuan)
全 国 National	**122297**	**60793**	**10694752**	**87295**	**96425**	**23270**	**8764781**	**87705**
北 京 Beijing	506	111	71130	139471	799	253	136522	165883
天 津 Tianjin	1495	962	110852	72169	871	219	119575	125341
河 北 Hebei	2608	1869	151726	57233	5442	1074	406336	75813
山 西 Shanxi	30	20	916	36640	5814	1481	544950	65467
内蒙古 Inner Mongolia	2		25	12500	1160	228	118924	104319
辽 宁 Liaoning	2256	1421	151405	66757	2601	400	230808	87726
吉 林 Jilin	43	6	3772	85727	460	120	49198	97422
黑龙江 Heilongjiang	49	13	2426	49510	278	52	20228	69038
上 海 Shanghai	4685	2628	573456	117472	1503	382	244640	156419
江 苏 Jiangsu	6922	3487	686491	98897	9454	2116	932536	99570
浙 江 Zhejiang	21165	10228	1667624	78880	8190	1966	843140	101247
安 徽 Anhui	3109	1073	399250	115467	6235	1793	595214	95432
福 建 Fujian	10804	6637	901061	82805	1194	358	91983	79985
江 西 Jiangxi	2465	1386	153409	59925	7494	1699	614135	80286
山 东 Shandong	4682	2069	334378	77355	3765	809	335694	85959
河 南 Henan	1447	892	71190	46714	4620	1322	279091	59153
湖 北 Hubei	1450	818	83053	58163	7601	1687	711581	93012
湖 南 Hunan	1761	672	133962	71256	5070	1260	411381	81348
广 东 Guangdong	53781	24855	5025254	93964	7260	1797	739416	100445
广 西 Guangxi	1053	547	60441	58397	1584	508	117279	74811
海 南 Hainan	42	10	5504	125091	134	29	12442	95708
重 庆 Chongqing	64	15	4620	66000	1748	505	159251	82088
四 川 Sichuan	418	135	34894	84694	4524	1308	341006	75104
贵 州 Guizhou	944	769	33946	38884	1231	314	109561	85081
云 南 Yunnan	47	13	3453	71938	1491	386	96068	66345
西 藏 Xizang	31	17	703	29292	39	10	3016	79368
陕 西 Shaanxi	407	128	29011	74008	3227	665	243395	74138
甘 肃 Gansu					1239	219	119007	95973
青 海 Qinghai					2		438	219000
宁 夏 Ningxia					699	156	56562	85056
新 疆 Xinjiang	30	12	800	25806	696	154	81403	104766

3-2 续表 23 continued

地 区 Region	金属制品、机械和设备修理业 Repair Service of Metal Products, Machinery and Equipment				电力、热力、燃气及水生产和供应业 Production and Supply of Electricity, Heat, Gas and Water			
	年末人数（人） Year-end Figures (person)	#女 性 Female	工资总额（千元） Total Wages (1000 yuan)	平均工资（元） Average Wage (yuan)	年末人数（人） Year-end Figures (person)	#女 性 Female	工资总额（千元） Total Wages (1000 yuan)	平均工资（元） Average Wage (yuan)
全 国 **National**	**195552**	**31421**	**26036727**	**130837**	**3609950**	**940864**	**520526323**	**143594**
北 京 Beijing	15582	2395	2814498	180529	93926	26726	20592155	220232
天 津 Tianjin	7214	792	649414	89890	39392	11401	7822258	196345
河 北 Hebei	5113	628	475192	87715	183151	49184	25821925	140598
山 西 Shanxi	9159	2632	867680	90208	156819	44961	18006646	115131
内蒙古 Inner Mongolia	4574	454	510826	105931	141442	37036	19552761	137753
辽 宁 Liaoning	13150	1922	1440490	106263	136340	34802	14252065	103915
吉 林 Jilin	3636	458	299323	80420	88001	18930	10469310	116867
黑龙江 Heilongjiang	2399	490	273828	109313	125824	26880	13320323	104694
上 海 Shanghai	30563	3082	5418528	178441	33770	9184	9195887	272347
江 苏 Jiangsu	3855	501	437772	110466	150868	37375	26018115	171988
浙 江 Zhejiang	11563	1699	1486033	129444	136786	31372	24430640	178209
安 徽 Anhui	4171	798	626779	147770	91517	22164	13613657	148159
福 建 Fujian	10427	2189	1633665	160210	107509	27293	16070734	149565
江 西 Jiangxi	1290	161	145249	111108	94528	25993	9468357	99422
山 东 Shandong	10344	1766	1264705	120963	269933	64811	37391089	137881
河 南 Henan	6130	1147	547266	88624	230060	66942	28495058	122306
湖 北 Hubei	12522	3429	1181553	86630	104849	31459	16865805	160295
湖 南 Hunan	2940	269	343731	97706	158990	43385	19695628	123361
广 东 Guangdong	13513	2157	2020356	152656	258102	58708	48509240	187410
广 西 Guangxi	2985	482	421505	137522	103668	27636	14274778	135205
海 南 Hainan	2140	164	263440	113356	22608	5128	3331809	149434
重 庆 Chongqing	2404	298	266289	113850	70741	20644	9097761	127438
四 川 Sichuan	5991	1109	777014	131079	214114	59780	29390916	135500
贵 州 Guizhou	1256	220	136876	114871	83795	21328	12074596	142977
云 南 Yunnan	795	223	246876	318139	97734	26452	15291671	156234
西 藏 Xizang	29	7	2442	84207	15082	4560	2130838	143982
陕 西 Shaanxi	5098	789	720526	142103	142866	41181	20013490	140130
甘 肃 Gansu	2680	454	293896	102083	95083	25352	10608842	112778
青 海 Qinghai	2461	443	319925	117533	23839	6262	3413069	144765
宁 夏 Ningxia	47	12	5332	75099	38178	9748	6091300	161003
新 疆 Xinjiang	1521	250	145717	92578	100434	24190	15215605	152921

3-2 续表 24 continued

地 区	Region	电力、热力生产和供应业 Production and Supply of Electric Power and Heat Power				燃气生产和供应业 Production and Supply of Gas			
		年末人数 (人) Year-end Figures (person)	#女 性 Female	工资总额 (千元) Total Wages (1000 yuan)	平均工资 (元) Average Wage (yuan)	年末人数 (人) Year-end Figures (person)	#女 性 Female	工资总额 (千元) Total Wages (1000 yuan)	平均工资 (元) Average Wage (yuan)
全 国	**National**	**2578472**	**597005**	**417472509**	**161374**	**327041**	**103241**	**36687344**	**111581**
北 京	Beijing	68422	19290	16405662	242229	10021	2867	1942831	192245
天 津	Tianjin	24812	6516	5817734	232038	6995	2156	964330	135307
河 北	Hebei	126907	29253	21298408	167598	22120	6978	1933421	87318
山 西	Shanxi	108080	27221	14510847	134859	22778	7580	1829054	79744
内蒙古	Inner Mongolia	113999	27544	17359122	152848	8016	2355	765004	93301
辽 宁	Liaoning	93709	21257	10952994	117117	12974	4201	1059392	80416
吉 林	Jilin	66998	12418	8968985	132737	4370	1318	425512	81127
黑龙江	Heilongjiang	100564	19263	11650492	114841	5673	1761	465305	79985
上 海	Shanghai	18390	4166	6243172	340599	5499	1685	1130860	202979
江 苏	Jiangsu	87843	17039	18425489	209435	18659	5462	2444280	132067
浙 江	Zhejiang	86333	17042	18170808	210282	13023	3353	1803809	138066
安 徽	Anhui	58242	11357	10467704	178409	12618	4026	1240553	98312
福 建	Fujian	83207	19241	13627683	163850	5945	1729	684023	114766
江 西	Jiangxi	67200	15387	6954464	102521	7147	2506	751941	105097
山 东	Shandong	205702	43411	31082532	150240	23188	7578	2361977	102334
河 南	Henan	163510	41371	22966333	138307	23059	8050	1891898	81933
湖 北	Hubei	68129	17661	13658880	199433	9307	3346	881715	94234
湖 南	Hunan	117688	29127	16091026	135614	8667	2644	780020	90918
广 东	Guangdong	163782	32576	36296330	221047	22599	5991	3597185	159509
广 西	Guangxi	81407	20026	12414510	149341	5563	1724	451371	79735
海 南	Hainan	14080	2675	2617901	190149	1750	377	180186	106967
重 庆	Chongqing	46719	11907	6099857	129435	8864	3340	1340104	148801
四 川	Sichuan	149256	36840	22816691	150210	24167	8300	2773415	114041
贵 州	Guizhou	61114	14044	10002426	163510	4293	1430	434136	101505
云 南	Yunnan	77889	19662	13444904	172493	5266	1626	696912	132083
西 藏	Xizang	13736	4080	1999132	148555	220	82	22065	100295
陕 西	Shaanxi	106151	27984	16622742	157091	15653	4937	1710559	109500
甘 肃	Gansu	79217	19793	9451562	120654	3750	1204	369391	99114
青 海	Qinghai	20218	5016	3032137	151880	753	271	91883	121378
宁 夏	Ningxia	31903	7459	5442615	171904	2069	740	198314	99107
新 疆	Xinjiang	73263	16379	12579366	173652	12035	3623	1465897	122546

3-2 续表 25 continued

地 区 Region	水的生产和供应业 Production and Supply of Water				建筑业 Construction			
	年末人数（人） Year-end Figures (person)	#女 性 Female	工资总额（千元） Total Wages (1000 yuan)	平均工资（元） Average Wage (yuan)	年末人数（人） Year-end Figures (person)	#女 性 Female	工资总额（千元） Total Wages (1000 yuan)	平均工资（元） Average Wage (yuan)
全 国 **National**	**704437**	**240618**	**66366470**	**93579**	**16380958**	**2290617**	**1368193292**	**85804**
北 京 Beijing	15484	4569	2243662	143198	413402	88701	67641526	161172
天 津 Tianjin	7585	2729	1040194	136151	159488	27575	20411026	127402
河 北 Hebei	34123	12952	2590096	75215	298755	51586	26247604	86269
山 西 Shanxi	25961	10160	1666745	64441	225565	46544	19369724	86540
内蒙古 Inner Mongolia	19428	7137	1428635	70831	70909	14515	6253882	78573
辽 宁 Liaoning	29657	9344	2239678	73541	210040	39296	17443452	80285
吉 林 Jilin	16633	5194	1074813	64097	116833	20872	9464252	71403
黑龙江 Heilongjiang	19587	5856	1204526	60333	92149	21833	7405213	74524
上 海 Shanghai	9881	3332	1821855	184696	227963	37291	36955183	162683
江 苏 Jiangsu	44366	14873	5148345	114936	2243799	123451	174443820	84491
浙 江 Zhejiang	37430	10977	4456024	118468	1434575	156252	108658510	79719
安 徽 Anhui	20657	6780	1905400	92522	842955	106524	67020498	80764
福 建 Fujian	18357	6322	1759028	96028	1035745	177233	72093935	75673
江 西 Jiangxi	20181	8100	1761952	87031	558920	89609	38195800	69509
山 东 Shandong	41042	13822	3946580	95752	1111203	135762	96706894	87232
河 南 Henan	43490	17521	3636827	82960	899972	142933	61330557	69071
湖 北 Hubei	27413	10452	2325209	84949	898124	127945	77991345	89175
湖 南 Hunan	32635	11614	2824582	87110	964328	120024	73688080	77149
广 东 Guangdong	71720	20141	8615725	119519	1244345	190474	110378538	92727
广 西 Guangxi	16698	5885	1408897	83916	299674	43837	22918158	75788
海 南 Hainan	6779	2076	533722	77984	18555	5152	1528560	86162
重 庆 Chongqing	15159	5398	1657799	108661	578977	77770	46183317	80678
四 川 Sichuan	40692	14640	3800809	93411	1068315	200048	81707147	80698
贵 州 Guizhou	18388	5853	1638034	86208	239237	37761	19939218	88303
云 南 Yunnan	14579	5164	1149854	78457	241836	50985	19935590	81528
西 藏 Xizang	1125	398	109641	97708	12537	2595	1286730	95576
陕 西 Shaanxi	21062	8259	1680189	78574	431383	71081	37471948	91351
甘 肃 Gansu	12116	4355	787889	65629	183188	33247	13715101	72672
青 海 Qinghai	2868	975	289049	101223	28865	6435	3517106	115039
宁 夏 Ningxia	4206	1549	450371	107959	22509	5295	2649517	100198
新 疆 Xinjiang	15135	4189	1170342	77518	206811	37989	25641063	98395

3–2 续表 26 continued

地 区	Region	房屋建筑业 Construction of Buildings 年末人数(人) Year-end Figures (person)	#女性 Female	工资总额(千元) Total Wages (1000 yuan)	平均工资(元) Average Wage (yuan)	土木工程建筑业 Civil Engineering 年末人数(人) Year-end Figures (person)	#女性 Female	工资总额(千元) Total Wages (1000 yuan)	平均工资(元) Average Wage (yuan)
全 国	**National**	**10264195**	**1291892**	**782061130**	**78561**	**4391808**	**720249**	**432992409**	**100271**
北 京	Beijing	178503	39499	30799800	167329	146731	27091	25092361	169479
天 津	Tianjin	51728	8564	5487564	106430	75068	12829	11253229	150242
河 北	Hebei	123071	18983	7828462	59799	141368	25270	14584308	105143
山 西	Shanxi	84960	18983	6862442	83156	108498	22682	10124552	92675
内蒙古	Inner Mongolia	35482	6875	2780197	67900	27553	6377	2544436	86896
辽 宁	Liaoning	76997	12612	5759454	70298	91791	19292	8502077	89973
吉 林	Jilin	50595	8376	4015575	63368	49816	8964	4231410	81037
黑龙江	Heilongjiang	25942	6872	1363448	50246	57267	12696	5504225	86734
上 海	Shanghai	112595	16294	17653616	157050	67829	11412	11735089	172514
江 苏	Jiangsu	1725189	68663	131452503	82994	306865	34496	25505123	87935
浙 江	Zhejiang	983192	100550	70828765	75858	280502	35194	23044741	88313
安 徽	Anhui	486919	58688	35291909	73665	268917	33649	25044256	94816
福 建	Fujian	748840	129784	51710843	74406	234378	36219	16491620	79344
江 西	Jiangxi	377439	59762	25041504	67459	155814	24545	11087561	72156
山 东	Shandong	656985	69004	52145838	79106	295385	47658	31048360	104487
河 南	Henan	499276	68344	30582781	62467	282139	53001	22280278	78940
湖 北	Hubei	580057	67321	44258484	79048	246514	47724	27576698	112403
湖 南	Hunan	655511	78333	49257118	75910	233590	31553	18692000	79800
广 东	Guangdong	760784	112513	60106652	83993	287982	43588	32392308	115368
广 西	Guangxi	229475	31432	15912022	68067	57400	9475	6011085	108125
海 南	Hainan	9649	2191	820179	87421	4876	1988	362481	85412
重 庆	Chongqing	356957	50999	25366824	70749	181229	20131	17573054	100374
四 川	Sichuan	676573	121851	46932848	72049	292830	62206	26856328	99022
贵 州	Guizhou	153287	22889	10289474	72850	73145	12258	8498432	117974
云 南	Yunnan	143023	30473	10112872	68465	80277	16744	8126934	103037
西 藏	Xizang	6949	1336	532385	74592	4189	1070	514327	122894
陕 西	Shaanxi	231840	37493	15405066	73088	169033	28078	19301827	113648
甘 肃	Gansu	110918	18471	7361116	63376	59584	11803	5145401	85787
青 海	Qinghai	6537	1419	436936	60191	19142	4279	2807956	140741
宁 夏	Ningxia	11035	2904	1138594	81386	11028	2240	1470658	122863
新 疆	Xinjiang	113888	20415	14525858	99073	81067	15739	9589292	95423

3-2 续表 27 continued

地区 Region	建筑安装业 Building Installation				建筑装饰、装修和其他建筑业 Building Decoration and Other Constructions			
	年末人数(人) Year-end Figures (person)	#女性 Female	工资总额(千元) Total Wages (1000 yuan)	平均工资(元) Average Wage (yuan)	年末人数(人) Year-end Figures (person)	#女性 Female	工资总额(千元) Total Wages (1000 yuan)	平均工资(元) Average Wage (yuan)
全 国 **National**	**919092**	**139809**	**89490343**	**100932**	**805862**	**138667**	**63649410**	**80987**
北 京 Beijing	44320	9712	6525564	147554	43848	12399	5223801	120539
天 津 Tianjin	18837	4185	2688119	142107	13856	1997	982114	66215
河 北 Hebei	26605	5199	3339086	123713	7711	2134	495749	64884
山 西 Shanxi	25957	3297	1832773	71932	6149	1582	549956	83678
内蒙古 Inner Mongolia	3247	769	360221	99366	4627	495	569027	99106
辽 宁 Liaoning	29363	5153	2353131	80827	11890	2239	828790	70654
吉 林 Jilin	11312	2316	783024	66705	5110	1215	434243	83137
黑龙江 Heilongjiang	6237	1391	392885	64269	2703	874	144655	54452
上 海 Shanghai	23131	4606	4381975	187705	24409	4980	3184503	136182
江 苏 Jiangsu	132689	10891	11618589	103602	79056	9401	5867604	74668
浙 江 Zhejiang	51803	6147	5959282	111954	119079	14362	8825721	76655
安 徽 Anhui	46949	7324	3976200	83570	40170	6862	2708133	69388
福 建 Fujian	17994	3924	1766477	98727	34533	7306	2124995	66433
江 西 Jiangxi	10694	2248	1132169	110534	14974	3055	934566	64927
山 东 Shandong	105555	11404	8871464	89459	53277	7697	4641232	87392
河 南 Henan	47604	8619	3730268	76898	70953	12970	4737230	70082
湖 北 Hubei	44012	7996	4114417	97239	27542	4904	2041745	75496
湖 南 Hunan	61822	7843	4711940	80280	13404	2295	1027022	77131
广 东 Guangdong	71919	12320	7699529	106912	123660	22054	10180049	83476
广 西 Guangxi	7662	1614	587365	73816	5137	1316	407687	80300
海 南 Hainan	1811	322	139098	76229	2219	651	206801	90311
重 庆 Chongqing	24971	2911	2248657	96873	15821	3729	994781	63737
四 川 Sichuan	47258	8705	4389732	96095	51655	7286	3528239	79819
贵 州 Guizhou	7974	1523	782970	103527	4831	1090	368342	74240
云 南 Yunnan	11245	2151	1044954	96926	7290	1618	650830	90886
西 藏 Xizang	358	71	46338	108014	1042	119	193680	113164
陕 西 Shaanxi	21120	3293	2249691	109412	9391	2218	515364	57127
甘 肃 Gansu	9715	2288	1012947	104874	2971	684	195636	66578
青 海 Qinghai	2505	545	233947	85810	681	192	38266	60135
宁 夏 Ningxia	287	72	30073	89503	159	79	10192	69333
新 疆 Xinjiang	4138	973	487455	106559	7718	863	1038458	116579

3-2 续表 28 continued

地区 Region	批发和零售业 Wholesale and Retail Trades				批发业 Wholesale Trade			
	年末人数(人) Year-end Figures (person)	#女性 Female	工资总额(千元) Total Wages (1000 yuan)	平均工资(元) Average Wage (yuan)	年末人数(人) Year-end Figures (person)	#女性 Female	工资总额(千元) Total Wages (1000 yuan)	平均工资(元) Average Wage (yuan)
全国 National	**7824432**	**4057722**	**981495264**	**124362**	**4064454**	**1769209**	**658674051**	**160388**
北京 Beijing	537181	254964	108465148	199716	344309	154123	82773305	237646
天津 Tianjin	135366	78658	17290086	125704	74827	36555	11650952	154021
河北 Hebei	217935	123285	16218450	74339	77218	29817	7370582	96936
山西 Shanxi	152740	66657	13417399	85568	95525	32855	10056440	100655
内蒙古 Inner Mongolia	82726	42462	7951419	95212	33659	12910	4459957	128568
辽宁 Liaoning	157640	87122	13535039	83730	56991	24470	6942509	118897
吉林 Jilin	76887	39182	6368904	82046	32302	13034	3598757	110422
黑龙江 Heilongjiang	94929	44950	8431789	87211	45147	17330	5311587	114746
上海 Shanghai	897052	485984	219462877	241787	607873	299152	175297848	285029
江苏 Jiangsu	537452	281529	65316376	119615	290863	131166	43309057	146546
浙江 Zhejiang	473725	233011	66915712	139543	279265	122648	45849378	162315
安徽 Anhui	235368	124569	22207979	92812	105209	38950	13290040	122528
福建 Fujian	242974	123452	26788225	110445	116025	51004	15680613	136994
江西 Jiangxi	165302	82672	13962052	83764	76799	28823	7668547	98674
山东 Shandong	489438	266803	42458042	86752	228737	95054	25490599	110941
河南 Henan	316671	157927	24186249	75662	137995	49667	13413048	96012
湖北 Hubei	321785	180889	28113751	87446	123830	53460	13805251	111795
湖南 Hunan	240565	129783	19665884	82358	82330	33473	9303641	110851
广东 Guangdong	1023058	516493	122531571	117872	583305	264497	81311024	136908
广西 Guangxi	135567	70129	12173492	88327	63943	28027	7169596	111419
海南 Hainan	70493	35329	8646434	122405	29423	12447	5024391	167880
重庆 Chongqing	146619	82090	14695568	99036	50951	24026	6713520	128575
四川 Sichuan	374660	198245	35804595	96458	180868	78380	20779854	118065
贵州 Guizhou	117536	55155	12210238	103104	59891	21250	7966329	132000
云南 Yunnan	139198	72218	14761622	104887	66795	28103	9642483	141575
西藏 Xizang	18415	8486	2580346	140531	11164	5349	1804976	161014
陕西 Shaanxi	198961	104913	17270231	86731	86602	35753	9831158	112638
甘肃 Gansu	80178	43682	6541726	81888	35533	14188	3565757	99643
青海 Qinghai	21144	10574	1932418	90714	12232	5302	1344621	110926
宁夏 Ningxia	27414	15175	2160270	80115	12795	5091	1344858	106625
新疆 Xinjiang	95456	41332	9431373	100700	62051	22304	6903372	114165

3-2 续表 29 continued

地 区 Region	零售业 Retail Trade 年末人数(人) Year-end Figures (person)	#女 性 Female	工资总额(千元) Total Wages (1000 yuan)	平均工资(元) Average Wage (yuan)	交通运输、仓储和邮政业 Transport, Storage and Post 年末人数(人) Year-end Figures (person)	#女 性 Female	工资总额(千元) Total Wages (1000 yuan)	平均工资(元) Average Wage (yuan)
全 国 **National**	**3759978**	**2288513**	**322821213**	**85278**	**7678772**	**1971707**	**948815596**	**122705**
北 京 Beijing	192872	100841	25691844	131893	476035	125271	76187579	159018
天 津 Tianjin	60540	42103	5639134	91100	142190	37593	18496345	128026
河 北 Hebei	140717	93468	8847867	62251	275833	69543	30061473	108463
山 西 Shanxi	57215	33802	3360959	59074	230193	57418	25609121	110202
内蒙古 Inner Mongolia	49067	29552	3491462	71512	198231	47509	22846634	117244
辽 宁 Liaoning	100650	62652	6592530	63844	282769	65675	29922586	104293
吉 林 Jilin	44585	26147	2770147	61512	137680	28698	13913199	99700
黑龙江 Heilongjiang	49782	27620	3120201	61917	217419	41095	23147272	105335
上 海 Shanghai	289179	186832	44165029	150912	434116	139485	77930156	177369
江 苏 Jiangsu	246589	150364	22007319	87847	477958	112302	59296136	120293
浙 江 Zhejiang	194460	110362	21066335	106902	379244	90706	49232645	130065
安 徽 Anhui	130160	85620	8917939	68173	267246	65964	28913421	104417
福 建 Fujian	126949	72448	11107612	86719	203261	51635	25136556	121439
江 西 Jiangxi	88504	53849	6293505	70739	161767	42935	17321362	107129
山 东 Shandong	260701	171750	16967444	65348	438692	107835	50687026	115462
河 南 Henan	178676	108260	10773201	59865	358799	95156	36364243	101760
湖 北 Hubei	197955	127428	14308500	72261	295514	68902	34303711	117358
湖 南 Hunan	158235	96310	10362243	66915	231499	59871	24601680	104658
广 东 Guangdong	439753	251995	41220547	92502	740211	197482	102999788	137150
广 西 Guangxi	71624	42103	5003896	68104	178363	42935	19687887	109881
海 南 Hainan	41070	22882	3622043	88973	70267	16692	9839972	141500
重 庆 Chongqing	95668	58064	7982048	82998	198264	55972	21312383	106411
四 川 Sichuan	193792	119865	15024740	76974	358799	104214	42373875	118242
贵 州 Guizhou	57646	33905	4243909	73076	117318	32447	12765662	108204
云 南 Yunnan	72403	44116	5119138	70482	158182	46344	18395683	116549
西 藏 Xizang	7250	3137	775370	108424	22624	7639	3229131	143691
陕 西 Shaanxi	112359	69160	7439072	66514	240907	65057	27542346	115305
甘 肃 Gansu	44644	29494	2975969	67481	121564	29769	13415198	110187
青 海 Qinghai	8912	5273	587798	64026	49638	12587	6347579	129914
宁 夏 Ningxia	14618	10083	815412	56816	38622	11590	4291243	110800
新 疆 Xinjiang	33405	19028	2528001	76167	175568	41384	22643702	130662

3-2 续表 30 continued

地区 Region		铁路运输业 Railway Transport				道路运输业 Road Transport			
		年末人数（人）Year-end Figures (person)	#女性 Female	工资总额（千元）Total Wages (1000 yuan)	平均工资（元）Average Wage (yuan)	年末人数（人）Year-end Figures (person)	#女性 Female	工资总额（千元）Total Wages (1000 yuan)	平均工资（元）Average Wage (yuan)
全　国	**National**	**1781369**	**252830**	**271749247**	**151575**	**3268056**	**850730**	**302332451**	**91757**
北　京	Beijing	86792	11096	15065151	171140	199292	45180	23788298	118328
天　津	Tianjin	25837	3725	4023589	152495	59302	14652	6401328	104095
河　北	Hebei	70771	6369	10630491	147995	119299	38940	9007636	73781
山　西	Shanxi	97072	10508	16229726	165452	89464	30730	5729833	62986
内蒙古	Inner Mongolia	102219	14105	14582383	142080	66023	22396	4987747	79453
辽　宁	Liaoning	96564	10121	13777725	139880	99778	27511	6421995	62819
吉　林	Jilin	53448	4238	7281787	133161	50415	14316	3442861	66665
黑龙江	Heilongjiang	122852	12269	15882353	126448	41538	10849	2580887	60728
上　海	Shanghai	31841	4775	6468025	201433	130200	24122	17891761	133394
江　苏	Jiangsu	48377	7209	8433452	171684	228477	55375	24348591	109524
浙　江	Zhejiang	34097	5594	6097166	181070	180744	41428	20266602	110693
安　徽	Anhui	37159	4348	6411022	168951	154448	38172	13433142	90424
福　建	Fujian	33065	6167	4576031	141349	75728	17226	7183326	90107
江　西	Jiangxi	52642	7766	7682453	146519	78931	23450	6916109	87463
山　东	Shandong	86446	11989	13086505	151668	182503	49444	15472758	83055
河　南	Henan	98711	13936	14408620	144495	182885	52518	13434023	73454
湖　北	Hubei	73503	11168	11860904	159915	142182	31609	13223013	93271
湖　南	Hunan	69036	9362	10353948	147431	105022	29789	8106478	74659
广　东	Guangdong	71703	12830	12277256	169351	341882	74681	36627525	105361
广　西	Guangxi	60422	8989	8758455	143278	59830	18748	5281413	86682
海　南	Hainan	6471	1043	1033695	161087	16307	3357	1277066	77506
重　庆	Chongqing	27001	5227	3891410	142762	108961	24720	9220991	83162
四　川	Sichuan	68799	13225	10064387	146002	172739	47908	15297563	88036
贵　州	Guizhou	32349	5588	4553397	139606	49334	14589	4041938	80255
云　南	Yunnan	41019	7018	6360550	154886	65716	20897	5284351	80136
西　藏	Xizang	1779	213	357904	206047	7170	2657	675878	94126
陕　西	Shaanxi	85230	14742	12702620	150701	109430	33238	8729499	81231
甘　肃	Gansu	59570	10552	8375308	140255	42703	11958	3171710	73943
青　海	Qinghai	25103	4504	3844602	156101	16704	5140	1591148	94859
宁　夏	Ningxia	18754	3656	2445458	131279	13134	5241	1029708	77123
新　疆	Xinjiang	62737	10499	10232874	170247	77912	19888	7467273	93221

3-2 续表 31 continued

地区 Region	水上运输业 Water Transport 年末人数(人) Year-end Figures (person)	#女性 Female	工资总额(千元) Total Wages (1000 yuan)	平均工资(元) Average Wage (yuan)	航空运输业 Air Transport 年末人数(人) Year-end Figures (person)	#女性 Female	工资总额(千元) Total Wages (1000 yuan)	平均工资(元) Average Wage (yuan)
全国 National	**263567**	**46578**	**46201770**	**172004**	**594526**	**217883**	**110565250**	**187072**
北京 Beijing	236	52	68865	281082	79781	34469	17980721	226552
天津 Tianjin	8037	1743	1759545	214696	8562	3101	1327290	155950
河北 Hebei	17386	3097	3062874	174027	5873	2017	829668	140479
山西 Shanxi	5	3	165	33000	5541	1966	583148	105624
内蒙古 Inner Mongolia					7095	2282	1090630	154942
辽宁 Liaoning	16489	2774	2177199	130192	11460	5208	1500777	130241
吉林 Jilin	33	5	3438	90474	4039	1184	500508	125787
黑龙江 Heilongjiang	1282	240	129298	99613	8531	2508	979699	114611
上海 Shanghai	24068	4282	7910579	326413	89743	33978	18115322	205562
江苏 Jiangsu	31027	5959	4440129	141511	6280	1911	751747	123800
浙江 Zhejiang	25729	5134	4889158	187900	14921	4892	2769915	183846
安徽 Anhui	6002	1019	629073	105562	3850	1392	509430	133955
福建 Fujian	14980	2259	2673442	175807	25944	7990	4844283	187378
江西 Jiangxi	2642	574	208469	80827	124	32	14782	115484
山东 Shandong	36165	4501	5772781	147564	10847	3710	1706925	160652
河南 Henan	613	203	34231	55122	10457	3586	1632464	160533
湖北 Hubei	10450	2171	1297483	123585	7050	2661	1006594	144046
湖南 Hunan	3022	652	306404	99104	7666	2824	1098475	142696
广东 Guangdong	38733	6475	7585843	195265	116491	43423	23789345	202634
广西 Guangxi	9411	2264	1065165	113728	2837	819	422605	152565
海南 Hainan	4846	826	1010431	202748	28263	7785	5027996	182657
重庆 Chongqing	10766	1988	1056422	96458	14761	6091	2439339	166678
四川 Sichuan	722	147	63742	87578	43602	16227	8687459	200691
贵州 Guizhou	511	93	30883	62014	12316	4103	1831959	149780
云南 Yunnan	111	41	8714	77115	27563	9971	4746414	172185
西藏 Xizang					7684	2641	1344537	175504
陕西 Shaanxi	144	28	6019	40669	13224	4576	2101797	157220
甘肃 Gansu	100	34	6715	67150	4368	1456	441408	105499
青海 Qinghai					2827	961	378775	133607
宁夏 Ningxia	13	9	475	36538	2328	699	323626	136898
新疆 Xinjiang	45	3	4226	93911	10500	3420	1787612	173909

3-2 续表 32 continued

地 区	Region	管道运输业 Transport Via Pipelines				多式联运和运输代理业 Intermodality and Forwarding Agency			
		年末人数 (人) Year-end Figures (person)	#女 性 Female	工资总额 (千元) Total Wages (1000 yuan)	平均工资 (元) Average Wage (yuan)	年末人数 (人) Year-end Figures (person)	#女 性 Female	工资总额 (千元) Total Wages (1000 yuan)	平均工资 (元) Average Wage (yuan)
全 国	**National**	**37582**	**8064**	**8939268**	**236651**	**329088**	**149317**	**51530995**	**154247**
北 京	Beijing	11041	2174	3237030	295889	26791	12259	5010737	183856
天 津	Tianjin	826	209	203172	239590	10343	4835	1506852	145204
河 北	Hebei	5783	1348	1290886	209798	1914	685	210245	108843
山 西	Shanxi	2358	520	197255	83055	1664	401	152614	85833
内蒙古	Inner Mongolia	178	56	25903	152371	1915	409	240494	121486
辽 宁	Liaoning	181	41	39048	215735	10250	3994	1364811	133210
吉 林	Jilin	67	18	13541	190718	1796	310	113009	62818
黑龙江	Heilongjiang					737	244	41835	58729
上 海	Shanghai	953	154	223085	232865	97340	55588	19086271	191663
江 苏	Jiangsu	5184	1267	1222790	232293	18766	7219	2431893	128712
浙 江	Zhejiang	217	32	34626	160306	17782	7561	2624203	145339
安 徽	Anhui	15	3	2657	177133	6922	1936	783202	111843
福 建	Fujian	89	13	18809	211337	9463	3331	1327816	139744
江 西	Jiangxi	42	6	7776	185143	940	378	112625	120931
山 东	Shandong	1596	313	299390	190937	19967	8445	2806926	140548
河 南	Henan	171	47	22907	133180	3624	1225	359917	97975
湖 北	Hubei	747	186	161711	230030	5534	1508	644690	114532
湖 南	Hunan	479	139	38575	81727	3146	1258	327703	103026
广 东	Guangdong	939	107	239743	266085	60325	28728	8448290	138371
广 西	Guangxi	73	22	19150	262329	2488	834	270103	110929
海 南	Hainan	172	19	38710	221200	1807	545	260706	139722
重 庆	Chongqing	73	17	16780	229863	3833	1451	397394	103017
四 川	Sichuan	1788	504	439803	251172	6233	2205	736635	115097
贵 州	Guizhou	91	21	23148	263045	478	171	55122	114646
云 南	Yunnan	262	59	37368	139433	2399	695	219681	95186
西 藏	Xizang					7	1	856	122286
陕 西	Shaanxi	614	129	107145	174788	8360	2005	1480185	167463
甘 肃	Gansu	433	98	46202	109225	666	163	66564	101237
青 海	Qinghai					230	85	27524	112343
宁 夏	Ningxia					552	153	57139	103513
新 疆	Xinjiang	3210	562	932059	293840	2818	695	364954	126816

3-2 续表 33 continued

地 区 Region	装卸搬运和仓储业 Loading, Unloading and Storage				邮政业 Post			
	年末人数 (人) Year-end Figures (person)	#女 性 Female	工资总额 (千元) Total Wages (1000 yuan)	平均工资 (元) Average Wage (yuan)	年末人数 (人) Year-end Figures (person)	#女 性 Female	工资总额 (千元) Total Wages (1000 yuan)	平均工资 (元) Average Wage (yuan)
全 国 National	**461232**	**117744**	**47766921**	**98700**	**943352**	**328562**	**109729694**	**118082**
北 京 Beijing	9733	2952	1249145	120920	62369	17089	9787633	158092
天 津 Tianjin	10792	3053	1398624	127355	18492	6275	1875945	106110
河 北 Hebei	15504	4317	1355760	91779	39303	12771	3673913	99620
山 西 Shanxi	10333	3059	587320	56760	23756	10231	2129060	91396
内蒙古 Inner Mongolia	5292	1165	520774	97204	15510	7096	1398703	93829
辽 宁 Liaoning	24450	4426	2261040	92283	23598	11599	2379991	103446
吉 林 Jilin	14395	3049	1113396	81036	13487	5578	1444659	106252
黑龙江 Heilongjiang	13513	3122	892116	65321	28966	11864	2641084	96282
上 海 Shanghai	31017	9512	4516063	141324	28954	7074	3719050	131533
江 苏 Jiangsu	69970	15854	9573557	102662	69877	17507	8093977	121465
浙 江 Zhejiang	23981	6328	3142793	129443	81771	19738	9408181	120427
安 徽 Anhui	12569	3651	955765	76368	46281	15443	6189130	101286
福 建 Fujian	14332	3737	1381667	95757	29659	10912	3131181	105017
江 西 Jiangxi	7366	1821	535837	71726	19079	8908	1843311	96874
山 东 Shandong	38609	8024	3729483	100172	62559	21409	7812259	134935
河 南 Henan	16786	5241	1095026	65020	45552	18401	5377055	124264
湖 北 Hubei	16289	4964	1288173	88046	39759	14635	4821144	127170
湖 南 Hunan	18238	3897	1450785	83943	24890	11951	2919313	119000
广 东 Guangdong	50557	13652	5593276	108378	59581	17586	8438509	138215
广 西 Guangxi	8624	2211	825765	96153	34679	9048	3045231	89869
海 南 Hainan	2810	424	273909	96132	9592	2693	917459	99230
重 庆 Chongqing	5206	1314	549066	100822	27663	15164	3740982	137632
四 川 Sichuan	12606	3368	1059577	81396	52310	20631	6024711	119338
贵 州 Guizhou	4623	1126	394768	86040	17616	6757	1834448	107201
云 南 Yunnan	5472	1475	423401	72238	15640	6187	1315204	89396
西 藏 Xizang	328	127	31194	94527	5656	2001	818761	147336
陕 西 Shaanxi	8087	3156	670380	79492	15817	7183	1744701	111068
甘 肃 Gansu	3813	1000	334503	87352	9911	4508	972789	97797
青 海 Qinghai	1280	406	112424	87826	3495	1491	393106	126931
宁 夏 Ningxia	691	200	63552	91971	3150	1632	371285	118621
新 疆 Xinjiang	3968	1115	387783	100353	14379	5201	1466921	114130

3-2 续表 34 continued

地 区 Region	住宿和餐饮业 Hotels and Catering Services				住宿业 Hotels			
	年末人数(人) Year-end Figures (person)	#女 性 Female	工资总额(千元) Total Wages (1000 yuan)	平均工资(元) Average Wage (yuan)	年末人数(人) Year-end Figures (person)	#女 性 Female	工资总额(千元) Total Wages (1000 yuan)	平均工资(元) Average Wage (yuan)
全 国 National	**2884195**	**1668557**	**164583043**	**58094**	**1030583**	**572111**	**68260309**	**66314**
北 京 Beijing	321050	176660	22145118	69455	75773	35249	7367176	97074
天 津 Tianjin	49573	30440	2201924	45783	8723	4874	561894	63553
河 北 Hebei	45803	26013	2406019	52765	27736	15920	1521225	54320
山 西 Shanxi	45919	26181	2092766	46909	19776	10935	1007111	51667
内蒙古 Inner Mongolia	26529	14934	1362930	52797	13410	7827	714252	53635
辽 宁 Liaoning	72055	44439	2475233	42311	19508	10712	1086329	55480
吉 林 Jilin	17505	10137	791710	46303	11047	6348	567633	51272
黑龙江 Heilongjiang	16404	9820	747374	45627	11167	6420	542133	49042
上 海 Shanghai	267277	149927	18175568	67565	48518	22702	5013461	104490
江 苏 Jiangsu	225788	135017	13666419	61114	65004	35629	4745784	73834
浙 江 Zhejiang	169184	95498	10858805	65371	78951	41545	5888786	74053
安 徽 Anhui	67807	41891	3624595	54836	30090	18001	1759975	58751
福 建 Fujian	104855	60100	5664335	55675	51099	27423	3375573	66209
江 西 Jiangxi	49051	31682	2329284	48404	26661	17477	1338309	50505
山 东 Shandong	145726	84208	8241163	57295	64449	35626	4061144	62521
河 南 Henan	75442	43972	3701412	49171	40472	24049	1977917	48569
湖 北 Hubei	103154	64276	5209759	50705	27195	16764	1589365	58832
湖 南 Hunan	69137	43782	3592312	51869	26450	16665	1463494	55610
广 东 Guangdong	450078	244281	25652987	57881	122185	62782	8418113	69318
广 西 Guangxi	51332	32167	2389016	46888	23562	14525	1210144	51883
海 南 Hainan	44329	21435	2902151	65790	36603	17288	2504296	68531
重 庆 Chongqing	35356	22045	1994238	56821	16316	9729	989215	61392
四 川 Sichuan	195897	117210	10217741	55068	53560	33883	3115627	58597
贵 州 Guizhou	33449	21812	1689254	50173	20071	12474	1110520	54815
云 南 Yunnan	50217	29748	2540151	51946	30552	18037	1692411	55119
西 藏 Xizang	5180	2920	407757	75472	3709	2074	280584	72026
陕 西 Shaanxi	83137	50960	4187195	50844	39952	24457	2192074	54425
甘 肃 Gansu	24154	14498	1210532	49936	12644	7628	690096	54756
青 海 Qinghai	4961	2924	266666	52794	3438	2071	190483	54319
宁 夏 Ningxia	3962	2481	208546	53792	2931	1862	154064	53645
新 疆 Xinjiang	29883	17102	1630087	54516	19032	11136	1131123	59059

3-2 续表 35 continued

地 区	Region	餐饮业 Catering Services				信息传输、软件和信息技术服务业 Information Transmission, Software and Information Technology			
		年末人数(人) Year-end Figures (person)	#女 性 Female	工资总额(千元) Total Wages (1000 yuan)	平均工资(元) Average Wage (yuan)	年末人数(人) Year-end Figures (person)	#女 性 Female	工资总额(千元) Total Wages (1000 yuan)	平均工资(元) Average Wage (yuan)
全 国	**National**	**1853612**	**1096446**	**96322734**	**53402**	**5295093**	**2029537**	**1241760760**	**231810**
北 京	Beijing	245277	141411	14777942	60828	1000059	374203	336305652	330135
天 津	Tianjin	40850	25566	1640031	41781	47227	19760	9204886	183684
河 北	Hebei	18067	10092	884795	50289	131028	55691	17952397	137412
山 西	Shanxi	26142	15245	1085656	43217	49404	21787	5726456	114701
内蒙古	Inner Mongolia	13119	7107	648678	51904	44329	20306	5908192	131580
辽 宁	Liaoning	52547	33727	1388904	35686	144895	69538	21622522	145153
吉 林	Jilin	6458	3789	224077	37177	45616	17822	5088799	109923
黑龙江	Heilongjiang	5237	3400	205241	38539	56538	23209	5976330	103841
上 海	Shanghai	218759	127225	13162107	59549	528287	193514	196231491	363745
江 苏	Jiangsu	160785	99387	8920634	55983	372972	139645	74111500	196104
浙 江	Zhejiang	90233	53954	4970019	57397	347338	129619	105575389	296276
安 徽	Anhui	37718	23889	1864619	51592	136133	52106	18162629	133985
福 建	Fujian	53757	32678	2288762	45093	106631	38516	17998914	165488
江 西	Jiangxi	22390	14205	990975	45830	62751	25146	7194822	114977
山 东	Shandong	81277	48582	4180018	52993	198719	81095	29021569	144716
河 南	Henan	34970	19924	1723494	49881	186761	75345	19730561	107987
湖 北	Hubei	75960	47511	3620394	47806	167702	60602	26616117	157175
湖 南	Hunan	42687	27117	2128818	49576	96288	38582	14010825	146253
广 东	Guangdong	327893	181499	17234873	53564	815521	309549	200716286	243832
广 西	Guangxi	27770	17642	1178871	42671	68990	26620	9710074	141988
海 南	Hainan	7726	4147	397855	52556	20131	7201	4807458	231021
重 庆	Chongqing	19040	12317	1005022	52941	63444	24727	10858498	170118
四 川	Sichuan	142336	83327	7102113	53651	275740	101279	43857122	160257
贵 州	Guizhou	13378	9338	578734	43159	41851	16288	6292146	147771
云 南	Yunnan	19665	11712	847740	46591	53024	21032	7044911	133597
西 藏	Xizang	1471	846	127173	84379	8083	3295	1775467	213532
陕 西	Shaanxi	43185	26503	1995121	47417	133821	46597	27774472	207975
甘 肃	Gansu	11509	6869	520436	44717	31406	12826	3671147	116925
青 海	Qinghai	1524	853	76183	49331	9208	4072	1471108	157986
宁 夏	Ningxia	1031	619	54482	54211	9434	3931	1476543	156124
新 疆	Xinjiang	10851	5965	498964	46421	41762	15636	5866474	134907

3-2 续表 36 continued

地 区	Region	电信、广播电视和卫星传输服务 Telecommunication, Radio and Television and Satellite Transmission Service				互联网和相关服务 Internet and Related Service			
		年末人数（人）Year-end Figures (person)	#女 性 Female	工资总额（千元）Total Wages (1000 yuan)	平均工资（元）Average Wage (yuan)	年末人数（人）Year-end Figures (person)	#女 性 Female	工资总额（千元）Total Wages (1000 yuan)	平均工资（元）Average Wage (yuan)
全 国	**National**	**1380569**	**565402**	**229819355**	**165652**	**705567**	**303024**	**212089982**	**294381**
北 京	Beijing	73036	30375	21525736	293244	147205	62915	58364253	380505
天 津	Tianjin	16558	6684	2925309	175980	10554	5183	2027183	172805
河 北	Hebei	55350	23770	7752394	139013	16063	7342	1261940	79184
山 西	Shanxi	34203	15541	4340469	125715	3227	1697	317158	94157
内蒙古	Inner Mongolia	37239	17516	5179623	137567	1406	569	142455	106285
辽 宁	Liaoning	50191	22054	7024177	138680	3500	1731	321242	87266
吉 林	Jilin	30530	11856	3431902	111096	4222	1326	362273	82048
黑龙江	Heilongjiang	46619	19196	4843657	101850	2334	1076	204492	98540
上 海	Shanghai	35671	13979	9581180	266156	106642	38730	44921484	401594
江 苏	Jiangsu	125028	53389	26353537	209310	64541	25269	10777358	170468
浙 江	Zhejiang	68374	27173	13787795	207325	70032	28700	32856835	453635
安 徽	Anhui	49356	19133	6349642	128176	22227	9386	2247829	109337
福 建	Fujian	44680	17276	6581019	146601	6832	3002	1295075	176803
江 西	Jiangxi	33908	13092	4237215	123434	3598	1504	371318	99392
山 东	Shandong	69554	29551	11095118	158437	19956	9929	2293068	110599
河 南	Henan	66412	30842	8402926	125128	7837	3296	884725	110703
湖 北	Hubei	50702	19718	6552556	128167	10199	4741	1564716	147042
湖 南	Hunan	52299	21351	7147931	138444	10974	5152	1557564	140269
广 东	Guangdong	105548	37640	21452503	201236	131472	63276	39243541	301788
广 西	Guangxi	51419	19849	7880689	153126	3285	1538	331805	105108
海 南	Hainan	7438	2580	1321389	178268	4525	1741	1282618	270034
重 庆	Chongqing	26829	10943	4446148	166603	8987	4281	1565018	154945
四 川	Sichuan	79416	30916	11827981	147120	26818	11449	5491636	199644
贵 州	Guizhou	25291	9632	4280263	168198	5114	2540	501456	96767
云 南	Yunnan	38081	15451	5488266	144152	3691	1762	389139	109832
西 藏	Xizang	6255	2645	1329632	212176	286	105	43573	152353
陕 西	Shaanxi	33473	14685	4799381	143310	7493	3552	1156162	151793
甘 肃	Gansu	26093	10834	3033967	116183	932	496	77078	83392
青 海	Qinghai	7907	3534	1341596	168939	132	53	12077	90127
宁 夏	Ningxia	7867	3357	1258387	160437	303	154	60423	196179
新 疆	Xinjiang	25242	10842	4246965	166898	1181	527	164488	119216

3-2 续表 37 continued

地 区 Region	软件和信息技术服务业 Software and Information Technology				金融业 Financial Intermediation			
	年末人数(人) Year-end Figures (person)	#女 性 Female	工资总额(千元) Total Wages (1000 yuan)	平均工资(元) Average Wage (yuan)	年末人数(人) Year-end Figures (person)	#女 性 Female	工资总额(千元) Total Wages (1000 yuan)	平均工资(元) Average Wage (yuan)
全 国 **National**	**3208957**	**1161112**	**799851423**	**246185**	**6923711**	**3907050**	**1385101560**	**197663**
北 京 Beijing	779818	280912	256415663	323798	588675	333602	210499673	357192
天 津 Tianjin	20115	7893	4252395	195436	120646	72172	24351071	201690
河 北 Hebei	59615	24579	8938063	151641	297004	168300	38230033	125780
山 西 Shanxi	11974	4550	1068829	88844	209948	125081	23583119	111392
内蒙古 Inner Mongolia	5684	2221	586114	99170	153792	91545	20292793	129609
辽 宁 Liaoning	91204	45753	14277103	150870	227958	136846	28697168	122661
吉 林 Jilin	10864	4640	1294625	117828	151201	88548	17863380	115172
黑龙江 Heilongjiang	7585	2937	928181	117182	143704	79448	15712272	105062
上 海 Shanghai	385975	140804	141728826	361904	365143	198419	160340833	442860
江 苏 Jiangsu	183404	60986	36980605	195881	412800	228604	88824419	216999
浙 江 Zhejiang	208932	73746	58930759	271060	432558	258082	94552673	219310
安 徽 Anhui	64550	23587	9565159	146122	181821	97747	27997071	152955
福 建 Fujian	55120	18237	10122820	179017	203536	115079	36244417	178790
江 西 Jiangxi	25245	10550	2586289	105510	127415	70675	17509992	136854
山 东 Shandong	109209	41614	15633383	142407	507368	292904	68979746	131105
河 南 Henan	112512	41206	10442910	97084	233471	117955	34920599	147227
湖 北 Hubei	106802	36144	18498845	171963	210888	120029	32162782	151817
湖 南 Hunan	33015	12079	5305330	160459	239172	137112	33912029	138760
广 东 Guangdong	578502	208633	140020242	238725	712231	384684	193113716	267444
广 西 Guangxi	14286	5232	1497580	108803	159196	87011	23259160	145943
海 南 Hainan	8168	2880	2203451	254811	44472	24052	7511305	169637
重 庆 Chongqing	27628	9504	4847332	179254	175232	105262	30023442	166984
四 川 Sichuan	169506	58914	26537505	160093	331385	193967	51195334	149098
贵 州 Guizhou	11445	4116	1510427	126389	115352	56167	19796664	170227
云 南 Yunnan	11251	3820	1167506	105024	113855	61249	17791463	153189
西 藏 Xizang	1542	545	402262	228285	18102	8360	4873023	271731
陕 西 Shaanxi	92855	28360	21818929	236031	171327	97880	25138186	144563
甘 肃 Gansu	4381	1496	560103	128480	110250	59571	11857720	106770
青 海 Qinghai	1169	486	117436	94988	27655	14798	4443081	159142
宁 夏 Ningxia	1264	420	157733	120776	36208	20996	5041979	139473
新 疆 Xinjiang	15338	4267	1455020	87340	101346	60901	16382417	159968

3-2 续表 38 continued

地 区	Region	货币金融服务 Monetary and Financial Service				资本市场服务 Capital Market Service			
		年末人数（人） Year-end Figures (person)	#女 性 Female	工资总额（千元） Total Wages (1000 yuan)	平均工资（元） Average Wage (yuan)	年末人数（人） Year-end Figures (person)	#女 性 Female	工资总额（千元） Total Wages (1000 yuan)	平均工资（元） Average Wage (yuan)
全 国	**National**	**3698573**	**1889803**	**847079044**	**229083**	**385577**	**180135**	**176596807**	**458606**
北 京	Beijing	242116	132025	99632759	411277	81160	38766	41348281	505631
天 津	Tianjin	71174	38707	17572858	247203	3457	1685	1387458	406131
河 北	Hebei	160668	78701	26967342	166919	3133	1462	675914	220178
山 西	Shanxi	108154	54668	16108927	147715	2643	1227	731068	270801
内蒙古	Inner Mongolia	86103	44693	15124011	174885	444	208	79383	176407
辽 宁	Liaoning	131118	72059	18872274	139988	2841	1298	724562	254140
吉 林	Jilin	86694	44842	13002842	149772	1078	515	238870	221842
黑龙江	Heilongjiang	78286	34596	10945851	138599	913	433	125275	136021
上 海	Shanghai	203892	114702	82220953	405991	79834	36901	49184981	622629
江 苏	Jiangsu	246584	125733	62955470	256886	17632	8079	5873442	343380
浙 江	Zhejiang	251863	140722	66329691	266097	14392	6683	4463914	320200
安 徽	Anhui	100604	46527	19387493	192799	4269	1704	930061	222561
福 建	Fujian	115356	57960	25780814	222972	5359	2539	1494744	295156
江 西	Jiangxi	82476	41618	13170796	160195	2162	1035	745621	344789
山 东	Shandong	239067	115105	44224045	185072	8016	3945	2218744	265922
河 南	Henan	164099	77081	27340592	165105	3179	1285	883992	276919
湖 北	Hubei	110815	57517	21668027	196462	9362	4342	1658040	176141
湖 南	Hunan	116497	58676	21736956	187132	13607	6719	3735558	271354
广 东	Guangdong	332175	163630	94742797	285743	99484	45754	49726198	496634
广 西	Guangxi	103390	51211	18004846	175820	665	322	153592	233750
海 南	Hainan	27678	13619	5545351	199753	706	279	200027	282684
重 庆	Chongqing	80593	42111	19847232	247355	4557	2131	1296443	285840
四 川	Sichuan	147440	78817	31012787	211363	8961	4193	2818976	310574
贵 州	Guizhou	74032	35076	14610988	197062	4672	2368	1834843	398022
云 南	Yunnan	69473	35654	13550139	194294	1736	823	438287	248026
西 藏	Xizang	15694	7281	4161434	267851	520	219	414878	766872
陕 西	Shaanxi	90942	45263	16744262	184324	6922	3342	2362346	347074
甘 肃	Gansu	62739	28730	8029905	128158	1819	814	268341	150247
青 海	Qinghai	17008	8737	2808288	164941	88	33	15251	171360
宁 夏	Ningxia	22255	11712	3603588	162075	100	39	12275	121535
新 疆	Xinjiang	59589	32029	11375724	191100	1867	991	555441	300726

3-2 续表 39 continued

地 区	Region	保险业 Insurance				其他金融业 Other Financial Activities			
		年末人数(人) Year-end Figures (person)	#女 性 Female	工资总额(千元) Total Wages (1000 yuan)	平均工资(元) Average Wage (yuan)	年末人数(人) Year-end Figures (person)	#女 性 Female	工资总额(千元) Total Wages (1000 yuan)	平均工资(元) Average Wage (yuan)
全 国	**National**	**2737626**	**1791175**	**318456643**	**112818**	**101935**	**45938**	**42969066**	**421859**
北 京	Beijing	228182	146438	49462180	216824	37217	16373	20056452	539619
天 津	Tianjin	44788	31200	4767789	105917	1228	581	622966	511466
河 北	Hebei	132238	87708	10427043	75383	965	429	159734	161023
山 西	Shanxi	97969	68611	6518829	66002	1183	576	224295	188245
内蒙古	Inner Mongolia	66396	46234	4970170	72243	850	410	119230	141603
辽 宁	Liaoning	92977	63047	8932161	93745	1022	442	168172	166581
吉 林	Jilin	62836	42936	4530953	68010	593	255	90714	155067
黑龙江	Heilongjiang	63760	44037	4558793	66165	746	383	82353	109011
上 海	Shanghai	70735	41714	23566802	338014	10683	5101	5368097	496070
江 苏	Jiangsu	145317	93187	19017527	132105	3267	1605	977980	305926
浙 江	Zhejiang	162888	109026	22639591	137616	3416	1651	1119476	327892
安 徽	Anhui	74759	48623	6802610	89363	2189	893	876908	402014
福 建	Fujian	79808	53288	7941743	100556	3014	1293	1027118	336223
江 西	Jiangxi	42084	27702	3480339	81156	693	319	113236	166065
山 东	Shandong	257593	172748	22019626	79730	2692	1105	517331	194338
河 南	Henan	62454	37855	5885628	90868	3738	1735	810387	223262
湖 北	Hubei	88851	57431	8145682	90210	1859	740	691032	373153
湖 南	Hunan	107424	70970	8117060	71932	1644	748	322456	198259
广 东	Guangdong	268206	170092	42388931	152592	12366	5209	6255790	497072
广 西	Guangxi	53779	34783	4906281	89329	1361	695	194441	140339
海 南	Hainan	15881	10055	1636647	104907	208	99	129280	618565
重 庆	Chongqing	88513	60360	8413446	90028	1569	659	466321	296792
四 川	Sichuan	171751	109350	16762663	90985	3233	1606	600907	180586
贵 州	Guizhou	34987	17967	2622209	73106	1660	756	728623	435544
云 南	Yunnan	42015	24448	3671049	83433	633	323	131988	208341
西 藏	Xizang	1862	844	291307	159021	26	16	5404	225167
陕 西	Shaanxi	72416	48778	5721174	76074	1047	497	310403	299318
甘 肃	Gansu	45321	29860	3506775	75822	371	167	52699	143991
青 海	Qinghai	9047	5236	1068655	111278	1511	792	550887	458882
宁 夏	Ningxia	13455	9034	1381339	102930	398	211	44777	113359
新 疆	Xinjiang	39335	27611	4301643	106295	555	270	149610	263727

3-2 续表 40 continued

地 区	Region	房地产业 Real Estate 年末人数(人) Year-end Figures (person)	#女性 Female	工资总额(千元) Total Wages (1000 yuan)	平均工资(元) Average Wage (yuan)	租赁和商务服务业 Leasing and Business Services 年末人数(人) Year-end Figures (person)	#女性 Female	工资总额(千元) Total Wages (1000 yuan)	平均工资(元) Average Wage (yuan)
全 国	**National**	**5093906**	**2182466**	**476111270**	**91932**	**8278420**	**3125602**	**890518128**	**109264**
北 京	Beijing	443472	173810	56419415	124451	771556	306288	139335553	179496
天 津	Tianjin	71903	29650	7322160	99338	119140	36796	11904529	99351
河 北	Hebei	108318	46838	8023425	72311	162687	40095	12699928	68219
山 西	Shanxi	74303	34070	4442004	59693	135425	43808	9316124	69421
内蒙古	Inner Mongolia	68047	34399	3841959	56585	71435	22249	5391288	76518
辽 宁	Liaoning	97498	44237	7374265	74356	141757	42277	9846020	70437
吉 林	Jilin	42674	18151	2782895	66233	45298	16109	3134338	69695
黑龙江	Heilongjiang	40852	17989	2303391	55230	85353	30651	8394168	89125
上 海	Shanghai	307553	132457	42307833	135170	780433	384710	178233989	227968
江 苏	Jiangsu	318526	135449	31436687	97457	569134	218536	52979563	93365
浙 江	Zhejiang	331266	148562	34720881	101291	812347	261311	72382398	91790
安 徽	Anhui	149949	68599	11793008	78689	348190	145785	21825479	69358
福 建	Fujian	152336	60671	14138301	90760	385695	171529	32175560	93004
江 西	Jiangxi	94021	41282	7186057	76055	96821	35975	7223676	74020
山 东	Shandong	318785	140352	24798517	77248	415917	121003	34729254	84510
河 南	Henan	218190	96295	15420928	69956	242861	72252	15395191	62903
湖 北	Hubei	208332	95249	17604118	81826	334771	128169	28385949	89680
湖 南	Hunan	135584	57552	10804859	79190	158498	61270	12162643	73778
广 东	Guangdong	896822	351710	91423806	99128	1259615	489257	133964125	107547
广 西	Guangxi	77223	35504	6351243	79985	183120	76962	12861324	71223
海 南	Hainan	78152	33282	6749296	84992	38892	14718	5639300	143495
重 庆	Chongqing	134920	63233	11235568	83919	163482	62139	12193847	78125
四 川	Sichuan	298931	127823	25374798	85844	414517	153999	32106443	79693
贵 州	Guizhou	66529	29326	5440390	79532	88033	33285	6114887	70991
云 南	Yunnan	80451	34802	6628548	80681	127198	47710	8045871	65903
西 藏	Xizang	6233	3123	531690	85934	13228	5691	1667499	129220
陕 西	Shaanxi	131290	58018	10665063	80012	129049	38568	9135405	74447
甘 肃	Gansu	51865	25785	3076264	57901	47544	15126	3170892	66435
青 海	Qinghai	14573	6776	832954	58372	16752	5803	1160690	70146
宁 夏	Ningxia	15197	7557	1142175	73686	17150	6780	1187181	68079
新 疆	Xinjiang	60109	29915	3938773	64878	102521	36751	7755013	76654

3-2 续表 41 continued

地 区 Region	租赁业 Leasing				商务服务业 Business Services			
	年末人数（人）Year-end Figures (person)	#女 性 Female	工资总额（千元）Total Wages (1000 yuan)	平均工资（元）Average Wage (yuan)	年末人数（人）Year-end Figures (person)	#女 性 Female	工资总额（千元）Total Wages (1000 yuan)	平均工资（元）Average Wage (yuan)
全 国 **National**	**144227**	**35944**	**15582305**	**110660**	**8134194**	**3089657**	**874935823**	**109239**
北 京 Beijing	12022	3322	2298347	185206	759535	302966	137037206	179403
天 津 Tianjin	6307	2222	741293	164079	112833	34575	11163236	96815
河 北 Hebei	4726	1591	292811	60608	157961	38504	12407117	68422
山 西 Shanxi	3738	1214	350644	90583	131687	42594	8965480	68792
内蒙古 Inner Mongolia	724	197	64368	86792	70711	22052	5326920	76409
辽 宁 Liaoning	1232	236	107359	81679	140525	42040	9738661	70330
吉 林 Jilin	696	214	65090	91291	44602	15895	3069249	69347
黑龙江 Heilongjiang	483	142	40445	82829	84871	30508	8353723	89158
上 海 Shanghai	15826	3378	2441419	150978	764607	381333	175792570	229594
江 苏 Jiangsu	9219	2392	957707	104068	559915	216144	52021857	93188
浙 江 Zhejiang	7558	1938	1204994	164974	804789	259373	71177404	91106
安 徽 Anhui	5760	1361	533693	94563	342430	144424	21291786	68898
福 建 Fujian	2343	696	242564	102371	383352	170832	31932996	92940
江 西 Jiangxi	2978	585	200615	66846	93843	35390	7023061	74247
山 东 Shandong	6372	1624	507546	81420	409545	119379	34221708	84558
河 南 Henan	4003	939	304236	74980	238858	71313	15090955	62699
湖 北 Hubei	4358	1189	394354	91419	330413	126980	27991594	89656
湖 南 Hunan	2715	729	197896	72678	155783	60541	11964747	73797
广 东 Guangdong	19139	5456	2017213	100935	1240475	483802	131946912	107655
广 西 Guangxi	2429	594	156205	59769	180691	76369	12705120	71391
海 南 Hainan	1637	359	142928	81111	37256	14359	5496372	146423
重 庆 Chongqing	1577	414	119079	78628	161905	61725	12074768	78121
四 川 Sichuan	8069	2485	639574	79664	406448	151513	31466869	79693
贵 州 Guizhou	1222	278	89430	74369	86811	33007	6025457	70944
云 南 Yunnan	1131	365	98636	83424	126067	47345	7947235	65732
西 藏 Xizang	361	124	37425	111620	12867	5567	1630073	129689
陕 西 Shaanxi	14049	1077	1071228	101136	115001	37491	8064177	71926
甘 肃 Gansu	1075	272	76439	68586	46469	14854	3094452	66383
青 海 Qinghai	663	145	38993	57820	16089	5659	1121697	70670
宁 夏 Ningxia	202	55	18439	78131	16948	6726	1168742	67941
新 疆 Xinjiang	1614	354	131336	78919	100907	36397	7623677	76616

3-2 续表 42 continued

地区 Region	科学研究和技术服务业 Scientific Research and Technical Services 年末人数(人) Year-end Figures (person)	#女性 Female	工资总额(千元) Total Wages (1000 yuan)	平均工资(元) Average Wage (yuan)	研究和试验发展 Research and Experimental Development 年末人数(人) Year-end Figures (person)	#女性 Female	工资总额(千元) Total Wages (1000 yuan)	平均工资(元) Average Wage (yuan)
全国 **National**	**4516607**	**1568707**	**777385412**	**171447**	**796347**	**335539**	**180925475**	**228077**
北京 Beijing	639810	255464	153540464	236855	170499	80648	48507685	281540
天津 Tianjin	104794	32948	22839834	217952	14001	6785	3043415	217977
河北 Hebei	146546	45157	17469288	121616	8271	4275	1096142	130296
山西 Shanxi	80215	27917	7974546	99828	6403	2628	894340	141193
内蒙古 Inner Mongolia	56478	20536	6335204	111981	4687	1835	630933	133421
辽宁 Liaoning	89270	31837	11975595	133070	17994	6509	3388619	189638
吉林 Jilin	58769	19676	7077839	120708	10403	3646	1793130	173511
黑龙江 Heilongjiang	51209	18064	5832737	113566	6790	2865	871461	128499
上海 Shanghai	380409	145587	108405031	281661	129772	57938	43204006	329779
江苏 Jiangsu	297239	103576	51681013	171206	58460	24297	12552899	210843
浙江 Zhejiang	247222	83314	45235869	186407	47919	16714	10302067	230750
安徽 Anhui	110362	31873	14750733	136621	21873	6555	3521708	172544
福建 Fujian	79256	25935	11512962	146922	9067	3627	1441862	161098
江西 Jiangxi	70546	21336	8361654	118645	8447	3221	1077057	130902
山东 Shandong	246177	81272	31508699	127863	32863	13676	5188235	159637
河南 Henan	169310	57131	16665348	97744	17675	7452	1822085	102317
湖北 Hubei	164378	50748	26577341	161074	18251	7300	3004518	166675
湖南 Hunan	127153	38372	15656932	123027	12798	4564	2033615	161091
广东 Guangdong	481541	171565	88786623	181616	74738	30103	17052447	229345
广西 Guangxi	91211	33721	10326625	112992	13276	5765	1742069	132557
海南 Hainan	28112	11349	4061955	141814	8305	4066	1383041	163088
重庆 Chongqing	76613	22547	12006338	156008	5433	2062	844619	153275
四川 Sichuan	279809	90354	40532573	146232	50583	20406	7741321	155646
贵州 Guizhou	47914	14661	5725997	118820	4667	1883	640994	136297
云南 Yunnan	84126	29572	10953650	126509	10131	4547	1611194	160111
西藏 Xizang	12208	5082	1760267	141995	955	435	161145	171980
陕西 Shaanxi	136357	46291	19243522	142532	15085	5605	2712259	184099
甘肃 Gansu	64188	20661	7969525	123998	9912	3230	1533618	153271
青海 Qinghai	19454	6477	2561475	130796	865	311	137588	155791
宁夏 Ningxia	13204	4159	1592850	120829	924	459	129799	134646
新疆 Xinjiang	62726	21525	8462922	133384	5300	2133	861603	162686

3-2 续表 43 continued

地 区 Region	专业技术服务业 Professional Technical Services				科技推广和应用服务业 Science and Technology Popularization and Application Services			
	年末人数(人) Year-end Figures (person)	#女 性 Female	工资总额(千元) Total Wages (1000 yuan)	平均工资(元) Average Wage (yuan)	年末人数(人) Year-end Figures (person)	#女 性 Female	工资总额(千元) Total Wages (1000 yuan)	平均工资(元) Average Wage (yuan)
全 国 **National**	**3067880**	**973001**	**487194848**	**158209**	**652380**	**260167**	**109265088**	**165163**
北 京 Beijing	323984	114809	70927014	217142	145327	60007	34105764	228417
天 津 Tianjin	83703	22482	18618452	222530	7090	3681	1177967	164436
河 北 Hebei	126027	36188	15182429	123534	12248	4694	1190717	96576
山 西 Shanxi	64964	22041	6352965	98167	8849	3248	727241	82332
内蒙古 Inner Mongolia	42324	14884	4621630	108764	9466	3817	1082641	115753
辽 宁 Liaoning	61661	21614	7576612	121776	9616	3714	1010364	101974
吉 林 Jilin	40413	12887	4561393	112764	7954	3143	723315	92131
黑龙江 Heilongjiang	37614	12678	4272069	113360	6805	2521	689207	100000
上 海 Shanghai	200261	68296	46403071	230476	50377	19353	18797954	357830
江 苏 Jiangsu	193831	60790	31443512	159756	44948	18490	7684602	168870
浙 江 Zhejiang	173083	53234	30564442	177634	26220	13366	4369359	168297
安 徽 Anhui	73310	19970	9774522	134617	15179	5347	1454503	97303
福 建 Fujian	65149	20296	9419653	146325	5039	2012	651448	129363
江 西 Jiangxi	53647	14705	6478323	120155	8452	3410	806273	96768
山 东 Shandong	181488	55251	23077168	126552	31826	12345	3243296	102726
河 南 Henan	123263	37921	12425474	100224	28372	11757	2417790	84203
湖 北 Hubei	125213	35823	21070975	167272	20915	7625	2501849	119102
湖 南 Hunan	89228	25756	11810537	131699	25127	8052	1812779	72623
广 东 Guangdong	357695	121314	63272780	173790	49108	20149	8461396	167744
广 西 Guangxi	62554	21851	7169949	113675	15380	6105	1414607	93209
海 南 Hainan	15326	5445	1915962	124677	4481	1837	762952	159115
重 庆 Chongqing	59027	16884	9242775	155776	12153	3601	1918944	158383
四 川 Sichuan	189840	54349	28012239	148292	39386	15598	4779012	123984
贵 州 Guizhou	38314	10959	4416234	114344	4934	1819	668770	137459
云 南 Yunnan	53641	17494	7174028	132875	20353	7531	2168428	96246
西 藏 Xizang	7447	2671	1110494	146057	3806	1976	488628	126702
陕 西 Shaanxi	105345	34412	14961702	143582	15927	6274	1569560	97630
甘 肃 Gansu	45776	14264	5525307	120676	8501	3166	910600	107394
青 海 Qinghai	16257	5168	2104695	128546	2332	997	319192	137142
宁 夏 Ningxia	10911	3239	1284199	118631	1369	461	178852	128352
新 疆 Xinjiang	46584	15324	6424244	135505	10842	4068	1177075	109576

3-2 续表 44 continued

地 区	Region	水利、环境和公共设施管理业 Management of Water Conservancy, Environment and Public Facilites				水利管理业 Management of Water Conservancy			
		年末人数（人）Year-end Figures (person)	#女 性 Female	工资总额（千元）Total Wages (1000 yuan)	平均工资（元）Average Wage (yuan)	年末人数（人）Year-end Figures (person)	#女 性 Female	工资总额（千元）Total Wages (1000 yuan)	平均工资（元）Average Wage (yuan)
全 国	**National**	**2578988**	**1092781**	**179593650**	**68656**	**259957**	**72091**	**29388837**	**112962**
北 京	Beijing	116438	35328	15085402	125387	8661	2800	1946782	223150
天 津	Tianjin	21660	7111	2357700	105617	3932	1342	496001	124638
河 北	Hebei	106253	41266	5211779	46857	10279	3002	965903	94952
山 西	Shanxi	79312	36051	3547739	44188	7946	2636	713218	90321
内蒙古	Inner Mongolia	64674	26499	3590886	53989	6578	2007	625123	97389
辽 宁	Liaoning	79924	30501	4206160	50966	6801	1713	569064	84408
吉 林	Jilin	60481	21816	2793598	46350	6036	1658	466596	76564
黑龙江	Heilongjiang	66466	20499	3253415	48986	8196	2106	628144	75380
上 海	Shanghai	99191	37843	10836586	108043	4450	1555	1011439	227258
江 苏	Jiangsu	133069	57533	12286171	90941	17609	4757	2394891	136054
浙 江	Zhejiang	113308	45735	10589060	91039	8308	2302	1393847	166076
安 徽	Anhui	96999	41133	4533005	47549	9617	2238	1180550	121965
福 建	Fujian	70671	31354	5186348	73153	5356	1482	567619	109406
江 西	Jiangxi	87148	43442	3956469	45208	4492	1107	495226	110235
山 东	Shandong	169645	71730	10249991	58618	14144	4232	1845008	131988
河 南	Henan	152337	71255	6501034	42470	12852	3433	1106797	86623
湖 北	Hubei	91161	38440	7119757	78680	15145	4013	1638689	107847
湖 南	Hunan	103335	40631	7069423	66987	12464	3099	998700	79732
广 东	Guangdong	213337	85033	18141370	83890	18772	4021	2619714	138736
广 西	Guangxi	62863	30643	4122819	62400	8674	2460	795896	90234
海 南	Hainan	52016	29307	2991457	56463	1604	336	98650	60554
重 庆	Chongqing	59022	26700	4605552	79576	2693	816	288062	106795
四 川	Sichuan	122003	57728	8920156	72529	10310	3058	1146392	110013
贵 州	Guizhou	51009	28892	2798900	56098	3286	948	300778	91586
云 南	Yunnan	69050	30586	4255992	60138	6855	1947	745860	108432
西 藏	Xizang	6039	3473	473942	78683	157	61	24800	158305
陕 西	Shaanxi	94086	41855	5688431	60116	14204	4573	1240047	86947
甘 肃	Gansu	55530	25127	3552606	63820	12342	3443	1203686	97116
青 海	Qinghai	10350	4561	762201	70213	1478	473	207720	140409
宁 夏	Ningxia	16888	8298	1114986	65895	2394	483	307990	127364
新 疆	Xinjiang	54723	22410	3790714	68159	14321	3989	1365646	96179

3-2 续表 45 continued

地 区	Region	生态保护和环境治理业 Ecological Protection and Environmental Treatment				公共设施管理业 Management of Public Facilities			
		年末人数（人）Year-end Figures (person)	#女 性 Female	工资总额（千元）Total Wages (1000 yuan)	平均工资（元）Average Wage (yuan)	年末人数（人）Year-end Figures (person)	#女 性 Female	工资总额（千元）Total Wages (1000 yuan)	平均工资（元）Average Wage (yuan)
全 国	**National**	**197452**	**55711**	**20229983**	**102022**	**2052879**	**935228**	**121387017**	**58132**
北 京	Beijing	11483	3627	2311348	193081	94725	28189	10415052	106233
天 津	Tianjin	1863	605	194316	100747	14654	4645	1404446	92396
河 北	Hebei	4517	1311	420014	91196	89862	36243	3631618	38301
山 西	Shanxi	6742	2130	439955	65736	63064	30676	2253362	35160
内蒙古	Inner Mongolia	7059	1941	600515	83727	50227	22173	2288737	43926
辽 宁	Liaoning	4653	1392	358374	75921	67129	26892	3187510	45722
吉 林	Jilin	2199	646	145881	65267	51585	19230	2135566	41645
黑龙江	Heilongjiang	10627	2271	534700	53171	45688	15096	1936617	42082
上 海	Shanghai	10593	2839	1858045	176296	82917	32861	7678563	91325
江 苏	Jiangsu	9079	2679	1047540	115423	102146	48198	8209769	78821
浙 江	Zhejiang	9757	2517	1211100	122945	92152	39533	7461212	78585
安 徽	Anhui	4361	1072	390252	90105	81868	37384	2835865	35382
福 建	Fujian	4332	1501	378491	89162	58372	27290	3864873	65650
江 西	Jiangxi	3147	849	283642	89969	78629	41094	3109121	39340
山 东	Shandong	7653	2119	758654	97626	143738	63729	7170276	48090
河 南	Henan	5945	1855	441278	73782	129090	64192	4596884	35377
湖 北	Hubei	6566	1909	673015	100766	66674	31388	4473553	67920
湖 南	Hunan	6587	1680	538657	80478	77541	33322	4763149	60231
广 东	Guangdong	13994	3508	1924765	136781	177021	75940	12965343	72159
广 西	Guangxi	5523	1652	481450	86631	45564	25114	2534758	52251
海 南	Hainan	2947	631	260803	85598	46857	28113	2559915	53651
重 庆	Chongqing	6972	2599	748938	107920	43031	20549	2697429	64364
四 川	Sichuan	10219	3132	1020323	99463	95824	49045	6117847	63257
贵 州	Guizhou	2336	658	211322	89038	44434	26914	2202248	50906
云 南	Yunnan	15272	4034	939651	61449	43948	22826	2310613	50562
西 藏	Xizang	203	86	23027	113433	5564	3275	411321	74129
陕 西	Shaanxi	7813	2201	675167	87712	70446	34449	3568519	50243
甘 肃	Gansu	6542	1944	616937	94113	36232	19557	1704422	46954
青 海	Qinghai	2247	603	148197	65050	6283	3312	375688	55612
宁 夏	Ningxia	1641	410	157484	95526	12561	7235	619824	49426
新 疆	Xinjiang	4582	1310	436142	93442	35052	16765	1902916	52865

3-2 续表 46 continued

地 区 Region	土地管理业 Management of Land				居民服务、修理和其他服务业 Service to Households, Repair and Other Services			
	年末人数(人) Year-end Figures (person)	#女性 Female	工资总额(千元) Total Wages (1000 yuan)	平均工资(元) Average Wage (yuan)	年末人数(人) Year-end Figures (person)	#女性 Female	工资总额(千元) Total Wages (1000 yuan)	平均工资(元) Average Wage (yuan)
全 国 National	**68700**	**29752**	**8587813**	**124033**	**851625**	**447662**	**58805118**	**68919**
北 京 Beijing	1569	711	412219	261477	63767	32853	5526878	87629
天 津 Tianjin	1212	520	262937	216498	47501	28335	2630015	54548
河 北 Hebei	1595	711	194243	119078	27502	7955	1703236	59602
山 西 Shanxi	1561	609	141204	87772	11614	6090	639619	57276
内蒙古 Inner Mongolia	809	378	76512	93730	4761	2086	271261	54045
辽 宁 Liaoning	1341	505	91213	67471	15058	6500	868690	57449
吉 林 Jilin	660	282	45555	68775	10959	5097	488269	43770
黑龙江 Heilongjiang	1955	1026	153954	76781	12546	5506	559162	45028
上 海 Shanghai	1231	587	288539	234587	63034	33286	6556036	99399
江 苏 Jiangsu	4235	1899	633971	148657	60081	26738	5482911	93628
浙 江 Zhejiang	3090	1382	522901	167283	48417	27070	3442604	75730
安 徽 Anhui	1154	439	126339	107686	24157	10197	1572033	65079
福 建 Fujian	2611	1081	375366	144749	38536	25082	3127972	76832
江 西 Jiangxi	880	392	68480	81481	13638	7154	660256	48474
山 东 Shandong	4110	1650	476054	118711	34829	17387	1961018	57472
河 南 Henan	4450	1775	356074	81396	45430	25401	1878892	40068
湖 北 Hubei	2776	1131	334500	121568	36145	21076	1974474	54535
湖 南 Hunan	6743	2529	768917	106293	27025	11091	2314345	85200
广 东 Guangdong	3550	1564	631548	174395	135963	75492	9634709	70693
广 西 Guangxi	3101	1417	310715	97663	12924	7801	722143	56347
海 南 Hainan	608	227	72089	122054	4563	2658	266682	60523
重 庆 Chongqing	6327	2737	871123	137617	7056	3693	519253	71359
四 川 Sichuan	5651	2493	635594	113613	44958	25694	2745996	61230
贵 州 Guizhou	953	372	84552	86762	19866	11683	994895	50941
云 南 Yunnan	2976	1778	259868	89557	13891	7322	691682	51862
西 藏 Xizang	116	52	14794	128643	721	398	59530	83668
陕 西 Shaanxi	1623	632	204698	124880	14956	7985	782812	52535
甘 肃 Gansu	413	184	27561	66226	2414	1011	145741	60859
青 海 Qinghai	342	174	30596	89332	1223	665	79614	63365
宁 夏 Ningxia	292	170	29689	94700	649	273	53844	79474
新 疆 Xinjiang	767	346	86009	114131	7440	4083	450545	62465

3-2 续表 47 continued

地 区	Region	居民服务业 Service to Households 年末人数(人) Year-end Figures (person)	#女 性 Female	工资总额(千元) Total Wages (1000 yuan)	平均工资(元) Average Wage (yuan)	机动车、电子产品和日用产品修理业 Repair of Motor Vehicle, Electronics and Household Products 年末人数(人) Year-end Figures (person)	#女 性 Female	工资总额(千元) Total Wages (1000 yuan)	平均工资(元) Average Wage (yuan)
全 国	**National**	**310698**	**163809**	**26838213**	**85652**	**97788**	**27778**	**9135883**	**91953**
北 京	Beijing	20308	11071	2149518	109288	10928	2679	1257872	111218
天 津	Tianjin	2607	1104	269594	102827	744	251	43873	59396
河 北	Hebei	20676	4634	1419415	66973	1774	512	91657	47506
山 西	Shanxi	4720	2772	372794	80013	1788	760	79808	44932
内蒙古	Inner Mongolia	2220	884	144163	64508	307	83	20362	62695
辽 宁	Liaoning	9428	3829	636381	67284	1599	450	106753	66751
吉 林	Jilin	4886	2142	263533	53713	648	172	29938	49728
黑龙江	Heilongjiang	3962	1567	255604	64513	361	118	15957	45014
上 海	Shanghai	13588	8156	2342980	169342	14726	4638	1934657	127695
江 苏	Jiangsu	19998	8769	1967549	99239	9697	3238	1152707	118963
浙 江	Zhejiang	17844	10349	1700651	97647	4848	1192	524561	105292
安 徽	Anhui	7806	3717	721526	82253	2805	879	212823	77104
福 建	Fujian	28361	20318	2445781	80461	3657	983	362939	100341
江 西	Jiangxi	4862	2689	332179	70637	1583	496	87007	56031
山 东	Shandong	12776	7053	914659	74626	5632	1493	453726	81579
河 南	Henan	10570	5318	575177	54219	2094	579	121464	56938
湖 北	Hubei	12730	7551	913221	73652	2788	711	175333	64598
湖 南	Hunan	18020	7116	1872562	103277	1928	497	134241	68349
广 东	Guangdong	36602	21875	3597181	94002	12793	3693	1126376	85141
广 西	Guangxi	4902	2917	334045	69169	1803	456	130529	69161
海 南	Hainan	994	534	84599	83863	191	45	14355	74766
重 庆	Chongqing	3967	2043	343747	85868	1010	290	80441	78787
四 川	Sichuan	19590	11777	1400290	71269	7537	1885	576431	74904
贵 州	Guizhou	7707	4141	508724	67547	1498	378	99283	66246
云 南	Yunnan	9120	4713	477700	55468	1592	460	96153	59041
西 藏	Xizang	479	300	30275	63007	162	43	16222	107430
陕 西	Shaanxi	5423	3134	330035	59189	2004	487	112731	56889
甘 肃	Gansu	1612	668	101876	63225	284	65	15872	55225
青 海	Qinghai	787	526	56193	68704	363	105	21405	57925
宁 夏	Ningxia	295	123	23089	70285	32	11	1618	50563
新 疆	Xinjiang	3860	2020	253172	70794	610	130	38788	62631

3-2 续表 48 continued

地 区 Region	其他服务业 Other Services 年末人数(人) Year-end Figures (person)	#女 性 Female	工资总额(千元) Total Wages (1000 yuan)	平均工资(元) Average Wage (yuan)	教 育 Education 年末人数(人) Year-end Figures (person)	#女 性 Female	工资总额(千元) Total Wages (1000 yuan)	平均工资(元) Average Wage (yuan)
全 国 National	**443139**	**256075**	**22831021**	**51823**	**19405041**	**12653195**	**2387577483**	**124067**
北 京 Beijing	32531	19103	2119488	66042	508390	332181	117795062	230965
天 津 Tianjin	44150	26981	2316548	51646	211941	148562	31371650	149140
河 北 Hebei	5052	2810	192164	35236	844084	611972	83899052	99772
山 西 Shanxi	5107	2558	187016	39522	537682	381991	49641581	93047
内蒙古 Inner Mongolia	2235	1119	106736	43396	366171	248073	40091951	110236
辽 宁 Liaoning	4031	2221	125557	30897	522245	353862	55283391	105994
吉 林 Jilin	5425	2784	194797	34496	345547	229307	34727803	100625
黑龙江 Heilongjiang	8224	3821	287601	35499	376565	241524	40228725	106987
上 海 Shanghai	34720	20491	2278399	61627	388266	274940	90407408	235503
江 苏 Jiangsu	30385	14732	2362655	81346	1163344	765892	180643745	156922
浙 江 Zhejiang	25726	15529	1217392	52791	896585	627142	147059837	166068
安 徽 Anhui	13546	5601	637684	50515	678191	388997	80348049	119779
福 建 Fujian	6518	3782	319252	47664	611104	401154	78192704	129492
江 西 Jiangxi	7194	3968	241070	32730	649277	413468	66949922	104152
山 东 Shandong	16421	8842	592633	36351	1290930	820245	159519112	124519
河 南 Henan	32766	19504	1182250	34619	1194748	810816	98411148	83020
湖 北 Hubei	20626	12815	885920	42002	747667	456897	86078871	116242
湖 南 Hunan	7078	3478	307543	43509	814880	519256	80131638	98761
广 东 Guangdong	86568	49923	4911152	57919	1551355	1020465	236288859	153345
广 西 Guangxi	6219	4427	257569	42230	858132	585204	77756995	91957
海 南 Hainan	3377	2079	167728	52325	168528	106451	19033425	114177
重 庆 Chongqing	2080	1360	95065	42204	430782	261282	58930185	139334
四 川 Sichuan	17831	12032	769275	43949	1238443	782367	142403294	116527
贵 州 Guizhou	10660	7164	386889	36846	592391	357928	57890754	98825
云 南 Yunnan	3179	2149	117829	38055	643932	384407	74598427	116750
西 藏 Xizang	80	55	13033	162913	58188	34417	10674700	185945
陕 西 Shaanxi	7530	4364	340047	46307	609048	395998	62005986	102288
甘 肃 Gansu	518	278	27993	56438	393136	219312	42619335	109294
青 海 Qinghai	72	34	2015	29203	88516	56201	11613179	132767
宁 夏 Ningxia	322	139	29137	91915	112451	75383	12386760	111737
新 疆 Xinjiang	2970	1933	158585	52560	512522	347501	60593934	118364

3-2 续表 49 continued

地 区 Region	卫生和社会工作 Health and Social Service				卫 生 Health			
	年末人数（人）Year-end Figures (person)	#女 性 Female	工资总额（千元）Total Wages (1000 yuan)	平均工资（元）Average Wage (yuan)	年末人数（人）Year-end Figures (person)	#女 性 Female	工资总额（千元）Total Wages (1000 yuan)	平均工资（元）Average Wage (yuan)
全 国 National	**11268723**	**7858552**	**1605851189**	**143818**	**10823201**	**7552450**	**1573911953**	**146758**
北 京 Beijing	368073	261179	91205938	251981	345805	246503	88746944	261243
天 津 Tianjin	122662	88200	21529666	176468	117369	84569	21122922	180990
河 北 Hebei	487638	340985	50007814	103504	476415	333159	49408277	104634
山 西 Shanxi	277880	198931	26098857	94660	269485	193464	25649990	95918
内蒙古 Inner Mongolia	204861	140545	22459891	110565	198964	136922	22057712	111833
辽 宁 Liaoning	349566	254323	37256524	106856	336445	245294	36518624	108840
吉 林 Jilin	212375	148927	22993779	108891	202838	143206	22548121	111716
黑龙江 Heilongjiang	251482	172324	27320757	109095	244240	168007	26956638	110823
上 海 Shanghai	285198	211553	71771773	254760	243866	179239	67771506	281555
江 苏 Jiangsu	680372	473235	112268643	167041	631603	437508	108967563	174648
浙 江 Zhejiang	586330	411692	114633820	198037	559358	392051	112580168	203956
安 徽 Anhui	384515	253554	52340406	136840	372245	245515	51625020	139428
福 建 Fujian	275904	194203	44887124	164846	269978	190211	44364602	166566
江 西 Jiangxi	304629	209394	37688721	124536	294163	202739	37139943	127068
山 东 Shandong	792364	543967	104325866	132962	761945	524611	102341438	135557
河 南 Henan	694176	468576	69576197	101133	678993	459315	68868764	102320
湖 北 Hubei	489691	335758	68382641	140527	469918	322593	67191778	143917
湖 南 Hunan	474770	329253	60369980	127551	458840	319193	59385655	129821
广 东 Guangdong	951408	654124	186188396	197354	907275	621578	182104268	202425
广 西 Guangxi	414185	293694	49233001	120491	403446	285721	48616505	122135
海 南 Hainan	83478	57707	10845272	131695	81612	56488	10715028	133120
重 庆 Chongqing	221040	156085	34751527	158423	213678	151279	34202339	161323
四 川 Sichuan	744936	517340	102112882	138142	716400	498731	100358429	141164
贵 州 Guizhou	300466	204595	35430277	119350	294860	201067	35078711	120418
云 南 Yunnan	348381	254955	41335829	119497	340984	250005	40796832	120473
西 藏 Xizang	25934	17118	4077958	160758	24792	16373	3973325	163955
陕 西 Shaanxi	356824	255258	37221209	105843	344139	246967	36417766	107386
甘 肃 Gansu	211020	149300	21261615	101666	205948	145836	20966244	102748
青 海 Qinghai	57812	40970	7336350	128265	56194	39917	7213055	129762
宁 夏 Ningxia	59878	42894	8041786	135092	57609	41292	7859816	137279
新 疆 Xinjiang	250874	177914	32896692	132404	243796	173095	32363970	134016

3-2 续表 50 continued

地 区	Region	社会工作 Social Service 年末人数(人) Year-end Figures (person)	#女 性 Female	工资总额(千元) Total Wages (1000 yuan)	平均工资(元) Average Wage (yuan)	文化、体育和娱乐业 Culture, Sports and Entertainment 年末人数(人) Year-end Figures (person)	#女 性 Female	工资总额(千元) Total Wages (1000 yuan)	平均工资(元) Average Wage (yuan)
全 国	**National**	**445522**	**306102**	**31939236**	**72371**	**1470248**	**736780**	**187935179**	**127334**
北 京	Beijing	22267	14677	2458995	110540	193982	104056	46027755	236493
天 津	Tianjin	5293	3631	406744	76811	13547	6976	1844665	133261
河 北	Hebei	11223	7826	599537	54769	52112	25040	4379289	85770
山 西	Shanxi	8396	5468	448866	54102	42103	21197	3092987	73147
内蒙古	Inner Mongolia	5897	3622	402179	68175	29750	15639	2903102	96222
辽 宁	Liaoning	13122	9029	737900	56179	38882	18658	3472579	87979
吉 林	Jilin	9537	5721	445657	47770	30084	15023	2384690	80903
黑龙江	Heilongjiang	7242	4318	364119	50636	25069	12027	1952848	77725
上 海	Shanghai	41332	32314	4000267	97522	55831	31081	11523685	206752
江 苏	Jiangsu	48770	35727	3301079	68524	90497	45830	11645538	127246
浙 江	Zhejiang	26972	19641	2053652	76440	71946	38840	10913592	150143
安 徽	Anhui	12270	8039	715387	58499	35136	16303	3473559	97730
福 建	Fujian	5927	3992	522522	87827	37313	18480	4284427	112808
江 西	Jiangxi	10466	6655	548778	53019	33062	16470	3082362	92763
山 东	Shandong	30419	19356	1984428	66898	79545	37239	8795819	111057
河 南	Henan	15183	9261	707433	47493	65761	30523	5151381	78775
湖 北	Hubei	19773	13166	1190863	60341	58765	28332	6395913	108294
湖 南	Hunan	15930	10060	984325	62066	58974	28494	6836367	116331
广 东	Guangdong	44134	32546	4084128	93219	120768	58662	16573376	136749
广 西	Guangxi	10739	7973	616496	58439	34666	16676	3133427	90062
海 南	Hainan	1866	1220	130244	70027	16587	7790	1629657	98467
重 庆	Chongqing	7362	4806	549187	74754	26296	13302	2856993	106083
四 川	Sichuan	28536	18608	1754453	62093	72906	36475	7769011	105808
贵 州	Guizhou	5605	3528	351566	63301	19602	9696	1778432	87443
云 南	Yunnan	7397	4950	538997	74059	34402	17152	3436947	99493
西 藏	Xizang	1142	744	104633	92371	7059	3736	1036834	147543
陕 西	Shaanxi	12686	8291	803443	64100	51826	26339	4271303	82433
甘 肃	Gansu	5072	3464	295371	58176	27090	13549	2440889	89269
青 海	Qinghai	1618	1052	123295	76572	8629	4402	846766	97365
宁 夏	Ningxia	2269	1602	181970	80034	8220	4219	798768	95864
新 疆	Xinjiang	7078	4819	532722	76497	29836	14574	3202216	107619

3-2 续表 51 continued

地 区	Region	新闻和出版业 Journalism and Publishing Activities				广播、电视、电影和影视录音制作业 Radio, Television, Motion Picture and Videotape Programme Production Services			
		年末人数（人） Year-end Figures (person)	#女 性 Female	工资总额（千元） Total Wages (1000 yuan)	平均工资（元） Average Wage (yuan)	年末人数（人） Year-end Figures (person)	#女 性 Female	工资总额（千元） Total Wages (1000 yuan)	平均工资（元） Average Wage (yuan)
全 国	**National**	**274847**	**144492**	**47114947**	**170141**	**350305**	**167036**	**49603921**	**140361**
北 京	Beijing	67916	39799	17167296	252637	50063	24939	15069028	299463
天 津	Tianjin	1573	897	230247	145035	2239	1194	383893	164338
河 北	Hebei	9175	4367	956422	103740	15430	7309	1421470	91280
山 西	Shanxi	6319	3609	551292	86952	11297	5360	896686	79722
内蒙古	Inner Mongolia	4000	2268	469898	111763	8403	4122	751561	91712
辽 宁	Liaoning	8175	4167	816325	99181	7936	3695	636546	80370
吉 林	Jilin	4817	2426	490915	100683	8125	3851	590357	71727
黑龙江	Heilongjiang	6398	2944	526330	80963	4317	1911	309194	71606
上 海	Shanghai	8298	4787	2107965	252560	7541	3917	1660264	210143
江 苏	Jiangsu	12527	6585	2162790	171533	20474	9431	2610775	128673
浙 江	Zhejiang	9781	5325	2207819	214497	20572	11260	3168698	154136
安 徽	Anhui	7320	3371	972152	131898	9022	3903	896143	98756
福 建	Fujian	5554	2598	890937	159539	10629	4816	1210709	111881
江 西	Jiangxi	4827	2396	744891	146345	6313	2942	529534	82353
山 东	Shandong	13302	6514	1808022	135798	24171	10998	2627088	107243
河 南	Henan	12437	5962	1312238	105673	18016	8178	1352160	74819
湖 北	Hubei	10553	5389	1557310	144325	12811	5885	1677652	130166
湖 南	Hunan	8056	3802	1264045	155995	17683	8266	3070230	171866
广 东	Guangdong	17767	8914	3494269	195186	27111	12074	3635919	132799
广 西	Guangxi	5876	3126	822349	138030	6453	2868	603365	91009
海 南	Hainan	4072	1968	491244	118036	2372	1107	257116	109396
重 庆	Chongqing	5065	2523	805267	165987	3911	1935	466018	105848
四 川	Sichuan	10925	5598	1502255	137402	16198	8021	1746329	105824
贵 州	Guizhou	5082	2459	614453	121718	2832	1402	237872	80724
云 南	Yunnan	5661	2798	778251	138715	7079	3198	767759	107310
西 藏	Xizang	665	337	104597	158244	2617	1497	406163	155368
陕 西	Shaanxi	7939	4121	860527	108625	8818	4313	698488	78679
甘 肃	Gansu	3507	1636	451440	121869	5592	2711	531560	93505
青 海	Qinghai	1296	674	146346	112664	1215	610	129134	105530
宁 夏	Ningxia	798	445	95215	118188	2045	937	243794	119390
新 疆	Xinjiang	5164	2691	711840	136075	9020	4385	1018416	112427

3-2 续表 52 continued

地 区 Region	文化艺术业 Cultural and Art Activities 年末人数(人) Year-end Figures (person)	#女性 Female	工资总额(千元) Total Wages (1000 yuan)	平均工资(元) Average Wage (yuan)	体育 Sports Activities 年末人数(人) Year-end Figures (person)	#女性 Female	工资总额(千元) Total Wages (1000 yuan)	平均工资(元) Average Wage (yuan)
全 国 National	**483291**	**257043**	**52305542**	**108550**	**139679**	**61424**	**16764510**	**121687**
北 京 Beijing	34371	18688	6567576	192451	17677	7466	3078121	175132
天 津 Tianjin	5438	2945	685089	124961	2448	1021	306351	124761
河 北 Hebei	17167	9036	1332911	78775	6820	2761	420896	75169
山 西 Shanxi	19222	9995	1198501	62337	1948	774	219037	116803
内蒙古 Inner Mongolia	15176	8189	1415625	93718	607	267	99233	162622
辽 宁 Liaoning	10829	5791	920942	85165	6179	2506	669929	107731
吉 林 Jilin	10122	5747	826688	81378	5190	2143	363081	84057
黑龙江 Heilongjiang	10468	5717	815653	77588	1836	654	169196	87952
上 海 Shanghai	14350	8557	2960730	205717	7460	3495	1972226	262465
江 苏 Jiangsu	30389	16984	4161537	136852	7975	3826	930423	115580
浙 江 Zhejiang	24364	14227	3367418	138510	7027	3126	1108852	156995
安 徽 Anhui	12319	6047	1124836	90184	1493	616	119338	79990
福 建 Fujian	13247	7375	1390127	104987	3816	1645	383014	97389
江 西 Jiangxi	14041	7236	1280760	91584	1991	886	152969	75935
山 东 Shandong	22398	10998	2448154	110194	6763	2791	964285	143766
河 南 Henan	26646	12796	1698044	65016	2884	991	383799	131986
湖 北 Hubei	20873	10508	1998592	95920	3793	1580	350916	92109
湖 南 Hunan	18038	9245	1465525	81745	2374	948	186055	75904
广 东 Guangdong	28622	15376	4020322	143825	22645	11590	2545487	110770
广 西 Guangxi	12897	7208	1101596	84265	3824	1724	268000	69933
海 南 Hainan	2743	1318	293293	103031	3459	1825	161531	51609
重 庆 Chongqing	9974	5305	996426	100089	2001	920	152797	76094
四 川 Sichuan	26792	14108	2701717	100780	6436	2692	758814	116434
贵 州 Guizhou	6368	3208	572943	89156	2074	861	157060	67392
云 南 Yunnan	14051	7494	1334248	94874	3198	1449	264355	82886
西 藏 Xizang	3053	1625	429299	142358	164	70	25796	157293
陕 西 Shaanxi	26671	13965	2135698	80075	2354	948	180746	77941
甘 肃 Gansu	14546	7698	1221738	83985	1105	410	80765	74005
青 海 Qinghai	3766	1989	392395	104281	754	265	78291	102609
宁 夏 Ningxia	3528	2005	329754	93796	348	159	27817	79477
新 疆 Xinjiang	10820	5662	1117405	101916	3037	1015	185330	72042

3-2 续表 53 continued

地 区	Region	娱乐业 Entertainment				公共管理、社会保障和社会组织 Public Management, Social Security and Social Organization			
		年末人数（人）Year-end Figures (person)	#女性 Female	工资总额（千元）Total Wages (1000 yuan)	平均工资（元）Average Wage (yuan)	年末人数（人）Year-end Figures (person)	#女性 Female	工资总额（千元）Total Wages (1000 yuan)	平均工资（元）Average Wage (yuan)
全 国	**National**	**222126**	**106785**	**22146258**	**98004**	**19857779**	**6944349**	**2326678230**	**117108**
北 京	Beijing	23955	13165	4145733	168170	424796	178854	83778604	197846
天 津	Tianjin	1850	919	239085	120687	196900	65991	28027711	142373
河 北	Hebei	3519	1567	247589	66082	1057307	361162	89009180	84034
山 西	Shanxi	3317	1459	227472	63275	642731	247544	50746612	79235
内蒙古	Inner Mongolia	1564	793	166785	81114	553451	206898	54058027	98103
辽 宁	Liaoning	5764	2500	428837	68206	626599	222767	59199137	94852
吉 林	Jilin	1829	856	113648	60087	387560	138542	32812529	84872
黑龙江	Heilongjiang	2049	802	132476	70843	490293	178968	44678621	91624
上 海	Shanghai	18182	10326	2822501	160523	188053	74331	49361741	262453
江 苏	Jiangsu	19133	9004	1780014	88284	904990	301833	149732363	166014
浙 江	Zhejiang	10203	4902	1060804	101391	789372	269215	139855966	177400
安 徽	Anhui	4981	2366	361091	70349	586960	184226	69378163	117886
福 建	Fujian	4067	2045	409640	93098	508770	182240	65270513	128140
江 西	Jiangxi	5891	3011	374209	65544	624932	195594	67529066	108489
山 东	Shandong	12911	5938	948269	76068	1392843	480265	162139508	116560
河 南	Henan	5778	2596	405139	68920	1216861	406023	98520833	81089
湖 北	Hubei	10735	4971	811444	75583	771106	259891	94064274	122004
湖 南	Hunan	12822	6232	850512	68478	872500	263794	86141383	98212
广 东	Guangdong	24624	10708	2877380	115181	1508536	497380	242280225	161104
广 西	Guangxi	5616	1751	338117	63806	603543	226726	60537486	100442
海 南	Hainan	3941	1571	426473	105003	143773	45966	15958200	110893
重 庆	Chongqing	5345	2619	436485	76384	364121	132181	47230519	129911
四 川	Sichuan	12555	6056	1059896	83690	1257058	452876	148117392	117329
贵 州	Guizhou	3247	1766	196104	54679	666997	237924	62252114	93321
云 南	Yunnan	4412	2213	292334	64578	743507	271310	78653163	104940
西 藏	Xizang	561	207	70979	123980	157918	62893	28174538	179437
陕 西	Shaanxi	6043	2992	395843	65699	595293	203872	54799648	92113
甘 肃	Gansu	2341	1094	155386	67109	500121	182871	50873107	102066
青 海	Qinghai	1598	864	100599	61032	147764	61102	18891986	127938
宁 夏	Ningxia	1500	673	102188	63118	121905	49742	13414501	110765
新 疆	Xinjiang	1795	821	169225	87724	811221	301368	81191121	97415

3-2 续表 54 continued

地 区 Region	中国共产党机关 Organs of Communist Party of China				国家机构 Government Agencies			
	年末人数（人）Year-end Figures (person)	#女 性 Female	工资总额（千元）Total Wages (1000 yuan)	平均工资（元）Average Wage (yuan)	年末人数（人）Year-end Figures (person)	#女 性 Female	工资总额（千元）Total Wages (1000 yuan)	平均工资（元）Average Wage (yuan)
全 国 **National**	**925809**	**335549**	**117743011**	**127513**	**18501094**	**6390988**	**2158298816**	**116583**
北 京 Beijing	18983	7813	3533129	188648	394085	164530	78021852	198519
天 津 Tianjin	9023	3153	1540354	170003	182980	60422	25707056	140557
河 北 Hebei	54996	19127	5240080	95732	983220	332584	82026083	83247
山 西 Shanxi	39925	16943	3525270	89074	584862	220501	45797228	78570
内蒙古 Inner Mongolia	32063	13024	3348730	105084	503178	184322	48953171	97692
辽 宁 Liaoning	27221	10277	2914217	107528	582711	203234	54796285	94418
吉 林 Jilin	15742	6046	1472905	93646	361624	127186	30511755	84592
黑龙江 Heilongjiang	26484	10921	2472168	94247	450416	160676	41063513	91661
上 海 Shanghai	7072	3298	2037182	290110	177350	68939	46466277	261891
江 苏 Jiangsu	39165	12457	7628648	194995	849121	281088	139152241	164486
浙 江 Zhejiang	30515	10486	6625896	218749	745310	251940	130498419	175302
安 徽 Anhui	24121	7647	2995148	124178	550869	171127	64933916	117549
福 建 Fujian	26533	9492	3588877	135723	465950	163831	59471230	127504
江 西 Jiangxi	24935	7904	2921684	118144	585582	180786	63058887	108098
山 东 Shandong	58533	20043	7417595	127483	1312566	450120	151946614	115894
河 南 Henan	57951	20400	5082273	87745	1133876	373999	91346103	80685
湖 北 Hubei	31059	10325	4222393	135843	720219	239759	87646733	121715
湖 南 Hunan	53622	17454	5629355	105066	797207	236522	78418190	97810
广 东 Guangdong	49502	17207	9176629	185726	1441536	471501	229930921	160024
广 西 Guangxi	29787	12235	3345776	112346	558688	206155	55782699	99986
海 南 Hainan	6596	2086	703824	108179	133803	42213	14894529	111151
重 庆 Chongqing	13635	4956	1918911	142341	343022	123455	44356157	129449
四 川 Sichuan	59004	23343	7991153	136048	1170992	415666	136788642	116259
贵 州 Guizhou	29605	10269	3101931	104863	625476	221848	57952529	92626
云 南 Yunnan	39464	15655	5136084	130794	683917	245466	71108198	103065
西 藏 Xizang	9878	3793	1947253	197112	144960	57605	25633533	177899
陕 西 Shaanxi	30212	9387	3015155	99871	548193	185940	50219753	91681
甘 肃 Gansu	23083	7156	2466387	106533	465760	170855	47284452	101901
青 海 Qinghai	10190	4191	1514816	147708	132848	54669	16776256	126435
宁 夏 Ningxia	6025	2472	734037	122824	111982	45097	12257579	110188
新 疆 Xinjiang	40887	15990	4495152	107966	758791	278949	75498014	96753

3-2 续表 55 continued

地 区	Region	人民政协、民主党派 People's Political Consultative Conference and Democratic Parties				社会保障 Social Security			
		年末人数（人） Year-end Figures (person)	#女 性 Female	工资总额（千元） Total Wages (1000 yuan)	平均工资（元） Average Wage (yuan)	年末人数（人） Year-end Figures (person)	#女 性 Female	工资总额（千元） Total Wages (1000 yuan)	平均工资（元） Average Wage (yuan)
全 国	**National**	**116516**	**38301**	**17479656**	**148876**	**134223**	**77129**	**13478230**	**100307**
北 京	Beijing	2358	961	503267	213093	2576	1647	442845	173229
天 津	Tianjin	792	305	155362	192952	2321	1085	367627	159206
河 北	Hebei	5240	1712	579992	109392	5795	3431	488051	84619
山 西	Shanxi	4174	1596	438970	104826	6766	4255	473177	69235
内蒙古	Inner Mongolia	4335	1510	551886	127594	5160	3026	420807	82679
辽 宁	Liaoning	3482	1295	411333	117455	4828	2768	386777	79879
吉 林	Jilin	2086	706	241463	115921	4690	2676	325227	69457
黑龙江	Heilongjiang	2876	1058	326839	113068	6488	3961	487627	75258
上 海	Shanghai	845	425	258655	304622	1773	1076	322459	182332
江 苏	Jiangsu	4786	1503	1104543	228903	6118	3663	821036	132409
浙 江	Zhejiang	4596	1498	1145677	246970	3009	1889	490980	162332
安 徽	Anhui	3693	1027	557974	149557	3756	2042	393732	104616
福 建	Fujian	3233	1185	550270	166890	7622	4536	1013516	130550
江 西	Jiangxi	4201	1379	578521	137696	5408	3125	489493	90269
山 东	Shandong	6057	1634	925323	151902	5170	2727	630537	122089
河 南	Henan	6031	1913	626210	104009	9640	4807	701010	73013
湖 北	Hubei	4865	1424	726495	147957	7640	4250	717441	94367
湖 南	Hunan	6445	2082	739426	113395	6868	3398	566776	82385
广 东	Guangdong	5239	1811	1186974	223773	3141	1764	483657	153064
广 西	Guangxi	3898	1486	521427	134323	5096	3270	403993	79274
海 南	Hainan	551	206	84188	153348	627	336	55226	87314
重 庆	Chongqing	2291	768	387384	165996	1961	1114	199463	102369
四 川	Sichuan	8473	2851	1341482	155707	8461	5070	926165	110073
贵 州	Guizhou	4021	1253	515418	126995	1828	1017	166566	91901
云 南	Yunnan	6548	2140	982918	147515	4910	3036	528508	105816
西 藏	Xizang	1339	473	302592	226127	218	115	51374	248184
陕 西	Shaanxi	4009	1250	442040	109063	7253	4016	615105	84294
甘 肃	Gansu	4716	1199	515527	109629	1827	1005	161289	89131
青 海	Qinghai	1712	531	279088	162821	174	100	14212	80518
宁 夏	Ningxia	1335	515	185051	137257	365	248	33185	92696
新 疆	Xinjiang	2288	607	313359	135965	2733	1674	300370	110807

3−2 续表 56 continued

地 区	Region	群众团体、社会团体和其他成员组织 Non-Governmental Organizations, Social Organizations and Membership Organizations			
		年末人数（人） Year-end Figures (person)	#女 性 Female	工资总额（千元） Total Wages (1000 yuan)	平均工资（元） Average Wage (yuan)
全 国	**National**	**180137**	**102383**	**19678517**	**109561**
北 京	Beijing	6793	3902	1277511	188184
天 津	Tianjin	1784	1025	257312	143552
河 北	Hebei	8057	4308	674974	83795
山 西	Shanxi	7003	4249	511966	73410
内蒙古	Inner Mongolia	8715	5016	783434	90503
辽 宁	Liaoning	8358	5193	690524	83013
吉 林	Jilin	3418	1927	261180	76280
黑龙江	Heilongjiang	4029	2352	328473	81381
上 海	Shanghai	1013	594	277169	273802
江 苏	Jiangsu	5799	3121	1025895	177084
浙 江	Zhejiang	5941	3402	1094994	182769
安 徽	Anhui	4522	2383	497393	110369
福 建	Fujian	5433	3196	646619	118885
江 西	Jiangxi	4807	2401	480481	101211
山 东	Shandong	10517	5740	1219440	116013
河 南	Henan	9363	4906	765237	82364
湖 北	Hubei	7323	4133	751212	102869
湖 南	Hunan	8359	4339	787636	94063
广 东	Guangdong	9118	5097	1502044	164153
广 西	Guangxi	6074	3581	483591	79969
海 南	Hainan	2195	1124	220433	99492
重 庆	Chongqing	3211	1889	368603	117244
四 川	Sichuan	10129	5946	1069950	106279
贵 州	Guizhou	6066	3537	515670	86524
云 南	Yunnan	8668	5014	897455	103822
西 藏	Xizang	1524	907	239786	159611
陕 西	Shaanxi	5626	3278	507596	90476
甘 肃	Gansu	4736	2656	445452	93786
青 海	Qinghai	2839	1611	307615	108603
宁 夏	Ningxia	2197	1410	204649	93773
新 疆	Xinjiang	6521	4148	584225	89974

3-3 各地区分行业城镇非私营单位在岗职工人数和平均工资(2023年)
ON-POST STAFF AND WORKERS AND AVERAGE WAGE IN PRIVATE URBAN NON-PRIVATE UNITS BY SECTOR AND REGION (2023)

地区	Region	总计 Total		农、林、牧、渔业 Agriculture, Forestry, Animal Husbandry and Fishery		采矿业 Mining		制造业 Manufacturing	
		年末人数(人) Year-end Figures (person)	平均工资(元) Average Wage (yuan)	年末人数(人) Year-end Figures (person)	平均工资(元) Average Wage (yuan)	年末人数(人) Year-end Figures (person)	平均工资(元) Average Wage (yuan)	年末人数(人) Year-end Figures (person)	平均工资(元) Average Wage (yuan)
全国	**National**	**154438897**	**123734**	**635528**	**65745**	**3217246**	**136286**	**35315637**	**104063**
北京	Beijing	7104273	224562	13877	79603	23476	197069	546337	188299
天津	Tianjin	2064741	141769	1271	104866	49505	195293	528581	119038
河北	Hebei	5261566	96958	13982	71707	159133	107397	919796	88388
山西	Shanxi	4160718	97315	14717	60840	849118	125176	513514	81135
内蒙古	Inner Mongolia	2567588	111602	42747	83798	118406	196445	383144	111122
辽宁	Liaoning	4021569	99733	57551	26983	151450	109704	825622	94100
吉林	Jilin	2209012	97562	51180	63781	48490	106448	393108	104309
黑龙江	Heilongjiang	2582568	99046	137838	57579	208804	123465	224062	92887
上海	Shanghai	6097432	235520	4972	119522	1802	360968	1138114	175152
江苏	Jiangsu	12472754	127620	19531	68161	55992	155791	4332850	113411
浙江	Zhejiang	10176485	135653	8554	98007	4370	108819	3321639	108237
安徽	Anhui	5479823	106769	12861	75455	127016	150377	1505998	96118
福建	Fujian	4987800	111401	8094	89400	8878	90137	1283998	93417
江西	Jiangxi	3934210	94742	13014	60659	25585	87542	952984	79160
山东	Shandong	10184583	109805	11793	72258	230518	145685	2588259	94627
河南	Henan	7493090	85583	11838	54782	209669	106416	1309515	75496
湖北	Hubei	5841137	112255	13623	68237	24377	145012	1200970	96007
湖南	Hunan	5385413	99480	13652	64765	40050	77791	1010236	91943
广东	Guangdong	19114191	133452	13085	85493	17246	213843	7452098	104450
广西	Guangxi	3701180	98811	26535	85288	8699	79067	524332	79889
海南	Hainan	980953	116686	31898	67494	4964	174090	77114	101695
重庆	Chongqing	3068239	117446	4018	79645	5117	120464	596895	102235
四川	Sichuan	8259804	113223	15815	87919	83337	160344	1423578	100028
贵州	Guizhou	2918838	104802	12268	66539	147554	94977	338349	108281
云南	Yunnan	3161529	112908	18044	69667	48316	105281	367744	101748
西藏	Xizang	384125	172077	1158	90643	7114	134353	11518	106270
陕西	Shaanxi	4328605	109908	13553	75426	275505	160044	736352	101698
甘肃	Gansu	2178581	102934	14901	80473	71200	140907	245506	98349
青海	Qinghai	629865	125114	6931	52873	22074	191740	97569	100816
宁夏	Ningxia	701460	121648	8689	64622	61483	206502	128149	97912
新疆	Xinjiang	2986765	115093	17538	68409	127999	197651	337706	100069

3-3 续表 1 continued

地 区	Region	电力、热力、燃气及水生产和供应业 Production and Supply of Electricity, Heat, Gas and Water		建筑业 Construction		批发和零售业 Wholesale and Retail Trades		交通运输、仓储和邮政业 Transport, Storage and Post	
		年末人数（人） Year-end Figures (person)	平均工资（元） Average Wage (yuan)	年末人数（人） Year-end Figures (person)	平均工资（元） Average Wage (yuan)	年末人数（人） Year-end Figures (person)	平均工资（元） Average Wage (yuan)	年末人数（人） Year-end Figures (person)	平均工资（元） Average Wage (yuan)
全 国	**National**	**3543462**	**145187**	**14039816**	**88212**	**7585751**	**125207**	**7497284**	**123773**
北 京	Beijing	92929	221710	404777	161962	522226	199936	470038	160057
天 津	Tianjin	39230	196598	148569	131708	129889	126218	141474	128093
河 北	Hebei	175458	143492	277051	88410	214450	74923	272648	109155
山 西	Shanxi	153231	116844	218773	87872	149397	86330	226051	111412
内蒙古	Inner Mongolia	140525	138159	67313	79804	81144	96160	192837	118940
辽 宁	Liaoning	133750	105075	189806	81832	151359	84316	279194	105186
吉 林	Jilin	87570	117255	106223	71219	75785	82521	136641	100202
黑龙江	Heilongjiang	114048	109181	84273	77337	92341	88240	214847	106172
上 海	Shanghai	33588	272809	222146	163757	849850	243963	418890	179882
江 苏	Jiangsu	149530	172859	2050294	86449	527837	119725	470310	121241
浙 江	Zhejiang	135302	179613	1360634	80716	458441	142096	373058	131261
安 徽	Anhui	91039	148641	705325	83619	231575	93553	233688	106233
福 建	Fujian	100963	155145	885147	76472	232046	113281	200575	122310
江 西	Jiangxi	93482	100055	422773	66879	160366	85189	159483	108054
山 东	Shandong	267143	138683	947582	90486	478134	87403	432590	116187
河 南	Henan	227393	123012	774131	69740	313035	76094	352904	102605
湖 北	Hubei	102425	162353	741739	93442	314075	88161	270344	115740
湖 南	Hunan	157042	124210	701653	74636	230351	83813	227291	105565
广 东	Guangdong	255067	189462	1042754	97537	997759	119246	728428	138191
广 西	Guangxi	102812	135960	271010	77738	132602	89555	166219	112696
海 南	Hainan	22105	151849	16739	88606	69781	122948	69696	142164
重 庆	Chongqing	69772	127991	425295	79039	143671	99636	194296	107760
四 川	Sichuan	210757	136885	834334	83263	357642	97824	352981	119004
贵 州	Guizhou	82376	144469	186422	84510	113334	104302	115487	109127
云 南	Yunnan	96143	158162	188249	90314	130568	108931	156403	117258
西 藏	Xizang	14891	144521	11372	99149	17854	142458	22149	145567
陕 西	Shaanxi	140614	141434	365670	96935	193125	87627	237582	116557
甘 肃	Gansu	93177	114186	145303	76536	77911	82870	120186	110824
青 海	Qinghai	23723	145311	27799	117725	20645	91773	49485	130171
宁 夏	Ningxia	37778	161934	20572	105486	26692	81315	38283	111169
新 疆	Xinjiang	99598	153603	196087	98332	91866	102698	173227	132134

3-3 续表 2 continued

地 区	Region	住宿和餐饮业 Hotels and Catering Services		信息传输、软件和信息技术服务业 Information Transmission, Software and Information Technology		金融业 Financial Intermediation		房地产业 Real Estate	
		年末人数(人) Year-end Figures (person)	平均工资(元) Average Wage (yuan)	年末人数(人) Year-end Figures (person)	平均工资(元) Average Wage (yuan)	年末人数(人) Year-end Figures (person)	平均工资(元) Average Wage (yuan)	年末人数(人) Year-end Figures (person)	平均工资(元) Average Wage (yuan)
全 国	**National**	**2408277**	**64834**	**5174026**	**235303**	**5287392**	**234053**	**4870733**	**93792**
北 京	Beijing	221769	88152	990504	331175	442446	424561	415731	128613
天 津	Tianjin	30707	64449	47097	183668	86168	242912	69043	101878
河 北	Hebei	44519	52974	124961	141757	217771	151798	106994	72629
山 西	Shanxi	41470	50013	48182	116145	144193	136738	70966	61271
内蒙古	Inner Mongolia	25038	53920	44041	132142	109439	159947	66903	56503
辽 宁	Liaoning	38532	56366	142377	146096	180089	136023	91421	76423
吉 林	Jilin	15371	49794	44938	110468	107667	141599	39690	65950
黑龙江	Heilongjiang	14149	48839	55749	104559	105104	128514	37144	58129
上 海	Shanghai	181240	87653	523694	364300	350706	447563	271813	144797
江 苏	Jiangsu	187587	69259	368223	198092	336828	243897	298807	100432
浙 江	Zhejiang	145148	71551	345098	297607	324514	254127	307180	105407
安 徽	Anhui	62372	57124	126148	138664	139278	180128	140996	81504
福 建	Fujian	92232	60862	105799	166111	148937	214346	147225	91776
江 西	Jiangxi	46512	50103	60882	116787	100904	157316	91610	76761
山 东	Shandong	139662	58031	197532	144597	346033	165349	303100	79292
河 南	Henan	71892	50286	138394	128311	213811	154988	214242	70498
湖 北	Hubei	81176	61400	166097	158159	159960	178019	200937	82781
湖 南	Hunan	64672	54416	93260	148324	171135	176757	129428	79974
广 东	Guangdong	373875	65491	804398	246685	540940	315793	881970	99943
广 西	Guangxi	47456	49733	66924	144470	133190	163831	75168	81105
海 南	Hainan	42447	66851	19963	232160	34117	198540	76163	85790
重 庆	Chongqing	33144	57937	63065	170569	107883	232687	132889	84136
四 川	Sichuan	190219	55736	271577	161649	234358	183724	290914	86441
贵 州	Guizhou	32611	50601	41042	149503	94050	201274	65174	80581
云 南	Yunnan	46067	54034	52629	134406	95796	174438	78200	81747
西 藏	Xizang	5006	76345	7992	214895	17863	273995	6111	86261
陕 西	Shaanxi	75938	54163	132924	208431	127632	174756	124893	82507
甘 肃	Gansu	21695	53266	30982	117438	85331	120560	49567	59324
青 海	Qinghai	4678	52786	9138	158868	25999	166403	13691	59986
宁 夏	Ningxia	3871	54312	9337	156835	27692	155625	14633	75239
新 疆	Xinjiang	27222	57251	41079	135999	77558	180925	58130	65561

3-3 续表 3 continued

地区	Region	租赁和商务服务业 Leasing and Business Services		科学研究和技术服务业 Scientific Research and Technical Services		水利、环境和公共设施管理业 Management of Water Conservancy, Environment and Public Facilities		居民服务、修理和其他服务业 Service to Households, Repair and Other Services	
		年末人数（人）Year-end Figures (person)	平均工资（元）Average Wage (yuan)	年末人数（人）Year-end Figures (person)	平均工资（元）Average Wage (yuan)	年末人数（人）Year-end Figures (person)	平均工资（元）Average Wage (yuan)	年末人数（人）Year-end Figures (person)	平均工资（元）Average Wage (yuan)
全国	**National**	**7436459**	**112114**	**4362958**	**173561**	**2334334**	**72611**	**810268**	**69903**
北京	Beijing	745051	178649	616094	240243	113003	127557	60411	88980
天津	Tianjin	100946	109323	100365	222745	20057	110840	47329	54519
河北	Hebei	124487	62452	131979	119247	92341	50821	26636	60393
山西	Shanxi	129200	71151	78541	100754	70065	46738	11053	58821
内蒙古	Inner Mongolia	66362	79017	55019	113229	58906	56330	4552	54892
辽宁	Liaoning	130585	72859	85442	135887	67131	55067	14363	58043
吉林	Jilin	44725	70042	57293	121999	50784	50150	10373	43366
黑龙江	Heilongjiang	82128	91038	49457	115479	53464	53735	12115	45270
上海	Shanghai	714877	235053	367300	283772	95657	109348	56333	102418
江苏	Jiangsu	488494	95011	289019	173507	120441	95977	59024	94348
浙江	Zhejiang	746210	95572	240258	188772	102933	96184	46679	76840
安徽	Anhui	268268	69821	106667	138521	84892	51549	23385	65857
福建	Fujian	239646	83651	76151	149553	66525	75406	37812	76257
江西	Jiangxi	91195	75262	67747	121079	81819	45829	13190	48663
山东	Shandong	361067	88373	240225	128619	145892	64052	30872	61291
河南	Henan	225220	65539	165838	98385	123291	47249	44876	40116
湖北	Hubei	306944	89660	156881	163934	81549	83135	34686	55543
湖南	Hunan	154417	74229	121721	125643	93681	69867	26571	85788
广东	Guangdong	1179420	109775	469511	183672	207330	84976	126015	72816
广西	Guangxi	149245	75154	88568	114658	60241	63754	11901	58669
海南	Hainan	38533	143603	27120	143038	49302	57493	4535	60671
重庆	Chongqing	153711	79711	72077	159803	55969	81619	6911	71071
四川	Sichuan	400614	80473	273787	147760	113976	75471	43193	61847
贵州	Guizhou	85462	71888	45308	121745	48770	57023	18932	51380
云南	Yunnan	113742	68256	81213	130720	55647	68017	13042	51976
西藏	Xizang	12431	132481	11537	147275	5847	78769	592	92385
陕西	Shaanxi	116330	75936	133151	144461	89443	61774	14351	53157
甘肃	Gansu	39716	69012	62403	125591	49834	67593	2234	63402
青海	Qinghai	13767	72908	18616	135441	9070	74867	1210	63609
宁夏	Ningxia	16513	68999	12851	122574	16604	66302	578	84403
新疆	Xinjiang	97153	75796	60819	136363	49870	71102	6517	67089

3-3 续表 4 continued

地区	Region	教育 Education 年末人数(人) Year-end Figures (person)	教育 Education 平均工资(元) Average Wage (yuan)	卫生和社会工作 Health and Social Service 年末人数(人) Year-end Figures (person)	卫生和社会工作 Health and Social Service 平均工资(元) Average Wage (yuan)	文化、体育和娱乐业 Culture, Sports and Entertainment 年末人数(人) Year-end Figures (person)	文化、体育和娱乐业 Culture, Sports and Entertainment 平均工资(元) Average Wage (yuan)	公共管理、社会保障和社会组织 Public Management, Social Security and Social Organization 年末人数(人) Year-end Figures (person)	公共管理、社会保障和社会组织 Public Management, Social Security and Social Organization 平均工资(元) Average Wage (yuan)
全　国	**National**	**18631645**	**126904**	**10830474**	**146366**	**1395694**	**130281**	**19061911**	**120243**
北　京	Beijing	481198	234869	346315	259176	186087	240107	412003	202509
天　津	Tianjin	204126	152438	115227	182147	13058	136757	192098	144171
河　北	Hebei	824711	101226	469972	105552	49717	87828	1014961	85959
山　西	Shanxi	522974	94785	263048	97409	39932	73026	616293	81333
内蒙古	Inner Mongolia	357593	111896	198208	111825	28455	98843	526958	101141
辽　宁	Liaoning	504031	108285	332678	109523	37583	89901	608606	96835
吉　林	Jilin	337081	101806	203743	111457	29147	82692	369203	87860
黑龙江	Heilongjiang	365882	109097	239846	112009	23727	80180	467590	94223
上　海	Shanghai	361715	240712	266584	264694	51892	206575	186260	263926
江　苏	Jiangsu	1114012	161297	640461	170832	86561	130787	876953	169616
浙　江	Zhejiang	856515	170438	565148	200996	68944	152969	765859	180931
安　徽	Anhui	654749	122500	374842	138265	33750	99771	556973	120924
福　建	Fujian	571610	135306	266980	167686	34433	118730	480748	132356
江　西	Jiangxi	621373	107263	297103	126225	31546	95427	602641	110733
山　东	Shandong	1265625	126080	763121	135405	77210	109789	1358224	118507
河　南	Henan	1168067	83934	675821	101511	61312	81294	1191840	82173
湖　北	Hubei	710618	119960	481410	141770	56457	110937	736871	125184
湖　南	Hunan	782209	101333	462587	129100	56121	119256	849335	99693
广　东	Guangdong	1504155	155298	930536	198847	112492	141942	1477112	163215
广　西	Guangxi	824100	94348	405666	121372	30971	95575	575542	103691
海　南	Hainan	162053	116001	81253	132851	15725	100857	137445	114024
重　庆	Chongqing	411150	142798	214270	160638	25183	109549	352923	132648
四　川	Sichuan	1175436	120122	714414	139650	68476	109173	1204397	120807
贵　州	Guizhou	553240	103181	291238	121654	18865	89479	628357	96611
云　南	Yunnan	596846	123454	318406	125721	32948	102088	671526	112641
西　藏	Xizang	54265	196425	23388	172969	6238	161563	146801	188930
陕　西	Shaanxi	585380	104873	341279	108122	48621	84574	576261	94082
甘　肃	Gansu	378982	112019	194379	106002	25381	93316	469895	106332
青　海	Qinghai	84251	137438	56313	130515	8191	100153	136715	135511
宁　夏	Ningxia	103823	117901	56904	138670	7733	100255	109275	119149
新　疆	Xinjiang	493875	121445	239335	136163	28938	109499	762249	101199

3-4 各地区分行业城镇非私营单位其他就业人员和平均工资(2023年)
OTHER EMPLOYMENT AND AVERAGE WAGE IN URBAN NON-PRIVATE UNITS BY SECTOR AND REGION(2023)

地 区	Region	总 计 Total		农、林、牧、渔业 Agriculture, Forestry, Animal Husbandry and Fishery		采矿业 Mining		制造业 Manufacturing	
		年末人数(人) Year-end Figures (person)	平均工资(元) Average Wage (yuan)	年末人数(人) Year-end Figures (person)	平均工资(元) Average Wage (yuan)	年末人数(人) Year-end Figures (person)	平均工资(元) Average Wage (yuan)	年末人数(人) Year-end Figures (person)	平均工资(元) Average Wage (yuan)
全 国	**National**	**9244241**	**69612**	**57526**	**32800**	**76170**	**80468**	**462582**	**93886**
北 京	Beijing	451544	117783	869	37420	148	267406	10495	204172
天 津	Tianjin	125699	74677	137	28162	698	85761	6316	189444
河 北	Hebei	285379	58491	845	35822	1083	35107	10151	62495
山 西	Shanxi	187203	44468	553	25457	10469	57269	7697	40812
内蒙古	Inner Mongolia	118946	50249	781	35540	220	70377	3650	71250
辽 宁	Liaoning	223020	51614	3890	13339	1409	38909	12171	80126
吉 林	Jilin	129969	51694	1456	41647	1270	20055	16009	78330
黑龙江	Heilongjiang	163072	43563	15473	29664	8581	92703	4081	53773
上 海	Shanghai	378098	128603	809	44203		51000	28258	198703
江 苏	Jiangsu	641008	76061	1843	57823	2742	52617	61915	125400
浙 江	Zhejiang	471224	77380	748	60895	130	56361	42065	91473
安 徽	Anhui	433599	65464	6247	43760	958	61302	23037	63768
福 建	Fujian	498436	76829	1430	26101	71	63405	19670	78985
江 西	Jiangxi	260146	63381	939	29403	231	58799	7793	59444
山 东	Shandong	585411	62580	1132	34602	8613	82592	27564	85431
河 南	Henan	375506	55304	615	30768	19455	118761	16656	47106
湖 北	Hubei	419319	66310	3247	42148	2634	52390	11571	69382
湖 南	Hunan	467108	68356	799	26813	1645	43760	13438	65562
广 东	Guangdong	785771	80214	585	48709	66	76139	53991	100755
广 西	Guangxi	206361	47536	2410	26494	232	18137	10678	47599
海 南	Hainan	40071	61350	544	49948	112	28556	1434	51523
重 庆	Chongqing	305278	74980	462	45189	411	94319	14647	80507
四 川	Sichuan	576450	64876	652	26210	1662	86330	18739	72419
贵 州	Guizhou	188697	55647	956	31009	1815	68645	5248	46620
云 南	Yunnan	288332	42795	5549	23170	3246	42674	7978	51009
西 藏	Xizang	24092	52539	215	38097	200	66172	462	22412
陕 西	Shaanxi	235186	52132	744	25980	4245	77819	12260	66659
甘 肃	Gansu	162061	49225	1359	30774	460	55308	8486	62089
青 海	Qinghai	29285	41659	432	30669	774	33722	988	95743
宁 夏	Ningxia	40535	53337	423	35834	1	152250	1380	54467
新 疆	Xinjiang	147433	58790	1381	41692	2589	101338	3754	55782

3-4 续表 1 continued

地 区	Region	电力、热力、燃气及水生产和供应业 Production and Supply of Electricity, Heat, Gas and Water		建筑业 Construction		批发和零售业 Wholesale and Retail Trades		交通运输、仓储和邮政业 Transport, Storage and Post	
		年末人数(人) Year-end Figures (person)	平均工资(元) Average Wage (yuan)	年末人数(人) Year-end Figures (person)	平均工资(元) Average Wage (yuan)	年末人数(人) Year-end Figures (person)	平均工资(元) Average Wage (yuan)	年末人数(人) Year-end Figures (person)	平均工资(元) Average Wage (yuan)
全 国	**National**	**66488**	**58165**	**2341142**	**71405**	**238681**	**97117**	**181488**	**80527**
北 京	Beijing	997	72843	8625	121437	14955	192120	5997	82078
天 津	Tianjin	162	132071	10919	64761	5477	107706	716	114414
河 北	Hebei	7693	73298	21703	59304	3485	39921	3184	48537
山 西	Shanxi	3588	45855	6791	50870	3343	50840	4142	49739
内蒙古	Inner Mongolia	918	72811	3596	56720	1582	50811	5394	58605
辽 宁	Liaoning	2590	36907	20234	67732	6281	68356	3575	34186
吉 林	Jilin	431	45626	10609	73090	1102	53985	1039	34585
黑龙江	Heilongjiang	11775	62197	7875	43346	2587	49544	2572	38977
上 海	Shanghai	182	186225	5817	126326	47202	202009	15226	110495
江 苏	Jiangsu	1338	80924	193505	64493	9615	113828	7648	63466
浙 江	Zhejiang	1484	54303	73942	61360	15284	64905	6186	62765
安 徽	Anhui	478	57118	137630	67560	3793	49736	33558	94133
福 建	Fujian	6545	63423	150598	70855	10927	49564	2685	53562
江 西	Jiangxi	1045	42632	136148	77592	4937	43444	2284	50474
山 东	Shandong	2790	48825	163621	69980	11304	61027	6102	65092
河 南	Henan	2667	56264	125842	65049	3636	46921	5895	52091
湖 北	Hubei	2424	71941	156386	69315	7710	58605	25170	137874
湖 南	Hunan	1949	58317	262675	84047	10214	52477	4208	57345
广 东	Guangdong	3034	28672	201591	65265	25299	63421	11783	72646
广 西	Guangxi	856	55180	28664	56788	2965	38447	12144	69984
海 南	Hainan	504	33719	1816	64296	712	70647	571	61172
重 庆	Chongqing	969	87160	153681	85285	2948	63301	3968	44954
四 川	Sichuan	3357	51172	233981	71118	17018	52312	5817	72573
贵 州	Guizhou	1419	57446	52815	106200	4202	69016	1831	50843
云 南	Yunnan	1590	39243	53587	56103	8630	49795	1779	52533
西 藏	Xizang	191	100340	1166	66837	560	57539	476	56991
陕 西	Shaanxi	2253	54033	65713	57947	5836	57748	3325	51645
甘 肃	Gansu	1907	38689	37884	58502	2267	50695	1378	59229
青 海	Qinghai	116	33651	1065	53484	499	52729	153	51249
宁 夏	Ningxia	400	46229	1937	78137	721	29030	340	69453
新 疆	Xinjiang	836	68401	10723	99432	3590	51189	2341	35292

3-4 续表 2 continued

地 区 Region	住宿和餐饮业 Hotels and Catering Services		信息传输、软件和信息技术服务业 Information Transmission, Software and Information Technology		金融业 Financial Intermediation		房地产业 Real Estate	
	年末人数(人) Year-end Figures (person)	平均工资(元) Average Wage (yuan)	年末人数(人) Year-end Figures (person)	平均工资(元) Average Wage (yuan)	年末人数(人) Year-end Figures (person)	平均工资(元) Average Wage (yuan)	年末人数(人) Year-end Figures (person)	平均工资(元) Average Wage (yuan)
全 国 National	**475918**	**23104**	**121067**	**82337**	**1636319**	**84174**	**223172**	**51909**
北 京 Beijing	99282	26700	9556	222316	146230	148985	27741	64735
天 津 Tianjin	18866	13525	130	189717	34478	98625	2860	42332
河 北 Hebei	1284	45360	6068	49256	79233	57578	1325	51395
山 西 Shanxi	4448	17186	1222	60465	65756	55207	3336	26682
内蒙古 Inner Mongolia	1491	31877	288	42388	44353	56808	1144	60964
辽 宁 Liaoning	33523	16416	2518	92113	47869	72974	6077	44054
吉 林 Jilin	2134	18518	678	75581	43533	53961	2984	71099
黑龙江 Heilongjiang	2255	25725	789	56757	38600	47001	3709	25805
上 海 Shanghai	86036	25793	4593	297094	14438	323660	35740	60367
江 苏 Jiangsu	38202	22993	4749	79611	75971	95703	19719	52352
浙 江 Zhejiang	24036	27462	2240	97918	108044	116511	24085	47545
安 徽 Anhui	5435	24746	9985	75015	42543	66685	8952	34998
福 建 Fujian	12623	19968	832	85163	54600	79245	5111	59543
江 西 Jiangxi	2540	23508	1868	59039	26510	60863	2411	48759
山 东 Shandong	6064	39034	1187	164486	161335	63968	15686	38663
河 南 Henan	3550	29249	48367	46856	19660	64435	3947	42124
湖 北 Hubei	21979	14059	1605	65317	50928	70344	7396	56410
湖 南 Hunan	4465	14608	3027	94260	68038	49064	6156	61911
广 东 Guangdong	76203	19047	11123	45631	171292	122034	14851	54305
广 西 Guangxi	3876	14120	2066	61594	26005	58119	2055	37471
海 南 Hainan	1882	40423	168	100629	10355	71680	1989	51622
重 庆 Chongqing	2212	41280	379	89169	67349	69037	2031	69504
四 川 Sichuan	5678	32524	4163	76848	97026	71658	8017	65529
贵 州 Guizhou	838	35456	809	73214	21302	37785	1355	39406
云 南 Yunnan	4150	25810	395	30769	18059	53204	2252	49445
西 藏 Xizang	174	53978	91	83354	238	102167	122	69780
陕 西 Shaanxi	7199	15206	897	136138	43696	59034	6397	32928
甘 肃 Gansu	2459	21223	424	79328	24919	60102	2298	32259
青 海 Qinghai	283	52922	70	41557	1655	56635	882	31520
宁 夏 Ningxia	91	33302	97	90208	8516	86619	564	32199
新 疆 Xinjiang	2661	26655	683	69201	23788	93779	1980	44978

3-4 续表 3 continued

地 区	Region	租赁和商务服务业 Leasing and Business Services		科学研究和技术服务业 Scientific Research and Technical Services		水利、环境和公共设施管理业 Management of Water Conservancy, Environment and Public Facilities		居民服务、修理和其他服务业 Service to Households, Repair and Other Services	
		年末人数（人） Year-end Figures (person)	平均工资（元） Average Wage (yuan)	年末人数（人） Year-end Figures (person)	平均工资（元） Average Wage (yuan)	年末人数（人） Year-end Figures (person)	平均工资（元） Average Wage (yuan)	年末人数（人） Year-end Figures (person)	平均工资（元） Average Wage (yuan)
全 国	**National**	**841961**	**82815**	**153649**	**110824**	**244654**	**31371**	**41356**	**50042**
北 京	Beijing	26505	204076	23716	147876	3435	51088	3356	64830
天 津	Tianjin	18194	47966	4429	107130	1603	44501	172	63022
河 北	Hebei	38199	79946	14568	155995	13912	24078	866	36980
山 西	Shanxi	6225	33856	1675	55323	9247	24826	561	27145
内蒙古	Inner Mongolia	5073	44024	1459	64199	5767	32186	209	33522
辽 宁	Liaoning	11172	40976	3829	67945	12794	28234	695	45290
吉 林	Jilin	573	44834	1477	68233	9697	26427	586	51428
黑龙江	Heilongjiang	3225	34268	1753	56805	13003	29845	431	38224
上 海	Shanghai	65557	150254	13109	223904	3534	71468	6701	72795
江 苏	Jiangsu	80640	82880	8219	92210	12629	42798	1057	56221
浙 江	Zhejiang	66137	51908	6964	103076	10374	42508	1738	47906
安 徽	Anhui	79922	67590	3695	77414	12106	21922	773	40597
福 建	Fujian	146050	113166	3104	78832	4146	35830	724	85497
江 西	Jiangxi	5626	53822	2799	56630	5329	33965	449	41805
山 东	Shandong	54851	58247	5952	97484	23753	24169	3957	24165
河 南	Henan	17641	29998	3472	67757	29046	22418	553	35974
湖 北	Hubei	27827	89958	7498	104222	9612	41060	1458	29763
湖 南	Hunan	4081	54007	5433	62189	9654	39237	455	48216
广 东	Guangdong	80195	72796	12030	112193	6007	44628	9948	43799
广 西	Guangxi	33875	50652	2642	52837	2622	31102	1023	27371
海 南	Hainan	359	131949	993	106957	2714	37388	28	37963
重 庆	Chongqing	9771	52637	4536	95629	3053	42892	145	85279
四 川	Sichuan	13904	57615	6022	81719	8028	33128	1766	46811
贵 州	Guizhou	2571	40132	2606	61421	2239	38914	934	41184
云 南	Yunnan	13456	45376	2913	55994	13403	26234	849	48796
西 藏	Xizang	797	71949	671	54330	192	76338	129	44310
陕 西	Shaanxi	12719	59215	3205	62339	4642	29094	605	38379
甘 肃	Gansu	7828	53387	1785	66038	5696	30832	180	26817
青 海	Qinghai	2985	55611	838	35442	1280	32916	13	39207
宁 夏	Ningxia	637	42028	353	59070	284	42297	72	34933
新 疆	Xinjiang	5368	86620	1906	61490	4852	40113	923	24550

3-4 续表 4 continued

地区 Region		教育 Education		卫生和社会工作 Health and Social Service		文化、体育和娱乐业 Culture, Sports and Entertainment		公共管理、社会保障和社会组织 Public Management, Social Security and Social Organization	
		年末人数（人） Year-end Figures (person)	平均工资（元） Average Wage (yuan)	年末人数（人） Year-end Figures (person)	平均工资（元） Average Wage (yuan)	年末人数（人） Year-end Figures (person)	平均工资（元） Average Wage (yuan)	年末人数（人） Year-end Figures (person)	平均工资（元） Average Wage (yuan)
全　国	**National**	**773396**	**53159**	**438249**	**80436**	**74554**	**71298**	**795868**	**42284**
北　京	Beijing	27191	156636	21757	129722	7895	150454	12793	47377
天　津	Tianjin	7814	57667	7435	90102	489	58869	4802	71899
河　北	Hebei	19374	36255	17667	48274	2395	42438	42347	38253
山　西	Shanxi	14708	29488	14832	45034	2171	75374	26437	29831
内蒙古	Inner Mongolia	8578	40186	6653	73210	1295	42609	26493	36104
辽　宁	Liaoning	18214	39918	16888	54410	1299	35320	17993	27900
吉　林	Jilin	8466	52689	8632	49114	937	30970	18357	25664
黑龙江	Heilongjiang	10683	32245	11635	48105	1342	34449	22703	36225
上　海	Shanghai	26551	162343	18614	113663	3939	209079	1793	108974
江　苏	Jiangsu	49332	58671	39911	105931	3936	52673	28037	58758
浙　江	Zhejiang	40070	70681	21182	120676	3002	87111	23513	67570
安　徽	Anhui	23441	41723	9673	80506	1386	45837	29987	61358
福　建	Fujian	39494	43906	8924	81276	2880	41384	28022	57810
江　西	Jiangxi	27904	32989	7526	58113	1517	40395	22291	48094
山　东	Shandong	25305	43548	29243	69109	2335	150852	34618	38927
河　南	Henan	26680	42032	18355	86872	4448	41278	25021	29479
湖　北	Hubei	37049	42767	8281	68612	2308	45463	34236	53338
湖　南	Hunan	32672	35289	12184	67173	2853	52246	23165	43612
广　东	Guangdong	47199	89301	20872	130423	8276	48083	31425	61431
广　西	Guangxi	34032	32835	8519	78714	3695	40883	28001	33247
海　南	Hainan	6475	65682	2225	90573	863	34408	6328	43539
重　庆	Chongqing	19632	47391	6770	87956	1113	40931	11198	40793
四　川	Sichuan	63007	42413	30523	101942	4430	57667	52661	37761
贵　州	Guizhou	39151	35663	9228	46617	738	41399	38640	38836
云　南	Yunnan	47087	29749	29975	53439	1454	41574	71981	34335
西　藏	Xizang	3923	39089	2546	52413	821	41601	11118	53051
陕　西	Shaanxi	23668	37918	15545	55771	3205	50322	19032	33686
甘　肃	Gansu	14154	37637	16641	51778	1709	30197	30227	34318
青　海	Qinghai	4265	35813	1499	43864	438	45232	11049	33130
宁　夏	Ningxia	8628	30322	2974	63054	487	33717	12630	37372
新　疆	Xinjiang	18647	35465	11539	54918	898	47496	48972	39605

3-5 各地区分登记注册统计类别城镇非私营单位年末人数(2023年) EMPLOYMENT IN URBAN NON-PRIVATE UNITS BY REGISTERED STATISTICAL CATEGO RIES AND REGION(2023)

单位：千人 (1000 persons)

地 区	Region	就业人员 Employment					在岗职工 On-post Staff and Workers		
		合 计 Total	内资单位 Domestic Invested Units	#国有单位 State-owned Units	港澳台投资单位 Units with Funds from Hong Kong, Macao and Taiwan	外商投资单位 Foreign Funded Units	合 计 Total	内资单位 Domestic Invested Units	#国有单位 State-owned Units
全 国	**National**	**163683**	**142874**	**53996**	**10928**	**9881**	**154439**	**134529**	**51739**
北 京	Beijing	7556	6106	1507	713	737	7104	5786	1447
天 津	Tianjin	2190	1663	574	224	304	2065	1566	554
河 北	Hebei	5547	5257	2586	147	143	5262	4981	2485
山 西	Shanxi	4348	4236	1582	72	40	4161	4055	1514
内蒙古	Inner Mongolia	2687	2632	1255	23	31	2568	2515	1207
辽 宁	Liaoning	4245	3744	1670	125	376	4022	3565	1608
吉 林	Jilin	2339	2216	1105	26	97	2209	2092	1061
黑龙江	Heilongjiang	2746	2678	1337	37	30	2583	2519	1267
上 海	Shanghai	6476	3798	874	1184	1493	6097	3594	846
江 苏	Jiangsu	13114	10114	2922	1232	1768	12473	9557	2793
浙 江	Zhejiang	10648	9096	2263	801	751	10176	8675	2181
安 徽	Anhui	5913	5572	1690	183	159	5480	5153	1622
福 建	Fujian	5486	4541	1483	595	350	4988	4082	1402
江 西	Jiangxi	4194	3918	1721	148	129	3934	3690	1656
山 东	Shandong	10770	9787	3688	420	563	10185	9225	3590
河 南	Henan	7869	7574	3251	177	118	7493	7209	3160
湖 北	Hubei	6260	5841	2121	200	220	5841	5452	2024
湖 南	Hunan	5853	5503	2330	254	96	5385	5049	2243
广 东	Guangdong	19900	14369	4095	3703	1828	19114	13724	3979
广 西	Guangxi	3908	3726	1988	87	95	3701	3531	1910
海 南	Hainan	1021	973	407	27	21	981	935	391
重 庆	Chongqing	3374	3098	1111	138	137	3068	2800	1064
四 川	Sichuan	8836	8382	3348	223	232	8260	7816	3186
贵 州	Guizhou	3108	3066	1602	27	15	2919	2878	1513
云 南	Yunnan	3450	3371	1847	48	31	3162	3090	1688
西 藏	Xizang	408	405	264	2	1	384	381	244
陕 西	Shaanxi	4564	4423	1687	65	76	4329	4198	1618
甘 肃	Gansu	2341	2317	1277	10	14	2179	2157	1204
青 海	Qinghai	659	653	334	3	4	630	624	314
宁 夏	Ningxia	742	715	321	19	8	701	674	295
新 疆	Xinjiang	3134	3101	1758	17	16	2987	2956	1672

3-5 续表 continued

单位：千人 (1000 persons)

地 区	Region	港澳台投资单位 Units with Funds from Hong Kong, Macao and Taiwan	外商投资单位 Foreign Funded Units	其他就业人员 Others 合计 Total	内资单位 Domestic Invested Units	#国有单位 State-owned Units	港澳台投资单位 Units with Funds from Hong Kong, Macao and Taiwan	外商投资单位 Foreign Funded Units
全 国	**National**	**10527**	**9383**	**9244**	**8345**	**2257**	**402**	**498**
北 京	Beijing	654	664	452	320	60	59	72
天 津	Tianjin	212	287	126	98	20	11	17
河 北	Hebei	145	136	285	276	101	2	7
山 西	Shanxi	70	36	187	181	68	2	5
内蒙古	Inner Mongolia	23	30	119	117	48	0	2
辽 宁	Liaoning	119	338	223	179	61	6	37
吉 林	Jilin	24	93	130	124	44	1	4
黑龙江	Heilongjiang	37	27	163	159	71	1	3
上 海	Shanghai	1111	1392	378	204	28	73	101
江 苏	Jiangsu	1188	1728	641	556	129	44	41
浙 江	Zhejiang	774	727	471	422	81	26	23
安 徽	Anhui	177	150	434	419	68	6	9
福 建	Fujian	569	337	498	459	81	26	13
江 西	Jiangxi	147	97	260	227	65	1	32
山 东	Shandong	413	546	585	562	98	7	16
河 南	Henan	174	110	376	365	91	3	8
湖 北	Hubei	179	210	419	389	97	20	10
湖 南	Hunan	247	90	467	454	86	7	6
广 东	Guangdong	3619	1771	786	645	116	84	57
广 西	Guangxi	86	84	206	195	77	1	11
海 南	Hainan	26	20	40	38	15	1	1
重 庆	Chongqing	137	131	305	297	47	1	7
四 川	Sichuan	219	225	576	565	162	4	7
贵 州	Guizhou	27	14	189	188	89	0	1
云 南	Yunnan	44	28	288	281	160	5	3
西 藏	Xizang	2	1	24	24	20	0	0
陕 西	Shaanxi	58	73	235	226	69	7	2
甘 肃	Gansu	9	13	162	160	73	2	1
青 海	Qinghai	3	3	29	29	20	0	1
宁 夏	Ningxia	19	8	41	40	26	0	0
新 疆	Xinjiang	17	14	147	146	86	0	2

3-6 各地区分登记注册统计类别城镇非私营单位工资总额(2023年)
WAGES IN URBAN NON-PRIVATE UNITS BY REGISTERED STATISTICAL CATEGO RIES AND REGION (2023)

单位：亿元 (100 million yuan)

地区	Region	就业人员工资总额 Earnings of Employment					在岗职工 Wages of On-post Staff and Workers		
		合计 Total	内资单位 Domestic Invested Units	#国有单位 State-owned Units	港澳台投资单位 Units with Funds from Hong Kong, Macao and Taiwan	外商投资单位 Foreign Funded Units	合计 Total	内资单位 Domestic Invested Units	#国有单位 State-owned Units
全国	**National**	**197416.7**	**167698.2**	**68673.0**	**14756.7**	**14961.8**	**191029.9**	**162197.0**	**67515.9**
北京	Beijing	16629.8	12654.4	3478.0	2034.6	1940.8	16104.7	12293.6	3417.5
天津	Tianjin	3047.1	2367.0	907.2	251.2	428.9	2954.7	2300.3	893.8
河北	Hebei	5308.7	5005.9	2438.5	162.5	140.3	5126.5	4832.9	2392.0
山西	Shanxi	4146.3	4046.7	1381.4	58.4	41.1	4062.2	3965.1	1360.2
内蒙古	Inner Mongolia	2932.8	2868.6	1306.2	22.9	41.3	2872.2	2809.1	1286.4
辽宁	Liaoning	4171.0	3648.3	1678.3	128.0	394.7	4060.6	3551.5	1655.8
吉林	Jilin	2239.7	2096.8	1064.3	21.0	122.0	2169.9	2035.7	1048.7
黑龙江	Heilongjiang	2659.5	2600.4	1297.2	30.3	28.8	2587.6	2530.1	1270.1
上海	Shanghai	14983.7	8234.8	2285.8	2842.8	3906.1	14497.8	8042.2	2250.9
江苏	Jiangsu	16203.8	12540.7	4789.6	1402.9	2260.2	15722.5	12151.8	4695.2
浙江	Zhejiang	14042.1	11856.6	4128.0	1234.4	951.1	13676.6	11527.2	4062.8
安徽	Anhui	6061.8	5691.5	2112.6	184.9	185.3	5776.4	5413.9	2074.7
福建	Fujian	5826.5	4954.3	2006.7	525.1	347.0	5482.7	4632.8	1965.0
江西	Jiangxi	3874.7	3667.0	1868.1	99.4	108.3	3710.3	3530.7	1841.8
山东	Shandong	11574.2	10556.9	4651.9	448.9	568.4	11191.3	10197.4	4601.0
河南	Henan	6668.3	6383.1	2817.8	170.4	114.8	6461.7	6183.0	2777.7
湖北	Hubei	6782.1	6347.6	2659.6	181.5	252.9	6510.8	6086.6	2613.3
湖南	Hunan	5688.4	5388.9	2518.6	210.4	89.0	5371.0	5077.1	2480.3
广东	Guangdong	26266.9	19879.8	7010.2	4089.4	2297.7	25654.2	19370.6	6916.9
广西	Guangxi	3745.4	3589.2	2017.7	58.9	97.3	3650.6	3499.9	1989.1
海南	Hainan	1165.6	1097.3	486.1	40.8	27.4	1141.7	1074.9	477.6
重庆	Chongqing	3825.9	3532.3	1549.1	146.0	147.7	3600.5	3312.7	1520.6
四川	Sichuan	9625.1	9129.0	4130.8	234.2	261.9	9266.0	8777.0	4049.7
贵州	Guizhou	3149.5	3108.3	1628.7	26.8	14.5	3051.9	3011.0	1594.1
云南	Yunnan	3686.8	3621.9	2111.0	37.5	27.4	3557.4	3495.1	2052.4
西藏	Xizang	670.1	664.4	467.2	4.4	1.3	657.5	651.8	457.4
陕西	Shaanxi	4842.1	4671.8	1716.4	55.8	114.5	4722.0	4557.3	1689.5
甘肃	Gansu	2320.1	2291.0	1341.7	8.7	20.4	2238.3	2209.7	1311.0
青海	Qinghai	804.1	796.0	424.9	3.9	4.1	792.0	784.2	418.1
宁夏	Ningxia	873.4	842.6	372.6	22.1	8.7	850.4	819.9	363.2
新疆	Xinjiang	3601.2	3564.9	2026.3	18.6	17.7	3507.8	3472.1	1989.1

3-6 续表 continued

单位：亿元 (100 million yuan)

地区 Region			其他就业人员 Others				
	港澳台投资单位 Units with Funds from Hong Kong, Macao and Taiwan	外商投资单位 Foreign Funded Units	合计 Total	内资单位 Domestic Invested Units	#国有单位 State-owned Units	港澳台投资单位 Units with Funds from Hong Kong, Macao and Taiwan	外商投资单位 Foreign Funded Units
全国 National	**14430.2**	**14402.7**	**6386.7**	**5501.1**	**1157.1**	**326.5**	**559.1**
北京 Beijing	1976.2	1834.9	525.2	360.8	60.4	58.5	105.9
天津 Tianjin	240.1	414.3	92.4	66.7	13.4	11.1	14.6
河北 Hebei	158.6	135.1	182.2	173.0	46.5	3.9	5.2
山西 Shanxi	57.9	39.3	84.1	81.7	21.2	0.5	1.9
内蒙古 Inner Mongolia	22.8	40.3	60.6	59.5	19.8	0.1	1.0
辽宁 Liaoning	126.7	382.4	110.4	96.9	22.5	1.3	12.3
吉林 Jilin	20.8	113.4	69.8	61.1	15.6	0.1	8.6
黑龙江 Heilongjiang	30.0	27.5	71.9	70.4	27.1	0.3	1.2
上海 Shanghai	2732.7	3722.9	485.9	192.6	34.9	110.1	183.2
江苏 Jiangsu	1367.3	2203.5	481.3	388.9	94.4	35.6	56.8
浙江 Zhejiang	1219.9	929.5	365.5	329.5	65.2	14.4	21.6
安徽 Anhui	182.7	179.8	285.5	277.6	38.0	2.3	5.6
福建 Fujian	513.7	336.3	343.8	321.6	41.7	11.5	10.8
江西 Jiangxi	98.8	80.8	164.4	136.3	26.4	0.6	27.5
山东 Shandong	442.7	551.2	382.9	359.5	50.9	6.2	17.3
河南 Henan	168.2	110.4	206.6	200.1	40.1	2.1	4.4
湖北 Hubei	177.1	247.1	271.3	261.0	46.3	4.4	5.9
湖南 Hunan	207.7	86.2	317.4	311.8	38.3	2.7	2.8
广东 Guangdong	4038.4	2245.2	612.7	509.2	93.3	51.0	52.5
广西 Guangxi	58.3	92.4	94.8	89.3	28.6	0.6	4.8
海南 Hainan	40.3	26.6	23.8	22.4	8.5	0.6	0.9
重庆 Chongqing	144.5	143.3	225.5	219.5	28.5	1.5	4.4
四川 Sichuan	231.5	257.6	359.1	352.0	81.1	2.8	4.3
贵州 Guizhou	26.7	14.3	97.6	97.3	34.6	0.1	0.2
云南 Yunnan	36.1	26.2	129.4	126.7	58.6	1.4	1.3
西藏 Xizang	4.4	1.3	12.6	12.6	9.9	0.0	0.0
陕西 Shaanxi	53.6	111.1	120.1	114.4	26.9	2.2	3.4
甘肃 Gansu	8.5	20.1	81.7	81.3	30.7	0.2	0.2
青海 Qinghai	3.9	3.8	12.1	11.8	6.8	0.0	0.3
宁夏 Ningxia	21.9	8.6	23.0	22.7	9.4	0.2	0.1
新疆 Xinjiang	18.4	17.3	93.4	92.9	37.2	0.2	0.3

3-7 各地区分登记注册统计类别城镇非私营单位平均工资(2023年) AVERAGE WAGE IN URBAN NON-PRIVATE UNITS BY REGISTERED STATISTICAL CATEGO RIES AND REGION (2023)

单位：元 (yuan)

地 区	Region	就业人员平均工资 Average Wage of Employment 合 计 Total	内资单位 Domestic Invested Units	#国有单位 State-owned Units	港澳台投资单位 Units with Funds from Hong Kong, Macao and Taiwan	外商投资单位 Foreign Funded Units	在岗职工 On-post Staff and Workers 合 计 Total	内资单位 Domestic Invested Units	#国有单位 State-owned Units
全 国	**National**	**120698**	**117783**	**127672**	**132342**	**149130**	**123734**	**120970**	**130931**
北 京	Beijing	218312	205812	231908	281474	260128	224562	210714	236939
天 津	Tianjin	138007	141296	158688	111621	139398	141769	145898	161828
河 北	Hebei	94818	94397	94528	109566	95124	96958	96634	96267
山 西	Shanxi	95025	95306	87760	77817	97377	97315	97576	90227
内蒙古	Inner Mongolia	108856	108742	104454	102868	121706	111602	111501	106931
辽 宁	Liaoning	97330	96488	100722	97653	105756	99733	98705	103126
吉 林	Jilin	94937	93755	96372	82630	125278	97562	96621	98930
黑龙江	Heilongjiang	95750	96010	97153	80481	91612	99046	99325	100300
上 海	Shanghai	229337	216282	263880	235593	257083	235520	223176	268129
江 苏	Jiangsu	125102	126522	164986	112727	125839	127620	129790	169246
浙 江	Zhejiang	133045	131778	184226	153616	126240	135653	134443	188092
安 徽	Anhui	103688	103295	125346	102586	118837	106769	106421	128199
福 建	Fujian	108520	111923	136249	88755	98920	111401	115449	141196
江 西	Jiangxi	92794	94119	109315	66089	83932	94742	96188	111978
山 东	Shandong	107131	107675	126459	104960	99426	109805	110643	128505
河 南	Henan	84156	84449	87026	69603	95353	85583	85931	88238
湖 北	Hubei	109227	109642	125884	90588	115298	112255	112513	129504
湖 南	Hunan	97015	97774	108029	83432	89392	99480	100315	110464
广 东	Guangdong	131418	138838	172245	107949	122197	133452	141462	174774
广 西	Guangxi	96185	96671	102304	68817	101838	98811	99268	104908
海 南	Hainan	114572	113237	120111	149842	130414	116686	115336	122560
重 庆	Chongqing	113653	114521	140595	103582	104746	117446	118672	143629
四 川	Sichuan	110160	110282	124016	103341	112473	113223	113453	127551
贵 州	Guizhou	102010	102068	102376	98715	96178	104802	104885	106014
云 南	Yunnan	106769	107381	114200	76626	87906	112908	113519	121619
西 藏	Xizang	165004	165035	178527	175839	126960	172077	172164	189030
陕 西	Shaanxi	106969	106559	101948	86495	147016	109908	109466	104688
甘 肃	Gansu	99124	98911	105486	82643	147414	102934	102659	109303
青 海	Qinghai	121457	121461	127891	140063	107208	125114	125060	133605
宁 夏	Ningxia	117681	117819	116884	116379	108468	121648	121907	123550
新 疆	Xinjiang	112305	112311	113739	111912	111561	115093	115071	117463

3-7 续表 continued

单位：元 (yuan)

地 区	Region			其他就业人员 Others				
		港澳台投资单位 Units with Funds from Hong Kong, Macao and Taiwan	外商投资单位 Foreign Funded Units	合计 Total	内资单位 Domestic Invested Units	#国有单位 State-owned Units	港澳台投资单位 Units with Funds from Hong Kong, Macao and Taiwan	外商投资单位 Foreign Funded Units
全 国	**National**	**134127**	**150833**	**69612**	**66287**	**52059**	**83325**	**115526**
北 京	Beijing	297671	272466	117783	114818	105369	99138	145746
天 津	Tianjin	111126	142145	74677	67695	69165	123506	90028
河 北	Hebei	108512	96477	58491	57329	48998	179651	69765
山 西	Shanxi	78630	105817	44468	44748	31869	37202	36618
内蒙古	Inner Mongolia	103135	125320	50249	50136	41732	56433	57242
辽 宁	Liaoning	101530	109700	51614	52907	37135	20852	49879
吉 林	Jilin	86361	121725	51694	47156	35165	11272	204350
黑龙江	Heilongjiang	80832	97768	43563	43637	39304	54249	38251
上 海	Shanghai	241168	262356	128603	94459	130515	149695	182530
江 苏	Jiangsu	113937	125406	76061	70809	73264	80073	145315
浙 江	Zhejiang	156781	127348	77380	77817	80806	56719	91851
安 徽	Anhui	104289	121684	65464	65677	56562	44470	67619
福 建	Fujian	89925	99629	76829	77724	51432	56056	80922
江 西	Jiangxi	66169	83927	63381	60432	41088	55231	83945
山 东	Shandong	105309	99301	62580	61141	51840	84840	103604
河 南	Henan	69512	97829	55304	55079	44580	77751	58099
湖 北	Hubei	98878	116967	66310	68735	48867	20857	72014
湖 南	Hunan	84794	92679	68356	69226	44534	37492	42861
广 东	Guangdong	108948	123116	80214	81398	83080	62533	92598
广 西	Guangxi	68941	109648	47536	47738	37535	58599	43151
海 南	Hainan	151820	133019	61350	60472	56568	76905	81442
重 庆	Chongqing	103369	106628	74980	74954	66157	129661	66731
四 川	Sichuan	103915	114533	64876	64994	52037	70551	54058
贵 州	Guizhou	99067	99012	55647	55742	39636	47914	31534
云 南	Yunnan	83029	92368	42795	43098	36417	25985	43924
西 藏	Xizang	176294	129305	52539	52506	50001	113000	42071
陕 西	Shaanxi	93037	147143	52132	51786	38549	32327	142936
甘 肃	Gansu	95913	152605	49225	49653	42368	10641	38694
青 海	Qinghai	141313	121551	41659	41585	35110	34545	44875
宁 夏	Ningxia	117889	108501	53337	53279	37875	48173	105489
新 疆	Xinjiang	112739	122387	58790	59204	42222	60161	19768

四、内资单位就业人员和工资总额

EMPLOYMENT AND TOTAL WAGES IN DOMESTIC INVESTED UNITS

4-1 分行业内资单位就业人员和工资总额(2023年) EMPLOYMENT AND TOTAL WAGES IN DOMESTIC INVESTED UNITS BY SECTOR (2023)

项目	Item	年末人数（千人）Year-end Figures (1000 persons)	#女性 Female	工资总额（亿元）Total Wages (100 million yuan)	平均工资（元）Average Wage (yuan)
全国总计	**National Total**	**142874**	**57910**	**167698.2**	**117783**
按国民经济行业分组	**Grouped by Sector**				
农、林、牧、渔业	**Agriculture, Forestry, Animal Husbandry and Fishery**	**678**	**200**	**426.8**	**62645**
农业	Farming	185	70	87.4	46159
林业	Forestry	250	55	167.7	67275
畜牧业	Animal Husbandry	89	27	67.1	74989
渔业	Fishery	16	3	12.6	74997
农、林、牧、渔专业及辅助性活动	Professional and Support Activities for Agriculture, Forestry, Animal Husbandry and Fishery	138	45	92.0	67463
采矿业	**Mining**	**3192**	**493**	**4317.7**	**133979**
煤炭开采和洗选业	Mining and Washing of Coal	2147	256	2729.0	126504
石油和天然气开采业	Extraction of Petroleum and Natural Gas	490	137	900.5	179853
黑色金属矿采选业	Mining and Processing of Ferrous Metal Ores	122	17	135.4	109240
有色金属矿采选业	Mining and Processing of Non-Ferrous Metal Ores	120	22	128.3	105552
非金属矿采选业	Mining and Processing of Non-metal Ores	96	20	80.0	82786
开采专业及辅助性活动	Professional and Support Activities for Mining	216	41	343.1	155061
其他采矿业	Mining of Other Ores	1		1.3	102242
制造业	**Manufacturing**	**22528**	**7457**	**23025.6**	**102299**
农副食品加工业	Processing of Food from Agricultural Products	796	342	565.9	71751
食品制造业	Manufacture of Foods	588	284	472.0	80658
酒、饮料和精制茶制造业	Manufacture of Liquor, Beverages and Refined Tea	525	180	570.1	109097
烟草制品业	Manufacture of Tobacco	145	41	395.0	273428
纺织业	Manufacture of Textile	563	312	388.5	68342
纺织服装、服饰业	Manufacture of Textile, Wearing Apparel and Accessories	427	301	291.2	67208
皮革、毛皮、羽毛及其制品和制鞋业	Manufacture of Leather, Fur, Feather and Related Products and Footwear	254	146	160.3	62929
木材加工和木、竹、藤、棕、草制品业	Processing of Timber, Manufacture of Wood, Bamboo, Rattan, Palm and Straw Products	115	40	77.9	67316
家具制造业	Manufacture of Furniture	210	77	170.5	82369
造纸及纸制品业	Manufacture of Paper and Paper Products	243	83	191.9	78815
印刷和记录媒介复制业	Printing and Reproduction of Recording Media	250	101	219.6	87830
文教、工美、体育和娱乐用品制造业	Manufacture of Articles for Culture, Education, Arts and Crafts, Sport and Entertainment Activities	211	112	147.4	69448
石油、煤炭及其他燃料加工业	Processing of Petroleum, Coal and Other Fuels	494	102	690.3	138152
化学原料和化学制品制造业	Manufacture of Raw Chemical Materials and Chemical Products	1434	384	1541.7	107375
医药制造业	Manufacture of Medicines	1051	499	1109.6	105128
化学纤维制造业	Manufacture of Chemical Fibres	185	61	161.3	87720
橡胶和塑料制品业	Manufacture of Rubber and Plastics Products	683	246	549.2	81417
非金属矿物制品业	Manufacture of Non-metallic Mineral Products	1281	342	1096.5	84703
黑色金属冶炼和压延加工业	Smelting and Pressing of Ferrous Metals	902	145	973.7	105579
有色金属冶炼和压延加工业	Smelting and Pressing of Non-ferrous Metals	775	155	768.1	98828
金属制品业	Manufacture of Metal Products	906	250	800.5	87223
通用设备制造业	Manufacture of General Purpose Machinery	1260	318	1255.2	99656

4-1 续表 1 continued

项　　目	Item	年末人数（千人）Year-end Figures (1000 persons)	#女性 Female	工资总额（亿元）Total Wages (100 million yuan)	平均工资（元）Average Wage (yuan)
专用设备制造业	Manufacture of Special Purpose Machinery	1188	310	1345.5	112557
汽车制造业	Manufacture of Automobiles	1650	439	1720.1	106355
铁路、船舶、航空航天和其他运输设备制造业	Manufacture of Railway, Ship, Aerospace and Other Transport Equipments	469	108	576.3	123424
电气机械和器材制造业	Manufacture of Electrical Machinery and Apparatus	2122	729	2141.1	101212
计算机、通信和其他电子设备制造业	Manufacture of Computers, Communication and Other Electronic Equipment	3148	1169	3878.5	124909
仪器仪表制造业	Manufacture of Measuring Instruments and Machinery	348	111	440.3	125659
其他制造业	Other Manufacture	56	25	47.3	85737
废弃资源综合利用业	Utilization of Waste Resources	87	21	76.7	85338
金属制品、机械和设备修理业	Repair Service of Metal Products, Machinery and Equipment	163	26	203.3	122536
电力、热力、燃气及水生产和供应业	**Production and Supply of Electricity, Heat, Gas and Water**	**3361**	**873**	**4848.5**	**143664**
电力、热力生产和供应业	Production and Supply of Electric Power and Heat Power	2492	582	4009.2	160333
燃气生产和供应业	Production and Supply of Gas	205	64	223.0	108132
水的生产和供应业	Production and Supply of Water	664	227	616.4	92250
建筑业	**Construction**	**16216**	**2263**	**13505.7**	**85543**
房屋建筑业	Construction of Buildings	10172	1281	7728.4	78358
土木工程建筑业	Civil Engineering	4369	715	4311.7	100243
建筑安装业	Building Installation	897	135	858.7	99250
建筑装饰、装修和其他建筑业	Building Decoration and Other Constructions	777	131	607.0	79978
批发和零售业	**Wholesale and Retail Trades**	**5928**	**2993**	**6297.8**	**105610**
批发业	Wholesale Trade	2995	1238	4002.7	132502
零售业	Retail Trade	2933	1755	2295.1	78002
交通运输、仓储和邮政业	**Transport, Storage and Post**	**7219**	**1790**	**8722.8**	**120033**
铁路运输业	Railway Transport	1781	253	2717.1	151566
道路运输业	Road Transport	3164	822	2906.9	91130
水上运输业	Water Transport	226	40	388.8	168235
航空运输业	Air Transport	474	167	858.9	182236
管道运输业	Transport Via Pipelines	36	8	86.8	238391
多式联运和运输代理业	Intermodality and Forwarding Agency	207	78	297.2	142025
装卸搬运和仓储业	Loading, Unloading and Storage	406	100	405.5	94730
邮政业	Post	924	323	1061.5	116872
住宿和餐饮业	**Hotels and Catering Services**	**1907**	**1061**	**1175.8**	**62511**
住宿业	Hotels	909	509	590.0	64947
餐饮业	Catering Services	998	552	585.8	60235
信息传输、软件和信息技术服务业	**Information Transmission, Software and Information Technology**	**3907**	**1460**	**7714.4**	**195706**
电信、广播电视和卫星传输服务	Telecommunication, Radio and Television and Satellite Transmission Service	1096	447	1757.4	159609
互联网和相关服务	Internet and Related Service	466	201	1088.8	231642
软件和信息技术服务业	Software and Information Technology	2344	812	4868.2	205347
金融业	**Financial Intermediation**	**6473**	**3634**	**12668.8**	**193299**
货币金融服务	Monetary and Financial Service	3537	1802	7948.8	224764

4-1 续表 2 continued

项　　目	Item	年末人数（千人）Year-end Figures (1000 persons)	#女 性 Female	工资总额（亿元）Total Wages (100 million yuan)	平均工资（元）Average Wage (yuan)
资本市场服务	Capital Market Service	356	166	1556.0	438231
保险业	Insurance	2489	1625	2794.5	108685
其他金融业	Other Financial Activities	91	41	369.5	405041
房地产业	**Real Estate**	**4612**	**1981**	**4161.0**	**88894**
租赁和商务服务业	**Leasing and Business Services**	**7574**	**2737**	**6968.8**	**93735**
租赁业	Leasing	126	30	124.8	101619
商务服务业	Business Services	7448	2707	6844.0	93603
科学研究和技术服务业	**Scientific Research and Technical Services**	**4120**	**1396**	**6704.7**	**162210**
研究和试验发展	Research and Experimental Development	655	272	1364.1	209207
专业技术服务业	Professional Technical Services	2889	897	4488.7	154879
科技推广和应用服务业	Science and Technology Popularization and Application Services	576	227	851.9	146096
水利、环境和公共设施管理业	**Management of Water Conservancy, Environment and Public Facilities**	**2540**	**1074**	**1764.2**	**68484**
水利管理业	Management of Water Conservancy	259	72	292.6	112701
生态保护和环境治理业	Ecological Protection and Environmental Treatment	190	53	189.0	99298
公共设施管理业	Management of Public Facilities	2022	919	1198.0	58232
土地管理业	Management of Land	68	30	84.7	122825
居民服务、修理和其他服务业	**Service to Households, Repair and Other Services**	**747**	**385**	**510.2**	**68183**
居民服务业	Service to Households	297	155	252.2	84608
机动车、电子产品和日用产品修理业	Repair of Motor Vehicle, Electronics and Household Products	85	24	73.6	84906
其他服务业	Other Services	365	207	184.4	50731
教育	**Education**	**19387**	**12641**	**23836.9**	**123981**
卫生和社会工作	**Health and Social Service**	**11227**	**7828**	**15986.3**	**143702**
卫生	Health	10785	7525	15670.6	146633
社会工作	Social Service	442	303	315.6	72123
文化、体育和娱乐业	**Culture, Sports and Entertainment**	**1400**	**698**	**1795.5**	**127787**
新闻和出版业	Journalism and Publishing Activities	274	144	470.4	170105
广播、电视、电影和录音制作业	Radio, Television, Motion Picture and Audio-visual Programme Production Services	345	164	488.4	140783
文化艺术业	Cultural and Art Activities	481	256	519.4	108349
体育	Sports Activities	113	47	147.7	131748
娱乐业	Entertainment	187	87	169.6	89195
公共管理、社会保障和社会组织	**Public Management, Social Security and Social Organization**	**19858**	**6944**	**23266.6**	**117108**
#中国共产党机关	Organs of Communist Party of China	926	336	1177.4	127513
国家机构	Government Agencies	18501	6391	21583.0	116583
人民政协、民主党派	People's Political Consultative Conference and Democratic Parties	117	38	174.8	148876
社会保障	Social Security	134	77	134.6	100270
群众团体、社会团体和其他成员组织	Non-Governmental Organizations, Social Organizations and Membership Organizations	180	102	196.8	109561

4–2 各地区分行业城镇内资单位就业人员和工资总额(2023年)
EMPLOYMENT AND TOTAL WAGES IN DOMESTIC INVESTED UNITS BY SECTOR AND REGION (2023)

地区	Region	总计 Total				农、林、牧、渔业 Agriculture, Forestry, Animal Husbandry and Fishery			
		年末人数(人) Year-end Figures (person)	#女性 Female	工资总额(千元) Total Wages (1000 yuan)	平均工资(元) Average Wage (yuan)	年末人数(人) Year-end Figures (person)	#女性 Female	工资总额(千元) Total Wages (1000 yuan)	平均工资(元) Average Wage (yuan)
全国	**National**	**142873632**	**57909558**	**16769820697**	**117783**	**678127**	**199939**	**42682764**	**62645**
北京	Beijing	6106207	2599523	1265442645	205812	14053	4452	1086360	75855
天津	Tianjin	1663197	677779	236704010	141296	1234	327	123094	98693
河北	Hebei	5256580	2270816	500589936	94397	14083	4808	953290	68206
山西	Shanxi	4236064	1613974	404672544	95306	15266	3710	942840	59594
内蒙古	Inner Mongolia	2632265	1079780	286856821	108742	42562	8381	3537384	82684
辽宁	Liaoning	3743797	1558791	364832393	96488	61417	22730	1617143	26091
吉林	Jilin	2216348	932438	209676401	93755	52619	10090	3348530	63124
黑龙江	Heilongjiang	2678050	1070231	260044917	96010	153088	41744	8471258	54833
上海	Shanghai	3798238	1667163	823481717	216282	5203	1647	611634	112887
江苏	Jiangsu	10113576	3592985	1254066586	126522	20845	8258	1406884	67310
浙江	Zhejiang	9096235	3493405	1185663237	131778	8811	2358	847382	95120
安徽	Anhui	5571925	2054709	569153871	103295	18824	5982	1223416	65305
福建	Fujian	4540961	1826888	495433941	111923	8950	2296	721072	80761
江西	Jiangxi	3917978	1624170	366696401	94119	13696	3612	804953	58763
山东	Shandong	9787389	3883039	1055691828	107675	12526	4045	860297	69592
河南	Henan	7573819	3148412	638312072	84449	11777	3791	614714	52664
湖北	Hubei	5841144	2318798	634763816	109642	15945	4988	964365	61249
湖南	Hunan	5502671	2130759	538892644	97774	13543	3610	837584	61676
广东	Guangdong	14369123	5838659	1987980435	138838	13012	4276	1086224	83023
广西	Guangxi	3725591	1766964	358921038	96671	28517	8525	2313566	80659
海南	Hainan	973045	446965	109730548	113237	31662	11122	1949733	66706
重庆	Chongqing	3097798	1226477	353226566	114521	4230	1600	305659	74498
四川	Sichuan	8381610	3544600	912902787	110282	16015	5121	1338532	83322
贵州	Guizhou	3065808	1287974	310832230	102068	12867	4615	833577	62348
云南	Yunnan	3370944	1482746	362185511	107381	20434	7422	1269500	59247
西藏	Xizang	404896	178770	66441508	165035	1373	534	114843	82426
陕西	Shaanxi	4423328	1750280	467176085	106559	14198	4162	1032972	72790
甘肃	Gansu	2316532	942663	229097519	98911	16210	4473	1226801	76437
青海	Qinghai	652533	277174	79598258	121461	7359	2426	380265	51613
宁夏	Ningxia	714616	306688	84259937	117819	8951	2574	613553	61684
新疆	Xinjiang	3101363	1315938	356492497	112311	18858	6259	1245337	66189

4-2 续表 1 continued

地 区	Region	采矿业 Mining 年末人数(人) Year-end Figures (person)	#女 性 Female	工资总额(千元) Total Wages (1000 yuan)	平均工资(元) Average Wage (yuan)	制造业 Manufacturing 年末人数(人) Year-end Figures (person)	#女 性 Female	工资总额(千元) Total Wages (1000 yuan)	平均工资(元) Average Wage (yuan)
全 国	**National**	**3192080**	**493395**	**431766804**	**133979**	**22528432**	**7457332**	**2302555393**	**102299**
北 京	Beijing	23127	3760	4615465	194327	333887	113016	58535452	172640
天 津	Tianjin	41984	9339	7136519	164823	246413	70467	27765831	111476
河 北	Hebei	160061	24121	17532896	106939	718857	210898	61444502	84673
山 西	Shanxi	842740	111958	104734035	124159	461620	127398	39134934	82467
内蒙古	Inner Mongolia	115997	13384	22676660	194738	356131	81866	39726710	111174
辽 宁	Liaoning	151995	29070	17261968	109074	531700	128910	48556198	89840
吉 林	Jilin	49725	11206	5324794	104660	323123	93746	31809937	98834
黑龙江	Heilongjiang	217385	45283	26755445	122568	203248	55975	19075687	92099
上 海	Shanghai	717	231	241441	338627	387341	113835	71368812	183111
江 苏	Jiangsu	58295	9105	8884914	150942	1881498	636146	205135066	110632
浙 江	Zhejiang	4250	843	454598	108912	2225390	775669	232253116	104402
安 徽	Anhui	127098	11437	19259479	149932	1279124	425859	117875287	93546
福 建	Fujian	8638	1765	788293	90566	564063	220017	55164641	97384
江 西	Jiangxi	25190	4282	2179035	87086	750964	283746	60989766	81592
山 东	Shandong	192173	32255	28348165	144008	1876468	588411	179928192	95190
河 南	Henan	225348	34278	24505782	107785	1139749	422032	88135312	77221
湖 北	Hubei	26951	5339	3716004	137527	956559	327761	88945673	93667
湖 南	Hunan	41093	5538	3117518	76210	781036	260652	73734746	94002
广 东	Guangdong	9801	1944	1445830	141466	3320735	1184346	390970460	117916
广 西	Guangxi	8775	1890	664373	73824	409267	150841	32014723	78816
海 南	Hainan	4896	825	877003	176247	63232	24199	5959403	94590
重 庆	Chongqing	5528	1513	611671	118449	404021	132121	42443258	104084
四 川	Sichuan	84508	17060	13609567	159749	1164877	398193	116318137	100959
贵 州	Guizhou	145389	13606	14039345	94403	325820	110039	35008643	108910
云 南	Yunnan	50718	8443	5212993	101079	344421	103841	34953905	102113
西 藏	Xizang	7257	1443	918212	131681	11513	4294	1163140	101514
陕 西	Shaanxi	279253	40127	44522970	158851	687148	199440	67315003	98573
甘 肃	Gansu	70588	11947	9869504	140703	247827	61821	24016345	96947
青 海	Qinghai	22848	6287	4354367	186666	97587	26500	10106640	100803
宁 夏	Ningxia	61484	10249	12589145	206495	107401	27607	10010577	94118
新 疆	Xinjiang	128269	24866	25518812	196858	327412	97685	32695295	99804

4−2 续表 2 continued

地 区	Region	电力、热力、燃气及水生产和供应业 Production and Supply of Electricity, Heat, Gas and Water				建筑业 Construction			
		年末人数（人） Year-end Figures (person)	#女 性 Female	工资总额（千元） Total Wages (1000 yuan)	平均工资（元） Average Wage (yuan)	年末人数（人） Year-end Figures (person)	#女 性 Female	工资总额（千元） Total Wages (1000 yuan)	平均工资（元） Average Wage (yuan)
全 国	**National**	**3360946**	**873374**	**484853448**	**143664**	**16215732**	**2262667**	**1350574037**	**85543**
北 京	Beijing	82772	23639	18142400	220292	406154	87120	66341746	160871
天 津	Tianjin	30699	8542	6490616	209589	158592	27349	20290334	127392
河 北	Hebei	169363	45910	23798781	140151	291555	50260	25852902	87043
山 西	Shanxi	148611	42824	17002405	114649	225245	46514	19347659	86568
内蒙古	Inner Mongolia	138453	36100	19210293	138384	70884	14507	6251208	78564
辽 宁	Liaoning	125640	32021	13069621	103461	206812	38746	17172788	80242
吉 林	Jilin	86881	18610	10378328	117348	116659	20849	9450189	71395
黑龙江	Heilongjiang	116123	25035	12351822	105233	91584	21706	7348189	74356
上 海	Shanghai	30545	8452	8374027	274663	215104	33782	33857883	158157
江 苏	Jiangsu	122458	29728	21492602	174533	2226794	120007	172513996	84257
浙 江	Zhejiang	126732	29049	23088666	181768	1419775	151853	106887394	79293
安 徽	Anhui	78502	18516	11978184	152047	831839	105715	66258480	80859
福 建	Fujian	102942	26000	15453017	150210	1015592	173401	71258243	75773
江 西	Jiangxi	88937	24005	8897673	99307	528831	88576	35373114	68139
山 东	Shandong	245279	57957	33658108	136612	1104254	134992	96080036	87202
河 南	Henan	214001	62070	26818547	123675	899089	142785	61247872	69052
湖 北	Hubei	96290	28661	15877835	164509	897203	127735	77912781	89180
湖 南	Hunan	148687	40787	18255209	122145	957610	119340	73204091	77181
广 东	Guangdong	233547	53324	43673464	186469	1222871	185770	107904347	92302
广 西	Guangxi	101011	26853	14055923	136567	299452	43776	22900258	75785
海 南	Hainan	20789	4614	3156045	154419	18498	5142	1515592	85697
重 庆	Chongqing	67055	19246	8518193	125915	578730	77710	46146195	80648
四 川	Sichuan	202555	56080	28080805	136823	1067679	199900	81639625	80682
贵 州	Guizhou	80764	20524	11655602	143205	239160	37735	19912966	88218
云 南	Yunnan	93881	25295	14846267	157887	241702	50920	19903783	81447
西 藏	Xizang	15055	4551	2124200	143796	12537	2595	1286730	95576
陕 西	Shaanxi	139505	40233	19612659	140627	430660	71001	37290468	91074
甘 肃	Gansu	93165	25050	10312319	111929	183180	33245	13714717	72673
青 海	Qinghai	23539	6197	3363832	144553	28853	6432	3516506	115065
宁 夏	Ningxia	37599	9614	6030188	161760	22025	5215	2553022	98292
新 疆	Xinjiang	99563	23889	15085817	152968	206809	37988	25640926	98396

4-2 续表 3 continued

地 区 Region	批发和零售业 Wholesale and Retail Trades				交通运输、仓储和邮政业 Transport, Storage and Post			
	年末人数（人）Year-end Figures (person)	#女 性 Female	工资总额（千元）Total Wages (1000 yuan)	平均工资（元）Average Wage (yuan)	年末人数（人）Year-end Figures (person)	#女 性 Female	工资总额（千元）Total Wages (1000 yuan)	平均工资（元）Average Wage (yuan)
全 国 National	**5927757**	**2993079**	**629781821**	**105610**	**7218602**	**1789624**	**872276814**	**120033**
北 京 Beijing	362934	169832	62461925	170883	370529	84489	56425121	151598
天 津 Tianjin	70236	37843	8946433	124488	126998	32560	16431257	127229
河 北 Hebei	204554	116342	15046699	73509	272937	68567	29699916	108352
山 西 Shanxi	149492	64939	13110968	85371	229640	57148	25568170	110304
内蒙古 Inner Mongolia	80900	41422	7789286	95415	197785	47273	22814757	117350
辽 宁 Liaoning	134038	74305	11513563	83801	277560	64068	29368588	104278
吉 林 Jilin	73046	36804	6126157	83181	137639	28684	13908260	99695
黑龙江 Heilongjiang	90178	42195	8104732	88529	217382	41080	23144269	105339
上 海 Shanghai	248158	124850	42350278	169062	289033	66482	49446603	168961
江 苏 Jiangsu	378549	190199	43677438	114012	461187	107070	57235237	120258
浙 江 Zhejiang	378947	184940	52292478	136684	353563	82923	44528634	126483
安 徽 Anhui	211496	110473	18895636	88185	265897	65691	28815166	104557
福 建 Fujian	173717	83090	19978597	115772	195566	49447	24166062	121236
江 西 Jiangxi	155120	76489	13081677	83690	161324	42824	17282868	107264
山 东 Shandong	443770	241950	37884239	85580	422564	103125	48372132	114435
河 南 Henan	294984	145823	22610853	75855	358054	94806	36302444	101816
湖 北 Hubei	270394	152582	22902783	84695	290960	68247	33915797	117274
湖 南 Hunan	200780	100643	16386896	81970	228904	58622	24411090	105007
广 东 Guangdong	725854	350599	81991966	111498	658638	169131	91766335	137426
广 西 Guangxi	124585	63629	11218304	88782	175239	42426	19430819	110388
海 南 Hainan	64872	32603	7738951	118969	65393	15477	9372785	144498
重 庆 Chongqing	129848	70582	12937257	98476	191471	53405	20418871	105589
四 川 Sichuan	331302	170571	31838468	97263	349141	100058	41066827	117903
贵 州 Guizhou	108328	50047	11316327	103683	117284	32443	12762917	108212
云 南 Yunnan	119651	61035	13180762	109904	158093	46308	18389134	116582
西 藏 Xizang	17126	7980	2363863	139590	22624	7639	3229131	143691
陕 西 Shaanxi	168671	84119	14761219	88090	240187	64856	27475717	115376
甘 肃 Gansu	77946	42663	6371701	82003	121516	29753	13407110	110164
青 海 Qinghai	19696	10027	1799324	90772	49616	12573	6346917	129959
宁 夏 Ningxia	26072	14397	2042560	79645	38622	11590	4291243	110800
新 疆 Xinjiang	92515	40104	9060482	99861	173255	40858	22482637	131545

4-2 续表 4 continued

地 区	Region	住宿和餐饮业 Hotels and Catering Services				信息传输、软件和信息技术服务业 Information Transmission, Software and Information Technology			
		年末人数（人） Year-end Figures (person)	#女 性 Female	工资总额（千元） Total Wages (1000 yuan)	平均工资（元） Average Wage (yuan)	年末人数（人） Year-end Figures (person)	#女 性 Female	工资总额（千元） Total Wages (1000 yuan)	平均工资（元） Average Wage (yuan)
全 国	**National**	**1906958**	**1060641**	**117579021**	**62511**	**3906813**	**1459770**	**771441420**	**195706**
北 京	Beijing	158561	74762	13540786	85136	636911	228231	174534431	269482
天 津	Tianjin	20116	10861	1237895	61159	28237	12189	5187163	174199
河 北	Hebei	45106	25631	2362298	52673	108840	46528	15149618	140513
山 西	Shanxi	39469	22054	1895490	49007	37312	17168	4228441	112085
内蒙古	Inner Mongolia	25354	14282	1277529	51804	34286	16193	4547649	131234
辽 宁	Liaoning	23467	13136	1212779	52295	74452	32870	10492482	137134
吉 林	Jilin	14622	8296	708400	48706	33649	12633	3565269	104914
黑龙江	Heilongjiang	14347	8711	651903	45105	41251	17392	4768595	114085
上 海	Shanghai	78449	38171	7192595	91360	264813	88929	93771825	344723
江 苏	Jiangsu	154671	87946	10578749	68792	310799	114572	60496063	191903
浙 江	Zhejiang	119791	64240	8301927	70418	263282	94683	65316318	244912
安 徽	Anhui	61291	37597	3377516	55993	124535	46895	16232396	131089
福 建	Fujian	59002	32307	3695925	62846	91390	32697	14445064	155121
江 西	Jiangxi	43876	28062	2106300	49408	57415	22559	6566199	114434
山 东	Shandong	129474	73270	7360666	57385	159354	64292	22142708	137213
河 南	Henan	70082	40257	3429838	48877	167288	67463	16719517	102691
湖 北	Hubei	64570	38815	3723330	58298	148502	52761	22869179	152156
湖 南	Hunan	49835	30173	2920062	59098	87914	34470	12523219	143453
广 东	Guangdong	254092	128026	16193382	65198	562348	209751	111618686	196780
广 西	Guangxi	41953	26021	2024042	48766	65694	25124	9251089	142096
海 南	Hainan	37821	18411	2392809	63857	17470	6310	4054122	221675
重 庆	Chongqing	29320	18147	1707953	58944	57672	22353	9660604	166701
四 川	Sichuan	164773	96469	8705399	56171	243604	87743	35369544	146736
贵 州	Guizhou	33231	21654	1678479	50184	38422	15019	5648916	144256
云 南	Yunnan	42672	25397	2173527	52275	50167	19687	6612768	131982
西 藏	Xizang	4627	2624	361764	75584	7191	2841	1553721	210026
陕 西	Shaanxi	69654	42042	3656214	52672	116777	39216	24217678	207952
甘 肃	Gansu	21468	12846	1126658	52301	25381	10035	2688055	105910
青 海	Qinghai	4871	2867	261151	52683	7628	3264	1207279	155986
宁 夏	Ningxia	3906	2452	206605	53931	8016	3197	1250384	155453
新 疆	Xinjiang	26487	15117	1517054	57174	36214	12706	4752438	125290

4-2 续表 5 continued

地区	Region	金融业 Financial Intermediation				房地产业 Real Estate			
		年末人数（人）Year-end Figures (person)	#女性 Female	工资总额（千元）Total Wages (1000 yuan)	平均工资（元）Average Wage (yuan)	年末人数（人）Year-end Figures (person)	#女性 Female	工资总额（千元）Total Wages (1000 yuan)	平均工资（元）Average Wage (yuan)
全国	**National**	**6473048**	**3633813**	**1266876877**	**193299**	**4611750**	**1981431**	**416102056**	**88894**
北京	Beijing	531925	298095	186981137	351760	354007	139601	42646101	118106
天津	Tianjin	108823	66366	21116712	193622	53132	21965	5824113	106054
河北	Hebei	286086	160757	37059967	126548	107017	46314	7824226	71411
山西	Shanxi	207132	123353	23347137	112058	74043	33962	4422033	59650
内蒙古	Inner Mongolia	151515	89925	20140652	130471	68005	34375	3839220	56579
辽宁	Liaoning	218418	130338	27630041	123180	89645	40417	6509878	71463
吉林	Jilin	137549	80218	16090761	113464	41516	17662	2654377	65170
黑龙江	Heilongjiang	136955	75456	15103433	105744	40502	17829	2272664	54965
上海	Shanghai	277564	149047	119295341	435144	247295	105576	32670647	130268
江苏	Jiangsu	384973	211118	83421466	218372	297162	126895	28118878	93607
浙江	Zhejiang	402136	240631	86074281	214484	301666	135062	31602769	100753
安徽	Anhui	170892	90132	27071443	157076	147889	67697	11563339	78260
福建	Fujian	193507	109644	34352715	178480	137327	54215	12594431	89541
江西	Jiangxi	125273	69183	17354216	137953	90283	39641	6868597	75786
山东	Shandong	494931	284934	67381344	131226	308918	136523	23353194	75156
河南	Henan	205662	102297	31378607	149934	211527	93246	14853846	69433
湖北	Hubei	198715	112778	30280751	151992	194712	86763	16407332	81459
湖南	Hunan	232779	133142	33431169	140808	132277	56089	10412873	78327
广东	Guangdong	658359	349730	179150466	268063	726996	284697	73186295	98387
广西	Guangxi	138060	73733	20478159	148626	75072	34425	6111540	79216
海南	Hainan	43391	23386	7397922	171202	75160	31965	6303620	82537
重庆	Chongqing	166305	99657	28770815	168680	129525	60822	10349401	80667
四川	Sichuan	317808	185815	49453793	150099	287453	122636	24067056	84825
贵州	Guizhou	114263	55631	19708127	171084	66048	29132	5393003	79339
云南	Yunnan	112877	60600	17681346	153463	77733	33788	6368127	80339
西藏	Xizang	18096	8354	4872557	271796	6233	3123	531690	85934
陕西	Shaanxi	166787	95013	24480672	144553	129998	57450	10461933	79283
甘肃	Gansu	109593	59177	11822063	107138	51168	25472	3039308	57967
青海	Qinghai	25516	13671	4180898	162132	14544	6761	830926	58349
宁夏	Ningxia	36201	20995	5041613	139490	15062	7507	1112047	72373
新疆	Xinjiang	100959	60637	16327273	160025	59835	29819	3908593	64703

4-2 续表 6 continued

地区	Region	租赁和商务服务业 Leasing and Business Services				科学研究和技术服务业 Scientific Research and Technical Services			
		年末人数(人) Year-end Figures (person)	#女性 Female	工资总额(千元) Total Wages (1000 yuan)	平均工资(元) Average Wage (yuan)	年末人数(人) Year-end Figures (person)	#女性 Female	工资总额(千元) Total Wages (1000 yuan)	平均工资(元) Average Wage (yuan)
全国	**National**	**7574491**	**2736975**	**696884326**	**93735**	**4120231**	**1396095**	**670471613**	**162210**
北京	Beijing	633137	228742	96773243	151780	557588	218558	130122339	230551
天津	Tianjin	107942	31647	9721913	89646	97494	30549	21124490	217005
河北	Hebei	162383	39948	12665181	68146	144865	44099	17172645	121009
山西	Shanxi	135037	43712	9230814	68987	80121	27898	7967177	99858
内蒙古	Inner Mongolia	71318	22204	5378370	76458	56362	20509	6320147	111913
辽宁	Liaoning	134504	37525	8891103	67194	85654	29998	11496406	133198
吉林	Jilin	44801	15760	3090330	69486	58498	19553	7057486	120938
黑龙江	Heilongjiang	84502	30328	8339710	89377	50860	17929	5756711	112859
上海	Shanghai	487477	220270	71112618	147556	245289	87330	61453638	248765
江苏	Jiangsu	548711	207625	49983373	91381	254694	85049	41710325	161091
浙江	Zhejiang	764618	241600	67114439	89935	231532	75774	41829330	184114
安徽	Anhui	344042	143790	21398813	68935	105320	31051	13619406	131073
福建	Fujian	378418	169136	31282566	92439	77300	24937	11301867	147956
江西	Jiangxi	96233	35726	7116618	73416	70132	21137	8336073	118877
山东	Shandong	404539	115281	33571280	84039	237061	77200	30105331	126822
河南	Henan	241717	71761	15188443	62388	167910	56734	16533036	97770
湖北	Hubei	327026	123410	27518339	88978	161126	49649	25946358	160476
湖南	Hunan	155505	59744	11804189	73437	125471	37894	15420036	122708
广东	Guangdong	1138831	417153	109787561	98375	415410	141303	75226100	178224
广西	Guangxi	182038	76196	12707339	70781	90828	33436	10303126	113211
海南	Hainan	37018	13822	4879003	130958	26432	10584	3585766	134557
重庆	Chongqing	153981	56016	11035518	75128	73898	21495	11622046	156655
四川	Sichuan	402538	147231	30404442	77682	271904	86869	39204523	145505
贵州	Guizhou	87340	33031	6058014	70889	47860	14634	5721515	118836
云南	Yunnan	126502	47398	7979746	65739	83468	29243	10891431	126794
西藏	Xizang	13221	5690	1665738	129158	12208	5082	1760267	141995
陕西	Shaanxi	127412	37836	8942564	73806	134291	45584	18874406	141867
甘肃	Gansu	47544	15126	3170892	66435	61648	19889	7439966	120612
青海	Qinghai	16752	5803	1160690	70146	19454	6477	2561475	130796
宁夏	Ningxia	17148	6780	1187121	68084	13204	4159	1592850	120829
新疆	Xinjiang	102255	36685	7724355	76550	62350	21492	8415343	133443

4-2 续表 7 continued

地 区	Region	水利、环境和公共设施管理业 Management of Water Conservancy, Environment and Public Facilities				居民服务、修理和其他服务业 Service to Households, Repair and Other Services			
		年末人数（人）Year-end Figures (person)	#女 性 Female	工资总额（千元）Total Wages (1000 yuan)	平均工资（元）Average Wage (yuan)	年末人数（人）Year-end Figures (person)	#女 性 Female	工资总额（千元）Total Wages (1000 yuan)	平均工资（元）Average Wage (yuan)
全 国	**National**	**2539586**	**1074277**	**176422892**	**68484**	**747248**	**384887**	**51017554**	**68183**
北 京	Beijing	111574	33471	14391454	125012	57988	29754	4891669	85519
天 津	Tianjin	21434	7004	2275875	102995	8436	3648	636423	70748
河 北	Hebei	105200	40855	5160221	46797	27435	7916	1698547	59565
山 西	Shanxi	78677	35740	3532395	44322	11371	5999	633296	57965
内蒙古	Inner Mongolia	63719	26117	3562723	54355	4761	2086	271261	54045
辽 宁	Liaoning	78372	29837	4127419	50975	14444	6056	828731	57153
吉 林	Jilin	59721	21573	2772147	46606	10927	5088	485444	43642
黑龙江	Heilongjiang	66457	20495	3253004	48987	12524	5484	556083	44859
上 海	Shanghai	93029	34331	10284715	108065	39631	20429	4194854	98156
江 苏	Jiangsu	131108	57073	12053052	90586	55916	24527	5115705	94061
浙 江	Zhejiang	112768	45578	10520652	90865	46288	26139	3161099	72882
安 徽	Anhui	96859	41085	4517802	47464	23852	9907	1547476	64879
福 建	Fujian	68583	30323	5067770	73669	36864	24262	3001846	76753
江 西	Jiangxi	86148	42755	3922291	45305	13620	7140	659704	48498
山 东	Shandong	168477	71407	10158369	58494	33568	16689	1882588	57310
河 南	Henan	150292	70023	6476342	42881	45106	25296	1853050	39796
湖 北	Hubei	89934	37938	7036601	78831	35952	21027	1938632	53843
湖 南	Hunan	102557	40254	7003838	66850	26272	10652	2281684	86379
广 东	Guangdong	208634	83098	17629989	83553	113596	60530	8039626	70914
广 西	Guangxi	62316	30385	4092150	62453	12897	7789	720314	56306
海 南	Hainan	51488	28982	2939034	56019	4490	2609	264017	60941
重 庆	Chongqing	58866	26625	4590271	79527	6207	3179	455537	71226
四 川	Sichuan	121766	57620	8877713	72341	44416	25393	2693251	60858
贵 州	Guizhou	50020	28216	2761619	56420	19799	11627	991226	50928
云 南	Yunnan	65344	28718	4081855	61271	13876	7318	690930	51864
西 藏	Xizang	6039	3473	473942	78683	699	382	57682	83658
陕 西	Shaanxi	92783	40936	5649547	60531	14594	7933	737533	50781
甘 肃	Gansu	55517	25124	3551393	63814	2414	1011	145741	60859
青 海	Qinghai	10328	4549	760091	70696	1223	665	79614	63365
宁 夏	Ningxia	16888	8298	1114986	65895	640	270	53445	79947
新 疆	Xinjiang	54689	22393	3783630	68075	7440	4083	450545	62465

4−2 续表 8 continued

地 区	Region	教育 Education 年末人数(人) Year-end Figures (person)	#女性 Female	工资总额(千元) Total Wages (1000 yuan)	平均工资(元) Average Wage (yuan)	卫生和社会工作 Health and Social Service 年末人数(人) Year-end Figures (person)	#女性 Female	工资总额(千元) Total Wages (1000 yuan)	平均工资(元) Average Wage (yuan)
全 国	**National**	**19387132**	**12641222**	**2383689205**	**123981**	**11226969**	**7828381**	**1598627207**	**143702**
北 京	Beijing	506227	330726	117180577	230849	362841	257406	90066810	252337
天 津	Tianjin	209726	146930	31156119	149629	121825	87533	21412467	176747
河 北	Hebei	844050	611949	83897262	99774	487637	340984	50007778	103504
山 西	Shanxi	537658	381974	49640812	93050	277880	198931	26098857	94660
内蒙古	Inner Mongolia	366171	248073	40091951	110236	204861	140545	22459891	110565
辽 宁	Liaoning	522163	353801	55260119	105967	349468	254252	37248994	106864
吉 林	Jilin	345533	229299	34726537	100625	212278	148849	22989445	108921
黑龙江	Heilongjiang	376266	241332	40196123	106992	250219	171355	27271978	109371
上 海	Shanghai	382149	270667	88724194	234783	279228	207306	70219859	254778
江 苏	Jiangsu	1162485	765295	180457753	156880	671463	466707	110749351	166979
浙 江	Zhejiang	895914	626686	146897538	166023	581906	408598	113967409	198374
安 徽	Anhui	678177	388985	80347373	119781	384502	253545	52339758	136843
福 建	Fujian	610724	400849	78160921	129523	273528	192465	44532313	164966
江 西	Jiangxi	648903	413240	66916970	104162	304583	209357	37685525	124544
山 东	Shandong	1290624	820114	159466034	124508	791616	543414	104246007	132988
河 南	Henan	1194733	810802	98410237	83020	694109	468524	69573275	101138
湖 北	Hubei	747207	456644	85996215	116205	489680	335749	68381830	140529
湖 南	Hunan	814873	519253	80130410	98762	473211	328097	60146083	127506
广 东	Guangdong	1547942	1018410	235601426	153235	944137	649087	184995506	197601
广 西	Guangxi	858096	585191	77755869	91959	414127	293644	49229275	120499
海 南	Hainan	168464	106434	19016237	114121	83453	57698	10839582	131666
重 庆	Chongqing	430760	261267	58928603	139337	220186	155409	34651274	158533
四 川	Sichuan	1238191	782193	142351825	116509	744672	517146	102082908	138150
贵 州	Guizhou	592386	357927	57890574	98826	300444	204590	35428852	119355
云 南	Yunnan	643879	384379	74594999	116754	348149	254775	41310860	119506
西 藏	Xizang	58188	34417	10674700	185945	25934	17118	4077958	160758
陕 西	Shaanxi	609015	395988	62004617	102291	355447	254220	37076920	105859
甘 肃	Gansu	393136	219312	42619335	109294	211020	149300	21261615	101666
青 海	Qinghai	88516	56201	11613179	132767	57812	40970	7336350	128265
宁 夏	Ningxia	112451	75383	12386760	111737	59878	42894	8041786	135092
新 疆	Xinjiang	512522	347501	60593934	118364	250874	177914	32896692	132404

4-2 续表 9 continued

地 区	Region	文化、体育和娱乐业 Culture, Sports and Entertainment				公共管理、社会保障和社会组织 Public Management, Social Security and Social Organization			
		年末人数 (人) Year-end Figures (person)	#女 性 Female	工资总额 (千元) Total Wages (1000 yuan)	平均工资 (元) Average Wage (yuan)	年末人数 (人) Year-end Figures (person)	#女 性 Female	工资总额 (千元) Total Wages (1000 yuan)	平均工资 (元) Average Wage (yuan)
全 国	**National**	**1400052**	**698370**	**179554121**	**127787**	**19857680**	**6944287**	**2326663324**	**117108**
北 京	Beijing	177196	95014	42927024	242175	424796	178854	83778604	197846
天 津	Tianjin	12976	6670	1799044	135792	196900	65991	28027711	142373
河 北	Hebei	49246	23766	4254025	86862	1057307	361162	89009180	84034
山 西	Shanxi	42018	21150	3088468	73189	642731	247544	50746612	79235
内蒙古	Inner Mongolia	29750	15639	2903102	96222	553451	206898	54058027	98103
辽 宁	Liaoning	37449	17941	3375433	89600	626599	222767	59199137	94852
吉 林	Jilin	30003	14976	2377480	80880	387560	138542	32812529	84872
黑龙江	Heilongjiang	24886	11931	1944689	77968	490293	178968	44678621	91624
上 海	Shanghai	39160	21498	8949013	225536	188053	74331	49361741	262453
江 苏	Jiangsu	86977	43833	11303371	128458	904990	301833	149732363	166014
浙 江	Zhejiang	69496	37563	10669241	151899	789372	269215	139855966	177400
安 徽	Anhui	34826	16126	3454738	98103	586960	184226	69378163	117886
福 建	Fujian	36178	17858	4212991	114328	508671	182178	65255607	128136
江 西	Jiangxi	32517	16243	3025754	92868	624932	195594	67529066	108489
山 东	Shandong	78949	36915	8753630	111396	1392843	480265	162139508	116560
河 南	Henan	65532	30400	5139525	78873	1216861	406023	98520833	81089
湖 北	Hubei	58310	28062	6365738	108626	771106	259891	94064274	122004
湖 南	Hunan	57823	28005	6730565	116883	872500	263794	86141383	98212
广 东	Guangdong	105785	50105	15432546	146211	1508536	497380	242280225	161104
广 西	Guangxi	34124	16354	3112684	90884	603543	226726	60537486	100442
海 南	Hainan	14741	6816	1530725	102863	143773	45966	15958200	110893
重 庆	Chongqing	26073	13149	2842923	106434	364121	132181	47230519	129911
四 川	Sichuan	71347	35626	7682981	107344	1257058	452876	148117392	117329
贵 州	Guizhou	19385	9579	1770412	87974	666997	237924	62252114	93321
云 南	Yunnan	33872	16870	3390414	99634	743507	271310	78653163	104940
西 藏	Xizang	7059	3736	1036834	147543	157918	62893	28174538	179437
陕 西	Shaanxi	51655	26253	4263346	82554	595293	203872	54799648	92113
甘 肃	Gansu	27090	13549	2440889	89269	500121	182871	50873107	102066
青 海	Qinghai	8629	4402	846766	97365	147764	61102	18891986	127938
宁 夏	Ningxia	7163	3766	727552	101341	121905	49742	13414501	110765
新 疆	Xinjiang	29836	14574	3202216	107619	811221	301368	81191121	97415

4—3 各地区分行业内资单位在岗职工人数和平均工资(2023年)
ON-POST STAFF AND WORKERS AND AVERAGE WAGE IN DOMESTIC INVESTED UNITS BY SECTOR AND REGION (2023)

地区	Region	总计 Total		农、林、牧、渔业 Agriculture, Forestry, Animal Husbandry and Fishery		采矿业 Mining		制造业 Manufacturing	
		年末人数（人） Year-end Figures (person)	平均工资（元） Average Wage (yuan)	年末人数（人） Year-end Figures (person)	平均工资（元） Average Wage (yuan)	年末人数（人） Year-end Figures (person)	平均工资（元） Average Wage (yuan)	年末人数（人） Year-end Figures (person)	平均工资（元） Average Wage (yuan)
全　国	**National**	**134528951**	**120970**	**622332**	**65378**	**3120709**	**135169**	**22224298**	**102789**
北　京	Beijing	5786138	210714	13184	78898	23049	194793	326192	173330
天　津	Tianjin	1565689	145898	1096	109223	41286	166049	243111	112007
河　北	Hebei	4980714	96634	13322	70269	158978	107453	710456	85055
山　西	Shanxi	4055191	97576	14713	60854	832427	125065	454041	83177
内蒙古	Inner Mongolia	2515399	111501	41781	83581	115784	194996	352581	111497
辽　宁	Liaoning	3564664	98705	57527	26968	150668	109734	522770	90379
吉　林	Jilin	2091881	96621	51163	63740	48455	106490	308455	101753
黑龙江	Heilongjiang	2518744	99325	137615	57562	208804	123465	199615	92814
上　海	Shanghai	3594171	223176	4400	126968	717	339031	379296	183936
江　苏	Jiangsu	9557370	129790	19029	68180	55554	156350	1861304	110964
浙　江	Zhejiang	8674663	134443	8137	97781	4120	110547	2201721	104728
安　徽	Anhui	5152755	106421	12578	75316	126147	150637	1259304	94083
福　建	Fujian	4081841	115449	7555	91533	8567	90799	555016	98105
江　西	Jiangxi	3690486	96188	12810	60773	24959	87336	744013	81810
山　东	Shandong	9225472	110643	11395	72857	187944	145120	1857931	95509
河　南	Henan	7208607	85931	11171	53897	205893	106783	1124050	77624
湖　北	Hubei	5451888	112513	12722	65905	24317	145222	947264	93994
湖　南	Hunan	5048977	100315	12807	63897	39447	77650	769326	94487
广　东	Guangdong	13724028	141462	12483	84448	9743	141885	3295067	118240
广　西	Guangxi	3530841	99268	26135	85695	8543	75600	399499	79483
海　南	Hainan	934862	115336	31177	66953	4784	177594	61939	95604
重　庆	Chongqing	2800397	118672	3768	77733	5117	120464	393195	104774
四　川	Sichuan	7816232	113453	15369	85931	82885	160953	1147753	101406
贵　州	Guizhou	2878162	104885	11944	65641	143574	94799	321206	109863
云　南	Yunnan	3090308	113519	15865	70208	47486	105244	336864	103304
西　藏	Xizang	380828	172164	1158	90643	7057	133596	11068	104902
陕　西	Shaanxi	4197809	109466	13499	75541	275008	160123	675229	99258
甘　肃	Gansu	2156623	102659	14861	80509	70128	141232	239397	98306
青　海	Qinghai	623969	125060	6927	52879	22074	191740	96599	100857
宁　夏	Ningxia	674384	121907	8664	64550	61483	206502	106171	94627
新　疆	Xinjiang	2955858	115071	17478	68373	125712	198926	323865	100295

4-3 续表 1 continued

地 区	Region	电力、热力、燃气及水生产和供应业 Production and Supply of Electricity, Heat, Gas and Water		建筑业 Construction		批发和零售业 Wholesale and Retail Trades		交通运输、仓储和邮政业 Transport, Storage and Post	
		年末人数（人） Year-end Figures (person)	平均工资（元） Average Wage (yuan)	年末人数（人） Year-end Figures (person)	平均工资（元） Average Wage (yuan)	年末人数（人） Year-end Figures (person)	平均工资（元） Average Wage (yuan)	年末人数（人） Year-end Figures (person)	平均工资（元） Average Wage (yuan)
全 国	**National**	**3297012**	**145329**	**13917572**	**87952**	**5774235**	**106778**	**7045122**	**121188**
北 京	Beijing	81816	221946	397673	161771	353677	173149	365835	152863
天 津	Tianjin	30551	210080	147695	131718	68388	126258	126424	127348
河 北	Hebei	161707	143267	269881	89307	201328	74105	269862	109024
山 西	Shanxi	145061	116420	218453	87903	146273	86097	225506	111520
内蒙古	Inner Mongolia	137536	138802	67288	79795	79439	96401	192391	119053
辽 宁	Liaoning	123100	104694	186644	81826	129481	84209	274003	105204
吉 林	Jilin	86451	117735	106049	71210	72010	83649	136600	100197
黑龙江	Heilongjiang	104402	110159	83751	77168	87660	89636	214810	106176
上 海	Shanghai	30403	275041	209747	159844	231754	175513	276653	173783
江 苏	Jiangsu	121275	175534	2033544	86226	371577	114922	453739	121229
浙 江	Zhejiang	125398	183225	1347417	80293	366772	139048	347851	127625
安 徽	Anhui	78117	152525	695429	83747	207891	88924	232341	106408
福 建	Fujian	96424	156065	874181	76569	170931	116936	192987	122125
江 西	Jiangxi	87931	99959	420264	66622	151108	85145	159040	108194
山 东	Shandong	242703	137421	941451	90475	433593	86211	416620	115228
河 南	Henan	212252	124239	773248	69718	291551	76287	352159	102664
湖 北	Hubei	93984	166748	740907	93447	265401	85095	267591	115710
湖 南	Hunan	146892	122998	694966	74655	193700	82915	224717	105921
广 东	Guangdong	230778	188626	1022598	97046	712856	112548	647513	138595
广 西	Guangxi	100167	137347	270791	77736	122464	89761	163111	113289
海 南	Hainan	20323	156923	16682	88097	64244	119482	64822	145236
重 庆	Chongqing	66112	126433	425048	78998	127363	98979	187622	106946
四 川	Sichuan	199220	138306	833723	83245	316127	98470	343329	118687
贵 州	Guizhou	79375	144711	186346	84404	104355	104838	115453	109136
云 南	Yunnan	92293	159921	188115	90211	114502	112100	156314	117291
西 藏	Xizang	14864	144333	11372	99149	16565	141660	22149	145567
陕 西	Shaanxi	137264	141963	365051	96708	164019	88911	236883	116627
甘 肃	Gansu	91259	113351	145295	76538	75679	83005	120138	110801
青 海	Qinghai	23423	145105	27787	117752	19215	91816	49463	130216
宁 夏	Ningxia	37201	162714	20088	103232	25350	80897	38283	111169
新 疆	Xinjiang	98730	153653	196086	98333	88961	101878	170914	133052

4-3 续表 2 continued

地 区	Region	住宿和餐饮业 Hotels and Catering Services		信息传输、软件和信息技术服务业 Information Transmission, Software and Information Technology		金融业 Financial Intermediation		房地产业 Real Estate	
		年末人数（人）Year-end Figures (person)	平均工资（元）Average Wage (yuan)	年末人数（人）Year-end Figures (person)	平均工资（元）Average Wage (yuan)	年末人数（人）Year-end Figures (person)	平均工资（元）Average Wage (yuan)	年末人数（人）Year-end Figures (person)	平均工资（元）Average Wage (yuan)
全 国	**National**	**1795880**	**63784**	**3802299**	**199398**	**4981269**	**228615**	**4403544**	**90868**
北 京	Beijing	142215	87676	632161	270586	405502	416453	328478	123058
天 津	Tianjin	17820	64942	28179	174367	77463	239752	50640	109468
河 北	Hebei	43822	52884	102776	146012	213846	152359	105711	71722
山 西	Shanxi	38587	49384	36663	113264	143101	137054	70717	61230
内蒙古	Inner Mongolia	24013	52809	34001	131952	108848	160242	66861	56499
辽 宁	Liaoning	22465	53005	73484	138078	174852	135504	83716	73669
吉 林	Jilin	13970	49288	33536	104972	96046	140720	38541	64861
黑龙江	Heilongjiang	12398	48563	40570	115146	101056	128673	36811	57856
上 海	Shanghai	69367	95452	262699	346102	272181	440568	216823	141139
江 苏	Jiangsu	140111	72916	306893	193888	321732	243478	278384	96646
浙 江	Zhejiang	111434	72040	261397	246071	298655	248616	280460	104726
安 徽	Anhui	58549	56744	114566	135982	135145	181596	138980	81095
福 建	Fujian	54843	65727	90646	155781	140868	214779	132527	90884
江 西	Jiangxi	43084	49592	55609	116337	100147	157496	87872	76515
山 东	Shandong	124378	57987	158197	137032	339159	165186	293516	77212
河 南	Henan	66540	50055	119895	124106	193154	155547	207644	69996
湖 北	Hubei	61666	60174	146977	153122	151526	178118	187339	82463
湖 南	Hunan	48823	59595	85276	145422	168896	177494	126158	79075
广 东	Guangdong	235584	67311	553879	199527	514249	311734	714155	99391
广 西	Guangxi	41080	49242	63848	144511	118466	164115	73044	80337
海 南	Hainan	36312	64823	17327	222896	33842	198683	73246	83367
重 庆	Chongqing	27175	60557	57298	167169	102019	235974	127506	80860
四 川	Sichuan	161636	56448	239792	147963	224542	185401	279546	85432
贵 州	Guizhou	32393	50615	37615	146050	93029	202580	64734	80399
云 南	Yunnan	40801	52621	49778	132811	95251	174528	75511	81556
西 藏	Xizang	4457	76293	7100	211519	17857	274061	6111	86261
陕 西	Shaanxi	68142	53053	115992	208799	125183	175043	123609	81770
甘 肃	Gansu	20499	52753	25117	106003	85109	120650	48870	59413
青 海	Qinghai	4588	52668	7558	157031	24562	166610	13662	59964
宁 夏	Ningxia	3815	54461	7921	156769	27685	155651	14509	73892
新 疆	Xinjiang	25312	57753	35548	126344	77296	180925	57865	65413

4-3 续表 3 continued

地 区	Region	租赁和商务服务业 Leasing and Business Services		科学研究和技术服务业 Scientific Research and Technical Services		水利、环境和公共设施管理业 Management of Water Conservancy,Environment and Public Facilities		居民服务、修理和其他服务业 Service to Households, Repair and Other Services	
		年末人数(人) Year-end Figures (person)	平均工资(元) Average Wage (yuan)	年末人数(人) Year-end Figures (person)	平均工资(元) Average Wage (yuan)	年末人数(人) Year-end Figures (person)	平均工资(元) Average Wage (yuan)	年末人数(人) Year-end Figures (person)	平均工资(元) Average Wage (yuan)
全 国	**National**	**6760616**	**96086**	**3974977**	**164686**	**2295548**	**72498**	**712299**	**69266**
北 京	Beijing	612526	153677	535891	234604	108178	127337	55349	86453
天 津	Tianjin	90765	98592	93129	222701	19831	108048	8275	71013
河 北	Hebei	124187	62334	130325	118557	91483	50723	26569	60356
山 西	Shanxi	128814	70704	78450	100784	69430	46910	10810	59584
内蒙古	Inner Mongolia	66247	78955	54914	113165	57951	56776	4552	54892
辽 宁	Liaoning	123369	69567	81855	136110	65580	55171	13765	57828
吉 林	Jilin	44233	69855	57022	122242	50024	50517	10341	43230
黑龙江	Heilongjiang	81278	91317	49116	114749	53455	53736	12102	45182
上 海	Shanghai	434592	155117	235861	253805	89566	109798	37450	99917
江 苏	Jiangsu	468235	92789	247022	163654	118542	95661	54959	94865
浙 江	Zhejiang	700308	93684	224809	186738	102415	96020	44559	73944
安 徽	Anhui	264121	69293	101762	132788	84762	51463	23080	65661
福 建	Fujian	232416	82512	74232	150658	64441	76032	36214	76113
江 西	Jiangxi	90609	74635	67338	121359	80820	45938	13172	48688
山 东	Shandong	349982	87955	231365	127960	144726	63951	29944	61077
河 南	Henan	224076	64998	164448	98416	121246	47840	44552	39841
湖 北	Hubei	299265	88896	153643	163355	80323	83373	34499	54825
湖 南	Hunan	151523	73865	120060	125339	92967	69745	25818	87004
广 东	Guangdong	1064180	100224	404470	181066	202739	84591	104249	73356
广 西	Guangxi	148196	74691	88232	114862	59718	63818	11874	58629
海 南	Hainan	36678	131175	25441	135699	48774	57035	4462	61095
重 庆	Chongqing	144423	76694	69425	160587	55813	81574	6062	70894
四 川	Sichuan	388734	78427	265935	147044	113741	75277	42652	61466
贵 州	Guizhou	84774	71786	45254	121764	47786	57388	18869	51367
云 南	Yunnan	113062	68113	80560	131054	51941	70047	13027	51978
西 藏	Xizang	12423	132419	11537	147275	5847	78769	573	93246
陕 西	Shaanxi	114705	75267	131110	143797	88140	62236	13995	51710
甘 肃	Gansu	39716	69012	59864	122175	49821	67586	2234	63402
青 海	Qinghai	13767	72908	18616	135441	9048	75462	1210	63609
宁 夏	Ningxia	16512	69001	12851	122574	16604	66302	569	85003
新 疆	Xinjiang	96899	75678	60443	136444	49836	71012	6517	67089

4-3 续表 4 continued

地 区	Region	教 育 Education		卫生和社会工作 Health and Social Service		文化、体育和娱乐业 Culture, Sports and Entertainment		公共管理、社会保障和社会组织 Public Management, Social Security and Social Organization	
		年末人数（人） Year-end Figures (person)	平均工资（元） Average Wage (yuan)	年末人数（人） Year-end Figures (person)	平均工资（元） Average Wage (yuan)	年末人数（人） Year-end Figures (person)	平均工资（元） Average Wage (yuan)	年末人数（人） Year-end Figures (person)	平均工资（元） Average Wage (yuan)
全 国	**National**	**18617148**	**126861**	**10791221**	**146261**	**1331035**	**130778**	**19061836**	**120243**
北 京	Beijing	479594	234872	341670	259612	171143	245163	412003	202509
天 津	Tianjin	201911	152979	114463	182449	12565	138930	192098	144171
河 北	Hebei	824677	101227	469971	105552	46852	89064	1014961	85959
山 西	Shanxi	522957	94788	263048	97409	39847	73070	616293	81333
内蒙古	Inner Mongolia	357593	111896	198208	111825	28455	98843	526958	101141
辽 宁	Liaoning	503996	108289	332580	109531	36203	91310	608606	96835
吉 林	Jilin	337067	101806	203650	111489	29066	82674	369203	87860
黑龙江	Heilongjiang	365583	109104	238583	112311	23544	80457	467590	94223
上 海	Shanghai	357873	240821	261335	264743	37195	222359	186260	263926
江 苏	Jiangsu	1113293	161267	632087	170738	83138	132255	876953	169616
浙 江	Zhejiang	855853	170394	560912	201356	66587	154828	765859	180931
安 徽	Anhui	654737	122501	374829	138268	33444	100162	556973	120924
福 建	Fujian	571232	135345	264712	167863	33376	120436	480673	132354
江 西	Jiangxi	620999	107275	297057	126234	31012	95294	602641	110733
山 东	Shandong	1265321	126069	762380	135434	76643	110110	1358224	118507
河 南	Henan	1168052	83934	675754	101516	61083	81409	1191840	82173
湖 北	Hubei	710158	119924	481399	141772	56037	111249	736871	125184
湖 南	Hunan	782202	101333	461086	129070	54977	119891	849335	99693
广 东	Guangdong	1501113	155247	923440	199109	97819	152612	1477112	163215
广 西	Guangxi	824064	94351	405608	121381	30459	96502	575542	103691
海 南	Hainan	161989	115944	81228	132821	14147	105078	137445	114024
重 庆	Chongqing	411129	142801	213437	160757	24962	109946	352923	132648
四 川	Sichuan	1175184	120105	714154	139659	67514	109812	1204397	120807
贵 州	Guizhou	553235	103182	291216	121659	18648	90057	628357	96611
云 南	Yunnan	596793	123458	318174	125736	32445	102309	671526	112641
西 藏	Xizang	54265	196425	23388	172969	6238	161563	146801	188930
陕 西	Shaanxi	585347	104876	339922	108146	48450	84711	576261	94082
甘 肃	Gansu	378982	112019	194379	106002	25381	93316	469895	106332
青 海	Qinghai	84251	137438	56313	130515	8191	100153	136715	135511
宁 夏	Ningxia	103823	117901	56904	138670	6676	105600	109275	119149
新 疆	Xinjiang	493875	121445	239335	136163	28938	109499	762249	101199

4-4 各地区分行业内资单位其他就业人员和平均工资(2023年) OTHER EMPLOYMENT AND AVERSGE WAGE IN DOMESTIC INVESTED UNITS BY SECTOR AND REGION (2023)

地区	Region	总计 Total 年末人数(人) Year-end Figures (person)	总计 Total 平均工资(元) Average Wage (yuan)	农、林、牧、渔业 Agriculture, Forestry, Animal Husbandry and Fishery 年末人数(人) Year-end Figures (person)	农、林、牧、渔业 平均工资(元) Average Wage (yuan)	采矿业 Mining 年末人数(人) Year-end Figures (person)	采矿业 Mining 平均工资(元) Average Wage (yuan)	制造业 Manufacturing 年末人数(人) Year-end Figures (person)	制造业 Manufacturing 平均工资(元) Average Wage (yuan)
全　国	**National**	**8344681**	**66287**	**55794**	**32800**	**71371**	**80615**	**304134**	**66974**
北　京	Beijing	320069	114818	869	37430	78	43219	7695	143479
天　津	Tianjin	97508	67695	137	28162	698	85761	3303	72610
河　北	Hebei	275866	57329	762	32896	1083	35107	8400	52817
山　西	Shanxi	180873	44748	553	25457	10313	56963	7579	40196
内蒙古	Inner Mongolia	116866	50136	781	35540	213	70813	3550	71147
辽　宁	Liaoning	179133	52907	3890	13339	1327	37375	8930	58127
吉　林	Jilin	124466	47156	1456	41647	1270	20055	14668	37194
黑龙江	Heilongjiang	159307	43637	15473	29664	8581	92703	3634	55418
上　海	Shanghai	204067	94459	804	44252		51000	8046	143729
江　苏	Jiangsu	556207	70809	1816	58221	2741	52628	20193	82446
浙　江	Zhejiang	421571	77817	674	62814	130	56361	23669	75065
安　徽	Anhui	419170	65677	6245	43776	952	61278	19820	59033
福　建	Fujian	459120	77724	1395	25954	71	63405	9047	54931
江　西	Jiangxi	227492	60432	887	29628	231	58799	6951	57297
山　东	Shandong	561918	61141	1131	34625	4230	93773	18537	64664
河　南	Henan	365212	55079	606	29944	19455	118761	15699	46221
湖　北	Hubei	389256	68735	3222	42260	2634	52390	9295	62443
湖　南	Hunan	453694	69226	736	26393	1645	43760	11710	63302
广　东	Guangdong	645095	81398	528	49020	58	73756	25668	77972
广　西	Guangxi	194751	47738	2382	25980	232	18137	9768	47933
海　南	Hainan	38183	60472	485	52279	112	28556	1293	45269
重　庆	Chongqing	297401	74954	462	45189	411	94319	10826	77851
四　川	Sichuan	565378	64994	646	25680	1623	86608	17124	70098
贵　州	Guizhou	187645	55742	923	31407	1815	68645	4615	48130
云　南	Yunnan	280636	43098	4569	22462	3231	42716	7557	49806
西　藏	Xizang	24068	52506	215	38097	200	66172	445	18795
陕　西	Shaanxi	225519	51786	699	26068	4245	77819	11918	61888
甘　肃	Gansu	159909	49653	1349	30825	460	55308	8430	61940
青　海	Qinghai	28565	41585	432	30669	774	33722	988	95743
宁　夏	Ningxia	40232	53279	287	33490	1	152250	1229	52440
新　疆	Xinjiang	145504	59204	1380	41584	2557	100854	3547	56465

4-4 续表 1 continued

地 区	Region	电力、热力、燃气及水生产和供应业 Production and Supply of Electricity, Heat, Gas and Water		建筑业 Construction		批发和零售业 Wholesale and Retail Trades		交通运输、仓储和邮政业 Transport, Storage and Post	
		年末人数(人) Year-end Figures (person)	平均工资(元) Average Wage (yuan)	年末人数(人) Year-end Figures (person)	平均工资(元) Average Wage (yuan)	年末人数(人) Year-end Figures (person)	平均工资(元) Average Wage (yuan)	年末人数(人) Year-end Figures (person)	平均工资(元) Average Wage (yuan)
全 国	**National**	**63934**	**57407**	**2298160**	**71029**	**153522**	**61408**	**173480**	**75679**
北 京	Beijing	956	68289	8481	115518	9257	88309	4694	57938
天 津	Tianjin	148	100741	10897	64704	1848	62895	574	99997
河 北	Hebei	7656	73096	21673	59225	3227	38102	3075	48657
山 西	Shanxi	3550	46151	6791	50870	3219	51799	4134	49618
内蒙古	Inner Mongolia	918	72811	3596	56720	1461	48577	5394	58605
辽 宁	Liaoning	2540	36480	20168	67581	4557	71559	3558	32549
吉 林	Jilin	430	45485	10609	73090	1036	55705	1039	34585
黑龙江	Heilongjiang	11720	62351	7832	43203	2517	49059	2572	38977
上 海	Shanghai	142	197796	5357	99804	16404	78444	12380	66115
江 苏	Jiangsu	1184	80224	193250	64310	6972	65821	7448	62976
浙 江	Zhejiang	1334	49152	72359	60681	12175	66928	5712	61750
安 徽	Anhui	385	54151	136410	67579	3605	47222	33556	94135
福 建	Fujian	6518	63505	141411	70902	2786	43875	2579	51893
江 西	Jiangxi	1005	42217	108568	73977	4012	36770	2284	50474
山 东	Shandong	2576	46315	162803	69883	10177	60432	5945	60002
河 南	Henan	1749	50385	125842	65049	3433	47659	5895	52091
湖 北	Hubei	2306	71547	156297	69327	4994	64322	23369	137197
湖 南	Hunan	1796	56234	262644	84048	7081	59031	4187	57484
广 东	Guangdong	2769	22852	200272	65540	12998	54324	11124	69446
广 西	Guangxi	844	55279	28661	56792	2122	38352	12127	69986
海 南	Hainan	467	33234	1816	64296	628	68290	571	61172
重 庆	Chongqing	943	89186	153681	85285	2485	66359	3849	44119
四 川	Sichuan	3335	50908	233956	71117	15175	55640	5812	72191
贵 州	Guizhou	1389	58138	52814	106204	3973	71362	1831	50721
云 南	Yunnan	1587	38995	53587	56103	5148	63691	1779	52533
西 藏	Xizang	191	100340	1166	66837	560	57539	476	56991
陕 西	Shaanxi	2242	54059	65609	57365	4652	60585	3304	51633
甘 肃	Gansu	1907	38689	37884	58502	2267	50852	1378	59229
青 海	Qinghai	116	33651	1065	53484	481	53831	153	51249
宁 夏	Ningxia	398	45249	1937	78137	721	29030	340	69453
新 疆	Xinjiang	833	68534	10722	99433	3554	50981	2341	35292

4-4 续表 2 continued

地 区	Region	住宿和餐饮业 Hotels and Catering Services		信息传输、软件和信息技术服务业 Information Transmission, Software and Information Technology		金融业 Financial Intermediation		房地产业 Real Estate	
		年末人数（人）Year-end Figures (person)	平均工资（元）Average Wage (yuan)	年末人数（人）Year-end Figures (person)	平均工资（元）Average Wage (yuan)	年末人数（人）Year-end Figures (person)	平均工资（元）Average Wage (yuan)	年末人数（人）Year-end Figures (person)	平均工资（元）Average Wage (yuan)
全 国	**National**	**111078**	**42309**	**104514**	**61425**	**1491779**	**79738**	**208205**	**47809**
北 京	Beijing	16346	62483	4750	121349	126423	136995	25529	57398
天 津	Tianjin	2296	31862	59	95474	31360	79715	2491	40001
河 北	Hebei	1284	45360	6064	49232	72239	54092	1306	51188
山 西	Shanxi	881	33560	649	47865	64031	55144	3326	26621
内蒙古	Inner Mongolia	1341	31949	285	42575	42667	56852	1144	60934
辽 宁	Liaoning	1002	37250	968	68943	43566	74402	5929	41138
吉 林	Jilin	652	36187	113	94754	41503	54222	2975	70312
黑龙江	Heilongjiang	1949	24004	681	56053	35899	47601	3692	25754
上 海	Shanghai	9081	61456	2115	148008	5383	162013	30472	50288
江 苏	Jiangsu	14560	33735	3907	82625	63241	88933	18779	48673
浙 江	Zhejiang	8357	48665	1885	90260	103480	117145	21204	46984
安 徽	Anhui	2742	38397	9968	75057	35747	68455	8909	34735
福 建	Fujian	4159	28758	744	71668	52639	78276	4801	49578
江 西	Jiangxi	792	41082	1806	58793	25125	62005	2411	48757
山 东	Shandong	5096	41733	1157	162047	155773	63902	15401	37152
河 南	Henan	3542	29250	47393	45866	12508	66864	3883	41074
湖 北	Hubei	2905	26272	1525	66101	47189	68714	7373	56461
湖 南	Hunan	1012	35574	2637	93455	63883	49568	6119	61988
广 东	Guangdong	18508	35732	8468	26372	144110	121338	12841	47664
广 西	Guangxi	873	29040	1846	58432	19593	57959	2028	37335
海 南	Hainan	1509	38571	143	77005	9549	71023	1915	47870
重 庆	Chongqing	2145	40108	373	89318	64286	69360	2019	68349
四 川	Sichuan	3138	41730	3812	76562	93266	71347	7907	64726
贵 州	Guizhou	838	35456	807	73279	21234	37733	1314	37984
云 南	Yunnan	1871	43008	389	30482	17626	53059	2223	45560
西 藏	Xizang	170	58009	91	83354	238	102167	122	69780
陕 西	Shaanxi	1512	36578	785	71113	41604	55808	6389	32785
甘 肃	Gansu	969	42871	264	97082	24484	60614	2298	32259
青 海	Qinghai	283	52922	70	41557	953	64149	882	31520
宁 夏	Ningxia	91	33302	95	49778	8516	86619	553	31395
新 疆	Xinjiang	1175	45048	666	68875	23663	93875	1971	43969

4-4 续表 3 continued

地 区	Region	租赁和商务服务业 Leasing and Business Services		科学研究和技术服务业 Scientific Research and Technical Services		水利、环境和公共设施管理业 Management of Water Conservancy,Environment and Public Facilities		居民服务、修理和其他服务业 Service to Households, Repair and Other Services	
		年末人数(人) Year-end Figures (person)	平均工资(元) Average Wage (yuan)	年末人数(人) Year-end Figures (person)	平均工资(元) Average Wage (yuan)	年末人数(人) Year-end Figures (person)	平均工资(元) Average Wage (yuan)	年末人数(人) Year-end Figures (person)	平均工资(元) Average Wage (yuan)
全 国	**National**	**813875**	**73230**	**145254**	**93590**	**244038**	**31152**	**34948**	**46779**
北 京	Beijing	20611	92556	21697	128672	3396	48080	2638	65865
天 津	Tianjin	17177	46216	4365	92990	1603	44501	161	55470
河 北	Hebei	38196	79935	14540	156261	13717	24125	866	36980
山 西	Shanxi	6223	33772	1672	55366	9247	24826	561	27145
内蒙古	Inner Mongolia	5071	44022	1448	63697	5767	32186	209	33522
辽 宁	Liaoning	11135	39894	3800	68059	12793	28235	679	43536
吉 林	Jilin	568	43117	1477	68233	9697	26427	586	51428
黑龙江	Heilongjiang	3224	34277	1745	56870	13003	29845	422	35581
上 海	Shanghai	52885	85025	9428	124526	3463	61119	2182	71744
江 苏	Jiangsu	80476	82772	7672	80526	12567	42613	957	50525
浙 江	Zhejiang	64310	51678	6723	94247	10352	42383	1729	47386
安 徽	Anhui	79922	67590	3558	78226	12096	21866	773	40597
福 建	Fujian	146002	113170	3068	79004	4142	35715	651	86242
江 西	Jiangxi	5623	53714	2794	55812	5328	33970	449	41805
山 东	Shandong	54557	58125	5696	80941	23751	24167	3624	22339
河 南	Henan	17641	29998	3462	67697	29046	22418	553	35974
湖 北	Hubei	27760	90068	7484	104313	9611	41058	1453	29697
湖 南	Hunan	3982	54647	5411	62061	9590	38972	455	48216
广 东	Guangdong	74651	70838	10940	88462	5894	45511	9347	43622
广 西	Guangxi	33842	50431	2595	52967	2599	30843	1023	27371
海 南	Hainan	340	108354	992	104325	2714	37388	28	37963
重 庆	Chongqing	9559	50896	4473	95680	3053	42892	145	85279
四 川	Sichuan	13804	57038	5969	81905	8026	33077	1765	46833
贵 州	Guizhou	2566	40181	2606	61421	2234	38778	930	41146
云 南	Yunnan	13440	45139	2908	55974	13403	26234	849	48796
西 藏	Xizang	797	71949	671	54330	192	76338	126	40778
陕 西	Shaanxi	12707	59060	3181	62354	4642	29094	599	29918
甘 肃	Gansu	7828	53387	1784	66050	5696	30832	180	26817
青 海	Qinghai	2985	55611	838	35442	1280	32916	13	39207
宁 夏	Ningxia	636	42039	353	59070	284	42297	72	34933
新 疆	Xinjiang	5356	86667	1906	61490	4852	40113	923	24550

4-4 续表 4 continued

地 区	Region	教 育 Education		卫生和社会工作 Health and Social Service		文化、体育和娱乐业 Culture, Sports and Entertainment		公共管理、社会保障和社会组织 Public Management, Social Security and Social Organization	
		年末人数（人） Year-end Figures (person)	平均工资（元） Average Wage (yuan)	年末人数（人） Year-end Figures (person)	平均工资（元） Average Wage (yuan)	年末人数（人） Year-end Figures (person)	平均工资（元） Average Wage (yuan)	年末人数（人） Year-end Figures (person)	平均工资（元） Average Wage (yuan)
全 国	**National**	**769983**	**51744**	**435748**	**79922**	**69018**	**68694**	**795844**	**42280**
北 京	Beijing	26632	153022	21171	127078	6053	155421	12793	47377
天 津	Tianjin	7814	57667	7362	89582	411	60254	4802	71899
河 北	Hebei	19374	36255	17667	48274	2394	42453	42347	38253
山 西	Shanxi	14701	29488	14832	45034	2171	75374	26437	29831
内蒙古	Inner Mongolia	8578	40186	6653	73210	1295	42609	26493	36104
辽 宁	Liaoning	18167	38800	16888	54410	1246	36168	17993	27900
吉 林	Jilin	8466	52689	8628	49099	937	30970	18357	25664
黑龙江	Heilongjiang	10683	32245	11635	48105	1342	34449	22703	36225
上 海	Shanghai	24277	142076	17893	110503	1964	285425	1793	108974
江 苏	Jiangsu	49192	58152	39376	106370	3840	49926	28037	58758
浙 江	Zhejiang	40062	70660	20994	120263	2909	87279	23513	67570
安 徽	Anhui	23439	41724	9673	80506	1382	45641	29987	61358
福 建	Fujian	39492	43890	8816	79246	2802	41124	27998	57717
江 西	Jiangxi	27904	32989	7526	58113	1506	41173	22291	48094
山 东	Shandong	25303	43543	29236	69105	2306	152117	34618	38927
河 南	Henan	26680	42032	18355	86872	4448	41278	25021	29479
湖 北	Hubei	37049	42767	8281	68612	2273	45876	34236	53338
湖 南	Hunan	32672	35289	12126	66474	2846	52172	23165	43612
广 东	Guangdong	46829	86883	20697	129936	7966	46678	31425	61431
广 西	Guangxi	34032	32835	8519	78714	3665	41168	28001	33247
海 南	Hainan	6475	65682	2225	90573	595	36571	6328	43539
重 庆	Chongqing	19631	47392	6749	87844	1111	40888	11198	40793
四 川	Sichuan	63007	42413	30519	101929	3833	65959	52661	37761
贵 州	Guizhou	39151	35663	9228	46617	738	41399	38640	38836
云 南	Yunnan	47087	29749	29975	53439	1427	39678	71981	34335
西 藏	Xizang	3923	39089	2546	52413	821	41601	11118	53051
陕 西	Shaanxi	23668	37918	15525	55764	3205	50322	19032	33686
甘 肃	Gansu	14154	37637	16641	51778	1709	30197	30227	34318
青 海	Qinghai	4265	35813	1499	43864	438	45232	11049	33130
宁 夏	Ningxia	8628	30322	2974	63054	487	39109	12630	37372
新 疆	Xinjiang	18647	35465	11539	54918	898	47496	48972	39605

五、国有单位就业人员和工资总额

EMPLOYMENT AND TOTAL WAGES IN STATE-OWNED UNITS

5-1 分行业国有单位就业人员和工资总额(2023年)
EMPLOYMENT AND TOTAL WAGES IN STATE-OWNED UNITS BY SECTOR (2023)

项目	Item	年末人数(千人) Year-end Figures (1000 persons)	#女性 Female	工资总额(亿元) Total Wages (100 million yuan)	平均工资(元) Average Wage (yuan)
全国总计	**National Total**	**53996**	**27554**	**68673.0**	**127672**
按国民经济行业分组	**Grouped by Sector**				
农、林、牧、渔业	**Agriculture, Forestry, Animal Husbandry and Fishery**	**265**	**73**	**164.6**	**61632**
农业	Farming	66	25	22.5	33761
林业	Forestry	123	27	87.6	70231
畜牧业	Animal Husbandry	4	1	2.3	61009
渔业	Fishery	2		1.3	59703
农、林、牧、渔专业及辅助性活动	Professional and Support Activities for Agriculture, Forestry, Animal Husbandry and Fishery	69	20	50.8	73036
采矿业	**Mining**	**214**	**42**	**349.6**	**161579**
煤炭开采和洗选业	Mining and Washing of Coal	75	8	75.3	101714
石油和天然气开采业	Extraction of Petroleum and Natural Gas	117	31	235.0	197839
黑色金属矿采选业	Mining and Processing of Ferrous Metal Ores	1		2.0	146239
有色金属矿采选业	Mining and Processing of Non-Ferrous Metal Ores	3		3.2	83658
非金属矿采选业	Mining and Processing of Non-metal Ores	4	1	4.0	98820
开采专业及辅助性活动	Professional and Support Activities for Mining	14	2	30.1	210143
其他采矿业	Mining of Other Ores				
制造业	**Manufacturing**	**225**	**59**	**247.7**	**109987**
农副食品加工业	Processing of Food from Agricultural Products	13	4	8.0	60060
食品制造业	Manufacture of Foods	2	1	1.2	48913
酒、饮料和精制茶制造业	Manufacture of Liquor, Beverages and Refined Tea	4	2	3.3	64063
烟草制品业	Manufacture of Tobacco	1		3.7	319690
纺织业	Manufacture of Textile	5	3	3.9	70878
纺织服装、服饰业	Manufacture of Textile, Wearing Apparel and Accessories	4	2	2.4	60087
皮革、毛皮、羽毛及其制品和制鞋业	Manufacture of Leather, Fur, Feather and Related Products and Footwear			0.2	41629
木材加工和木、竹、藤、棕、草制品业	Processing of Timber, Manufacture of Wood, Bamboo, Rattan, Palm and Straw Products	3	1	2.0	70868
家具制造业	Manufacture of Furniture	1		0.6	74956
造纸及纸制品业	Manufacture of Paper and Paper Products	1		1.0	69908
印刷和记录媒介复制业	Printing and Reproduction of Recording Media	9	3	7.4	82940
文教、工美、体育和娱乐用品制造业	Manufacture of Articles for Culture, Education, Arts and Crafts, Sport and Entertainment Activities	1	1	0.8	64454
石油、煤炭及其他燃料加工业	Processing of Petroleum, Coal and Other Fuels	6	1	11.1	174087
化学原料和化学制品制造业	Manufacture of Raw Chemical Materials and Chemical Products	25	6	34.3	133667
医药制造业	Manufacture of Medicines	9	4	13.9	148467
化学纤维制造业	Manufacture of Chemical Fibres	7	1	5.6	84349
橡胶和塑料制品业	Manufacture of Rubber and Plastics Products	3	1	2.8	110070
非金属矿物制品业	Manufacture of Non-metallic Mineral Products	14	4	11.2	79414
黑色金属冶炼和压延加工业	Smelting and Pressing of Ferrous Metals	8		6.6	89154
有色金属冶炼和压延加工业	Smelting and Pressing of Non-ferrous Metals	23	4	29.2	129630
金属制品业	Manufacture of Metal Products	5	1	5.4	104362
通用设备制造业	Manufacture of General Purpose Machinery	14	3	16.0	112529

5-1 续表 1 continued

项目	Item	年末人数(千人) Year-end Figures (1000 persons)	#女性 Female	工资总额(亿元) Total Wages (100 million yuan)	平均工资(元) Average Wage (yuan)
专用设备制造业	Manufacture of Special Purpose Machinery	11	2	12.2	115850
汽车制造业	Manufacture of Automobiles	10	1	9.8	99879
铁路、船舶、航空航天和其他运输设备制造业	Manufacture of Railway, Ship, Aerospace and Other Transport Equipments	8	1	9.4	122721
电气机械和器材制造业	Manufacture of Electrical Machinery and Apparatus	8	2	10.5	131107
计算机、通信和其他电子设备制造业	Manufacture of Computers, Communication and Other Electronic Equipment	15	5	17.6	115619
仪器仪表制造业	Manufacture of Measuring Instruments and Machinery	2	1	3.1	148226
其他制造业	Other Manufacture			0.1	51630
废弃资源综合利用业	Utilization of Waste Resources			0.4	94892
金属制品、机械和设备修理业	Repair Service of Metal Products, Machinery and Equipment	10	2	14.2	140309
电力、热力、燃气及水生产和供应业	**Production and Supply of Electricity, Heat, Gas and Water**	**236**	**63**	**304.5**	**128200**
电力、热力生产和供应业	Production and Supply of Electric Power and Heat Power	162	35	243.7	150075
燃气生产和供应业	Production and Supply of Gas	6	2	8.5	142571
水的生产和供应业	Production and Supply of Water	69	25	52.3	75575
建筑业	**Construction**	**356**	**60**	**268.9**	**76286**
房屋建筑业	Construction of Buildings	203	32	135.9	67802
土木工程建筑业	Civil Engineering	129	23	110.0	85955
建筑安装业	Building Installation	17	3	16.3	95409
建筑装饰、装修和其他建筑业	Building Decoration and Other Constructions	7	1	6.6	95954
批发和零售业	**Wholesale and Retail Trades**	**301**	**97**	**524.6**	**171019**
批发业	Wholesale Trade	256	74	492.2	188840
零售业	Retail Trade	46	23	32.4	70225
交通运输、仓储和邮政业	**Transport, Storage and Post**	**467**	**130**	**499.2**	**106261**
铁路运输业	Railway Transport	6	1	5.7	87396
道路运输业	Road Transport	331	94	309.0	92572
水上运输业	Water Transport	30	5	61.1	203393
航空运输业	Air Transport	32	8	53.4	169616
管道运输业	Transport Via Pipelines			0.5	177402
多式联运和运输代理业	Intermodality and Forwarding Agency	3	1	3.9	113100
装卸搬运和仓储业	Loading, Unloading and Storage	42	10	32.7	78834
邮政业	Post	23	11	32.9	144553
住宿和餐饮业	**Hotels and Catering Services**	**92**	**49**	**63.1**	**68414**
住宿业	Hotels	73	38	49.6	68045
餐饮业	Catering Services	20	11	13.5	69804
信息传输、软件和信息技术服务业	**Information Transmission, Software and Information Technology**	**171**	**65**	**232.9**	**135157**
电信、广播电视和卫星传输服务	Telecommunication, Radio and Television and Satellite Transmission Service	118	45	147.7	123670
互联网和相关服务	Internet and Related Service	14	6	22.3	163180
软件和信息技术服务业	Software and Information Technology	39	14	62.8	160361
金融业	**Financial Intermediation**	**577**	**289**	**1100.6**	**190029**
货币金融服务	Monetary and Financial Service	504	251	968.5	191575

5-1 续表 2 continued

项　目	Item	年末人数（千人）Year-end Figures (1000 persons)	#女 性 Female	工资总额（亿元）Total Wages (100 million yuan)	平均工资（元）Average Wage (yuan)
资本市场服务	Capital Market Service	18	8	60.8	349075
保险业	Insurance	50	28	54.0	105139
其他金融业	Other Financial Activities	5	2	17.4	356072
房地产业	**Real Estate**	**91**	**35**	**84.8**	**91375**
租赁和商务服务业	**Leasing and Business Services**	**607**	**224**	**629.1**	**103524**
租赁业	Leasing	3	1	2.4	75771
商务服务业	Business Services	604	223	626.7	103668
科学研究和技术服务业	**Scientific Research and Technical Services**	**1281**	**477**	**2042.4**	**160202**
研究和试验发展	Research and Experimental Development	340	142	722.7	214549
专业技术服务业	Professional Technical Services	716	245	1019.0	142708
科技推广和应用服务业	Science and Technology Popularization and Application Services	224	90	300.7	134239
水利、环境和公共设施管理业	**Management of Water Conservancy, Environment and Public Facilities**	**1100**	**432**	**880.1**	**79254**
水利管理业	Management of Water Conservancy	215	59	239.0	110743
生态保护和环境治理业	Ecological Protection and Environmental Treatment	91	26	86.0	94366
公共设施管理业	Management of Public Facilities	764	332	525.0	67918
土地管理业	Management of Land	31	15	30.0	98676
居民服务、修理和其他服务业	**Service to Households, Repair and Other Services**	**114**	**44**	**111.5**	**98139**
居民服务业	Service to Households	88	33	88.5	100280
机动车、电子产品和日用产品修理业	Repair of Motor Vehicle, Electronics and Household Products	5	1	3.8	79278
其他服务业	Other Services	21	10	19.3	93331
教育	**Education**	**17317**	**11163**	**22118.5**	**128805**
卫生和社会工作	**Health and Social Service**	**9962**	**6928**	**14769.6**	**149661**
卫生	Health	9749	6793	14593.4	151132
社会工作	Social Service	213	135	176.2	82842
文化、体育和娱乐业	**Culture, Sports and Entertainment**	**805**	**399**	**1061.1**	**131735**
新闻和出版业	Journalism and Publishing Activities	149	73	230.3	152863
广播、电视、电影和录音制作业	Radio, Television, Motion Picture and Audio-visual Programme Production Services	209	94	311.4	148538
文化艺术业	Cultural and Art Activities	371	201	428.0	115806
体育	Sports Activities	46	18	56.8	123514
娱乐业	Entertainment	29	13	34.6	116865
公共管理、社会保障和社会组织	**Public Management, Social Security and Social Organization**	**19814**	**6924**	**23220.1**	**117133**
#中国共产党机关	Organs of Communist Party of China	925	335	1176.1	127523
国家机构	Government Agencies	18472	6380	21552.7	116604
人民政协、民主党派	People's Political Consultative Conference and	117	38	174.8	148876
社会保障	Democratic Parties Social Security	129	74	127.6	98750
群众团体、社会团体和其他成员组织	Non-Governmental Organizations, Social Organizations and Membership Organizations	172	97	188.9	110407

5-2 各地区分行业国有单位就业人员和工资总额(2023年)
MPLOYMENT AND TOTAL WAGES IN STATE-OWNED UNITS BY SECTOR AND REGION (2023)

地 区	Region	总计 Total 年末人数(人) Year-end Figures (person)	#女性 Female	工资总额(千元) Total Wages (1000 yuan)	平均工资(元) Average Wage (yuan)	农、林、牧、渔业 Agriculture, Forestry, Animal Husbandry and Fishery 年末人数(人) Year-end Figures (person)	#女性 Female	工资总额(千元) Total Wages (1000 yuan)	平均工资(元) Average Wage (yuan)
全 国	**National**	**53995692**	**27553674**	**6867295898**	**127672**	**264756**	**73386**	**16457421**	**61632**
北 京	Beijing	1506967	794606	347796518	231908	271	121	58513	218356
天 津	Tianjin	574025	306976	90723438	158688	97	31	9147	94461
河 北	Hebei	2585823	1351191	243851591	94528	3911	963	265045	67733
山 西	Shanxi	1581885	845518	138136178	87760	2714	638	186213	66389
内蒙古	Inner Mongolia	1254766	640235	130622918	104454	8189	1709	640699	79673
辽 宁	Liaoning	1669517	860572	167832633	100722	56647	21560	1287729	22587
吉 林	Jilin	1105155	554744	106431299	96372	20483	4290	1088925	52424
黑龙江	Heilongjiang	1337208	643831	129721399	97153	52820	12350	3264926	61254
上 海	Shanghai	873982	533977	228577758	263880	530	223	120530	227201
江 苏	Jiangsu	2921929	1531536	478964182	164986	3104	850	305330	97368
浙 江	Zhejiang	2262712	1227366	412804685	184226	1169	260	177088	149937
安 徽	Anhui	1690141	800723	211262969	125346	4873	1039	395328	80458
福 建	Fujian	1483121	782907	200670241	136249	6431	1599	566376	86232
江 西	Jiangxi	1721067	832286	186813521	109315	8817	1912	532599	60526
山 东	Shandong	3688393	1839369	465193836	126459	3824	997	318016	82008
河 南	Henan	3251080	1684470	281783104	87026	6537	1848	399098	61042
湖 北	Hubei	2120648	1039560	265964716	125884	10733	3435	639783	59748
湖 南	Hunan	2329619	1092223	251864734	108029	5994	1140	416692	68718
广 东	Guangdong	4095091	2028950	701015033	172245	3782	954	394389	103763
广 西	Guangxi	1987553	1118071	201769335	102304	15931	4076	1355509	84020
海 南	Hainan	406717	199286	48612791	120111	3601	946	201957	57039
重 庆	Chongqing	1110835	579103	154913422	140595	1356	386	141262	103570
四 川	Sichuan	3347623	1719897	413081925	124016	7269	2144	690445	94549
贵 州	Guizhou	1602194	799944	162869165	102376	2129	527	190089	88026
云 南	Yunnan	1847487	936235	211098151	114200	5835	1573	534780	90969
西 藏	Xizang	263961	123781	46724794	178527	201	110	29831	148781
陕 西	Shaanxi	1687113	858364	171637727	101948	7459	1920	645758	86319
甘 肃	Gansu	1276843	598033	134174520	105486	8617	2262	772626	88362
青 海	Qinghai	333665	172226	42488151	127891	4407	1406	274994	62322
宁 夏	Ningxia	320680	176757	37260346	116884	1957	435	169574	70783
新 疆	Xinjiang	1757892	880937	202634817	113739	5068	1682	384173	75512

5-2 续表 1 continued

地 区	Region	采矿业 Mining 年末人数(人) Year-end Figures (person)	#女 性 Female	工资总额(千元) Total Wages (1000 yuan)	平均工资(元) Average Wage (yuan)	制造业 Manufacturing 年末人数(人) Year-end Figures (person)	#女 性 Female	工资总额(千元) Total Wages (1000 yuan)	平均工资(元) Average Wage (yuan)
全 国	**National**	**214214**	**42215**	**34964154**	**161579**	**224581**	**58661**	**24773766**	**109987**
北 京	Beijing					1193	477	162089	132318
天 津	Tianjin					665	167	87201	133539
河 北	Hebei	4	1	438	39818	4935	1453	348579	68615
山 西	Shanxi	9186	1821	697960	75471	3182	897	184072	56874
内蒙古	Inner Mongolia	5024	710	836835	162967	2340	318	167799	92706
辽 宁	Liaoning	290	29	20765	73116	12486	1259	1164590	97576
吉 林	Jilin	391	57	24509	66601	7472	1802	546696	76282
黑龙江	Heilongjiang	26438	1403	2114819	83435	2999	745	260752	83749
上 海	Shanghai					2768	552	429460	153051
江 苏	Jiangsu	1116	332	235834	210566	29141	8842	4064023	138759
浙 江	Zhejiang					5066	1162	619038	121732
安 徽	Anhui	285	37	51001	152242	6367	2297	515809	79491
福 建	Fujian	590	216	39865	65675	2713	865	228121	76909
江 西	Jiangxi	1392	72	100766	77304	7203	1960	839433	115562
山 东	Shandong	69644	15321	12410691	173978	25684	7056	2822008	106972
河 南	Henan	3446	331	228538	66205	6124	2038	470439	76421
湖 北	Hubei	140	16	17579	131187	9521	2703	939880	94102
湖 南	Hunan	158	37	13295	81067	5505	1242	512858	88364
广 东	Guangdong	372	50	20883	55246	17840	5112	2151871	123373
广 西	Guangxi	248	35	12090	46500	6966	2115	500367	70250
海 南	Hainan	18	3	359	19944	1262	392	120300	94972
重 庆	Chongqing	86	22	17185	199826	1440	381	142121	102098
四 川	Sichuan	482	59	30234	60956	3353	696	270268	79159
贵 州	Guizhou	1754	180	203823	118709	4027	1135	440809	104304
云 南	Yunnan	446	104	38921	76166	9525	2545	1146366	118953
西 藏	Xizang	239	82	50453	207626	401	157	43340	107811
陕 西	Shaanxi	36018	9618	6372252	177515	8201	1953	1163495	142918
甘 肃	Gansu	12201	1310	1509860	121802	26182	5674	3124342	121646
青 海	Qinghai					886	301	128551	141576
宁 夏	Ningxia	27	8	2327	86185	1480	431	198437	132734
新 疆	Xinjiang	44219	10361	9912872	217779	7655	1936	980655	127939

5-2 续表 2 continued

地 区	Region	电力、热力、燃气及水生产和供应业 Production and Supply of Electricity, Heat, Gas and Water 年末人数(人) Year-end Figures (person)	#女 性 Female	工资总额(千元) Total Wages (1000 yuan)	平均工资(元) Average Wage (yuan)	建筑业 Construction 年末人数(人) Year-end Figures (person)	#女 性 Female	工资总额(千元) Total Wages (1000 yuan)	平均工资(元) Average Wage (yuan)
全 国	**National**	**236454**	**62776**	**30449902**	**128200**	**355825**	**59617**	**26887365**	**76286**
北 京	Beijing	655	125	24652	35573	633	198	198034	306554
天 津	Tianjin	783	174	177309	236203	899	264	129690	147208
河 北	Hebei	13572	4517	1179196	88807	8460	2016	485975	58485
山 西	Shanxi	8903	2579	801062	94177	7543	910	389295	55757
内蒙古	Inner Mongolia	2713	686	384961	127767	648	122	37053	57810
辽 宁	Liaoning	7921	2030	727736	92109	8007	1574	566435	69629
吉 林	Jilin	31426	5708	4952779	156002	2372	379	167783	73133
黑龙江	Heilongjiang	6486	1467	552884	83346	3759	855	305491	72776
上 海	Shanghai	827	248	171852	200061	5432	883	825391	149473
江 苏	Jiangsu	4116	914	688471	162671	29452	3447	2123043	73918
浙 江	Zhejiang	1601	416	205668	128222	4018	678	301600	84814
安 徽	Anhui	2839	662	358437	126957	9585	1889	1055093	110570
福 建	Fujian	1799	473	180157	99602	10376	2153	866706	83766
江 西	Jiangxi	5222	1531	574256	108889	70315	13794	4373404	63016
山 东	Shandong	7074	2291	859616	120148	20838	4081	1645437	75443
河 南	Henan	7651	2977	480263	63083	17773	4153	1153191	64302
湖 北	Hubei	5956	2185	458392	76966	16118	2306	1013282	66918
湖 南	Hunan	72523	18762	10445343	142220	25753	2898	1467917	60143
广 东	Guangdong	13225	2796	2877306	218713	45927	5977	3434239	75501
广 西	Guangxi	6115	1759	543255	88390	3415	791	224770	65416
海 南	Hainan	2229	643	134809	60137	96	29	6531	61037
重 庆	Chongqing	1354	507	191645	140061	11588	726	1524963	131587
四 川	Sichuan	5792	1618	764157	129715	17791	4009	1147598	68979
贵 州	Guizhou	3054	656	460910	156886	1481	289	119555	76128
云 南	Yunnan	1811	594	169413	90914	4101	956	356418	87578
西 藏	Xizang	642	227	140319	218192	108	30	8313	76972
陕 西	Shaanxi	9236	2981	799324	86559	5435	884	341575	60660
甘 肃	Gansu	5785	1896	501215	86813	10705	2142	1044534	93504
青 海	Qinghai	1088	342	96742	90580	1369	330	123896	86119
宁 夏	Ningxia	911	265	135540	146795	103	25	8048	78136
新 疆	Xinjiang	3146	747	412232	138354	11726	830	1442107	114118

5-2 续表 3 continued

地区	Region	批发和零售业 Wholesale and Retail Trades 年末人数(人) Year-end Figures (person)	#女性 Female	工资总额(千元) Total Wages (1000 yuan)	平均工资(元) Average Wage (yuan)	交通运输、仓储和邮政业 Transport, Storage and Post 年末人数(人) Year-end Figures (person)	#女性 Female	工资总额(千元) Total Wages (1000 yuan)	平均工资(元) Average Wage (yuan)
全　国	**National**	**301485**	**97291**	**52456750**	**171019**	**467394**	**129751**	**49920415**	**106261**
北　京	Beijing	3843	1395	1085221	277573	1432	484	299287	213738
天　津	Tianjin	2622	1019	550893	206600	8100	2074	1129804	157677
河　北	Hebei	11224	3801	2071016	181450	24729	7371	1978096	78415
山　西	Shanxi	9232	2979	1363801	146547	15828	4866	1047347	64899
内蒙古	Inner Mongolia	6779	2353	1210872	170186	10907	2796	922117	81181
辽　宁	Liaoning	9188	2980	1671178	181001	21334	4594	1667345	79055
吉　林	Jilin	6762	2419	1143499	163122	4659	1221	303588	64657
黑龙江	Heilongjiang	9894	3879	1701252	169186	19306	5693	1387696	70849
上　海	Shanghai	2065	864	293462	141117	5902	807	1329975	226409
江　苏	Jiangsu	14899	4486	2863592	191679	26420	6522	3800032	139684
浙　江	Zhejiang	10681	2974	3015819	284249	31635	7274	4295730	137497
安　徽	Anhui	10340	2622	1669606	159642	9812	2741	838602	84732
福　建	Fujian	10865	3004	2020453	181398	10101	2175	1222919	123278
江　西	Jiangxi	14234	3913	2105360	147506	10085	2598	837495	82819
山　东	Shandong	9388	3382	978518	103936	20481	4158	2840129	137718
河　南	Henan	29012	9775	4404571	141372	28592	9579	1658214	57617
湖　北	Hubei	15775	4399	2490805	157906	22226	6663	2027043	90916
湖　南	Hunan	22087	6604	3511489	151642	20810	5402	1662557	79834
广　东	Guangdong	13745	5857	1335855	96858	45587	12349	6337470	137329
广　西	Guangxi	9466	2702	1765359	188125	11045	3268	1118237	100155
海　南	Hainan	2004	706	440452	212857	4192	1294	383774	90113
重　庆	Chongqing	6823	2351	1506112	220358	20721	9061	2767860	135694
四　川	Sichuan	16672	5416	2969099	177135	21739	5578	2468106	112871
贵　州	Guizhou	16031	3853	3055146	188413	5539	1470	495847	89289
云　南	Yunnan	16117	6052	3866583	236321	12942	3469	1505257	115480
西　藏	Xizang	1216	547	180366	148786	5227	2023	635557	121485
陕　西	Shaanxi	6705	1918	789096	118328	16822	4785	1467616	87035
甘　肃	Gansu	6981	2555	1109671	160480	13956	4589	1292398	91204
青　海	Qinghai	1321	565	165111	125755	5280	1244	766650	148174
宁　夏	Ningxia	1431	496	306062	211881	1542	389	184477	113945
新　疆	Xinjiang	4081	1425	816433	201579	10442	3216	1249190	114900

5-2 续表 4 continued

地 区	Region	住宿和餐饮业 Hotels and Catering Services 年末人数(人) Year-end Figures (person)	#女 性 Female	工资总额(千元) Total Wages (1000 yuan)	平均工资(元) Average Wage (yuan)	信息传输、软件和信息技术服务业 Information Transmission, Software and Information Technology 年末人数(人) Year-end Figures (person)	#女 性 Female	工资总额(千元) Total Wages (1000 yuan)	平均工资(元) Average Wage (yuan)
全 国	**National**	**92470**	**49269**	**6312127**	**68414**	**171191**	**65218**	**23285371**	**135157**
北 京	Beijing	9819	4256	967230	98972	8181	3694	1946828	239004
天 津	Tianjin	467	261	31013	68311	747	315	119471	161012
河 北	Hebei	5857	3141	288520	48189	3809	1585	324580	86550
山 西	Shanxi	5995	2937	326357	56720	3761	1734	283470	75226
内蒙古	Inner Mongolia	566	322	31625	53300	3827	1551	430895	113774
辽 宁	Liaoning	1568	886	80378	51378	4603	1827	420152	89172
吉 林	Jilin	3342	1881	159165	47511	10191	3022	709612	68692
黑龙江	Heilongjiang	2708	1552	137229	49879	5251	2219	605848	114018
上 海	Shanghai	651	296	63777	103549	2083	955	443212	216446
江 苏	Jiangsu	3677	2158	292533	80198	14471	5622	2490798	171427
浙 江	Zhejiang	3050	1521	260595	85532	5341	2238	926027	175457
安 徽	Anhui	698	407	34946	50354	7203	2131	695069	95616
福 建	Fujian	2110	1183	136236	62724	3712	1153	545138	146258
江 西	Jiangxi	4557	2812	230388	50607	3630	1388	382329	105141
山 东	Shandong	12636	6318	871343	69147	12408	5129	1540039	122489
河 南	Henan	5153	2757	250294	49443	8936	3311	775076	87223
湖 北	Hubei	3163	1669	190399	60105	6626	2482	780263	118337
湖 南	Hunan	4587	2515	378230	84704	7167	2396	761375	106678
广 东	Guangdong	4574	2288	421030	89684	16875	5150	3021905	176299
广 西	Guangxi	769	457	43863	54967	2519	911	245880	98165
海 南	Hainan	167	105	6933	40544	560	204	60156	108755
重 庆	Chongqing	1182	749	147368	128035	4662	1563	1215493	236453
四 川	Sichuan	2929	1645	226521	77517	10151	5005	1507937	148655
贵 州	Guizhou	1340	880	89702	66477	2940	1246	294495	99281
云 南	Yunnan	2939	1730	167703	56866	6493	2488	791307	120857
西 藏	Xizang	352	231	25383	71101	1570	670	340794	217669
陕 西	Shaanxi	1927	1006	104592	53902	4745	1945	593694	125891
甘 肃	Gansu	1007	559	62308	64938	3597	1244	373698	104257
青 海	Qinghai	175	116	7922	48901	696	318	82441	119113
宁 夏	Ningxia	754	519	37828	49971	778	267	98923	127150
新 疆	Xinjiang	3753	2112	240718	63352	3654	1456	478466	128469

5-2 续表 5 continued

地 区	Region	金融业 Financial Intermediation 年末人数（人）Year-end Figures (person)	#女 性 Female	工资总额（千元）Total Wages (1000 yuan)	平均工资（元）Average Wage (yuan)	房地产业 Real Estate 年末人数（人）Year-end Figures (person)	#女 性 Female	工资总额（千元）Total Wages (1000 yuan)	平均工资（元）Average Wage (yuan)
全 国	**National**	**576639**	**288887**	**110064410**	**190029**	**91148**	**35484**	**8479737**	**91375**
北 京	Beijing	6313	3091	2165785	343557	3564	1320	494617	140087
天 津	Tianjin	16436	8898	3447087	209928	3189	1283	322588	101343
河 北	Hebei	6658	2684	1035898	151640	3130	1250	268797	85237
山 西	Shanxi	13582	6198	2003557	144298	2276	1019	129307	56337
内蒙古	Inner Mongolia	12507	6259	1775469	140166	2249	1036	180679	81609
辽 宁	Liaoning	31326	16389	4222164	131919	2401	1029	143404	59427
吉 林	Jilin	11517	6125	1489244	127222	2311	930	184056	80547
黑龙江	Heilongjiang	13017	6351	1869335	143320	2376	964	161918	66146
上 海	Shanghai	44943	27066	14429872	323761	2018	962	390305	187565
江 苏	Jiangsu	49081	24158	10069455	205900	5772	2256	758780	129814
浙 江	Zhejiang	5852	3008	1275823	219111	3630	1461	432492	117444
安 徽	Anhui	19180	8615	2975233	154716	2303	833	231463	100604
福 建	Fujian	4085	1716	710945	173624	5957	1848	526928	79861
江 西	Jiangxi	20233	10142	2947205	144710	2993	1109	175951	61491
山 东	Shandong	50232	23683	7722453	152219	7251	2881	730281	92759
河 南	Henan	9510	4253	1883474	199061	4468	1441	268475	59690
湖 北	Hubei	14803	7897	2938630	200027	3848	1548	381948	97209
湖 南	Hunan	29464	15326	5028750	169299	2711	955	191406	70449
广 东	Guangdong	72102	34177	17477746	241892	9485	2883	1100362	115078
广 西	Guangxi	4276	1861	655974	152128	2219	831	142486	63080
海 南	Hainan	8772	3599	1630033	185856	915	273	80288	87907
重 庆	Chongqing	9556	5147	2301104	245090	2141	912	166229	76554
四 川	Sichuan	27907	14917	4969072	176019	3069	1464	259461	83574
贵 州	Guizhou	9716	4639	2067325	214060	1307	514	108822	83726
云 南	Yunnan	10248	4850	1767071	171020	1397	613	119750	83448
西 藏	Xizang	3071	1417	709264	235090	31	7	3092	99428
陕 西	Shaanxi	27214	14078	3932790	142235	4890	2314	300133	61337
甘 肃	Gansu	18996	8674	2348197	123188	1581	791	103642	66190
青 海	Qinghai	2021	888	324963	160950	678	273	41063	64799
宁 夏	Ningxia	4960	2602	714807	143651	238	125	18764	78347
新 疆	Xinjiang	19060	10181	3175686	166374	747	357	62248	79268

5-2 续表 6 continued

地 区	Region	租赁和商务服务业 Leasing and Business Services				科学研究和技术服务业 Scientific Research and Technical Services			
		年末人数 (人) Year-end Figures (person)	#女 性 Female	工资总额 (千元) Total Wages (1000 yuan)	平均工资 (元) Average Wage (yuan)	年末人数 (人) Year-end Figures (person)	#女 性 Female	工资总额 (千元) Total Wages (1000 yuan)	平均工资 (元) Average Wage (yuan)
全 国	**National**	**607247**	**223878**	**62910189**	**103524**	**1280866**	**476553**	**204243544**	**160202**
北 京	Beijing	117845	30197	11943835	101015	129215	59990	35967192	280188
天 津	Tianjin	6424	2238	706230	109361	22269	10132	4316356	194514
河 北	Hebei	18656	6401	1318228	70678	68192	17263	9127065	139329
山 西	Shanxi	20418	8307	1732595	84625	29102	11756	2834137	98128
内蒙古	Inner Mongolia	9361	4325	854476	92211	27212	10785	3074722	113264
辽 宁	Liaoning	14097	5891	1218504	86087	31245	11758	4347487	139169
吉 林	Jilin	8192	3964	637847	77297	32148	11984	3787666	118015
黑龙江	Heilongjiang	10733	4934	683136	63995	31482	11509	3239749	102239
上 海	Shanghai	14954	8434	2879929	194468	38039	15911	10479673	279560
江 苏	Jiangsu	41580	19182	5148083	124701	71980	26671	12994973	180536
浙 江	Zhejiang	19389	8588	2876650	149515	51184	19829	10547808	210258
安 徽	Anhui	12823	4793	1119453	90105	31531	9226	4022666	128711
福 建	Fujian	24825	8854	2476920	100864	28588	10658	4440829	155862
江 西	Jiangxi	16694	5300	1236982	73498	30048	9324	3649031	121506
山 东	Shandong	29528	12141	3477444	117312	69242	23679	9924021	142920
河 南	Henan	25178	7758	1775766	70469	53056	20450	5323353	100504
湖 北	Hubei	19371	7449	1976076	102037	46440	16234	6425988	137693
湖 南	Hunan	17692	6307	1552250	87485	41773	13456	4950373	117783
广 东	Guangdong	70627	19783	8147303	114530	95131	34922	19623325	207750
广 西	Guangxi	20693	10619	2335294	111813	47716	18072	5334646	112192
海 南	Hainan	3253	1367	357111	108623	11827	4600	1626679	138832
重 庆	Chongqing	6498	3308	752853	115212	21309	7284	2949853	137411
四 川	Sichuan	22787	10094	2749778	120651	93238	33053	12535399	136112
贵 州	Guizhou	6545	2547	509367	81201	16125	5667	1936521	119974
云 南	Yunnan	11150	5976	1340953	120213	46387	17963	5828026	125893
西 藏	Xizang	1532	671	172137	112156	5860	2458	1064068	181530
陕 西	Shaanxi	13700	5574	1052336	75467	36689	14309	3928433	106900
甘 肃	Gansu	8087	2486	558096	69625	29163	10455	3662184	124894
青 海	Qinghai	2308	1115	237349	103638	10113	3624	1440666	138458
宁 夏	Ningxia	2280	1146	200014	88658	4651	1716	659944	139846
新 疆	Xinjiang	10029	4127	883194	85597	29909	11817	4200711	137706

5-2 续表 7 continued

地区	Region	水利、环境和公共设施管理业 Management of Water Conservancy, Environment and Public Facilities				居民服务、修理和其他服务业 Service to Households, Repair and Other Services			
		年末人数（人） Year-end Figures (person)	#女性 Female	工资总额（千元） Total Wages (1000 yuan)	平均工资（元） Average Wage (yuan)	年末人数（人） Year-end Figures (person)	#女性 Female	工资总额（千元） Total Wages (1000 yuan)	平均工资（元） Average Wage (yuan)
全　国	**National**	**1100060**	**431795**	**88007466**	**79254**	**114156**	**44121**	**11148452**	**98139**
北　京	Beijing	43154	13834	6577308	145526	4919	1927	629407	128099
天　津	Tianjin	15952	5284	1628011	99679	910	349	146058	161631
河　北	Hebei	49736	18081	3187269	64598	10658	2231	744883	67909
山　西	Shanxi	55039	25528	2252885	40805	3759	2129	322276	89921
内蒙古	Inner Mongolia	30847	11711	2144667	65425	1338	451	95698	71070
辽　宁	Liaoning	27080	9133	1780722	64707	4931	1952	316832	64311
吉　林	Jilin	41968	15512	2140871	50866	2268	762	128090	57040
黑龙江	Heilongjiang	51149	16453	2650059	51397	6691	2437	356134	52663
上　海	Shanghai	9380	3823	2034116	217475	4516	2697	903370	201721
江　苏	Jiangsu	55018	22633	6185501	110430	9411	3876	1048259	115535
浙　江	Zhejiang	27618	9966	3649755	131513	3063	858	438216	142768
安　徽	Anhui	23622	8113	2317155	94110	2676	780	244773	91385
福　建	Fujian	19084	7326	1717748	91901	3340	1570	326554	103040
江　西	Jiangxi	14349	4705	1170093	81590	1650	780	137418	83725
山　东	Shandong	50497	17679	4665912	93456	5890	2121	517942	87757
河　南	Henan	59711	25427	3411631	57274	5872	2134	403526	68895
湖　北	Hubei	55296	21462	4582549	83149	5356	1948	485655	88346
湖　南	Hunan	69117	25786	4737398	68002	3283	1233	264114	80001
广　东	Guangdong	70843	24552	7917844	110153	14341	5662	1972357	139013
广　西	Guangxi	43457	20663	2916811	64159	2079	756	192665	92857
海　南	Hainan	10768	4084	745794	68580	775	271	64978	85497
重　庆	Chongqing	25874	12497	1884427	73116	1182	426	123668	103341
四　川	Sichuan	64138	30029	4764283	73412	5961	2533	543471	91270
贵　州	Guizhou	12907	6296	786690	72050	1411	643	139375	98077
云　南	Yunnan	33190	13064	2211931	65719	1390	417	124814	91901
西　藏	Xizang	566	240	79825	140932	268	186	33331	124602
陕　西	Shaanxi	50538	22677	3095534	60629	2186	1071	138847	63549
甘　肃	Gansu	38223	15481	2789262	72143	843	262	67006	79268
青　海	Qinghai	7551	3191	567870	74812	181	89	17652	97527
宁　夏	Ningxia	8611	3329	699932	79708	258	140	21056	84392
新　疆	Xinjiang	34777	13238	2713611	76981	2751	1433	200027	76984

5-2 续表 8 continued

地区	Region	教育 Education 年末人数(人) Year-end Figures (person)	#女性 Female	工资总额(千元) Total Wages (1000 yuan)	平均工资(元) Average Wage (yuan)	卫生和社会工作 Health and Social Service 年末人数(人) Year-end Figures (person)	#女性 Female	工资总额(千元) Total Wages (1000 yuan)	平均工资(元) Average Wage (yuan)
全国	**National**	**17316797**	**11163258**	**2211854368**	**128805**	**9962085**	**6927677**	**1476957785**	**149661**
北京	Beijing	406478	263287	102450299	254111	265949	190345	76847288	293804
天津	Tianjin	183992	127897	28817717	157524	106153	76878	20136834	190836
河北	Hebei	809063	585833	81832013	101439	453552	316032	47565987	105741
山西	Shanxi	471863	331166	46490577	99237	251660	179739	24376718	97559
内蒙古	Inner Mongolia	357340	241492	39622632	111635	195138	133557	21757205	112475
辽宁	Liaoning	478931	320809	52689094	110361	310042	224658	34426686	111169
吉林	Jilin	320439	211615	33079857	103257	191825	134376	21510647	112612
黑龙江	Heilongjiang	358457	228808	39056501	109002	225709	154429	25242999	112171
上海	Shanghai	317827	225219	77691146	247340	217623	161169	63032630	293841
江苏	Jiangsu	1054993	688543	169646959	162305	564080	389224	100732840	180750
浙江	Zhejiang	766562	528647	132995750	176397	497750	349729	104688255	213255
安徽	Anhui	612681	348701	75794806	124708	326186	212573	47337610	146162
福建	Fujian	565677	368142	74410013	133331	253732	178281	42446726	169640
江西	Jiangxi	592709	377897	62740410	107113	274501	188807	35368611	129739
山东	Shandong	1154902	725688	150064604	130623	699199	480809	96179956	138892
河南	Henan	1078822	728218	91763841	85644	640793	431564	65340691	102879
湖北	Hubei	640622	381259	78597338	123631	442605	301391	64157086	145840
湖南	Hunan	678087	418317	71499393	105880	429199	296151	56298732	131813
广东	Guangdong	1229558	787571	204201710	167580	812684	557246	170087028	211729
广西	Guangxi	797100	536156	74818333	95259	389405	275468	47062926	122572
海南	Hainan	136143	83273	16590818	123063	71233	49133	9645524	137252
重庆	Chongqing	412852	250621	57359694	141297	205136	144480	32854825	161463
四川	Sichuan	1091532	676456	130782645	121564	656717	453056	93789290	144039
贵州	Guizhou	562042	338609	55563651	99939	276738	187906	33118705	121157
云南	Yunnan	597949	357185	71242392	119902	321222	234557	38885675	121941
西藏	Xizang	56981	34106	10599354	188575	22251	14753	3553251	163345
陕西	Shaanxi	520969	331273	56574043	108765	310767	221557	33059981	107693
甘肃	Gansu	371783	203680	41609737	112724	200484	141721	20500848	103120
青海	Qinghai	86840	55279	11520056	134221	55068	38983	7136761	130927
宁夏	Ningxia	108417	72603	12120061	113322	56089	40102	7771407	139614
新疆	Xinjiang	495184	334910	59628923	120558	238596	169003	32044062	135457

5-2 续表 9 continued

地 区	Region	文化、体育和娱乐业 Culture, Sports and Entertainment				公共管理、社会保障和社会组织 Public Management, Social Security and Social Organization			
		年末人数（人） Year-end Figures (person)	#女 性 Female	工资总额（千元） Total Wages (1000 yuan)	平均工资（元） Average Wage (yuan)	年末人数（人） Year-end Figures (person)	#女 性 Female	工资总额（千元） Total Wages (1000 yuan)	平均工资（元） Average Wage (yuan)
全 国	**National**	**804537**	**399375**	**106108913**	**131735**	**19813790**	**6924463**	**2322013764**	**117133**
北 京	Beijing	79118	41269	22248919	280538	424385	178597	83730014	197913
天 津	Tianjin	7526	3798	951354	125225	196795	65916	28016674	142394
河 北	Hebei	33773	16108	2924962	86303	1055905	360462	88905045	84047
山 西	Shanxi	25482	12980	1987930	77897	642357	247336	50726619	79250
内蒙古	Inner Mongolia	26482	13996	2565235	97349	551298	206056	53889281	98177
辽 宁	Liaoning	23153	11144	2056342	88442	624266	221068	59025091	94923
吉 林	Jilin	20032	10266	1574578	78004	387357	138431	32801888	84890
黑龙江	Heilongjiang	20211	9773	1599937	78636	487722	178012	44530734	91806
上 海	Shanghai	17043	9831	3794229	221894	187381	74038	49264829	262902
江 苏	Jiangsu	42525	21612	6415648	150686	901094	300209	149100027	166030
浙 江	Zhejiang	37105	20003	6493983	172698	787998	268756	139604390	177400
安 徽	Anhui	21039	9383	2338423	110247	586097	183882	69267497	117871
福 建	Fujian	24900	12113	3177403	127342	504235	179576	64630204	128053
江 西	Jiangxi	18136	8881	1930452	106891	624298	195362	67481338	108520
山 东	Shandong	48631	22488	5692031	116734	1391042	479469	161933395	116562
河 南	Henan	47741	21978	3594057	75719	1212705	404478	98198607	81105
湖 北	Hubei	33185	15612	3986473	119663	768863	258902	93875548	122110
湖 南	Hunan	22668	10510	2162671	94865	871041	263187	86009891	98226
广 东	Guangdong	53048	25478	8651431	166941	1505344	496140	241840979	161154
广 西	Guangxi	21663	11073	2036790	93700	602471	226459	60464078	100498
海 南	Hainan	5340	2498	590147	109252	143562	45867	15926148	110836
重 庆	Chongqing	12999	6522	1641260	125889	364076	132161	47225499	129913
四 川	Sichuan	40520	19934	4673605	115588	1255576	452192	147940555	117325
贵 州	Guizhou	10179	5005	1043255	102862	666931	237882	62245078	93320
云 南	Yunnan	22274	11287	2468154	110819	742069	270812	78532637	104979
西 藏	Xizang	5952	3187	965472	163160	157494	62681	28090645	179373
陕 西	Shaanxi	29436	14982	2563124	86620	594177	203519	54715105	92143
甘 肃	Gansu	19684	10020	1943308	97811	498969	182231	50801588	102156
青 海	Qinghai	6193	3186	699728	112756	147490	60975	18855736	127932
宁 夏	Ningxia	4360	2450	508441	116554	121835	49709	13404705	110748
新 疆	Xinjiang	24137	12007	2829572	116016	808958	300098	80979938	97432

5-3 各地区分行业国有单位在岗职工人数和平均工资(2023年)
ON-POST STAFF AND WORKERS AND AVERAGE WAGE IN STATE-OWNED UNITS BY SECTOR AND REGION(2023)

地 区	Region	总 计 Total		农、林、牧、渔业 Agriculture, Forestry, Animal Husbandry and Fishery		采矿业 Mining		制造业 Manufacturing	
		年末人数(人) Year-end Figures (person)	平均工资(元) Average Wage (yuan)	年末人数(人) Year-end Figures (person)	平均工资(元) Average Wage (yuan)	年末人数(人) Year-end Figures (person)	平均工资(元) Average Wage (yuan)	年末人数(人) Year-end Figures (person)	平均工资(元) Average Wage (yuan)
全 国	**National**	**51738804**	**130931**	**248250**	**64051**	**204525**	**164045**	**219200**	**111619**
北 京	Beijing	1446847	236939	269	220805			1153	134523
天 津	Tianjin	554442	161828	97	94461			437	142132
河 北	Hebei	2484690	96267	3668	70312	4	39818	4800	69869
山 西	Shanxi	1514116	90227	2652	67420	8006	79888	2928	57317
内蒙古	Inner Mongolia	1207094	106931	7747	81923	5024	162967	2326	92782
辽 宁	Liaoning	1608431	103126	53236	23600	290	73116	12175	99127
吉 林	Jilin	1060896	98930	20261	52711	346	70796	7143	78767
黑龙江	Heilongjiang	1266572	100300	51477	62216	21029	79497	2800	88898
上 海	Shanghai	846303	268129	520	230136			2676	155896
江 苏	Jiangsu	2793200	169246	2885	103021	1096	213589	28930	139335
浙 江	Zhejiang	2181256	188092	1093	156568			4864	124183
安 徽	Anhui	1622074	128199	4676	82524	276	153628	6157	81575
福 建	Fujian	1401703	141196	5231	100842	583	65800	2626	78257
江 西	Jiangxi	1656056	111978	8167	63089	1363	76910	7031	117394
山 东	Shandong	3590248	128505	3228	91034	67143	176132	25396	107359
河 南	Henan	3159858	88238	6189	63028	3437	66193	6092	76234
湖 北	Hubei	2023666	129504	8044	65396	135	133388	9284	95398
湖 南	Hunan	2243484	110464	5820	70924	158	81067	5441	89011
广 东	Guangdong	3978995	174774	3597	106907	372	55246	17393	125502
广 西	Guangxi	1910153	104908	14304	90399	248	46500	6684	71460
海 南	Hainan	391490	122560	3559	57376	18	19944	1253	95489
重 庆	Chongqing	1063664	143629	1328	104996	83	204108	1434	102109
四 川	Sichuan	3186078	127551	6901	99188	482	60956	3291	80155
贵 州	Guizhou	1512733	106014	1943	95002	1578	127040	3951	105550
云 南	Yunnan	1687763	121619	5269	98052	190	54848	9456	119554
西 藏	Xizang	243974	189030	149	190380	239	207626	401	107811
陕 西	Shaanxi	1618078	104688	7219	88299	36018	177519	8120	144045
甘 肃	Gansu	1204059	109303	8244	90672	12191	121835	25050	125836
青 海	Qinghai	313990	133605	4107	64664			827	143294
宁 夏	Ningxia	294943	123550	1734	85076	27	86185	1464	134037
新 疆	Xinjiang	1671946	117463	4636	78310	44189	217789	7618	128367

5-3 续表 1 continued

地 区	Region	电力、热力、燃气及水生产和供应业 Production and Supply of Electricity, Heat, Gas and Water		建筑业 Construction		批发和零售业 Wholesale and Retail Trades		交通运输、仓储和邮政业 Transport, Storage and Post	
		年末人数（人） Year-end Figures (person)	平均工资（元） Average Wage (yuan)	年末人数（人） Year-end Figures (person)	平均工资（元） Average Wage (yuan)	年末人数（人） Year-end Figures (person)	平均工资（元） Average Wage (yuan)	年末人数（人） Year-end Figures (person)	平均工资（元） Average Wage (yuan)
全 国	**National**	**231452**	**129911**	**300337**	**78657**	**287782**	**176160**	**452481**	**108379**
北 京	Beijing	655	35573	629	307682	3753	282007	1398	217701
天 津	Tianjin	776	238073	896	147477	2590	208453	8065	158187
河 北	Hebei	12340	93030	8306	58839	10731	188464	23187	81188
山 西	Shanxi	8756	95202	7153	57549	9099	148202	15067	66498
内蒙古	Inner Mongolia	2655	129574	629	59165	6705	171731	10280	83992
辽 宁	Liaoning	7571	94477	7580	69290	8858	180853	20566	81284
吉 林	Jilin	31389	156166	2265	75615	6688	164197	4541	65844
黑龙江	Heilongjiang	6245	85598	3416	79304	9307	177951	18612	72968
上 海	Shanghai	827	200061	5361	149071	1995	142891	5861	226408
江 苏	Jiangsu	4102	162953	22316	75982	14630	193506	25474	142720
浙 江	Zhejiang	1555	131035	3535	89666	10591	286465	31442	137921
安 徽	Anhui	2811	127749	8247	118379	10179	161884	9557	85488
福 建	Fujian	1726	101642	9822	83316	10587	185728	9757	126273
江 西	Jiangxi	5126	110394	67428	64854	13833	151048	9798	84172
山 东	Shandong	7065	120152	18605	78865	9190	105443	18929	142771
河 南	Henan	7504	63516	13222	71803	28173	146870	28052	58306
湖 北	Hubei	5324	81516	11362	75828	15574	159238	21605	91879
湖 南	Hunan	71877	142920	19951	62279	19235	167823	20365	80888
广 东	Guangdong	13093	220712	41406	78044	13027	100924	43918	140670
广 西	Guangxi	6071	88923	2500	73335	9319	189997	10866	101230
海 南	Hainan	2192	60780	96	61037	1976	214505	3993	92266
重 庆	Chongqing	1348	140471	4241	124435	6789	220393	20244	137995
四 川	Sichuan	5727	130664	11736	85467	15449	179985	20823	116371
贵 州	Guizhou	3041	157443	1466	76560	14319	196208	5405	90659
云 南	Yunnan	1723	92904	4004	87662	14377	256696	12872	115913
西 藏	Xizang	549	238338	108	76972	1129	155736	4819	127484
陕 西	Shaanxi	9052	87489	4281	70850	6254	120230	16325	88900
甘 肃	Gansu	5326	90338	6754	93988	6690	163171	13720	92491
青 海	Qinghai	1082	90923	1295	83783	1292	127593	5256	148669
宁 夏	Ningxia	894	149841	103	78136	1430	211972	1460	118346
新 疆	Xinjiang	3051	139914	11626	114767	4013	203618	10221	116190

5-3 续表 2 continued

地区	Region	住宿和餐饮业 Hotels and Catering Services		信息传输、软件和信息技术服务业 Information Transmission, Software and Information Technology		金融业 Financial Intermediation		房地产业 Real Estate	
		年末人数(人) Year-end Figures (person)	平均工资(元) Average Wage (yuan)	年末人数(人) Year-end Figures (person)	平均工资(元) Average Wage (yuan)	年末人数(人) Year-end Figures (person)	平均工资(元) Average Wage (yuan)	年末人数(人) Year-end Figures (person)	平均工资(元) Average Wage (yuan)
全　国	**National**	**88302**	**69579**	**166058**	**137596**	**557270**	**195184**	**84619**	**94769**
北　京	Beijing	9313	100683	8111	240043	6296	344416	3417	143635
天　津	Tianjin	463	68322	746	161178	15815	215948	2770	109903
河　北	Hebei	5780	47912	3723	87683	6654	151698	3039	84850
山　西	Shanxi	5944	56878	3571	77878	13153	149591	2086	59859
内蒙古	Inner Mongolia	523	54420	3702	116236	11838	146326	2240	81781
辽　宁	Liaoning	1547	51720	4439	91059	31094	132701	2116	64422
吉　林	Jilin	3231	48121	10128	68949	10901	131467	2263	81521
黑龙江	Heilongjiang	2176	54268	5024	116392	12832	144493	2241	68227
上　海	Shanghai	585	106063	1984	226269	44833	324266	1853	200299
江　苏	Jiangsu	3541	81846	14183	173852	48326	208090	5634	131533
浙　江	Zhejiang	2993	86102	5165	178495	5208	234229	3401	122671
安　徽	Anhui	695	50551	6025	104747	18543	157715	2157	101934
福　建	Fujian	2000	63916	3496	151830	3915	178899	4556	82264
江　西	Jiangxi	4481	50875	3161	110368	19951	146162	2904	62309
山　东	Shandong	12318	69756	12273	123254	48610	156338	6703	97585
河　南	Henan	4690	50721	8900	87537	9298	203450	4360	60292
湖　北	Hubei	2680	64615	6362	120388	14736	200840	3554	102580
湖　南	Hunan	4388	87011	7090	107348	28688	173073	2471	75085
广　东	Guangdong	4457	90130	16387	178689	70529	245240	9117	117482
广　西	Guangxi	763	55041	2446	100490	4251	152728	2085	65085
海　南	Hainan	167	40544	551	109878	8772	185856	774	96718
重　庆	Chongqing	1151	130355	4592	238515	9547	245279	2076	76101
四　川	Sichuan	2841	79130	9933	150543	25178	192473	2969	85070
贵　州	Guizhou	1290	65786	2919	99604	9711	214170	1292	84092
云　南	Yunnan	2746	58335	6457	121571	10072	172945	1389	83629
西　藏	Xizang	344	71905	1500	224905	3041	236394	31	99428
陕　西	Shaanxi	1840	55048	4674	127288	22565	168882	4003	66919
甘　肃	Gansu	954	64104	3527	105472	18983	123235	1555	66631
青　海	Qinghai	157	51878	636	127320	2003	161979	677	64865
宁　夏	Ningxia	702	50688	758	129655	4803	144670	233	79514
新　疆	Xinjiang	3542	64126	3594	130074	17125	173253	651	88956

5-3 续表 3 continued

地区	Region	租赁和商务服务业 Leasing and Business Services		科学研究和技术服务业 Scientific Research and Technical Services		水利、环境和公共设施管理业 Management of Water Conservancy,Environment and Public Facilities		居民服务、修理和其他服务业 Service to Households, Repair and Other Services	
		年末人数（人） Year-end Figures (person)	平均工资（元） Average Wage (yuan)	年末人数（人） Year-end Figures (person)	平均工资（元） Average Wage (yuan)	年末人数（人） Year-end Figures (person)	平均工资（元） Average Wage (yuan)	年末人数（人） Year-end Figures (person)	平均工资（元） Average Wage (yuan)
全　国	**National**	**565336**	**106355**	**1226774**	**162618**	**977899**	**85336**	**108290**	**100760**
北　京	Beijing	107762	101703	123593	286256	42310	146992	4671	130266
天　津	Tianjin	6334	110090	21501	198584	14546	105580	906	162122
河　北	Hebei	18178	71733	56636	134034	43494	69899	10400	68538
山　西	Shanxi	18770	89432	28359	99442	47091	43675	3634	91960
内蒙古	Inner Mongolia	8829	95835	26795	114074	27762	69589	1249	73614
辽　宁	Liaoning	13579	88316	29632	143105	23127	71676	4626	65205
吉　林	Jilin	7955	78855	31408	119149	34919	55723	2183	58365
黑龙江	Heilongjiang	8331	74611	30635	103860	38228	58752	6403	53268
上　海	Shanghai	14548	197804	36002	287188	9193	220875	4379	205841
江　苏	Jiangsu	38018	129618	68790	185331	49838	117316	8919	118299
浙　江	Zhejiang	18810	152802	47766	218418	26650	134374	2914	145413
安　徽	Anhui	12335	91748	30060	130611	22937	95903	2453	95461
福　建	Fujian	23687	96196	27051	160163	17216	98086	3211	104713
江　西	Jiangxi	16011	75322	29151	123559	12782	87771	1595	85023
山　东	Shandong	29284	117858	67569	144087	46459	98889	5669	89341
河　南	Henan	24412	71790	51106	101921	48659	65134	5645	70358
湖　北	Hubei	18736	103360	44753	140645	47241	91204	5095	90325
湖　南	Hunan	17068	88876	40592	119298	60451	72540	3073	82265
广　东	Guangdong	59091	124305	91291	211646	68167	112555	13854	141310
广　西	Guangxi	19433	116355	46479	113764	41838	65602	2010	94317
海　南	Hainan	3118	111226	11285	139265	9675	72000	775	85497
重　庆	Chongqing	6333	117134	20398	141809	24027	75756	1154	104477
四　川	Sichuan	22215	122814	91619	137514	57507	78635	5470	95912
贵　州	Guizhou	6365	82370	15469	121687	12566	73297	1377	99407
云　南	Yunnan	10467	125603	45237	127949	23158	85067	1332	93897
西　藏	Xizang	1346	119010	5305	196153	495	150857	142	199244
陕　西	Shaanxi	12835	78166	36166	107351	46529	63636	2112	64615
甘　肃	Gansu	7645	70518	28682	126173	34441	76758	784	83405
青　海	Qinghai	2198	107182	9549	145807	6323	82287	177	99008
宁　夏	Ningxia	1956	97921	4543	142142	8344	80958	197	98035
新　疆	Xinjiang	9688	88532	29351	139533	31926	80430	1883	97598

5-3 续表 4 continued

地区	Region	教育 Education 年末人数(人) Year-end Figures (person)	教育 Education 平均工资(元) Average Wage (yuan)	卫生和社会工作 Health and Social Service 年末人数(人) Year-end Figures (person)	卫生和社会工作 Health and Social Service 平均工资(元) Average Wage (yuan)	文化、体育和娱乐业 Culture, Sports and Entertainment 年末人数(人) Year-end Figures (person)	文化、体育和娱乐业 Culture, Sports and Entertainment 平均工资(元) Average Wage (yuan)	公共管理、社会保障和社会组织 Public Management, Social Security and Social Organization 年末人数(人) Year-end Figures (person)	公共管理、社会保障和社会组织 Public Management, Social Security and Social Organization 平均工资(元) Average Wage (yuan)
全　国	**National**	**16636142**	**132020**	**9594843**	**152291**	**765769**	**135664**	**19023474**	**120270**
北　京	Beijing	387795	259687	257194	298711	76899	284899	411628	202578
天　津	Tianjin	178182	160941	101041	195578	7285	126469	191993	144193
河　北	Hebei	790936	102886	436983	107870	32159	88432	1013672	85970
山　西	Shanxi	459057	101155	238524	100438	24330	80235	615936	81350
内蒙古	Inner Mongolia	349385	113247	189127	113717	25332	99884	524942	101215
辽　宁	Liaoning	463979	112711	295227	114024	22485	90005	606306	96912
吉　林	Jilin	313135	104493	183724	115439	19365	79564	369048	87873
黑龙江	Heilongjiang	348821	111147	214881	115413	19060	81202	465056	94424
上　海	Shanghai	303502	252731	210015	299086	16580	225182	185588	264384
江　苏	Jiangsu	1010046	167063	532075	184504	41106	153473	873289	169617
浙　江	Zhejiang	732412	181369	483022	215482	35346	178722	764488	180937
安　徽	Anhui	590780	127751	317781	147862	20286	112641	556117	120913
福　建	Fujian	527704	139716	245554	172688	23196	132723	479785	132327
江　西	Jiangxi	566009	110518	267937	131476	17314	110324	602013	110766
山　东	Shandong	1133670	132275	674227	141383	47459	118570	1356451	118509
河　南	Henan	1055247	86631	623331	103275	43757	78471	1187785	82188
湖　北	Hubei	607277	127874	435215	147154	31918	122615	734772	125288
湖　南	Hunan	649185	108998	417967	133520	21756	97022	847909	99707
广　东	Guangdong	1194485	169723	797522	212882	47147	178252	1474140	163249
广　西	Guangxi	764419	97926	381470	123518	20486	97220	574482	103755
海　南	Hainan	131457	125123	69411	138687	5181	111143	137236	113968
重　庆	Chongqing	394706	144757	198862	163844	12473	128850	352878	132650
四　川	Sichuan	1033202	125635	628880	145743	38901	117648	1202957	120804
贵　州	Guizhou	523966	104507	268081	123586	9702	105479	628291	96610
云　南	Yunnan	554766	126897	292524	128661	21312	114377	670410	112664
西　藏	Xizang	53116	199266	19720	178138	5153	181974	146389	188878
陕　西	Shaanxi	500908	111589	295867	110402	28105	89069	575203	94109
甘　肃	Gansu	358007	115663	184080	107782	18411	102550	469016	106391
青　海	Qinghai	82594	139021	53595	133331	5777	117565	136444	135517
宁　夏	Ningxia	99891	119776	53199	143516	3994	123992	109212	119132
新　疆	Xinjiang	477504	123666	227802	139352	23489	117798	760038	101225

5-4 各地区分行业国有单位其他就业人员和平均工资(2023年) OTHER EMPLOYMENT AND AVERSGE WAGE IN STATE-OWNED UNITS BY SECTOR AND REGION (2023)

地 区	Region	总 计 Total		农、林、牧、渔业 Agriculture, Forestry, Animal Husbandry and Fishery		采矿业 Mining		制造业 Manufacturing	
		年末人数(人) Year-end Figures (person)	平均工资(元) Average Wage (yuan)	年末人数(人) Year-end Figures (person)	平均工资(元) Average Wage (yuan)	年末人数(人) Year-end Figures (person)	平均工资(元) Average Wage (yuan)	年末人数(人) Year-end Figures (person)	平均工资(元) Average Wage (yuan)
全 国	**National**	**2256888**	**52059**	**16505**	**26418**	**9689**	**98323**	**5382**	**46042**
北 京	Beijing	60120	105369	2	56750			40	65256
天 津	Tianjin	19583	69165					228	115911
河 北	Hebei	101132	48998	243	28899			135	27667
山 西	Shanxi	67768	31869	62	21099	1180	32508	254	51655
内蒙古	Inner Mongolia	47672	41732	441	40926			14	82593
辽 宁	Liaoning	61086	37135	3411	6698			311	45830
吉 林	Jilin	44259	35165	222	25494	45	39286	329	23290
黑龙江	Heilongjiang	70636	39304	1343	26695	5409	104256	199	15009
上 海	Shanghai	27679	130515	10	74400			92	70947
江 苏	Jiangsu	128730	73264	218	21444	20	52381	211	70776
浙 江	Zhejiang	81456	80806	76	52998			202	68800
安 徽	Anhui	68067	56562	197	30774	9	87286	210	18665
福 建	Fujian	81418	51432	1200	25849	7	56375	88	34343
江 西	Jiangxi	65010	41088	650	28102	29	134000	173	45065
山 东	Shandong	98144	51840	597	34263	2501	116311	288	73021
河 南	Henan	91221	44580	348	26240	9	70300	32	97556
湖 北	Hubei	96981	48867	2689	42199	5	74400	237	40587
湖 南	Hunan	86135	44534	174	22418			64	40260
广 东	Guangdong	116097	83080	185	47806			447	41652
广 西	Guangxi	77400	37535	1628	27445			282	40287
海 南	Hainan	15228	56568	42	33726			10	27271
重 庆	Chongqing	47171	66157	28	53376	3	81333	6	94500
四 川	Sichuan	161545	52037	368	22077			62	30764
贵 州	Guizhou	89461	39636	186	18720	176	50129	76	35781
云 南	Yunnan	159724	36417	566	22376	256	88891	70	37447
西 藏	Xizang	19987	50001	52	29981				
陕 西	Shaanxi	69035	38549	239	26711		24000	81	37340
甘 肃	Gansu	72784	42368	373	36819	10	71250	1132	34007
青 海	Qinghai	19675	35110	300	29411			59	117721
宁 夏	Ningxia	25738	37875	223	24206			16	41238
新 疆	Xinjiang	85946	42222	432	44175	30	204065	37	55467

5-4 续表 1 continued

地 区	Region	电力、热力、燃气及水生产和供应业 Production and Supply of Electricity, Heat, Gas and Water		建筑业 Construction		批发和零售业 Wholesale and Retail Trades		交通运输、仓储和邮政业 Transport, Storage and Post	
		年末人数（人）Year-end Figures (person)	平均工资（元）Average Wage (yuan)	年末人数（人）Year-end Figures (person)	平均工资（元）Average Wage (yuan)	年末人数（人）Year-end Figures (person)	平均工资（元）Average Wage (yuan)	年末人数（人）Year-end Figures (person)	平均工资（元）Average Wage (yuan)
全 国	**National**	**5002**	**42053**	**55488**	**63515**	**13703**	**74957**	**14913**	**42584**
北 京	Beijing			4	125500	90	120498	34	40120
天 津	Tianjin	7	37571	3	68667	32	56044	35	59855
河 北	Hebei	1232	35146	154	38307	493	27624	1542	32361
山 西	Shanxi	148	36467	390	35303	133	23129	761	32551
内蒙古	Inner Mongolia	58	38540	19	37674	74	32994	627	41361
辽 宁	Liaoning	350	29800	427	74043	330	184931	768	20718
吉 林	Jilin	36	23635	107	41104	74	74464	118	29648
黑龙江	Heilongjiang	241	20223	343	41147	586	46295	694	21959
上 海	Shanghai			71	178263	70	98891	41	226553
江 苏	Jiangsu	14	79744	7136	66699	269	97035	946	58622
浙 江	Zhejiang	46	32935	483	43285	90	29380	193	71282
安 徽	Anhui	28	47811	1338	64862	161	23148	255	56300
福 建	Fujian	73	51627	554	91932	278	34811	344	40019
江 西	Jiangxi	96	31871	2888	21050	401	40824	287	36595
山 东	Shandong	9	103500	2234	53717	198	28285	1552	75436
河 南	Henan	147	40924	4550	41265	840	51954	540	21664
湖 北	Hubei	632	37903	4756	43669	202	71652	621	57183
湖 南	Hunan	646	65456	5802	52953	2852	63305	445	29895
广 东	Guangdong	132	38607	4521	51487	718	26883	1669	46013
广 西	Guangxi	44	14897	915	47738	146	50199	179	34559
海 南	Hainan	37	22805			28	103705	198	46365
重 庆	Chongqing	6	51684	7347	135754	34	214407	476	41330
四 川	Sichuan	65	37094	6055	37326	1224	142153	916	33838
贵 州	Guizhou	13	31714	15	31333	1711	109893	134	35601
云 南	Yunnan	88	59733	97	83957	1740	89906	70	35253
西 藏	Xizang	93	100511			87	58897	407	51208
陕 西	Shaanxi	183	42172	1154	25672	451	79938	496	24218
甘 肃	Gansu	459	40111	3951	92661	292	85216	236	19987
青 海	Qinghai	6	30000	74	137143	29	44925	24	40939
宁 夏	Ningxia	17	27565			1	81000	82	29313
新 疆	Xinjiang	95	53833	100	68697	68	107123	221	56901

5-4 续表 2 continued

地区	Region	住宿和餐饮业 Hotels and Catering Services		信息传输、软件和信息技术服务业 Information Transmission, Software and Information Technology		金融业 Financial Intermediation		房地产业 Real Estate	
		年末人数(人) Year-end Figures (person)	平均工资(元) Average Wage (yuan)	年末人数(人) Year-end Figures (person)	平均工资(元) Average Wage (yuan)	年末人数(人) Year-end Figures (person)	平均工资(元) Average Wage (yuan)	年末人数(人) Year-end Figures (person)	平均工资(元) Average Wage (yuan)
全　国	**National**	**4167**	**43835**	**5133**	**55878**	**19368**	**52464**	**6529**	**47646**
北　京	Beijing	506	65887	70	107750	18	56532	147	60658
天　津	Tianjin	4	67000	1	38000	621	60001	419	34837
河　北	Hebei	76	66657	86	39477	4	58707	91	97918
山　西	Shanxi	51	39098	190	25114	428	21191	190	15774
内蒙古	Inner Mongolia	43	40079	126	42694	669	36569	9	35027
辽　宁	Liaoning	21	27364	164	37260	232	24121	286	22052
吉　林	Jilin	111	30947	63	27361	616	61382	49	32857
黑龙江	Heilongjiang	532	31162	227	58857	185	65821	135	30579
上　海	Shanghai	65	79893	99	32856	109	130738	165	69238
江　苏	Jiangsu	135	43151	289	56581	756	59828	138	61844
浙　江	Zhejiang	57	57837	176	78374	644	95505	229	39239
安　徽	Anhui	3	18353	1178	49663	637	62743	145	80888
福　建	Fujian	111	40124	216	62139	171	62183	1400	70868
江　西	Jiangxi	75	37956	469	70661	282	47428	89	35679
山　东	Shandong	318	43493	135	44759	1622	50966	549	36943
河　南	Henan	463	36774	36	29358	212	23684	108	35515
湖　北	Hubei	483	35029	264	68526	67	35184	294	44944
湖　南	Hunan	199	34985	77	45286	776	34532	240	24969
广　东	Guangdong	117	72765	488	93197	1573	79371	368	56916
广　西	Guangxi	6	46571	73	20248	25	49080	134	31304
海　南	Hainan			9	43143			141	39359
重　庆	Chongqing	31	38276	70	50087	10	61250	65	91250
四　川	Sichuan	88	27391	218	52066	2729	44327	100	30226
贵　州	Guizhou	50	85061	21	57243	5	40237	14	39382
云　南	Yunnan	193	33261	36	35566	176	61185	8	62062
西　藏	Xizang	8	43200	70	61168	30	98403		
陕　西	Shaanxi	87	30322	71	34551	4650	26574	887	36146
甘　肃	Gansu	53	79208	71	40810	13	54615	25	38391
青　海	Qinghai	18	30913	60	32650	18	45449	1	23000
宁　夏	Ningxia	52	40250	20	27105	157	112344	5	32917
新　疆	Xinjiang	211	50986	60	34226	1935	106767	96	25029

5-4 续表 3 continued

地区	Region	租赁和商务服务业 Leasing and Business Services		科学研究和技术服务业 Scientific Research and Technical Services		水利、环境和公共设施管理业 Management of Water Conservancy,Environment and Public Facilities		居民服务、修理和其他服务业 Service to Households, Repair and Other Services	
		年末人数(人) Year-end Figures (person)	平均工资(元) Average Wage (yuan)	年末人数(人) Year-end Figures (person)	平均工资(元) Average Wage (yuan)	年末人数(人) Year-end Figures (person)	平均工资(元) Average Wage (yuan)	年末人数(人) Year-end Figures (person)	平均工资(元) Average Wage (yuan)
全国	**National**	**41910**	**65496**	**54092**	**100394**	**122161**	**30552**	**5865**	**48175**
北京	Beijing	10083	93500	5622	143473	843	65040	248	86017
天津	Tianjin	90	60313	768	82010	1406	42523	4	56667
河北	Hebei	478	29541	11555	187865	6242	26954	257	41602
山西	Shanxi	1649	28004	743	46126	7948	23540	124	30221
内蒙古	Inner Mongolia	532	32193	416	63704	3084	31300	88	37920
辽宁	Liaoning	518	29786	1613	64918	3953	22403	305	50503
吉林	Jilin	236	26077	740	69165	7049	26156	85	25073
黑龙江	Heilongjiang	2402	27236	847	45347	12921	29811	288	38710
上海	Shanghai	407	66232	2037	142726	187	57016	136	69862
江苏	Jiangsu	3562	73172	3190	80564	5180	43666	491	56314
浙江	Zhejiang	579	45124	3418	87709	968	55186	149	91048
安徽	Anhui	489	50191	1471	85077	685	34194	223	47212
福建	Fujian	1139	197513	1537	79840	1868	35178	129	65499
江西	Jiangxi	683	33560	897	51233	1567	30689	55	47625
山东	Shandong	243	46040	1673	98816	4038	31433	221	47651
河南	Henan	766	29326	1950	64084	11052	21439	227	31416
湖北	Hubei	635	61935	1687	64073	8055	35779	261	49467
湖南	Hunan	624	51184	1180	65222	8666	36722	210	46920
广东	Guangdong	11536	64343	3841	117984	2676	49150	487	75512
广西	Guangxi	1260	41715	1238	53961	1619	27491	68	51861
海南	Hainan	135	48721	542	130394	1094	38641		
重庆	Chongqing	165	37570	911	52155	1847	40358	28	58454
四川	Sichuan	573	38435	1619	69611	6630	31096	491	41845
贵州	Guizhou	180	42129	656	78231	342	33707	34	39770
云南	Yunnan	683	38133	1150	58996	10032	19948	58	47446
西藏	Xizang	186	62354	556	45572	71	70907	126	40778
陕西	Shaanxi	864	34778	523	74870	4009	27133	74	35737
甘肃	Gansu	442	54289	481	48199	3782	31198	59	25391
青海	Qinghai	110	32386	564	25595	1228	33023	4	32000
宁夏	Ningxia	324	30326	107	44097	267	37638	62	38835
新疆	Xinjiang	341	37230	558	50360	2851	37643	868	23216

5-4 续表 4 continued

地区 Region		教育 Education		卫生和社会工作 Health and Social Service		文化、体育和娱乐业 Culture, Sports and Entertainment		公共管理、社会保障和社会组织 Public Management, Social Security and Social Organization	
		年末人数(人) Year-end Figures (person)	平均工资(元) Average Wage (yuan)	年末人数(人) Year-end Figures (person)	平均工资(元) Average Wage (yuan)	年末人数(人) Year-end Figures (person)	平均工资(元) Average Wage (yuan)	年末人数(人) Year-end Figures (person)	平均工资(元) Average Wage (yuan)
全　国	**National**	**680655**	**47302**	**367241**	**80595**	**38768**	**49453**	**790316**	**41868**
北　京	Beijing	18683	126937	8755	142493	2219	126124	12756	47084
天　津	Tianjin	5810	44579	5111	99398	241	80527	4802	71899
河　北	Hebei	18127	36318	16569	48451	1615	44361	42233	38244
山　西	Shanxi	12806	29059	13137	44155	1152	28211	26421	29836
内蒙古	Inner Mongolia	7955	40586	6011	73674	1150	40535	26356	36134
辽　宁	Liaoning	14952	35716	14815	54204	668	37115	17960	27905
吉　林	Jilin	7304	48169	8100	49008	667	32621	18309	25646
黑龙江	Heilongjiang	9637	28981	10828	47283	1151	36258	22667	36230
上　海	Shanghai	14325	127329	7609	149506	463	105298	1793	108974
江　苏	Jiangsu	44947	56416	32004	118019	1418	65952	27805	58812
浙　江	Zhejiang	34150	67035	14727	140954	1759	51082	23510	67575
安　徽	Anhui	21901	40450	8404	80704	753	46021	29980	61363
福　建	Fujian	37974	43589	8178	79629	1704	48287	24450	46468
江　西	Jiangxi	26701	33002	6563	59512	822	35526	22285	48099
山　东	Shandong	21232	41393	24972	71449	1172	42742	34591	38927
河　南	Henan	23575	40144	17462	88372	3984	41482	24920	29478
湖　北	Hubei	33345	43297	7390	67950	1266	44594	34091	53402
湖　南	Hunan	28903	34496	11232	66746	912	45997	23132	43619
广　东	Guangdong	35073	90929	15161	151495	5901	44017	31203	61705
广　西	Guangxi	32682	31495	7935	77381	1177	31458	27988	33250
海　南	Hainan	4686	61059	1822	83895	158	45098	6326	43539
重　庆	Chongqing	18145	47080	6274	85678	526	54808	11198	40793
四　川	Sichuan	58331	41994	27838	104536	1620	67588	52618	37768
贵　州	Guizhou	38075	35479	8657	45869	476	49954	38640	38836
云　南	Yunnan	43182	28629	28697	53551	963	34181	71658	34336
西　藏	Xizang	3865	39313	2531	52155	799	42692	11106	53045
陕　西	Shaanxi	20061	37788	14900	53763	1330	35733	18974	33702
甘　肃	Gansu	13776	37785	16403	51551	1273	29527	29953	34402
青　海	Qinghai	4246	35915	1473	43595	416	46171	11046	33133
宁　夏	Ningxia	8526	30278	2890	62790	366	27096	12623	37369
新　疆	Xinjiang	17680	35248	10794	54012	648	49982	48921	39600

六、港澳台投资单位就业人员和工资总额

EMPLOYMENT AND TOTAL WAGES IN UNITS WITH FUNDS FROM HONG KONG, MACAO AND TAIWAN

6-1 分行业港澳台投资单位就业人员和工资总额(2023年)
EMPLOYMENT AND TOTAL WAGES IN UNITS WITH FUNDS FROM HONG KONG,MACAO AND TAIWAN BY SECTOR (2023)

项　目	Item	年末人数 (千人) Year-end Figures (1000 persons)	#女 性 Female	工资总额 (亿元) Total Wages (100 million yuan)	平均工资 (元) Average Wage (yuan)
全 国 总 计	**National Total**	**10928**	**4925**	**14756.7**	**132342**
按国民经济行业分组	**Grouped by Sector**				
农、林、牧、渔业	**Agriculture, Forestry, Animal Husbandry and Fishery**	**9**	**4**	**6.9**	**76313**
农业	Farming	3	2	1.3	42577
林业	Forestry	…	…	0.1	51640
畜牧业	Animal Husbandry	5	1	4.3	91678
渔业	Fishery	…	…	0.3	79576
农、林、牧、渔专业及辅助性活动	Professional and Support Activities for Agriculture, Forestry, Animal Husbandry and Fishery	1	…	0.9	119114
采矿业	**Mining**	**63**	**14**	**95.2**	**152269**
煤炭开采和洗选业	Mining and Washing of Coal	52	13	71.4	137615
石油和天然气开采业	Extraction of Petroleum and Natural Gas	4	1	16.9	395348
黑色金属矿采选业	Mining and Processing of Ferrous Metal Ores	1	…	0.6	95426
有色金属矿采选业	Mining and Processing of Non-Ferrous Metal Ores	3	…	2.9	109913
非金属矿采选业	Mining and Processing of Non-metal Ores	2	…	1.6	82311
开采专业及辅助性活动	Professional and Support Activities for Mining	1	…	1.9	157302
其他采矿业	Mining of Other Ores				
制造业	**Manufacturing**	**6743**	**2870**	**6622.5**	**95654**
农副食品加工业	Processing of Food from Agricultural Products	110	49	93.2	85448
食品制造业	Manufacture of Foods	157	79	148.5	94584
酒、饮料和精制茶制造业	Manufacture of Liquor, Beverages and Refined Tea	85	30	88.0	102948
烟草制品业	Manufacture of Tobacco	2	1	1.2	60087
纺织业	Manufacture of Textile	250	131	200.0	79057
纺织服装、服饰业	Manufacture of Textile, Wearing Apparel and Accessories	362	253	261.8	70931
皮革、毛皮、羽毛及其制品和制鞋业	Manufacture of Leather, Fur, Feather and Related Products and Footwear	252	162	154.7	60929
木材加工和木、竹、藤、棕、草制品业	Processing of Timber, Manufacture of Wood, Bamboo, Rattan, Palm and Straw Products	14	6	10.2	70789
家具制造业	Manufacture of Furniture	94	32	80.8	86447
造纸及纸制品业	Manufacture of Paper and Paper Products	126	42	114.3	90555
印刷和记录媒介复制业	Printing and Reproduction of Recording Media	94	41	81.9	83659
文教、工美、体育和娱乐用品制造业	Manufacture of Articles for Culture, Education, Arts and Crafts, Sport and Entertainment Activities	328	191	224.0	64906
石油、煤炭及其他燃料加工业	Processing of Petroleum, Coal and Other Fuels	25	5	48.4	190055
化学原料和化学制品制造业	Manufacture of Raw Chemical Materials and Chemical Products	198	63	251.7	125460
医药制造业	Manufacture of Medicines	178	86	251.6	140471
化学纤维制造业	Manufacture of Chemical Fibres	46	16	43.3	94280
橡胶和塑料制品业	Manufacture of Rubber and Plastics Products	390	168	332.8	83333
非金属矿物制品业	Manufacture of Non-metallic Mineral Products	174	49	164.9	93790
黑色金属冶炼和压延加工业	Smelting and Pressing of Ferrous Metals	69	10	73.5	105518
有色金属冶炼和压延加工业	Smelting and Pressing of Non-ferrous Metals	59	14	56.3	92303
金属制品业	Manufacture of Metal Products	303	106	252.4	81916
通用设备制造业	Manufacture of General Purpose Machinery	231	77	253.7	108126

6-1 续表 1 continued

项　　目	Item	年末人数(千人) Year-end Figures (1000 persons)	#女 性 Female	工资总额(亿元) Total Wages (100 million yuan)	平均工资(元) Average Wage (yuan)
专用设备制造业	Manufacture of Special Purpose Machinery	272	96	341.5	122782
汽车制造业	Manufacture of Automobiles	370	101	467.0	126168
铁路、船舶、航空航天和其他运输设备制造业	Manufacture of Railway, Ship, Aerospace and Other Transport Equipments	66	17	72.4	108226
电气机械和器材制造业	Manufacture of Electrical Machinery and Apparatus	603	264	579.2	94366
计算机、通信和其他电子设备制造业	Manufacture of Computers, Communication and Other Electronic Equipment	1731	713	1820.0	99429
仪器仪表制造业	Manufacture of Measuring Instruments and Machinery	99	47	101.3	101796
其他制造业	Other Manufacture	37	20	27.7	73203
废弃资源综合利用业	Utilization of Waste Resources	7	2	7.7	105892
金属制品、机械和设备修理业	Repair Service of Metal Products, Machinery and Equipment	12	2	18.4	143619
电力、热力、燃气及水生产和供应业	**Production and Supply of Electricity, Heat, Gas and Water**	**169**	**46**	**246.4**	**145042**
电力、热力生产和供应业	Production and Supply of Electric Power and Heat Power	62	11	120.0	195907
燃气生产和供应业	Production and Supply of Gas	81	26	96.5	118171
水的生产和供应业	Production and Supply of Water	27	9	30.0	110928
建筑业	**Construction**	**89**	**18**	**81.2**	**103278**
房屋建筑业	Construction of Buildings	39	5	31.4	85459
土木工程建筑业	Civil Engineering	14	3	8.2	95730
建筑安装业	Building Installation	12	3	16.6	153191
建筑装饰、装修和其他建筑业	Building Decoration and Other Constructions	24	7	25.0	111211
批发和零售业	**Wholesale and Retail Trades**	**944**	**568**	**1498.0**	**155189**
批发业	Wholesale Trade	459	242	951.7	203410
零售业	Retail Trade	485	326	546.4	109835
交通运输、仓储和邮政业	**Transport, Storage and Post**	**323**	**136**	**563.0**	**172240**
铁路运输业	Railway Transport	…	…	0.1	183689
道路运输业	Road Transport	63	19	75.3	118375
水上运输业	Water Transport	24	4	47.2	195946
航空运输业	Air Transport	105	47	228.3	218911
管道运输业	Transport Via Pipelines	…	…	0.6	202935
多式联运和运输代理业	Intermodality and Forwarding Agency	83	50	142.8	168162
装卸搬运和仓储业	Loading, Unloading and Storage	35	12	45.8	128336
邮政业	Post	13	4	23.0	164343
住宿和餐饮业	**Hotels and Catering Services**	**521**	**315**	**258.9**	**50581**
住宿业	Hotels	84	43	64.6	77257
餐饮业	Catering Services	437	272	194.4	45377
信息传输、软件和信息技术服务业	**Information Transmission, Software and Information Technology**	**830**	**326**	**3027.0**	**356461**
电信、广播电视和卫星传输服务	Telecommunication, Radio and Television and Satellite Transmission Service	203	82	353.7	172636
互联网和相关服务	Internet and Related Service	183	71	866.7	443678
软件和信息技术服务业	Software and Information Technology	444	172	1806.6	402392
金融业	**Financial Intermediation**	**119**	**73**	**382.6**	**319278**
货币金融服务	Monetary and Financial Service	49	26	182.0	364816

6-1 续表 2 continued

项　　目	Item	年末人数（千人）Year-end Figures (1000 persons)	#女　性 Female	工资总额（亿元）Total Wages (100 million yuan)	平均工资（元）Average Wage (yuan)
资本市场服务	Capital Market Service	8	4	48.3	600551
保险业	Insurance	55	41	117.2	213491
其他金融业	Other Financial Activities	7	3	35.1	500884
房地产业	**Real Estate**	**357**	**148**	**435.7**	**118733**
租赁和商务服务业	**Leasing and Business Services**	**390**	**213**	**874.8**	**224224**
租赁业	Leasing	11	3	18.2	166587
商务服务业	Business Services	379	209	856.6	225883
科学研究和技术服务业	**Scientific Research and Technical Services**	**192**	**87**	**485.5**	**250926**
研究和试验发展	Research and Experimental Development	66	29	199.1	303041
专业技术服务业	Professional Technical Services	83	40	149.0	177998
科技推广和应用服务业	Science and Technology Popularization and Application Services	43	18	137.4	311678
水利、环境和公共设施管理业	**Management of Water Conservancy, Environment and Public Facilities**	**33**	**16**	**25.4**	**76444**
水利管理业	Management of Water Conservancy	…	…	1.1	276133
生态保护和环境治理业	Ecological Protection and Environmental Treatment	5	1	9.5	196420
公共设施管理业	Management of Public Facilities	28	14	14.6	52386
土地管理业	Management of Land	…	…	0.2	176943
居民服务、修理和其他服务业	**Service to Households, Repair and Other Services**	**86**	**53**	**56.6**	**66158**
居民服务业	Service to Households	10	7	12.3	109765
机动车、电子产品和日用产品修理业	Repair of Motor Vehicle, Electronics and Household Products	5	2	6.4	120783
其他服务业	Other Services	70	45	37.9	54836
教育	**Education**	**9**	**6**	**16.9**	**189559**
卫生和社会工作	**Health and Social Service**	**24**	**17**	**42.8**	**179602**
卫生	Health	21	15	39.8	189463
社会工作	Social Service	3	2	3.0	106245
文化、体育和娱乐业	**Culture, Sports and Entertainment**	**30**	**16**	**37.3**	**117317**
新闻和出版业	Journalism and Publishing Activities	…	…	0.4	202333
广播、电视、电影和录音制作业	Radio, Television, Motion Picture and Audio-visual Programme Production Services	5	3	6.7	116652
文化艺术业	Cultural and Art Activities	1	1	2.6	164533
体育	Sports Activities	15	9	12.6	82386
娱乐业	Entertainment	8	4	14.9	167181

6-2 各地区分行业港澳台投资单位就业人员和工资总额(2023年)
EMPLOYMENT AND TOTAL WAGES IN UNITS WITH FUNDS FROM HONG KONG, MACAO AND TAIWAN BY SECTOR AND REGION (2023)

地区	Region	总计 Total				农、林、牧、渔业 Agriculture, Forestry, Animal Husbandry and Fishery			
		年末人数(人) Year-end Figures (person)	#女性 Female	工资总额(千元) Total Wages (1000 yuan)	平均工资(元) Average Wage (yuan)	年末人数(人) Year-end Figures (person)	#女性 Female	工资总额(千元) Total Wages (1000 yuan)	平均工资(元) Average Wage (yuan)
全国	**National**	**10928452**	**4925328**	**1475669312**	**132342**	**8786**	**3544**	**688128**	**76313**
北京	Beijing	713045	336155	203464493	281474	336	82	31720	88852
天津	Tianjin	223622	107785	25117795	111621	172	39	12878	77114
河北	Hebei	147386	44555	16252856	109566	697	235	72969	96138
山西	Shanxi	71664	28756	5841649	77817				
内蒙古	Inner Mongolia	22782	7925	2289122	102868	966	403	96934	92494
辽宁	Liaoning	125135	53306	12804488	97653	18	10	1120	62222
吉林	Jilin	25550	9552	2096731	82630	17	5	3285	182500
黑龙江	Heilongjiang	37114	15326	3026016	80481	210	51	14332	69573
上海	Shanghai	1184046	579965	284276485	235593	45	18	3205	68191
江苏	Jiangsu	1232045	532637	140290374	112727	342	118	22047	68426
浙江	Zhejiang	800836	338260	123435198	153616	219	88	19094	87991
安徽	Anhui	182957	76690	18493307	102586	26	11	1216	43429
福建	Fujian	594894	279550	52512449	88755	317	156	16784	50848
江西	Jiangxi	147748	87462	9943915	66089	173	88	6816	39526
山东	Shandong	419993	149088	44887689	104960	25	7	1210	48403
河南	Henan	177095	72406	17035494	69603	491	177	37926	73358
湖北	Hubei	199726	101323	18149611	90588	354	112	33523	95236
湖南	Hunan	253970	130570	21040853	83432	610	170	38903	64263
广东	Guangdong	3702941	1668183	408938015	107949	523	161	50392	98293
广西	Guangxi	86838	43168	5894657	68817	125	51	9985	80524
海南	Hainan	26509	10806	4081379	149842	179	60	10203	57007
重庆	Chongqing	138298	64016	14596311	103582	32	10	2256	70500
四川	Sichuan	222574	101484	23420581	103341	314	94	55501	180198
贵州	Guizhou	26883	12012	2676007	98715	341	89	29953	97250
云南	Yunnan	48293	22071	3752822	76626	1973	1177	101437	49098
西藏	Xizang	2321	1039	439685	175839				
陕西	Shaanxi	64867	36723	5581522	86495	80	22	2534	36725
甘肃	Gansu	10487	4277	872005	82643	50	15	2903	58636
青海	Qinghai	2812	1205	394838	140063				
宁夏	Ningxia	19088	3453	2207473	116379	151	96	9003	50017
新疆	Xinjiang	16933	5581	1855493	111912				

6-2 续表 1 continued

地 区	Region	采矿业 Mining				制造业 Manufacturing			
		年末人数（人） Year-end Figures (person)	#女 性 Female	工资总额（千元） Total Wages (1000 yuan)	平均工资（元） Average Wage (yuan)	年末人数（人） Year-end Figures (person)	#女 性 Female	工资总额（千元） Total Wages (1000 yuan)	平均工资（元） Average Wage (yuan)
全 国	**National**	**62506**	**14488**	**9519545**	**152269**	**6742683**	**2870144**	**662246392**	**95654**
北 京	Beijing	292	55	59538	200465	50620	21182	12630207	247268
天 津	Tianjin					65867	19953	7628123	115520
河 北	Hebei					103063	27386	11002340	106321
山 西	Shanxi	255	40	9973	54201	47940	19719	3180231	61411
内蒙古	Inner Mongolia	474	72	47513	101091	11576	2967	1062387	97727
辽 宁	Liaoning	272	56	18049	65159	55842	20502	5804878	95534
吉 林	Jilin	35	6	1534	45118	12326	3341	997486	83117
黑龙江	Heilongjiang					8462	3664	900432	105996
上 海	Shanghai	1085	193	398246	375704	245549	87863	39956427	157153
江 苏	Jiangsu	196	50	13787	67916	980989	403506	106378217	107346
浙 江	Zhejiang	3	2	264	88000	555723	230862	66369404	118897
安 徽	Anhui	596	109	62252	104100	122760	53336	11328024	93640
福 建	Fujian	222	37	15897	71287	465269	217967	39862045	85042
江 西	Jiangxi	626	139	59914	95709	128929	78455	8261146	62978
山 东	Shandong	46954	12212	6661392	141182	287527	101861	26577841	90429
河 南	Henan	261	63	25065	95668	117176	45980	10659355	57836
湖 北	Hubei	30	3	1580	56429	111035	51522	10002235	90415
湖 南	Hunan	67	13	5505	83409	190300	92843	15073685	79452
广 东	Guangdong	3639	544	1344183	374008	2802441	1232393	251381013	87484
广 西	Guangxi	88	9	8532	96955	66587	33067	4265080	65648
海 南	Hainan	180	28	11967	71232	8867	2977	1196547	131924
重 庆	Chongqing					96171	40113	9290344	94322
四 川	Sichuan					135690	53455	12273942	88163
贵 州	Guizhou	3980	517	405632	101510	10493	6181	700774	65536
云 南	Yunnan	110	24	11137	87693	20153	7799	1546781	78148
西 藏	Xizang					156	46	21006	137294
陕 西	Shaanxi	84	14	3312	40889	15541	6005	1262052	83406
甘 肃	Gansu	1072	74	125897	119447	1748	473	125045	71089
青 海	Qinghai					671	184	61771	94886
宁 夏	Ningxia					15521	1817	1824491	119388
新 疆	Xinjiang	1985	228	228376	120451	7691	2726	623084	85424

6-2 续表 2 continued

地 区	Region	电力、热力、燃气及水生产和供应业 Production and Supply of Electricity, Heat, Gas and Water				建筑业 Construction			
		年末人数（人） Year-end Figures (person)	#女 性 Female	工资总额（千元） Total Wages (1000 yuan)	平均工资（元） Average Wage (yuan)	年末人数（人） Year-end Figures (person)	#女 性 Female	工资总额（千元） Total Wages (1000 yuan)	平均工资（元） Average Wage (yuan)
全 国	**National**	**169349**	**46035**	**24644545**	**145042**	**88713**	**17508**	**8120853**	**103278**
北 京	Beijing	10654	2968	2363082	221948	3502	751	536773	152190
天 津	Tianjin	7485	2443	1122766	147888	325	74	31975	97783
河 北	Hebei	6929	1675	1009579	142465	7064	1267	382532	53847
山 西	Shanxi	6549	1654	874798	136506				
内蒙古	Inner Mongolia	2330	760	271438	111108	25	8	2674	106960
辽 宁	Liaoning	6692	1828	715991	106215	2663	415	223581	82563
吉 林	Jilin	639	176	59884	91847	172	22	14011	77839
黑龙江	Heilongjiang	5526	1079	473258	84240	138	16	9176	75835
上 海	Shanghai	990	176	264000	265327	6823	2023	1390461	204082
江 苏	Jiangsu	18060	4845	2973016	168817	4698	865	499384	108042
浙 江	Zhejiang	6944	1687	960597	139211	12949	3907	1485560	121857
安 徽	Anhui	9269	2284	1321500	141678	10720	748	725115	72475
福 建	Fujian	2877	901	323026	110456	19543	3773	798069	68304
江 西	Jiangxi	3943	1414	355026	89135	1379	437	165475	114993
山 东	Shandong	17193	4780	2786090	161507	1084	264	85641	77363
河 南	Henan	12230	3687	1340428	108769	547	78	49427	81428
湖 北	Hubei	5375	1628	703518	128861	292	34	30900	99677
湖 南	Hunan	7260	1858	1176762	164139	2106	131	76517	36437
广 东	Guangdong	12614	2619	2371592	186000	13481	2391	1454866	115903
广 西	Guangxi	1843	579	152687	83326	180	44	10722	58590
海 南	Hainan	1479	422	143216	92338	17	3	2141	142733
重 庆	Chongqing	2595	985	399997	150999	145	44	22993	156415
四 川	Sichuan	9026	2747	1050531	115342	420	103	45506	108866
贵 州	Guizhou	2760	708	395649	142269	77	26	26252	336564
云 南	Yunnan	3028	888	350962	117050	134	65	31807	217410
西 藏	Xizang	24	9	5465	227708				
陕 西	Shaanxi	2448	667	327475	132635	215	13	18739	90527
甘 肃	Gansu	1059	145	138123	128367				
青 海	Qinghai	282	59	48101	167017				
宁 夏	Ningxia	446	91	41920	94414				
新 疆	Xinjiang	802	276	124069	153172				

6-2 续表 3 continued

地 区	Region	批发和零售业 Wholesale and Retail Trades				交通运输、仓储和邮政业 Transport, Storage and Post			
		年末人数 (人) Year-end Figures (person)	#女 性 Female	工资总额 (千元) Total Wages (1000 yuan)	平均工资 (元) Average Wage (yuan)	年末人数 (人) Year-end Figures (person)	#女 性 Female	工资总额 (千元) Total Wages (1000 yuan)	平均工资 (元) Average Wage (yuan)
全 国	**National**	**943634**	**568219**	**149801905**	**155189**	**323080**	**135699**	**56298334**	**172240**
北 京	Beijing	64587	34719	15800994	242639	77232	33644	16026199	206197
天 津	Tianjin	46944	32709	5187412	109780	7452	2665	991487	128098
河 北	Hebei	2685	1578	286093	103974	174	32	18817	113352
山 西	Shanxi	1353	817	104563	77608	58	27	3574	60576
内蒙古	Inner Mongolia	1262	800	96354	78592	399	230	25465	63663
辽 宁	Liaoning	13198	8000	953919	69883	2631	888	253062	94726
吉 林	Jilin	3288	2119	196666	57421				
黑龙江	Heilongjiang	3407	2155	180113	49838	32	13	2784	84364
上 海	Shanghai	261311	155829	63027872	236058	110380	55761	21661080	194912
江 苏	Jiangsu	80107	47896	9503566	113615	8904	2850	1046659	115919
浙 江	Zhejiang	47197	24044	7654069	157699	19965	6251	3881805	186693
安 徽	Anhui	13599	8079	1714567	115046	285	56	28318	98326
福 建	Fujian	41631	26185	4224064	100032	5929	1814	712203	120565
江 西	Jiangxi	4454	2880	303007	65044	312	95	26788	63402
山 东	Shandong	21177	12225	2139267	98083	8035	2215	1051901	129323
河 南	Henan	15541	9069	1128018	73404	715	337	58827	78124
湖 北	Hubei	22959	12537	2225654	96126	1391	317	104391	73155
湖 南	Hunan	28498	22247	2188446	79480	2056	939	144518	70548
广 东	Guangdong	195151	114762	25945451	129689	63809	23455	8848845	137047
广 西	Guangxi	5481	3461	401296	69073	2787	418	212582	75531
海 南	Hainan	2207	1100	352984	159649	49	12	3040	62041
重 庆	Chongqing	11148	8214	1144299	101133	5821	2201	794666	134758
四 川	Sichuan	20064	13371	2024166	98863	2109	865	219384	101379
贵 州	Guizhou	3289	1812	332893	96659	22	1	1262	57364
云 南	Yunnan	7247	4157	573489	71965	51	22	4177	67371
西 藏	Xizang	1078	445	179595	147693				
陕 西	Shaanxi	22018	15651	1666960	73405	280	85	23832	86036
甘 肃	Gansu	1153	594	103705	86205	48	16	8088	168500
青 海	Qinghai	270	150	20699	69227				
宁 夏	Ningxia	354	197	34708	94572				
新 疆	Xinjiang	978	416	107015	108755	2155	491	144581	64776

6-2 续表 4 continued

地 区	Region	住宿和餐饮业 Hotels and Catering Services				信息传输、软件和信息技术服务业 Information Transmission, Software and Information Technology			
		年末人数(人) Year-end Figures (person)	#女 性 Female	工资总额(千元) Total Wages (1000 yuan)	平均工资(元) Average Wage (yuan)	年末人数(人) Year-end Figures (person)	#女 性 Female	工资总额(千元) Total Wages (1000 yuan)	平均工资(元) Average Wage (yuan)
全 国	**National**	**521089**	**315426**	**25891552**	**50581**	**829944**	**325596**	**302698472**	**356461**
北 京	Beijing	79465	50210	4750455	61627	233663	93580	109569531	454821
天 津	Tianjin	9892	6330	282906	30325	12623	4367	2785933	202135
河 北	Hebei	673	366	42904	59015	19928	8448	2557937	125381
山 西	Shanxi	2024	1300	55521	32280	12026	4607	1494214	123112
内蒙古	Inner Mongolia	789	449	48740	62567	4371	2047	610227	138877
辽 宁	Liaoning	12442	7762	468348	38819	18879	7566	3041842	158067
吉 林	Jilin	2185	1468	40683	21503	5025	1685	648137	125681
黑龙江	Heilongjiang	1426	767	57642	45893	14493	5513	1141972	76437
上 海	Shanghai	84958	47904	5368744	63511	146072	58462	56318074	382135
江 苏	Jiangsu	36397	23396	1506405	41548	35292	14449	6893092	199478
浙 江	Zhejiang	24818	14437	1220636	51240	54959	21690	32716107	539685
安 徽	Anhui	6032	3975	227239	42859	8772	4025	1399386	156864
福 建	Fujian	22537	12970	1103314	49276	7827	3129	1728645	213571
江 西	Jiangxi	1019	624	55570	54448	3276	1728	321857	103264
山 东	Shandong	7939	4844	371847	48322	15729	4750	3223558	202271
河 南	Henan	1324	789	86388	64565	18392	7346	2853033	151676
湖 北	Hubei	36059	23842	1361760	37210	8431	3738	1890627	212206
湖 南	Hunan	7977	5225	270297	34293	7078	3685	1244524	172276
广 东	Guangdong	125603	72138	5919493	47933	163562	57960	63219870	383044
广 西	Guangxi	4143	2467	214967	51514	2306	1094	251680	110726
海 南	Hainan	6049	2807	482367	78002	1391	415	514121	410640
重 庆	Chongqing	3854	2509	172857	44980	4034	1783	716283	170774
四 川	Sichuan	21948	15116	932542	43052	11730	4115	4202211	346371
贵 州	Guizhou	213	157	9585	44581	3256	1204	616886	190250
云 南	Yunnan	6305	3653	285868	46710	2137	988	321143	168845
西 藏	Xizang	196	102	18945	87708	853	429	212447	241967
陕 西	Shaanxi	12261	8237	459001	39151	6278	2925	970148	156988
甘 肃	Gansu	2449	1527	70066	28494	2234	1130	261667	117445
青 海	Qinghai					1580	808	263829	167830
宁 夏	Ningxia	56	29	1941	42196	1369	724	195149	143281
新 疆	Xinjiang	55	26	4521	80732	2378	1208	514342	215476

6-2 续表 5 continued

地区	Region	金融业 Financial Intermediation 年末人数(人) Year-end Figures (person)	#女性 Female	工资总额(千元) Total Wages (1000 yuan)	平均工资(元) Average Wage (yuan)	房地产业 Real Estate 年末人数(人) Year-end Figures (person)	#女性 Female	工资总额(千元) Total Wages (1000 yuan)	平均工资(元) Average Wage (yuan)
全　国	**National**	**118907**	**73341**	**38261079**	**319278**	**357096**	**147582**	**43570183**	**118733**
北　京	Beijing	25393	17219	7898377	302880	54944	21838	7768357	135807
天　津	Tianjin	5600	2228	1921344	353716	16409	6758	1239101	75816
河　北	Hebei	1529	1142	395317	256866	821	339	104268	119498
山　西	Shanxi	10	10	3364	336400	119	52	9706	77648
内蒙古	Inner Mongolia	56	22	5339	95339				
辽　宁	Liaoning	1015	601	138978	131483	4833	2292	554038	110486
吉　林	Jilin	12	8	3174	264500	677	274	76694	98200
黑龙江	Heilongjiang	826	496	84625	98861	232	108	20460	86695
上　海	Shanghai	37523	21581	16018594	425298	48924	21878	7534017	148506
江　苏	Jiangsu	12286	8942	2049560	173969	16014	6196	2576257	154243
浙　江	Zhejiang	1250	783	383788	303341	25131	11400	2410209	97910
安　徽	Anhui	997	722	153821	159565	1634	732	191637	114316
福　建	Fujian	5927	2900	1348031	223604	10978	4833	1234254	111862
江　西	Jiangxi	69	39	15068	224896	1976	830	192412	94929
山　东	Shandong	698	426	202368	275968	7049	2723	1107662	150891
河　南	Henan	190	137	28782	141349	6143	2811	517851	86685
湖　北	Hubei	1755	1167	488249	260678	3836	1729	569898	143994
湖　南	Hunan	58	26	7200	124138	2711	1174	323235	111442
广　东	Guangdong	18726	11680	6056506	315782	136897	53875	14732577	104593
广　西	Guangxi	34	18	9162	241105	1503	769	182501	111718
海　南	Hainan	41	24	13463	313093	2112	956	310539	145169
重　庆	Chongqing	1301	755	295537	220149	3492	1621	630947	169463
四　川	Sichuan	2393	1627	399381	176031	5746	2447	756646	126680
贵　州	Guizhou	35	23	6340	192121	447	180	43557	109715
云　南	Yunnan	57	33	21467	370121	2626	977	246364	87956
西　藏	Xizang								
陕　西	Shaanxi	1072	699	306865	268731	799	350	145709	175131
甘　肃	Gansu					648	295	33295	51302
青　海	Qinghai								
宁　夏	Ningxia					118	42	28280	239661
新　疆	Xinjiang	41	27	5547	135293	260	95	28963	100566

6-2 续表 6 continued

地区	Region	租赁和商务服务业 Leasing and Business Services				科学研究和技术服务业 Scientific Research and Technical Services			
		年末人数(人) Year-end Figures (person)	#女性 Female	工资总额(千元) Total Wages (1000 yuan)	平均工资(元) Average Wage (yuan)	年末人数(人) Year-end Figures (person)	#女性 Female	工资总额(千元) Total Wages (1000 yuan)	平均工资(元) Average Wage (yuan)
全　国	**National**	**389543**	**212512**	**87476660**	**224224**	**191503**	**87031**	**48551772**	**250926**
北　京	Beijing	64952	37058	14804711	231022	32538	15071	8044428	243023
天　津	Tianjin	7020	2569	1213458	172493	2318	1073	424530	176814
河　北	Hebei	141	59	14532	104162	1331	940	256213	185802
山　西	Shanxi	290	59	74403	253071	79	12	6783	81723
内蒙古	Inner Mongolia	54	17	6122	124939				
辽　宁	Liaoning	3165	1768	421953	134033	587	99	52080	90417
吉　林	Jilin	108	49	8850	76293	236	113	18625	76020
黑龙江	Heilongjiang	617	225	34836	54918	128	49	21271	156404
上　海	Shanghai	141777	78699	45642591	313071	68618	31743	22796406	323416
江　苏	Jiangsu	9165	4857	1223374	131840	19594	8838	4328216	222863
浙　江	Zhejiang	39331	17375	3900140	113980	6944	2593	1645912	244414
安　徽	Anhui	3084	1648	210996	68879	4786	759	1097879	289220
福　建	Fujian	6422	1844	744430	111240	973	447	105526	107978
江　西	Jiangxi	426	190	74243	153617	130	33	9727	71522
山　东	Shandong	2597	992	303860	119438	1774	789	167307	96153
河　南	Henan	703	255	102850	115362	1017	296	100171	96737
湖　北	Hubei	5965	3578	527061	97501	512	226	67917	135637
湖　南	Hunan	2130	1066	172207	94984	1321	311	200172	160653
广　东	Guangdong	80884	48670	15214594	180141	42721	20795	8224763	188758
广　西	Guangxi	941	688	130218	145093	339	262	21128	61959
海　南	Hainan	1471	733	503056	307551	1399	650	450539	266907
重　庆	Chongqing	7130	4167	900555	133433	795	398	54739	71554
四　川	Sichuan	8892	5182	1006713	118624	2075	1085	275402	144020
贵　州	Guizhou	645	238	53912	85575	52	27	4342	103381
云　南	Yunnan	228	83	29287	121269	352	155	34413	98605
西　藏	Xizang								
陕　西	Shaanxi	1176	394	131715	117033	548	244	98021	203152
甘　肃	Gansu								
青　海	Qinghai								
宁　夏	Ningxia								
新　疆	Xinjiang	223	48	24232	110648	329	22	43542	129976

6-2 续表 7 continued

地 区	Region	水利、环境和公共设施管理业 Management of Water Conservancy, Environment and Public Facilities				居民服务、修理和其他服务业 Service to Households, Repair and Other Services			
		年末人数(人) Year-end Figures (person)	#女 性 Female	工资总额(千元) Total Wages (1000 yuan)	平均工资(元) Average Wage (yuan)	年末人数(人) Year-end Figures (person)	#女 性 Female	工资总额(千元) Total Wages (1000 yuan)	平均工资(元) Average Wage (yuan)
全 国	**National**	**33037**	**15640**	**2540282**	**76444**	**85512**	**53116**	**5664627**	**66158**
北 京	Beijing	3875	1645	540244	128569	2566	940	302427	109061
天 津	Tianjin					38951	24667	1983982	50735
河 北	Hebei	974	369	44138	52099	66	38	4653	77550
山 西	Shanxi	618	310	13292	23278	243	91	6323	26128
内蒙古	Inner Mongolia	474	146	15619	32138				
辽 宁	Liaoning	1328	597	52844	39943	479	344	29070	60186
吉 林	Jilin	760	243	21451	27085				
黑龙江	Heilongjiang								
上 海	Shanghai	5753	3351	496338	105201	16693	9861	1389748	85686
江 苏	Jiangsu	1513	358	173013	109710	2283	1239	182697	81397
浙 江	Zhejiang	289	71	39760	132313	1333	662	195099	150423
安 徽	Anhui	76	19	11906	138442				
福 建	Fujian	1866	962	95860	51071	673	369	47922	73095
江 西	Jiangxi	66	13	4677	76672	13	11	360	27692
山 东	Shandong	861	235	65385	74301	278	103	22042	83492
河 南	Henan	2018	1220	23112	11473	194	87	15585	77925
湖 北	Hubei	957	443	61300	64054	175	42	34348	188205
湖 南	Hunan	777	377	65573	85941	644	364	28603	44622
广 东	Guangdong	4576	1877	469036	91606	19659	13486	1323780	66517
广 西	Guangxi	259	91	16470	64274				
海 南	Hainan	497	315	51058	105274	73	49	2665	36014
重 庆	Chongqing	156	75	15281	97331	767	462	58769	73553
四 川	Sichuan	223	100	40763	169846	327	238	31563	84847
贵 州	Guizhou	989	676	37281	39409	67	56	3669	54761
云 南	Yunnan	3589	1835	165539	41056	14	4	722	51571
西 藏	Xizang								
陕 西	Shaanxi	493	289	11823	24277				
甘 肃	Gansu	13	3	1213	93308				
青 海	Qinghai								
宁 夏	Ningxia								
新 疆	Xinjiang	34	17	7084	196778				

6-2 续表 8 continued

地 区	Region	教 育 Education				卫生和社会工作 Health and Social Service			
		年末人数(人) Year-end Figures (person)	#女 性 Female	工资总额(千元) Total Wages (1000 yuan)	平均工资(元) Average Wage (yuan)	年末人数(人) Year-end Figures (person)	#女 性 Female	工资总额(千元) Total Wages (1000 yuan)	平均工资(元) Average Wage (yuan)
全 国	**National**	**8700**	**5737**	**1688802**	**189559**	**23911**	**17222**	**4278551**	**179602**
北 京	Beijing	708	479	223806	239365	2903	2107	765792	266548
天 津	Tianjin	2165	1628	210261	101184	240	194	67599	280494
河 北	Hebei	17	14	810	47647				
山 西	Shanxi								
内蒙古	Inner Mongolia								
辽 宁	Liaoning					31	15	2839	74711
吉 林	Jilin								
黑龙江	Heilongjiang	299	192	32602	101248	1263	969	48779	45292
上 海	Shanghai	866	468	361128	424357	3891	2743	988391	243806
江 苏	Jiangsu	368	271	48822	128065	3945	2880	673060	168835
浙 江	Zhejiang	298	200	74712	222025	1921	1374	294773	157548
安 徽	Anhui					13	9	648	49846
福 建	Fujian	285	262	15981	55683	721	529	77623	110259
江 西	Jiangxi	374	228	32952	87406	46	37	3196	69478
山 东	Shandong	226	81	38711	165432	410	319	49251	116709
河 南	Henan								
湖 北	Hubei	170	145	17925	96371	11	9	811	73727
湖 南	Hunan								
广 东	Guangdong	2718	1639	600205	223510	6039	4140	1031535	171551
广 西	Guangxi					58	50	3726	64241
海 南	Hainan	15	10	5780	289000	25	9	5690	227600
重 庆	Chongqing					682	557	86441	136128
四 川	Sichuan	133	92	22028	165624	103	63	9105	88398
贵 州	Guizhou								
云 南	Yunnan					232	180	24968	105825
西 藏	Xizang								
陕 西	Shaanxi	32	10	1287	40219	1377	1038	144289	101971
甘 肃	Gansu								
青 海	Qinghai								
宁 夏	Ningxia								
新 疆	Xinjiang								

6-2 续表 9 continued

地 区	Region	文化、体育和娱乐业 Culture, Sports and Entertainment			
		年末人数（人） Year-end Figures (person)	#女 性 Female	工资总额（千元） Total Wages (1000 yuan)	平均工资（元） Average Wage (yuan)
全 国	**National**	**30459**	**16488**	**3727631**	**117317**
北 京	Beijing	4815	2608	1347851	277064
天 津	Tianjin	159	88	14042	83086
河 北	Hebei	1292	667	59718	59362
山 西	Shanxi	85	47	4519	52547
内蒙古	Inner Mongolia				
辽 宁	Liaoning	1059	564	71897	53455
吉 林	Jilin	70	43	6251	89300
黑龙江	Heilongjiang	52	27	3511	67519
上 海	Shanghai	2787	1413	661161	226755
江 苏	Jiangsu	1895	1080	199203	104403
浙 江	Zhejiang	1564	837	183269	114472
安 徽	Anhui	308	176	18722	57606
福 建	Fujian	896	474	58776	65999
江 西	Jiangxi	537	221	55682	87139
山 东	Shandong	438	263	32355	70721
河 南	Henan	153	75	8676	57840
湖 北	Hubei	420	252	27914	67101
湖 南	Hunan	371	139	23574	57779
广 东	Guangdong	9898	5598	749312	71743
广 西	Guangxi	158	99	3686	23329
海 南	Hainan	458	237	22003	49004
重 庆	Chongqing	168	116	10099	61206
四 川	Sichuan	1381	784	75199	45273
贵 州	Guizhou	217	117	8020	37477
云 南	Yunnan	55	31	3216	54508
西 藏	Xizang				
陕 西	Shaanxi	166	81	7760	46467
甘 肃	Gansu				
青 海	Qinghai				
宁 夏	Ningxia	1057	453	71216	61766
新 疆	Xinjiang				

七、外商投资单位就业人员和工资总额

EMPLOYMENT AND TOTAL WAGES IN FOREIGN FUNDED UNITS

7-1 分行业外商投资单位就业人员和工资总额(2023年)
EMPLOYMENT AND TOTAL WAGES IN FOREIGN FUNDED UNITS BY SECTOR (2023)

项 目	Item	年末人数(千人) Year-end Figures (1000 persons)	#女性 Female	工资总额(亿元) Total Wages (100 million yuan)	平均工资(元) Average Wage (yuan)
全国总计	**National Total**	**9881**	**4204**	**14961.8**	**149130**
按国民经济行业分组	**Grouped by Sector**				
农、林、牧、渔业	**Agriculture, Forestry, Animal Husbandry and Fishery**	**6**	**3**	**4.8**	**77198**
农业	Farming	2	2	1.4	62460
林业	Forestry	1	…	0.6	99888
畜牧业	Animal Husbandry	2	1	2.1	90713
渔业	Fishery	…	…	0.1	72802
农、林、牧、渔专业及辅助性活动	Professional and Support Activities for Agriculture, Forestry, Animal Husbandry and Fishery	1	…	0.6	65134
采矿业	**Mining**	**39**	**5**	**75.7**	**193796**
煤炭开采和洗选业	Mining and Washing of Coal	21	3	29.8	140022
石油和天然气开采业	Extraction of Petroleum and Natural Gas	11	1	37.8	359993
黑色金属矿采选业	Mining and Processing of Ferrous Metal Ores	1	…	1.0	98108
有色金属矿采选业	Mining and Processing of Non-Ferrous Metal Ores	3	…	2.5	97060
非金属矿采选业	Mining and Processing of Non-metal Ores	3	1	2.7	89564
开采专业及辅助性活动	Professional and Support Activities for Mining	1	…	1.9	279780
其他采矿业	Mining of Other Ores				
制造业	**Manufacturing**	**6507**	**2515**	**7832.3**	**118118**
农副食品加工业	Processing of Food from Agricultural Products	139	58	135.2	97714
食品制造业	Manufacture of Foods	191	93	221.9	115615
酒、饮料和精制茶制造业	Manufacture of Liquor, Beverages and Refined Tea	112	36	116.1	103298
烟草制品业	Manufacture of Tobacco				
纺织业	Manufacture of Textile	105	56	89.5	83429
纺织服装、服饰业	Manufacture of Textile, Wearing Apparel and Accessories	151	116	103.5	66542
皮革、毛皮、羽毛及其制品和制鞋业	Manufacture of Leather, Fur, Feather and Related Products and Footwear	131	86	86.1	64223
木材加工和木、竹、藤、棕、草制品业	Processing of Timber, Manufacture of Wood, Bamboo, Rattan, Palm and Straw Products	16	7	13.2	77498
家具制造业	Manufacture of Furniture	53	21	47.4	88837
造纸及纸制品业	Manufacture of Paper and Paper Products	54	18	65.2	120094
印刷和记录媒介复制业	Printing and Reproduction of Recording Media	36	18	37.8	98594
文教、工美、体育和娱乐用品制造业	Manufacture of Articles for Culture, Education, Arts and Crafts, Sport and Entertainment Activities	128	72	95.9	73535

7-1 续表 1 continued

项　目	Item	年末人数(千人) Year-end Figures (1000 persons)	#女性 Female	工资总额(亿元) Total Wages (100 million yuan)	平均工资(元) Average Wage (yuan)
石油、煤炭及其他燃料加工业	Processing of Petroleum, Coal and Other Fuels	10	2	13.1	127460
化学原料和化学制品制造业	Manufacture of Raw Chemical Materials and Chemical Products	240	70	394.9	164244
医药制造业	Manufacture of Medicines	184	91	364.1	196356
化学纤维制造业	Manufacture of Chemical Fibres	26	9	27.0	105360
橡胶和塑料制品业	Manufacture of Rubber and Plastics Products	246	99	255.1	102104
非金属矿物制品业	Manufacture of Non-metallic Mineral Products	115	36	126.2	106746
黑色金属冶炼和压延加工业	Smelting and Pressing of Ferrous Metals	65	10	76.1	107891
有色金属冶炼和压延加工业	Smelting and Pressing of Non-ferrous Metals	46	12	49.8	105945
金属制品业	Manufacture of Metal Products	236	78	237.8	100759
通用设备制造业	Manufacture of General Purpose Machinery	580	167	775.9	132704
专用设备制造业	Manufacture of Special Purpose Machinery	356	119	499.9	139365
汽车制造业	Manufacture of Automobiles	1040	292	1430.9	135579
铁路、船舶、航空航天和其他运输设备制造业	Manufacture of Railway, Ship, Aerospace and Other Transport Equipments	102	26	114.7	113317
电气机械和器材制造业	Manufacture of Electrical Machinery and Apparatus	518	222	589.0	112115
计算机、通信和其他电子设备制造业	Manufacture of Computers, Communication and Other Electronic Equipment	1467	639	1638.0	107292
仪器仪表制造业	Manufacture of Measuring Instruments and Machinery	108	43	154.2	140150
其他制造业	Other Manufacture	29	16	32.0	108282
废弃资源综合利用业	Utilization of Waste Resources	3	1	3.2	116723
金属制品、机械和设备修理业	Repair Service of Metal Products, Machinery and Equipment	21	3	38.7	190593
电力、热力、燃气及水生产和供应业	**Production and Supply of Electricity, Heat, Gas and Water**	**80**	**21**	**110.3**	**137584**
电力、热力生产和供应业	Production and Supply of Electric Power and Heat Power	25	4	45.6	180735
燃气生产和供应业	Production and Supply of Gas	41	13	47.5	115805
水的生产和供应业	Production and Supply of Water	14	4	17.2	123588
建筑业	**Construction**	**77**	**10**	**95.0**	**120542**
房屋建筑业	Construction of Buildings	53	6	60.8	110086
土木工程建筑业	Civil Engineering	9	1	10.1	119235
建筑安装业	Building Installation	10	2	19.6	184754
建筑装饰、装修和其他建筑业	Building Decoration and Other Constructions	4	1	4.5	100037

7-1 续表 2 continued

项 目	Item	年末人数（千人）Year-end Figures (1000 persons)	#女 性 Female	工资总额（亿元）Total Wages (100 million yuan)	平均工资（元）Average Wage (yuan)
批发和零售业	**Wholesale and Retail Trades**	**953**	**496**	**2019.1**	**209518**
批发业	Wholesale Trade	611	289	1632.4	264119
零售业	Retail Trade	342	208	386.7	111884
交通运输、仓储和邮政业	**Transport, Storage and Post**	**137**	**46**	**202.4**	**145964**
铁路运输业	Railway Transport	…	…	0.2	404804
道路运输业	Road Transport	41	10	41.2	99172
水上运输业	Water Transport	13	2	26.0	193965
航空运输业	Air Transport	15	5	18.5	119595
管道运输业	Transport Via Pipelines	1	…	2.1	187406
多式联运和运输代理业	Intermodality and Forwarding Agency	39	22	75.3	188746
装卸搬运和仓储业	Loading, Unloading and Storage	20	6	26.4	130346
邮政业	Post	7	2	12.8	182750
住宿和餐饮业	**Hotels and Catering Services**	**456**	**292**	**211.1**	**47956**
住宿业	Hotels	37	20	28.0	75101
餐饮业	Catering Services	419	272	183.1	45441
信息传输、软件和信息技术服务业	**Information Transmission, Software and Information Technology**	**558**	**244**	**1676.2**	**296256**
电信、广播电视和卫星传输服务	Telecommunication, Radio and Television and Satellite Transmission Service	81	36	187.1	229803
互联网和相关服务	Internet and Related Service	56	31	165.4	300262
软件和信息技术服务业	Software and Information Technology	421	177	1323.7	308343
金融业	**Financial Intermediation**	**332**	**200**	**799.6**	**239729**
货币金融服务	Monetary and Financial Service	113	62	340.0	305427
资本市场服务	Capital Market Service	22	11	161.7	736019
保险业	Insurance	193	125	272.9	138759
其他金融业	Other Financial Activities	4	2	25.1	691956
房地产业	**Real Estate**	**125**	**53**	**164.4**	**125366**
租赁和商务服务业	**Leasing and Business Services**	**314**	**176**	**1061.6**	**326196**
租赁业	Leasing	7	2	12.8	181609
商务服务业	Business Services	307	174	1048.8	329398
科学研究和技术服务业	**Scientific Research and Technical Services**	**205**	**86**	**583.6**	**281384**
研究和试验发展	Research and Experimental Development	75	34	246.0	325786
专业技术服务业	Professional Technical Services	96	36	234.3	240198
科技推广和应用服务业	Science and Technology Popularization and Application Services	34	15	103.3	300716

7-1 续表 3 continued

项目	Item	年末人数（千人）Year-end Figures (1000 persons)	#女性 Female	工资总额（亿元）Total Wages (100 million yuan)	平均工资（元）Average Wage (yuan)
水利、环境和公共设施管理业	**Management of Water Conservancy, Environment and Public Facilities**	**6**	**3**	**6.3**	**97498**
水利管理业	Management of Water Conservancy	…	…	0.2	125188
生态保护和环境治理业	Ecological Protection and Environmental Treatment	3	1	3.8	121540
公共设施管理业	Management of Public Facilities	3	2	1.3	42752
土地管理业	Management of Land	…	…	1.1	477914
居民服务、修理和其他服务业	**Service to Households, Repair and Other Services**	**19**	**10**	**21.2**	**109553**
居民服务业	Service to Households	4	2	3.9	95619
机动车、电子产品和日用产品修理业	Repair of Motor Vehicle, Electronics and Household Products	7	2	11.4	153755
其他服务业	Other Services	8	5	6.0	75587
教育	**Education**	**9**	**6**	**22.0**	**239856**
卫生和社会工作	**Health and Social Service**	**18**	**13**	**29.5**	**168517**
卫生	Health	17	12	28.7	172909
社会工作	Social Service	1	1	0.8	86577
文化、体育和娱乐业	**Culture, Sports and Entertainment**	**40**	**22**	**46.5**	**119204**
新闻和出版业	Journalism and Publishing Activities	…	…	0.3	191452
广播、电视、电影和录音制作业	Radio, Television, Motion Picture and Audio-visual Programme Production Services	1	…	0.9	127215
文化艺术业	Cultural and Art Activities	1	…	1.0	115999
体育	Sports Activities	11	6	7.4	70941
娱乐业	Entertainment	27	15	37.0	137309

7-2 各地区分行业外商投资单位就业人员和工资总额(2023年) EMPLOYMENT AND TOTAL WAGES IN FOREIGN FUNDED UNITS BY SECTOR AND REGION (2023)

地区	Region	总计 Total				农、林、牧、渔业 Agriculture, Forestry, Animal Husbandry and Fishery			
		年末人数(人) Year-end Figures (person)	#女性 Female	工资总额(千元) Total Wages (1000 yuan)	平均工资(元) Average Wage (yuan)	年末人数(人) Year-end Figures (person)	#女性 Female	工资总额(千元) Total Wages (1000 yuan)	平均工资(元) Average Wage (yuan)
全国	**National**	**9881054**	**4203608**	**1496178578**	**149130**	**6142**	**2812**	**480551**	**77198**
北京	Beijing	736564	326303	194077565	260128	357	93	35216	95956
天津	Tianjin	303621	116954	42888729	139398				
河北	Hebei	142978	53914	14030691	95124	46	28	3345	72717
山西	Shanxi	40193	11493	4114618	97377				
内蒙古	Inner Mongolia	31487	10424	4129118	121706				
辽宁	Liaoning	375657	160255	39466827	105756				
吉林	Jilin	97083	31367	12198703	125278				
黑龙江	Heilongjiang	30476	10668	2876275	91612	13	5	648	49846
上海	Shanghai	1493247	689931	390609281	257083	533	378	32448	60593
江苏	Jiangsu	1768141	733615	226023634	125839	187	54	11866	60244
浙江	Zhejiang	750638	317137	95112119	126240	272	133	27503	98086
安徽	Anhui	158541	61747	18534983	118837	259	106	22002	84950
福建	Fujian	350381	165073	34702462	98920	257	120	17704	68262
江西	Jiangxi	128630	51225	10833378	83932	83	25	5405	65120
山东	Shandong	562612	237931	56844446	99426	374	188	20017	55088
河南	Henan	117682	47795	11479754	95353	185	67	10612	57362
湖北	Hubei	219587	79191	25294818	115298	572	108	59239	100447
湖南	Hunan	95881	44094	8902389	89392	298	69	28057	94787
广东	Guangdong	1827898	780211	229769987	122197	136	26	15586	118977
广西	Guangxi	95111	41272	9727489	101838	303	168	15478	49929
海南	Hainan	21469	7868	2744393	130414	601	179	57626	91761
重庆	Chongqing	137420	56317	14772058	104746	218	39	23522	115872
四川	Sichuan	232069	100813	26185900	112473	138	59	15326	102170
贵州	Guizhou	14845	6910	1445909	96178	16	4	875	54688
云南	Yunnan	30625	14704	2744970	87906	1186	912	69968	58278
西藏	Xizang	1001	391	132229	126960				
陕西	Shaanxi	75597	30745	11449238	147016	19	7	771	40579
甘肃	Gansu	13624	4637	2037702	147414				
青海	Qinghai	3804	1731	412644	107208				
宁夏	Ningxia	8291	2282	869259	108468	10	2	1354	135400
新疆	Xinjiang	15903	6611	1767011	111561	61	35	5224	77970

7-2 续表 1 continued

地区	Region	采矿业 Mining 年末人数(人) Year-end Figures (person)	#女性 Female	工资总额(千元) Total Wages (1000 yuan)	平均工资(元) Average Wage (yuan)	制造业 Manufacturing 年末人数(人) Year-end Figures (person)	#女性 Female	工资总额(千元) Total Wages (1000 yuan)	平均工资(元) Average Wage (yuan)
全国	**National**	**38830**	**5367**	**7567722**	**193796**	**6507104**	**2515328**	**783229794**	**118118**
北京	Beijing	205	47	113225	566125	172325	59152	35325597	202444
天津	Tianjin	8219	966	2844187	347743	222617	79257	29594154	130368
河北	Hebei	155	35	7649	49032	108027	37701	10515601	93441
山西	Shanxi	16592	2043	2173589	131065	11651	3126	1147875	86258
内蒙古	Inner Mongolia	2155	539	634943	295048	19087	5285	2380349	111528
辽宁	Liaoning	592	143	69028	116997	250250	88246	26344506	102013
吉林	Jilin					73669	18127	9330973	125897
黑龙江	Heilongjiang					16432	4713	1465007	85613
上海	Shanghai					533481	193302	98059193	179009
江苏	Jiangsu	243	64	21083	94968	1532278	615394	188673312	121057
浙江	Zhejiang	247	12	20599	81419	582591	231415	65160194	111433
安徽	Anhui	279	68	35999	129029	127151	44607	14820200	118715
福建	Fujian	89	28	6521	73270	274335	125169	27282870	98426
江西	Jiangxi					80885	39685	6546805	81016
山东	Shandong					451828	184199	43513354	94407
河南	Henan	3515	553	309066	85923	69246	23170	6279858	87188
湖北	Hubei	30	5	1620	54000	144946	40811	16637398	113114
湖南	Hunan	536	22	45599	87690	52338	20253	5300283	99238
广东	Guangdong	3872	499	1025311	251734	1382913	557505	152185823	107197
广西	Guangxi	68	5	34045	500662	59156	19581	5759775	97772
海南	Hainan					6449	2034	750906	117274
重庆	Chongqing					111350	41741	11423237	99801
四川	Sichuan	491	110	28858	55284	141750	53406	14240132	100549
贵州	Guizhou					7284	2897	740921	98520
云南	Yunnan	735	158	78837	109344	11148	3903	1077545	95569
西藏	Xizang	57	7	12384	229333	311	88	43588	139705
陕西	Shaanxi	413	20	54004	130760	45924	16099	6801981	142854
甘肃	Gansu					4417	1088	510491	110856
青海	Qinghai					299	103	26337	100141
宁夏	Ningxia					6608	1558	636298	99406
新疆	Xinjiang	334	42	50994	147809	6357	1714	655231	103463

7-2 续表 2 continued

地区	Region	电力、热力、燃气及水生产和供应业 Production and Supply of Electricity, Heat, Gas and Water				建筑业 Construction			
		年末人数（人） Year-end Figures (person)	#女性 Female	工资总额（千元） Total Wages (1000 yuan)	平均工资（元） Average Wage (yuan)	年末人数（人） Year-end Figures (person)	#女性 Female	工资总额（千元） Total Wages (1000 yuan)	平均工资（元） Average Wage (yuan)
全　国	**National**	**79655**	**21455**	**11028331**	**137584**	**76514**	**10441**	**9498402**	**120542**
北　京	Beijing	500	119	86673	173693	3746	830	763008	202631
天　津	Tianjin	1208	416	208876	163312	571	152	88717	145916
河　北	Hebei	6859	1599	1013565	149869	136	59	12170	88832
山　西	Shanxi	1659	483	129443	76413	314	26	21931	68321
内蒙古	Inner Mongolia	659	176	71030	104764				
辽　宁	Liaoning	4008	953	466453	114159	565	135	47083	85761
吉　林	Jilin	481	144	31098	63336				
黑龙江	Heilongjiang	4175	766	495243	116885	427	111	47848	113653
上　海	Shanghai	2235	556	557860	244461	6036	1486	1706838	272198
江　苏	Jiangsu	10350	2802	1552497	147520	12308	2580	1430440	113851
浙　江	Zhejiang	3110	636	381377	120422	1851	492	285556	101441
安　徽	Anhui	3746	1364	313973	83106	396	61	36903	93425
福　建	Fujian	1689	392	294691	178709	610	59	37623	61375
江　西	Jiangxi	1648	574	215658	130386	28710	596	2657211	91834
山　东	Shandong	7461	2075	946891	125316	5865	506	541217	95101
河　南	Henan	3829	1186	336083	88176	336	70	33258	97818
湖　北	Hubei	3185	1170	284452	87767	629	176	47664	77002
湖　南	Hunan	3043	740	263656	86915	4612	553	407472	89338
广　东	Guangdong	11941	2765	2464183	207475	7994	2313	1019325	116268
广　西	Guangxi	814	204	66168	80399	42	17	7178	179450
海　南	Hainan	340	92	32548	106020	40	7	10827	270675
重　庆	Chongqing	1091	413	179571	164744	102	16	14129	137175
四　川	Sichuan	2533	953	259580	101240	216	45	22016	99620
贵　州	Guizhou	271	96	23345	83674				
云　南	Yunnan	825	269	94441	111501				
西　藏	Xizang								
陕　西	Shaanxi	913	281	73356	82795	508	67	162741	304189
甘　肃	Gansu	859	157	158400	184186				
青　海	Qinghai	18	6	1136	63111	12	3	600	50000
宁　夏	Ningxia	133	43	19192	172901	484	80	96495	205746
新　疆	Xinjiang	69	25	5719	82884				

7-2 续表 3 continued

地区	Region	批发和零售业 Wholesale and Retail Trades				交通运输、仓储和邮政业 Transport, Storage and Post			
		年末人数(人) Year-end Figures (person)	#女性 Female	工资总额(千元) Total Wages (1000 yuan)	平均工资(元) Average Wage (yuan)	年末人数(人) Year-end Figures (person)	#女性 Female	工资总额(千元) Total Wages (1000 yuan)	平均工资(元) Average Wage (yuan)
全国	**National**	**953041**	**496424**	**201911538**	**209518**	**137090**	**46384**	**20240448**	**145964**
北京	Beijing	109659	50412	30202229	268579	28275	7138	3736259	128008
天津	Tianjin	18186	8106	3156241	171286	7740	2368	1073601	141524
河北	Hebei	10696	5365	885658	82590	2722	945	342740	118789
山西	Shanxi	1895	901	201868	107291	495	243	37377	70790
内蒙古	Inner Mongolia	564	240	65779	101043	47	6	6412	136426
辽宁	Liaoning	10404	4817	1067557	100635	2578	719	300937	115747
吉林	Jilin	553	259	46081	83480	41	14	4939	114860
黑龙江	Heilongjiang	1344	600	146944	96674				
上海	Shanghai	387584	205305	114084727	292399	34703	17242	6822473	191720
江苏	Jiangsu	78796	43434	12135372	153008	7867	2381	1014241	127359
浙江	Zhejiang	47581	24027	6969165	143932	5716	1533	822205	144801
安徽	Anhui	10273	6017	1597777	158171	1064	217	69937	68298
福建	Fujian	27626	14176	2585564	93159	1766	374	258291	147552
江西	Jiangxi	5729	3304	577368	101027	131	16	11706	83614
山东	Shandong	24491	12628	2434537	97660	8092	2495	1262993	154866
河南	Henan	6147	3035	447378	72013	30	13	2972	58275
湖北	Hubei	28431	15771	2985314	106881	3163	338	283523	169673
湖南	Hunan	11287	6893	1090542	96202	539	310	46073	84229
广东	Guangdong	102053	51132	14594154	140191	17764	4897	2384608	127642
广西	Guangxi	5501	3039	553892	97954	338	91	44486	131615
海南	Hainan	3414	1626	554499	164199	4825	1203	464147	100313
重庆	Chongqing	5623	3294	614013	107774	972	367	98846	98256
四川	Sichuan	23294	14303	1941960	83072	7548	3291	1087665	137813
贵州	Guizhou	5919	3296	561018	96081	12	3	1483	123583
云南	Yunnan	12300	7026	1007371	78457	38	14	2372	62421
西藏	Xizang	211	61	36888	174825				
陕西	Shaanxi	8272	5144	842052	95202	440	116	42797	95957
甘肃	Gansu	1079	425	66320	67467				
青海	Qinghai	1178	397	112395	95169	22	14	662	30091
宁夏	Ningxia	988	581	83002	87187				
新疆	Xinjiang	1963	812	263876	135809	158	35	16484	105667

7-2 续表 4 continued

地 区	Region	住宿和餐饮业 Hotels and Catering Services 年末人数(人) Year-end Figures (person)	#女 性 Female	工资总额(千元) Total Wages (1000 yuan)	平均工资(元) Average Wage (yuan)	信息传输、软件和信息技术服务业 Information Transmission, Software and Information Technology 年末人数(人) Year-end Figures (person)	#女 性 Female	工资总额(千元) Total Wages (1000 yuan)	平均工资(元) Average Wage (yuan)
全 国	**National**	**456149**	**292490**	**21112470**	**47956**	**558336**	**244171**	**167620868**	**296256**
北 京	Beijing	83024	51688	3853877	46597	129485	52391	52201691	401187
天 津	Tianjin	19565	13249	681123	36768	6367	3204	1231791	187978
河 北	Hebei	24	16	817	34042	2260	715	244841	100813
山 西	Shanxi	4426	2827	141755	33631	66	12	3801	60333
内蒙古	Inner Mongolia	386	203	36661	97763	5672	2066	750316	128150
辽 宁	Liaoning	36146	23541	794106	34163	51564	29102	8088198	152015
吉 林	Jilin	698	373	42627	64391	6942	3504	875393	122356
黑龙江	Heilongjiang	631	342	37829	56377	794	304	65763	80790
上 海	Shanghai	103870	63852	5614228	53090	117401	46123	46141591	384265
江 苏	Jiangsu	34721	23674	1581265	47082	26881	10624	6722345	239052
浙 江	Zhejiang	24574	16821	1336242	54777	29098	13246	7542965	259847
安 徽	Anhui	484	319	19840	41681	2826	1185	530847	188999
福 建	Fujian	23316	14824	865096	42118	7414	2690	1825205	241842
江 西	Jiangxi	4157	2995	167414	37453	2059	859	306767	147532
山 东	Shandong	8313	6094	508650	64616	23636	12053	3655303	157355
河 南	Henan	4036	2926	185186	49186	1081	536	158011	145231
湖 北	Hubei	2525	1619	124669	54606	10770	4103	1856311	183231
湖 南	Hunan	11325	8384	401953	33594	1296	427	243082	190503
广 东	Guangdong	70383	44116	3540112	49624	89611	41839	25877730	284679
广 西	Guangxi	5236	3679	150007	28448	990	402	207305	205456
海 南	Hainan	459	217	26975	59026	1270	476	239215	188507
重 庆	Chongqing	2182	1389	113428	49793	1738	592	481611	286101
四 川	Sichuan	9175	5626	579800	65111	20405	9421	4285367	209107
贵 州	Guizhou					173	65	26344	147173
云 南	Yunnan	1240	698	80756	67224	720	357	111000	152682
西 藏	Xizang	358	194	27049	67537	39	25	9299	238436
陕 西	Shaanxi	1222	681	71980	59292	10766	4457	2586646	237098
甘 肃	Gansu	237	125	13808	57295	3791	1661	721425	190400
青 海	Qinghai	90	57	5515	58670				
宁 夏	Ningxia					49	10	31010	596346
新 疆	Xinjiang	3341	1959	108512	32773	3170	1722	599694	189357

7-2 续表 5 continued

地 区	Region	金融业 Financial Intermediation 年末人数（人）Year-end Figures (person)	#女 性 Female	工资总额（千元）Total Wages (1000 yuan)	平均工资（元）Average Wage (yuan)	房地产业 Real Estate 年末人数（人）Year-end Figures (person)	#女 性 Female	工资总额（千元）Total Wages (1000 yuan)	平均工资（元）Average Wage (yuan)
全 国	**National**	**331756**	**199896**	**79963604**	**239729**	**125061**	**53453**	**16439030**	**125366**
北 京	Beijing	31358	18289	15620159	493049	34521	12370	6004956	171269
天 津	Tianjin	6223	3578	1313015	210357	2363	926	258946	105724
河 北	Hebei	9389	6401	774749	81118	480	185	94931	182613
山 西	Shanxi	2806	1718	232618	69366	141	57	10265	65798
内蒙古	Inner Mongolia	2221	1598	146802	68439	36	20	2429	67472
辽 宁	Liaoning	8526	5907	928149	108033	3019	1528	310348	101206
吉 林	Jilin	13639	8321	1769445	133284	480	215	51824	102555
黑龙江	Heilongjiang	5923	3497	524214	89378	118	52	10267	84156
上 海	Shanghai	50057	27791	25026897	498133	11334	5003	2103169	183342
江 苏	Jiangsu	15540	8544	3353392	215866	5350	2358	741551	135456
浙 江	Zhejiang	29173	16669	8094603	283391	4470	2100	707902	157304
安 徽	Anhui	9932	6894	771807	79312	426	169	38032	87017
福 建	Fujian	4102	2535	543672	128881	4031	1624	309615	75755
江 西	Jiangxi	2073	1453	140708	67616	1762	811	125048	68488
山 东	Shandong	11738	7545	1396033	117009	2819	1106	337660	114384
河 南	Henan	27619	15522	3513211	126822	519	237	49231	92714
湖 北	Hubei	10418	6084	1393782	129599	9784	6758	626888	64189
湖 南	Hunan	6336	3944	473660	68515	596	289	68751	114585
广 东	Guangdong	35147	23275	7906744	228663	32928	13138	3504935	93315
广 西	Guangxi	21102	13260	2771839	128624	649	310	57202	91965
海 南	Hainan	1040	642	99920	97578	879	360	135137	150503
重 庆	Chongqing	7626	4850	957090	121286	1903	790	255220	136774
四 川	Sichuan	11183	6525	1342160	115453	5732	2740	551097	93531
贵 州	Guizhou	1054	513	82197	77018	34	14	3830	112647
云 南	Yunnan	921	616	88650	102249	92	37	14057	156189
西 藏	Xizang								
陕 西	Shaanxi	3468	2168	350649	103313	494	218	57421	113931
甘 肃	Gansu	657	394	35657	49870	49	18	3661	74714
青 海	Qinghai	2139	1127	262183	122975	20	11	1590	79500
宁 夏	Ningxia					17	8	1848	108706
新 疆	Xinjiang	346	237	49597	145874	14	1	1217	86929

7-2 续表 6 continued

地区	Region	租赁和商务服务业 Leasing and Business Services				科学研究和技术服务业 Scientific Research and Technical Services			
		年末人数（人）Year-end Figures (person)	#女性 Female	工资总额（千元）Total Wages (1000 yuan)	平均工资（元）Average Wage (yuan)	年末人数（人）Year-end Figures (person)	#女性 Female	工资总额（千元）Total Wages (1000 yuan)	平均工资（元）Average Wage (yuan)
全　国	**National**	**314386**	**176115**	**106157141**	**326196**	**204873**	**85581**	**58362027**	**281384**
北　京	Beijing	73467	40489	27757599	372157	49684	21836	15373696	302938
天　津	Tianjin	4178	2581	969159	223328	4982	1326	1290815	255787
河　北	Hebei	163	87	20214	118796	350	119	40430	114860
山　西	Shanxi	98	37	10907	111296	15	7	586	39067
内蒙古	Inner Mongolia	63	28	6796	106188	116	27	15057	150570
辽　宁	Liaoning	4089	2983	532964	123422	3029	1740	427110	137416
吉　林	Jilin	389	300	35158	92037	35	10	1728	49371
黑龙江	Heilongjiang	234	97	19623	81423	221	86	54755	253495
上　海	Shanghai	151179	85741	61478780	398924	66503	26514	24154987	358612
江　苏	Jiangsu	11258	6053	1772816	158372	22951	9689	5642472	239905
浙　江	Zhejiang	8399	2336	1367819	169063	8746	4947	1760627	201297
安　徽	Anhui	1064	347	215670	180655	257	63	33448	125907
福　建	Fujian	855	549	148563	174282	982	551	105569	105853
江　西	Jiangxi	162	59	32815	191116	284	166	15855	73231
山　东	Shandong	8781	4730	854114	95610	7342	3283	1236061	169225
河　南	Henan	441	236	103897	257012	383	101	32141	88787
湖　北	Hubei	1781	1182	340549	184462	2740	873	563067	199945
湖　南	Hunan	863	460	186246	80941	361	168	36724	104034
广　东	Guangdong	39899	23434	8961970	198409	23411	9467	5335760	229876
广　西	Guangxi	141	79	23767	157421	44	23	2371	53886
海　南	Hainan	403	163	257241	630802	281	115	25650	83824
重　庆	Chongqing	2370	1957	257774	105575	1920	654	329553	164284
四　川	Sichuan	3088	1586	695288	231967	5830	2400	1052648	180513
贵　州	Guizhou	48	16	2961	61688				
云　南	Yunnan	468	229	36839	80189	306	174	27806	82756
西　藏	Xizang								
陕　西	Shaanxi	462	338	61127	144873	1518	463	271095	182310
甘　肃	Gansu					2532	769	527840	204748
青　海	Qinghai								
宁　夏	Ningxia								
新　疆	Xinjiang	43	18	6426	146045	47	11	4037	80740

7-2 续表 7 continued

地 区	Region	水利、环境和公共设施管理业 Management of Water Conservancy, Environment and Public Facilities				居民服务、修理和其他服务业 Service to Households, Repair and Other Services			
		年末人数（人）Year-end Figures (person)	#女性 Female	工资总额（千元）Total Wages (1000 yuan)	平均工资（元）Average Wage (yuan)	年末人数（人）Year-end Figures (person)	#女性 Female	工资总额（千元）Total Wages (1000 yuan)	平均工资（元）Average Wage (yuan)
全 国	**National**	**6365**	**2864**	**630475**	**97498**	**18865**	**9659**	**2122937**	**109553**
北 京	Beijing	989	211	153704	155567	3214	2160	332781	107403
天 津	Tianjin	226	107	81825	362058	114	20	9610	84298
河 北	Hebei	79	42	7420	66250				
山 西	Shanxi	17	1	2052	120706				
内蒙古	Inner Mongolia	481	236	12544	26079				
辽 宁	Liaoning	224	67	25897	109270	135	100	10889	78906
吉 林	Jilin					32	9	2825	88281
黑龙江	Heilongjiang					22	22	3079	139955
上 海	Shanghai	409	161	55533	135446	6710	2996	971434	138752
江 苏	Jiangsu	448	102	60106	128983	1883	972	184509	95650
浙 江	Zhejiang	251	86	28648	124557	796	269	86406	109513
安 徽	Anhui	64	29	3297	51516	305	290	24557	80780
福 建	Fujian	222	69	22718	99205	999	452	78204	82668
江 西	Jiangxi	934	674	29501	33486				
山 东	Shandong	307	88	26237	83824	983	595	56388	55940
河 南	Henan	27	12	1580	56429	130	18	10257	79512
湖 北	Hubei	270	59	21856	80353	18	8	1495	83056
湖 南	Hunan					109	75	4058	37574
广 东	Guangdong	128	58	42345	326985	2708	1475	271303	89938
广 西	Guangxi	288	167	14199	48794	20	11	1628	101750
海 南	Hainan	31	10	1365	44032				
重 庆	Chongqing					82	52	4947	60329
四 川	Sichuan	14	8	1680	62222	215	63	21182	95846
贵 州	Guizhou								
云 南	Yunnan	117	33	8598	72864				
西 藏	Xizang					22	16	1848	84000
陕 西	Shaanxi	810	630	27061	33616	362	52	45279	120103
甘 肃	Gansu								
青 海	Qinghai	22	12	2110	20288				
宁 夏	Ningxia								
新 疆	Xinjiang								

7-2 续表 8 continued

地区	Region	教育 Education				卫生和社会工作 Health and Social Service			
		年末人数（人） Year-end Figures (person)	#女性 Female	工资总额（千元） Total Wages (1000 yuan)	平均工资（元） Average Wage (yuan)	年末人数（人） Year-end Figures (person)	#女性 Female	工资总额（千元） Total Wages (1000 yuan)	平均工资（元） Average Wage (yuan)
全 国	**National**	**9210**	**6237**	**2199477**	**239856**	**17843**	**12948**	**2945430**	**168517**
北 京	Beijing	1455	976	390679	265587	2329	1666	373336	173485
天 津	Tianjin	50	4	5270	107551	597	473	49600	80650
河 北	Hebei	17	9	980	75385				
山 西	Shanxi	15	10	519	30529				
内蒙古	Inner Mongolia								
辽 宁	Liaoning	81	61	23272	280386	67	56	4691	82298
吉 林	Jilin	14	8	1266	90429	97	78	4334	44224
黑龙江	Heilongjiang								
上 海	Shanghai	5251	3805	1322087	257140	2079	1505	563523	273954
江 苏	Jiangsu	490	326	137170	276552	4965	3648	846232	174050
浙 江	Zhejiang	373	256	87587	219516	2503	1720	371638	150461
安 徽	Anhui	13	11	594	49500				
福 建	Fujian	95	43	15802	150495	1655	1209	277188	168503
江 西	Jiangxi								
山 东	Shandong	80	50	14367	177370	338	234	30608	92471
河 南	Henan	15	14	911	60733	67	52	2922	47129
湖 北	Hubei	290	108	64731	223983				
湖 南	Hunan					1559	1156	223897	140816
广 东	Guangdong	695	417	87228	124344	1232	897	161355	133794
广 西	Guangxi	35	13	1092	31200				
海 南	Hainan	49	7	11408	232816				
重 庆	Chongqing	15	8	1333	88867	172	119	13812	92698
四 川	Sichuan	119	82	29441	230008	161	131	20869	130840
贵 州	Guizhou					22	5	1425	57000
云 南	Yunnan	51	27	3383	70479				
西 藏	Xizang								
陕 西	Shaanxi								
甘 肃	Gansu								
青 海	Qinghai								
宁 夏	Ningxia								
新 疆	Xinjiang								

7-2 续表 9 continued

地 区	Region	文化、体育和娱乐业 Culture, Sports and Entertainment			
		年末人数（人） Year-end Figures (person)	#女性 Female	工资总额（千元） Total Wages (1000 yuan)	平均工资（元） Average Wage (yuan)
全 国	**National**	**39736**	**21921**	**4653427**	**119204**
北 京	Beijing	11971	6434	1752880	140167
天 津	Tianjin	412	218	31579	74304
河 北	Hebei	1574	607	65546	60803
山 西	Shanxi				
内蒙古	Inner Mongolia				
辽 宁	Liaoning	374	153	25249	55737
吉 林	Jilin	11	4	959	87182
黑龙江	Heilongjiang	131	69	4648	35481
上 海	Shanghai	13885	8170	1913512	145603
江 苏	Jiangsu	1625	917	142965	88305
浙 江	Zhejiang	886	440	61082	72031
安 徽	Anhui				
福 建	Fujian	239	148	12660	52971
江 西	Jiangxi				
山 东	Shandong	159	61	9834	60704
河 南	Henan	76	48	3180	38780
湖 北	Hubei	35	18	2261	53833
湖 南	Hunan	780	350	82228	106101
广 东	Guangdong	5084	2958	391517	75273
广 西	Guangxi	384	223	17057	44304
海 南	Hainan	1388	737	76929	63057
重 庆	Chongqing	55	37	3971	70911
四 川	Sichuan	178	66	10831	56856
贵 州	Guizhou				
云 南	Yunnan	475	251	43317	94786
西 藏	Xizang				
陕 西	Shaanxi				
甘 肃	Gansu				
青 海	Qinghai				
宁 夏	Ningxia				
新 疆	Xinjiang				

八、职业培训与技能鉴定

VOCATIONAL TRAINING AND SKILL APPRAISAL

8-1 技工院校综合情况
GENERAL CONDITION OF VOCATIONAL SCHOOLS

年 份 Year	技工院校 个 数 (个) Number of Vocational Schools (unit)	招 生 人 数 (万人) Students Newly Enrolled (10 000 persons)	在校学生 人 数 (万人) Number of Students in School (10 000 persons)	毕业生 人 数 (万人) Number of Graduates (10 000 persons)	在职教职工 人 数 (万人) Total Teachers and Staff (10 000 persons)	文化技术 理论课教师 Teachers of Cultural and Technical Theory	生产实习 指导教师 Production Guide Teachers
绝对数 Absolute Figure							
2000	3792	50.4	140.1	64.6	24.0	10.5	3.5
2001	3470	55.1	134.7	47.7	22.0	10.0	3.4
2002	3075	73.3	153.0	45.4	20.3	9.5	3.2
2003	2970	91.6	193.1	45.3	20.2	9.6	3.4
2004	2884	109.7	234.4	53.5	20.4	9.6	3.8
2005	2855	118.4	275.3	69.0	20.4	9.7	3.8
2006	2880	134.8	320.8	86.4	21.5	10.4	4.2
2007	2995	158.5	367.1	99.7	24.0	11.2	5.0
2008	3075	161.4	397.5	109	24.7	12.2	5.4
2009	3064	156.4	414.3	115.2	25.8	12.5	6.0
2010	2998	158.6	421.0	121.3	26.5	12.7	6.3
2011	2914	163.5	429.4	118.9	26.5	12.9	6.3
2012	2892	156.8	422.8	120.2	26.7	13.0	6.6
2013	2882	133.5	386.6	116.9	26.9	13.4	6.5
2014	2818	124.4	339.0	106.8	26.5	13.2	6.2
2015	2545	121.4	321.5	94.6	26.0	13.2	6.0
2016	2526	127.2	323.2	93.1	26.5	13.7	6.0
2017	2490	130.9	338.2	90.5	26.9	14.0	5.9
2018	2379	128.5	341.6	90.3	26.7	14.2	5.6
2019	2392	143.0	360.3	98.4	27.2	14.4	5.7
2020	2423	160.1	395.5	101.4	27.9	15.3	5.6
2021	2492	167.2	426.7	108.7	29.8	16.6	5.7
2022	2551	166.0	445.4	120.0	31.3	17.6	6.0
2023	2468	162.5	439.5	121.7	30.0	17.1	5.6
比上年增长(%) Increase over Preceding Year(%)							
2000	-7.5	-2.3	-10.2	-2.5	-11.0	-6.9	-6.7
2001	-8.5	9.4	-3.8	-26.1	-8.3	-4.9	-3.7
2002	-11.4	33.0	13.6	-4.9	-7.4	-5.0	-6.8
2003	-3.4	24.9	26.2	-0.2	-0.7	1.5	7.3
2004	-2.9	19.8	21.4	18.1	1.0		11.8
2005	-1.0	7.9	17.4	29.0		1.0	
2006	0.9	13.9	16.5	25.2	5.4	7.2	10.5
2007	4.0	17.6	14.4	15.4	11.6	7.7	19.0
2008	2.7	1.8	8.3	9.3	2.9	8.9	8.0
2009	-0.4	-3.1	4.2	5.7	4.6	2.8	11.6
2010	-2.2	1.4	1.6	5.4	2.6	1.2	4.3
2011	-2.8	3.1	2.0	-2.0		1.8	-0.4
2012	-0.8	-4.1	-1.5	1.1	0.8	0.3	6.1
2013	-0.3	-14.8	-8.6	-2.8	0.9	3.4	-2.1
2014	-2.2	-6.8	-12.3	-8.6	-1.6	-1.3	-4.3
2015	-9.7	-2.4	-5.2	-11.4	-1.8	-0.3	-4.2
2016	-0.7	4.7	0.5	-1.6	1.8	3.5	0.3
2017	-1.4	2.9	4.7	-2.8	1.3	2.6	-1.9
2018	-4.5	-1.8	1.0	-0.2	-0.7	1.2	-4.1
2019	0.5	11.2	5.5	9.0	1.9	1.3	1.5
2020	1.3	12.0	9.8	3.0	2.8	6.6	-2.6
2021	2.8	4.5	7.9	7.2	6.8	8.7	3.2
2022	2.4	-0.7	4.4	10.4	4.8	5.9	4.4
2023	-3.3	-2.1	-1.3	1.4	-4.1	-3.0	-6.0

8-1 续表 continued

年 份 Year	兼职教师人数 (万人) Part-time Teachers (10 000 persons)	经费来源合计 (亿元) Resourses of Funds (100 million yuan)	#事业经费 Operating Funds	#公司经费 Company Funds	经费支出合计 (亿元) Expenditure (100 million yuan)	培训社会人员人次 (万人) Person-time of Trainees from the Society (10 000 persons)	培训社会人员结业人数 (万人) Graduates of Trainees Recruited from the Society (10 000 persons)
绝对数 Absolute Figure							
2000	2.7	56.9	21.9	3.2	59.4	158.5	156.7
2001	2.6	68.1	23.6	3.2	64.6	151.7	163.9
2002	2.6	67.4	28.2	2.8	67.1	208.6	196.9
2003	3.0	81.4	30.5	2.8	80.5	226.9	223.7
2004	2.9	112.5	37.4	5.2	102.8	265.6	257.5
2005	3.2	123.4	37.8	3.8	124.0	273.3	270.1
2006	3.6	143.1	43.9	3.0	148.7	337.7	330.2
2007	3.8	198.2				380.7	369.8
2008	4.1	204.4				400.0	389.8
2009	4.3	237.3				484.1	382.9
2010	4.4	260.4				468.4	371.3
2011	4.3	271.5				527.5	416.1
2012	4.3	306.1				551.3	441.6
2013	4.1	289.7				525.3	397.1
2014	4.2	303.5				508.5	372.3
2015	4.1	332.4				476.6	378.9
2016	4.3	425.0				451.6	349.9
2017	4.4	423.5				456.4	326.1
2018	4.4	511.4				420.6	301.6
2019	4.4	526.3				432.3	308.8
2020	4.5	567.4				485.8	345.8
2021	5.1	644.6				600.7	467.9
2022	5.0	644.3				616.0	451.7
2023	4.6	664.4				655.1	525.6
比上年增长(%) Increase over Preceding Year(%)							
2000	-6.3	-4.6	0.8	-30.1	-0.9	6.3	8.4
2001	-4.1	19.7	7.7	0.6	8.7	-4.3	4.6
2002	-2.4	-1.1	19.4	-13.6	3.8	37.6	20.2
2003	17.4	20.8	8.2	0.1	20.0	37.6	20.2
2004	-3.3	38.2	22.6	85.7	27.7	17.1	15.1
2005	10.3	9.7	1.0	-26.9	20.6	2.9	4.9
2006	12.5	16.0	16.1	-21.1	19.9	23.6	22.3
2007	5.6	38.5				12.7	12.0
2008	7.9	3.1				5.1	5.4
2009	5.2	16.1				21.0	-1.8
2010	1.0	9.7				-3.2	-3.0
2011	-1.7	4.3				12.6	12.1
2012	0.6	12.7				4.5	6.1
2013	-5.7	-5.3				-4.7	-10.1
2014	2.8	4.8				-3.2	-6.2
2015	-2.5	9.5				-6.3	1.8
2016	5.7	27.9				-5.2	-7.6
2017	2.6	-0.4				1.1	-6.8
2018	-0.6	20.7				-7.9	-7.5
2019	-0.02	2.9				2.8	2.4
2020	2.9	7.8				12.4	12.0
2021	12.1	13.6				23.7	35.3
2022	-1.9	-0.1				2.6	-3.5
2023	-7.7	3.1				6.3	16.4

8-2 各地区技工院校综合情况(2023年)
GENERAL CONDITION OF VOCATIONAL SCHOOLS BY REGION (2023)

地区	Region	技工院校个数(个) Number of Vocational Schools (unit)	在职教职工人数(人) Total Teachers and Staff (person)	#女性 Female	文化技术理论课教师 Teachers of Cultural and Technical Theory	#高级讲师 Senior Lecturers	#讲师 Lecturers	#助理讲师 Assistant Lecturers
全国	**National**	**2468**	**299704**	**154550**	**171012**	**37439**	**52044**	**40099**
北京	Beijing	24	3052	1616	1320	374	366	315
天津	Tianjin	17	2309	1243	1168	380	475	217
河北	Hebei	149	15489	9080	8921	2503	2812	1307
山西	Shanxi	76	8639	4709	4350	958	1499	964
内蒙古	Inner Mongolia	73	7901	3910	5208	1453	1867	973
辽宁	Liaoning	104	7667	3942	3918	965	1207	540
吉林	Jilin	64	3885	2042	1864	478	569	390
黑龙江	Heilongjiang	105	7412	3973	4623	1568	1476	1133
上海	Shanghai							
江苏	Jiangsu	117	17343	8737	10014	2324	2959	2134
浙江	Zhejiang	111	16923	8806	11106	3343	3505	2368
安徽	Anhui	91	12694	6336	7817	1727	1764	1846
福建	Fujian	72	6645	3504	3588	651	636	855
江西	Jiangxi	136	16605	8772	9472	1399	2363	2605
山东	Shandong	215	30859	15837	19243	4116	6187	4729
河南	Henan	95	13643	6857	7481	1481	2504	2476
湖北	Hubei	120	9741	4946	5730	1181	1987	1417
湖南	Hunan	85	10866	5532	6165	1170	1798	1393
广东	Guangdong	148	34800	17748	18894	3568	6015	4423
广西	Guangxi	49	7399	3691	3751	594	1365	754
海南	Hainan	10	1868	854	1170	283	407	204
重庆	Chongqing	50	5443	2889	2954	514	717	717
四川	Sichuan	101	13298	7023	8124	1490	2254	2091
贵州	Guizhou	61	8364	4173	5100	959	1602	1453
云南	Yunnan	35	5889	2713	3748	1296	1213	853
西藏	Xizang	5	208	98	82	11	12	11
陕西	Shaanxi	128	11585	5676	5338	917	1636	1299
甘肃	Gansu	51	3971	1890	2524	610	940	614
青海	Qinghai	15	934	470	578	182	180	122
宁夏	Ningxia	14	924	538	369	30	54	99
新疆	Xinjiang	147	13348	6945	6392	914	1675	1797

注：新疆包含新疆生产建设兵团的数据。
Note：The data of Xinjiang includes Xinjiang Production and Construction Corps.

8-2 续表 1 continued

地 区	Region	生产实习指导教师 Production Guide Teachers	高级实习指导教师 Senior	一级实习指导教师 Class One	二级实习指导教师 Class Two	三级实习指导教师 Class Three	技师和高级技师 Technician and Senior Technician	一体化教师 Allround Teachers	兼职教师人数 Part-time Teachers
全 国	**National**	**56298**	**6762**	**9431**	**7034**	**4623**	**15786**	**89289**	**45809**
北 京	Beijing	552	111	109	77	8	149	940	278
天 津	Tianjin	348	93	144	75	6	18	723	201
河 北	Hebei	2322	328	386	265	200	629	4097	2090
山 西	Shanxi	1641	177	299	189	152	513	2099	1186
内蒙古	Inner Mongolia	1104	119	128	66	80	383	2072	744
辽 宁	Liaoning	991	100	153	128	55	235	1460	1179
吉 林	Jilin	664	56	34	44	66	252	887	721
黑龙江	Heilongjiang	893	93	103	67	81	322	1856	904
上 海	Shanghai								
江 苏	Jiangsu	3771	500	690	490	179	1351	6987	2917
浙 江	Zhejiang	3001	408	543	470	174	958	5838	2255
安 徽	Anhui	2635	337	299	251	280	700	4735	2415
福 建	Fujian	1531	166	233	211	62	208	1519	1414
江 西	Jiangxi	2933	272	298	388	413	853	3816	2659
山 东	Shandong	5532	811	998	592	421	1525	11278	3834
河 南	Henan	3056	444	643	599	173	932	4951	2718
湖 北	Hubei	2043	336	374	312	242	466	2339	1305
湖 南	Hunan	2118	279	436	260	144	527	3446	1290
广 东	Guangdong	8411	795	1540	979	497	2483	12882	4542
广 西	Guangxi	2100	210	434	185	22	600	1733	543
海 南	Hainan	309	44	78	52	36	90	550	134
重 庆	Chongqing	965	102	138	135	95	314	1491	876
四 川	Sichuan	2323	231	350	236	275	588	3688	2044
贵 州	Guizhou	1204	109	187	120	97	444	1691	1495
云 南	Yunnan	1074	164	203	178	35	180	2261	1764
西 藏	Xizang	17	1				2	27	8
陕 西	Shaanxi	2386	210	378	346	423	640	2514	2173
甘 肃	Gansu	598	89	71	88	69	166	755	594
青 海	Qinghai	144	22	29	15	11	25	226	202
宁 夏	Ningxia	248	12	17	17	42	74	252	172
新 疆	Xinjiang	1384	143	136	199	285	159	2176	3152

8–2 续表 2 continued

地 区	Region	经费来源（亿元）Resouses of Funds (100 million yuan)	招生学校数（个）Number of School (unit)	招生人数（人）Students Newly Enrolled (person)	#高级班学生 Senior Class	#农业户口学生 New Students from Rural	在校学生人数（人）Number of Students in School (person)	#女生 Female	#高级班学生 Senior Class
全 国	**National**	**664.4**	**2083**	**1624576**	**450731**	**1271643**	**4394618**	**1470041**	**1273153**
北 京	Beijing	17.4	15	11219	2018	5539	29053	9135	3750
天 津	Tianjin	6.1	11	8259	2087	6198	23917	5483	4189
河 北	Hebei	24.5	135	61541	8054	50336	162458	47386	15086
山 西	Shanxi	9.7	59	28137	2655	18530	85072	27453	10778
内蒙古	Inner Mongolia	5.9	41	7328	536	5214	21192	6925	1236
辽 宁	Liaoning	7.9	64	26331	1774	19792	70544	22390	4845
吉 林	Jilin	4.6	50	30592	10829	19955	66828	21845	15761
黑龙江	Heilongjiang	11.8	94	21559	6192	12306	67036	22143	19148
上 海	Shanghai								
江 苏	Jiangsu	46.7	109	106667	31435	58382	282625	96663	82766
浙 江	Zhejiang	69.6	101	86561	32086	61105	230486	71904	96157
安 徽	Anhui	31.0	90	79583	22630	68876	239411	97325	76466
福 建	Fujian	16.9	52	65416	3992	43361	142205	52405	12924
江 西	Jiangxi	26.1	120	83281	28878	70140	252197	98887	65888
山 东	Shandong	58.3	212	184243	33753	163973	447812	162448	70942
河 南	Henan	27.7	85	124003	57542	106254	314648	93899	138109
湖 北	Hubei	15.4	100	49084	1552	36864	124470	44434	3758
湖 南	Hunan	24.5	80	52232	12633	42834	160048	44250	50835
广 东	Guangdong	124.2	141	228488	96937	179508	658749	219712	311902
广 西	Guangxi	18.9	34	60655	17482	56044	148589	42353	33544
海 南	Hainan	6.6	10	10060	3196	7339	33135	9501	10094
重 庆	Chongqing	12.4	33	38896	9910	20268	95070	33430	32438
四 川	Sichuan	18.6	80	63351	11431	53110	168765	64788	26273
贵 州	Guizhou	9.6	54	35892	1635	30370	95110	34496	3000
云 南	Yunnan	21.5	34	49404	26313	43914	142534	36865	85638
西 藏	Xizang	1.7	4	1445	1149	1282	3833	1809	3537
陕 西	Shaanxi	20.3	106	44196	11240	38061	151324	45371	62500
甘 肃	Gansu	2.6	48	19339	3489	14822	43295	12068	5610
青 海	Qinghai	0.5	8	850	109	579	2381	400	109
宁 夏	Ningxia	1.3	14	4859	1882	3616	12407	5682	3092
新 疆	Xinjiang	22.3	99	41105	7312	33071	119424	38591	22778

8–2 续表 3 continued

地区	Region	#农业户口学生 New Students from Rural	毕业生人数（人） Number of Graduates (person)	#获得中级工/四级 Medium Level Four	#获得高级工/三级 Senior Level Three	就业人数（人） Employment (person)	#高级班学生 Students in Senior Class	培训社会人员（人次） Person-time of Trainees from the Society (person-time)	培训社会人员结业人数（人） Graduates of Trainees Recruited from the Society (person)
全　国	**National**	**3498575**	**1216656**	**587521**	**218798**	**1180453**	**302221**	**6550790**	**5256235**
北　京	Beijing	15471	8908	5314	1684	8872	1677	178664	177641
天　津	Tianjin	20237	8289	6052	2225	8071	2213	19866	17026
河　北	Hebei	142912	54497	42787	3765	53407	3791	332377	303732
山　西	Shanxi	63059	29464	20676	5846	28866	5586	109359	104220
内蒙古	Inner Mongolia	15199	6730	3842	89	6441	340	134114	126368
辽　宁	Liaoning	53635	21527	6280	481	20939	1452	45500	14038
吉　林	Jilin	44384	24717	8548	868	23280	7462	76327	61482
黑龙江	Heilongjiang	38513	30258	3529	1795	29880	7887	64599	35821
上　海	Shanghai								
江　苏	Jiangsu	168362	69113	44182	19381	68635	19399	488827	273227
浙　江	Zhejiang	174819	38826	21149	11894	37272	13095	694339	592329
安　徽	Anhui	204745	55232	29337	9606	54181	13832	322150	231532
福　建	Fujian	98422	32232	25333	4897	31721	4982	122112	94532
江　西	Jiangxi	213195	58998	31976	5052	57471	8944	176514	146347
山　东	Shandong	382337	134699	64356	20474	132989	23508	625485	534793
河　南	Henan	276365	109609	42881	37720	107031	43818	274715	165140
湖　北	Hubei	96164	30494	21520	1631	29436	2549	147368	114732
湖　南	Hunan	127083	38565	18880	6054	35964	9610	266609	251389
广　东	Guangdong	518687	176647	69700	39002	168446	62877	214280	158639
广　西	Guangxi	136715	34990	23865	1076	33446	1242	68868	55234
海　南	Hainan	22870	8227	5451	1408	7993	1701	24874	16952
重　庆	Chongqing	69647	21861	10426	5126	21489	7449	128734	94265
四　川	Sichuan	141518	48181	15862	2320	46986	7448	163803	71812
贵　州	Guizhou	77260	25357	9798	351	24435	701	120771	98652
云　南	Yunnan	119064	47203	14608	22371	45806	25965	257569	107792
西　藏	Xizang	3585	775		574	756	756	5208	5023
陕　西	Shaanxi	130598	52027	21435	10188	48655	18435	301004	289865
甘　肃	Gansu	34422	13440	4137	442	13312	1193	70794	67812
青　海	Qinghai	1321	366	241		366		31761	21102
宁　夏	Ningxia	9594	4811	4123	8	4793	202	7493	6029
新　疆	Xinjiang	98392	30613	11233	2470	29514	4107	1076706	1018709

8-2 续表 4 continued

地区	Region	按培训对象分组(人) Grouped by Trainee(person)				按获取证书分组(人) Grouped by Certification Level(person)			
		失业人员 Unemployment Workers	劳动预备制人员 Pupils of Labour Preparatory System	在职职工 Workers	农村劳动者 Rural Workers	初级工五级 Primary Level Five	中级工四级 Medium Level Four	高级工三级 Senior Level Three	技师/二级和高级技师/一级 Technicians/II and Senior Technicians/I
全国	**National**	**245218**	**257192**	**3639456**	**1197510**	**794113**	**521436**	**277993**	**61767**
北京	Beijing			173110	4450	8587	8262	13040	4236
天津	Tianjin			13185		1727	11577	3225	431
河北	Hebei	16912	46482	147821	29577	26973	13931	1832	1041
山西	Shanxi	2093	216	96630	2995	16716	13909	4559	2034
内蒙古	Inner Mongolia	5796	629	93251	12315	5474	6771	2847	1037
辽宁	Liaoning	898	388	16705	8842	5707	2334	1783	151
吉林	Jilin	1519	900	60945	5848	943	42951	12635	1993
黑龙江	Heilongjiang	6588	882	36710	12030	7159	348	200	274
上海	Shanghai								
江苏	Jiangsu	14317	33431	367093	22634	50021	60376	28079	4824
浙江	Zhejiang	18427	35263	472478	59314	62434	47911	54725	12004
安徽	Anhui	13100	4940	203007	56427	39595	31465	27199	1577
福建	Fujian	8611	2000	62306	22456	17721	26671	9788	1352
江西	Jiangxi	2561	2308	131710	7995	4414	16660	4432	831
山东	Shandong	16560	35308	385866	69114	22239	17773	12849	4195
河南	Henan	4058	5183	144743	50640	26178	36763	23679	1760
湖北	Hubei	10026	2551	91193	24983	8803	23359	7561	2079
湖南	Hunan	5409	4884	171981	48743	16803	19716	7837	1044
广东	Guangdong	4756	10677	150290	16985	6895	30579	9340	3749
广西	Guangxi	924	141	41700	16533	13417	10049	4731	2484
海南	Hainan	458	1528	11785	2035	2787	5719	1370	572
重庆	Chongqing	8777	8517	81775	12795	23818	17456	6663	1942
四川	Sichuan	5612	12126	94941	22030	11176	13466	3766	3559
贵州	Guizhou	3277	4434	35016	19594	15681	6226	11160	404
云南	Yunnan	20481	3325	36233	31649	13691	8660	12582	5032
西藏	Xizang	620	450	753	2719	1712	400	90	
陕西	Shaanxi	2666	2594	235957	22608	114963	18960	5404	1089
甘肃	Gansu	691	538	60070	4615	3138	7421	2373	371
青海	Qinghai	1122	327	18379	9472	9259	3296	307	378
宁夏	Ningxia	242	197	4951	726	1525	3038	340	325
新疆	Xinjiang	68717	36973	198872	597386	254557	15389	3597	999

8-3 各地区就业训练中心综合情况(2023年)
EMPLOYMENT TRAINNING CENTERS BY REGION (2023)

地 区	Region	机构个数(个) Number of Employment Trainning Centers (unit)	在职教职工总人数(人) Total Teachers and Staff (person)	#教 师 Teachers	兼职教师人数(人) Part-time Teachers (person)	经费来源总计(万元) Resouses of Funds (10 000 yuan)	财政补助费 Financial Allowance	职业培训补贴 Occupational Training Allowance
全 国	**National**	**500**	**10662**	**2985**	**6100**	**96145**	**53849**	**38481**
北 京	Beijing	3	172	108	40	4198	4198	
天 津	Tianjin							
河 北	Hebei	55	249	112	65	1307	1026	281
山 西	Shanxi	25	602	98	257	2424	1450	826
内蒙古	Inner Mongolia	4	46	18	22	295		295
辽 宁	Liaoning	5	234	44	151	946		946
吉 林	Jilin	4	61	48	7	220	204	15
黑龙江	Heilongjiang	2	18	2	8	68	4	64
上 海	Shanghai							
江 苏	Jiangsu							
浙 江	Zhejiang	4	2280	5	2234	11092	6063	3527
安 徽	Anhui	3	15	7	7	116	29	88
福 建	Fujian	1				195	195	
江 西	Jiangxi	13	78	32	27	113		113
山 东	Shandong	4	68	25	34	157	28	57
河 南	Henan	63	1077	300	465	4938	907	4031
湖 北	Hubei	96	1835	457	1128	21386	1592	19795
湖 南	Hunan	39	588	133	323	4474	1666	2790
广 东	Guangdong	37	1432	793	639	37068	32815	2219
广 西	Guangxi	7	190	107	29	265	67	190
海 南	Hainan							
重 庆	Chongqing	7	56	23	27	628	292	337
四 川	Sichuan	44	317	73	170	947	484	434
贵 州	Guizhou							
云 南	Yunnan							
西 藏	Xizang							
陕 西	Shaanxi	61	846	314	269	2413	696	1715
甘 肃	Gansu	17	360	205	155	921	297	624
青 海	Qinghai							
宁 夏	Ningxia	2	100	77	13	1972	1836	134
新 疆	Xinjiang	4	38	4	30	1	1	

注：1.天津、上海、江苏、海南、贵州、云南、西藏、青海、兵团无就业训练中心。
2.新疆数据包含兵团。

Note: a)Tianjin、Shanghai、Jiangsu、Hainan、Guizhou、Yunnan and Xizang have no Trainning Centers.
b)The data of Xinjiang includes Xinjiang Production and Construction Corps.

8-3 续表 1 continued

地 区	Region	培 训 人次数 (人次) Trainees (person-time)	#女 性 Female	取得证书 人次数 (人次) Number of the Candidates Got the Certificates (person-time)	按培训对象分组(人次) Grouped by Personnel(person-time) 城乡未继续升学的应届初高中毕业生 Urban and Rural Students Who Have not Continued to Study in High School	失业人员 Unemployment Workers	农 村 转移就业 劳动者 Rural Migrant Workers	企业职工 培训 Enterprise Staff Training
全 国	**National**	**644524**	**321491**	**584342**	**1863**	**42263**	**248421**	**104868**
北 京	Beijing	2706	969	2676		226	2080	367
天 津	Tianjin							
河 北	Hebei	14259	8230	10190		542	3676	170
山 西	Shanxi	28625	18606	68310	30	1400	18309	5788
内蒙古	Inner Mongolia	1875	1060	1874		859	445	506
辽 宁	Liaoning	10894	551	381	45	237		10605
吉 林	Jilin	256	164	217		80	176	
黑龙江	Heilongjiang	1749	627	560		4	423	313
上 海	Shanghai							
江 苏	Jiangsu							
浙 江	Zhejiang	71231	7364	14193		87	368	21825
安 徽	Anhui	630	333	578			457	
福 建	Fujian	1945	1660	1945		982	682	
江 西	Jiangxi	2071	1087	1359		287	1677	32
山 东	Shandong	2384	1114	2182		1146	734	
河 南	Henan	107769	59773	83841	40	4978	43994	9896
湖 北	Hubei	249254	157899	251835	1219	25383	132698	11041
湖 南	Hunan	20350	12290	19909	435	1583	11271	455
广 东	Guangdong	86485	27285	82399	10	1421	9002	39933
广 西	Guangxi	2705	1335	1428		103	1706	747
海 南	Hainan							
重 庆	Chongqing	2579	2004	2551		1227	1085	19
四 川	Sichuan	7658	5022	7557		196	3268	1317
贵 州	Guizhou							
云 南	Yunnan							
西 藏	Xizang							
陕 西	Shaanxi	21494	11616	23338		963	13197	1262
甘 肃	Gansu	5869	1780	5754	84	530	3067	
青 海	Qinghai							
宁 夏	Ningxia	1597	685	1140				592
新 疆	Xinjiang	139	37	125		29	106	

8-3 续表 2 continued

地区	Region		按获取证书分组(人次) Grouped by Certification Level (person-time)					就业人数(人)
		其他重点群体 Other Key Groups	职业资格证书 Professional Certificate	职业技能等级证书 Vocational Skill Level Certificate	专项能力证书 Special Ability Certificate	特种作业操作证书 Special Operation Certificate	培训合格证书等 Training Certificate, etc	Employment (person)
全国	**National**	**82863**	**21698**	**116769**	**52770**	**14859**	**373324**	**259645**
北京	Beijing		19	138		133	1878	881
天津	Tianjin							
河北	Hebei	60		1448	416		8326	6890
山西	Shanxi	1557	16151	18307	16123	28	17672	3595
内蒙古	Inner Mongolia			585	181		1108	1351
辽宁	Liaoning	7				381		10605
吉林	Jilin						217	
黑龙江	Heilongjiang	1009					560	1328
上海	Shanghai							
江苏	Jiangsu							
浙江	Zhejiang	86	85	6178		5802	867	1482
安徽	Anhui			131			447	450
福建	Fujian						1945	
江西	Jiangxi	75					1090	971
山东	Shandong			13	407	487	1275	343
河南	Henan	9546	550	21872	4669	760	55480	47785
湖北	Hubei	31486	4009	12175	19546	1586	212658	121712
湖南	Hunan	4539	6	461			19442	9784
广东	Guangdong	25927	878	51417	10211	4067	15432	32674
广西	Guangxi	67		842	372		214	2175
海南	Hainan							
重庆	Chongqing	242		714	721		1116	1306
四川	Sichuan	2638			124		7433	3988
贵州	Guizhou							
云南	Yunnan							
西藏	Xizang							
陕西	Shaanxi	4775		1844		1268	20136	6868
甘肃	Gansu	287		294			5460	3760
青海	Qinghai							
宁夏	Ningxia	562		350		347	443	1597
新疆	Xinjiang						125	100

8-4 各地区民办职业培训机构综合情况(2023年)
VOCATIONAL TRAINING AGENCIES BY REGION (2023)

地区	Region	机构个数(个) Number of Employment Trainning Centers (unit)	在职教职工总人数(人) Total Teachers and Staff (person)	#教师 Teachers	兼职教师人数(人) Part-time Teachers (person)	经费来源(万元) Resouses of Funds (10000 yuan)	财政补助费 Financial Allowance	职业培训补贴 Occupational Training Allowance
全国	**National**	**31226**	**414668**	**179012**	**186543**	**1554265**	**41315**	**547973**
北京	Beijing	450	5568	2409	2198	28492	369	641
天津	Tianjin	602	5361	1561	2543	17577		7509
河北	Hebei	1787	23710	10558	10772	54018	2355	30047
山西	Shanxi	595	8373	3644	3900	163		163
内蒙古	Inner Mongolia	825	9917	4294	5274	14574	591	8564
辽宁	Liaoning	952	10459	4533	4981	20148	147	2664
吉林	Jilin	880	11653	4154	6939	20295	238	13286
黑龙江	Heilongjiang	908	9802	4310	4414	31667	268	23032
上海	Shanghai	596	8075	880	1227	114263	687	5340
江苏	Jiangsu	1578	18079	7401	9262	52412	1465	15017
浙江	Zhejiang	1451	16880	6461	9100	47695	3051	15361
安徽	Anhui	1567	19733	9053	9845	38535	1181	19303
福建	Fujian	568	6330	2546	2960	24716	1290	6018
江西	Jiangxi	1416	16358	8213	6773	55984	1123	20775
山东	Shandong	2370	21847	10890	9406	45196	1262	9799
河南	Henan	1993	31825	16323	12590	82409	5550	36475
湖北	Hubei	1216	16949	8669	7053	69431	182	27556
湖南	Hunan	1138	15942	6992	7531	89677	1581	31921
广东	Guangdong	1507	15852	7565	8287	211539	4638	6182
广西	Guangxi	865	11565	5000	5722	25350	291	21580
海南	Hainan	421	5847	2324	3132	19267	384	9302
重庆	Chongqing	760	16182	4374	8082	88147	3308	30298
四川	Sichuan	1476	19796	9470	9104	82059	2961	32452
贵州	Guizhou	483	7957	3367	3868	37718	1031	18435
云南	Yunnan	1096	22318	7955	2160	79099	3376	42960
西藏	Xizang	213	4034	2149	1430	38139	460	21217
陕西	Shaanxi	1010	12342	5659	5616	54892	457	33461
甘肃	Gansu	1187	18357	8730	9627	54578	1219	37509
青海	Qinghai	270	4255	2081	1869	13510	341	5166
宁夏	Ningxia	382	5177	2883	1918	18340	1107	4193
新疆	Xinjiang	664	14125	4564	8960	24375	402	11747

注：新疆数据包含兵团。
Note：The data of Xinjiang includes Xinjiang Production and Construction Corps.

8-4 续表 1 continued

地 区	Region	培训人次数（人次） Trainees (person-time)	#女 性 Female	取得证书人次数（人次） Number of the Candidates Got the Certificates (person-time)	按培训对象分组(人次) Grouped by trainee(person-time) 企业职工培训 Enterprise Staff Training	农村转移就业劳动者 Rural Migrant Workers	城乡未继续升学的应届初高中毕业生 Urban and Rural Students Who Have Not Continued to Study in High School	失业人员 Unemployment Workers
全 国	**National**	**15532280**	**6935840**	**11343512**	**6087143**	**4067725**	**305012**	**989757**
北 京	Beijing	275643	93387	170451	144428	40586	2069	14219
天 津	Tianjin	112275	40950	73088	60729	3420	977	3463
河 北	Hebei	485726	219874	276390	165595	113234	4507	21576
山 西	Shanxi	150763	85296	142999	36185	75202	2548	7030
内蒙古	Inner Mongolia	202262	86361	146813	75625	39448	970	26765
辽 宁	Liaoning	251184	103376	157073	85264	41113	5214	32184
吉 林	Jilin	307787	160599	226210	65507	147927	2089	14729
黑龙江	Heilongjiang	212991	134010	133044	66809	102377	3984	20112
上 海	Shanghai	1065354	397656	374595	1043054	795		2491
江 苏	Jiangsu	702956	327700	515860	371635	57188	10669	80931
浙 江	Zhejiang	928071	405821	637099	575380	120801	5727	38392
安 徽	Anhui	977492	298909	466775	538248	217764	92039	50022
福 建	Fujian	231999	107529	166659	67240	69266	5533	13861
江 西	Jiangxi	635183	300911	479182	204607	137820	10768	43355
山 东	Shandong	850042	386175	581236	251154	274554	10270	51485
河 南	Henan	1058568	564161	1020939	163426	505291	25304	42518
湖 北	Hubei	676320	309799	601409	246487	189612	12226	55287
湖 南	Hunan	447841	248302	389986	115136	191776	10962	30171
广 东	Guangdong	1055953	503760	742242	483123	194077	16276	104512
广 西	Guangxi	209759	123820	168373	45669	86988	1658	9887
海 南	Hainan	126040	59170	110163	8965	67441	347	3166
重 庆	Chongqing	1058303	434685	1010299	319624	149132	36650	128001
四 川	Sichuan	638760	300765	466954	163822	214409	5983	31884
贵 州	Guizhou	260787	122969	219000	73710	108440	5040	6226
云 南	Yunnan	865838	388503	687587	211668	308165	6075	66148
西 藏	Xizang	124531	31830	106670	6473	52610	1215	628
陕 西	Shaanxi	430873	229067	357328	69250	183239	9653	19633
甘 肃	Gansu	460224	219497	440077	123396	209020	6834	14691
青 海	Qinghai	123438	46752	101793	32629	55290	2544	4626
宁 夏	Ningxia	280084	67449	173441	171832	22443	6351	26448
新 疆	Xinjiang	325233	136757	199777	100473	88297	530	25316

8-4 续表 2 continued

地 区	Region	其他重点群体 Other Key Groups	按获取证书分组 Grouped by Certification Level(person-time) 职业资格证书 Professional Certificate	职业技能等级证书 Vocational Skill Level Certificate	专项能力证书 Special Ability Certificate	特种作业操作证 Special Operation Certificate	培训合格证书等 Training Certificate, etc	就业人数(人) Employment (person)
全 国	**National**	**1879515**	**362207**	**2652004**	**679813**	**1036724**	**6140318**	**6623826**
北 京	Beijing	55541	13837	20443	6904	41138	65731	81076
天 津	Tianjin	20809	818	17034	207	3198	48041	58280
河 北	Hebei	86888	11001	83299	18583	61677	93310	121164
山 西	Shanxi	7122	1324	30923	8427	1824	95709	43096
内蒙古	Inner Mongolia	22571	4546	28538	6971	24187	78869	90812
辽 宁	Liaoning	33716	10081	34974	20601	17481	57345	81701
吉 林	Jilin	14051	1877	4937	2313	9831	203384	46874
黑龙江	Heilongjiang	12107	6254	13785	2557	2347	108096	97140
上 海	Shanghai	11926		128465	2176		243954	1047281
江 苏	Jiangsu	58846	24441	196625	22404	79309	156676	262717
浙 江	Zhejiang	36905	12052	213565	115207	75755	188559	180201
安 徽	Anhui	57112	5679	123822	11184	35450	277263	191513
福 建	Fujian	16347	12454	44550	10494	13935	75540	80454
江 西	Jiangxi	35279	21448	96833	11175	37525	290439	285322
山 东	Shandong	90622	18282	54233	4324	114169	359755	427071
河 南	Henan	105072	54255	454041	61855	78622	348810	521766
湖 北	Hubei	58371	42400	95675	47675	61389	322341	285357
湖 南	Hunan	47981	11287	65700	4520	26461	273862	222832
广 东	Guangdong	215656	5704	125210	32681	50146	519756	453376
广 西	Guangxi	23577	2334	101540	36954	5097	18541	119151
海 南	Hainan	15577	9107	61831	10343	1754	17591	36485
重 庆	Chongqing	318510	21790	133845	41935	53006	717028	457746
四 川	Sichuan	168886	12898	34486	41393	32612	339056	209608
贵 州	Guizhou	31445	8750	52884	19027	18266	117637	150460
云 南	Yunnan	99661	9814	219686	78640	68060	278784	381898
西 藏	Xizang	23764	4257	15040	3010	550	49182	34328
陕 西	Shaanxi	79709	8548	47619	5943	15115	266268	115040
甘 肃	Gansu	68730	10979	48303	15516	19889	342054	229051
青 海	Qinghai	15433	5171	18590	4796	6859	58116	65364
宁 夏	Ningxia	21805	7343	24457	4194	61127	50906	72986
新 疆	Xinjiang	25496	3476	61071	27804	19945	77715	173676

8−5 历年全国职业技能评价情况

单位：人次

年 份	Year	考核鉴定机构数（个）Numbe of Testing Agencies (unit)	考评人员人数（人）Number of the Assessors (person)	本年考核鉴定人次数 Number of the Candidates	初级 Primary	中级 Medium
2000		8179	128033	4421880	1818534	2050863
#行业合计	Subtotal of Industrial Administrations	1445	48383	762909	241359	343589
地方合计	Subtotal of Local Governments	6734	79650	3658971	1577175	1707274
2001		8336	143068	5348001	2057575	2571508
#行业合计	Subtotal of Industrial Administrations	1501	48455	892499	285684	367182
地方合计	Subtotal of Local Governments	6835	94613	4455502	1771891	2204326
2002		8517	175247	6619012	2373190	3204580
#行业合计	Subtotal of Industrial Administrations	1776	69230	1318097	347894	577791
地方合计	Subtotal of Local Governments	6741	106017	5300915	2025296	2626789
2003		7252	155971	6875444	2461777	3338421
#行业合计	Subtotal of Industrial Administrations	1131	56821	1105420	249368	486792
地方合计	Subtotal of Local Governments	6121	99150	5770024	2212409	2851629
2004		9438	197821	8796272	3144495	4161612
#行业合计	Subtotal of Industrial Administrations	3559	81539	1700147	482348	731856
地方合计	Subtotal of Local Governments	5879	116282	7096125	2662147	3429756
中央企业试点	The Central Enterprises Pilot	3	739	16509	829	3246
2005		7654	164442	9577395	3222564	4552986
#行业合计	Subtotal of Industrial Administrations	1848	59974	1595369	362360	686936
地方合计	Subtotal of Local Governments	5719	101484	7922895	2842964	3852384
中央企业试点	The Central Enterprises Pilot	87	2984	59131	17240	13666
2006		7998	161596	11821552	4140894	5269104
#行业合计	Subtotal of Industrial Administrations	2020	65571	2473429	916021	826698
地方合计	Subtotal of Local Governments	5823	91729	9279660	3212161	4422694
中央企业试点	The Central Enterprises Pilot	155	4296	68463	12712	19712

STATISTICS OF OCCUPATIONAL SKILL EVALUATION

(person-time)

			本年获取					
高　级 Senior	技　师 Technicians	高级技师 Senior Technicians	证书人次数 Number of the Candidates Got the Certificates	初　级 Primary	中　级 Medium	高　级 Senior	技　师 Technicians	高级技师 Senior Technicians
505685	43794	3004	3726619	1553035	1743885	393201	34175	2323
167271	10125	565	521288	157155	239573	118036	6132	392
338414	33669	2439	3205331	1395880	1504312	275165	28043	1931
645644	67688	5586	4570081	1756881	2236967	523010	49689	3534
223536	14192	1905	645636	195946	280851	161054	7082	703
422108	53496	3681	3924445	1560935	1956116	361956	42607	2831
965404	69379	6459	5562607	2036748	2712382	761195	48852	3430
369192	20071	3149	1019654	269218	453267	286133	9718	1318
596212	49308	3310	4542953	1767530	2259115	475062	39134	2112
969477	96653	9116	5839222	2124504	2870097	768890	69501	6230
345449	20515	3296	892494	208524	401194	267989	12867	1920
624028	76138	5820	4946728	1915980	2468903	500901	56634	4310
1229130	212037	48998	7360975	2691946	3516786	975155	140816	36272
440143	35862	9938	1346661	390280	583697	345424	20988	6272
788987	176175	39060	6014314	2301666	2933089	629731	119828	30000
7958	3822	654	14615	777	3025	7373	3002	438
1456750	290637	54458	7857292	2732405	3756905	1133278	195577	39127
489903	48197	7973	1233171	278809	551073	372000	27357	3932
948018	234071	45458	6575037	2438276	3194681	745632	162062	34386
18829	8369	1027	49084	15320	11151	15646	6158	809
1909269	432423	65401	9252416	3124130	4390924	1440591	260830	35384
629978	86015	14717	1576857	377737	660904	488129	43178	6909
1257031	338287	49487	7619774	2734026	3712773	933739	211694	27542
22260	8121	1197	55785	12367	17247	18723	5958	933

8-5 续表 1

单位：人次

年 份	Year	考核鉴定机构数(个) Numbe of Testing Agencies (unit)	考评人员人数(人) Number of the Assessors (person)	本年考核鉴定人次数 Number of the Candidates	初 级 Primary	中 级 Medium
2007		7794	158186	12231413	4389064	5422375
#行业合计	Subtotal of Industrial Administrations	1938	56673	1622348	465248	619235
地方合计	Subtotal of Local Governments	5845	98395	10515051	3873553	4788802
中央企业试点	The Central Enterprises Pilot	11	3118	94014	50263	14338
2008		9933	203883	13374707	5104213	5758542
#行业合计	Subtotal of Industrial Administrations	1477	72503	1736592	468497	633514
地方合计	Subtotal of Local Governments	8441	124902	11560949	4598473	5108105
中央企业试点	The Central Enterprises Pilot	15	6478	77166	37243	16923
2009		9538	232060	14920761	6029998	6110523
#行业合计	Subtotal of Industrial Administrations	2241	80116	2049033	663297	806706
地方合计	Subtotal of Local Governments	7281	143719	12674516	5279691	5234031
中央企业试点	The Central Enterprises Pilot	16	8225	197212	87010	69786
2010		9803	210497	16575457	6768836	6531792
#行业合计	Subtotal of Industrial Administrations	2137	70109	2831683	949906	951227
地方合计	Subtotal of Local Governments	7647	130977	13495340	5704143	5495732
中央企业试点	The Central Enterprises Pilot	19	9411	248434	114787	84833
2011		10677	194795	17459327	7254275	6579593
#行业合计	Subtotal of Industrial Administrations	2574	75206	3129020	1059714	1094106
地方合计	Subtotal of Local Governments	8084	110545	14101095	6087176	5408072
中央企业试点	The Central Enterprises Pilot	19	9044	229212	107385	77415
2012		10963	213403	18305470	7538797	6611139
#行业合计	Subtotal of Industrial Administrations	3246	91000	3355097	1241887	1056340
地方合计	Subtotal of Local Governments	7698	111150	14651252	6162855	5443861
中央企业试点	The Central Enterprises Pilot	19	11253	299121	134055	110938

continued

(person-time)

高级 Senior	技师 Technicians	高级技师 Senior Technicians	本年获取证书人次数 Number of the Candidates Got the Certificates	初级 Primary	中级 Medium	高级 Senior	技师 Technicians	高级技师 Senior Technicians
1907654	442715	69605	9956079	3687419	4518674	1429235	274176	46575
461074	65822	10969	1284859	384585	499805	361828	32760	5881
1424504	370444	57748	8593861	3259275	4007337	1050805	236480	39964
22076	6449	888	77359	43559	11532	16602	4936	730
2029246	403738	78968	11372105	4492273	4891989	1606473	318047	63323
535833	86649	12099	1448203	393277	514497	440977	86369	13083
1477855	311085	65431	9863382	4069230	4363967	1152734	227947	49504
15558	6004	1438	60520	29766	13525	12762	3731	736
2126028	544210	110002	12320051	5251357	5134383	1516357	336623	81331
460363	98550	20117	1636149	562781	673659	335144	55143	9422
1634315	438111	88368	10556864	4636816	4414218	1158564	276470	70796
31350	7549	1517	127038	51760	46506	22649	5010	1113
2722092	453762	98975	13929377	5899097	5544598	2097432	316663	71587
766652	129482	34416	2285392	801645	770516	626959	72822	13450
1918827	314609	62029	11489343	5028937	4718723	1446776	238171	56736
36613	9671	2530	154642	68515	55359	23697	5670	1401
3098462	428247	98750	14820504	6533022	5464700	2464290	286769	71723
816296	132899	26005	2578410	1067480	724459	686101	84163	16207
2246836	288493	70518	12091861	5396177	4689411	1753472	198785	54016
35330	6855	2227	150233	69365	50830	24717	3821	1500
3476563	503134	175837	15487834	6655352	5604790	2760639	336187	130866
880430	147893	28547	2702465	1020025	857542	708589	97529	18780
2551931	347493	145112	12584198	5546362	4672359	2021009	233932	110536
44202	7748	2178	201171	88965	74889	31041	4726	1550

8-5 续表 2

单位：人次

年 份	Year	考核鉴定机构数（个）Numbe of Testing Agencies (unit)	考评人员人 数（人）Number of the Assessors (person)	本年考核鉴定人次数 Number of the Candidates	初 级 Primary	中 级 Medium
2013		9865	252662	18385729	7752500	6355360
#行业合计	Subtotal of Industrial Administrations	2418	108333	3375909	1341750	1086891
地方合计	Subtotal of Local Governments	7428	132737	14735101	6274214	5184217
中央企业试点	The Central Enterprises Pilot	19	11592	274719	136536	84252
2014		9521	215761	18539992	6934618	6745021
#行业合计	Subtotal of Industrial Administrations	2670	105232	3244808	1055738	1092479
地方合计	Subtotal of Local Governments	6835	102132	15039407	5786871	5568441
中央企业试点	The Central Enterprises Pilot	16	8397	255777	92009	84101
2015		12156	264237	18941156	7079392	6986241
#行业合计	Subtotal of Industrial Administrations	2478	102862	4159249	1696306	1311412
地方合计	Subtotal of Local Governments	9662	154296	14530268	5301111	5581461
中央企业试点	The Central Enterprises Pilot	16	7079	251639	81975	93368
2016		8224	282782	17554798	6410623	6540058
#行业合计	Subtotal of Industrial Administrations	2473	88341	2307553	746356	771495
地方合计	Subtotal of Local Governments	5733	182393	15028489	5597358	5683938
中央企业试点	The Central Enterprises Pilot	18	12048	218756	66909	84625
2017		8071	308612	14729033	4959459	5465266
#行业合计	Subtotal of Industrial Administrations	2345	89560	2546084	810597	817338
地方合计	Subtotal of Local Governments	5708	204847	11937378	4077961	4549640
中央企业试点	The Central Enterprises Pilot	18	14205	245571	70901	98288
2018		8912	251135	11349052	3939496	4034728
#行业合计	Subtotal of Industrial Administrations	2443	94669	2111498	821018	561243
地方合计	Subtotal of Local Governments	6451	140224	9007709	3035725	3387425
中央企业试点	The Central Enterprises Pilot	18	16242	229845	82753	86060

continued

(person-time)

高　级 Senior	技　师 Technicians	高级技师 Senior Technicians	本年获取证书人次数 Number of the Candidates Got the Certificates	初　级 Primary	中　级 Medium	高　级 Senior	技　师 Technicians	高级技师 Senior Technicians
3514734	577770	185365	15366664	6766044	5372332	2728517	376144	123627
763465	151090	32713	2750425	1119433	893839	614511	99406	23236
2705976	418804	151890	12439250	5560531	4422960	2083789	272164	99806
45293	7876	762	176989	86080	55533	30217	4574	585
3930805	654415	275133	15542766	6094580	5707155	3117737	429024	194270
839367	185803	71421	2556541	842679	867772	684070	120486	41534
3027880	455979	200236	12827206	5196077	4788009	2390955	301746	150419
63558	12633	3476	159019	55824	51374	42712	6792	2317
4006089	659634	209800	15392295	5915465	5831396	3092249	416439	136746
914647	190191	46693	3132628	1175807	1063277	742734	121679	29131
3031572	457553	158571	12106988	4690481	4712472	2310892	288376	104767
59870	11890	4536	152679	49177	55647	38623	6384	2848
3855614	577112	171391	14461529	5549708	5481352	2963711	350596	116162
615401	127726	46575	1713407	528629	585940	487299	78846	32693
3184348	440709	122136	12617203	4981949	4846266	2440744	266587	81657
55865	8677	2680	130919	39130	49146	35668	5163	1812
3610460	540693	153155	11987218	4207073	4541983	2804674	330333	103155
726816	136056	55277	1857892	533604	616728	580087	85833	41640
2820102	394098	95577	9999945	3634534	3879908	2185245	239922	60336
63542	10539	2301	129381	38935	45347	39342	4578	1179
2765047	487978	121803	9031831	3245567	3333132	2099864	277673	75595
597602	101953	29682	1523099	535170	430306	467782	64713	25128
2112385	380880	91294	7385556	2663222	2861384	1600846	210192	49912
55060	5145	827	123176	47175	41442	31236	2768	555

8-5 续表 3

年 份	Year	考核鉴定机构数（个）Numbe of Testing Agencies (unit)	考评人员人 数（人）Number of the Assessors (person)	本年考核鉴定(认定)人次数 Number of the Candidates	初 级 Primary	中 级 Medium	高 级 Senior	技 师 Technicians
2019		9152	216680	10759349	3865973	4081232	2322529	361527
#行业合计	Subtotal of Industrial Administrations	1824	41841	2091145	781278	595058	645117	53942
地方合计	Subtotal of Local Governments	7328	174839	8668204	3084695	3486174	1677412	307585
2020		12310	259600	11958237	4044100	4893151	2631464	282462
职业资格评价		8205	155935	10704734	3733911	4543395	2130435	208112
#行业合计	Subtotal of Industrial Administrations	2190	37158	1843272	315020	515194	988655	17261
地方合计	Subtotal of Local Governments	6015	118777	8861462	3418891	4028201	1141780	190851
职业技能等级认定		4105	103665	1253503	310189	349756	501029	74350
2021		20325	92905	10784487	3548904	4250995	2586798	311607
职业资格评价		6894	79474	3321617	1097590	1629431	499317	67734
#行业合计	Subtotal of Industrial Administrations	1565	37186	1250060	364888	609148	249141	17321
地方合计	Subtotal of Local Governments	5329	42288	2071557	732702	1020283	250176	50413
职业技能等级认定		13431	13431	7462870	2451314	2621564	2087481	243873
2022		36629	644077	14664656	4225928	5751121	4216526	373492
职业资格评价		6314	77680	1103922	512862	498879	67641	17941
#行业合计	Subtotal of Industrial Administrations	1775	37740	880240	409002	413397	42976	10612
地方合计	Subtotal of Local Governments	4539	39940	223682	103860	85482	24665	7329
职业技能等级认定		30315	566397	13560734	3713066	5252242	4148885	355551
2023		39520	745277	15402889	3871141	6623298	4373813	419600
职业资格评价		2606	60965	1607681	586243	973787	41803	4848
#行业合计	Subtotal of Industrial Administrations	1630	38070	1607206	585768	973787	41803	4848
地方合计	Subtotal of Local Governments	976	22895	475	475			
职业技能等级认定		36914	684312	13795208	3284898	5649511	4332010	414752

注：1.由于职业资格改革，2020年起技能人才评价统计由职业资格评价、职业技能等级认定两部分组成。
2.2021年、2022年职业技能等级认定中的高级技师数据包含特级技师数据。2023年特级技师、首席技师数据分别单列。

continued

高级技师 Senior Technicians	特级技师 superior Technicians	首席技师 chief Technicians	本年获取证书人次数 Number of the Candidates Got the Certificates	初级 Primary	中级 Medium	高级 Senior	技师 Technicians	高级技师 Senior Technicians	特级技师 Superior Technicians	首席技师 Chief Technicians
128088			8618572	3184815	3419359	1730493	205600	78305		
15750			1398424	490644	468832	398761	28361	11826		
112338			7220148	2694171	2950527	1331732	177239	66479		
107060			9625792	3545282	4144967	1677573	184147	73823		
88881			8659731	3278478	3862870	1323861	134474	60048		
7142			972562	205346	375404	377040	9289	5483		
81739			7687169	3073132	3487466	946821	125185	54565		
18179			966061	266804	282097	353712	49673	13775		
86183			8988119	3050279	3577991	2057352	240233	62264		
27545			2734463	897180	1383819	383470	49860	20134		
9562			947595	258629	500073	169994	11867	7032		
17983			1786868	638551	883746	213476	37993	13102		
58638			6253656	2153099	2194172	1673882	190373	42130		
97589			12342726	3589200	4749170	3648854	279196	76306		
6599			664192	333972	266957	47853	11243	4167		
4253			468939	240939	193157	26175	5869	2799		
2346			195253	93033	73800	21678	5374	1368		
90990			11678534	3255228	4482213	3601001	267953	72139		
113127	1715	195	12363487	3159538	5142859	3656902	315227	87487	1363	111
1000			882055	374296	474178	29633	3271	677		
1000			881681	373922	474178	29633	3271	677		
			374	374						
112127	1715	195	11481432	2785242	4668681	3627269	311956	86810	1363	111

Note: 1. Due to the reform of vocational qualifications, the statistics on the evaluation of skilled talents consist of two parts since 2020: vocational qualification evaluation and vocational skill level recognition.

2.The data of senior technicians in the vocational skill level certification for 2021 and 2022 include special grade technicians. The data of special grade technicians and chief technicians in 2023 are separately listed.

8–6 各地区职业技能等级认定情况(2023年)

单位：人次

地 区	Region	评价机构数(个) Numbe of Testing Agencies (unit)	考评人员人数(人) Number of the Assessors (person)	本年认定人次数 Number of the Candidates	初级 Primary	中级 Medium	高级 Senior	技师 Technicians	高级技师 Senior Technicians
全 国	**National**	**36848**	**684312**	**13795208**	**3284898**	**5649511**	**4332010**	**414752**	**112127**
北 京	Beijing	203	17387	70396	20747	25713	18246	4807	869
天 津	Tianjin	89	13151	153934	22794	104721	21512	3813	1094
河 北	Hebei	640	10453	449545	193317	133991	88687	29401	3714
山 西	Shanxi	835	24869	493188	115997	194127	173984	7574	1506
内蒙古	Inner Mongolia	418	23020	241489	43758	117934	57341	14545	7845
辽 宁	Liaoning	394	7656	318472	48483	183423	75552	9150	1787
吉 林	Jilin	184	12290	293759	11840	210059	48369	18388	5103
黑龙江	Heilongjiang	139	18805	69343	18112	17465	25576	6391	1527
上 海	Shanghai	167	20568	180348	49415	48728	67868	12178	2063
江 苏	Jiangsu	3695	57896	1219129	306173	593942	289503	24921	4476
浙 江	Zhejiang	7915	10394	1006111	130870	336401	483754	45320	9766
安 徽	Anhui	901	22703	693217	181296	261799	233402	13799	2875
福 建	Fujian	295	11307	252215	22472	137744	82387	6630	2982
江 西	Jiangxi	440	9007	208963	24923	136849	43375	3154	662
山 东	Shandong	7820	30172	627758	60530	201999	322848	34495	7633
河 南	Henan	5194	99728	2914038	563539	1020154	1234822	67492	28027
湖 北	Hubei	936	31777	395902	51978	185030	144767	9337	4772
湖 南	Hunan	462	14280	304012	87160	182425	28503	4733	1191
广 东	Guangdong	2936	106996	1006718	155024	525098	293133	28787	4425
广 西	Guangxi	320	12213	382700	157770	160032	55288	7835	1704
海 南	Hainan	207	4038	77614	46867	17342	11924	630	851
重 庆	Chongqing	352	15741	354123	115909	154406	73580	6737	3491
四 川	Sichuan	323	21577	294784	76981	123230	79600	10653	4169
贵 州	Guizhou	339	19583	274567	70532	79830	118212	5325	647
云 南	Yunnan	383	1915	541929	234707	170316	122660	12875	1371
西 藏	Xizang	58	285	22398	14846	4138	1231	1690	493
陕 西	Shaanxi	379	24938	281662	89949	114642	64854	9601	2606
甘 肃	Gansu	267	8534	94591	16850	47344	23948	4337	2112
青 海	Qinghai	34	3151	43321	22567	16218	3332	885	319
宁 夏	Ningxia	113	1637	80811	19087	52771	7456	1298	199
新 疆	Xinjiang	332	24984	372839	272643	66237	25734	6406	1808
新疆兵团	Xinjiang Production and Construction Crops	78	3257	75332	37762	25403	10562	1565	40

STATISTICS OF OCCUPATIONAL QUALIFICATION EVALUATION BY REGION (2023)

(person-time)

特级技师 Superior Technicians	首席技师 Chief Technicians	本年获取证书人次数 Number of the Candidates Got the Certificates	初级 Primary	中级 Medium	高级 Senior	技师 Technicians	高级技师 Senior Technicians	特级技师 Superior Technicians	首席技师 Chief Technicians
1715	**195**	**11481432**	**2785242**	**4668681**	**3627269**	**311956**	**86810**	**1363**	**111**
14		62738	17791	22958	16849	4349	778	13	
		131624	19525	90476	18565	2348	710		
350	85	387225	169159	116972	72417	25473	2942	226	36
		381858	91271	152215	131742	5596	1034		
50	16	186621	34630	93175	44716	8687	5347	50	16
62	15	274448	39783	158181	67371	7705	1382	24	2
		219692	8481	156929	37777	13242	3263		
272		44885	12106	11088	15867	4598	954	272	
96		128465	37843	34932	46852	7464	1304	70	
114		1020328	250124	499297	247321	20091	3421	74	
		737363	106441	259763	329454	34892	6813		
39	7	587796	153638	224232	200201	7974	1705	39	7
		184234	18351	107343	53327	3418	1795		
		167971	20384	111642	34172	1450	323		
253		534762	52205	167137	283270	25845	6052	253	
3	1	2662386	473724	906761	1189784	64869	27244	3	1
16	2	346229	45057	162113	126826	8006	4209	16	2
		226815	69329	136616	17569	2669	632		
210	41	790475	131813	418008	222625	15426	2492	92	19
71		326351	140759	135158	44541	4460	1363	70	
		71364	44046	15588	10648	447	635		
		303006	103260	131540	60846	4364	2996		
125	26	203196	57157	85789	50167	7352	2580	125	26
20	1	225834	61794	61947	98165	3464	444	19	1
		482779	214248	150035	106350	10983	1163		
		18377	13056	3211	1007	836	267		
9	1	202643	68642	83064	43284	5831	1812	9	1
		70554	12748	38864	15696	2044	1202		
		33510	18808	11889	2196	473	144		
		64832	15674	42655	5372	964	167		
11		337835	250668	56883	23149	5529	1598	8	
		65236	32727	22220	9143	1107	39		

九、劳动关系

LABOUR RELATION

9-1 历年劳动人事争议仲裁情况

单位：件

项　　目	Item	1996	1997	1998	1999	2000
上期未结案件数	Number of Cases Left from Last Year-end	2634	2864	3475	3840	6374
案件受理情况	Cases Accepted					
当期案件受理数	Cases	48121	71524	93649	120191	135206
#集体劳动争议案件数	Number of Collective Labour Disputes	3150	4109	6767	9043	8247
劳动者申诉案件数	Number of Cases Left from Last Year-end	41697	68773	84829	114152	120043
劳动者当事人数(人)	Number of Laborers Involved(person)	189120	221115	358531	473957	422617
#集体劳动争议劳动者当事人数	Number of Laborers Involved in Collective Labour Disputes	92203	132647	251268	319445	259445
争议原因	Disputes Reasons					
劳动报酬	Labour Remuneration					
社会保险	Social Insurances					
变更劳动合同	Change the Labour Contract		2992	2840	3469	3829
解除、终止劳动合同	Relieve or End the Labour Contract		10337	13069	18108	21149
其　他	Others		8917	9515	8626	12549
案件处理情况	Cases Settled					
结案数	Number of Cases Settled	46543	70792	92288	121289	130688
处理方式	by Manners of Settlement					
仲裁调解	by Mediation	24223	32793	31483	39550	41877
仲裁裁决	by Arbitrition Lawsuit	12789	15060	25389	34712	54142
其他方式	Others	9531	22939	35155	47027	34669
处理结果	by Result of Settlement					
用人单位胜诉	Lawsuit Won by Units	9452	11488	11937	15674	13699
劳动者胜诉	Lawsuit Won by Laborers	23696	40063	48650	63030	70544
双方部分胜诉及其他	Lawsuit Partly Won by Both Parties and Others	13395	19241	27365	37459	37247
案外调解案件数	Cases Mediated					

注：2011年起，解除、终止劳动合同的类型进行合并统计。

LABOUR DISPUTES ACCEPTED AND SETTLED

(piece)

2001	2002	2003	2004	2005	2006	2007	2008	2009
8739	12472	16276	17117	17829	22165	25424	33084	83709
154621	184116	226391	260471	313773	317162	350182	693465	684379
9847	11024	10823	19241	16217	13977	12784	21880	13779
146781	172253	215512	249335	293710	301233	325590	650077	627530
467150	608396	801042	764981	744195	679312	653472	1214328	1016922
286680	374956	514573	477992	409819	348714	271777	502713	299601
45172	59144	76774	85132	103183	103887	108953	225061	247330
31158	56558	76181	88119	97519	100342	97731		
4254	3765	5494	4465	7567	3456	4695		
29038	30940	40017	57021	68873	67868	80261	139702	43876
150279	178744	223503	258678	306027	310780	340030	622719	689714
42933	50925	67765	83400	104308	104435	119436	221284	251463
77250	77340	95774	110708	131745	141465	149013	274543	290971
35096	50479	59954	64550	69974	64880	71581	126892	147280
31544	27017	34272	35679	39401	39251	49211	80462	95470
71739	84432	109556	123268	145352	146028	156955	276793	255119
46996	67295	79475	94041	121274	125501	133864	265464	339125
63939	77342	58451	70840	93561	130321	151902	237283	185598

Note：Since 2011, items of Relieve or End the Labour Contract have been merged during statistics.

9-1 续表

单位：件

项　目	Item	2010	2011	2012	2013	2014
上期未结案件数	Number of Cases Left from Last Year-end	77926	42308	36151	34478	31796
案件受理情况	Cases Accepted					
当期案件受理数	Cases	600865	589244	641202	665760	715163
#集体劳动争议案件数	Number of Collective Labour Disputes	9314	6592	7252	6783	8041
劳动者申诉案件数	Number of Cases Left from Last Year-end	558853	568768	620849	641932	690418
劳动者当事人数(人)	Number of Laborers Involved(person)	815121	779490	882487	888430	997807
#集体劳动争议劳动者当事人数	Number of Laborers Involved in Collective Labour Disputes	211755	174785	231894	218521	267165
争议原因	Disputes Reasons					
劳动报酬	Labour Remuneration	209968	200550	225981	223351	258716
社会保险	Social Insurances		149944	159649	165665	160961
变更劳动合同	Change the Labour Contract					
解除、终止劳动合同	Relieve or End the Labour Contract	31915	118684	129108	147977	155870
其　他	Others					
案件处理情况	Cases Settled					
结案数	Number of Cases Settled	634041	592823	643292	669062	711044
处理方式	by Manners of Settlement					
仲裁调解	by Mediation	250131	278873	302552	311806	321598
仲裁裁决	by Arbitrition Lawsuit	266506	244942	268530	283341	313175
其他方式	Others	117404	69008	72210	73915	76271
处理结果	by Result of Settlement					
用人单位胜诉	Lawsuit Won by Units	85028	74189	79187	82519	82541
劳动者胜诉	Lawsuit Won by Laborers	229448	195680	213453	217551	250284
双方部分胜诉及其他	Lawsuit Partly Won by Both Parties and Others	319565	322954	350652	368992	378219
案外调解案件数	Cases Mediated	163997	194338	212937	215595	227447

continued

(piece)

2015	2016	2017	2018	2019	2020	2021	2022	2023
39580	37977	38545	35506	48661	49723	43525	40745	43661
813859	828410	785323	894053	1069638	1094788	1252045	1473145	1629445
10466	9745	7513	8699	9235	8321	7446	8148	8484
784229	801190	762572	869421	1021334	1041567	1199847	1421670	1581748
1159687	1112408	979016	1110175	1274124	1283491	1404754	1636418	1803057
341588	289924	203963	234943	220174	200824	159898	177821	175402
321179	345685	331463	380751	446572	462729	524473	593024	638503
158002	145671	135211	144533	149966	136496	164102	187186	227063
182396	188642	169456	195063	259550	280058	293924	382297	428270
812461	827717	790448	884223	1068413	1100681	1256162	1466857	1641106
362814	389109	390278	458353	552584	599797	703373	847132	951055
368409	366742	336073	357666	430309	430863	471819	542709	603393
81238	71866	64097	68204	85520	70021	80970	77016	86658
90785	92405	89928	93823	112747	112053	127910	150606	165385
287544	285824	259898	276642	314097	310819	341245	370243	398015
434132	369429	440622	513758	641569	677809	787007	946008	1077706
258114	240101	208491	214288	242479	255328	320621	381693	469647

9−2 各地区劳动争议仲裁情况(2023年)

单位：件

地区	Region	上期未结案件数 Number of Cases Left from Last Year-end	案件受理情况 Cases Accepted					
			当期案件受理数 Cases	#集体劳动争议案件 Number of Collective Labour Disputes	#劳动者申诉案件 Number of Cases Left from Last Year-end	劳动者当事人数(人) Number of Laborers Involved (person)	#集体劳动争议劳动者当事人数 Number of Laborers Involvedin Collective Labour Disputes	劳动报酬 Labour Remuneration
全国	**National**	**43661**	**1629445**	**8484**	**1581748**	**1803057**	**175402**	**638503**
北京	Beijing	7250	135226	569	133614	135226	9409	64876
天津	Tianjin	1087	30787	64	30317	31840	1118	15089
河北	Hebei	152	39768	67	37255	41602	1367	11577
山西	Shanxi	207	17118	28	16179	18197	533	5245
内蒙古	Inner Mongolia	281	22963	48	21005	23872	1122	11543
辽宁	Liaoning	925	38989	170	38093	42760	3964	19162
吉林	Jilin	429	12128	19	10892	13379	1166	5336
黑龙江	Heilongjiang	373	27127	18	27081	27595	304	14854
上海	Shanghai	3765	77714	311	76636	84802	5827	24766
江苏	Jiangsu	2800	121126	857	120486	129799	16905	51225
浙江	Zhejiang	1458	98963	371	98417	111687	8552	35245
安徽	Anhui	927	47670	74	44854	50190	1280	18254
福建	Fujian	1714	48871	489	48166	62976	10540	17140
江西	Jiangxi	141	20365	50	19367	22073	1428	6601
山东	Shandong	778	120124	89	119319	128378	2466	53073
河南	Henan	175	39947	72	38261	41599	1165	19265
湖北	Hubei	772	53735	169	52279	60963	3514	18470
湖南	Hunan	836	39733	168	38270	42230	2832	10512
广东	Guangdong	8695	274804	3679	267735	356807	77888	87604
广西	Guangxi	1284	40198	113	39602	41566	2819	23068
海南	Hainan	1021	12851	22	11990	12942	323	5787
重庆	Chongqing	498	42142	107	41237	42216	2079	12041
四川	Sichuan	5736	104133	454	95400	108413	9531	41758
贵州	Guizhou	67	36119	11	35228	36579	201	13566
云南	Yunnan	477	26085	200	25501	27174	3314	10186
西藏	Xizang	34	1351	18	1330	1849	396	680
陕西	Shaanxi	580	48574	83	44664	50170	2004	19674
甘肃	Gansu	110	11602	12	11228	11987	286	5118
青海	Qinghai	81	3622	6	3338	3787	150	1897
宁夏	Ningxia	441	12626	79	12466	14916	1603	3497
新疆	Xinjiang	532	19818	66	19059	22182	1304	9835
新疆兵团	Xinjiang Production and Construction Crops	35	3166	1	2479	3301	12	1559

LABOUR DISPUTES ACCEPTED AND SETTLED BY REGION (2023)

(piece)

争议原因 Causes of the Disputes			案件处理情况 Cases Settled							案外调解案件数 Cases Mediated
社会保险 Social Insurance	#工伤保险 Work Injury Insurance	解除、终止劳动合同 Relieve or End the Labour Contract	结案数 Number of Cases Settled	处理方式 by Manners of Settlement: 仲裁调解 by Mediation	仲裁裁决 by Arbitrition Lawsuit	其他方式 Others	处理结果 by Result of Settlement: 用人单位胜诉 Lawsuit Won by Units	劳动者胜诉 Lawsuit Won by Laborers	双方部分胜诉及其他 Lawsuit Partly Won by Both Parties and Others	
227063	**197327**	**428270**	**1641106**	**951055**	**603393**	**86658**	**165385**	**398015**	**1077706**	**469647**
3078	2039	38054	138952	74076	58461	6415	25611	20927	92414	20394
1533	1453	4996	31487	19152	12335		3527	5050	22910	4678
5739	3562	12287	39810	27541	11053	1216	3942	16409	19459	16145
4743	4370	3247	17132	11300	5403	429	2089	9012	6031	6219
3769	2491	4565	23036	14404	7945	687	1782	7148	14106	6133
4153	2590	7931	39113	19968	18407	738	4580	17525	17008	16564
938	783	1960	12211	5335	6015	861	1195	5938	5078	4788
3812	3265	78	27417	17089	9996	332	2000	11028	14389	10783
5069	4670	33211	76585	39582	33538	3465	16054	7269	53262	14529
23502	23024	28965	121526	74425	33898	13203	8370	28966	84190	57626
25460	23491	19438	99221	57528	21697	19996	4708	16152	78361	16117
11892	10745	9588	48025	34539	12492	994	3450	16193	28382	8684
9736	9260	10063	48951	29097	18072	1782	3780	10691	34480	4770
5277	4969	5779	20457	15992	4089	376	1926	6204	12327	13436
11602	11152	32306	120560	84510	34613	1437	10401	28306	81853	29717
4410	3007	8451	39992	26067	12981	944	2830	15869	21293	17219
6694	5508	19002	54002	35666	17911	425	2931	13305	37766	27449
9394	8078	12444	39794	24532	14092	1170	2911	14390	22493	7422
31167	29855	100329	278056	133024	132802	12230	27017	45640	205399	74950
2554	2128	10470	41100	19774	20232	1094	3345	11300	26455	23183
478	360	1599	12901	4195	6637	2069	903	4243	7755	3416
9119	8640	10511	42369	28579	11368	2422	3171	5317	33881	5421
11336	10101	20560	104976	58024	38166	8786	10846	29442	64688	23667
9395	7430	5391	36174	23717	12381	76	3168	5964	27042	18150
3892	3544	4956	26436	15425	10199	812	2974	8295	15167	15507
187	171	263	1350	850	426	74	69	567	714	219
10272	4292	12982	48510	27439	18935	2136	6108	15006	27396	11379
1817	1476	2351	11663	7411	4158	94	1396	5147	5120	3150
541	524	957	3611	2447	1092	72	286	1732	1593	277
2643	1706	2928	12488	6544	4640	1304	1482	4958	6048	3776
2381	2171	2483	20041	11058	8104	879	2226	8737	9078	3487
480	472	125	3160	1765	1255	140	307	1285	1568	392

9-3 劳动保障监察案件结案情况(2023年)
CASES SETTLED BY LABOUR AND SOCIAL SECURITY INSPECTION ORGANIZATION (2023)

单位：件 (piece)

项　目	Item	2023
结案数	**Cases Settled**	**116982**
案件分类	**Cases by Caused Reasons**	
内部劳动保障规章制度	Inner Institutions on Labour and Social Security	700
订立和解除劳动合同	Signing or Relieve Labour Contract	3666
女职工特殊劳动保护	Special Protection for Female Workers and employees	82
未成年工特殊劳动保护	Special Protection for minor Workers and employees	232
工作时间和休息休假	Working Hours and Vocation	3135
支付工资和最低工资标准	Wage Payment and Minimum Wage Standard	70665
参加社会保险和缴纳社会保险费	Social Insurances	13362
职业介绍	Job Referral	208
职业技能培训和职业技能考核	Vocational Training and Vocational Qualification	24
其　他	Others	27064
案件处理情况	**Settlement of Cases**	
责令限期改正	Orders to Make Corrections	34905
行政处理决定	Decisions of Administrative Settlement	5153
行政处罚决定	Decisions of Administrative Penalty	5009
警　告	Disciplinary Warning	421
罚　款	Fine	5353
其他行政处罚	Others	139

9-4 劳动保障监察工作情况(2023年)
LABOUR AND SOCIAL SECURITY INSPECTION (2023)

项　目	Item	2023
主动监察	Inspection on Initiative	
检查单位数(万户)	Employing Units Inspected (10 000 households)	72.6
涉及劳动者人数(万人)	Labourers Involved (10 000 persons)	3078.7
投诉结案数(万件)	Complaint Cases Settled (10 000 pieces)	10.0
举报结案数(万件)	Cases Settled through Inspection upon Reporting (10 000 pieces)	2.5
审查用人单位报送的书面材料涉及用人单位数(万户)	Employing Units inspected through Examining Documents reported (10 000 households)	127.9
补签劳动合同(万人)	Number of Labour Contracts Signed for Inspection (10 000 persons)	31.0
追发劳动者工资等待遇	Repay Wages and other Benefits	
涉及劳动者人数(万人)	Labourers Involved (10 000 persons)	69.4
涉及金额(亿元)	Amount of Money (100 million yuan)	79.0
督促缴纳社会保险费	Levy of Social Insurance Fees for Inspection	
单位数(万户)	Employing Units Involved (10 000 households)	1.0
金额(亿元)	Amount of Money (100 million yuan)	2.1
督促社会保险登记单位数(万户)	Registeration of Social Insurance for Inspection Employing Units Involved (10 000 households)	0.4
取缔非法职业中介机构(户)	Number of Illegal Occupational Intermediary Agencies(household)	596
清退风险抵押金金额(万元)	Amount of Money in Pledge Repaid to Employees (10 000 Yuan)	204.3
审查用人单位规章数(万件)	Number of Regulations of Employing Units Inspected (10 000 pieces)	25.5
纠正用人单位违法规章数(万件)	Number of Regulations of Employing Units Corrected (10 000 pieces)	1.1
单独随机抽查(万户)	Random Inspection(10 000 households)	11.8

十、社会保障

SOCIAL SECURITY

10-1 历年全国社会保险基金收入
REVENUE OF SOCIAL INSURANCE FUNDS

年 份 Year	合 计 Total	基本养老保险 Basic Pension Insurance	失业保险 Unemployment Insurance	基本医疗保险 Basic Medical Insurance	工伤保险 Work Injury Insurance	生育保险 Maternity Insurance
绝对数(亿元) Revenue (100 million yuan)						
1990	186.8	178.8	7.2			
1991	225.0	215.7	9.3			
1992	377.4	365.8	11.7			
1993	526.1	503.5	17.9	1.4	2.4	0.8
1994	742.0	707.4	25.4	3.2	4.6	1.5
1995	1006.0	950.1	35.3	9.7	8.1	2.9
1996	1252.4	1171.8	45.2	19.0	10.9	5.5
1997	1458.2	1337.9	46.9	52.3	13.6	7.4
1998	1623.1	1459.0	68.4	60.6	21.2	9.8
1999	2211.8	1965.1	125.2	89.9	20.9	10.7
2000	2644.9	2278.5	160.4	170.0	24.8	11.2
2001	3101.9	2489.0	187.3	383.6	28.3	13.7
2002	4048.7	3171.5	215.6	607.8	32.0	21.8
2003	4882.9	3680.0	249.5	890.0	37.6	25.8
2004	5780.3	4258.4	290.8	1140.5	58.3	32.1
2005	6975.2	5093.3	340.3	1405.3	92.5	43.8
2006	8643.2	6309.8	402.4	1747.1	121.8	62.1
2007	10812.3	7834.2	471.7	2257.2	165.6	83.6
2008	13696.1	9740.2	585.1	3040.4	216.7	113.7
2009	16115.6	11490.8	580.4	3671.9	240.1	132.4
2010	19276.1	13872.9	649.8	4308.9	284.9	159.6
2011	25153.3	18004.8	923.1	5539.2	466.4	219.8
2012	30738.8	21830.2	1138.9	6938.7	526.7	304.2
2013	35252.9	24732.6	1288.9	8248.3	614.8	368.4
2014	39827.7	27619.9	1379.8	9687.2	694.8	446.1
2015	46012.1	32195.5	1367.8	11192.9	754.2	501.7
2016	53562.7	37990.8	1228.9	13084.3	736.9	521.9
2017	67154.2	46613.8	1112.6	17931.6	853.8	642.5
2018	79254.8	55005.3	1171.1	21384.4	913.0	781.0
2019	83550.4	57025.9	1284.2	24420.9	819.4	
2020	75512.5	49228.6	951.5	24846.1	486.3	
2021	96936.8	65793.3	1459.6	28732.0	951.9	
2022	102504.8	68933.2	1596.1	30922.2	1053.3	
2023	113214.9	76691.2	1807.3	33504.9	1211.6	

注：2010年及以后基本养老保险基金中包括城镇职工基本养老保险和城乡居民基本养老保险。

Note: Data of the basic pension insurance for 2010 and following years include the basic pension insurances for urban workers and for urban and rural residents.

10-1 续表 continued

年 份 Year	合 计 Total	基本养老保险 Basic Pension Insurance	失业保险 Unemployment Insurance	基本医疗保险 Basic Medical Insurance	工伤保险 Work Injury Insurance	生育保险 Maternity Insurance
比上年增长(%) Increase Rate						
1991	20.5	20.6	29.2			
1992	67.7	69.6	25.8			
1993	39.4	37.7	53.0			
1994	41.0	40.5	41.9	119.9	90.4	73.8
1995	35.6	34.3	38.9	206.3	77.5	99.4
1996	24.5	23.3	28.2	96.6	34.7	87.8
1997	16.4	14.2	3.7	175.1	24.6	34.9
1998	11.3	9.0	45.7	15.9	55.9	31.1
1999	36.3	34.7	83.1	48.3	-1.3	10.1
2000	19.6	15.9	28.1	89.2	18.7	3.8
2001	17.3	9.2	16.8	125.7	14.2	23.1
2002	30.5	27.4	15.1	58.4	13.2	58.9
2003	20.6	16.0	15.7	46.4	17.4	18.3
2004	18.4	15.7	16.6	28.1	55.1	24.4
2005	20.7	19.6	17.0	23.2	58.7	36.4
2006	23.9	23.9	18.2	24.3	31.7	41.8
2007	25.1	24.2	17.2	29.2	36.0	34.6
2008	26.7	24.3	24.0	34.7	30.9	36.0
2009	17.7	18.0	-0.8	20.8	10.8	16.4
2010	19.6	20.7	12.0	17.3	18.7	20.5
2011	30.5	29.8	42.1	28.6	63.7	37.8
2012	22.2	21.2	23.4	25.3	12.9	38.4
2013	14.7	13.3	13.2	18.9	16.7	21.1
2014	13.0	11.7	7.1	17.4	13.0	21.1
2015	15.5	16.6	-0.9	15.5	8.6	12.5
2016	16.4	18.0	-10.2	16.9	-2.3	4.0
2017	25.4	22.7	-9.5	37.0	15.9	23.1
2018	18.0	18.0	5.3	19.3	6.9	21.6
2019	5.4	3.7	9.7	14.2	-10.2	
2020	-9.6	-13.7	-25.9	1.7	-40.7	
2021	28.4	33.6	53.4	15.6	95.8	
2022	5.7	4.8	9.4	7.6	10.7	
2023	10.4	11.3	13.2	8.4	15.0	

10-2 历年全国社会保险基金支出
EXPENSES OF SOCIAL INSURANCE FUNDS

年　份 Year	合　计 Total	基本养老保险 Basic Pension Insurance	失业保险 Unemployment Insurance	基本医疗保险 Basic Medical Insurance	工伤保险 Work Injury Insurance	生育保险 Maternity Insurance
绝对数(亿元) Expenses (100 million yuan)						
1990	151.9	149.3	2.5			
1991	176.1	173.1	3.0			
1992	327.1	321.9	5.1			
1993	482.2	470.6	9.3	1.3	0.4	0.5
1994	680.0	661.1	14.2	2.9	0.9	0.8
1995	877.1	847.6	18.9	7.3	1.8	1.6
1996	1082.4	1031.9	27.3	16.2	3.7	3.3
1997	1339.2	1251.3	36.3	40.5	6.1	4.9
1998	1636.9	1511.6	51.9	53.3	9.0	6.8
1999	2108.1	1924.9	91.6	69.1	15.4	7.1
2000	2385.6	2115.5	123.4	124.5	13.8	8.3
2001	2748.0	2321.3	156.6	244.1	16.5	9.6
2002	3471.5	2842.9	186.6	409.4	19.9	12.8
2003	4016.4	3122.1	199.8	653.9	27.1	13.5
2004	4627.4	3502.1	211.3	862.2	33.3	18.8
2005	5400.8	4040.3	206.9	1078.7	47.5	27.4
2006	6477.4	4896.7	198.0	1276.7	68.5	37.5
2007	7887.9	5964.9	217.7	1561.8	87.9	55.6
2008	9925.1	7389.6	253.5	2083.6	126.9	71.5
2009	12302.6	8894.4	366.8	2797.4	155.7	88.3
2010	15018.9	10755.3	423.3	3538.1	192.4	109.9
2011	18652.9	13363.2	432.8	4431.4	286.4	139.2
2012	23331.3	16711.5	450.6	5543.6	406.3	219.3
2013	27916.3	19818.7	531.6	6801.0	482.1	282.8
2014	33002.7	23325.8	614.7	8133.6	560.5	368.1
2015	38988.1	27929.4	736.4	9312.1	598.7	411.5
2016	46888.4	34004.3	976.1	10767.1	610.3	530.6
2017	57145.0	40423.8	893.8	14421.7	662.3	743.5
2018	67792.7	47550.4	915.3	17823.0	742.0	762.0
2019	75346.6	52342.3	1333.2	20854.2	816.9	
2020	78611.8	54656.5	2103.0	21032.1	820.3	
2021	86734.9	60196.5	1500.0	24048.2	990.2	
2022	90719.1	63079.0	2017.8	24597.2	1025.0	
2023	99301.8	68369.4	1485.2	28210.5	1236.7	

10-2 续表 continued

年 份 Year	合 计 Total	基本养老保险 Basic Pension Insurance	失业保险 Unemployment Insurance	基本医疗保险 Basic Medical Insurance	工伤保险 Work Injury Insurance	生育保险 Maternity Insurance
比上年增长(%) Increase Rate						
1991	15.9	15.9	18.1			
1992	85.7	86.0	70.0			
1993	47.4	46.2	82.4			
1994	41.0	40.5	52.7	118.3	127.4	60.5
1995	29.0	28.2	32.9	150.2	92.4	95.3
1996	23.4	21.7	44.7	122.9	104.1	108.2
1997	23.7	21.3	33.1	149.5	64.5	49.4
1998	22.2	20.8	42.9	31.6	48.6	39.5
1999	28.8	27.3	76.6	29.6	70.5	4.1
2000	13.2	9.9	34.7	80.3	-10.5	17.1
2001	15.2	9.7	26.8	96.0	19.5	14.9
2002	26.3	22.5	19.2	67.7	20.6	33.3
2003	15.7	9.8	7.1	59.7	36.2	5.6
2004	15.2	12.2	5.8	31.9	22.9	39.3
2005	16.7	15.4	-2.1	25.1	42.6	45.7
2006	19.9	21.2	-4.3	18.4	44.2	36.9
2007	21.8	21.8	9.9	22.3	28.3	48.3
2008	25.8	23.9	16.4	33.4	44.4	28.6
2009	24.0	20.4	44.7	34.3	22.7	23.5
2010	22.1	20.9	15.4	26.5	23.6	24.4
2011	24.2	24.2	2.2	25.2	48.8	26.7
2012	25.1	25.1	4.1	25.1	41.9	57.6
2013	19.7	18.6	18.0	22.7	18.7	28.9
2014	18.2	17.7	15.6	19.6	16.3	30.2
2015	18.1	19.7	19.8	14.5	6.8	11.8
2016	20.3	21.8	32.6	15.6	1.9	29.0
2017	21.9	18.9	-8.4	33.9	8.5	40.1
2018	18.6	17.6	2.4	23.6	12.0	2.5
2019	11.1	10.1	45.7	17.0	10.1	
2020	4.3	4.4	57.7	0.9	0.4	
2021	10.3	10.1	-28.7	14.3	20.7	
2022	4.6	4.8	34.5	2.3	3.5	
2023	9.5	8.4	-26.4	14.7	20.7	

10−3 历年全国社会保险基金累计结余
BALANCE OF SOCIAL INSURANCE FUNDS

年 份 Year	合 计 Total	基本养老保险 Basic Pension Insurance	失业保险 Unemployment Insurance	基本医疗保险 Basic Medical Insurance	工伤保险 Work Injury Insurance	生育保险 Maternity Insurance
绝对数(亿元) Balance at the Year-end (100 million yuan)						
1990	117.3	97.9	19.5			
1991	169.7	144.1	25.7			
1992	252.8	220.6	32.1			
1993	303.7	258.6	40.8	0.4	3.1	0.8
1994	365.7	304.8	52.0	0.7	6.8	1.4
1995	516.8	429.8	68.4	3.1	12.7	2.7
1996	696.1	578.6	86.4	6.4	19.7	5.0
1997	831.6	682.8	97.0	16.6	27.7	7.5
1998	791.1	587.8	133.4	20.0	39.5	10.3
1999	1009.8	733.5	159.9	57.6	44.9	13.9
2000	1327.5	947.1	195.9	109.8	57.9	16.8
2001	1622.8	1054.1	226.2	253.0	68.9	20.6
2002	2423.4	1608.0	253.8	450.7	81.1	29.7
2003	3313.8	2206.5	303.5	670.6	91.2	42.0
2004	4493.4	2975.0	385.8	957.9	118.6	55.9
2005	6073.7	4041.0	519.0	1278.1	163.5	72.1
2006	8255.9	5488.9	724.8	1752.4	192.9	96.9
2007	11236.6	7391.4	979.1	2476.9	262.6	126.6
2008	15225.6	9931.0	1310.1	3431.7	384.6	168.2
2009	19006.5	12526.1	1523.6	4275.9	468.8	212.1
2010	23407.5	15787.8	1749.8	5047.1	561.4	261.4
2011	30233.1	20727.8	2240.2	6180.0	742.6	342.5
2012	38106.6	26243.5	2929.0	7644.5	861.9	427.6
2013	45588.1	31274.8	3685.9	9116.5	996.2	514.7
2014	52462.3	35644.5	4451.5	10644.8	1128.8	592.7
2015	59532.5	39937.1	5083.0	12542.8	1285.3	684.4
2016	66349.7	43965.2	5333.3	14964.3	1410.9	675.9
2017	77311.6	50202.2	5552.4	19385.6	1606.9	564.5
2018	89775.5	58151.6	5817.0	23440.0	1784.9	582.0
2019	96977.8	62872.6	4625.4	27696.7	1783.2	
2020	94378.7	58075.2	3354.1	31500.0	1449.3	
2021	104872.1	63970.0	3312.5	36178.3	1411.2	
2022	116822.0	69851.3	2890.8	42639.9	1440.1	
2023	130752.0	78173.0	3212.9	47951.0	1415.1	

注：工伤保险累计结余中含储备金。
Note：The grand total of work injury insurance at year-end include reserve fund.

10−3 续表 continued

年 份 Year	合 计 Total	基本养老保险 Basic Pension Insurance	失业保险 Unemployment Insurance	基本医疗保险 Basic Medical Insurance	工伤保险 Work Injury Insurance	生育保险 Maternity Insurance
比上年增长(%) Increase Rate						
1991	44.6	47.2	32.0			
1992	49.0	53.1	24.9			
1993	20.1	17.2	27.1			
1994	20.4	17.9	27.5	63.8	118.1	87.6
1995	41.3	41.0	31.6	335.4	87.3	91.7
1996	34.7	34.6	26.2	107.9	55.8	81.6
1997	19.5	18.0	12.3	157.8	40.1	51.2
1998	-4.9	-13.9	37.6	20.5	42.9	37.1
1999	27.6	24.8	19.8	187.8	13.6	34.9
2000	31.5	29.1	22.6	90.8	28.8	20.6
2001	22.2	11.3	15.5	130.4	19.1	22.7
2002	49.3	52.6	12.2	78.1	17.7	44.5
2003	36.7	37.2	19.6	48.8	12.5	41.3
2004	35.6	34.8	27.1	42.8	30.0	33.1
2005	35.2	35.8	34.5	33.4	37.9	29.0
2006	35.9	35.8	39.7	37.1	18.0	34.4
2007	36.1	34.7	35.1	41.3	36.1	30.7
2008	35.5	34.4	33.8	38.5	46.5	32.9
2009	24.8	26.1	16.3	24.6	21.9	26.1
2010	23.2	26.0	14.8	18.0	19.8	23.2
2011	29.2	31.3	28.0	22.4	32.3	31.0
2012	26.0	26.6	30.7	23.7	16.1	24.8
2013	19.6	19.2	25.8	19.3	15.6	20.4
2014	15.1	14.0	20.8	16.8	13.3	15.1
2015	13.5	12.0	14.2	17.8	13.9	15.5
2016	11.5	10.1	4.9	19.3	9.8	-1.2
2017	16.5	14.2	4.1	29.5	13.9	-16.5
2018	16.1	15.8	4.8	20.9	11.1	3.1
2019	8.0	8.1	-20.5	18.2	-0.1	
2020	-2.7	-7.6	-27.5	13.7	-18.7	
2021	11.1	10.2	-1.2	14.9	-2.6	
2022	11.4	9.2	-12.7	17.9	2.0	
2023	11.9	11.9	11.1	12.5	-1.7	

10−4 历年全国基本养老保险参保人数情况
PERSONS COVERED BY THE BASIC PENSION INSURANCE AT THE YEAR-END

年 份 Year	合计 Total	城镇职工基本养老保险参保人数 Persons Covered by the Urban Employees Basic Pension Insurance	职工人数 Workers	离退休人员人数 Retirees	城乡居民基本养老保险参保人数 Persons Covered by the Basic Pension Insurance for Urban and Rural Residents
绝对数（万人） Absolute Figure (10 000 persons)					
1990	6166.0	6166.0	5200.7	965.3	
1991	6740.3	6740.3	5653.7	1086.6	
1992	9456.2	9456.2	7774.7	1681.5	
1993	9847.6	9847.6	8008.2	1839.4	
1994	10573.5	10573.5	8494.1	2079.4	
1995	10979.0	10979.0	8737.8	2241.2	
1996	11116.7	11116.7	8758.4	2358.3	
1997	11203.9	11203.9	8670.9	2533.0	
1998	11203.1	11203.1	8475.8	2727.3	
1999	12485.4	12485.4	9501.8	2983.6	
2000	13617.4	13617.4	10447.5	3169.9	
2001	14182.5	14182.5	10801.9	3380.6	
2002	14736.6	14736.6	11128.8	3607.8	
2003	15506.7	15506.7	11646.5	3860.2	
2004	16352.9	16352.9	12250.3	4102.6	
2005	17487.9	17487.9	13120.4	4367.5	
2006	18766.3	18766.3	14130.9	4635.4	
2007	20136.9	20136.9	15183.2	4953.7	
2008	21891.1	21891.1	16587.5	5303.6	
2009	23549.9	23549.9	17743.0	5806.9	
2010	35984.1	25707.3	19402.3	6305.0	10276.8
2011	61573.3	28391.3	21565.0	6826.2	33182.0
2012	78796.3	30426.8	22981.1	7445.7	48369.5
2013	81968.4	32218.4	24177.3	8041.0	49750.1
2014	84231.9	34124.4	25531.0	8593.4	50107.5
2015	85833.4	35361.2	26219.2	9141.9	50472.2
2016	88776.8	37929.7	27826.3	10103.4	50847.1
2017	91548.3	40293.3	29267.6	11025.7	51255.0
2018	94293.3	41901.6	30104.0	11797.7	52391.7
2019	96753.9	43487.9	31177.5	12310.4	53266.0
2020	99864.9	45621.1	32858.7	12762.3	54243.8
2021	102871.4	48074.0	34917.1	13157.0	54797.4
2022	105307.3	50355.0	36711.0	13644.0	54952.3
2023	106643.3	52120.8	37925.2	14195.6	54522.5

10-4 续表 continued

年 份 Year	合计 Total	城镇职工基本养老保险参保人数 Persons Covered by the Urban Employees Basic Pension Insurance			城乡居民基本养老保险参保人数 Persons Covered by the Basic Pension Insurance for Urban and Rural Residents
			职工人数 Workers	离退休人员人数 Retirees	
比上年增长(%) Increase Over Preceding Year %					
1991	9.3	9.3	8.7	12.6	
1992	40.3	40.3	37.5	54.8	
1993	4.1	4.1	3.0	9.4	
1994	7.4	7.4	6.1	13.0	
1995	3.8	3.8	2.9	7.8	
1996	1.3	1.3	0.2	5.2	
1997	0.8	0.8	-1.0	7.4	
1998			-2.3	7.7	
1999	11.4	11.4	12.1	9.4	
2000	9.1	9.1	10.0	6.2	
2001	4.2	4.2	3.4	6.6	
2002	3.9	3.9	3.0	6.7	
2003	5.2	5.2	4.7	7.0	
2004	5.5	5.5	5.2	6.3	
2005	6.9	6.9	7.1	6.5	
2006	7.3	7.3	7.7	6.1	
2007	7.3	7.3	7.4	6.9	
2008	8.7	8.7	9.2	7.1	
2009	7.6	7.6	7.0	9.5	
2010	52.8	9.2	9.4	8.6	
2011	71.1	10.4	11.1	8.3	222.9
2012	28.0	7.2	6.6	9.1	45.8
2013	4.0	5.9	5.2	8.0	2.9
2014	2.8	5.9	5.6	6.9	0.7
2015	1.9	3.6	2.7	6.4	0.7
2016	3.4	7.3	6.1	10.5	0.7
2017	3.1	6.2	5.2	9.1	0.8
2018	3.0	4.0	2.9	7.0	2.2
2019	2.6	3.8	3.6	4.3	1.7
2020	3.2	4.9	5.4	3.7	1.8
2021	3.0	5.4	6.3	3.1	1.0
2022	2.4	4.7	5.1	3.7	0.3
2023	1.3	3.5	3.3	4.0	-0.8

10-5 历年全国基本养老保险基金情况
URBAN BASIC PENSION INSURANCE

单位：亿元 (100 million yuan)

年 份 Year	基本养老保险 Basic Pension Insurance			城镇职工基本养老保险 Urban Employees Basic Pension Insurance			城乡居民基本养老保险 Basic Pension Insurance for Urban and Rural Residents		
	基金收入 Revenue	基金支出 Expenses	累计结余 Balance at the Year-end	基金收入 Revenue	基金支出 Expenses	累计结余 Balance at the Year-end	基金收入 Revenue	基金支出 Expenses	累计结余 Balance at the Year-end
1990	178.8	149.3	97.9	178.8	149.3	97.9			
1991	215.7	173.1	144.1	215.7	173.1	144.1			
1992	365.8	321.9	220.6	365.8	321.9	220.6			
1993	503.5	470.6	258.6	503.5	470.6	258.6			
1994	707.4	661.1	304.8	707.4	661.1	304.8			
1995	950.1	847.6	429.8	950.1	847.6	429.8			
1996	1171.8	1031.9	578.6	1171.8	1031.9	578.6			
1997	1337.9	1251.3	682.8	1337.9	1251.3	682.8			
1998	1459.0	1511.6	587.8	1459.0	1511.6	587.8			
1999	1965.1	1924.9	733.5	1965.1	1924.9	733.5			
2000	2278.5	2115.5	947.1	2278.5	2115.5	947.1			
2001	2489.0	2321.3	1054.1	2489.0	2321.3	1054.1			
2002	3171.5	2842.9	1608.0	3171.5	2842.9	1608.0			
2003	3680.0	3122.1	2206.5	3680.0	3122.1	2206.5			
2004	4258.4	3502.1	2975.0	4258.4	3502.1	2975.0			
2005	5093.3	4040.3	4041.0	5093.3	4040.3	4041.0			
2006	6309.8	4896.7	5488.9	6309.8	4896.7	5488.9			
2007	7834.2	5964.9	7391.4	7834.2	5964.9	7391.4			
2008	9740.2	7389.6	9931.0	9740.2	7389.6	9931.0			
2009	11490.8	8894.4	12526.1	11490.8	8894.4	12526.1			
2010	13872.9	10755.3	15787.8	13419.5	10554.9	15365.3	453.4	200.4	422.5
2011	18004.8	13363.2	20727.8	16894.7	12764.9	19496.6	1110.1	598.3	1231.2
2012	21830.2	16711.5	26243.5	20001.0	15561.8	23941.3	1829.2	1149.7	2302.2
2013	24732.6	19818.7	31274.8	22680.4	18470.4	28269.2	2052.3	1348.3	3005.7
2014	27619.9	23325.8	35644.5	25309.7	21754.7	31800.0	2310.2	1571.2	3844.6
2015	32195.5	27929.4	39937.1	29340.9	25812.7	35344.8	2854.6	2116.7	4592.3
2016	37990.8	34004.3	43965.2	35057.5	31853.8	38580.0	2933.3	2150.5	5385.2
2017	46613.8	40423.8	50202.2	43309.6	38051.5	43884.6	3304.2	2372.2	6317.6
2018	55005.3	47550.4	58151.6	51167.6	44644.9	50901.3	3837.7	2905.5	7250.3
2019	57025.9	52342.3	62872.6	52918.8	49228.0	54623.3	4107.0	3114.3	8249.2
2020	49228.6	54656.5	58075.2	44375.7	51301.4	48316.6	4852.9	3355.1	9758.6
2021	65793.3	60196.5	63970.0	60454.7	56481.5	52573.6	5338.6	3715.0	11396.4
2022	68933.2	63079.0	69851.3	63323.8	59034.7	56889.6	5609.3	4044.3	12961.7
2023	76691.2	68369.4	78173.0	70506.3	63756.6	63639.1	6184.9	4612.9	14533.9

10-6 历年全国机关事业单位城镇职工基本养老保险情况
URBAN BASIC PENSION INSURANCE (INSTITUTION AGENCIES AND ORGANIZATIONS)

年 份 Year	年末参保人数(万人) Persons Covered at the Year-end (10 000 persons)			基金收支情况(亿元) Revenue and Expenses(100 million yuan)		
	合 计 Total	职工 Workers	离退休人员 Retirees	基金收入 Revenue	基金支出 Expenses	累计结余 Balance at the Year-end
1999	762.5	642.6	119.9	93.2	61.8	89.3
2000	1131.0	977.6	153.4	189.8	145.4	186.1
2001	1278.2	1068.9	209.3	253.0	204.4	233.2
2002	1458.0	1199.4	258.6	387.8	340.1	364.5
2003	1625.3	1322.0	303.3	470.6	405.9	441.7
2004	1674.0	1346.4	327.6	529.9	470.9	475.7
2005	1772.1	1409.8	362.3	601.6	545.0	534.3
2006	1909.7	1512.9	396.8	677.2	609.4	619.8
2007	1902.3	1492.6	409.7	823.6	811.3	633.2
2008	1939.7	1504.1	435.6	940.1	882.0	690.0
2009	1983.0	1524.0	459.0	1070.3	1007.8	751.8
2010	2072.9	1579.6	493.3	1201.1	1145.0	818.1
2011	2108.0	1595.0	513.0	1409.9	1339.3	888.5
2012	2154.9	1620.2	534.7	1638.0	1553.3	973.3
2013	2168.9	1612.6	556.2	1831.7	1729.0	1076.9
2014	2178.5	1598.7	579.8	2004.2	1907.4	1173.7
2015	2237.9	1632.5	605.5	2727.7	2671.8	1229.6
2016	3666.2	2586.7	1079.5	6364.9	5988.7	1609.8
2017	4976.6	3411.3	1565.3	10379.7	9510.4	2499.3
2018	5418.6	3601.4	1817.2	13775.5	13144.3	3140.0
2019	5582.9	3668.8	1914.2	14816.9	14572.8	3402.2
2020	5713.2	3735.1	1978.1	14195.3	13689.1	3914.9
2021	5846.0	3815.6	2030.5	15967.4	15798.2	4098.3
2022	5952.7	3839.6	2113.1	15405.4	15467.5	3966.0
2023	6076.7	3872.3	2204.3	17240.6	16795.7	4398.6

10-7 历年全国企业职工基本养老保险情况
URBAN BASIC PENSION INSURANCE OF ENTERPRISES

年 份 Year	年末参保人数(万人) Persons Covered at the Year-end (10 000 persons)			基金收支情况(亿元) Revenue and Expenses(100 million yuan)		
	合 计 Total	职工 Workers	离退休人员 Retirees	基金收入 Revenue	基金支出 Expenses	累计结余 Balance at the Year-end
1989	5710.3	4816.9	893.4	146.7	118.8	68.0
1990	6166.0	5200.7	965.3	178.8	149.3	97.9
1991	6740.3	5653.7	1086.6	215.7	173.1	144.1
1992	9456.2	7774.7	1681.5	365.8	321.9	220.6
1993	9847.6	8008.2	1839.4	503.5	470.6	258.6
1994	10573.5	8494.1	2079.4	707.4	661.1	304.8
1995	10979.0	8737.8	2241.2	950.1	847.6	429.8
1996	11116.7	8758.4	2358.3	1171.8	1031.9	578.6
1997	11203.9	8670.9	2533.0	1337.9	1251.3	682.8
1998	11203.1	8475.8	2727.3	1459.0	1511.6	587.8
1999	11722.9	8859.2	2863.7	1871.9	1863.1	644.2
2000	12486.4	9469.9	3016.5	2088.3	1970.0	761.0
2001	12904.3	9733.0	3171.3	2235.1	2116.5	818.6
2002	13278.6	9929.4	3349.2	2783.6	2502.8	1243.5
2003	13881.4	10324.5	3556.9	3209.4	2716.2	1764.8
2004	14678.9	10903.9	3775.0	3728.5	3031.2	2499.3
2005	15715.8	11710.6	4005.2	4491.7	3495.3	3506.7
2006	16856.6	12618.0	4238.6	5632.5	4287.3	4869.1
2007	18234.6	13690.6	4544.0	7010.6	5153.6	6758.2
2008	19951.4	15083.4	4868.0	8800.1	6507.6	9241.0
2009	21567.0	16219.0	5348.0	10420.6	7886.6	11774.3
2010	23634.4	17822.7	5811.6	12218.4	9409.9	14547.2
2011	26284.0	19970.0	6314.0	15484.8	11425.7	18608.1
2012	28271.9	21360.9	6910.9	18363.0	14008.5	22968.0
2013	30049.5	22564.7	7484.8	20848.7	16741.5	27192.3
2014	31945.9	23932.3	8013.6	23305.4	19847.2	30626.3
2015	33123.2	24586.8	8536.5	26613.2	23140.9	34115.2
2016	34263.5	25239.6	9023.9	28692.6	25865.1	36970.3
2017	35316.7	25856.3	9460.4	32929.8	28541.1	41385.2
2018	36483.0	26502.6	9980.5	37392.1	31500.6	47761.2
2019	37905.0	27508.7	10396.3	38101.9	34655.3	51221.2
2020	39907.9	29123.6	10784.2	30180.4	37612.3	44401.7
2021	42228.0	31101.5	11126.5	44487.3	40683.3	48475.2
2022	44402.3	32871.5	11530.9	47918.4	43567.2	52923.6
2023	46044.1	34052.9	11991.2	53265.7	46960.8	59240.5

10－8　历年各地区基本养老保险参保人数
CONTRIBUTORS OF BASIC PENSION INSURANCE BY REGION

单位：万人　　(10 000 persons)

地　区	Region	2001		2002		2003		2004	
		城镇职工基本养老保险 Staff	#离退休人员 Retirees	城镇职工基本养老保险 Staff	#离退休人员 Retirees	城镇职工基本养老保险 Staff	#离退休人员 Retirees	城镇职工基本养老保险 Staff	#离退休人员 Retirees
全　国	**National**	**14182.5**	**3380.6**	**14736.6**	**3607.8**	**15506.7**	**3860.2**	**16352.9**	**4102.6**
北　京	Beijing	425.9	124.3	436.2	133.2	448.5	141.5	459.7	148.6
天　津	Tianjin	281.4	85.2	296.0	91.4	283.3	97.6	298.1	102.9
河　北	Hebei	641.4	145.3	643.5	154.0	665.5	163.6	683.4	172.0
山　西	Shanxi	365.6	81.8	361.8	85.4	364.4	88.1	376.7	93.3
内蒙古	Inner Mongolia	290.6	65.3	292.9	70.8	300.9	72.6	318.8	82.0
辽　宁	Liaoning	1022.7	288.9	1039.2	302.2	1070.4	315.5	1101.0	333.8
吉　林	Jilin	389.1	99.6	397.7	104.9	427.0	115.5	439.0	123.1
黑龙江	Heilongjiang	692.5	178.5	689.8	187.4	714.3	196.0	738.1	207.3
上　海	Shanghai	683.5	239.9	699.8	246.9	715.6	254.6	770.9	265.3
江　苏	Jiangsu	888.1	212.7	1063.5	252.9	1135.2	271.4	1214.1	288.8
浙　江	Zhejiang	610.4	125.1	701.1	132.6	801.2	144.2	888.0	152.4
安　徽	Anhui	432.7	98.5	432.3	102.8	456.6	113.6	463.9	118.8
福　建	Fujian	242.0	58.4	285.1	61.6	364.2	79.4	377.5	83.7
江　西	Jiangxi	328.8	78.2	339.8	82.6	355.9	93.4	371.8	99.9
山　东	Shandong	1022.6	191.3	1043.0	205.3	1135.9	219.3	1218.7	232.2
河　南	Henan	736.6	141.9	757.8	161.5	751.1	171.0	781.1	181.1
湖　北	Hubei	612.1	137.7	628.8	147.2	732.4	177.9	780.5	195.4
湖　南	Hunan	603.4	148.0	616.5	157.7	636.2	167.5	691.7	185.4
广　东	Guangdong	1370.3	187.0	1405.4	193.5	1482.2	203.8	1588.8	220.4
广　西	Guangxi	248.9	58.7	257.2	63.5	264.8	66.3	279.3	70.2
海　南	Hainan	108.2	30.5	111.2	31.9	116.7	33.6	120.0	35.2
重　庆	Chongqing	270.3	82.3	280.3	87.8	280.0	92.4	283.9	96.8
四　川	Sichuan	578.9	169.4	589.2	178.1	605.5	187.5	668.0	202.7
贵　州	Guizhou	159.0	42.4	168.9	44.9	168.0	48.0	174.9	50.0
云　南	Yunnan	243.1	69.6	252.1	74.1	257.3	77.8	255.3	79.4
西　藏	Tibet	7.1	2.6	7.0	2.6	7.3	2.8	7.6	3.0
陕　西	Shaanxi	345.4	83.4	352.0	90.8	362.4	97.4	369.3	102.5
甘　肃	Gansu	188.4	45.3	188.0	48.1	192.0	51.2	194.5	53.5
青　海	Qinghai	51.9	14.9	54.2	15.0	56.4	15.9	58.5	16.5
宁　夏	Ningxia	57.9	13.2	59.0	13.7	60.7	14.3	62.5	15.2
新　疆	Xinjiang	258.4	77.6	262.1	79.6	269.3	83.0	294.8	87.3
不分地区	Regardless of region	25.2	3.3	25.3	3.6	25.4	3.8	22.9	3.9

注：新疆数据包含新疆生产建设兵团的数据。不分地区包括中央机关、中国人民银行、中国农业发展银行以及统筹调剂金数据。

Note: The data of Xinjiang includes Xinjiang Production and Construction Corps.Regardless of region, including Central Government,The People's Bank of China,Agricutural Development Bank of China,Central. Fund Account Adjustment

10−8 续表 1 continued

单位：万人 (10 000 persons)

地 区	Region	2005		2006		2007		2008		2009	
		城镇职工基本养老保险 Staff	#离退休人员 Retirees	城镇职工基本养老保险 Staff	#离退休人员 Retirees	城镇职工基本养老保险 Staff	#离退休人员 Retirees	城镇职工基本养老保险 Staff	#离退休人员 Retirees	城镇职工基本养老保险 Staff	#离退休人员 Retirees
全 国	**National**	**17487.9**	**4367.5**	**18766.3**	**4635.4**	**20136.9**	**4953.7**	**21891.1**	**5303.6**	**23549.9**	**5806.9**
北 京	Beijing	520.0	155.2	603.6	160.9	671.0	171.2	757.2	180.1	826.7	188.2
天 津	Tianjin	308.3	107.7	328.2	112.7	344.8	119.2	376.5	129.3	401.5	136.5
河 北	Hebei	707.9	184.2	747.5	196.0	795.6	210.2	862.5	222.7	919.5	238.0
山 西	Shanxi	383.4	98.2	486.9	112.7	506.7	120.2	539.4	128.0	563.8	136.6
内蒙古	Inner Mongolia	338.9	86.1	356.6	91.1	370.9	96.6	389.5	102.9	410.8	112.8
辽 宁	Liaoning	1193.6	360.8	1248.8	383.0	1299.7	408.1	1406.2	429.9	1457.4	449.4
吉 林	Jilin	455.9	131.0	480.2	138.9	501.7	147.8	525.3	155.4	554.3	171.1
黑龙江	Heilongjiang	768.9	223.2	801.0	236.5	826.8	253.0	857.8	276.0	920.3	333.7
上 海	Shanghai	830.0	290.7	891.7	314.4	932.4	340.5	967.7	357.8	1001.1	376.0
江 苏	Jiangsu	1345.6	307.9	1469.8	328.1	1602.3	353.3	1751.6	378.6	1883.1	415.4
浙 江	Zhejiang	962.3	160.9	1052.6	170.9	1167.1	182.3	1386.9	194.8	1527.4	209.6
安 徽	Anhui	471.7	124.8	495.2	133.8	530.3	144.8	578.4	158.1	628.2	169.5
福 建	Fujian	409.6	88.9	456.1	93.6	512.8	98.1	557.2	102.6	585.9	108.1
江 西	Jiangxi	387.4	105.5	415.0	111.6	475.0	118.5	550.3	128.5	581.9	135.9
山 东	Shandong	1302.4	248.6	1368.0	261.7	1457.1	282.2	1565.9	305.0	1661.0	326.0
河 南	Henan	814.0	194.2	863.8	208.2	912.9	224.7	972.0	239.1	1019.1	254.5
湖 北	Hubei	804.0	206.4	850.8	220.5	886.8	235.3	932.3	252.0	982.0	273.6
湖 南	Hunan	718.6	195.2	751.6	209.9	784.0	227.3	829.1	235.3	879.1	246.1
广 东	Guangdong	1796.1	231.2	1972.3	243.5	2226.8	257.2	2444.3	273.0	2716.4	294.2
广 西	Guangxi	288.6	73.3	302.7	77.1	325.5	82.2	368.1	95.0	411.3	118.0
海 南	Hainan	120.9	36.5	132.0	38.0	141.7	39.7	156.2	42.0	168.1	43.2
重 庆	Chongqing	290.2	100.5	317.3	107.9	344.8	112.7	406.1	130.7	492.8	176.5
四 川	Sichuan	793.4	230.7	842.7	244.9	917.4	269.4	1017.9	306.7	1176.2	393.5
贵 州	Guizhou	183.7	51.7	193.2	54.1	205.9	56.5	215.9	59.3	235.6	63.5
云 南	Yunnan	258.7	81.9	267.4	83.8	279.4	87.6	293.7	89.3	306.5	90.2
西 藏	Tibet	7.7	3.1	7.6	3.1	8.1	3.0	8.5	3.1	9.2	3.1
陕 西	Shaanxi	376.1	107.8	391.5	111.4	408.1	117.4	433.4	124.4	458.8	131.0
甘 肃	Gansu	197.3	55.1	201.2	57.7	208.4	60.6	221.0	64.0	230.9	67.5
青 海	Qinghai	60.0	16.9	62.5	17.4	65.2	18.0	68.3	18.6	71.3	19.3
宁 夏	Ningxia	67.5	16.1	72.3	16.7	77.0	17.7	82.6	18.8	89.4	20.0
新 疆	Xinjiang	302.1	89.0	313.3	90.9	327.7	93.7	346.3	97.6	356.9	100.6
不分地区	Regardless of region	22.8	4.2	22.8	4.4	23.0	4.7	23.1	4.9	23.1	5.2

10−8 续表 2 continued

单位：万人 (10 000 persons)

地区	Region	2010 合计 Total	2010 #城镇职工基本养老保险 Staff	2010 #离退休人员 Retirees	2010 #城乡居民基本养老保险 Urban and Rural Staff	2011 合计 Total	2011 #城镇职工基本养老保险 Staff	2011 #离退休人员 Retirees	2011 #城乡居民基本养老保险 Urban and Rural Staff
全　国	**National**	**35984.1**	**25707.3**	**6305.0**	**10276.8**	**61573.3**	**28391.3**	**6826.2**	**33182.0**
北　京	Beijing	1149.8	981.3	195.5	168.5	1262.8	1089.4	201.2	173.4
天　津	Tianjin	510.8	431.5	143.6	79.4	543.7	458.7	148.8	85.0
河　北	Hebei	1828.7	988.4	259.5	840.3	3417.5	1059.8	285.3	2357.7
山　西	Shanxi	840.8	591.0	147.3	249.8	1611.7	623.8	158.9	987.9
内蒙古	Inner Mongolia	599.4	430.7	119.2	168.8	756.0	452.4	136.6	303.6
辽　宁	Liaoning	1643.7	1496.9	472.7	146.8	2329.1	1556.6	486.5	772.5
吉　林	Jilin	686.2	599.5	206.6	86.7	1027.6	617.5	221.1	410.1
黑龙江	Heilongjiang	1083.5	952.2	363.0	131.2	1261.2	981.0	380.0	280.2
上　海	Shanghai	1078.4	1049.5	392.2	28.9	1463.7	1382.7	406.5	81.0
江　苏	Jiangsu	2366.5	2033.0	449.1	333.5	4284.6	2223.9	483.1	2060.6
浙　江	Zhejiang	1993.0	1702.2	223.6	290.8	2732.3	1919.2	253.4	813.1
安　徽	Anhui	1018.9	669.5	177.5	349.3	2907.2	729.3	191.5	2178.0
福　建	Fujian	909.4	635.5	113.5	273.9	1484.6	695.1	118.2	789.5
江　西	Jiangxi	879.9	607.6	145.5	272.3	2025.9	653.0	168.7	1372.8
山　东	Shandong	2692.2	1773.0	345.1	919.2	5514.7	1907.1	373.1	3607.6
河　南	Henan	2291.1	1079.3	270.3	1211.8	4474.3	1168.4	287.9	3305.9
湖　北	Hubei	1419.8	1039.8	301.6	380.0	2851.1	1113.4	341.7	1737.7
湖　南	Hunan	1520.7	938.9	265.4	581.8	3174.7	988.2	277.9	2186.5
广　东	Guangdong	3372.8	3215.2	339.6	157.6	4608.1	3800.7	372.6	807.4
广　西	Guangxi	669.7	449.3	138.1	220.4	1279.9	483.8	151.5	796.1
海　南	Hainan	243.2	180.8	45.4	62.4	409.0	199.9	47.8	209.1
重　庆	Chongqing	1391.7	584.4	192.5	807.4	1772.7	647.6	220.1	1125.1
四　川	Sichuan	1970.5	1300.9	439.0	669.6	3055.0	1494.2	495.4	1560.7
贵　州	Guizhou	481.2	257.3	67.0	223.9	1131.8	282.1	71.3	849.7
云　南	Yunnan	786.9	317.4	92.3	469.4	1619.3	342.8	104.2	1276.5
西　藏	Tibet	90.4	9.9	3.2	80.5	131.3	11.2	3.2	120.1
陕　西	Shaanxi	990.0	550.4	150.3	439.7	1866.1	588.6	155.5	1277.5
甘　肃	Gansu	428.0	242.5	71.3	185.5	1044.6	263.0	85.1	781.6
青　海	Qinghai	139.5	74.4	20.0	65.1	261.9	81.5	25.2	180.4
宁　夏	Ningxia	132.5	107.8	30.5	24.7	296.5	121.4	36.4	175.1
新　疆	Xinjiang	751.7	393.8	119.2	357.9	951.1	431.5	131.9	519.6
不分地区	Regardless of region	23.4	23.4	5.4		23.6	23.6	5.8	

10-8 续表 3 continued

单位：万人 (10 000 persons)

地区	Region	2012 合计 Total	2012 #城镇职工基本养老保险 Staff	2012 #离退休人员 Retirees	2012 #城乡居民基本养老保险 Urban and Rural Staff	2013 合计 Total	2013 #城镇职工基本养老保险 Staff	2013 #离退休人员 Retirees	2013 #城乡居民基本养老保险 Urban and Rural Staff
全国	**National**	**78796.3**	**30426.8**	**7445.7**	**48369.5**	**81968.4**	**32218.4**	**8041.0**	**49750.1**
北京	Beijing	1383.2	1206.4	210.7	176.8	1491.4	1311.3	220.0	180.1
天津	Tianjin	579.6	490.3	156.9	89.3	616.2	520.7	168.4	95.5
河北	Hebei	4460.2	1125.6	312.3	3334.6	4548.8	1194.7	335.1	3354.2
山西	Shanxi	2130.8	648.7	168.9	1482.1	2206.2	672.4	180.5	1533.7
内蒙古	Inner Mongolia	1228.1	471.9	153.0	756.1	1276.8	496.5	172.7	780.3
辽宁	Liaoning	2655.4	1609.2	510.4	1046.1	2776.3	1729.5	557.8	1046.9
吉林	Jilin	1193.5	632.2	234.6	561.3	1298.3	655.2	248.4	643.1
黑龙江	Heilongjiang	1770.9	1013.0	401.6	758.0	1877.9	1062.1	422.2	815.8
上海	Shanghai	1497.7	1416.9	423.8	80.8	1509.9	1429.9	437.5	80.0
江苏	Jiangsu	4774.7	2427.5	547.0	2347.2	4966.1	2582.1	594.3	2384.0
浙江	Zhejiang	3515.6	2183.3	347.8	1332.3	3731.2	2375.4	398.9	1355.8
安徽	Anhui	4134.3	783.8	205.4	3350.6	4120.0	811.3	219.1	3308.7
福建	Fujian	2202.5	756.5	125.5	1446.1	2280.0	812.8	133.2	1467.2
江西	Jiangxi	2444.9	707.4	189.1	1737.5	2526.6	754.2	207.0	1772.5
山东	Shandong	6464.4	2063.2	416.3	4401.2	6772.4	2259.6	459.2	4512.8
河南	Henan	5990.3	1270.6	306.0	4719.7	6147.0	1350.0	325.6	4797.0
湖北	Hubei	3437.6	1171.4	367.3	2266.2	3455.6	1219.4	395.9	2236.3
湖南	Hunan	4168.3	1048.0	300.4	3120.3	4407.8	1091.7	329.5	3316.0
广东	Guangdong	6289.3	4034.1	390.2	2255.2	6529.9	4183.0	421.3	2346.8
广西	Guangxi	2085.0	512.7	163.6	1572.3	2202.4	538.4	172.6	1664.0
海南	Hainan	483.7	214.2	52.5	269.5	503.6	231.5	57.1	272.1
重庆	Chongqing	1847.8	716.9	247.0	1130.9	1896.0	773.1	275.4	1122.9
四川	Sichuan	4443.8	1615.4	541.7	2828.4	4721.8	1720.3	596.2	3001.6
贵州	Guizhou	1570.1	309.4	77.7	1260.7	1824.5	337.3	82.6	1487.2
云南	Yunnan	2467.6	364.5	110.7	2103.2	2537.0	384.3	115.7	2152.7
西藏	Tibet	147.4	13.3	3.5	134.0	154.5	14.0	3.5	140.4
陕西	Shaanxi	2349.0	643.5	177.1	1705.5	2389.9	685.0	191.9	1704.9
甘肃	Gansu	1454.0	277.4	93.7	1176.6	1526.9	288.4	99.9	1238.5
青海	Qinghai	292.1	86.0	26.2	206.1	306.4	90.3	27.6	216.1
宁夏	Ningxia	311.5	131.2	39.9	180.3	323.3	143.8	41.9	179.5
新疆	Xinjiang	999.4	458.8	139.0	540.6	1019.9	476.3	143.8	543.6
不分地区	Regardless of region	23.7	23.7	6.0		24.0	24.0	6.4	

10−8 续表 4 continued

单位：万人 (10 000 persons)

地 区	Region	2014 合 计 Total	2014 #城镇职工基本养老保险 Staff	2014 #离退休人员 Retirees	2014 #城乡居民基本养老保险 Urban and Rural Staff	2015 合 计 Total	2015 #城镇职工基本养老保险 Staff	2015 #离退休人员 Retirees	2015 #城乡居民基本养老保险 Urban and Rural Staff
全 国	**National**	**84231.9**	**34124.4**	**8593.4**	**50107.5**	**85833.4**	**35361.2**	**9141.9**	**50472.2**
北 京	Beijing	1578.9	1392.6	228.9	186.3	1611.9	1424.2	236.7	187.6
天 津	Tianjin	651.5	545.4	175.3	106.1	686.3	565.2	180.9	121.1
河 北	Hebei	4666.3	1262.0	353.6	3404.4	4760.8	1320.5	368.5	3440.3
山 西	Shanxi	2229.4	692.0	190.9	1537.4	2254.5	714.3	201.4	1540.3
内 蒙 古	Inner Mongolia	1286.9	524.9	192.7	761.9	1313.0	579.0	208.1	734.1
辽 宁	Liaoning	2801.2	1769.2	601.9	1032.0	2814.8	1780.2	640.5	1034.7
吉 林	Jilin	1331.5	676.7	261.1	654.8	1356.3	693.6	273.7	662.7
黑 龙 江	Heilongjiang	1911.9	1090.1	443.4	821.8	1945.8	1118.0	471.1	827.8
上 海	Shanghai	1535.7	1457.4	452.4	78.3	1573.3	1493.8	465.4	79.5
江 苏	Jiangsu	5039.8	2691.9	637.6	2347.9	5118.9	2779.9	681.1	2339.0
浙 江	Zhejiang	3890.1	2548.0	468.8	1342.1	3790.2	2504.3	570.3	1285.9
安 徽	Anhui	4166.4	829.2	232.3	3337.2	4254.1	857.5	246.7	3396.6
福 建	Fujian	2321.3	848.3	140.2	1473.0	2364.1	883.7	147.1	1480.4
江 西	Jiangxi	2582.0	783.9	221.1	1798.1	2653.0	823.1	235.2	1829.9
山 东	Shandong	6910.1	2370.2	511.5	4539.9	7011.8	2477.5	554.4	4534.3
河 南	Henan	6275.4	1431.6	342.3	4843.8	6363.9	1508.7	359.8	4855.2
湖 北	Hubei	3496.8	1266.2	419.2	2230.5	3530.5	1315.5	440.6	2215.0
湖 南	Hunan	4417.2	1118.9	349.0	3298.3	4440.2	1160.1	369.0	3280.1
广 东	Guangdong	7217.1	4809.5	445.9	2407.7	7586.2	5086.5	473.3	2499.7
广 西	Guangxi	2271.5	557.6	180.3	1713.9	2318.1	576.6	186.9	1741.5
海 南	Hainan	517.1	242.3	59.9	274.8	530.9	249.8	62.0	281.1
重 庆	Chongqing	1938.0	825.5	293.3	1112.5	1960.4	849.3	304.9	1111.1
四 川	Sichuan	4853.6	1839.7	648.1	3013.9	4959.4	1939.0	688.9	3020.4
贵 州	Guizhou	1948.1	361.5	87.1	1586.6	2041.1	392.1	94.8	1649.0
云 南	Yunnan	2558.4	397.9	118.7	2160.5	2666.2	412.9	121.8	2253.3
西 藏	Tibet	156.1	15.2	3.7	140.9	173.9	16.2	3.8	157.7
陕 西	Shaanxi	2427.3	716.5	200.3	1710.8	2466.2	751.7	207.5	1714.5
甘 肃	Gansu	1539.0	298.8	105.0	1240.1	1542.9	306.2	109.2	1236.7
青 海	Qinghai	319.2	94.6	28.8	224.6	333.5	100.1	30.1	233.5
宁 夏	Ningxia	333.6	151.4	44.2	182.1	340.6	157.5	46.4	183.1
新 疆	Xinjiang	1036.0	490.8	149.1	545.2	1045.6	499.4	154.8	546.1
不分地区	Regardless of region	24.5	24.5	6.8		24.8	24.8	7.2	

10-8 续表 5 continued

单位：万人 (10 000 persons)

地区	Region	2016 合计 Total	2016 #城镇职工基本养老保险 Staff	2016 #离退休人员 Retirees	2016 #城乡居民基本养老保险 Urban and Rural Staff	2017 合计 Total	2017 #城镇职工基本养老保险 Staff	2017 #离退休人员 Retirees	2017 #城乡居民基本养老保险 Urban and Rural Staff
全国	**National**	**88776.8**	**37929.7**	**10103.4**	**50847.1**	**91548.3**	**40293.3**	**11025.7**	**51255.0**
北京	Beijing	1762.4	1546.6	275.4	215.7	1817.6	1604.5	283.1	213.1
天津	Tianjin	773.5	639.0	208.6	134.5	811.5	655.0	213.8	156.5
河北	Hebei	4849.1	1403.1	391.3	3446.0	5009.9	1535.8	433.8	3474.1
山西	Shanxi	2309.8	760.2	216.6	1549.6	2352.9	798.7	243.0	1554.2
内蒙古	Inner Mongolia	1391.2	655.0	236.5	736.1	1437.7	694.3	257.1	743.4
辽宁	Liaoning	2839.9	1800.3	679.7	1039.6	2986.0	1949.8	754.4	1036.2
吉林	Jilin	1374.0	706.8	286.7	667.2	1482.9	814.5	332.2	668.4
黑龙江	Heilongjiang	1981.7	1144.1	488.5	837.6	2045.4	1206.1	523.9	839.3
上海	Shanghai	1606.7	1527.1	476.3	79.5	1627.1	1548.2	489.2	78.8
江苏	Jiangsu	5196.9	2861.5	724.2	2335.3	5372.7	3034.5	796.1	2338.2
浙江	Zhejiang	3740.1	2506.9	663.9	1233.1	3913.1	2712.4	747.5	1200.7
安徽	Anhui	4324.1	892.2	257.9	3431.9	4506.4	1077.0	322.9	3429.5
福建	Fujian	2468.9	979.8	174.0	1489.1	2515.8	1022.1	182.0	1493.7
江西	Jiangxi	2801.4	957.3	284.6	1844.1	2875.3	1005.2	307.7	1870.0
山东	Shandong	7115.0	2576.4	607.4	4538.6	7191.6	2660.9	638.8	4530.6
河南	Henan	6742.2	1848.4	450.3	4893.7	6907.8	1897.6	460.0	5010.2
湖北	Hubei	3574.8	1355.0	458.0	2219.7	3761.3	1546.6	526.1	2214.6
湖南	Hunan	4507.1	1186.7	362.9	3320.5	4601.3	1279.3	422.7	3322.0
广东	Guangdong	7935.7	5392.4	524.6	2543.2	7873.8	5287.1	569.0	2586.8
广西	Guangxi	2522.8	751.9	240.7	1770.9	2583.7	777.8	251.9	1805.9
海南	Hainan	508.9	224.9	66.5	284.0	526.8	240.9	68.9	285.9
重庆	Chongqing	2068.1	952.2	346.3	1115.8	2098.2	989.2	360.8	1109.0
四川	Sichuan	5210.0	2157.6	777.8	3052.4	5409.9	2335.1	816.0	3074.9
贵州	Guizhou	2125.8	423.6	99.6	1702.2	2336.7	588.2	141.3	1748.5
云南	Yunnan	2839.3	581.8	168.0	2257.5	2850.4	591.5	171.3	2258.9
西藏	Tibet	179.5	21.1	6.0	158.5	226.0	42.9	9.2	183.1
陕西	Shaanxi	2511.3	790.8	213.6	1720.5	2687.1	953.3	246.4	1733.8
甘肃	Gansu	1568.7	315.0	114.1	1253.7	1692.2	429.8	141.6	1262.4
青海	Qinghai	367.5	132.3	41.4	235.2	377.4	138.3	42.8	239.1
宁夏	Ningxia	375.5	189.3	57.8	186.2	390.7	205.2	60.2	185.5
新疆	Xinjiang	1179.9	625.0	196.5	554.9	1253.8	646.4	204.3	607.4
不分地区	Regardless of region	25.1	25.1	7.7		25.1	25.1	7.7	

10-8 续表 6 continued

单位：万人 (10 000 persons)

地区	Region	2018 合计 Total	2018 #城镇职工基本养老保险 Staff	2018 #离退休人员 Retirees	2018 #城乡居民基本养老保险 Urban and Rural Staff	2019 合计 Total	2019 #城镇职工基本养老保险 Staff	2019 #离退休人员 Retirees	2019 #城乡居民基本养老保险 Urban and Rural Staff
全　国	**National**	**94293.3**	**41901.6**	**11797.7**	**52391.7**	**96753.9**	**43487.9**	**12310.4**	**53266.0**
北　京	Beijing	1894.8	1685.8	293.5	209.0	1953.0	1748.2	302.6	204.7
天　津	Tianjin	844.3	683.2	221.0	161.2	860.1	695.6	226.3	164.5
河　北	Hebei	5097.7	1586.1	455.4	3511.6	5178.6	1654.5	466.7	3524.1
山　西	Shanxi	2416.9	837.6	262.2	1579.3	2499.3	871.5	273.6	1627.8
内蒙古	Inner Mongolia	1483.4	733.5	284.6	749.9	1531.6	763.4	298.8	768.2
辽　宁	Liaoning	3035.6	1994.8	789.6	1040.8	3083.9	2026.2	816.0	1057.7
吉　林	Jilin	1546.7	862.4	356.6	684.3	1584.2	882.1	375.9	702.1
黑龙江	Heilongjiang	2205.3	1308.5	576.7	896.8	2281.6	1364.9	599.8	916.7
上　海	Shanghai	1652.1	1573.4	502.0	78.7	1666.7	1589.6	511.9	77.1
江　苏	Jiangsu	5551.0	3225.6	871.2	2325.4	5754.3	3417.4	918.1	2336.9
浙　江	Zhejiang	4081.2	2883.4	806.8	1197.8	4231.2	3031.7	856.9	1199.4
安　徽	Anhui	4629.5	1141.7	342.9	3487.8	4718.7	1217.0	356.7	3501.7
福　建	Fujian	2599.9	1074.3	190.6	1525.6	2691.5	1137.3	199.1	1554.1
江　西	Jiangxi	2936.9	1052.8	333.1	1884.1	2985.8	1096.9	348.4	1888.9
山　东	Shandong	7314.6	2762.7	677.1	4551.9	7428.3	2868.0	711.2	4560.3
河　南	Henan	7089.0	2006.5	486.4	5082.5	7330.4	2133.8	505.6	5196.6
湖　北	Hubei	3884.4	1601.6	554.1	2282.8	4030.2	1684.8	584.3	2345.4
湖　南	Hunan	4807.4	1402.4	454.5	3405.0	4971.4	1557.8	486.0	3413.6
广　东	Guangdong	7580.7	4919.7	636.6	2661.1	7279.6	4633.4	671.2	2646.2
广　西	Guangxi	2715.5	825.9	260.3	1889.6	2853.2	869.5	268.4	1983.7
海　南	Hainan	556.2	258.0	70.5	298.2	585.9	281.0	72.7	305.0
重　庆	Chongqing	2170.8	1051.2	388.7	1119.6	2290.4	1127.7	406.6	1162.7
四　川	Sichuan	5766.1	2543.7	881.6	3222.4	6069.1	2700.3	915.7	3368.7
贵　州	Guizhou	2442.5	639.8	149.7	1802.7	2533.3	677.5	155.8	1855.8
云　南	Yunnan	2977.2	616.2	176.0	2361.0	3059.9	649.9	181.5	2410.0
西　藏	Tibet	212.1	46.2	9.6	165.9	214.2	48.2	10.0	166.0
陕　西	Shaanxi	2733.7	992.0	258.2	1741.7	2846.4	1080.7	264.1	1765.6
甘　肃	Gansu	1771.7	454.7	155.4	1317.0	1841.9	469.4	159.6	1372.6
青　海	Qinghai	390.7	145.1	44.7	245.6	413.9	152.8	46.7	261.1
宁　夏	Ningxia	397.5	216.1	63.6	181.4	421.3	226.6	66.0	194.7
新　疆	Xinjiang	1426.4	695.3	211.0	731.1	1478.4	744.2	219.0	734.1
不分地区	Regardless of region	81.6	81.6	33.2		85.8	85.8	35.4	

10-8 续表 7 continued

单位：万人 (10 000 persons)

地区	Region	2020 合计 Total	2020 #城镇职工基本养老保险 Staff	2020 #离退休人员 Retirees	2020 #城乡居民基本养老保险 Urban and Rural Staff	2021 合计 Total	2021 #城镇职工基本养老保险 Staff	2021 #离退休人员 Retirees	2021 #城乡居民基本养老保险 Urban and Rural Staff
全　国	**National**	**99864.9**	**45621.1**	**12762.3**	**54243.8**	**102871.4**	**48074.0**	**13157.0**	**54797.4**
北　京	Beijing	1978.6	1777.8	311.4	200.8	2019.2	1826.8	319.0	192.4
天　津	Tianjin	900.6	730.8	234.4	169.7	937.1	765.1	237.9	172.0
河　北	Hebei	5284.0	1737.9	480.1	3546.1	5358.3	1805.5	491.7	3552.8
山　西	Shanxi	2570.9	932.9	278.2	1638.0	2640.3	1002.3	291.8	1637.9
内蒙古	Inner Mongolia	1570.6	785.9	311.3	784.7	1614.8	823.1	320.0	791.7
辽　宁	Liaoning	3107.3	2049.0	839.7	1058.4	3125.5	2084.6	857.0	1040.9
吉　林	Jilin	1622.0	898.2	385.8	723.8	1855.7	922.0	395.4	933.7
黑龙江	Heilongjiang	2320.1	1411.4	621.0	908.7	2336.5	1446.6	634.8	889.9
上　海	Shanghai	1692.9	1616.7	521.8	76.2	1728.8	1654.4	528.4	74.4
江　苏	Jiangsu	5958.3	3557.9	964.5	2400.4	5964.9	3609.3	1001.8	2355.6
浙　江	Zhejiang	4355.1	3211.1	897.2	1143.9	4423.0	3367.5	911.9	1055.5
安　徽	Anhui	4773.6	1283.5	369.1	3490.1	4841.8	1384.2	381.0	3457.6
福　建	Fujian	2788.7	1200.6	209.0	1588.2	2927.4	1330.0	219.6	1597.4
江　西	Jiangxi	3245.4	1167.4	360.7	2078.0	3321.2	1246.9	371.4	2074.3
山　东	Shandong	7636.7	3046.3	754.1	4590.4	7840.8	3226.7	789.0	4614.1
河　南	Henan	7504.4	2248.5	524.4	5255.9	7683.5	2377.2	536.0	5306.3
湖　北	Hubei	4113.3	1744.7	596.8	2368.6	4447.6	1834.7	617.1	2612.9
湖　南	Hunan	5195.9	1724.8	502.7	3471.1	5284.6	1849.5	521.8	3435.1
广　东	Guangdong	7528.3	4873.1	711.1	2655.3	7760.9	5079.5	752.4	2681.4
广　西	Guangxi	3357.3	919.5	274.6	2437.7	3657.1	985.3	281.1	2671.8
海　南	Hainan	630.2	305.3	74.3	324.8	658.2	329.0	76.1	329.2
重　庆	Chongqing	2370.2	1203.4	421.9	1166.8	2494.2	1354.2	442.7	1139.9
四　川	Sichuan	6054.2	2830.1	947.5	3224.2	6359.6	3178.5	977.1	3181.1
贵　州	Guizhou	2618.5	714.0	160.5	1904.5	2684.4	755.8	164.9	1928.6
云　南	Yunnan	3151.5	701.3	185.6	2450.2	3199.7	739.3	188.8	2460.3
西　藏	Tibet	221.0	52.6	10.4	168.4	234.4	59.5	10.9	174.9
陕　西	Shaanxi	2942.8	1157.6	272.9	1785.2	3028.9	1229.4	282.6	1799.5
甘　肃	Gansu	1872.7	484.5	164.7	1388.2	1890.4	502.5	168.5	1387.9
青　海	Qinghai	420.5	158.2	48.5	262.3	431.6	169.0	50.0	262.6
宁　夏	Ningxia	478.8	240.1	68.6	238.6	482.9	252.1	70.4	230.7
新　疆	Xinjiang	1511.8	767.1	224.3	744.7	1546.2	791.5	229.9	754.8
不分地区	Regardless of region	89.0	89.0	35.4		91.7	92.1	36.1	

10−8 续表 8 continued

单位：万人 (10 000 persons)

地区	Region	2022 合计 Total	2022 #城镇职工基本养老保险 Staff	2022 #离退休人员 Retirees	2022 #城乡居民基本养老保险 Urban and Rural Staff	2023 合计 Total	2023 #城镇职工基本养老保险 Staff	2023 #离退休人员 Retirees	2023 #城乡居民基本养老保险 Urban and Rural Staff
全国	**National**	**105307.3**	**50355.0**	**13644.0**	**54952.3**	**106643.3**	**52120.8**	**14195.6**	**54522.5**
北京	Beijing	2056.1	1867.8	328.2	188.3	2085.9	1904.9	337.8	181.0
天津	Tianjin	971.6	800.1	243.6	171.6	998.4	826.2	249.5	172.2
河北	Hebei	5436.2	1867.7	503.3	3568.5	5477.1	1949.8	520.9	3527.3
山西	Shanxi	2694.0	1065.8	314.7	1628.2	2725.3	1102.1	324.2	1623.2
内蒙古	Inner Mongolia	1693.8	895.2	335.3	798.7	1747.7	932.2	347.2	815.5
辽宁	Liaoning	3155.7	2114.4	873.9	1041.3	3170.8	2150.4	897.8	1020.4
吉林	Jilin	1887.8	941.1	405.8	946.7	1896.5	953.8	412.8	942.7
黑龙江	Heilongjiang	2396.5	1507.3	656.2	889.2	2416.5	1523.9	673.7	892.7
上海	Shanghai	1732.5	1659.4	535.6	73.1	1761.1	1689.4	542.8	71.8
江苏	Jiangsu	6030.9	3690.3	1051.3	2340.7	6103.9	3752.0	1106.0	2351.9
浙江	Zhejiang	4520.1	3472.8	947.5	1047.3	4606.5	3573.6	989.6	1032.8
安徽	Anhui	5046.7	1580.9	397.9	3465.8	5095.9	1688.0	416.6	3408.0
福建	Fujian	3272.6	1673.8	231.4	1598.8	3383.8	1788.9	245.3	1595.0
江西	Jiangxi	3443.0	1362.0	385.1	2081.0	3387.1	1435.6	407.9	1951.5
山东	Shandong	7969.8	3333.6	822.6	4636.2	7990.4	3424.1	864.4	4566.3
河南	Henan	7780.9	2484.9	565.0	5296.0	7858.3	2578.2	590.5	5280.1
湖北	Hubei	4560.1	1959.7	640.9	2600.5	4555.4	2048.0	668.9	2507.4
湖南	Hunan	5314.3	1892.9	540.6	3421.5	5431.6	2018.6	564.6	3413.0
广东	Guangdong	7993.5	5229.2	797.3	2764.3	8128.9	5368.9	850.7	2760.0
广西	Guangxi	3704.4	1032.6	286.6	2671.8	3741.4	1069.6	294.3	2671.8
海南	Hainan	689.3	352.8	78.8	336.4	715.5	373.6	81.7	341.8
重庆	Chongqing	2572.1	1431.8	451.7	1140.3	2650.3	1475.4	471.4	1175.0
四川	Sichuan	6512.5	3327.2	1006.6	3185.3	6576.4	3426.3	1047.1	3150.1
贵州	Guizhou	2705.6	770.1	171.2	1935.5	2736.2	794.3	177.4	1941.8
云南	Yunnan	3286.7	807.0	195.9	2479.7	3374.7	883.6	202.6	2491.1
西藏	Tibet	236.7	61.9	11.1	174.8	243.5	67.3	11.4	176.2
陕西	Shaanxi	3108.0	1285.4	293.7	1822.6	3159.2	1346.8	302.4	1812.4
甘肃	Gansu	1904.1	517.6	174.5	1386.6	1911.5	532.5	180.1	1379.0
青海	Qinghai	438.9	175.8	51.9	263.0	451.5	188.0	54.2	263.4
宁夏	Ningxia	519.7	283.8	73.2	235.9	524.1	292.0	75.9	232.1
新疆	Xinjiang	1579.7	816.9	235.4	762.8	1643.0	867.9	246.1	775.1
不分地区	Regardless of region	93.4	93.4	37.4		95.1	95.1	39.7	

10-9 各地区城镇职工基本养老保险情况(2023年)
URBAN BASIC PENSION INSURANCE BY REGION(2023)

单位：万人 (10 000 persons)

地区	Region	参保职工年末人数 Active Contributors at the Year-end	#执行企业制度 Enterprises (others)	参保离退休人员年末人数 Retirees at the Year-end	基金收支情况(亿元) Revenue and Expenses(100 million yuan) 基金收入 Revenue	基金支出 Expenses	累计结余 Balance at the Year-end
全　国	**National**	**37925.2**	**34052.9**	**14195.6**	**70506.3**	**63756.6**	**63639.1**
北　京	Beijing	1567.2	1501.9	337.8	4009.4	2377.9	8614.3
天　津	Tianjin	576.7	530.0	249.5	1311.4	1288.2	442.4
河　北	Hebei	1428.9	1214.0	520.9	2434.9	2428.4	620.1
山　西	Shanxi	777.9	663.1	324.2	1680.5	1650.0	1552.2
内蒙古	Inner Mongolia	584.9	490.0	347.2	1421.8	1538.3	481.1
辽　宁	Liaoning	1252.6	1129.6	897.8	3101.0	3858.4	398.5
吉　林	Jilin	541.0	457.7	412.8	1651.9	1880.7	298.6
黑龙江	Heilongjiang	850.2	739.7	673.7	2029.7	2743.6	247.0
上　海	Shanghai	1146.5	1077.0	542.8	4226.2	3680.0	1950.7
江　苏	Jiangsu	2646.0	2454.2	1106.0	5183.4	4505.3	5340.8
浙　江	Zhejiang	2584.0	2421.6	989.6	3907.6	4276.3	1381.4
安　徽	Anhui	1271.4	1144.5	416.6	2173.6	1714.8	2692.2
福　建	Fujian	1543.6	1441.9	245.3	1366.7	1094.4	1005.8
江　西	Jiangxi	1027.7	908.2	407.9	1522.7	1474.6	924.6
山　东	Shandong	2559.8	2284.6	864.4	3994.6	3965.3	1345.0
河　南	Henan	1987.7	1714.3	590.5	2565.8	2366.7	1591.3
湖　北	Hubei	1379.1	1240.8	668.9	3158.5	2993.0	1135.2
湖　南	Hunan	1454.0	1272.4	564.6	2209.8	2151.4	1894.8
广　东	Guangdong	4518.2	4276.4	850.7	7036.5	3950.1	17549.0
广　西	Guangxi	775.3	645.4	294.3	1468.1	1314.8	873.7
海　南	Hainan	292.0	266.3	81.7	499.2	362.4	484.5
重　庆	Chongqing	1003.9	928.3	471.4	1638.7	1596.4	1512.3
四　川	Sichuan	2379.2	2177.4	1047.1	4049.8	3707.8	4101.0
贵　州	Guizhou	617.0	504.5	177.4	1014.4	801.6	1284.6
云　南	Yunnan	681.0	553.3	202.6	1246.3	1026.3	1821.9
西　藏	Tibet	55.9	32.8	11.4	215.3	144.3	290.6
陕　西	Shaanxi	1044.4	910.4	302.4	1911.0	1574.9	1282.0
甘　肃	Gansu	352.4	258.8	180.1	844.6	870.4	350.1
青　海	Qinghai	133.8	112.7	54.2	336.5	338.9	43.8
宁　夏	Ningxia	216.1	194.8	75.9	390.7	360.8	275.2
新　疆	Xinjiang	621.8	505.9	246.1	1567.2	1330.0	1814.8
不分地区	Regardless of region	55.3		39.7	338.5	390.4	39.7

注：新疆数据包含新疆生产建设兵团的数据。不分地区包括中央机关、中国人民银行、中国农业发展银行以及统筹调剂金数据。

Note: The data of Xinjiang includes Xinjiang Production and Construction Corps.Regardless of region, including Central Government,The People's Bank of China,Agricutural Development Bank of China,Central. Fund Account Adjustment

10−10 各地区城乡居民基本养老保险情况（2023年）
STATISTICS ON BASIC PENSION INSURANCE FOR URBAN AND RURAL RESIDENTS BY REGION (2023)

地 区	Region	参保人数（万人） Contributors at Year-end (10 000 persons)	#实际领取待遇人数 Number of Participants Who Have Reached the Prescribed Age of Benifit Entilement	基金收支情况(亿元) Revenue and Expenses(100 million yuan) 基金收入 Revenue	基金支出 Expenses	累计结余 Balance at Year-end
全 国	**National Total**	**54522.5**	**17268.3**	**6184.9**	**4612.9**	**14533.9**
北 京	Beijing	181.0	63.8	127.5	113.7	188.1
天 津	Tianjin	172.2	88.7	57.6	56.2	319.1
河 北	Hebei	3527.3	1184.3	295.9	236.6	696.4
山 西	Shanxi	1623.2	450.9	175.3	97.2	474.9
内蒙古	Inner Mongolia	815.5	263.2	94.2	74.0	186.2
辽 宁	Liaoning	1020.4	445.6	91.3	91.4	97.9
吉 林	Jilin	942.7	285.7	59.1	49.4	114.8
黑龙江	Heilongjiang	892.7	273.6	85.6	64.5	173.4
上 海	Shanghai	71.8	52.6	104.8	104.2	92.4
江 苏	Jiangsu	2351.9	1144.5	661.7	489.1	1174.8
浙 江	Zhejiang	1032.8	563.4	411.9	318.9	506.4
安 徽	Anhui	3408.0	1019.2	397.5	219.4	1110.2
福 建	Fujian	1595.0	505.6	153.5	129.5	315.6
江 西	Jiangxi	1951.5	552.4	191.6	135.8	448.2
山 东	Shandong	4566.3	1690.1	581.7	452.7	1785.6
河 南	Henan	5280.1	1544.9	360.5	287.0	909.8
湖 北	Hubei	2507.4	821.8	252.1	192.1	713.1
湖 南	Hunan	3413.0	935.6	264.3	186.2	657.4
广 东	Guangdong	2760.0	909.9	331.8	308.8	602.4
广 西	Guangxi	2671.8	646.1	147.7	127.4	332.6
海 南	Hainan	341.8	83.6	42.7	27.5	157.7
重 庆	Chongqing	1175.0	359.5	128.0	76.6	275.4
四 川	Sichuan	3150.1	1090.6	502.3	289.6	1144.7
贵 州	Guizhou	1941.8	494.9	117.5	92.4	243.0
云 南	Yunnan	2491.1	603.3	148.2	120.7	629.3
西 藏	Xizang	176.2	28.9	14.4	9.6	48.2
陕 西	Shaanxi	1812.4	587.6	164.7	128.1	409.0
甘 肃	Gansu	1379.0	351.4	116.2	68.6	382.1
青 海	Qinghai	263.4	48.2	23.8	15.3	83.8
宁 夏	Ningxia	232.1	46.6	21.7	15.6	63.8
新 疆	Xinjiang	775.1	131.5	59.8	34.8	197.6

注：2009年启动新型农村社会养老保险试点，2011年启动城镇居民社会养老保险试点，2012年底实现两项制度的全覆盖，2014年两项制度合并实施，建立统一的城乡居民基本养老保险制度。

Note: Since August 2012, basic pension insurance for unban and rural residents consist of new rural old-age insurance and urban residents basic pension insurance.

10-11 历年全国基本医疗保险基本情况
PERSONS COVERED BY THE BASIC MEDICAL INSURANCE AT THE YEAR-END

年 份 Year	合计 Total	职工基本医疗保险参保人数 Persons Covered by the Basic Medical Insurance Care	职工人数 Workers	退休人员人数 Retirees	城乡居民基本医疗保险参保人数 Persons Covered by the Basic Medical Care Insurance for Urban and Rural Residents
绝对数(万人) Absolute Figure (10 000 persons)					
1993	290.1	290.1	267.6	22.5	
1994	400.3	400.3	374.6	25.7	
1995	745.9	745.9	702.6	43.3	
1996	855.7	855.7	791.2	64.5	
1997	1762.0	1762.0	1588.9	173.1	
1998	1878.7	1878.7	1509.7	369.0	
1999	2065.3	2065.3	1509.4	555.9	
2000	3786.9	3786.9	2862.8	924.2	
2001	7285.9	7285.9	5470.7	1815.2	
2002	9401.2	9401.2	6925.8	2475.4	
2003	10901.7	10901.7	7974.9	2926.8	
2004	12403.6	12403.6	9044.4	3359.2	
2005	13782.9	13782.9	10021.7	3761.2	
2006	15731.8	15731.8	11580.3	4151.5	
2007	22311.4	18020.3	13420.3	4600.0	4291.1
2008	31821.6	19995.6	14987.7	5007.9	11826.0
2009	40147.0	21937.4	16410.5	5526.9	18209.6
2010	43262.9	23734.7	17791.2	5943.5	19528.3
2011	47343.2	25227.1	18948.5	6278.6	22116.1
2012	53641.3	26485.6	19861.3	6624.2	27155.7
2013	57072.6	27443.1	20501.3	6941.8	29629.4
2014	59746.9	28296.0	21041.3	7254.8	31450.9
2015	66581.6	28893.1	21362.0	7531.2	37688.5
2016	74391.6	29531.5	21720.0	7811.6	44860.0
2017	117681.4	30322.7	22288.4	8034.3	87358.7
2018	134458.6	31680.8	23307.5	8373.3	102777.8
2019	135407.4	32924.7	24224.4	8700.4	102482.7
2020	136131.1	34455.1	25428.8	9026.3	101676.0
2021	136296.7	35430.9	26106.5	9324.4	100865.9
2022	134592.5	36243.4	26604.3	9639.1	98349.1
2023	133389.0	37094.6	27098.7	9995.9	96294.4
比上年增长(%) Increase over Preceding Year %					
1994	38.0	38.0	40.0	14.3	
1995	86.3	86.3	87.6	68.0	
1996	14.7	14.7	12.6	49.0	
1997	105.9	105.9	100.8	168.5	
1998	6.6	6.6	-5.0	113.2	
1999	9.9	9.9		50.7	
2000	83.4	83.4	89.7	66.2	
2001	92.4	92.4	91.1	96.4	
2002	29.0	29.0	26.6	36.4	
2003	16.0	16.0	15.1	18.2	
2004	13.8	13.8	13.4	14.8	
2005	11.1	11.1	10.8	12.0	
2006	14.1	14.1	15.6	10.4	
2007	41.8	14.5	15.9	10.8	
2008	42.6	11.0	11.7	8.9	175.6
2009	26.2	9.7	9.5	10.4	54.0
2010	7.8	8.2	8.4	7.5	7.2
2011	9.4	6.3	6.5	5.6	13.3
2012	13.3	5.0	4.8	5.5	22.8
2013	6.4	3.6	3.2	4.8	9.1
2014	4.7	3.1	2.6	4.5	6.1
2015	11.4	2.1	1.5	3.8	19.8
2016	11.7	2.2	1.7	3.7	19.0
2017	58.2	2.7	2.6	2.9	94.7
2018	14.3	4.5	4.6	4.2	17.7
2019	0.7	3.9	3.9	3.9	-0.3
2020	0.5	4.6	5.0	3.7	-0.8
2021	0.1	2.8	2.7	3.3	-0.8
2022	-1.3	2.3	1.9	3.4	-2.5
2023	-0.9	2.3	1.9	3.7	-2.1

10−12 历年各地区基本医疗保险参保人数
BASIC MEDICAL INSURANCE BY REGION

单位：万人 (10 000 persons)

地 区	Region	2001 职工基本医疗保险 Staff	2001 #退休人员 Retirees	2002 职工基本医疗保险 Staff	2002 #退休人员 Retirees	2003 职工基本医疗保险 Staff	2003 #退休人员 Retirees	2004 职工基本医疗保险 Staff	2004 #退休人员 Retirees
全 国	**National**	**7285.9**	**1815.2**	**9401.2**	**2475.4**	**10901.7**	**2926.8**	**12403.6**	**3359.2**
北 京	Beijing	240.7	89.4	321.1	113.2	436.1	134.7	483.9	141.7
天 津	Tianjin	139.6	46.8	250.2	103.8	254.7	108.5	263.0	104.8
河 北	Hebei	282.5	61.5	330.4	73.0	383.2	84.7	472.5	108.9
山 西	Shanxi	157.3	34.4	216.7	49.5	245.5	51.3	295.5	63.9
内蒙古	Inner Mongolia	196.9	45.5	221.7	54.2	252.3	66.1	274.2	78.1
辽 宁	Liaoning	313.6	90.4	619.0	188.7	697.7	217.2	783.7	247.3
吉 林	Jilin	124.2	27.8	176.9	39.8	230.8	55.3	270.0	67.5
黑龙江	Heilongjiang	308.3	89.2	392.8	108.2	435.2	122.1	544.1	151.7
上 海	Shanghai	680.5	238.9	694.8	245.9	709.6	250.6	714.1	260.9
江 苏	Jiangsu	456.0	113.5	690.9	183.2	815.0	227.6	976.7	261.6
浙 江	Zhejiang	352.7	100.0	423.4	117.0	510.3	139.5	569.2	150.3
安 徽	Anhui	232.8	53.6	273.4	65.6	318.2	79.8	362.2	97.7
福 建	Fujian	171.0	38.3	230.0	54.7	247.8	61.8	285.9	69.5
江 西	Jiangxi	71.6	12.2	106.6	22.7	188.2	45.7	250.4	65.8
山 东	Shandong	490.2	86.0	625.6	119.5	691.1	138.0	771.9	153.5
河 南	Henan	460.3	94.8	537.4	115.2	567.9	126.9	590.0	136.8
湖 北	Hubei	255.4	54.5	338.1	80.6	416.6	110.1	466.8	132.5
湖 南	Hunan	351.6	83.7	398.1	108.3	423.5	116.1	477.0	133.9
广 东	Guangdong	544.8	84.4	717.7	118.8	877.0	146.4	1034.2	168.9
广 西	Guangxi	150.1	33.4	201.8	54.1	235.0	66.1	272.2	77.8
海 南	Hainan	40.9	8.5	52.6	11.5	63.1	15.4	78.6	22.3
重 庆	Chongqing	36.8	9.7	58.7	18.0	121.8	41.7	206.3	76.2
四 川	Sichuan	437.6	128.3	480.6	150.1	531.2	173.8	587.6	196.5
贵 州	Guizhou	31.1	6.9	94.6	26.6	134.1	38.2	152.6	44.0
云 南	Yunnan	185.7	45.6	238.4	65.0	281.5	81.4	302.3	89.6
西 藏	Xizang					6.0	1.8	7.1	2.8
陕 西	Shaanxi	231.4	49.4	261.8	65.1	301.0	77.4	325.6	86.8
甘 肃	Gansu	109.9	23.6	124.1	26.0	146.0	32.8	165.8	40.6
青 海	Qinghai	38.3	12.6	51.1	16.3	56.4	17.8	60.2	19.5
宁 夏	Ningxia	17.2	4.0	36.8	10.1	48.1	12.7	55.6	14.6
新 疆	Xinjiang	177.0	48.1	235.7	70.6	276.7	85.3	304.4	93.2

10-12 续表 1 continued

单位：万人 (10 000 persons)

地 区	Region	2005 职工基本医疗保险 Staff	2005 #退休人员 Retirees	2006 职工基本医疗保险 Staff	2006 #退休人员 Retirees	2007 合 计 Total	2007 #职工基本医疗保险 Staff	2007 #退休人员 Retirees	2007 #城镇居民基本医疗保险 Urban Staff
全 国	**National**	**13782.9**	**3761.2**	**15731.9**	**4151.5**	**22311.4**	**18020.3**	**4600.0**	**4291.1**
北 京	Beijing	574.8	155.1	679.5	163.9	929.4	783.0	172.9	146.4
天 津	Tianjin	299.1	118.3	344.2	126.0	403.8	382.5	133.2	21.3
河 北	Hebei	562.1	139.6	615.9	158.6	746.3	686.3	183.9	60.0
山 西	Shanxi	324.9	73.0	353.8	82.2	460.6	405.7	98.3	54.9
内蒙古	Inner Mongolia	292.0	86.0	316.2	93.1	451.6	352.7	103.8	98.9
辽 宁	Liaoning	864.2	280.0	959.3	307.4	1200.2	1087.8	346.5	112.4
吉 林	Jilin	283.0	73.9	376.3	101.2	767.2	427.8	118.2	339.4
黑龙江	Heilongjiang	602.9	170.4	708.2	192.9	826.7	752.2	202.3	74.5
上 海	Shanghai	728.6	275.9	1023.3	291.0	1096.8	1096.8	306.4	
江 苏	Jiangsu	1124.1	303.0	1274.3	338.5	2136.6	1435.8	365.4	700.8
浙 江	Zhejiang	639.6	163.1	730.6	172.9	946.2	855.0	185.5	91.2
安 徽	Anhui	387.1	112.7	441.2	124.7	953.3	486.2	137.1	467.1
福 建	Fujian	333.0	77.2	370.1	85.2	477.4	406.1	91.0	71.3
江 西	Jiangxi	276.7	75.0	313.3	86.5	784.7	403.4	121.6	381.3
山 东	Shandong	861.5	176.7	996.1	199.9	1292.3	1115.9	227.8	176.4
河 南	Henan	641.5	154.1	704.1	173.3	897.7	781.0	197.4	116.8
湖 北	Hubei	502.0	147.2	565.3	166.6	870.5	644.5	196.3	226.0
湖 南	Hunan	503.4	146.6	560.5	162.4	724.5	620.6	181.9	103.9
广 东	Guangdong	1235.3	180.3	1421.1	197.9	2281.6	2022.2	218.0	259.4
广 西	Guangxi	285.9	82.3	302.0	88.7	361.4	339.3	99.2	22.1
海 南	Hainan	87.2	24.5	91.0	25.6	155.3	107.5	29.9	47.9
重 庆	Chongqing	237.7	91.9	257.5	97.4	327.5	284.7	104.7	42.8
四 川	Sichuan	647.0	220.2	734.5	247.8	1020.0	815.0	270.6	205.0
贵 州	Guizhou	180.5	51.5	199.2	57.8	293.8	228.2	66.1	65.6
云 南	Yunnan	320.7	95.5	331.5	98.8	400.3	345.8	101.8	54.5
西 藏	Xizang	15.2	4.8	16.5	5.0	19.2	19.2	5.8	
陕 西	Shaanxi	348.8	101.3	377.1	111.4	459.3	410.1	123.2	49.3
甘 肃	Gansu	176.6	46.2	195.8	51.7	449.5	221.5	61.6	228.0
青 海	Qinghai	62.0	20.4	64.5	22.0	95.8	70.1	23.0	25.7
宁 夏	Ningxia	64.5	17.2	73.1	19.9	114.0	78.3	21.4	35.7
新 疆	Xinjiang	321.1	97.5	335.8	101.2	367.9	355.1	105.1	12.7

10-12 续表 2 continued

单位：万人 (10 000 persons)

地 区	Region	2008 合 计 Total	2008 #职工基本医疗保险 Staff	2008 #退休人员 Retirees	2008 #城镇居民基本医疗保险 Urban Staff	2009 合 计 Total	2009 #职工基本医疗保险 Staff	2009 #退休人员 Retirees	2009 #城镇居民基本医疗保险 Urban Staff
全 国	**National**	**31821.7**	**19995.6**	**5007.9**	**11826.1**	**40147.0**	**21937.4**	**5526.9**	**18209.6**
北 京	Beijing	1017.1	871.0	182.4	146.1	1083.9	938.4	191.8	145.5
天 津	Tianjin	484.5	399.1	141.8	85.4	605.3	444.1	150.6	161.2
河 北	Hebei	1083.1	738.5	199.5	344.5	1421.1	802.1	219.7	619.0
山 西	Shanxi	593.9	441.8	108.8	152.1	879.0	534.6	128.5	344.5
内蒙古	Inner Mongolia	612.5	373.7	108.6	238.8	805.3	410.4	117.8	394.9
辽 宁	Liaoning	1507.5	1209.3	386.5	298.1	1895.6	1347.0	444.5	548.6
吉 林	Jilin	937.4	450.9	131.8	486.5	1242.8	486.4	147.4	756.4
黑龙江	Heilongjiang	1056.3	788.3	216.0	268.1	1544.3	851.3	256.5	693.0
上 海	Shanghai	1355.2	1171.7	320.9	183.5	1583.8	1329.6	372.5	254.2
江 苏	Jiangsu	2837.6	1604.3	390.3	1233.3	3031.0	1701.1	418.6	1329.9
浙 江	Zhejiang	1322.6	1053.9	198.3	268.7	1784.4	1173.7	211.8	610.7
安 徽	Anhui	1323.8	528.8	148.1	795.0	1435.8	570.2	160.4	865.6
福 建	Fujian	796.5	435.7	101.4	360.7	1137.2	503.7	114.7	633.5
江 西	Jiangxi	1207.1	503.2	149.4	704.0	1300.4	515.1	151.6	785.3
山 东	Shandong	1847.0	1266.2	256.2	580.8	2540.2	1428.6	287.8	1111.6
河 南	Henan	1549.4	840.9	220.8	708.6	1970.1	920.1	243.7	1050.0
湖 北	Hubei	1435.7	714.9	210.9	720.8	1811.7	820.4	236.2	991.3
湖 南	Hunan	1321.6	682.0	206.5	639.6	1831.9	746.4	225.6	1085.5
广 东	Guangdong	3551.8	2370.7	240.3	1181.1	4568.5	2556.4	259.4	2012.1
广 西	Guangxi	568.2	361.4	103.8	206.8	850.0	388.8	110.6	461.2
海 南	Hainan	249.7	121.8	34.0	127.9	283.8	152.7	41.5	131.0
重 庆	Chongqing	550.6	326.2	115.1	224.4	769.5	362.5	120.8	407.0
四 川	Sichuan	1413.8	893.5	296.7	520.4	1912.7	958.5	317.3	954.2
贵 州	Guizhou	404.3	257.4	73.0	146.9	567.0	279.5	85.1	287.5
云 南	Yunnan	618.2	356.8	103.6	261.4	762.5	397.4	118.3	365.0
西 藏	Xizang	32.4	20.1	5.3	12.3	36.0	22.6	6.4	13.5
陕 西	Shaanxi	717.3	432.7	132.8	284.6	890.0	463.3	145.2	426.8
甘 肃	Gansu	522.2	248.9	68.8	273.2	557.4	272.2	77.7	285.2
青 海	Qinghai	93.6	72.1	24.5	21.5	104.8	75.7	24.6	29.1
宁 夏	Ningxia	158.7	83.2	22.7	75.4	186.0	87.0	23.8	99.0
新 疆	Xinjiang	652.1	376.6	109.0	275.5	755.0	397.5	114.7	357.4

10-12 续表 3 continued

单位：万人 (10 000 persons)

地区	Region	2010 合计 Total	2010 #职工基本医疗保险 Staff	2010 #退休人员 Retirees	2010 #城镇居民基本医疗保险 Urban Staff	2011 合计 Total	2011 #职工基本医疗保险 Staff	2011 #退休人员 Retirees	2011 #城镇居民基本医疗保险 Urban Staff
全国	**National**	**43262.9**	**23734.7**	**5943.5**	**19528.3**	**47343.2**	**25227.1**	**6278.6**	**22116.1**
北京	Beijing	1207.3	1063.7	215.1	143.7	1347.8	1188.0	232.8	159.8
天津	Tianjin	960.9	470.0	157.5	490.9	972.8	474.5	162.5	498.3
河北	Hebei	1518.1	848.0	238.0	670.0	1562.2	875.5	248.2	686.6
山西	Shanxi	923.5	562.0	140.0	361.5	1005.1	595.8	150.8	409.3
内蒙古	Inner Mongolia	886.4	433.5	124.7	452.8	907.3	438.0	124.3	469.3
辽宁	Liaoning	2056.2	1408.7	464.1	647.5	2120.1	1499.4	494.1	620.7
吉林	Jilin	1333.8	550.1	179.9	783.7	1350.6	557.2	188.2	793.4
黑龙江	Heilongjiang	1560.8	873.7	278.4	687.1	1578.0	881.0	293.6	697.0
上海	Shanghai	1665.2	1405.9	388.8	259.2	1591.8	1342.1	404.1	249.7
江苏	Jiangsu	3249.4	1848.3	443.2	1401.2	3500.5	2012.4	470.9	1488.1
浙江	Zhejiang	1963.8	1344.4	226.8	619.4	2244.1	1514.4	243.3	729.7
安徽	Anhui	1529.3	598.5	169.3	930.9	1612.9	659.3	181.9	953.6
福建	Fujian	1200.6	546.6	120.7	654.0	1217.2	579.3	126.2	637.8
江西	Jiangxi	1326.4	532.1	166.5	794.3	1329.7	535.9	170.9	793.8
山东	Shandong	2770.6	1541.3	316.7	1229.3	2947.8	1637.1	337.5	1310.7
河南	Henan	2043.7	957.4	258.7	1086.4	2122.3	1016.4	272.2	1105.8
湖北	Hubei	1860.0	847.8	239.8	1012.3	1932.5	902.8	254.6	1029.7
湖南	Hunan	1894.5	777.4	236.9	1117.2	1941.2	789.5	242.9	1151.7
广东	Guangdong	5043.2	3000.0	314.5	2043.2	6767.1	3234.3	340.5	3532.8
广西	Guangxi	935.2	413.5	123.0	521.7	981.3	437.2	128.8	544.1
海南	Hainan	323.3	166.9	43.2	156.4	352.4	186.2	45.3	166.1
重庆	Chongqing	830.8	406.2	125.6	424.6	1324.8	458.5	133.1	866.3
四川	Sichuan	2063.1	1051.9	348.3	1011.2	2248.4	1169.1	366.0	1079.3
贵州	Guizhou	602.5	293.5	88.2	309.0	629.0	314.1	93.3	314.9
云南	Yunnan	820.5	414.8	121.4	405.7	865.8	443.4	126.6	422.4
西藏	Xizang	38.6	23.5	6.6	15.1	43.7	24.9	6.6	18.7
陕西	Shaanxi	947.2	474.2	151.2	473.1	1090.4	540.3	172.8	550.2
甘肃	Gansu	588.8	290.2	85.9	298.6	590.8	291.1	88.2	299.8
青海	Qinghai	140.3	78.7	25.2	61.6	151.6	82.4	25.9	69.2
宁夏	Ningxia	188.3	94.1	26.4	94.2	188.8	100.2	27.1	88.5
新疆	Xinjiang	790.5	417.7	119.0	372.7	825.2	446.6	125.2	378.5

10-12 续表 4 continued

单位：万人 (10 000 persons)

地区	Region	2012 合计 Total	2012 #职工基本医疗保险 Staff	2012 #退休人员 Retirees	2012 #城镇居民基本医疗保险 Urban Staff	2013 合计 Total	2013 #职工基本医疗保险 Staff	2013 #退休人员 Retirees	2013 #城镇居民基本医疗保险 Urban Staff
全 国	**National**	**53641.3**	**26485.6**	**6624.2**	**27155.7**	**57072.6**	**27443.1**	**6941.8**	**29629.4**
北 京	Beijing	1431.6	1279.7	239.1	151.9	1514.9	1354.8	249.8	160.1
天 津	Tianjin	981.3	479.1	168.9	502.2	1001.5	493.1	177.3	508.4
河 北	Hebei	1644.4	906.8	261.5	737.6	1674.5	926.3	275.6	748.2
山 西	Shanxi	1055.9	621.1	157.2	434.9	1086.3	646.5	166.9	439.7
内蒙古	Inner Mongolia	967.7	455.1	132.4	512.6	986.2	464.5	134.5	521.7
辽 宁	Liaoning	2251.9	1587.0	524.8	664.9	2333.3	1624.8	546.9	708.5
吉 林	Jilin	1370.0	569.5	194.0	800.5	1378.6	574.9	197.5	803.7
黑龙江	Heilongjiang	1580.3	867.8	309.6	712.5	1580.4	868.1	311.6	712.3
上 海	Shanghai	1638.6	1376.0	421.5	262.6	1650.5	1394.1	438.4	256.4
江 苏	Jiangsu	3608.8	2155.5	508.9	1453.4	3427.6	2274.7	543.6	1152.9
浙 江	Zhejiang	2806.8	1671.0	277.1	1135.8	4121.1	1791.1	299.5	2330.0
安 徽	Anhui	1660.0	685.2	191.5	974.8	1660.8	716.0	203.3	944.9
福 建	Fujian	1262.9	666.3	130.2	596.6	1283.8	703.0	136.4	580.8
江 西	Jiangxi	1438.6	546.8	180.4	891.8	1476.6	569.9	189.8	906.7
山 东	Shandong	3101.2	1734.1	365.6	1367.1	3647.9	1809.7	391.7	1838.2
河 南	Henan	2222.2	1082.2	293.2	1140.0	2297.2	1140.2	313.4	1157.0
湖 北	Hubei	1960.3	921.2	264.7	1039.1	1960.6	922.8	280.7	1037.8
湖 南	Hunan	2341.9	797.6	248.8	1544.3	2316.2	799.3	257.5	1516.9
广 东	Guangdong	8421.8	3373.4	362.8	5048.4	9179.8	3473.0	383.8	5706.8
广 西	Guangxi	1011.5	456.3	133.6	555.3	1031.0	466.6	137.8	564.4
海 南	Hainan	378.5	205.2	47.5	173.2	406.5	220.0	50.6	186.6
重 庆	Chongqing	3219.1	496.5	147.9	2722.6	3234.8	539.5	158.9	2695.3
四 川	Sichuan	2383.8	1240.9	381.8	1142.9	2486.0	1282.0	394.5	1204.0
贵 州	Guizhou	648.3	329.3	96.3	319.0	672.1	344.7	98.1	327.4
云 南	Yunnan	882.4	452.2	129.5	430.2	1118.8	458.0	133.3	660.8
西 藏	Xizang	50.1	27.6	7.1	22.6	54.8	30.6	7.2	24.3
陕 西	Shaanxi	1118.8	547.5	175.8	571.3	1244.3	571.7	181.7	672.5
甘 肃	Gansu	616.5	293.0	87.7	323.6	622.8	297.1	90.2	325.7
青 海	Qinghai	172.3	86.1	26.7	86.2	181.3	89.7	27.6	91.6
宁 夏	Ningxia	561.8	106.6	28.5	455.2	565.5	108.6	29.5	456.9
新 疆	Xinjiang	851.9	469.1	129.6	382.9	877.1	488.0	134.3	389.1

10-12 续表 5 continued

单位：万人 (10 000 persons)

地 区	Region	2014 合 计 Total	2014 #职工基本医疗保险 Staff	2014 #退休人员 Retirees	2014 #城镇居民基本医疗保险 Urban Staff	2015 合 计 Total	2015 #职工基本医疗保险 Staff	2015 #退休人员 Retirees	2015 #城镇居民基本医疗保险 Urban Staff
全 国	**National**	**59746.9**	**28296.0**	**7254.8**	**31450.9**	**66581.6**	**28893.1**	**7531.2**	**37688.5**
北 京	Beijing	1604.3	1431.3	260.1	173.0	1656.6	1475.7	269.5	181.0
天 津	Tianjin	1023.6	509.6	183.6	514.0	1054.1	522.0	190.4	532.1
河 北	Hebei	1697.5	944.5	286.3	753.1	1663.7	957.0	300.3	706.7
山 西	Shanxi	1101.2	657.3	175.5	443.9	1113.8	650.5	179.4	463.3
内蒙古	Inner Mongolia	998.1	470.7	138.6	527.4	1008.1	477.4	141.4	530.6
辽 宁	Liaoning	2387.2	1649.2	576.7	738.0	2396.2	1651.4	597.7	744.8
吉 林	Jilin	1380.0	575.6	197.5	804.4	1380.6	575.9	199.7	804.7
黑龙江	Heilongjiang	1586.4	873.9	324.3	712.5	1594.8	873.7	330.1	721.1
上 海	Shanghai	1678.5	1420.8	453.2	257.7	1719.2	1446.4	465.8	272.9
江 苏	Jiangsu	3797.5	2361.8	577.0	1435.7	4014.3	2429.0	610.8	1585.3
浙 江	Zhejiang	4847.6	1900.0	324.1	2947.5	4964.1	1992.7	353.7	2971.4
安 徽	Anhui	1756.4	739.9	211.9	1016.5	1737.6	763.3	221.1	974.3
福 建	Fujian	1293.0	737.3	143.0	555.7	1301.2	759.4	146.8	541.9
江 西	Jiangxi	1494.2	579.2	197.7	915.0	1530.4	585.0	201.3	945.5
山 东	Shandong	3988.0	1860.2	411.4	2127.8	9235.8	1904.4	439.9	7331.4
河 南	Henan	2340.0	1182.4	327.2	1157.6	2344.9	1200.7	336.6	1144.2
湖 北	Hubei	1968.0	933.3	286.9	1034.7	1972.1	949.4	296.3	1022.7
湖 南	Hunan	2300.7	807.9	261.8	1492.8	2662.3	818.8	267.1	1843.6
广 东	Guangdong	9804.2	3647.1	420.9	6157.1	10136.0	3711.8	439.7	6424.2
广 西	Guangxi	1067.3	482.6	143.8	584.7	1077.6	505.5	148.8	572.1
海 南	Hainan	386.8	191.7	53.7	195.2	389.8	196.3	55.6	193.4
重 庆	Chongqing	3256.8	575.8	167.0	2681.1	3266.3	588.5	174.0	2677.8
四 川	Sichuan	2576.5	1329.4	407.5	1247.1	2650.7	1378.6	418.8	1272.1
贵 州	Guizhou	687.1	354.8	99.9	332.4	955.5	372.7	105.2	582.7
云 南	Yunnan	1135.9	462.6	138.6	673.3	1140.8	468.3	140.7	672.5
西 藏	Xizang	58.9	33.0	7.8	25.9	61.8	34.3	8.1	27.5
陕 西	Shaanxi	1246.2	574.2	184.4	671.9	1247.3	580.3	187.4	667.0
甘 肃	Gansu	630.6	302.6	96.2	328.1	635.0	307.9	99.8	327.0
青 海	Qinghai	190.4	93.3	29.1	97.1	195.2	95.6	30.4	99.6
宁 夏	Ningxia	578.6	116.1	31.0	462.5	584.8	114.8	32.2	470.0
新 疆	Xinjiang	885.1	498.0	138.2	387.1	891.0	505.9	142.6	385.2

10-12 续表 6 continued

单位：万人 (10 000 persons)

地区	Region	2016 合计 Total	2016 #职工基本医疗保险 Staff	2016 #退休人员 Retirees	2016 #城镇居民基本医疗保险 Urban Staff	2017 合计 Total	2017 #职工基本医疗保险 Staff	2017 #退休人员 Retirees	2017 #城乡居民基本医疗保险 Urban Staff
全国	**National**	**74391.6**	**29531.5**	**7811.6**	**44860.0**	**117681.4**	**30322.7**	**8034.3**	**87358.7**
北京	Beijing	1708.8	1517.6	277.8	191.2	1771.4	1569.2	286.2	202.2
天津	Tianjin	1066.8	535.7	195.4	531.1	1088.5	554.1	201.0	534.3
河北	Hebei	6672.1	973.7	306.2	5698.4	6883.1	986.9	312.4	5896.2
山西	Shanxi	1121.2	660.2	185.4	461.0	3215.3	664.1	189.2	2551.3
内蒙古	Inner Mongolia	1019.8	488.8	146.1	531.0	2161.5	495.1	148.4	1666.4
辽宁	Liaoning	2376.0	1635.6	612.9	740.4	2277.5	1575.9	608.4	701.6
吉林	Jilin	1380.9	576.0	204.8	804.9	1380.9	576.0	207.6	804.9
黑龙江	Heilongjiang	1599.9	879.5	354.0	720.3	2892.6	843.8	350.6	2048.9
上海	Shanghai	1806.7	1468.6	477.0	338.0	1839.8	1495.1	489.7	344.6
江苏	Jiangsu	3984.4	2490.5	641.2	1493.9	7619.1	2601.1	679.8	5018.0
浙江	Zhejiang	4993.3	2017.5	383.2	2975.8	5251.6	2117.4	414.5	3134.2
安徽	Anhui	1621.5	782.0	231.1	839.6	2108.1	809.2	237.7	1298.9
福建	Fujian	1297.9	792.1	150.2	505.8	3768.6	819.3	155.1	2949.3
江西	Jiangxi	1807.0	591.6	202.8	1215.4	4762.4	558.7	191.8	4203.7
山东	Shandong	9188.8	1960.0	465.6	7228.8	9295.7	2013.1	486.3	7282.6
河南	Henan	2360.7	1227.3	344.6	1133.4	10410.7	1228.2	344.4	9182.5
湖北	Hubei	1981.8	961.0	300.5	1020.8	5622.2	1018.9	316.2	4603.3
湖南	Hunan	2646.1	829.6	272.5	1816.6	6906.3	867.1	285.4	6039.1
广东	Guangdong	10150.2	3814.1	460.6	6336.1	10365.1	3962.6	479.1	6402.4
广西	Guangxi	1096.4	530.7	155.0	565.7	5173.3	556.7	160.2	4616.5
海南	Hainan	387.2	201.0	57.1	186.2	419.5	209.6	60.4	209.9
重庆	Chongqing	3259.3	604.8	179.5	2654.5	3248.5	640.3	184.9	2608.2
四川	Sichuan	5056.8	1440.6	439.4	3616.2	7714.8	1526.4	458.4	6188.4
贵州	Guizhou	973.6	389.8	108.3	583.8	1001.3	410.4	111.5	590.9
云南	Yunnan	1163.6	479.1	144.5	684.5	4463.8	491.3	147.3	3972.5
西藏	Xizang	65.4	36.8	8.6	28.5	69.9	40.0	9.1	29.9
陕西	Shaanxi	1248.0	599.6	188.5	648.4	1251.0	619.8	190.5	631.2
甘肃	Gansu	643.3	314.4	106.0	328.9	2512.2	320.2	108.0	2192.0
青海	Qinghai	196.7	97.9	31.8	98.8	549.0	94.0	32.8	455.0
宁夏	Ningxia	594.0	117.5	33.0	476.6	618.2	123.5	34.6	494.8
新疆	Xinjiang	923.2	517.7	148.0	405.5	1039.6	534.6	152.7	505.0

10-12 续表 7 continued

单位：万人 (10 000 persons)

地区	Region	2018 合计 Total	2018 #职工基本医疗保险 Staff	2018 #退休人员 Retirees	2018 #城乡居民基本医疗保险 Urban Staff	2019 合计 Total	2019 #职工基本医疗保险 Staff	2019 #退休人员 Retirees	2019 #城乡居民基本医疗保险 Urban Staff
全国	**National**	**134458.6**	**31680.8**	**8373.3**	**102777.8**	**135407.4**	**32924.7**	**8700.4**	**102482.7**
北京	Beijing	2018.1	1628.9	296.9	389.2	2082.7	1682.5	306.1	400.1
天津	Tianjin	1116.7	575.3	207.5	541.5	1137.0	595.0	212.1	541.9
河北	Hebei	6914.3	1030.2	324.7	5884.1	6937.7	1079.2	337.3	5858.5
山西	Shanxi	3266.9	686.6	207.2	2580.3	3266.4	702.0	219.7	2564.3
内蒙古	Inner Mongolia	2164.4	505.3	153.6	1659.0	2178.4	530.7	170.5	1647.7
辽宁	Liaoning	3968.8	1567.9	622.8	2400.9	3894.7	1552.1	641.0	2342.6
吉林	Jilin	2607.3	576.0	209.9	2031.4	2548.1	525.9	192.3	2022.2
黑龙江	Heilongjiang	2908.6	856.2	358.2	2052.3	2837.1	873.6	377.1	1963.5
上海	Shanghai	1866.1	1523.3	502.7	342.8	1889.2	1539.3	512.4	349.8
江苏	Jiangsu	7721.7	2752.6	723.1	4969.1	7848.8	2954.1	764.5	4894.8
浙江	Zhejiang	5368.7	2277.0	446.4	3091.7	5461.5	2426.6	476.5	3034.9
安徽	Anhui	6105.1	854.6	247.3	5250.5	6731.5	888.1	255.3	5843.3
福建	Fujian	3804.7	853.1	161.0	2951.7	3788.1	841.4	162.6	2946.7
江西	Jiangxi	4797.5	573.7	197.3	4223.7	4782.4	579.0	207.0	4203.4
山东	Shandong	9437.1	2072.1	512.0	7364.9	9569.6	2173.8	549.5	7395.8
河南	Henan	10435.7	1265.1	361.3	9170.6	10289.8	1281.7	375.1	9008.1
湖北	Hubei	5586.2	1054.0	321.9	4532.2	5562.6	1093.2	331.4	4469.4
湖南	Hunan	6838.0	898.5	292.6	5939.5	6716.1	930.6	299.0	5785.4
广东	Guangdong	10615.8	4170.7	505.3	6445.1	10783.5	4375.7	525.6	6407.7
广西	Guangxi	5136.7	588.5	167.5	4548.2	5207.2	620.5	176.0	4586.6
海南	Hainan	915.4	225.7	62.9	689.7	920.7	236.1	64.7	684.5
重庆	Chongqing	3265.3	678.3	192.4	2587.0	3272.1	720.6	200.3	2551.4
四川	Sichuan	8637.1	1667.7	481.4	6969.5	8616.9	1778.1	498.7	6838.8
贵州	Guizhou	4233.6	432.0	115.7	3801.6	4186.8	462.0	119.7	3724.7
云南	Yunnan	4520.9	506.9	150.3	4014.0	4533.4	528.0	154.6	4005.5
西藏	Xizang	342.7	43.9	9.8	298.8	347.1	47.7	11.2	299.4
陕西	Shaanxi	3885.9	674.4	197.6	3211.5	3960.9	712.9	204.4	3248.0
甘肃	Gansu	2546.7	331.6	110.8	2215.1	2572.9	344.3	114.1	2228.6
青海	Qinghai	555.3	99.4	34.2	455.9	557.9	103.8	35.7	454.2
宁夏	Ningxia	626.2	131.9	36.3	494.3	633.7	141.1	38.0	492.6
新疆	Xinjiang	2251.0	579.5	162.8	1671.5	2293.1	605.1	168.1	1688.1

10-12 续表 8 continued

单位：万人 (10 000 persons)

地区	Region	2020 合计 Total	2020 #职工基本医疗保险 Staff	2020 #退休人员 Retirees	2020 #城乡居民基本医疗保险 Urban Staff	2021 合计 Total	2021 #职工基本医疗保险 Staff	2021 #退休人员 Retirees	2021 #城乡居民基本医疗保险 Urban Staff
全国	**National**	**136131.1**	**34455.1**	**9026.3**	**101676.0**	**136296.7**	**35430.9**	**9324.4**	**100865.9**
北京	Beijing	2139.9	1741.6	315.0	398.3	1886.9	1486.0	320.5	400.8
天津	Tianjin	1164.1	618.4	217.9	545.7	1175.0	637.6	222.1	537.4
河北	Hebei	6938.8	1135.5	348.3	5803.3	7091.0	1212.0	366.0	5879.0
山西	Shanxi	3245.1	716.4	228.1	2528.7	3246.0	731.1	234.1	2515.0
内蒙古	Inner Mongolia	2183.9	553.0	184.3	1630.9	2192.2	564.7	184.2	1627.5
辽宁	Liaoning	3867.5	1588.4	651.1	2279.1	3808.3	1571.0	668.6	2237.3
吉林	Jilin	2461.9	529.8	200.3	1932.1	2290.3	537.5	204.2	1752.8
黑龙江	Heilongjiang	2827.0	876.4	391.8	1950.6	2821.1	884.9	400.6	1936.2
上海	Shanghai	1943.2	1587.2	522.3	356.0	1978.5	1613.4	528.7	365.0
江苏	Jiangsu	7967.7	3102.3	805.6	4865.5	8063.8	3246.0	842.0	4817.8
浙江	Zhejiang	5556.5	2579.5	507.3	2977.0	5654.5	2736.0	547.8	2918.5
安徽	Anhui	6704.6	951.6	267.3	5753.0	6661.9	1010.8	279.2	5651.0
福建	Fujian	3840.5	893.1	171.1	2947.3	3872.1	933.0	175.6	2939.0
江西	Jiangxi	4780.0	599.0	213.1	4180.9	4689.1	610.1	215.2	4079.0
山东	Shandong	9697.8	2323.3	588.0	7374.5	9732.4	2435.6	624.5	7296.7
河南	Henan	10349.5	1336.5	389.2	9013.0	10339.2	1351.8	402.1	8987.4
湖北	Hubei	5583.0	1136.9	339.2	4446.0	5619.7	1196.1	358.0	4423.6
湖南	Hunan	6731.8	989.8	308.2	5742.0	6748.7	1025.2	312.3	5723.5
广东	Guangdong	10991.4	4578.1	547.7	6413.3	11271.9	4757.1	581.3	6514.8
广西	Guangxi	5217.2	656.2	177.6	4561.0	5249.3	714.8	183.4	4534.5
海南	Hainan	934.0	250.1	66.5	683.9	938.8	245.8	66.2	693.0
重庆	Chongqing	3266.7	767.0	205.8	2499.8	3261.7	795.9	209.5	2465.9
四川	Sichuan	8591.7	1875.9	511.7	6715.7	8586.2	1945.8	510.4	6640.4
贵州	Guizhou	4194.4	475.5	123.2	3718.9	4214.5	479.4	122.1	3735.0
云南	Yunnan	4581.3	548.4	157.7	4032.8	4521.9	569.2	161.8	3952.6
西藏	Xizang	342.8	50.4	11.1	292.3	346.0	55.1	11.3	291.0
陕西	Shaanxi	3899.7	742.2	209.6	3157.5	3891.6	783.8	217.0	3107.8
甘肃	Gansu	2590.4	361.9	119.9	2228.5	2587.2	372.3	119.2	2214.8
青海	Qinghai	563.3	108.5	37.2	454.7	567.0	114.8	38.1	452.1
宁夏	Ningxia	658.8	153.0	39.5	505.8	663.4	159.6	40.5	503.8
新疆	Xinjiang	2316.8	629.1	170.7	1687.6	2326.4	654.1	177.7	1672.3

10−12 续表 9 continued

单位：万人 (10 000 persons)

地区	Region	2022 合计 Total	2022 #职工基本医疗保险 Staff	2022 #退休人员 Retirees	2022 #城乡居民基本医疗保险 Urban Staff	2023 合计 Total	2023 #职工基本医疗保险 Staff	2023 #退休人员 Retirees	2023 #城乡居民基本医疗保险 Urban Staff
全　国	**National**	**134592.5**	**36243.4**	**9639.1**	**98349.1**	**133389.0**	**37094.6**	**9995.9**	**96294.4**
北　京	Beijing	1900.5	1496.2	331.6	404.3	1908.6	1504.7	340.5	403.9
天　津	Tianjin	1176.4	642.6	225.6	533.8	1183.6	659.2	233.0	524.5
河　北	Hebei	7020.3	1238.3	376.1	5782.0	6925.9	1288.3	402.1	5637.6
山　西	Shanxi	3222.7	739.2	240.6	2483.5	3186.1	753.9	248.1	2432.2
内蒙古	Inner Mongolia	2169.9	586.8	191.8	1583.1	2158.7	606.6	204.8	1552.1
辽　宁	Liaoning	3748.6	1580.9	680.9	2167.7	3721.7	1596.5	711.4	2125.2
吉　林	Jilin	2262.6	545.2	209.6	1717.5	2238.5	553.1	215.8	1685.4
黑龙江	Heilongjiang	2767.8	890.2	409.7	1877.5	2753.2	891.7	421.0	1861.5
上　海	Shanghai	1989.6	1623.7	535.9	365.8	2004.1	1623.2	541.2	380.9
江　苏	Jiangsu	8119.5	3388.5	882.1	4731.0	8133.3	3476.6	937.2	4656.8
浙　江	Zhejiang	5577.2	2855.8	588.6	2721.4	5621.1	2954.0	624.4	2667.1
安　徽	Anhui	6506.7	1063.3	290.9	5443.4	6377.9	1103.5	304.4	5274.4
福　建	Fujian	3863.5	972.2	183.1	2891.3	3833.5	978.7	192.5	2854.8
江　西	Jiangxi	4648.2	646.1	222.1	4002.2	4527.4	642.3	228.1	3885.1
山　东	Shandong	9633.1	2498.3	654.7	7134.8	9654.3	2598.2	692.0	7056.2
河　南	Henan	10093.9	1395.7	418.1	8698.2	9931.6	1433.8	436.3	8497.7
湖　北	Hubei	5593.0	1240.4	388.8	4352.6	5564.6	1342.6	382.5	4222.1
湖　南	Hunan	6523.2	1052.6	321.0	5470.6	6355.7	1046.7	334.8	5309.0
广　东	Guangdong	11153.2	4856.0	574.7	6297.2	11040.9	4848.2	573.0	6192.7
广　西	Guangxi	5201.9	730.4	188.4	4471.5	5161.9	742.4	192.4	4419.5
海　南	Hainan	920.9	250.5	68.3	670.3	936.9	267.2	70.6	669.7
重　庆	Chongqing	3206.6	808.5	211.7	2398.2	3142.4	813.0	220.0	2329.4
四　川	Sichuan	8393.9	1967.2	532.8	6426.7	8132.8	1999.3	559.1	6133.5
贵　州	Guizhou	4221.2	494.1	127.4	3727.2	4181.3	504.8	132.0	3676.5
云　南	Yunnan	4559.8	584.0	165.3	3975.8	4563.4	598.1	171.3	3965.3
西　藏	Xizang	339.6	55.6	11.3	284.0	341.5	58.7	11.7	282.8
陕　西	Shaanxi	3668.3	720.2	220.4	2948.1	3730.6	839.8	229.1	2890.8
甘　肃	Gansu	2555.1	381.0	123.3	2174.2	2510.6	396.7	130.4	2113.9
青　海	Qinghai	559.6	116.3	39.5	443.3	567.1	123.6	41.4	443.4
宁　夏	Ningxia	662.8	162.4	41.2	500.4	666.6	169.1	42.9	497.5
新　疆	Xinjiang	2332.9	661.2	183.7	1671.7	2333.2	680.1	172.1	1653.0

10−13 分地区基本医疗保险基金收支情况（2023年） RENVENUE AND EXPENSES OF BASIC MEDICAL INSURANCE BY REGION(2023)

单位：亿元 (100 million yuan)

地 区	Region	基金收入 Revenue			基金支出 Expenses			累计结余 Balance at the Year-end		
		合 计 Total	职 工 Workers	居 民 Residents	合 计 Total	职 工 Workers	居 民 Residents	合 计 Total	职 工 Workers	居 民 Residents
全 国	**National**	**33504.9**	**22935.1**	**10569.7**	**28210.5**	**17752.8**	**10457.7**	**47951.0**	**40287.3**	**7663.7**
北 京	Beijing	2062.7	1947.1	115.5	1250.7	1138.7	112.0	3095.8	3015.7	80.0
天 津	Tianjin	539.3	480.4	58.8	418.8	347.3	71.5	662.3	596.4	65.9
河 北	Hebei	1268.9	713.3	555.6	1122.9	559.8	563.1	1750.7	1401.4	349.4
山 西	Shanxi	663.1	409.9	253.2	550.9	329.1	221.8	897.3	668.3	229.0
内蒙古	Inner Mongolia	529.7	357.5	172.3	493.4	318.0	175.4	774.7	620.3	154.4
辽 宁	Liaoning	931.5	725.1	206.4	901.0	666.9	234.2	1005.0	820.4	184.6
吉 林	Jilin	445.3	268.2	177.1	407.1	241.9	165.3	619.1	475.3	143.7
黑龙江	Heilongjiang	605.6	404.4	201.2	620.8	400.4	220.5	853.8	651.3	202.4
上 海	Shanghai	2317.2	2213.2	104.0	1374.1	1255.7	118.4	5482.6	5463.5	19.1
江 苏	Jiangsu	2456.2	1874.2	582.1	2392.8	1788.9	603.9	3092.9	2832.6	260.3
浙 江	Zhejiang	2255.7	1747.4	508.2	1951.3	1434.0	517.3	3668.3	3384.4	283.8
安 徽	Anhui	1087.1	548.9	538.2	924.8	391.0	533.8	1205.6	939.1	266.5
福 建	Fujian	867.6	576.9	290.8	741.2	446.6	294.5	1227.3	1101.0	126.3
江 西	Jiangxi	719.2	321.9	397.3	690.1	278.8	411.2	865.9	537.5	328.4
山 东	Shandong	2139.5	1406.2	733.4	2009.0	1259.8	749.2	2181.7	1761.5	420.1
河 南	Henan	1579.4	700.1	879.3	1454.6	612.9	841.8	1468.7	1081.4	387.4
湖 北	Hubei	1206.3	763.6	442.7	1070.7	634.4	436.4	1379.0	1055.7	323.3
湖 南	Hunan	1133.9	590.6	543.3	959.2	452.3	507.0	1434.9	1043.9	391.1
广 东	Guangdong	3198.6	2464.3	734.4	2422.5	1715.8	706.7	5583.7	4704.2	879.5
广 西	Guangxi	863.9	388.7	475.2	795.6	345.2	450.4	1064.7	632.8	432.0
海 南	Hainan	229.8	159.6	70.3	172.5	96.3	76.1	392.3	328.9	63.4
重 庆	Chongqing	733.2	483.8	249.5	631.2	381.8	249.4	838.0	665.0	173.0
四 川	Sichuan	1817.6	1170.5	647.1	1491.9	858.1	633.8	2961.8	2412.9	548.9
贵 州	Guizhou	683.6	305.4	378.2	598.0	252.2	345.8	847.3	498.5	348.8
云 南	Yunnan	813.0	399.3	413.7	704.2	321.2	383.1	1066.4	769.6	296.8
西 藏	Xizang	108.2	76.2	32.0	72.5	45.7	26.8	276.5	243.6	32.9
陕 西	Shaanxi	848.8	547.1	301.7	771.7	447.5	324.2	1107.6	908.2	199.4
甘 肃	Gansu	437.1	220.5	216.6	392.4	189.3	203.2	535.7	349.3	186.4
青 海	Qinghai	159.2	112.3	46.9	123.8	78.3	45.5	298.3	239.4	58.9
宁 夏	Ningxia	163.6	107.9	55.6	113.4	68.4	45.0	296.6	238.4	58.2
新 疆	Xinjiang	639.8	450.8	189.0	587.4	396.6	190.7	1016.6	846.8	169.8

10－14　历年全国失业保险基本情况
UNEMPLOYMENT INSURANCE

年　份 Year	年末参保人数 （万人） Contributors at the Year-end (10 000 persons)	年末领取失业保险金人数 （万人） Beneficiaries of Unemplo-ment Insurance Funds (10 000 persons)	全年发放失业保险金 （万元） Unemployed Relief (10 000 yuan)
绝对数 Absolute Figure			
1992	7443		8959
1993	7924		27847
1994	7968		50755
1995	8238		79199
1996	8333		133394
1997	7961		179319
1998	7928		203907
1999	9852	109	318722
2000	10408	190	561984
2001	10355	312	832563
2002	10182	440	1167736
2003	10373	415	1334448
2004	10584	419	1374983
2005	10648	362	1366801
2006	11187	327	1253873
2007	11645	286	1294405
2008	12400	261	1395349
2009	12715	235	1457592
2010	13376	209	1404485
2011	14317	197	1598544
2012	15225	204	1812934
2013	16417	197	2032389
2014	17043	207	2332794
2015	17326	227	2698012
2016	18089	230	3093670
2017	18784	220	3182181
2018	19643	223	3576225
2019	20543	228	3967704
2020	21689	270	4138932
2021	22958	259	5306527
2022	23807	297	5916308
2023	24373	352	7286217

注：年末领取失业保险金人数为12月数据。
Note: The year-end number of persons receiving unemployment insurance benefits refers to the data of December.

10-14 续表 continued

年 份 Year	年末参保人数 (万人) Contributors at the Year-end (10 000 persons)	年末领取失业保险金人数 (万人) Beneficiaries of Unemplo-ment Insurance Funds (10 000 persons)	全年发放失业保险金 (万元) Unemployed Relief (10 000 yuan)
比上年增长(%) Increase over Preceding Year %			
1993	6.5		210.8
1994	0.6		82.3
1995	3.4		56.0
1996	1.2		68.4
1997	-4.5		34.4
1998	-0.4		13.7
1999	24.3		56.3
2000	5.6	74.3	76.3
2001	-0.6	64.2	48.1
2002	-1.7	41.0	40.3
2003	1.9	-5.7	14.3
2004	2.0	1.0	3.0
2005	0.6	-13.5	-0.6
2006	5.0	-9.9	-8.3
2007	4.1	-12.4	3.2
2008	6.5	-8.7	7.8
2009	2.5	-10.0	4.5
2010	5.2	-11.0	-3.6
2011	7.0	-5.8	13.8
2012	6.3	3.6	13.4
2013	7.8	-3.4	12.1
2014	3.8	5.1	14.8
2015	1.7	9.5	15.7
2016	4.4	1.6	14.7
2017	3.8	-4.4	2.9
2018	4.6	1.3	12.4
2019	4.6	2.3	10.9
2020	5.6	18.3	4.3
2021	5.8	-4.2	28.2
2022	3.7	14.6	11.5
2023	2.4	18.7	23.2

10-15 历年各地区失业保险参保人数
UNEMPLOYMENT INSURANCE BY REGION

单位：万人 (10 000 persons)

地 区	Region	2001		2002		2003		2004	
		年末参保人数 Contributors at the Year-end	年末领取失业保险金人数 Beneficiaries at the Year-end	年末参保人数 Contributors at the Year-end	年末领取失业保险金人数 Beneficiaries at the Year-end	年末参保人数 Contributors at the Year-end	年末领取失业保险金人数 Beneficiaries at the Year-end	年末参保人数 Contributors at the Year-end	年末领取失业保险金人数 Beneficiaries at the Year-end
全 国	**National**	**10354.6**	**312.5**	**10181.6**	**439.8**	**10373.0**	**414.9**	**10583.9**	**418.6**
北 京	Beijing	287.2	5.5	299.6	4.8	306.6	5.2	308.2	3.8
天 津	Tianjin	214.3	10.8	196.3	12.4	193.5	9.4	195.1	5.1
河 北	Hebei	513.2	7.3	488.6	7.2	484.2	8.3	479.0	11.0
山 西	Shanxi	286.0	5.9	278.9	4.5	284.1	5.7	286.5	5.4
内蒙古	Inner Mongolia	217.7	5.4	219.7	7.1	221.6	5.7	222.3	5.8
辽 宁	Liaoning	656.7	20.3	591.2	82.2	622.2	67.0	616.2	81.7
吉 林	Jilin	283.8	13.2	284.0	15.6	292.9	16.2	282.2	12.2
黑龙江	Heilongjiang	532.6	12.5	466.0	19.6	479.0	12.6	475.8	9.7
上 海	Shanghai	430.7	13.1	436.0	14.4	441.1	14.0	487.8	15.9
江 苏	Jiangsu	766.5	39.5	735.6	49.7	761.6	48.9	797.1	43.6
浙 江	Zhejiang	391.1	33.0	390.0	27.5	396.8	17.4	428.4	11.3
安 徽	Anhui	375.2	11.5	378.8	17.5	380.8	23.4	371.1	26.4
福 建	Fujian	239.6	9.6	249.5	11.1	266.4	10.0	266.4	9.5
江 西	Jiangxi	235.9	2.1	226.7	3.9	215.5	5.9	226.6	7.2
山 东	Shandong	700.2	20.5	701.2	30.1	719.1	30.1	747.5	30.6
河 南	Henan	676.1	10.0	670.4	16.8	680.0	18.7	681.6	22.3
湖 北	Hubei	420.8	26.1	416.1	25.1	390.1	18.7	391.3	17.0
湖 南	Hunan	352.0	4.4	326.6	7.9	347.5	10.5	380.5	9.8
广 东	Guangdong	819.5	21.2	890.2	26.2	954.1	25.9	1005.8	23.4
广 西	Guangxi	217.7	5.0	215.5	7.6	219.1	8.9	226.4	9.8
海 南	Hainan	56.1	0.7	60.2	1.7	57.7	1.8	57.9	2.1
重 庆	Chongqing	210.0	7.7	205.3	9.1	199.5	8.1	193.4	9.2
四 川	Sichuan	412.2	11.9	402.9	14.0	400.0	12.6	398.6	12.6
贵 州	Guizhou	136.4	1.2	132.2	1.6	128.0	1.3	129.9	1.2
云 南	Yunnan	190.7	3.6	183.2	4.6	183.0	6.6	173.2	10.5
西 藏	Xizang	6.3		7.1		7.1		6.7	
陕 西	Shaanxi	304.9	3.5	315.7	7.3	323.3	8.2	325.5	7.2
甘 肃	Gansu	162.7	1.1	161.0	2.7	162.1	3.8	161.0	4.3
青 海	Qinghai	35.7	1.4	32.2	1.0	33.2	1.3	33.1	1.2
宁 夏	Ningxia	34.7	0.7	35.7	0.8	36.3	1.0	36.4	1.2
新 疆	Xinjiang	188.2	3.9	185.2	5.7	186.5	7.4	192.4	7.7

注：年末领取失业保险金人数为12月数据。
Note: The year-end number of persons receiving unemployment insurance benefits refers to the data of December.

10-15 续表 1 continued

单位：万人 (10 000 persons)

地区	Region	2005 年末参保人数 Contributors at the Year-end	2005 年末领取失业保险金人数 Beneficiaries at the Year-end	2006 年末参保人数 Contributors at the Year-end	2006 年末领取失业保险金人数 Beneficiaries at the Year-end	2007 年末参保人数 Contributors at the Year-end	2007 年末领取失业保险金人数 Beneficiaries at the Year-end	2008 年末参保人数 Contributors at the Year-end	2008 年末领取失业保险金人数 Beneficiaries at the Year-end
全　国	**National**	**10647.7**	**362.3**	**11186.6**	**326.5**	**11644.6**	**286.1**	**12399.8**	**261.2**
北　京	Beijing	357.5	3.5	482.2	3.1	535.3	3.0	614.3	2.6
天　津	Tianjin	197.5	3.8	216.7	3.6	221.5	3.3	232.5	3.2
河　北	Hebei	461.2	13.3	470.8	13.4	473.3	11.6	481.7	9.8
山　西	Shanxi	288.5	4.8	296.0	5.2	299.0	6.0	312.2	7.3
内蒙古	Inner Mongolia	222.2	4.9	223.5	5.0	223.7	4.7	225.5	3.1
辽　宁	Liaoning	607.7	46.5	614.1	25.9	622.1	19.6	622.7	15.7
吉　林	Jilin	199.4	7.5	224.4	10.2	228.7	13.9	233.7	16.5
黑龙江	Heilongjiang	459.6	10.3	457.5	17.8	464.1	15.3	467.6	10.3
上　海	Shanghai	466.1	17.8	476.4	18.5	491.5	14.9	511.8	14.0
江　苏	Jiangsu	838.3	30.2	901.1	22.7	968.5	21.2	1052.2	21.5
浙　江	Zhejiang	444.7	7.2	504.4	6.5	584.7	6.3	731.1	6.3
安　徽	Anhui	360.3	24.3	362.6	17.9	364.5	14.1	373.1	12.8
福　建	Fujian	266.6	8.6	293.1	6.8	318.2	5.7	338.7	4.6
江　西	Jiangxi	230.7	6.0	241.0	4.9	251.5	5.3	266.3	3.4
山　东	Shandong	771.1	32.2	789.7	30.3	814.9	27.8	864.1	24.9
河　南	Henan	681.9	29.2	682.8	28.0	682.9	21.6	683.4	18.4
湖　北	Hubei	391.5	14.8	395.5	12.0	405.7	8.9	422.9	7.4
湖　南	Hunan	382.7	11.3	386.3	10.2	389.0	8.6	390.1	8.3
广　东	Guangdong	1099.1	20.4	1208.2	16.7	1295.5	14.3	1471.9	13.7
广　西	Guangxi	219.9	9.4	222.3	8.1	223.8	7.2	234.6	8.0
海　南	Hainan	56.7	2.0	59.1	2.3	66.2	2.5	84.7	3.3
重　庆	Chongqing	188.2	6.4	193.0	4.8	196.7	4.1	210.1	4.4
四　川	Sichuan	380.5	15.6	400.0	16.3	418.2	11.3	436.9	12.2
贵　州	Guizhou	129.3	1.3	131.1	1.5	134.5	1.4	141.4	1.3
云　南	Yunnan	180.3	9.1	183.0	6.4	185.8	4.3	191.9	3.7
西　藏	Xizang	6.7		7.5		7.2		7.8	
陕　西	Shaanxi	326.7	8.6	326.5	14.1	327.2	13.6	329.3	9.1
甘　肃	Gansu	160.0	5.4	160.5	7.5	161.8	7.1	162.6	5.6
青　海	Qinghai	33.2	1.1	34.0	1.0	34.7	2.1	35.4	2.3
宁　夏	Ningxia	37.2	1.2	38.3	1.2	40.1	1.5	44.4	1.4
新　疆	Xinjiang	202.4	5.6	205.4	4.8	213.6	4.7	224.8	6.1

10－15 续表 2 continued

单位：万人 (10 000 persons)

地区	Region	2009 年末参保人数 Contributors at the Year-end	2009 年末领取失业保险金人数 Beneficiaries at the Year-end	2010 年末参保人数 Contributors at the Year-end	2010 年末领取失业保险金人数 Beneficiaries at the Year-end	2011 年末参保人数 Contributors at the Year-end	2011 年末领取失业保险金人数 Beneficiaries at the Year-end	2012 年末参保人数 Contributors at the Year-end	2012 年末领取失业保险金人数 Beneficiaries at the Year-end
全国	**National**	**12715.5**	**235.3**	**13375.6**	**209.1**	**14317.1**	**197.0**	**15224.7**	**204.0**
北京	Beijing	675.7	1.8	774.2	1.6	881.0	2.0	1006.7	2.3
天津	Tianjin	239.2	3.1	246.1	3.5	258.8	2.8	268.7	2.0
河北	Hebei	484.4	10.4	493.4	9.0	498.7	8.4	501.7	7.9
山西	Shanxi	293.3	6.1	305.7	4.6	309.4	4.3	391.0	3.8
内蒙古	Inner Mongolia	229.7	2.5	230.9	2.1	232.5	2.5	232.8	2.5
辽宁	Liaoning	625.3	13.4	626.9	11.4	632.3	9.7	660.7	7.4
吉林	Jilin	241.4	14.3	245.1	7.8	247.2	5.1	251.5	4.6
黑龙江	Heilongjiang	471.3	9.3	472.9	8.8	474.5	7.1	476.2	7.7
上海	Shanghai	523.5	14.6	556.2	11.6	604.2	11.2	617.4	10.9
江苏	Jiangsu	1079.1	19.7	1153.8	19.7	1238.2	29.9	1332.2	32.7
浙江	Zhejiang	784.5	5.5	875.0	5.8	980.6	7.4	1065.6	7.0
安徽	Anhui	377.8	10.5	384.0	7.8	397.7	6.7	402.2	6.1
福建	Fujian	348.1	3.6	374.2	3.2	430.9	3.6	459.1	4.6
江西	Jiangxi	275.5	3.4	265.3	8.2	263.5	5.4	272.2	3.3
山东	Shandong	899.5	23.0	931.2	20.7	964.9	19.8	1009.8	19.1
河南	Henan	690.2	16.7	696.7	14.7	701.2	13.3	724.2	11.4
湖北	Hubei	440.3	7.0	469.7	6.4	498.2	5.1	508.6	4.8
湖南	Hunan	392.0	8.3	399.5	6.9	415.6	7.0	449.9	6.0
广东	Guangdong	1470.7	12.8	1627.3	10.6	1875.4	10.5	2008.7	9.8
广西	Guangxi	237.0	7.6	238.4	6.2	240.8	5.2	243.4	5.5
海南	Hainan	97.5	2.8	112.5	1.6	126.0	1.8	139.5	1.8
重庆	Chongqing	215.9	4.7	237.4	3.7	268.6	2.9	323.5	2.8
四川	Sichuan	463.5	10.0	464.7	9.1	536.8	8.1	585.5	24.5
贵州	Guizhou	144.6	1.1	152.5	1.2	160.5	1.1	173.5	1.0
云南	Yunnan	198.7	3.5	209.6	3.2	216.8	3.3	224.7	3.8
西藏	Xizang	8.8		9.3		9.6	0.0001	10.6	
陕西	Shaanxi	331.0	9.3	331.6	7.5	332.2	4.5	339.1	3.5
甘肃	Gansu	164.1	3.7	164.2	2.4	163.8	1.5	163.6	1.2
青海	Qinghai	36.0	1.0	36.6	0.4	37.3	0.6	37.9	0.7
宁夏	Ningxia	44.9	1.1	47.6	1.0	60.0	1.2	70.5	1.1
新疆	Xinjiang	231.8	4.9	242.9	8.3	260.2	5.0	273.7	4.2

10−15 续表 3 continued

单位：万人 (10 000 persons)

地区	Region	2013 年末参保人数 Contributors at the Year-end	2013 年末领取失业保险金人数 Beneficiaries at the Year-end	2014 年末参保人数 Contributors at the Year-end	2014 年末领取失业保险金人数 Beneficiaries at the Year-end	2015 年末参保人数 Contributors at the Year-end	2015 年末领取失业保险金人数 Beneficiaries at the Year-end	2016 年末参保人数 Contributors at the Year-end	2016 年末领取失业保险金人数 Beneficiaries at the Year-end
全 国	**National**	**16416.8**	**197.0**	**17042.6**	**207.2**	**17326.0**	**226.8**	**18088.8**	**230.4**
北 京	Beijing	1025.1	2.4	1057.1	3.0	1082.3	3.4	1115.0	3.7
天 津	Tianjin	278.7	2.0	287.6	2.6	295.3	7.1	302.5	7.4
河 北	Hebei	505.0	7.1	508.7	7.1	511.0	8.0	515.9	7.9
山 西	Shanxi	400.7	3.1	407.7	3.0	411.3	3.1	415.2	3.0
内蒙古	Inner Mongolia	233.4	2.3	236.3	2.4	242.1	2.9	241.1	3.0
辽 宁	Liaoning	663.2	7.6	664.3	8.5	665.3	9.7	665.4	10.7
吉 林	Jilin	258.8	6.0	258.7	2.2	261.2	2.2	262.0	2.7
黑龙江	Heilongjiang	477.4	7.1	478.4	4.8	312.8	3.7	313.2	3.9
上 海	Shanghai	625.7	9.9	634.1	9.8	641.8	9.5	947.3	10.5
江 苏	Jiangsu	1389.3	29.9	1442.7	32.1	1490.9	34.2	1538.1	34.0
浙 江	Zhejiang	1144.3	7.8	1210.3	8.2	1260.2	9.0	1317.0	9.0
安 徽	Anhui	409.0	6.1	422.0	6.5	436.6	7.7	448.5	8.8
福 建	Fujian	496.7	4.2	524.1	4.5	546.3	5.0	575.5	5.2
江 西	Jiangxi	271.1	1.5	271.8	1.3	281.5	1.4	282.6	1.6
山 东	Shandong	1089.6	17.8	1154.3	19.9	1203.8	21.6	1222.9	22.0
河 南	Henan	741.3	10.5	773.3	10.2	783.3	8.3	788.1	7.6
湖 北	Hubei	511.3	5.2	519.0	5.6	528.4	6.0	541.9	6.9
湖 南	Hunan	461.7	6.1	509.5	6.9	521.2	6.7	537.5	7.0
广 东	Guangdong	2702.2	8.8	2840.2	10.9	2930.1	13.9	3020.1	15.4
广 西	Guangxi	253.4	5.6	259.0	6.1	273.2	6.2	283.7	5.9
海 南	Hainan	150.8	2.1	157.5	2.0	164.8	2.0	170.2	2.2
重 庆	Chongqing	389.7	3.4	439.1	2.8	439.5	3.5	447.1	4.2
四 川	Sichuan	613.5	24.1	635.8	29.8	661.0	33.2	702.0	29.8
贵 州	Guizhou	185.2	1.3	191.9	1.5	205.3	1.7	218.1	2.4
云 南	Yunnan	232.5	4.5	236.9	5.3	243.3	5.9	251.2	5.6
西 藏	Xizang	11.0	0.002	12.5	0.004	11.4	0.009	15.2	0.003
陕 西	Shaanxi	339.7	3.2	344.3	2.9	347.7	3.0	352.2	2.8
甘 肃	Gansu	163.1	1.0	162.4	1.0	162.8	1.0	164.3	1.1
青 海	Qinghai	38.5	0.5	39.3	0.4	40.1	0.4	40.8	0.4
宁 夏	Ningxia	71.3	1.1	73.5	1.3	76.6	1.3	95.6	1.3
新 疆	Xinjiang	283.9	4.8	290.2	4.7	294.9	4.9	298.7	4.5

10−15 续表 4 continued

单位：万人 (10 000 persons)

地 区	Region	2017 年末参保人数 Contributors at the Year-end	2017 年末领取失业保险金人数 Beneficiaries at the Year-end	2018 年末参保人数 Contributors at the Year-end	2018 年末领取失业保险金人数 Beneficiaries at the Year-end	2019 年末参保人数 Contributors at the Year-end	2019 年末领取失业保险金人数 Beneficiaries at the Year-end	2020 年末参保人数 Contributors at the Year-end
全 国	**National**	**18784.2**	**220.2**	**19643.5**	**223.1**	**20542.7**	**228.3**	**21689.5**
北 京	Beijing	1170.9	3.9	1240.7	3.8	1294.8	4.0	1318.4
天 津	Tianjin	311.3	8.4	323.4	6.9	335.5	6.6	349.1
河 北	Hebei	529.7	7.2	546.0	6.8	554.1	6.7	691.5
山 西	Shanxi	420.6	3.0	431.1	2.9	443.9	3.1	469.4
内蒙古	Inner Mongolia	247.1	2.5	255.5	2.5	267.4	2.3	276.5
辽 宁	Liaoning	679.9	10.5	679.6	11.2	668.2	12.6	677.0
吉 林	Jilin	263.7	2.8	269.5	2.4	273.6	2.5	270.7
黑龙江	Heilongjiang	315.1	4.1	318.0	3.5	324.0	3.3	326.1
上 海	Shanghai	961.8	11.1	977.2	10.8	984.9	10.6	987.6
江 苏	Jiangsu	1583.0	32.1	1671.3	30.4	1794.2	30.6	1887.0
浙 江	Zhejiang	1380.9	8.9	1478.4	13.0	1561.7	13.6	1687.8
安 徽	Anhui	472.4	8.1	505.5	7.5	518.8	7.2	564.2
福 建	Fujian	612.3	4.9	570.3	5.0	610.6	5.9	664.4
江 西	Jiangxi	286.3	1.7	288.0	1.7	289.7	1.6	291.9
山 东	Shandong	1268.3	20.1	1318.5	18.7	1366.0	17.7	1466.1
河 南	Henan	805.6	7.5	819.9	7.2	837.3	6.8	885.9
湖 北	Hubei	561.3	6.4	590.8	6.1	619.5	6.2	651.3
湖 南	Hunan	563.7	6.8	584.2	5.9	606.6	6.3	640.9
广 东	Guangdong	3163.7	14.6	3361.7	16.2	3498.8	17.5	3603.4
广 西	Guangxi	302.1	5.4	323.5	5.5	363.0	5.5	410.6
海 南	Hainan	168.1	2.2	173.4	2.3	178.6	2.6	194.6
重 庆	Chongqing	466.3	3.9	489.8	3.4	515.0	5.6	548.5
四 川	Sichuan	776.7	27.4	875.1	33.2	953.5	32.7	1045.7
贵 州	Guizhou	235.7	2.2	257.3	2.3	276.1	2.7	297.9
云 南	Yunnan	259.8	5.1	273.1	4.9	289.2	5.1	307.4
西 藏	Xizang	15.2	0.002	17.7	0.004	25.3	0.006	26.7
陕 西	Shaanxi	356.5	2.9	372.4	2.9	426.4	3.2	439.9
甘 肃	Gansu	165.4	0.9	168.3	1.0	173.0	0.8	187.4
青 海	Qinghai	41.5	0.3	42.3	0.3	43.8	0.3	46.5
宁 夏	Ningxia	88.5	1.2	92.0	1.2	97.4	1.6	102.7
新 疆	Xinjiang	310.8	4.0	328.8	3.4	352.1	3.1	372.4

10−15 续表 5 continued

单位：万人 (10 000 persons)

地区	Region	年末领取失业保险金人数 Beneficiaries at the Year-end	2021 年末参保人数 Contributors at the Year-end	2021 年末领取失业保险金人数 Beneficiaries at the Year-end	2022 年末参保人数 Contributors at the Year-end	2022 年末领取失业保险金人数 Beneficiaries at the Year-end	2023 年末参保人数 Contributors at the Year-end	2023 年末领取失业保险金人数 Beneficiaries at the Year-end
全　国	**National**	**270.0**	**22957.9**	**258.8**	**23806.6**	**296.5**	**24372.7**	**352.1**
北　京	Beijing	9.6	1359.0	8.4	1391.4	16.6	1418.3	21.0
天　津	Tianjin	6.6	372.3	7.7	392.2	9.3	403.6	9.7
河　北	Hebei	6.8	747.4	7.0	795.4	6.5	815.2	7.4
山　西	Shanxi	3.2	504.5	3.7	531.5	3.2	553.4	3.5
内蒙古	Inner Mongolia	2.7	290.9	2.9	308.4	3.2	329.3	3.8
辽　宁	Liaoning	18.4	690.9	19.2	677.9	19.9	680.1	23.6
吉　林	Jilin	2.4	278.0	2.6	281.1	3.1	282.7	3.9
黑龙江	Heilongjiang	3.5	329.5	3.7	332.2	3.3	333.2	3.7
上　海	Shanghai	31.5	1021.3	16.6	1014.7	20.3	1023.5	24.0
江　苏	Jiangsu	33.2	1967.0	29.2	2027.1	28.3	2040.9	35.0
浙　江	Zhejiang	16.9	1793.5	20.0	1850.9	25.9	1886.0	30.0
安　徽	Anhui	7.5	616.6	7.4	663.6	8.0	700.4	9.1
福　建	Fujian	6.3	716.7	6.0	761.3	6.2	763.1	7.6
江　西	Jiangxi	1.8	308.0	2.4	357.5	2.6	402.6	3.1
山　东	Shandong	19.3	1542.7	23.2	1593.5	24.6	1615.8	25.5
河　南	Henan	9.4	1004.9	9.4	1092.7	9.1	1147.8	9.9
湖　北	Hubei	7.5	698.7	7.1	735.6	8.2	752.9	10.7
湖　南	Hunan	7.8	687.4	6.3	723.9	7.3	740.4	9.7
广　东	Guangdong	26.4	3725.1	25.8	3751.1	32.8	3794.8	40.4
广　西	Guangxi	6.7	475.0	6.8	509.4	7.3	540.8	8.3
海　南	Hainan	3.1	205.6	2.9	220.4	3.6	224.0	3.6
重　庆	Chongqing	6.4	598.3	7.6	614.2	8.4	625.2	10.6
四　川	Sichuan	11.8	1128.9	12.6	1179.0	16.1	1191.3	20.9
贵　州	Guizhou	4.2	320.9	3.7	338.7	3.9	349.2	4.9
云　南	Yunnan	6.6	329.8	6.4	357.5	7.6	375.7	8.7
西　藏	Xizang	0.06	29.6	0.06	31.0	0.12	36.2	0.1
陕　西	Shaanxi	3.9	468.7	3.9	492.5	4.1	531.2	4.6
甘　肃	Gansu	0.8	196.1	0.8	202.8	0.8	210.1	1.1
青　海	Qinghai	0.4	55.0	0.4	63.4	0.4	68.1	0.5
宁　夏	Ningxia	1.5	108.5	1.6	117.4	1.6	122.5	1.9
新　疆	Xinjiang	3.9	387.2	3.5	398.1	4.1	414.6	5.5

10−16　各地区失业保险基金基本情况(2023年)
UNEMPLOYMENT INSURANCE BY REGION(2023)

地　区	Region	参保人数 (万人) Employees Insured (10 000 persons)	基金收入 (亿元) Revenue (100 million yuan)	基金支出 (亿元) Expenses (100 million yuan)	累计结余 (亿元) Balance at the Year-end (100 million yuan)
全　国	**National**	**24372.7**	**1807.3**	**1485.2**	**3212.9**
北　京	Beijing	1418.3	158.6	158.3	105.1
天　津	Tianjin	403.6	34.4	38.0	21.7
河　北	Hebei	815.2	54.9	35.9	142.3
山　西	Shanxi	553.4	39.0	22.5	166.3
内蒙古	Inner Mongolia	329.3	33.8	21.3	119.7
辽　宁	Liaoning	680.1	50.9	72.1	71.8
吉　林	Jilin	282.7	26.5	20.3	73.2
黑龙江	Heilongjiang	333.2	22.9	13.5	118.8
上　海	Shanghai	1023.5	158.6	116.6	129.1
江　苏	Jiangsu	2040.9	168.7	160.5	246.8
浙　江	Zhejiang	1886.0	130.7	99.5	165.6
安　徽	Anhui	700.4	52.7	41.0	93.5
福　建	Fujian	763.1	38.3	37.3	86.5
江　西	Jiangxi	402.6	25.6	15.4	70.5
山　东	Shandong	1615.8	124.7	99.4	207.7
河　南	Henan	1147.8	60.3	34.1	117.7
湖　北	Hubei	752.9	57.4	42.7	131.3
湖　南	Hunan	740.4	39.6	32.1	113.4
广　东	Guangdong	3794.8	173.1	160.0	193.0
广　西	Guangxi	540.8	37.2	30.9	94.5
海　南	Hainan	224.0	12.8	11.0	15.9
重　庆	Chongqing	625.2	34.9	37.4	36.4
四　川	Sichuan	1191.3	93.7	69.2	215.4
贵　州	Guizhou	349.2	26.7	21.1	61.1
云　南	Yunnan	375.7	29.2	26.5	92.4
西　藏	Xizang	36.2	5.2	0.7	31.0
陕　西	Shaanxi	531.2	44.1	26.5	73.3
甘　肃	Gansu	210.1	20.0	6.1	84.3
青　海	Qinghai	68.1	7.7	3.1	29.4
宁　夏	Ningxia	122.5	9.8	7.3	25.7
新　疆	Xinjiang	414.6	35.2	24.8	79.6

注：新疆包含新疆生产建设兵团的数据。
Note：The data of Xinjiang includes Xinjiang Production and Construction Corps.

10-17 历年全国工伤保险基本情况
WORK INJURY INSURANCE

年 份 Year	年末参保人数(万人) Contributors at the Year-end (10 000 persons)	全年享受工伤保险待遇人数(万人) Beneficiaries at the Year-end (10 000 persons)	基金收支情况(亿元) Revenue and Expenses(100 million yuan)		
			基金收入 Revenue	基金支出 Expenses	累计结余 Balance at the Year-end
绝对数 Absolute Figure					
1994	1822.1		4.6	0.9	6.8
1995	2614.8		8.1	1.8	12.7
1996	3102.6		10.9	3.7	19.7
1997	3507.8		13.6	6.1	27.7
1998	3781.3		21.2	9.0	39.5
1999	3912.3		20.9	15.4	44.9
2000	4350.3		24.8	13.8	57.9
2001	4345.3	18.7	28.3	16.5	68.9
2002	4405.6	26.5	32.0	19.9	81.1
2003	4574.8	32.9	37.6	27.1	91.2
2004	6845.2	51.9	58.3	33.3	118.6
2005	8477.8	65.1	92.5	47.5	163.5
2006	10268.5	77.8	121.8	68.5	192.9
2007	12173.4	96.0	165.6	87.9	262.6
2008	13787.2	117.8	216.7	126.9	384.6
2009	14895.5	129.6	240.1	155.7	468.8
2010	16160.7	147.5	284.9	192.4	561.4
2011	17695.9	163.0	466.4	286.4	742.6
2012	19010.1	190.5	526.7	406.3	861.9
2013	19917.2	195.2	614.8	482.1	996.2
2014	20639.2	198.2	694.8	560.5	1128.8
2015	21432.5	201.9	754.2	598.7	1285.3
2016	21889.3	196.0	736.9	610.3	1410.9
2017	22723.7	192.8	853.8	662.3	1606.9
2018	23874.4	198.5	913.0	742.0	1784.9
2019	25478.1	194.2	819.4	816.9	1783.2
2020	26763.4	187.6	486.3	820.3	1449.3
2021	28286.5	206.2	951.9	990.2	1411.2
2022	29116.6	203.7	1053.3	1025.0	1440.1
2023	30173.6	221.9	1211.6	1236.7	1415.1
比上年增长(%) Increase over Preceding Year %					
1995	43.5		77.5	92.4	87.3
1996	18.7		34.7	104.1	55.8
1997	13.1		24.6	64.5	40.1
1998	7.8		55.9	48.6	42.9
1999	3.5		-1.3	70.5	13.6
2000	11.2		18.7	-10.5	28.8
2001	-0.1	-0.6	14.2	19.5	19.1
2002	1.4	41.7	13.2	20.6	17.7
2003	3.8	24.2	17.4	36.2	12.5
2004	49.6	57.8	55.1	22.9	30.0
2005	23.9	25.4	58.7	42.6	37.9
2006	21.1	19.5	31.7	44.2	18.0
2007	18.6	23.4	36.0	28.3	36.1
2008	13.3	22.7	30.9	44.4	27.6
2009	8.0	10.0	10.8	22.7	21.9
2010	8.5	13.8	18.7	23.6	19.8
2011	9.5	10.6	63.7	48.8	32.3
2012	7.4	16.9	12.9	41.9	16.1
2013	4.8	2.4	16.7	18.7	15.6
2014	3.6	1.5	13.0	16.3	13.3
2015	3.8	1.9	8.6	6.8	13.9
2016	2.1	-2.9	-2.3	1.9	9.8
2017	3.8	-1.6	15.9	8.5	13.9
2018	5.1	2.9	6.9	12.0	11.1
2019	6.7	-2.2	-10.2	10.1	-0.1
2020	5.0	-3.4	-40.7	0.4	-18.7
2021	5.7	9.9	95.8	20.7	-2.6
2022	2.9	-1.2	10.7	3.5	2.0
2023	3.6	8.9	15.0	20.7	-1.7

10-18 历年各地区工伤保险基本情况
WORK INJURY INSURANCE BY REGION

单位：万人 (10 000 persons)

地区	Region	2001 年末参保人数 Contributors at the Year-end	2001 享受工伤保险待遇人数 Beneficiaries of Work Injury Insurance	2002 年末参保人数 Contributors at the Year-end	2002 享受工伤保险待遇人数 Beneficiaries of Work Injury Insurance	2003 年末参保人数 Contributors at the Year-end	2003 享受工伤保险待遇人数 Beneficiaries of Work Injury Insurance	2004 年末参保人数 Contributors at the Year-end	2004 享受工伤保险待遇人数 Beneficiaries of Work Injury Insurance
全国	**National**	**4345.3**	**18.7**	**4405.6**	**26.5**	**4574.8**	**32.9**	**6845.2**	**51.9**
北京	Beijing	204.7	0.1	221.1	**0.7**	242.9	1.2	258.9	2.5
天津	Tianjin							147.2	0.1
河北	Hebei	163.1	0.8	146.7	0.4	145.7	0.4	273.9	0.9
山西	Shanxi	71.8		46.3	0.1	48.4		104.0	0.1
内蒙古	Inner Mongolia	26.7	0.5	23.8	0.2	31.8	0.3	85.0	0.5
辽宁	Liaoning	390.6	5.0	390.5	6.0	345.8	7.3	404.2	8.2
吉林	Jilin	30.7	1.1	36.6	1.5	37.1	1.2	114.3	3.1
黑龙江	Heilongjiang	104.4	0.1	119.0	0.9	130.9	1.1	202.7	4.3
上海	Shanghai							488.3	0.1
江苏	Jiangsu	473.9	0.7	480.0	1.3	503.0	1.7	577.2	2.7
浙江	Zhejiang	219.7	0.6	226.0	1.0	287.7	1.4	360.4	2.7
安徽	Anhui	73.4	0.2	69.8	0.3	68.0	0.4	102.0	0.5
福建	Fujian	159.0	0.2	170.7	0.3	172.3	0.6	205.4	0.8
江西	Jiangxi	137.8	0.2	129.3	0.2	129.7	0.3	134.7	0.4
山东	Shandong	285.5	0.6	277.7	1.1	281.8	1.5	476.7	4.7
河南	Henan	196.0	0.5	218.8	0.7	210.6	0.5	324.7	1.1
湖北	Hubei	182.3	1.3	183.2	1.7	189.2	1.4	187.2	1.8
湖南	Hunan					8.6		203.3	0.3
广东	Guangdong	990.1	5.2	1049.9	8.0	1120.0	9.7	1215.1	11.3
广西	Guangxi	124.1	0.1	117.3	0.2	120.3	0.3	133.5	0.7
海南	Hainan	69.5		68.9	0.1	68.2	0.1	64.5	0.1
重庆	Chongqing	25.0	0.1	29.7	0.1	26.5	0.2	122.6	0.4
四川	Sichuan	179.3	0.5	167.4	0.6	161.4	1.2	195.6	1.6
贵州	Guizhou	1.7		1.3		1.3		1.2	
云南	Yunnan	97.3	0.6	89.0	0.9	84.1	1.2	150.9	1.1
西藏	Xizang								
陕西	Shaanxi	24.5	0.1	25.6		35.1	0.1	115.1	0.7
甘肃	Gansu	9.5		8.7		8.0		42.0	0.1
青海	Qinghai	7.1		6.6		6.6		15.7	0.1
宁夏	Ningxia	11.4		16.0		15.2	0.1	19.1	0.3
新疆	Xinjiang	86.3	0.1	86.0	0.1	94.6	0.5	119.5	0.7

10-18 续表 1 continued

单位：万人 (10 000 persons)

地区 Region		2005		2006		2007	
		年末参保人数 Contributors at the Year-end	享受工伤保险待遇人数 Beneficiaries of Work Injury Insurance	年末参保人数 Contributors at the Year-end	享受工伤保险待遇人数 Beneficiaries of Work Injury Insurance	年末参保人数 Contributors at the Year-end	享受工伤保险待遇人数 Beneficiaries of Work Injury Insurance
全国	**National**	**8477.8**	**65.1**	**10268.5**	**77.8**	**12173.4**	**96.0**
北京	Beijing	303.9	3.0	465.3	1.5	609.2	1.6
天津	Tianjin	162.9	0.9	209.7	1.7	257.2	2.3
河北	Hebei	361.4	1.3	402.4	2.4	481.3	6.0
山西	Shanxi	151.4	0.5	201.4	3.3	229.1	3.9
内蒙古	Inner Mongolia	110.2	0.7	131.6	0.8	163.6	1.3
辽宁	Liaoning	474.6	9.1	510.0	8.5	572.3	9.1
吉林	Jilin	136.7	2.2	174.7	3.0	206.8	2.6
黑龙江	Heilongjiang	257.5	3.8	303.0	3.9	351.7	4.9
上海	Shanghai	523.7	0.5	817.7	0.7	884.4	0.9
江苏	Jiangsu	680.2	3.7	812.7	5.6	921.0	6.6
浙江	Zhejiang	453.1	4.8	603.9	7.4	1002.9	11.2
安徽	Anhui	148.2	1.7	200.2	2.0	248.7	2.2
福建	Fujian	239.1	1.3	261.0	1.5	294.8	1.9
江西	Jiangxi	153.6	0.8	207.9	1.5	251.3	1.7
山东	Shandong	578.7	5.7	647.3	5.8	745.0	7.0
河南	Henan	404.0	1.5	421.0	1.7	448.3	2.6
湖北	Hubei	230.3	1.1	275.5	1.5	327.5	2.0
湖南	Hunan	228.2	0.7	280.1	2.0	342.4	2.6
广东	Guangdong	1605.1	12.9	1868.2	13.5	2113.9	13.8
广西	Guangxi	144.4	0.8	161.1	0.8	182.4	0.9
海南	Hainan	68.9	0.1	71.5	0.2	78.4	0.2
重庆	Chongqing	154.1	1.2	165.4	1.8	181.1	1.6
四川	Sichuan	270.5	2.0	304.9	2.3	397.3	3.2
贵州	Guizhou	65.8	0.1	90.5	0.6	110.5	0.9
云南	Yunnan	166.9	1.2	173.8	1.1	188.5	1.6
西藏	Xizang	1.9		2.3		3.7	
陕西	Shaanxi	149.2	1.8	210.3	0.7	232.0	1.0
甘肃	Gansu	70.1	0.4	86.3	0.3	98.2	0.4
青海	Qinghai	20.5	0.3	23.1	0.4	25.3	0.4
宁夏	Ningxia	23.5	0.3	24.2	0.3	30.5	0.1
新疆	Xinjiang	139.1	0.9	161.3	1.2	194.1	1.4

10-18 续表 2 continued

单位：万人 (10 000 persons)

地 区	Region	2008 年末参保人数 Contributors at the Year-end	2008 享受工伤保险待遇人数 Beneficiaries of Work Injury Insurance	2009 年末参保人数 Contributors at the Year-end	2009 享受工伤保险待遇人数 Beneficiaries of Work Injury Insurance	2010 年末参保人数 Contributors at the Year-end	2010 享受工伤保险待遇人数 Beneficiaries of Work Injury Insurance	2011 年末参保人数 Contributors at the Year-end	2011 享受工伤保险待遇人数 Beneficiaries of Work Injury Insurance
全 国	**National**	**13787.2**	**117.8**	**14895.5**	**129.6**	**16160.7**	**147.5**	**17695.9**	**163.0**
北 京	Beijing	666.5	1.8	747.1	4.1	823.8	4.4	862.4	4.7
天 津	Tianjin	274.9	2.7	292.2	3.1	304.5	4.1	320.4	3.8
河 北	Hebei	520.8	5.3	559.3	6.0	594.4	7.5	640.4	8.6
山 西	Shanxi	261.0	4.6	280.7	4.3	292.4	4.9	337.6	5.5
内蒙古	Inner Mongolia	185.4	1.4	199.1	1.6	207.5	1.8	225.3	3.2
辽 宁	Liaoning	659.6	8.5	695.8	9.0	730.0	10.0	779.1	11.3
吉 林	Jilin	234.9	4.1	272.2	3.0	300.5	3.7	331.6	3.3
黑龙江	Heilongjiang	390.9	4.5	401.8	5.6	415.1	6.2	450.0	8.2
上 海	Shanghai	950.4	1.2	934.0	1.3	961.0	1.7	939.5	2.5
江 苏	Jiangsu	1056.6	8.4	1118.1	9.3	1205.5	9.8	1327.0	10.7
浙 江	Zhejiang	1261.8	16.9	1331.1	18.0	1475.1	20.2	1610.8	22.2
安 徽	Anhui	292.9	2.9	320.6	3.9	351.1	4.4	422.0	5.6
福 建	Fujian	346.1	2.2	379.3	2.3	417.7	2.4	496.9	2.8
江 西	Jiangxi	313.6	2.0	340.2	1.9	371.7	2.7	387.9	3.0
山 东	Shandong	865.0	8.8	1064.6	9.2	1211.2	10.2	1276.1	10.8
河 南	Henan	500.2	3.1	521.0	3.2	551.7	3.0	655.5	3.5
湖 北	Hubei	360.9	2.4	410.7	2.7	444.0	3.1	481.0	4.5
湖 南	Hunan	403.5	3.9	472.1	5.3	516.0	7.4	635.5	7.0
广 东	Guangdong	2302.3	15.2	2435.5	15.0	2657.8	14.7	2847.8	15.4
广 西	Guangxi	204.9	1.1	221.7	1.2	235.7	1.4	272.5	1.5
海 南	Hainan	86.1	0.2	90.1	0.3	95.8	0.3	104.0	0.3
重 庆	Chongqing	208.2	4.2	226.5	4.7	266.0	5.6	337.1	6.2
四 川	Sichuan	464.6	4.6	515.8	6.1	583.8	6.0	650.8	6.5
贵 州	Guizhou	129.0	1.1	143.3	1.4	162.2	1.9	194.0	2.2
云 南	Yunnan	202.5	2.3	215.1	2.4	227.4	4.6	243.4	3.6
西 藏	Xizang	5.9		8.3		8.8		11.8	
陕 西	Shaanxi	247.6	1.4	264.9	1.4	278.6	1.6	326.8	1.9
甘 肃	Gansu	108.9	0.8	119.7	0.8	130.1	1.1	150.2	1.4
青 海	Qinghai	29.9	0.5	40.1	0.5	43.2	0.5	45.6	0.5
宁 夏	Ningxia	37.5	0.2	42.4	0.2	48.9	0.3	58.3	0.3
新 疆	Xinjiang	214.5	1.6	232.3	1.9	249.3	2.0	274.6	2.0

10-18 续表 3 continued

单位：万人 (10 000 persons)

地区 Region	2012 年末参保人数 Contributors at the Year-end	2012 享受工伤保险待遇人数 Beneficiaries of Work Injury Insurance	2013 年末参保人数 Contributors at the Year-end	2013 享受工伤保险待遇人数 Beneficiaries of Work Injury Insurance	2014 年末参保人数 Contributors at the Year-end	2014 享受工伤保险待遇人数 Beneficiaries of Work Injury Insurance
全　国 National	**19010.1**	**190.5**	**19917.2**	**195.2**	**20639.2**	**198.2**
北　京 Beijing	897.2	4.8	920.3	4.8	961.0	5.0
天　津 Tianjin	330.1	3.4	335.1	3.3	345.2	3.3
河　北 Hebei	694.8	9.1	737.0	10.5	778.7	10.4
山　西 Shanxi	529.6	8.4	550.0	9.7	563.1	11.1
内蒙古 Inner Mongolia	248.9	2.5	277.4	2.2	289.9	2.3
辽　宁 Liaoning	819.1	14.0	856.7	13.2	903.1	13.2
吉　林 Jilin	359.4	4.2	392.1	5.3	415.6	4.6
黑龙江 Heilongjiang	470.6	6.8	493.1	7.2	505.5	6.3
上　海 Shanghai	898.9	6.1	904.1	6.6	920.5	6.9
江　苏 Jiangsu	1420.7	12.3	1487.3	13.6	1540.1	14.3
浙　江 Zhejiang	1731.7	23.8	1826.1	22.6	1899.4	22.6
安　徽 Anhui	457.9	8.8	473.2	8.1	508.3	8.3
福　建 Fujian	540.9	3.4	607.5	3.5	627.3	3.9
江　西 Jiangxi	410.9	5.5	431.5	4.5	461.2	4.7
山　东 Shandong	1339.6	11.9	1371.9	11.2	1421.5	11.8
河　南 Henan	720.6	4.8	773.1	4.6	805.7	4.6
湖　北 Hubei	522.6	4.0	556.9	5.7	576.7	4.9
湖　南 Hunan	693.8	7.8	731.2	8.3	747.9	8.7
广　东 Guangdong	2962.8	16.7	3057.3	16.7	3092.6	17.1
广　西 Guangxi	312.4	1.8	325.6	1.9	338.2	1.8
海　南 Hainan	119.5	0.4	123.4	0.3	126.1	0.3
重　庆 Chongqing	374.9	8.0	406.8	8.0	426.1	8.1
四　川 Sichuan	689.4	8.0	690.1	8.3	709.7	8.6
贵　州 Guizhou	238.2	2.7	260.4	2.3	275.4	2.3
云　南 Yunnan	295.3	4.0	334.3	4.4	341.7	4.0
西　藏 Xizang	14.2	0.1	14.8		24.3	0.1
陕　西 Shaanxi	350.4	2.2	378.1	3.0	404.0	2.9
甘　肃 Gansu	158.5	1.8	167.7	1.8	175.1	2.2
青　海 Qinghai	49.2	0.6	52.3	0.6	54.7	0.6
宁　夏 Ningxia	63.9	0.4	72.7	0.5	82.2	0.5
新　疆 Xinjiang	294.1	2.4	309.5	2.5	318.2	2.8

10-18 续表 4 continued

单位：万人 (10 000 persons)

地 区	Region	2015		2016		2017	
		年末参保人数 Contributors at the Year-end	享受工伤保险待遇人数 Beneficiaries of Work Injury Insurance	年末参保人数 Contributors at the Year-end	享受工伤保险待遇人数 Beneficiaries of Work Injury Insurance	年末参保人数 Contributors at the Year-end	享受工伤保险待遇人数 Beneficiaries of Work Injury Insurance
全 国	**National**	**21432.5**	**201.9**	**21889.3**	**196.0**	**22723.7**	**192.8**
北 京	Beijing	1020.1	4.7	1060.2	4.6	1117.9	4.4
天 津	Tianjin	385.6	3.4	388.1	3.4	395.3	3.6
河 北	Hebei	809.7	9.6	840.0	9.8	860.7	10.0
山 西	Shanxi	573.1	10.1	576.0	11.4	582.6	6.3
内蒙古	Inner Mongolia	297.1	2.4	303.2	2.7	307.8	2.4
辽 宁	Liaoning	918.6	13.8	886.6	13.8	862.1	13.8
吉 林	Jilin	435.6	11.3	440.7	4.9	441.4	5.1
黑龙江	Heilongjiang	512.0	6.5	522.2	6.5	519.1	6.2
上 海	Shanghai	932.9	7.0	943.5	6.5	958.1	6.4
江 苏	Jiangsu	1594.1	14.7	1633.9	15.1	1690.2	14.3
浙 江	Zhejiang	1930.1	20.4	1880.7	18.7	1977.2	19.4
安 徽	Anhui	528.9	8.3	544.6	8.7	565.5	10.5
福 建	Fujian	691.0	3.9	733.8	4.2	798.7	4.3
江 西	Jiangxi	500.6	4.6	502.1	4.5	517.1	5.1
山 东	Shandong	1473.5	11.1	1510.9	11.1	1569.1	11.1
河 南	Henan	856.7	5.0	877.0	4.8	900.9	5.4
湖 北	Hubei	640.1	4.9	651.1	7.9	656.6	6.5
湖 南	Hunan	778.0	9.3	773.3	11.1	782.8	11.9
广 东	Guangdong	3122.7	16.8	3246.2	14.5	3402.0	14.5
广 西	Guangxi	360.5	1.9	374.1	1.8	388.8	1.6
海 南	Hainan	131.5	0.3	137.4	0.3	141.4	0.4
重 庆	Chongqing	428.5	7.5	454.9	7.0	504.6	6.7
四 川	Sichuan	753.2	7.9	799.1	7.6	876.0	7.6
贵 州	Guizhou	290.2	2.8	305.0	2.5	332.5	2.4
云 南	Yunnan	368.1	4.3	372.8	3.7	383.7	4.4
西 藏	Xizang	26.9	0.1	26.9	0.1	33.4	0.1
陕 西	Shaanxi	427.3	3.0	441.6	3.0	459.3	2.8
甘 肃	Gansu	182.6	2.3	188.4	2.5	198.6	1.9
青 海	Qinghai	58.0	0.5	59.8	0.5	64.9	0.5
宁 夏	Ningxia	80.8	0.6	83.5	0.5	90.3	0.5
新 疆	Xinjiang	324.4	2.9	331.9	2.4	345.1	2.5

10-18 续表 5 continued

单位：万人 (10 000 persons)

地 区	Region	2018 年末参保人数 Contributors at the Year-end	2018 享受工伤保险待遇人数 Beneficiaries of Work Injury Insurance	2019 年末参保人数 Contributors at the Year-end	2019 享受工伤保险待遇人数 Beneficiaries of Work Injury Insurance	2020 年末参保人数 Contributors at the Year-end	2020 享受工伤保险待遇人数 Beneficiaries of Work Injury Insurance
全 国	**National**	**23874.4**	**198.5**	**25478.1**	**194.2**	**26763.4**	**187.6**
北 京	Beijing	1187.0	4.4	1242.2	4.4	1267.2	3.9
天 津	Tianjin	398.5	3.7	400.2	4.0	405.6	3.8
河 北	Hebei	880.3	10.3	951.4	10.0	1069.4	9.7
山 西	Shanxi	596.6	6.8	624.2	7.4	629.5	7.6
内蒙古	Inner Mongolia	325.5	2.4	338.2	2.4	336.0	3.3
辽 宁	Liaoning	841.1	13.7	816.8	13.1	807.1	12.9
吉 林	Jilin	441.4	3.9	445.9	3.9	384.5	6.4
黑龙江	Heilongjiang	520.1	6.9	464.1	5.9	442.6	4.6
上 海	Shanghai	972.9	6.5	1084.1	6.4	1082.2	5.7
江 苏	Jiangsu	1777.5	14.8	2016.3	15.1	2130.8	14.7
浙 江	Zhejiang	2087.8	21.6	2257.4	22.2	2546.1	17.2
安 徽	Anhui	603.5	11.3	639.1	7.0	683.9	6.8
福 建	Fujian	853.9	4.7	891.1	4.8	936.8	4.8
江 西	Jiangxi	534.6	5.2	539.4	4.2	558.0	4.7
山 东	Shandong	1633.0	11.4	1710.7	11.9	1822.1	12.4
河 南	Henan	926.3	5.6	966.2	4.6	1000.0	4.7
湖 北	Hubei	675.6	5.3	717.3	5.0	745.8	4.5
湖 南	Hunan	793.8	13.2	807.6	13.4	820.5	12.3
广 东	Guangdong	3592.5	14.5	3815.8	15.6	3866.7	14.7
广 西	Guangxi	412.6	1.7	442.2	1.8	485.6	2.0
海 南	Hainan	152.9	0.4	159.6	0.4	170.1	0.4
重 庆	Chongqing	577.1	6.4	661.7	6.2	729.9	6.0
四 川	Sichuan	1012.6	8.2	1177.1	8.6	1320.1	7.9
贵 州	Guizhou	355.8	2.4	408.5	2.6	463.8	3.4
云 南	Yunnan	403.3	4.3	438.5	4.9	498.8	4.9
西 藏	Xizang	35.7	0.1	36.8	0.1	40.2	0.1
陕 西	Shaanxi	528.0	3.1	577.4	3.0	604.2	3.2
甘 肃	Gansu	219.4	2.0	244.1	1.5	264.6	1.5
青 海	Qinghai	69.2	0.5	74.0	0.5	85.9	0.7
宁 夏	Ningxia	93.3	0.6	119.6	0.6	132.6	0.6
新 疆	Xinjiang	372.4	2.4	410.2	2.6	432.8	2.1

10−18 续表 6 continued

单位：万人 (10 000 persons)

地 区 Region	2021		2022		2023	
	年末参保人数 Contributors at the Year-end	享受工伤保险待遇人数 Beneficiaries of Work Injury Insurance	年末参保人数 Contributors at the Year-end	享受工伤保险待遇人数 Beneficiaries of Work Injury Insurance	年末参保人数 Contributors at the Year-end	享受工伤保险待遇人数 Beneficiaries of Work Injury Insurance
全 国 National	**28286.5**	**206.2**	**29116.6**	**203.7**	**30173.6**	**221.9**
北 京 Beijing	1307.2	4.6	1337.0	4.6	1366.9	3.7
天 津 Tianjin	408.4	4.1	410.5	4.1	412.8	4.1
河 北 Hebei	1084.7	9.9	1105.9	9.5	1153.5	9.8
山 西 Shanxi	640.1	8.2	664.4	8.2	669.6	7.9
内蒙古 Inner Mongolia	338.2	2.5	349.9	2.3	361.8	3.0
辽 宁 Liaoning	807.9	12.1	810.3	11.4	812.4	13.1
吉 林 Jilin	392.4	5.9	394.5	5.6	351.0	4.9
黑龙江 Heilongjiang	444.4	4.4	448.8	3.2	456.0	3.4
上 海 Shanghai	1097.3	6.2	1072.0	5.3	1188.2	6.8
江 苏 Jiangsu	2340.6	16.4	2401.0	18.1	2426.1	19.6
浙 江 Zhejiang	2741.6	19.3	2766.7	20.3	2792.4	21.8
安 徽 Anhui	718.0	7.4	818.1	6.9	920.9	7.5
福 建 Fujian	984.4	5.1	1040.0	5.2	1064.6	5.6
江 西 Jiangxi	563.5	5.1	558.0	4.8	593.4	5.2
山 东 Shandong	1921.9	13.8	2020.8	13.6	2045.6	15.2
河 南 Henan	1045.4	6.9	1068.1	6.7	1128.2	7.0
湖 北 Hubei	828.3	5.4	872.9	5.6	912.0	6.8
湖 南 Hunan	853.8	15.3	895.5	14.4	994.7	14.4
广 东 Guangdong	4068.6	17.1	4083.4	18.9	4270.3	22.4
广 西 Guangxi	551.3	2.2	601.3	2.1	637.0	2.2
海 南 Hainan	184.9	0.4	194.5	0.4	196.6	0.5
重 庆 Chongqing	765.7	7.3	752.8	6.3	754.7	6.7
四 川 Sichuan	1472.1	8.9	1544.8	8.8	1584.8	10.0
贵 州 Guizhou	529.9	4.2	593.8	3.8	626.1	4.3
云 南 Yunnan	541.9	4.1	575.7	4.0	606.6	4.3
西 藏 Xizang	49.6	0.1	51.5	0.1	67.7	0.2
陕 西 Shaanxi	629.6	3.9	652.4	3.8	696.8	4.6
甘 肃 Gansu	278.7	1.6	287.2	1.7	297.4	2.1
青 海 Qinghai	95.9	0.6	111.7	0.5	117.6	0.7
宁 夏 Ningxia	143.8	0.6	147.3	1.1	148.5	1.3
新 疆 Xinjiang	456.1	2.3	485.5	2.2	519.4	3.0

10−19 各地区工伤保险基本情况(2023年)
WORK INJURY INSURANCE BY REGION (2023)

地区	Region	参保人数(万人) Contributors at the Year-end (10 000 persons)	享受伤残待遇人数(人) Beneficiaries of Work Injury Insurance (person)	#享受职业病待遇人数 Beneficiaries of Occupational Diseases	一至四级 Level 1 to Level 4 Disability	#职业病 Occupational Diseases	五至六级 Level 5 to Level 6 Disability	#职业病 Occupational Diseases
全国	**National**	**30174**	**1853629**	**93896**	**215221**	**54720**	**56155**	**10667**
北京	Beijing	1367	26264	2662	3562	2048	75	31
天津	Tianjin	413	37835	7720	6772	3150	3442	2240
河北	Hebei	1154	72964	3433	10174	2361	2925	436
山西	Shanxi	670	54852	5010	21707	3967	2481	523
内蒙古	Inner Mongolia	362	26198	1108	4685	406	2995	261
辽宁	Liaoning	812	117148	4784	21018	2911	11054	1090
吉林	Jilin	351	43524	852	6174	596	4435	148
黑龙江	Heilongjiang	456	30437	2039	7192	753	2581	500
上海	Shanghai	1188	58973	671	4268	522	467	73
江苏	Jiangsu	2426	171930	5673	12904	2608	2030	676
浙江	Zhejiang	2792	201611	143	6140	66	1785	13
安徽	Anhui	921	61055	2259	4680	694	2562	650
福建	Fujian	1065	46527	3666	5770	1787	594	257
江西	Jiangxi	593	40846	4114	5497	2327	1436	155
山东	Shandong	2046	119891	9093	15468	4959	3181	1178
河南	Henan	1128	52846	2741	9962	1496	1591	256
湖北	Hubei	912	60808	2645	7496	2479	2072	15
湖南	Hunan	995	126500	5122	7130	2649	2474	503
广东	Guangdong	4270	188932	4723	6247	536	1421	113
广西	Guangxi	637	17141	488	1519	141	584	161
海南	Hainan	197	3947	50	364	42	50	
重庆	Chongqing	755	56935	8766	9729	6876	846	354
四川	Sichuan	1585	80975	10150	14374	7109	2589	734
贵州	Guizhou	626	35741	2026	3898	1579	425	58
云南	Yunnan	607	30687	1615	6093	1371	279	108
西藏	Xizang	68	995	2	57	2	15	
陕西	Shaanxi	697	33487	405	3849	226	480	47
甘肃	Gansu	297	15534	419	3098	399	655	11
青海	Qinghai	118	4866	150	803	90	36	6
宁夏	Ningxia	149	11284	865	1081	264	128	39
新疆	Xinjiang	519	22896	502	3510	306	467	31

注：工伤保险累计结余中含储备金。
Note: Balance of work injury insurance includes reserves.

10－19 续表 continued

地 区	Region	七至十级 Level 7 to Level 10 Disability	#职业病 Occupational Diseases	其 他 Others	#职业病 Occupational Diseases	基金收入(亿元) Revenue (100 million yuan)	基金支出(亿元) Expenses (100 million yuan)	累计结余(亿元) Balance at the Year-end (100 million yuan)
全 国	**National**	**996979**	**19563**	**585274**	**8946**	**1211.6**	**1236.7**	**1415.1**
北 京	Beijing	4601	56	18026	527	66.7	60.3	44.1
天 津	Tianjin	17075	2313	10546	17	17.6	15.6	16.5
河 北	Hebei	42101	573	17764	63	68.0	55.5	71.6
山 西	Shanxi	23407	513	7257	7	51.6	50.6	37.5
内 蒙 古	Inner Mongolia	12251	326	6267	115	17.6	20.6	34.9
辽 宁	Liaoning	61711	717	23365	66	48.2	41.1	67.6
吉 林	Jilin	30181	93	2734	15	8.8	12.8	28.7
黑 龙 江	Heilongjiang	17211	722	3453	64	27.4	26.8	34.0
上 海	Shanghai	46980	76	7258		54.9	57.9	45.8
江 苏	Jiangsu	117344	1633	39652	756	111.6	119.1	118.7
浙 江	Zhejiang	146242	13	47444	51	104.8	115.7	59.3
安 徽	Anhui	34380	732	19433	183	39.5	40.0	31.7
福 建	Fujian	24799	1095	15364	527	35.5	39.0	41.7
江 西	Jiangxi	10165	745	23748	887	19.3	24.4	46.7
山 东	Shandong	60179	2296	41063	660	86.2	75.3	109.9
河 南	Henan	23303	899	17990	90	40.9	33.9	74.4
湖 北	Hubei	24116	53	27124	98	23.9	29.7	30.9
湖 南	Hunan	29909	734	86987	1236	51.3	55.2	79.4
广 东	Guangdong	106409	2330	74855	1744	95.7	130.2	117.8
广 西	Guangxi	6819	13	8219	173	14.2	15.0	48.1
海 南	Hainan	1530	7	2003	1	4.3	3.3	21.3
重 庆	Chongqing	33946	1361	12414	175	35.9	27.8	21.8
四 川	Sichuan	46629	1460	17383	847	51.9	59.3	68.6
贵 州	Guizhou	23659	362	7759	27	27.4	24.0	22.4
云 南	Yunnan	9659	95	14656	41	22.6	22.8	20.1
西 藏	Xizang	752		171		3.8	2.0	10.1
陕 西	Shaanxi	16790	98	12368	34	31.9	29.8	43.7
甘 肃	Gansu	4576	5	7205	4	14.5	12.3	24.4
青 海	Qinghai	1758	41	2269	13	3.1	4.6	7.5
宁 夏	Ningxia	5462	76	4613	486	6.5	7.5	8.1
新 疆	Xinjiang	13035	126	5884	39	26.2	24.6	27.8

10-20 各地区工伤认定情况(2023年)

单位：人

地区	Region	当期认定(视同)工伤人数					
		合计	认定工伤件数				
		Total	小计 Sub-total	在工作时间和工作场所内因工作原因受到事故伤害 Injured by the Work Accident at the Workplace During the Work Time	工作时间前后在工作场所内从事与工作有关的预备性或者收尾性工作受到事故伤害 Injured by the Accident Related to the Preparation or Ending of Work at the Workplace During the Work Time	在工作时间和工作场所内因履行工作职责受到暴力等意外伤害 Injured by Non-work Accident such as Violence in Fulfilling Work-related Responsibilities at the Workplace During the Work Time	患职业病 Suffering from the Occupational Disease
全 国	**National**	**1375776**	**1358957**	**1096074**	**14926**	**7163**	**9878**
北 京	Beijing	28699	28074	18379	441	168	289
天 津	Tianjin	22298	22044	17860	297	360	36
河 北	Hebei	54329	53478	43331	692	443	453
山 西	Shanxi	28755	28111	23751	405	93	889
内蒙古	Inner Mongolia	15177	14785	10919	242	110	414
辽 宁	Liaoning	35913	34973	28932	484	371	182
吉 林	Jilin	11556	11200	9518	57	69	103
黑龙江	Heilongjiang	14338	13949	12255	142	119	394
上 海	Shanghai	50510	50041	35662	935	201	87
江 苏	Jiangsu	155426	154380	118916	1064	453	505
浙 江	Zhejiang	191326	190808	168503	1434	298	372
安 徽	Anhui	57516	57098	44918	635	146	218
福 建	Fujian	45877	45479	37233	497	138	855
江 西	Jiangxi	32287	32025	24958	346	171	239
山 东	Shandong	89208	87847	66804	1094	507	795
河 南	Henan	29080	28116	19987	422	167	364
湖 北	Hubei	36474	35986	28519	494	254	210
湖 南	Hunan	52662	52110	43166	647	426	533
广 东	Guangdong	171150	169222	139181	1867	799	746
广 西	Guangxi	18895	18553	14977	106	174	75
海 南	Hainan	4124	4035	3210	37	41	7
重 庆	Chongqing	40849	40554	35795	258	322	313
四 川	Sichuan	60829	60233	47675	645	376	694
贵 州	Guizhou	29393	29116	25222	403	203	153
云 南	Yunnan	22129	21670	16315	187	261	267
西 藏	Xizang	1593	1548	1265	5	18	9
陕 西	Shaanxi	29653	29144	22618	580	227	236
甘 肃	Gansu	11210	10874	8825	105	61	116
青 海	Qinghai	3516	3420	2804	31	21	69
宁 夏	Ningxia	10285	10164	8050	95	65	142
新 疆	Xinjiang	17494	16778	13880	236	74	100
新疆兵团	Xinjiang Production and Construction Crops	3225	3142	2646	43	27	13

WORK INJURY CERTIFICATION BY REGION (2023)

(person)

Cases Certified(Cases Considered) as Suffering Work Injury							不予认定工伤人数	当期不予受理申请人　数
Cases Certified as Suffering Work Injury			视同工伤件数 Cases Considered as Suffering Work Injury					
因工外出期间由于工作原因受到伤害或者发生事故下落不明 Injured by Work-related Accident or Missing Due to Accident When Outside the Workplace Due to Work-related Reasons	在上下班途中受到机动车事故伤害 Injured by Automobile Accident on the Road to Work from Home and Back Home from Work	其他应当认定为工伤的情形 Other Circumstances That Shall be Certified as Suffering Work Injury as Stipulated by Laws and Regulations	小　计 Sub-total	在工作时间和工作岗位突发疾病死亡或者在48小时之内经抢救无效死亡 Died Immediately or Within 48 Hours after Unsuccessful Salvage Due to Illness Outburst at the Workplace During the	在抢险救灾等维护国家利益、公共利益活动中受到伤害 Injured in Rescue Activities for Protecting the Common Good of the State and the Public in Case of Emergencies or Natural	因战、因公负伤致残到用人单位后旧伤复发 Recrudescing of Previous Injury as a Result of War or Public Activities on the Employee Who Hold an Honorable Disabled Veteran Certificate	Cases Not be Certified or Considered as Suffering Work Injury	Work Injury Certification Applications Not Accepted
86542	**141763**	**2611**	**16819**	**16295**	**362**	**162**	**32147**	**8405**
2983	5812	2	625	616	5	4	592	106
1310	2148	33	254	248		6	338	52
3490	5069		851	838	7	6	1241	272
1135	1834	4	644	633	5	6	533	164
1644	1431	25	392	388	3	1	526	121
2366	2613	25	940	761	172	7	523	228
532	603	318	356	350	6		107	26
550	484	5	389	385	3	1	155	98
3808	9103	245	469	464	2	3	1036	201
7228	26211	3	1046	1031	3	12	2732	1123
7790	12324	87	518	515	1	2	1008	681
2860	8306	15	418	414	2	2	735	247
2624	4131	1	398	392	6		771	223
2026	3946	339	262	254	4	4	1147	396
7511	11018	118	1361	1325	6	30	1342	297
2903	4219	54	964	951	11	2	963	294
2363	4143	3	488	478	3	7	1079	230
3311	3889	138	552	501	23	28	2277	180
12793	13836		1928	1908	10	10	7088	1409
1358	1863		342	332	9	1	909	244
351	389		89	89			167	12
1268	2555	43	295	288	3	4	912	643
3973	6604	266	596	576	12	8	1891	373
1693	1329	113	277	254	21	2	700	135
2415	1550	675	459	451	4	4	860	113
196	55		45	43	2		98	9
2465	2945	73	509	500	4	5	649	170
922	827	18	336	319	16	1	326	80
384	111		96	96			126	7
639	1173		121	118		3	498	70
1442	1040	6	716	696	18	2	618	156
209	202	2	83	81	1	1	200	45

10－21　分地区因工死亡人员工伤认定情况(2023年)

单位：人

地　区	Region	当期认定(视同)工伤人数					
		合　计	认定工伤件数				
			小　计	在工作时间和工作场所内因工作原因受到事故伤害	工作时间前后在工作场所内从事与工作有关的预备性或者收尾性工作受到事故伤害	在工作时间和工作场所内因履行工作职责受到暴力等意外伤害	患职业病
		Total	Sub-total	Injured by the Work Accident at the Workplace During the Work Time	Injured by the Accident Related to the Preparation or Ending of Work at the Workplace During the Work Time	Injured by Non-work Accident such as Violence in Fulfilling Work-related Responsibilities at the Workplace During the Work Time	Suffering from the Occupational Disease
全　国	**National**	**32139**	**15636**	**8700**	**141**	**170**	**69**
北　京	Beijing	907	288	132	2	8	
天　津	Tianjin	411	163	86		2	
河　北	Hebei	1864	1019	567		13	2
山　西	Shanxi	1196	562	318	32	7	6
内蒙古	Inner Mongolia	720	332	179	1	4	
辽　宁	Liaoning	1348	437	270	3	7	
吉　林	Jilin	486	136	94		3	1
黑龙江	Heilongjiang	564	179	110	13	4	
上　海	Shanghai	791	326	204	4	4	3
江　苏	Jiangsu	2890	1858	885	7	13	13
浙　江	Zhejiang	1516	1000	637	9	6	7
安　徽	Anhui	1006	592	302	4	2	3
福　建	Fujian	945	548	335	6	9	4
江　西	Jiangxi	742	485	252	7	8	4
山　东	Shandong	2380	1054	408	8	5	3
河　南	Henan	1517	566	264		4	2
湖　北	Hubei	983	504	285	3	9	4
湖　南	Hunan	1009	508	310	5	5	
广　东	Guangdong	3468	1553	875	13	23	11
广　西	Guangxi	653	320	188	2	5	
海　南	Hainan	135	46	26			
重　庆	Chongqing	638	350	231	3	7	
四　川	Sichuan	1508	929	533	3	8	3
贵　州	Guizhou	585	331	223	3	5	
云　南	Yunnan	757	304	213	3	3	
西　藏	Xizang	95	52	37	1		
陕　西	Shaanxi	947	444	280	0	1	1
甘　肃	Gansu	528	208	135	2	1	1
青　海	Qinghai	169	73	53		1	
宁　夏	Ningxia	246	128	84	1	1	1
新　疆	Xinjiang	994	282	153	5	1	
新疆兵团	Xinjiang Pyoduction and Construction Crops	141	59	31	1	1	

WORK INJURY CERTIFICATION INVOLVING DEATHS BY REGION(2023)

(person)

Cases Certified(Cases Considered) as Suffering Work Injury							不予认定工伤人数	当期不予受理申请人　数
Cases Certified as Suffering Work Injury			视同工伤件数 Cases Considered as Suffering Work Injury					
因工外出期间由于工作原因受到伤害或者发生事故下落不明 Injured by Work-related Accident or Missing Due to Accident When Outside the Workplace Due to Work-related Reasons	在上下班途中受到机动车事故伤害 Injured by Automobile Accident on the Road to Work from Home and Back Home from Work	其他应当认定为工伤的情形 Other Circumstances That Shall be Certified as Suffering Work Injury as Stipulated by Laws and Regulations	小　计 Sub-total	在工作时间和工作岗位突发疾病死亡或者在48小时之内经抢救无效死亡 Died Immediately or Within 48 Hours after Unsuccessful Salvage Due to Illness Outburst at the Workplace During the	在抢险救灾等维护国家利益、公共利益活动中受到伤害 Injured in Rescue Activities for Protecting the Common Good of the State and the Public in Case of Emergencies or Natural	因战、因公负伤致残到用人单位后旧伤复发 Recrudescing of Previous Injury as a Result of War or Public Activities on the Employee Who Hold an Honorable Disabled Veteran Certificate	Cases Not be Certified or Considered as Suffering Work Injury	Work Injury Certification Applications Not Accepted
1812	**4680**	**64**	**16503**	**16295**	**203**	**5**	**6504**	**380**
50	96		619	616	3		183	7
22	53		248	248			72	5
141	296		845	838	7		268	20
50	149		634	633	1		169	15
51	92	5	388	388			156	12
51	106		911	761	149	1	220	20
12	26		350	350			44	1
7	45		385	385			47	3
50	61		465	464	1		165	0
172	768		1032	1031	1		512	35
105	235	1	516	515	1		243	26
47	233	1	414	414			115	4
59	134	1	397	392	5		202	5
47	163	4	257	254	1	2	178	12
152	476	2	1326	1325	1		310	19
76	189	31	951	951			388	46
51	151	1	479	478	1		194	14
60	127	1	501	501			300	8
180	451		1915	1908	6	1	1182	40
53	72		333	332	1		177	19
10	10		89	89			37	
21	88		288	288			219	16
84	293	5	579	576	3		147	13
26	68	6	254	254			119	4
42	42	1	453	451	2		274	11
12	2		43	43			36	
69	93		503	500	2	1	144	9
20	45	4	320	319	1		108	4
8	11		96	96			24	
8	33		118	118			54	2
65	57	1	712	696	16		179	6
11	15		82	81	1		38	4

10−22 各地区劳动能力鉴定情况(2023年)
WORK CAPACITY ASSESSMENT BY REGION(2023)

单位：人 (person)

地区	Region	作出劳动能力鉴定结论人数 Work Capacity Assessment Applicants						评定伤残等级人数 Persons Assessed as Certain Level of Work-related Disable				存在生活自理障碍人数
		小计 Sub-total	初次鉴定 First Appli-cations	再次鉴定 Second Appli-cations	#改变结论 Concu-sions Changed	复查鉴定 Reas-sessment Appli-cations	#改变结论 Concu-sions Changed	小计 Sub-total	一至四级 Level 1 to Level 4	五至六级 Level 5 to Level 6	七至十级 Level 7 to Level 10	Persons Assessed as Living-related Disable
全国	**National**	**1048334**	**1020564**	**23751**	**4336**	**4019**	**1852**	**957575**	**11439**	**11411**	**934725**	**5492**
北京	Beijing	22092	21454	190	2	448	393	19377	527	248	18602	134
天津	Tianjin	14338	14022	229	60	87	27	13247	96	121	13030	76
河北	Hebei	40201	39272	783	161	146	102	37997	528	558	36911	249
山西	Shanxi	26277	25901	261	99	115	72	24640	727	598	23315	316
内蒙古	Inner Mongolia	13018	12328	520	109	170	54	11697	320	325	11052	174
辽宁	Liaoning	26458	25525	494	67	439	94	23689	344	336	23009	198
吉林	Jilin	8183	7802	314	78	67	9	7403	111	145	7147	84
黑龙江	Heilongjiang	12124	11531	418	69	175	46	11120	321	255	10544	99
上海	Shanghai	44313	43363	877	140	73	32	39850	117	154	39579	99
江苏	Jiangsu	136404	135454	807	34	143	65	127242	752	1042	125448	482
浙江	Zhejiang	156610	154630	1916	232	64	3	146389	646	1282	144461	447
安徽	Anhui	42223	40011	1821	282	391	196	38709	472	529	37708	235
福建	Fujian	33397	31555	1720	346	122	78	26596	1138	399	25059	186
江西	Jiangxi	23512	22137	1308	229	67	20	21179	286	336	20557	115
山东	Shandong	58946	56599	2029	237	318	201	53534	1087	865	51582	495
河南	Henan	21098	20235	747	252	116	75	19310	428	366	18516	163
湖北	Hubei	22994	21959	955	174	80	23	20944	242	228	20474	165
湖南	Hunan	35072	34620	343	85	109	76	33175	360	267	32548	69
广东	Guangdong	122298	119926	2157	259	215	87	109109	686	916	107507	397
广西	Guangxi	8863	8608	240	57	15	6	8059	92	165	7802	54
海南	Hainan	1780	1730	42	15	8	6	1718	34	34	1650	23
重庆	Chongqing	33231	31859	1278	249	94	30	30487	239	279	29969	154
四川	Sichuan	51589	49477	1866	523	246	51	46023	729	659	44635	509
贵州	Guizhou	23625	23072	525	117	28	12	22316	159	247	21910	80
云南	Yunnan	12755	12458	266	32	31	15	12048	217	205	11626	116
西藏	Xizang	790	754	35	13	1		702	4	15	683	4
陕西	Shaanxi	20751	20177	482	109	92	12	19437	272	327	18838	145
甘肃	Gansu	7547	7359	120	31	68	21	7158	131	137	6890	57
青海	Qinghai	2556	2491	50	21	15	12	2367	63	39	2265	29
宁夏	Ningxia	8267	7936	297	43	34	12	7129	126	88	6915	45
新疆	Xinjiang	14477	13836	610	197	31	18	12679	150	213	12316	66
新疆兵团	Xinjiang Production and Construction Crops	2545	2483	51	14	11	4	2245	35	33	2177	27

十一、工会工作

TRADE UNION WORKS

11-1 各地区基层工会组织数(2023年)
NUMBER OF GRASSROOTS TRADE UNION BY REGION (2023)

单位：个 (unit)

地区	Region	总计 Total	国有企业 State-owned	集体企业 Urban Collective-owned	股份合作企业 Coopera-tive	联营企业 Joint-owned	有限责任公司 Limited Liability Corporations	股份有限公司 Share-holding Corporations Ltd.	私营企业 Private
全国	**National**	**2228006**	**61569**	**33653**	**20932**	**4056**	**244996**	**61916**	**934125**
北京	Beijing	35355	1038	1251	323	32	13340	1374	4643
天津	Tianjin	17018	770	181	64	4	1472	561	7551
河北	Hebei	124717	3377	2330	819	318	5770	2219	57622
山西	Shanxi	50612	2246	1233	253	35	4750	1374	14162
内蒙古	Inner Mongolia	45125	1681	352	265	38	5795	1031	19163
辽宁	Liaoning	60730	1892	593	430	72	7157	1647	20368
吉林	Jilin	31271	1529	195	274	124	3084	844	10553
黑龙江	Heilongjiang	40774	817	627	295	54	4902	1444	12025
上海	Shanghai	48920	1488	1552	293	30	5212	1581	22640
江苏	Jiangsu	144734	2982	2259	1856	232	13844	4134	78001
浙江	Zhejiang	136049	2541	1402	3297	265	19138	5424	72609
安徽	Anhui	120926	2485	1526	1241	161	13497	2900	56410
福建	Fujian	95287	2880	933	728	264	5629	3133	55483
江西	Jiangxi	78345	2926	1578	1574	275	4115	1403	40463
山东	Shandong	109649	3522	1843	833	64	17180	4227	37133
河南	Henan	129644	3504	2898	1148	304	9625	3172	57028
湖北	Hubei	103832	2402	1381	684	267	8397	2468	43480
湖南	Hunan	106595	2565	2849	1587	288	7867	2682	47564
广东	Guangdong	149923	3997	2042	959	158	23573	3847	64068
广西	Guangxi	57866	2161	775	243	206	4260	2297	21045
海南	Hainan	16294	681	348	87	11	5320	646	2581
重庆	Chongqing	44039	1083	366	422	88	5182	1413	18208
四川	Sichuan	140959	2908	806	898	193	15410	3618	52895
贵州	Guizhou	55643	2056	627	336	182	5881	2119	17075
云南	Yunnan	62048	1323	502	306	27	6588	1357	25447
西藏	Xizang	9048	301	67	17	3	316	98	844
陕西	Shaanxi	107550	3070	2562	1174	253	16227	2657	41630
甘肃	Gansu	36025	1226	245	224	32	3189	581	11014
青海	Qinghai	14273	490	85	61	19	529	180	4539
宁夏	Ningxia	12648	333	25	34	1	905	346	5009
新疆	Xinjiang	42107	1295	220	207	56	6842	1139	12872

11-1 续表 continued

单位：个 (unit)

地 区	Region	其他内资企业 Other Enterprises of Domestic Funded	个体经营户 Individuals	港澳台商投资企业 Funded by Entrepreneurs from HongKong, Macao & Taiwan	外商投资企业 Foreign Funded	事业单位 Institutions	机关 Agencies and Organizations	其他 Others
全 国	**National**	**6833**	**56102**	**17117**	**26215**	**321779**	**194938**	**242467**
北 京	Beijing	61	487	457	863	4749	1781	3648
天 津	Tianjin	15	71	219	772	2506	1257	1575
河 北	Hebei	1720	4720	204	548	14216	10336	20518
山 西	Shanxi	19	973	35	48	9809	6765	8910
内蒙古	Inner Mongolia	18	341	19	56	8313	6338	1715
辽 宁	Liaoning	142	1136	280	1234	9096	5669	11014
吉 林	Jilin	27	1192	39	135	7811	3577	1887
黑龙江	Heilongjiang	26	1608	70	126	8731	5340	4709
上 海	Shanghai	464	232	1186	3112	5744	1464	3922
江 苏	Jiangsu	600	1704	3364	6226	14170	5987	9375
浙 江	Zhejiang	417	1384	1556	2266	14103	6967	4680
安 徽	Anhui	168	3923	180	328	14144	7501	16462
福 建	Fujian	716	1042	1546	1634	9363	5809	6127
江 西	Jiangxi	148	1953	266	739	12434	7336	3135
山 东	Shandong	176	1954	396	1692	17607	10661	12361
河 南	Henan	212	6322	123	161	22496	10562	12089
湖 北	Hubei	88	2540	280	608	16048	7379	17810
湖 南	Hunan	368	5338	111	179	15708	10199	9290
广 东	Guangdong	740	1929	5958	3598	18895	10351	9808
广 西	Guangxi	61	1561	151	192	11915	7275	5724
海 南	Hainan	18	158	85	67	2845	1532	1915
重 庆	Chongqing	86	3042	70	184	6690	3370	3835
四 川	Sichuan	224	4668	242	488	20319	15175	23115
贵 州	Guizhou	76	590	31	61	8802	6481	11326
云 南	Yunnan	35	1207	79	137	9276	9114	6650
西 藏	Xizang	16	201	1	1	601	3797	2785
陕 西	Shaanxi	126	3460	82	638	14792	7676	13203
甘 肃	Gansu	34	481	35	42	8291	5772	4859
青 海	Qinghai	3	1349	12	10	2117	2333	2546
宁 夏	Ningxia	1	146	19	23	2118	1476	2212
新 疆	Xinjiang	28	390	21	47	8070	5658	5262

11−2 各地区工会会员人数(2023年)
TRADE UNION MEMBERS IN GRASSROOTS TRADE UNION BY REGION (2023)

单位：人 (person)

地 区	Region	总 计 Total	内资企业 Enterprises of Domestic Funded							
			国有企业 State-owned	集体企业 Urban Collective-owned	股份合作企业 Coopera-tive	联营企业 Joint-owned	国有独资公司 State Funded Corporations	其他有限责任公司 Other Limited Liability Corporations	国有控股公司 State-holding	其他股份有限公司 Other Share-holding Corporations Ltd.
全 国	**National**	**258949308**	**16932414**	**3720686**	**3224838**	**641958**	**6730564**	**20840784**	**7725772**	**7490051**
北 京	Beijing	6860038	431754	129837	33030	6310	339905	1317934	263815	190452
天 津	Tianjin	2942026	259425	37552	11988	921	105186	212061	166337	34044
河 北	Hebei	14134609	904613	211038	129253	53319	197549	674740	250753	238818
山 西	Shanxi	6654233	938375	99669	48199	4989	302703	481867	450595	131849
内蒙古	Inner Mongolia	3712821	455580	47111	33481	13050	200578	307580	163202	67822
辽 宁	Liaoning	10693384	801244	98954	51592	8061	275042	520922	283449	198562
吉 林	Jilin	4230741	476884	32242	78794	7362	68350	247931	100490	103869
黑龙江	Heilongjiang	4486326	350551	62015	30158	10183	554329	249110	285006	66005
上 海	Shanghai	7286259	369800	195605	36889	2830	573157	532994	662711	171768
江 苏	Jiangsu	20048342	865562	399601	437770	54217	353964	1544341	390676	738560
浙 江	Zhejiang	18176767	468331	193721	479286	42631	257053	2202097	377537	957067
安 徽	Anhui	10614198	586458	155309	157054	18198	142796	1056411	277764	333911
福 建	Fujian	7645316	442213	40201	86368	20965	154530	422840	225488	249926
江 西	Jiangxi	8257394	795822	156479	230134	56384	61675	377914	71755	293744
山 东	Shandong	14297467	900446	241716	213624	6298	490696	1658300	672256	764594
河 南	Henan	13678548	1065319	372045	247344	38285	149844	829762	223069	342440
湖 北	Hubei	11090650	662310	229061	110012	66037	264090	913845	411358	260593
湖 南	Hunan	10053236	749196	281946	177934	33759	117933	636936	253207	235282
广 东	Guangdong	21797618	1022843	214976	180994	41944	359077	2240023	573539	841697
广 西	Guangxi	5392817	460115	53158	33523	29428	180168	285882	151451	133308
海 南	Hainan	1523674	96714	11341	15371	7366	44513	247205	64525	32145
重 庆	Chongqing	5406221	286652	18896	48997	15861	136300	506398	117571	127586
四 川	Sichuan	18599881	785691	74312	111638	25403	325848	1203405	327112	377780
贵 州	Guizhou	6845381	496028	83608	33305	16376	123818	336551	165708	82841
云 南	Yunnan	4190450	266695	34811	26475	2017	217959	271410	182456	120152
西 藏	Xizang	652504	58831	3548	2424	49	9080	15040	14363	4520
陕 西	Shaanxi	8933401	1001930	185393	115980	35332	285797	840496	243957	212893
甘 肃	Gansu	3495599	407874	19469	29300	10597	119006	178857	115090	34569
青 海	Qinghai	1213129	146092	4116	4788	1147	22107	32899	26445	10642
宁 夏	Ningxia	1285078	136891	6411	12148	28	32548	59956	34553	57838
新 疆	Xinjiang	4751200	242175	26545	16985	12611	264963	435077	179534	74774

11-2 续表 continued

单位：人 (person)

地 区	Region	私营企业 Private	其他企业 Others	个体经营户 Individuals	港澳台商投资企业 Funded by Entrepreneurs from HongKong Macao&Taiwan	外商投资企业 Foreign Funded	事业单位 Institutions	机关 Agencies and Organization	其他 Others
全 国	**National**	**72586957**	**906689**	**6450096**	**4381060**	**6158256**	**37105169**	**20550197**	**42669610**
北 京	Beijing	545205	10623	61730	96766	270894	1075204	644706	607666
天 津	Tianjin	968838	1954	92189	40897	187044	367206	195332	261052
河 北	Hebei	5051936	132127	457843	83454	151962	1693149	926838	2977217
山 西	Shanxi	1255115	3773	163866	51602	9643	1018669	639972	1053347
内蒙古	Inner Mongolia	972912	652	23350	8035	9886	743130	515334	151118
辽 宁	Liaoning	1637221	8642	87299	46074	277849	1427209	973897	3997367
吉 林	Jilin	996016	2746	180333	8145	33855	861018	449706	583000
黑龙江	Heilongjiang	819114	3436	165711	8866	30793	854253	466132	530664
上 海	Shanghai	1891644	211142	24610	282637	697695	702289	212947	717541
江 苏	Jiangsu	7602786	112462	167968	768312	1463916	2014819	893596	2239792
浙 江	Zhejiang	8221516	65487	223786	380837	543960	1934091	627043	1202324
安 徽	Anhui	3411808	26780	276353	45429	94106	1390070	596513	2045238
福 建	Fujian	3287549	50895	56537	317234	276708	866063	448477	699322
江 西	Jiangxi	3875292	10397	139682	100013	162953	1032540	668197	224413
山 东	Shandong	2905635	19654	189440	130284	371503	2301955	1188380	2242686
河 南	Henan	3806847	31202	623412	130171	40556	2565516	1347136	1865600
湖 北	Hubei	3291034	12901	172341	116178	141306	1463909	633625	2342050
湖 南	Hunan	3318297	34059	426593	41545	42296	1503123	1045192	1155938
广 东	Guangdong	5802597	97342	540619	1502442	1026565	2806881	1419415	3126664
广 西	Guangxi	1121710	3908	146466	31817	30702	1383421	644579	703181
海 南	Hainan	170373	1047	9269	9119	12049	273526	270306	258805
重 庆	Chongqing	1506321	13426	897687	33594	48483	651086	452832	544531
四 川	Sichuan	4058817	19673	797103	98887	104558	2538071	1461599	6289984
贵 州	Guizhou	1098861	2809	74087	5542	10292	974263	764483	2576809
云 南	Yunnan	819067	2724	26981	13848	15384	1022302	743409	424760
西 藏	Xizang	33636	323	7160	3	90	114633	224127	164677
陕 西	Shaanxi	2071989	14575	287999	14609	83070	1202572	527587	1809222
甘 肃	Gansu	647953	3628	39566	3963	9372	800753	513988	561614
青 海	Qinghai	186204	26	28489	1590	1594	166908	146300	433782
宁 夏	Ningxia	323897	107	4247	2350	3298	199867	132988	277951
新 疆	Xinjiang	886767	8169	57380	6817	5874	1156673	775561	601295

11-3 分地区基层单位建立职工代表大会制度情况(2023年)

EMPLOYEE CONGRESS SYSTEM IN GRASSROOTS TRADE UNION BY REGION (2023)

地　区	Region	建立职工(代表)大会制度的企事业单位(个) Number of Establishments with Employee Congress (unit)	本年度召开过职工(代表)大会的企事业单位(个) Number of Establishments with Congress Held (unit)	职工代表大会的职工代表(人) Congress Members (person)	#女职工代表 Female	实行厂务公开的企事业单位(个) Number of Establishments with Publishing Management Affairs (unit)
全　国	**National**	**3016192**	**1981594**	**14434509**	**4936811**	**2952767**
北　京	Beijing	83812	59456	279246	118436	77061
天　津	Tianjin	73374	70576	255803	111965	72824
河　北	Hebei	148347	85449	601290	142551	143602
山　西	Shanxi	67968	33442	331784	90678	67580
内蒙古	Inner Mongolia	44229	25079	261326	71951	44343
辽　宁	Liaoning	80952	49945	441027	150113	80278
吉　林	Jilin	58137	39331	248463	74712	54180
黑龙江	Heilongjiang	47615	23692	259848	73901	47790
上　海	Shanghai	97110	75010	454370	184982	103965
江　苏	Jiangsu	245324	141274	1548496	486819	212515
浙　江	Zhejiang	354970	237624	1746190	736866	349751
安　徽	Anhui	103144	67517	568889	148701	103842
福　建	Fujian	138304	87708	493460	195937	134087
江　西	Jiangxi	91101	41822	311672	79882	93480
山　东	Shandong	97985	61834	852279	291894	94253
河　南	Henan	115092	53681	644159	161173	113515
湖　北	Hubei	126743	111949	644164	222435	127151
湖　南	Hunan	82838	36595	478423	129939	80219
广　东	Guangdong	154619	99611	1023286	394787	158646
广　西	Guangxi	55152	37401	277249	113885	55914
海　南	Hainan	12999	5738	67367	26036	13009
重　庆	Chongqing	108143	93097	272294	95221	106453
四　川	Sichuan	242646	210526	842993	295156	235887
贵　州	Guizhou	59244	27469	296411	89415	58962
云　南	Yunnan	51941	33920	269790	116808	51384
西　藏	Xizang	1218	648	8986	3391	1697
陕　西	Shaanxi	124649	62659	331805	100619	123816
甘　肃	Gansu	47434	33826	212439	70125	46419
青　海	Qinghai	13755	9155	47543	14504	13449
宁　夏	Ningxia	10599	9171	74254	27827	10112
新　疆	Xinjiang	75700	55695	266261	105758	75617
中央和国家机关	CCCPC and Government Agencies	1048	694	22942	10344	966

11-4 各地区基层以上工会职业培训机构情况(2023年)
VOCATIONAL TRAINING ORGANIZATIONS ABOVE GRASSROOTS TRADE UNION BY REGION (2023)

地 区	Region	工会开办的职业培训机构(个) Number of Vocational Training (Organizations)	本年度工会职业培训机构培训人次(人次) Trained Persons (person-time)	#农民工人次数 Migrant Workers	#下岗和失业人员人次数 Laid-off and Unemployment Persons	#经培训实现再就业人次数 Reemployees
全 国	**National**	**929**	**489612**	**205799**	**112002**	**62795**
北 京	Beijing					
天 津	Tianjin	1	200	200	200	20
河 北	Hebei	88	19392	9636	5482	2392
山 西	Shanxi	23	27143	12133	2453	1511
内蒙古	Inner Mongolia	16	1953	1362	601	322
辽 宁	Liaoning	24	11249	5647	4878	3079
吉 林	Jilin	25	5528	1525	1864	896
黑龙江	Heilongjiang	25	3005	1073	1628	649
上 海	Shanghai					
江 苏	Jiangsu	58	74049	11370	9230	5414
浙 江	Zhejiang	38	75609	28376	18422	10171
安 徽	Anhui	21	14847	5981	3938	1817
福 建	Fujian	16	25663	5985	1174	649
江 西	Jiangxi	34	7319	4559	1739	943
山 东	Shandong	89	31086	17722	7672	4794
河 南	Henan	102	56060	31234	17794	11054
湖 北	Hubei	43	17306	8807	5986	4501
湖 南	Hunan	56	26410	11800	6802	4884
广 东	Guangdong	13	28635	12098	1450	545
广 西	Guangxi	42	7895	5344	3130	1951
海 南	Hainan	3	2702	1150	1501	906
重 庆	Chongqing	21	12637	5353	4326	1346
四 川	Sichuan	61	18038	11641	5392	2237
贵 州	Guizhou	24	3308	1483	797	415
云 南	Yunnan	39	6565	3318	1253	617
西 藏	Xizang					
陕 西	Shaanxi	15	7931	4747	2892	583
甘 肃	Gansu	27	3496	2413	1104	924
青 海	Qinghai	5	437	250	105	85
宁 夏	Ningxia	1	100	12	50	
新 疆	Xinjiang	19	1049	580	139	90

11−5　各地区基层工会开展合理化建议和劳动竞赛活动情况(2023年)

CONDITION OF CARRYING OUT RATIONALIZED PROPOSALS AND LABOR EMULATION IN GRASSROOTS TRADE UNION BY REGION (2023)

地　区	Region	本年度职工提出合理化建议件数(件) Rationalized Proposals Put Forward by the Staff and Workers This Year (case)	本年度已实施的合理化建议件数(件) Rationalized Proposals Practiced This Year (case)	本年度开展了劳动和技能竞赛的基层工会(个) Grassroots Trade union Participating in Labor Emulation This Year (unit)	本年度参加劳动和技能竞赛的职工(人次) Person/Time of Staff and Workers Participating in Labor Emulation (person-time)
全　国	**National**	**7776537**	**5930447**	**459546**	**49929020**
北　京	Beijing	238356	188351	3867	2515870
天　津	Tianjin	240811	160198	9989	1684947
河　北	Hebei	247725	149702	32075	2063808
山　西	Shanxi	351710	272696	5405	961582
内蒙古	Inner Mongolia	209066	139872	24263	2277392
辽　宁	Liaoning	151848	110707	4989	997536
吉　林	Jilin	359406	284828	4920	380985
黑龙江	Heilongjiang	54235	33984	8823	1159897
上　海	Shanghai	1082505	918157	9643	1931261
江　苏	Jiangsu	498795	340735	28244	2631229
浙　江	Zhejiang	404124	300984	51283	4339661
安　徽	Anhui	251009	164794	35654	3463777
福　建	Fujian	145574	100976	12793	751882
江　西	Jiangxi	56890	27870	14579	1127486
山　东	Shandong	781569	620465	21536	2496198
河　南	Henan	179899	133398	10086	1210129
湖　北	Hubei	209005	162491	17796	2348043
湖　南	Hunan	222417	157848	25709	2152853
广　东	Guangdong	828135	691234	17149	3105807
广　西	Guangxi	166303	140240	4645	767508
海　南	Hainan	25683	20099	1186	152642
重　庆	Chongqing	260348	190068	10351	1033303
四　川	Sichuan	260971	185292	53860	5008570
贵　州	Guizhou	97126	84794	5801	691479
云　南	Yunnan	112911	91742	9550	1049606
西　藏	Xizang	798	523	193	32340
陕　西	Shaanxi	96705	67637	18140	1653409
甘　肃	Gansu	104029	79568	7394	630606
青　海	Qinghai	7233	5008	1096	120083
宁　夏	Ningxia	28268	19390	3550	339177
新　疆	Xinjiang	99553	84175	4656	780591
中央和国家机关	CCCPC and Government Agencies	3530	2621	321	69363

11-6 各地区基层工会参与调解劳动争议工作情况(2023年)

CONDITION OF GRASSROOTS TRADE UNION PATICIPATING IN MEDIATION LABOR DISPUTE BY REGION (2023)

地区	Region	建立劳动争议调解委员会的基层工会(个) Units with Labor Dispute Mediation Committee (unit)	劳动争议调解委员会中工会成员(人) Union Member of Labor Dispute Mediation Committee (person)	本年度劳动争议调解委员会受理劳动争议件数(件) Cases Accepted by Labor Dispute Mediation Committee This Year (case)	本年度劳动争议调解委员会调解成功劳动争议件数(件) Cases Successfully Madiated by Labor Dispute Mediation Committee This Year (case)
全国	**National**	**619478**	**1265511**	**66205**	**48028**
北京	Beijing	6325	16829	867	643
天津	Tianjin	7790	18695	2651	2482
河北	Hebei	61170	104694	1473	1160
山西	Shanxi	9637	20887	349	280
内蒙古	Inner Mongolia	5893	12681	930	747
辽宁	Liaoning	9684	19767	787	668
吉林	Jilin	5731	10971	226	159
黑龙江	Heilongjiang	6862	14439	267	231
上海	Shanghai	11474	31422	1011	650
江苏	Jiangsu	58525	109866	4102	3097
浙江	Zhejiang	81694	152562	9306	8383
安徽	Anhui	10133	20594	749	635
福建	Fujian	22534	39081	2374	1191
江西	Jiangxi	43153	67910	5981	2134
山东	Shandong	45573	103812	4479	3599
河南	Henan	8907	20524	1082	908
湖北	Hubei	13559	36691	2747	1925
湖南	Hunan	10492	23131	3075	1848
广东	Guangdong	31197	80926	10932	7226
广西	Guangxi	7422	21878	1284	932
海南	Hainan	1354	3951	119	102
重庆	Chongqing	8094	21417	1683	1474
四川	Sichuan	86320	169910	5128	4039
贵州	Guizhou	6027	14443	964	542
云南	Yunnan	11959	26314	538	371
西藏	Xizang	108	531	24	23
陕西	Shaanxi	29793	62135	1161	923
甘肃	Gansu	6906	14012	726	646
青海	Qinghai	653	2121	82	71
宁夏	Ningxia	5167	9456	344	294
新疆	Xinjiang	5243	13415	756	638
中央和国家机关	CCCPC and Government Agencies	99	446	8	7

11-7 各地区基层以上工会职业介绍机构情况(2023年)
JOB EXCHANGES ABOVE GRASSROOTS TRADE UNION BY REGION (2023)

地 区	Region	工会开办职业介绍机构(个) Number of job Exchanges (unit)	本年度工会职业介绍机构成功介绍人次数(人次) Placed Jobseekers (person-time)	#农民工人次数 Migrant Workers	#下岗和失业人员人次数 Laid-off and Unemployed Persons
全 国	**National**	**784**	**294178**	**154374**	**85725**
北 京	Beijing	4	835	602	202
天 津	Tianjin	2	1495	629	886
河 北	Hebei	87	18405	11273	6155
山 西	Shanxi	19	2427	1288	268
内蒙古	Inner Mongolia	26	3266	1003	634
辽 宁	Liaoning	13	3133	1071	1145
吉 林	Jilin	25	2138	808	752
黑龙江	Heilongjiang	43	5748	2073	2514
上 海	Shanghai	2	5640	369	4894
江 苏	Jiangsu	52	28327	15855	9988
浙 江	Zhejiang	19	24737	10673	6170
安 徽	Anhui	17	32569	19815	9177
福 建	Fujian	13	8035	6406	588
江 西	Jiangxi	24	2181	1262	700
山 东	Shandong	32	17444	9890	6041
河 南	Henan	104	60261	33952	12717
湖 北	Hubei	51	13871	6089	3253
湖 南	Hunan	54	15182	8933	4677
广 东	Guangdong	13	8444	1655	2799
广 西	Guangxi	32	2682	1590	826
海 南	Hainan				
重 庆	Chongqing	12	4405	3006	1637
四 川	Sichuan	45	10528	7425	2138
贵 州	Guizhou	29	6043	1437	595
云 南	Yunnan	12	2736	2114	279
西 藏	Xizang	4	43	43	2
陕 西	Shaanxi	25	6623	2173	4433
甘 肃	Gansu	10	1261	695	308
青 海	Qinghai	3	209	109	89
宁 夏	Ningxia	4	4950	1819	1794
新 疆	Xinjiang	8	560	317	64

十二、香港资料

MAIN INDICATORS OF HONG KONG

12-1 劳动人口及失业状况
LABOUR FORCE AND UNEMPLOYMENT

项　目	Item	2019	2020	2021	2022	2023
劳动人口数目(万人)	Labour Force(10 000 persons)	398.8	391.8	387.0	377.6	382.2
男	Male	199.0	195.5	192.3	188.6	190.1
女	Female	199.8	196.4	194.7	189.0	192.1
劳动人口参与率(%)	Labour Force Participation Rate(%)	60.7	59.7	59.4	58.2	57.3
就业人口(万人)	Employed Persons(10 000 persons)	387.1	369.1	367.0	361.3	371.0
失业人口(万人)	Unemployed Persons(10 000 persons)	11.6	22.8	20.0	16.3	11.3
失业率(%)	Unemployment Rate(%)	2.9	5.8	5.2	4.3	2.9

注：数字是根据该年1月至12月进行的“综合住户统计调查”结果，以及年中人口估计数字而编制。
Notes: Figures are compiled based on data collected in the General Household Survey from January to December of the year concerned as well as mid-year population estimates.

12-2 按行业划分的就业人数
EMPLOYED PERSONS BY INDUSTRY

单位：万人　　(10 000 persons)

行　业	Industry	2019	2020	2021	2022	2023
制造	Manufacturing	10.5	10.4	9.4	9.2	8.9
建筑	Construction	33.9	31.1	32.6	33.2	34.9
进出口贸易及批发	Import/Export Trade and Wholesale	39.1	33.1	31.6	31.9	31.2
零售、住宿及膳食服务①	Retail, Accommodation and Food Services①	61.2	52.0	51.6	51.1	53.7
运输、仓库、邮政及速递服务、资讯及通讯	Transportation, Storage, Postal and Courier Services, Information and Communications	45.2	43.8	43.0	41.2	42.2
金融、保险、地产、专业及商用服务	Financing, Insurance, Real Estate, Professional and Business Services	84.0	85.3	86.2	83.0	84.9
公共行政、社会及个人服务	Public Administration, Social and Personal Services	110.8	111.1	110.2	109.1	112.8
其他	Others	2.6	2.3	2.3	2.6	2.4
总计	**Total**	**387.1**	**369.1**	**367.0**	**361.3**	**371.0**

注：数字是根据该年1月至12月进行的“综合住户统计调查”结果，以及年中人口估计数字而编制。
①零售、住宿及膳食服务业合计通常被称为「与消费及旅游相关行业」。
Notes: Figures are compiled based on the survey results of the General Household Survey from January to December of the year concerned as well as the mid-year population estimates.
① The retail, accommodation and food services industries as a whole is generally referred to as the consumption- and tourism-related segment.

12-3 按每月就业收入划分的就业人数
EMPLOYED PERSONS BY MONTHLY EMPLOYMENT EARNINGS

单位：万人，另有注明除外 (10 000 persons, unless otherwise specified)

每月就业收入（港元）	Monthly Employment Earnings (HKD)	2019	2020	2021	2022	2023
< 3000	< 3000	9.3	9.7	8.6	8.5	7.1
3000 – 3999	3000 - 3999	3.8	3.3	3.4	3.2	3.0
4000 – 4999	4000 - 4999	33.1	31.6	28.0	24.0	23.1
5000 – 5999	5000 - 5999	7.4	8.8	10.4	12.1	12.7
6000 – 6999	6000 - 6999	5.2	5.6	5.9	6.5	6.4
7000 – 7999	7000 - 7999	4.9	5.7	5.1	4.5	4.3
8000 – 8999	8000 - 8999	7.6	6.7	6.2	6.1	5.0
9000 – 9999	9000 - 9999	9.6	8.2	6.6	5.9	4.6
10000 – 11999	10000 - 11999	24.0	22.2	20.8	17.9	15.9
12000 – 13999	12000 - 13999	33.8	29.0	28.6	24.9	22.7
14000 – 15999	14000 - 15999	34.9	33.4	33.0	31.0	30.5
16000 – 17999	16000 - 17999	24.2	21.2	22.1	22.7	23.4
18000 – 19999	18000 - 19999	19.9	18.8	19.3	20.0	21.3
20000 – 24999	20000 - 24999	47.1	44.5	47.1	47.1	51.2
25000 – 29999	25000 - 29999	24.0	22.1	23.7	24.6	28.6
30000 – 34999	30000 - 34999	23.4	22.9	23.3	23.8	25.6
35000 – 39999	35000 - 39999	12.3	12.2	12.2	12.7	14.3
40000 – 44999	40000 - 44999	12.1	12.2	12.2	12.8	13.2
45000 – 49999	45000 - 49999	7.2	6.7	6.8	6.8	8.2
50000 – 59999	50000 - 59999	13.5	13.6	13.0	13.2	14.4
60000 – 79999	60000 - 79999	12.9	13.6	14.1	14.8	16.2
80000 – 99999	80000 - 99999	5.9	6.1	6.0	6.9	7.0
≧ 100000	≧ 100000	10.6	10.9	10.5	11.4	12.3
总　计	**Total**	**387.1**	**369.1**	**367.0**	**361.3**	**371.0**
每月就业收入中位数（港元）	**Median Monthly Employment Earnings(HKD)**	**17100**	**17800**	**18000**	**19000**	**20000**

注：数字是根据该年1月至12月进行的“综合住户统计调查”结果，以及年中人口估计数字而编制。
Note: Figures are compiled based on the survey results of the General Household Survey from January to December of the year concerned as well as the mid-year population estimates.

12-4 按行业划分督导级(不包括经理级与专业雇员)及以下雇员的工资指数
WAGE INDICES FOR EMPLOYEES UP TO SUPERVISORY LEVEL (MANAGERIAL AND PROFESSIONAL EMPLOYEES ARE NOT INCLUDED) BY INDUSTRY

(1992年9月=100) (September 1992=100)

行业主类	Industry Section	2019	2020	2021	2022	2023
名义工资指数	**Nominal Wage Index**					
制造	Manufacturing	229.7	233.5	237.8	243.3	254.6
进出口贸易、批发及零售	Import/Export, Wholesale and Retail Trades	233.1	234.7	238.6	243.0	250.3
运输	Transportation	220.0	216.8	216.3	224.1	235.9
住宿及膳食服务活动	Accommodation and Food Service Activities	221.0	223.1	227.8	233.5	244.1
金融及保险活动	Financial and Insurance Activities	254.7	260.6	267.9	276.6	287.5
地产租赁及保养管理	Real Estate Leasing and Maintenance Management	270.6	278.0	286.7	294.9	304.5
专业及商业服务	Professional and Business Services	277.9	282.2	288.2	295.6	306.7
个人服务	Personal Services	335.5	336.7	339.8	344.9	357.9
所有选定行业①	All Selected Industries①	243.9	246.5	251.0	257.5	267.2
实际工资指数②	**Real Wage Index②**					
制造	Manufacturing	116.4	119.8	118.4	118.7	120.9
进出口贸易、批发及零售	Import/Export, Wholesale and Retail Trades	118.1	120.4	118.8	118.5	118.9
运输	Transportation	111.4	111.2	107.7	109.3	112.0
住宿及膳食服务活动	Accommodation and Food Service Activities	111.9	114.4	113.4	113.9	115.9
金融及保险活动	Financial and Insurance Activities	129.0	133.7	133.4	134.9	136.5
地产租赁及保养管理	Real Estate Leasing and Maintenance Management	137.1	142.6	142.8	143.9	144.6
专业及商业服务	Professional and Business Services	140.8	144.7	143.5	144.2	145.7
个人服务	Personal Services	169.9	172.7	169.2	168.2	170.0
所有选定行业①	All Selected Industries①	123.6	126.4	125.0	125.6	126.9

注：指有关年度12月份的数字。

①指"劳工收入统计调查"内工资统计调查所涵盖的所有行业，包括并没有列出其统计数字的电力及燃气供应业、污水处理及废弃物管理业与出版活动业。

②实际工资指数是按其名义指数扣除以2019/20年为基期的甲类消费价格指数而计算出来。

Notes : Figures refer to December of the year.

①Figures refer to all industries covered by the wage enquiry of the Labour Earnings Survey, including the electricity and gas supply industry, sewerage and waste management activities industry and publishing activities industry, the statistics of which are not separately shown.

②The Real Wage Index is derived by deflating the corresponding nominal index by the 2019/20-based Consumer Price Index (A).

12-5 消费物价指数(2019年10月-2020年9月=100)
CONSUMER PRICE INDICES (Oct. 2019 - Sep. 2020=100)

项　　目	Item	2019	2020	2021	2022	2023
综合消费物价指数	**Composite Consumer Price Index**					
总指数	**All Items**	**99.6**	**99.9**	**101.4**	**103.3**	**105.5**
食品	Food	97.1	100.4	102.0	105.9	108.7
外出用膳及外卖	Meals out and takeaway food	99.4	100.1	101.9	105.4	109.5
基本食品	Basic food	93.5	100.8	102.2	106.8	107.3
住屋①	Housing①	100.2	100.1	100.4	100.7	101.7
私人房屋租金	Private Housing Rent	98.9	99.9	98.7	98.1	98.5
公营房屋租金	Public Housing Rent	130.1	102.7	132.8	145.5	151.9
电力、燃气及水	Electricity, Gas and Water	116.4	91.6	116.4	124.7	136.7
烟酒	Alcoholic Drinks and Tobacco	99.7	100.2	100.3	101.6	118.9
衣履	Clothing and Footwear	103.9	98.6	101.9	107.2	113.4
耐用物品	Durable Goods	102.1	99.6	100.6	101.2	98.8
杂项物品②	Miscellaneous Goods②	96.9	100.8	97.7	98.1	99.7
交通	Transport	100.4	99.3	101.9	104.8	106.8
杂项服务③	Miscellaneous Services③	99.3	100.1	100.8	102.2	104.9
教育服务	Educational Services	97.9	100.4	102.0	103.8	107.0
资讯及通讯服务	Information and Communications Services	101.0	99.7	98.0	95.9	95.3
医疗服务	Medical Services	98.4	100.5	101.9	103.9	106.2

注：①除“私人房屋租金”及“公营房屋租金”外，“住屋”类别还包括“管理费及其他住屋杂费”。
②“杂项物品”类别包括“药物”“化妆品及个人护理用品”“购买教科书”及其他杂项物品。
③“杂项服务”类别包括“教育服务”“资讯及通讯服务”“医疗服务”及其他杂项服务。

Notes: ①Apart from "Private Housing Rent" and "Public Housing Rent", the "Housing" section also includes "Management Fees and Other Housing Charges".
②"Miscellaneous goods" section includes "Proprietary medicines and supplies" "Cosmetics and personal care products" "Purchases of textbooks" and other miscellaneous goods.
③"Miscellaneous Services" section includes "Educational Services" "Information and Communications Services" "Medical Services" and other miscellaneous services.

十三、澳门资料

MAIN INDICATORS OF MACAO

13-1 经济活动人口及失业状况
LABOUR FORCE AND UNEMPLOYMENT

项　目	Item	2019	2020	2021	2022	2023
劳动人口（万人）	Labour Force (10 000 persons)	39.5	40.5	39.0	37.9	37.5
男	Male	19.3	19.9	18.9	18.3	18.0
女	Female	20.2	20.7	20.1	19.6	19.5
就业人口（万人）	Employed Population (10 000 persons)	38.8	39.5	37.8	36.5	36.5
失业人口（万人）	Unemployed Population (10 000 persons)	0.7	1.0	1.1	1.4	1.0
失业率（%）	Unemployment Rate (%)	1.7	2.5	2.9	3.7	2.7

13-2 按行业划分的就业人口
EMPLOYED POPULATION BY INDUSTRY

单位：万人 (10 000 persons)

行　业	Industry	2019	2020	2021	2022	2023
总数	**Total**	**38.78**	**39.51**	**37.84**	**36.47**	**36.52**
制造业	Manufacturing	0.63	0.64	0.66	0.59	0.61
水电及气体生产供应业	Electricity, Gas & Water Supply	0.09	0.12	0.09	0.12	0.17
建筑业	Construction	3.05	3.76	3.26	3.02	2.78
批发及零售业	Wholesale & Retail Trades	4.16	4.62	4.34	4.63	4.66
酒店及饮食业	Hotels, Restaurants & Similar Activities	5.61	5.44	5.03	4.52	4.60
运输、仓储及通信业	Transport, Storage & Communications	1.98	1.80	1.76	1.80	1.92
金融业	Financial Intermediation	1.21	1.28	1.36	1.23	1.36
不动产及工商服务业	Real Estate & Business Activities	3.48	3.56	3.28	3.29	3.23
公共行政及社保事务	Public Administration & Social Security	2.79	2.74	2.86	2.84	2.92
教育	Education	1.73	1.82	1.92	2.10	2.06
医疗卫生及社会福利	Health & Social Welfare	1.26	1.35	1.43	1.67	1.61
文娱博彩及其他服务业	Recreational, Cultural, Gaming & Other Services	9.70	9.13	8.91	8.06	7.99
家务工作	Domestic Work	3.03	3.15	2.85	2.51	2.49
其他及不详	Others and Unknown	0.08	0.10	0.08	0.09	0.13

13-3 按行业划分的月工作收入中位数
MEDIAN MONTHLY EMPLOYMENT EARNINGS BY INDUSTRY

单位：澳门元 (MOP)

行 业	Occupation	2019	2020	2021	2022	2023
总数	**Total**	**17000**	**15000**	**15800**	**15000**	**17500**
制造业	Manufacturing	10800	11000	12000	12000	12000
水电及气体生产供应业	Electricity, Gas & Water Supply	20500	22000	29500	21000	25000
建筑业	Construction	17000	15000	15000	15000	15000
批发及零售业	Wholesale & Retail Trade	14000	12000	13000	12000	14000
酒店及饮食业	Hotels, Restaurants & Similar Activities	12000	11000	11800	11600	12000
运输、仓储及通信业	Transport, Storage & Communications	16000	15000	15000	14800	17000
金融业	Financial Intermediation	21000	22000	21000	20000	21500
不动产及工商服务业	Real Estate & Business Activities	11000	10000	10000	10000	10500
公共行政及社保事务	Public Administration & Social Security	40300	43000	44600	44600	45000
教育	Education	28000	25500	25300	26000	27000
医疗卫生及社会福利	Health & Social Welfare	22100	23300	23000	22000	24000
文娱博彩及其他服务业	Recreational, Cultural, Gaming & Other Services	20000	19300	19000	19300	20000
家务工作	Domestic Work	4200	4400	4500	5000	5000

13-4 消费物价指数
CONSUMER PRICE INDEX

2018年4月至2019年3月=100 (04/2018-03/2019=100)

项 目	Items	权数 Weight	2019	2020	2021	2022	2023
综合消费价格指数	**Composite Consumer Price Index**						
总指数	**Global Index**	**100.00**	**101.78**	**102.60**	**102.63**	**103.70**	**104.68**
食品及非酒精饮料	Food and Non-alcoholic Beverages	27.94	102.71	106.17	106.41	108.28	111.00
烟酒	Alcoholic Beverages and Tobacco	0.60	99.53	99.23	98.80	100.64	101.46
衣履	Clothing and Footwear	2.95	100.66	94.01	90.18	90.58	94.10
住房及燃料	Housing and Fuels	33.75	101.68	102.40	102.30	101.16	99.69
家居设备及用品	Household Goods and Furnishings	4.16	101.27	102.55	106.16	118.09	121.23
医疗	Health	2.82	102.55	106.67	108.31	109.41	111.97
交通	Transport	7.84	101.86	100.73	104.34	110.42	108.18
通讯	Communications	3.10	97.50	87.15	82.48	74.73	73.06
康乐及文化	Recreation and Culture	5.18	102.35	97.36	91.29	91.07	95.51
教育	Education	2.24	100.53	104.09	104.97	109.48	118.50
杂项商品及服务	Miscellaneous Goods and Services	9.42	101.72	103.63	104.39	105.01	107.05

十四、台湾资料

MAIN INDICATORS OF TAIWAN

14－1 劳动力和就业状况
LABOUR FORCE AND EMPLOYMENT

项　　目	Item	2019	2020	2021	2022	2023
劳动力人口（万人）	Labour Force (10 000 persons)	1194.6	1196.4	1191.9	1185.3	1194.3
男	Male	663.1	663.8	659.5	655.4	656.8
女	Female	531.5	532.6	532.4	529.8	537.5
就业人数（万人）	Employment (10 000 persons)	1150.0	1150.4	1144.7	1141.8	1152.8
男	Male	637.6	637.8	633.2	631.3	633.9
女	Female	512.4	512.6	511.5	510.5	518.8
就业者行业构成（%）	Distribution of Employment by Industry (%)	100.0	100.0	100.0	100.0	100.0
农、林、渔、牧业	Agriculture, Forestry, Fishery and Animal Husbandry	4.9	4.8	4.7	4.6	4.4
工业	Industry	35.6	35.4	35.5	35.4	35.1
矿业及土石采取业	Mining and Quarrying	0.03	0.03	0.03	0.03	0.03
制造业	Manufacturing	26.7	26.4	26.4	26.4	26.0
电力及燃气供应业	Electricity, Gas	0.3	0.3	0.3	0.3	0.3
用水供应及污染整治业	Water Supply and Pollution Management	0.7	0.7	0.7	0.7	0.7
建筑业	Construction	7.9	8.0	8.0	8.0	8.0
服务业	Services	59.6	59.8	59.8	60.0	60.5
批发及零售业	Wholesale and Retail Trades	16.7	16.5	16.4	16.2	15.9
运输及仓储业	Transport, Storage, Communications	3.9	4.0	4.0	4.2	4.3
金融及保险业	Finance, Insurance	3.8	3.8	3.8	3.8	3.8
咨讯及通讯传播	Information and Communication	2.3	2.3	2.3	2.4	2.4
住宿及餐饮业	Hotels and Restaurants	7.4	7.4	7.3	7.4	7.6
教育服务业	Education	5.7	5.7	5.6	5.6	5.5
公共行政	Public Administration	3.2	3.3	3.3	3.3	3.3
失业人数（万人）	Unemployment (10 000 persons)	44.6	46.0	47.1	43.4	41.5
失业率（%）	Unemployment Rate (%)	3.7	3.9	4.0	3.7	3.5

14-2 居民消费价格分类指数
CONSUMER PRICE INDICES

(2021年=100) (year of 2021=100)

年 份 Year	总指数 General Index	食品 Food	服装 Clothing	居住 Housing	交通&通讯 Transportation & Communications	医药保健 Medicines and Medical Care	教育娱乐 Education and Entertainment	杂项 Miscellaneous
2011	91.2	79.6	94.7	95.0	103.0	92.1	97.6	86.9
2012	93.0	82.9	97.0	96.1	103.4	92.8	98.2	88.8
2013	93.7	84.0	96.9	97.0	103.9	93.8	98.5	89.2
2014	94.8	87.1	98.1	97.8	102.6	94.4	98.5	90.4
2015	94.5	89.9	97.6	96.7	96.7	94.7	98.4	90.6
2016	95.9	94.6	97.8	96.5	95.6	95.5	98.5	91.9
2017	96.5	94.2	97.5	97.3	97.3	97.1	98.8	93.6
2018	97.8	95.2	97.8	98.2	99.5	98.2	99.0	98.1
2019	98.3	97.0	97.1	98.8	98.1	99.0	99.8	98.7
2020	98.1	97.6	98.3	99.1	94.3	99.8	98.8	99.6
2021	100.0	100.0	100.0	100.0	100.0	100.0	100.0	100.0
2022	103.0	105.7	102.4	102.3	103.5	101.2	101.2	101.4
2023	105.5	109.9	103.2	104.4	104.3	103.4	104.3	103.8

附录一、国外有关资料

MAIN INDICATORS OF OTHER COUNTRIES

附录1-1 全部就业人数
A1-1 EMPLOYMENT

单位：千人 (1 000 persons)

国 家	Country	2010	2011	2012	2013	2014	2015	2016
阿根廷	Argentina	10532	10766	10844	10943	11047		
澳大利亚	Australia	11022	11214	11351	11457	11540	11766	11973
巴西	Brazil			89317	90771	91978	91787	89495
加拿大	Canada	16964	17221	17438	17691	17802	17947	18080
埃及	Egypt	23829	23346	23564	23975	24331	24779	25331
法国	France	25731	25759	25804	25785	26376	26442	26580
德国	Germany	37992	38786	39126	39530	39870	40209	41265
匈牙利	Hungary	3732	3759	3827	3893	4101	4211	4352
印度尼西亚	Indonesia	107807	109724	113537	114345	116399	117833	119530
意大利	Italy	22526	22598	22565	22190	22278	22464	22757
日本	Japan	61935	60587	62177	62561	62999	63201	63958
韩国	Korea, Rep.	24218	24704	25105	25465	26092	26348	26551
马来西亚	Malaysia	11291	12352	12545	13352	13853	14068	14164
墨西哥	Mexico	46122	47139	48707	49227	49415	50611	51595
荷兰	Netherlands	8290	8291	8345	8285	8236	8318	8427
新西兰	New Zealand	2154	2185	2180	2224	2308	2369	2483
挪威	Norway	2501	2536	2585	2602	2627	2641	2638
菲律宾	Philippines	36035	37192	37600	38118	38093	39143	40998
葡萄牙	Portugal	4898	4738	4546	4428	4498	4547	4604
罗马尼亚	Romania	8713	8528	8605	8549	8614	8535	8449
俄罗斯	Russian Federation	69934	70857	71545	71392	71539	72324	72393
南非	South Africa	14739	15939	16113	16448	16605	17346	17495
西班牙	Spain	18724	18421	17632	17139	17344	17866	18341
瑞典	Sweden	4524	4626	4657	4705	4772	4837	4910
泰国	Thailand	38037	39317	39578	38570	38077	38016	37693
英国	United Kingdom	29124	29282	29596	29952	30670	31195	31645
美国	United States	139064	139869	142469	143929	146305	148834	151436

资料来源：联合国ILO数据库。
Source: ILO Database.

附录1-1 续表 continued

单位：千人 (1 000 persons)

国 家	Country	2017	2018	2019	2020	2021	2022	2023
阿根廷	Argentina	11568	11745	12041	10937	12242	12881	13293
澳大利亚	Australia	12252	12584	12875	12675	13058	13604	14075
巴西	Brazil	89808	91414	93492	85692	90478	97919	99282
加拿大	Canada	18416	18658	19056	18060	18865	19567	20171
埃及	Egypt	26006	26021	26123	26199	27241	27976	
法国	France	26803	27021	27132	26995	27728	28341	28589
德国	Germany	41661	41913	42399	41474	41500	42529	43041
匈牙利	Hungary	4421	4470	4512	4461	4642	4709	4738
印度尼西亚	Indonesia	122781	126675	131896	131187	130518	135208	139242
意大利	Italy	23022	23214	23360	22903	22554	23099	23580
日本	Japan	64815	66130	66769	66760	66670	67230	67470
韩国	Korea, Rep.	26868	26925	27231	27024	27401	28229	28549
马来西亚	Malaysia	14477	14776	15073	14957	15064	15392	
墨西哥	Mexico	52341	53162	54615	50915	55166	57282	58859
荷兰	Netherlands	8605	8797	8982	8981	9282	9587	9781
新西兰	New Zealand	2586	2652	2696	2730	2796	2836	2924
挪威	Norway	2644	2686	2716	2702	2796	2859	2892
菲律宾	Philippines	40334	41157	42428	77869	41060	45838	
葡萄牙	Portugal	4755	4866	4912	4813	4812	4909	4979
罗马尼亚	Romania	8671	8689	8680	8521	7756	7807	7696
俄罗斯	Russian Federation	72316	72532	71933	70601	71719	71974	73636
南非	South Africa	18098	18148	18205	17645	17219	17861	18882
西班牙	Spain	18825	19328	19779	19202	19774	20391	21182
瑞典	Sweden	5022	5097	5132	5064	5120	5256	5336
泰国	Thailand	37458	37865	37613	37680	37752	39221	
英国	United Kingdom	31965	32353	32693				
美国	United States	153337	155761	157538	147795	152581	158291	161037

附录1-2 按三次产业分就业人员构成
A1-2 EMPLOYMENT BY TYPE OF INDUSTRY

单位：% (%)

国 家	Country	第一产业 Primary Industry		第二产业 Secondary Industry		第三产业 Tertiary Industry	
		2021	2022	2021	2022	2021	2022
孟加拉国	Bangladesh	37.5	36.9	21.8	21.9	40.7	41.3
文 莱	Brunei Darussalam	1.4	1.4	23.6	24.2	75.0	74.4
柬埔寨	Cambodia	37.1	36.6	26.4	26.6	36.5	36.8
印 度	India	44.1	42.9	24.5	26.1	31.5	31.0
印度尼西亚	Indonesia	29.0	29.3	21.8	21.9	49.3	48.8
伊 朗	Iran	15.5	15.1	34.1	34.2	50.3	50.7
以色列	Israel	0.8	0.8	16.0	15.7	83.3	83.5
日 本	Japan	3.2	3.1	23.7	23.6	73.1	73.3
哈萨克斯坦	Kazakhstan	13.2	12.9	21.5	21.5	65.3	65.6
韩 国	Korea, Rep.	5.3	5.4	24.6	24.5	70.0	70.1
老 挝	Laos	67.8	69.6	7.7	7.2	24.5	23.3
马来西亚	Malaysia	10.3	10.0	28.2	28.1	61.5	61.9
蒙 古	Mongolia	26.9	26.3	21.8	22.1	51.3	51.6
缅 甸	Myanmar	46.1	45.5	18.6	18.8	35.2	35.7
巴基斯坦	Pakistan	37.1	36.4	25.4	25.5	37.5	38.1
菲律宾	Philippines	24.3	23.7	18.9	18.9	56.8	57.4
新加坡	Singapore	0.1	0.1	14.4	14.2	85.4	85.7
斯里兰卡	Sri Lanka	26.9	26.4	27.1	27.0	46.0	46.5
泰 国	Thailand	31.9	30.4	22.3	22.2	45.8	47.3
越 南	Viet Nam	29.0	33.6	33.1	30.6	37.8	35.8
埃 及	Egypt	19.3	18.7	28.4	28.4	52.4	53.0
尼日利亚	Nigeria	38.6	38.0	14.4	14.6	47.0	47.5
南 非	South Africa	21.3	19.3	17.2	18.1	61.5	62.7
加拿大	Canada	1.3	1.3	19.3	19.2	79.4	79.6
墨西哥	Mexico	13.1	12.6	24.5	25.0	62.4	62.3
美 国	United States	1.7	1.6	19.2	19.3	79.2	79.1
阿根廷	Argentina	7.3	7.2	20.1	20.0	72.6	72.8
巴 西	Brazil	9.5	8.7	20.7	20.5	69.8	70.8
委内瑞拉	Venezuela	11.8	11.5	18.0	17.9	70.2	70.6
捷 克	Czech Rep.	2.5	2.5	36.8	36.4	60.6	61.0
法 国	France	2.5	2.6	19.4	19.3	78.1	78.2
德 国	Germany	1.3	1.2	27.6	26.9	71.1	71.9
意大利	Italy	4.1	3.8	26.6	26.9	69.3	69.3
荷 兰	Netherlands	2.3	1.9	13.9	14.0	83.8	84.1
波 兰	Poland	8.4	8.3	30.9	30.8	60.7	60.9
俄罗斯	Russia	5.9	5.7	26.6	26.6	67.5	67.8
西班牙	Spain	4.1	3.8	20.2	20.1	75.8	76.1
土耳其	Türkiye	17.2	16.7	27.5	27.7	55.3	55.6
乌克兰	Ukraine	15.1		24.1		60.8	
英 国	United Kingdom	1.0	1.0	18.2	18.1	80.8	80.9
澳大利亚	Australia	2.5	2.2	18.9	18.6	78.6	79.2
新西兰	New Zealand	6.1	6.0	20.0	20.8	73.9	73.2

资料来源：世界银行数据库。
Source：World Bank WDI Database.

附录1－3 失业人数
A1-3 UNEMPLOYMENT

单位：千人 (1 000 persons)

国 家	Country	2010	2011	2012	2013	2014	2015	2016
阿根廷	Argentina	880.3	832.7	843.4	836.3	865.8		
澳大利亚	Australia	606.0	600.3	625.6	687.6	746.6	758.3	725.1
巴西	Brazil			6982.5	6906.6	6663.5	8594.5	11904.7
加拿大	Canada	1486.3	1398.5	1371.6	1346.7	1322.3	1331.4	1360.6
埃及	Egypt	2286.8	3138.2	3396.3	3631.3	3669.5	3719.7	3602.3
法国	France	2504.9	2489.0	2677.4	2839.8	3026.2	3054.1	2969.5
德国	Germany	2845.0	2398.8	2224.4	2181.8	2089.9	1949.6	1774.1
匈牙利	Hungary	469.4	466.0	473.2	441.0	343.3	307.8	234.6
印度尼西亚	Indonesia	6411.6	5961.5	5310.3	5182.5	4911.3	5570.4	5371.7
意大利	Italy	2055.7	2061.3	2691.0	3068.7	3236.0	3033.3	3012.0
日本	Japan	3330.1	2888.2	2833.1	2632.6	2344.9	2214.4	2067.6
韩国	Korea, Rep.	832.7	762.0	726.3	719.4	829.8	968.6	1005.8
马来西亚	Malaysia	395.8	389.1	401.3	435.2	411.2	450.3	504.0
墨西哥	Mexico	2583.0	2569.8	2502.6	2544.0	2496.7	2281.1	2070.9
荷兰	Netherlands	435.3	434.3	515.8	647.0	659.7	613.8	538.5
新西兰	New Zealand	151.3	151.9	162.6	137.9	132.5	135.4	134.7
挪威	Norway	91.3	84.2	83.3	92.2	94.8	118.5	129.5
菲律宾	Philippines	1347.7	1385.8	1365.4	1381.4	1422.5	1238.9	1135.6
葡萄牙	Portugal	591.2	688.2	835.7	855.2	726.0	646.5	573.0
罗马尼亚	Romania	651.7	659.4	627.2	653.0	628.7	623.9	529.9
俄罗斯	Russian Federation	5563.2	4954.6	4113.0	4121.3	3892.4	4266.8	4261.1
南非	South Africa	4447.7	4343.8	4488.2	4649.4	4850.4	5143.0	5531.8
西班牙	Spain	4640.1	5012.7	5811.0	6051.1	5610.3	5056.1	4481.3
瑞典	Sweden	426.1	391.5	403.6	412.0	412.4	388.3	369.0
泰国	Thailand	237.9	262.4	230.8	96.2	220.4	228.2	261.1
英国	United Kingdom	2459.4	2559.3	2533.2	2437.1	1995.8	1746.1	1599.1
美国	United States	14824.8	13747.5	12505.6	11459.8	9616.5	8296.4	7751.1

资料来源：联合国ILO数据库。
Source: ILO Database.

附录1-3　续表　continued

单位：千人　　(1 000 persons)

国　家	Country	2017	2018	2019	2020	2021	2022	2023
阿根廷	Argentina	1053.6	1192.9	1314.6	1415.7	1171.9	940.5	869.5
澳大利亚	Australia	725.6	704.0	700.2	874.7	703.9	523.0	535.0
巴西	Brazil	13336.6	13010.1	12813.7	13869.2	13927.3	9958.3	8570.6
加拿大	Canada	1246.6	1155.2	1143.8	1887.8	1519.9	1085.5	1154.8
埃及	Egypt	3468.2	2844.8	2225.6	2259.3	2189.9	2217.6	
法国	France	2784.0	2678.4	2492.9	2350.5	2365.3	2234.4	2262.9
德国	Germany	1621.2	1467.8	1372.8	1663.4	1535.9	1376.5	1362.4
匈牙利	Hungary	191.7	172.1	159.7	198.0	195.7	176.3	202.9
印度尼西亚	Indonesia	4828.0	5812.4	4911.8	5829.6	5193.4	4848.1	4763.2
意大利	Italy	2906.9	2755.5	2581.5	2310.5	2366.8	2027.5	1946.9
日本	Japan	1882.4	1672.7	1607.3	1910.0	1930.0	1790.0	1780.0
韩国	Korea, Rep.	1018.6	1070.5	1059.7	1105.8	1034.8	830.2	784.7
马来西亚	Malaysia		504.1	508.2	710.9	733.0	630.4	
墨西哥	Mexico	1853.2	1799.7	1967.5	2369.1	2352.6	1927.9	1673.6
荷兰	Netherlands	437.5	350.4	314.2	356.6	407.9	350.2	358.6
新西兰	New Zealand	128.6	120.0	115.4	131.5	109.8	96.7	113.5
挪威	Norway	114.8	106.1	104.0	125.0	127.7	95.5	107.1
菲律宾	Philippines	1056.2	985.4	971.0	2033.4	1444.4	1222.6	
葡萄牙	Portugal	462.8	365.9	339.5	350.9	338.8	313.9	346.6
罗马尼亚	Romania	449.3	379.7	353.4	451.8	459.2	464.4	455.6
俄罗斯	Russian Federation	3976.6	3693.8	3386.1	4179.4	3549.1	2895.0	2337.3
南非	South Africa	5712.6	5799.5	6243.6	5675.9	6954.4	7237.8	7339.0
西班牙	Spain	3917.0	3479.2	3247.8	3530.9	3429.7	3024.6	2937.5
瑞典	Sweden	361.7	346.5	376.3	457.8	489.2	419.5	439.6
泰国	Thailand	313.5	292.1	271.4	418.7	464.2	372.2	
英国	United Kingdom	1446.7	1346.7	1269.3				
美国	United States	6982.3	6313.9	6000.5	12947.5	8623.2	5996.0	6079.9

附录1－4　失业率
A1-4 UNEMPLOYMENT RATE

单位：%　　(%)

国　家	Country	2000	2010	2019	2020	2021	2022	2023
文　莱	Brunei Darussalam			6.6	7.4	4.9	5.2	
以色列	Israel	11.1	8.5	3.7	4.2	4.8	3.7	
日　本	Japan	4.7	5.1	2.4	2.8	2.8	2.6	2.6
哈萨克斯坦	Kazakhstan	12.8	5.8	4.8	4.9		4.9	
韩　国	Korea, Rep.	4.1	3.3	3.7	3.9	3.6	2.9	2.7
马来西亚	Malaysia	3.0	3.4	3.3	4.5	4.6	3.9	
巴基斯坦	Pakistan	7.2	0.7	4.8		6.3		
菲律宾	Philippines	11.2	3.6	2.2	2.5	3.4	2.6	
新加坡	Singapore	3.7	4.1	3.1	4.1	4.6	3.6	3.4
斯里兰卡	Sri Lanka	7.7	4.8	4.7	5.4	5.0	4.5	
泰　国	Thailand	2.4	0.6	0.7	1.1	1.2	0.9	0.7
埃　及	Egypt	9.0	8.8	7.9	8.0	7.4	7.3	
南　非	South Africa	29.9	24.7	28.5	29.2	34.0	33.3	32.1
加拿大	Canada	6.8	8.2	5.7	9.7	7.5	5.3	5.4
墨西哥	Mexico	2.6	5.3	3.5	4.4	4.0	3.3	2.8
美　国	United States	4.0	9.6	3.7	8.1	5.3	3.7	3.6
阿根廷	Argentina	15.0	7.7	9.8	11.5	8.7	6.8	6.1
巴　西	Brazil			11.9	13.7	13.2	9.2	7.9
委内瑞拉	Venezuela		7.1		7.5			
捷　克	Czech Rep.	8.8	7.3	2.0	2.6	2.8	2.2	2.6
法　国	France	10.2	9.3	8.4	8.0	7.9	7.3	7.3
德　国	Germany	7.9	7.0	3.2	3.9	3.6	3.1	3.1
意大利	Italy	10.8	8.4	10.0	9.2	9.5	8.1	7.6
荷　兰	Netherlands	2.7	5.0	3.4	3.8	4.2	3.5	3.5
波　兰	Poland	14.9	9.6	3.3	3.2	3.3	2.8	2.7
俄罗斯	Russia	10.6	7.4	4.5	5.6	4.7	3.9	3.1
西班牙	Spain	13.8	19.9	14.1	15.5	14.8	12.9	12.2
土耳其	Türkiye	6.5	11.9	13.7	13.1	12.0	10.5	9.4
乌克兰	Ukraine	11.7	8.1	8.2	9.5	9.8		
英　国	United Kingdom	5.6	7.9	3.6	4.5	4.8	3.7	4.0
澳大利亚	Australia	6.3	5.2	5.2	6.5	5.1	3.7	3.7
新西兰	New Zealand	6.1	6.6	4.1	4.6	3.8	3.3	3.7

资料来源：联合国ILO数据库。
Sources：ILO Database.

附录1–5 消费价格指数
A1-5 CONSUMER PRICE INDICES

(2010年=100) (year of 2010=100)

国 家	Country	2005	2019	2020	2021	2022	2023
中 国	China	86.5	125.1	128.1	129.4	131.9	132.2
孟加拉国	Bangladesh	69.2	179.7	189.9	200.4	215.9	237.2
文 莱	Brunei Darussalam	95.5	99.0	100.9	102.7	106.5	106.9
柬 埔 寨	Cambodia	68.2	130.1	133.9	137.9	145.2	148.3
印 度	India	66.0	171.6	183.0	192.4	205.3	216.9
印度尼西亚	Indonesia	68.7	151.2	154.1	156.5	163.1	169.1
伊 朗	Iran	49.4	550.9	719.5	1031.7	1480.3	2140.2
以 色 列	Israel	87.9	108.2	107.5	109.1	113.9	118.8
日 本	Japan	100.4	105.5	105.5	105.2	107.8	111.4
韩 国	Korea, Rep.	86.2	115.2	115.8	118.7	124.7	129.2
老 挝	Laos	78.5	135.9	142.8	148.2	182.2	239.1
马来西亚	Malaysia	87.8	121.5	120.1	123.1	127.2	130.4
蒙 古	Mongolia	57.3	195.8	203.2	218.1	251.2	277.2
缅 甸	Burma	44.5	168.2				
巴基斯坦	Pakistan	55.8	182.3	200.1	219.1	262.6	343.4
菲 律 宾	Philippines	78.7	129.6	132.7	137.9	146.0	154.7
新 加 坡	Singapore	88.0	114.4	114.2	116.8	124.0	130.0
斯里兰卡	Sri Lanka	58.3	155.5	165.1	176.7	264.5	308.3
泰 国	Thailand	86.6	113.3	112.3	113.7	120.6	122.1
越 南	Viet Nam	59.9	163.5	168.8	171.9	177.3	183.1
埃 及	Egypt	57.8	288.6	303.1	318.9	363.3	486.3
尼日利亚	Nigeria	61.4	267.5	302.9	354.3	421.1	524.9
南 非	South Africa	74.3	158.9	164.0	171.6	183.7	194.8
加 拿 大	Canada	91.9	116.8	117.6	121.6	129.9	134.9
墨 西 哥	Mexico	80.5	141.5	146.4	154.7	166.9	176.1
美 国	United States	89.6	117.2	118.7	124.3	134.2	139.7
巴 西	Brazil	79.5	167.4	172.8	187.1	204.5	213.9
捷 克	Czech Rep.	87.0	116.5	120.2	124.8	143.6	158.9
法 国	France	92.8	110.0	110.6	112.4	118.3	124.0
德 国	Germany	92.5	112.9	113.0	116.5	124.5	131.9
意 大 利	Italy	91.0	110.6	110.5	112.5	121.8	128.6
荷 兰	Netherlands	92.7	115.9	117.4	120.5	132.6	137.7
波 兰	Poland	86.9	114.1	118.0	123.9	141.8	158.2
俄 罗 斯	Russia	61.4	180.8	186.9	199.4		
西 班 牙	Spain	89.0	111.0	110.6	114.0	123.6	128.0
土 耳 其	Türkiye	65.9	234.4	263.2	314.8	542.4	834.6
乌 克 兰	Ukraine	51.2	281.7	289.4	316.4	380.3	429.2
英 国	United Kingdom	88.1	119.6	120.8	123.8	133.7	142.7
澳大利亚	Australia	86.3	119.8	120.8	124.3	132.5	139.9
新 西 兰	New Zealand	87.0	114.2	116.2	120.8	129.4	136.9

资料来源：国际货币基金组织IFS数据库。
注：中国数据未包括香港特别行政区、澳门特别行政区和台湾省。
Source:IMF IFS Database.
Note:All data of China do not cover Hong Kong SAR，Macao SAR and Taiwan province.

附录二、主要统计指标解释

EXPLANATORY NOTES ON MAIN STATISTICAL INDICATORS

主要统计指标解释

劳动力 指年满 16 周岁，有劳动能力，参加或要求参加社会经济活动的人员。包括就业人员和失业人员。

非劳动力 指年满16周岁，既不属于就业人员也不属于失业人员的人员。

就业人员 指年满 16 周岁，为取得报酬或经营利润，在调查参考周内从事了 1 小时（含 1 小时）以上劳动的人员；或由于在职学习、休假、临时停工等原因在调查参考周内暂时未工作的人员。

失业人员 指年满 16 周岁，具有劳动能力并同时符合以下各项条件的人员：

(1)在调查参考周内未处于就业状态；

(2)在一定时期内采取了某种方式寻找工作；

(3)当前如有合适的工作机会可以马上开始工作。

城镇调查失业率 指城镇失业人口占城镇就业人口与失业人口之和的百分比，根据劳动力调查数据计算。

单位就业人员 指报告期末最后一日在本单位工作，并取得工资或其他形式劳动报酬的人员数。该指标为时点指标，不包括最后一日当天及以前已经与单位解除劳动合同关系的人员，是在岗职工、劳务派遣人员及其他就业人员之和。就业人员不包括：

(1)离开本单位仍保留劳动关系，并定期领取生活费的人员；

(2)在本单位实习的各类在校学生；

(3)本单位因劳务外包而使用的人员，如：建筑业整建制使用的人员。

在岗职工 指在本单位工作且与本单位签订劳动合同，并由单位支付各项工资和社会保险、住房公积金的人员，以及上述人员中由于学习、病伤、产假等原因暂未工作仍由单位支付工资的人员。在岗职工还包括：

(1)应订立劳动合同而未订立劳动合同人员；

(2)处于试用期人员；

(3)编制外招用的人员，如临时人员；

(4)派往外单位工作，但工资仍由本单位发放的人员(如挂职锻炼、外派工作等情况)。

本书中“在岗职工”相关数据包含“劳务派遣人员”数据。

劳务派遣人员 根据《中华人民共和国劳动合同法》规定，指与劳务派遣单位签订劳动合同，并被劳务派遣单位派遣到实际用工单位工作，且劳务派遣单位与实际用工单位签订《劳务派遣协议》的人员。

年末人数 指年末最后一天的实有人数。

内资单位 指依据《关于市场主体统计分类的划分规定》（国统字[2023]14 号）登记注册类别为内资的企业，具体包括：除港澳台投资企业和外商投资企业以外的国有独资公司、私营股份有限责任公司、全民所有制企业（国有企业）、集体所有制企业（集体）企业和个人独资企业等。

国有单位 指资产归国家所有的经济组织。包括按《中华人民共和国企业法人登记管理条例》规定登记注册的非公司制的经济组织，以及中央、地方各级国家机关、事业单位和社会团体。

港澳台投资单位 指依据《关于市场主体统计分类的划分规定》（国统字[2023]14 号）登记注册类别为港澳台投资的企业，具体包括：港澳台投资有限责任公司、港澳台投资股份有限公司、港澳台投资合伙企业和其他港澳台投资企业。

外商投资单位 指依据《关于市场主体统计分类的划分规定》（国统字[2023]14 号）登记注册类别为

外商投资的企业，具体包括：外商投资有限责任公司、外商投资股份有限公司、外商投资合伙企业和其他外商投资企业。

第一产业 指农业（包括林、牧、渔业等）。

第二产业 指采矿业、制造业、电力、热力、燃气及水生产和供应业、建筑业。

第三产业 指上述第一、第二产业以外的其他行业。

工资总额 指本单位在报告期内（季度或年度）直接支付给本单位全部从业人员的劳动报酬总额。包括计时工资、计件工资、奖金、津贴和补贴、加班加点工资、特殊情况下支付的工资，是在岗职工工资总额、劳务派遣人员工资总额和其他从业人员工资总额之和。不论是计入成本的还是不计入成本的，不论是以货币形式支付的还是以实物形式支付的，均应列入工资总额的计算范围。

工资总额是税前工资，包括单位从个人工资中直接为其代扣或代缴的个人所得税、社会保险基金和住房公积金等个人缴纳部分，以及房费、水电费等。

平均工资 指单位就业人员在一定时期内平均每人所得的工资额。

计算公式为：

$$平均工资=\frac{报告期实际支付的全部就业人员工资总额}{报告期全部就业人员平均人数}$$

平均实际工资 指扣除物价变动因素后的就业人员平均工资。计算公式为：

$$平均实际工资=\frac{报告期就业人员平均工资}{报告期城市居民消费价格指数}$$

城镇登记失业人员 劳动年龄（年满16周岁（含）至依法享受基本养老保险待遇）内，有劳动能力，有就业要求，处于无业状态，并在公共就业和人才服务机构进行失业登记的城镇常住人员。

城镇登记失业率 指报告期末，登记失业人员期末实有人数占期末从业人员总数与登记失业人员期末实有人数之和的比重。

工资价位

1. **企业从业人员** 指在本企业工作并取得劳动报酬的人员。

2. **工资价位** 指企业从业人员在报告期内的工资水平，包括基本工资、奖金、津贴和补贴、加班加点工资和特殊情况下支付的工资等。它在一定程度上体现了劳动力市场价格水平。

3. **职业** 指从业人员为获取主要生活来源所从事的社会工作类别。

4. **分位值** 指将数据由低到高排序，在数列中处于相应百分比位置的数据。它表示有相应比例的数据低于或等于该数值。

5. **管理类岗位等级** 指在管理岗位工作的人员在本企业岗位序列中的层级位置，包括高层管理岗、中层管理岗、基层管理岗和管理类员工岗。

6. **技术类岗位等级** 指获得国家或专业评审机构认可的专业技术职称等级，包括高级职称、中级职称、初级职称。

7. **技能类岗位等级** 指按国家职业技能标准或行业企业评价规范设置的职业技能等级，包括高级技能及以上、中级技能、初级技能。

城镇职工基本养老保险

1. **参保职工人数** 指报告期末按照国家法律、法规和有关政策规定参加城镇职工基本养老保险并在社保经办机构已建立缴费记录档案的职工人数，包括中断缴费但未终止养老保险关系的职工人数，不包括只登记未建立缴费记录档案的人数。

2. **离退休人员人数** 指报告期末参加城镇职工基本养老保险的离休、退休和退职人员的人数。

3. **基金收入** 指根据国家有关规定，由纳入职工基本养老保险范围的缴费单位和个人按国家规定的缴费基数和缴费比例缴纳的养老保险费，以及通过其他方式取得的形成基金来源的收入。包括单位和职工个人缴纳的基本养老保险费、基本养老保险基金利息收入、委托投资收益、上级补助收入、下级上解收入、转移收入、财政补贴和其他收入。

4. 基金支出 指按照国家政策规定的开支范围和开支标准从职工基本养老保险基金中支付给参加职工基本养老保险的个人养老保险待遇支出，以及由于保险关系转移、上下级之间补助、上解等原因而发生的支出。其他支出包括基本养老金、医疗补助金、丧葬补助金和抚恤金、病残津贴、补助下级支出、上解上级支出、转移支出和其他支出等。

5. 基金累计结余 指职工基本养老保险基金收支相抵后的期末累计余额。

城乡居民基本养老保险

1. 参保人数 指报告期末，参加城乡居民养老保险（在经办机构参保登记并已建立缴费记录以及制度实施当年已经年满60周岁并在经办机构参保登记）的人数（不包括已经办理注销登记手续的人数）。

2. 基金收入 指根据国家有关规定，由参加城乡居民基本养老保险的个人按规定缴费的城乡居民基本养老保险费，以及通过集体补助、财政补助等其他方式取得的形成基金来源的收入。包括个人缴费收入、集体补助收入、财政补贴收入、利息收入、委托投资收益、转移收入、上级补助收入、下级上解收入和其他收入。

3. 基金支出 指按照国家政策规定的开支范围和开支标准从城乡居民基本养老保险基金中支付给参加城乡居民基本养老保险的个人养老保险待遇支出，以及由于参保人员跨统筹地区或跨制度流动而发生的支出等。包括养老保险待遇支出、转移支出、补助下级支出、上解上级支出和其他支出。

4. 基金累计结余 指城乡居民基本养老保险基金收支相抵后的期末累计余额。

基本医疗保险

1. 参保人数 指报告期末按国家有关规定参加职工基本医疗保险和城乡居民基本医疗保险人员的合计。

2. 基金收入（含生育保险） 指由用人单位和个人按照国家规定的缴费基数、缴费比例或缴费标准缴纳的基本医疗保险费（含生育保险），财政补贴资金以及通过其他方式取得的形成基金来源的款项，包括：单位缴纳收入、个人缴纳收入、财政补贴收入、利息收入、上级补助收入、下级上解收入和其他收入。

3. 基金支出（含生育保险） 指按照国家政策规定的开支范围和开支标准，从基本医疗保险基金（含生育保险）中支付给参保人员的医疗保险待遇支出，生育保险待遇支出以及其他支出。包括住院费用支出、门诊费用支出、大病保险支出、生育待遇支出、补助下级支出、上解上级支出和其他支出。

4. 基金累计结余（含生育保险） 指基本医疗保险基金（含生育保险）收支相抵后的期末累计结余金额。

失业保险

1. 参保人数 指报告期末按照国家法律、法规和有关政策规定参加了失业保险的城镇企业、事业单位的职工及地方政府规定参加失业保险的其他人员的人数。

2. 基金收入 指报告期内筹集的失业保险基金的总额，包括失业保险费收入、利息收入、财政补贴收入、其他收入、转移收入。

3. 基金支出 指报告期内为保障失业人员基本生活、预防失业、促进再就业等支出的基金总额，包括失业保险金支出、医疗补助金支出、丧葬补助金和抚恤金支出、职业培训和职业介绍补贴支出、其他费用支出、技能提升补贴支出、稳定岗位补贴支出、其他支出、转移支出。

4. 基金累计结余 指截止报告期末失业保险基金收支相抵后的累计余额。

工伤保险

1. 参保人数 指报告期末依据国家有关规定参加工伤保险的职工人数和有雇工的个体工商户的雇工数。

2. 享受工伤保险待遇人数 指年报告期内因工伤或职业病而享受工伤保险待遇的职工人数。为享受工伤医疗待遇中未评定等级的人数、享受伤残待遇人数以及享受因工死亡待遇人数之和。

3. 基金收入 指根据国家有关规定，由参加工伤保险的单位按国家规定的缴费基数和缴费比例缴纳及难以直接按照工资总额计算缴纳工伤保险费的部分行业企业按规定方式缴纳的工伤保险费，以及依法通过其他形式取得的形成基金来源的款项。包括：工伤保险费收入、利息收入、上级补助收入、下级上解收入、其他收入。

4. **基金支出**　指按照国家政策规定的开支范围和开支标准从工伤保险基金中支付给参加工伤保险的人员及供养直系亲属工伤保险待遇支出及其他支出。包括工伤医疗待遇支出、伤残待遇支出、工亡待遇支出、劳动能力鉴定支出、工伤预防费用支出、补助下级支出、上解上级支出和其他支出。

5. **基金累计结余**　指工伤保险基金收支相抵后的期末累计结余金额。

Explanatory Notes on Main Statistical Indicators

Labour Force refers to the population aged 16 and over who are capable of working, are participating in or willing to participate in economic activities, including employed persons and unemployed persons.

Outside the Labour Force refers to the population aged 16 and over who are neither employed persons nor unemployed persons.

Employed Persons refer to persons, aged 16 and over, who performed some work for compensation or business gains for one hour or more during the reference period; or persons who do not work for the reasons of study or on holiday; or persons who are temporarily absent from a job for disorganization or suspension of work, etc.

Unemployed Persons refer to persons, aged 16 and over, be able to work who

1) not in employment status during the reference period;

2) have looked for a job within a specific period of time;

3) are available for work within a specific period of time.

Surveyed Unemployment Rate in Urban Areas refers to the ratio of the number of the unemployed persons in urban areas to the sum of the number of the employed persons and the unemployed persons in urban areas, calculated on the basis of the Labour Force Survey.

Persons Employed in Various Units refer to the total number of employees who work at his unit on the last day and obtain wages or other forms of payment at the end of the reporting period. This indicator is a kind of time point index and it equals to the sum of the number of employed staff and workers, labor dispatch personnel and other employed persons, excluding those who have terminated labor contracts with working unit on or before the last day of the reporting period. Employed persons do not include:

1)persons who have left their working units while keeping their labour contract (employment relation) unchanged and receiving regular alimony;

2)all kinds of enrolled students who do internship in various units;

3)persons employed due to labor outsourcing, for example, persons employed in the organizational system of construction industry.

Employed Staff and Workers refer to persons who signed labor contracts with working units and working units would pay wages, social insurance and housing funds for them. Persons who have their work posts but are temporarily absent from work for reasons of study or on sick, injury or maternal leave and still receive wages from their working units are also included. Employed staff and workers also include:

1)Persons who should have signed the labor contracts but not;

2)Employees on probation;

3)Employees beyond the staffing quota, for example, temporary employees;

4)Employees who are sent to other working units but still obtain wages from their original units (situations like on-the-job placement, expatriated assignment, etc.)

Year-end Number refers to those who are employed on the last day of the year.

Domestic Invested Units refer to enterprises registered as domestic enterprises in accordance with the "Regulations on the Classification of Market Entitiy Statistics"(Guotongzi [2023] No.14), including wholly state-owned company, private limited company, state-owned enterprise, collective owned enterprise, and sole proprietorship enterprise, excluding Hong Kong, Macao, and Taiwan investment enterprise and foreign funded enterprise.

Units with Funds from Hong Kong, Macao, and Taiwan refer to enterprises registered as Hong Kong, Macao, and Taiwan investment enterprise in accordance with the "Regulations on the Classification of Market

Entitiy Statistics"(Guotongzi [2023] No.14), including Hong Kong, Macao, and Taiwan Investment Limited Liability Company, Hong Kong, Macao, and Taiwan Investment Co., Ltd., Hong Kong, Macao, and Taiwan Investment Partnership Enterprise and other Hong Kong, Macao, and Taiwan investment enterprises.

Foreign Funded Units refer to enterprises registered as foreign-invested enterprise in accordance with the "Regulations on the Classification of Market Entitiy Statistics"(Guotongzi [2023] No.14), including foreign-invested limited liability company, foreign Investment Co., Ltd., foreign-invested partnership enterprise and other foreign-invested enterprises.

Primary Industry refers to farming, forestry,animal husbandry and fishery.

Secondary Industry refers to mining manufacturing, electricity, production and supply of electricity, heat, gas and water and construction.

Tertiary Industry refers to the sectors except primary industry and secondary industry.

Total Wage Bill refers to total remuneration payment to all employees in various units in urban area (excluded urban private sectors and individuals) during a certain period of time. The calculation of total wage bill is based on the total remuneration payment. Therefore, wages and salaries and other payments to employees should be included at all and regardless of its resource, category, both in kind or cash.

Average Wage of Employees refers to the average wage level in money terms per employee during a certain period of time, it is calculated as follows:

$$\text{Average Wage of Employees} = \frac{\text{Total Wage Bill of Employees Average Wage of in Reference Period}}{\text{Average Number Employees in Reference Period}}$$

Average Real Wage of Employees refers to the average wage of employees after deducting consumer price index, which is calculated as follows:

$$\text{Average Real Wage of Employees} = \frac{\text{Average Wage of Employees in Reference Period}}{\text{Urban Consumer Price Index in Reference Period}}$$

Registered Unemployed Persons in Urban Areas refer to the persons residing in urban areas at certain working ages (16 years old to the age of enjoying primary endowment insurance benefits according to the law), who are capable of working, unemployed and willing to work, and have been registered at the Public employment and talent service agencies to apply for a job.

Registered Unemployment Rate in Urban Areas refers to the ratio of the actual number of registered unemployed persons at the end of the period to the sum of the total number of employees at the end of the period and the actual number of registered unemployed persons at the end of the period.

Wage Level

1. Enterprise employees refer to personnel who work in the enterprise and receive labor remuneration.

2. wage level refers to the salary range of enterprise employees during the reporting period, including basic salary, bonuses, allowances and subsidies, overtime pay, and wages paid in special circumstances. It reflects the price level of the labor market to a certain extent.

3. Occupation refers to the category of social work that employees engage in to obtain their main sources of livelihood.

4. percentile value refers to the data sorted from low to high and located at the corresponding percentage position in the sequence. It indicates that there is a corresponding proportion of data is lower than or equal to this value.

5. The level of management positions refers to the hierarchical position of personnel working in management positions in the position sequence of the enterprise, including senior management positions, middle-level management positions, grassroots management positions, and management staff positions.

6. The level of technical positions refers to the professional and technical titles recognized by the state or professional evaluation institutions, including senior professional titles, intermediate professional titles, and junior professional titles.

7. The level of skill-based positions refers to the vocational skill levels set according to national vocational skill standards or industry enterprise evaluation norms,Including senior skills and above, intermediate skills, and primary skills.

Basic Endowment Insurance for Urban Workers

1. Number of workers covered refers to staff and workers participating in the basic endowment insurance for urban workers according to national laws, regulations and related policies at the end of the reference period, who have already had payment records in social security management agencies, including those who have interrupt payment without terminating the insurance programme. Those who have registered in the programme but with no payment records are not included.

2. Number of retirees covered refers to the number of retirees participating in the basic endowment insurance for urban workers by the end of the reference period.

3. Revenue refers to payments made by employers and employees participating in the basic endowment insurance for urban workers in accordance with the basis and proportion stipulated in state regulations, and income from other sources that become the source of endowment insurance fund, including the premium paid by employers and staff and workers, interest income, entrusted investment income, subsidies from higher level agencies, income as transfer from subordinate agencies, transferred income, government financial subsidies and other income.

4. Expenses refer to personal endowment insurance payment made to those covered in the basic endowment insurance for urban workers according to related national policies on scope and standard of expenditure, as well as expenditure which arises due to shift of the insurance relationship or adjustment of funds among agencies, transfer to agencies at higher level. Other expenditure includes: basic endowment insurance, medical fees, funeral subsidies, compensation payments, disability allowance, expenses on subsidies to lower subordinates, expenses as transfer to agencies at higher level, transferred expenditure and other expenditure.

5. Balance refers to the balance of the basic endowment insurance funds for urban workers at the end of the reference period after deducting expenses from revenue.

Basic Endowment Insurance for Urban and Rural Residents

1. Participants refers to people participating in the basic endowment insurance for urban and rural residents who registered with the participation and established payment records, and who were 60 years old or above when the system was established and registered with the participation. Those who cancelled their registration are not included.

2. Revenue refers to the revenue from the payments made, in accordance with related regulations of the government, by individuals participating in the basic endowment insurance for urban and rural residents and from the subsidies contributed by collectives, public finance and other sources. It includes the payment by individual participants, collective subsidies, financial subsidies, interest income, entrusted investment income, transferred income, subsidies from higher levels, contributions from lower levels, and income from other sources.

3. Expenses refers to payment made to those covered in the basic endowment insurance for urban and rural residents according to related national policies on scope and standard of expenditure. Also included are expenditures which arise due to movement of participants among different locations or system. It includes the payment to the individual participants, transferred expenditures, expenses on subsidies to lower subordinates, expenses as transfer to agencies at higher level, and other expenditures.

4. Balance refers to the balance of basic endowment insurance funds for urban and rural residents at the end of the reference period after deducting expenses from revenue.

Basic Medical Insurance

1. Participants refers to the total number of people who participate in the basic medical insurance for workers and basic medical insurance for urban and rural residents according to national relevant regulations at the end of the reference period.

2. Revenue (birth insurance included) refers to the basic medical insurance premium (birth insurance included) paid by employing units and individuals according to the payment base, payment proportion or payment standard stipulated by the state, financial subsidy funds and funds obtained by other means, including: revenue from employer payment and individual payment, from financial subsidy, from interest, from subsidies from higher level and payment from lower level and other revenue.

3. Expenses (birth insurance included) refers to the medical insurance benefits, birth insurance benefits and other expenditures paid to contributors from the basic medical insurance fund (birth insurance included) according to the scope and standard of expenditure stipulated by national policies. It includes hospitalization expenses, outpatient expenses, serious illness insurance expenses, childbearing treatment expenses, expenses for subsidizing subordinates, expenses for transfer to superiors and other expenditures.

4. Balance (birth insurance included) refers to the balance of revenue after deducting expenses at the end of the reference period.

Unemployment Insurance

1. Participants refers to staff and workers in urban enterprises or institutions who have participated in the unemployment insurance according to relevant policies and regulations, and other people who have participated according to local government regulations at the end of the reference period.

2. Revenue refers to the total unemployment insurance funds raised in the reference period, including unemployment insurance premium, interest income, financial subsidies, other revenue, and transferred revenue.

3. Expenses refers to total expenses during the reference period to guarantee the basic livelihood of unemployed people, prevention of unemployment, and to encourage their re-employment. Included are unemployment relief, medical fees, funeral subsidies, compensation payments, training expenses, job placement expenses, other expenses, skills upgrading subsidy, job stabilization subsidy, other expenditures, transferred expenditure.

4. Balance refers to the balance of revenue after deducting expenses at the end of the reference period.

Work-related Injury Insurance

1.Participants refers to staff and workers who have participated in the work-related injury insurance and employees who work as self-employed and have participated in the work-related injury insurance according to relevant national regulations at the end of the reference period.

2. Number of beneficiaries refers to number of employee benefited from work-related injury insurance, as a result of work injury or occupational disease. It is the sum of beneficiaries of medical treatment of unrated work injuries, disability benefits for work injuries and compensation for deaths at work places.

3. Revenue refers to payments made by employers participating in the work-related injury insurance programme in accordance with the basis and proportion stipulated in state regulations, and payment by enterprises of some industries where it is difficult to estimate the injury insurance premium directly according to the total wage bill in accordance with stipulated way, and revenue from other sources according to law that become source of work-related injury insurance fund, including revenue of injury insurance, interest income, subsidies from higher level agencies, revenue as transfer from subordinate agencies, and other revenues.

4. Expenses refers to payments made from work-related injury insurance funds to those who participated in the work-related injury insurance and their direct dependents within the scope and standards of expenditure according to related national policies, and other expenditure, including medical fees for work injury, injury and disability subsidies, death subsidies, labour capacity appraisal, injury prevention fees, expenses on subsidies to lower subordinates, expenses as transfer to agencies at higher level, and other expenditure.

5. Balance refers to the balance of the work-related injury funds at the end of the reference period.